UTB **8446**

Eine Arbeitsgemeinschaft der Verlage

Böhlau Verlag · Köln · Weimar · Wien
Verlag Barbara Budrich · Opladen · Farmington Hills
facultas.wuv · Wien
Wilhelm Fink · München
A. Francke Verlag · Tübingen und Basel
Haupt Verlag · Bern · Stuttgart · Wien
Julius Klinkhardt Verlagsbuchhandlung · Bad Heilbrunn
Mohr Siebeck · Tübingen
Orell Füssli Verlag · Zürich
Ernst Reinhardt Verlag · München · Basel
Ferdinand Schöningh · Paderborn · München · Wien · Zürich
Eugen Ulmer Verlag · Stuttgart
UVK Verlagsgesellschaft · Konstanz, mit UVK/Lucius · München
Vandenhoeck & Ruprecht · Göttingen · Oakville
vdf Hochschulverlag AG an der ETH Zürich

Reihenherausgeber:
Christian Jaschinski

Susanne Femers
unter Mitarbeit von Marcus Matysiak

Textwissen für die Wirtschaftskommunikation

... leicht verständlich

mit 104 Abbildungen und Übersichten

UVK Verlagsgesellschaft mbH · Konstanz
mit UVK/Lucius · München

Zu den Autoren:
Susanne Femers ist Professorin für Wirtschaftskommunikation an der Hochschule für Technik und Wirtschaft Berlin (HTW). Marcus Matysiak ist Absolvent des Studiengangs Wirtschaftskommunikation und arbeitet für die Medienbeobachtung Ausschnitt.

Bibliographische Information der Deutschen Nationalbibliothek

Die Deutsche Nationalbibliothek verzeichnet diese Publikation in der Deutschen Nationalbibliographie; detaillierte bibliographische Daten sind im Internet über <http://dnb.ddb.de> abrufbar.

ISBN 978-3-8252-8446-6

Das Werk einschließlich aller seiner Teile ist urheberrechtlich geschützt. Jede Verwertung außerhalb der engen Grenzen des Urheberrechtsgesetzes ist ohne Zustimmung des Verlags unzulässig und strafbar. Das gilt insbesondere für Vervielfältigungen, Übersetzungen, Mikroverfilmungen und die Einspeicherung und Verarbeitung in elektronischen Systemen.

© UVK Verlagsgesellschaft mbH, Konstanz 2011

Einbandgestaltung: Atelier Reichert, Stuttgart
Satz und Layout: Claudia Rupp, Stuttgart
Druck und Bindung: fgb · freiburger graphische betriebe, Freiburg

UVK Verlagsgesellschaft mbH
Schützenstr. 24 · 78462 Konstanz
Tel. 07531-9053-21 · Fax 07531-9053-98
www.uvk.de

Vorwort des Herausgebers

Liebe Leserin, lieber Leser,

Wirtschaftswissenschaft ist spannend, komplex und vom betrieblichen Umfeld bis hin zu globalen Wechselwirkungen relevant. Es ist daher wichtig, sich in Studium, Weiterbildung oder für die tägliche Arbeit in wirtschaftswissenschaftliche Themenbereiche einzuarbeiten, die Kenntnisse darüber zu vertiefen oder aufzufrischen. Mit dem vorliegenden Band halten Sie ein effizientes Tool in den Händen, das Sie dabei unterstützen will.

In den Büchern der Reihe „… leicht verständlich" haben wir für Sie wichtige Themen modern und attraktiv so aufbereitet, dass Ihnen das Lesen, Lernen und Merken möglichst leicht fällt: viele Übersichten und Grafiken, zahlreiche prägnante Beispiele und reichlich Aufgaben und Fallstudien mit nachvollziehbaren Lösungen. Mit Hilfe des Glossars und dem ausführlichen Stichwortverzeichnis am Ende des Buches haben Sie schnellen Zugriff auf alle themenrelevanten Fachbegriffe.

Über Feedback – Anregungen, Verbesserungshinweise, Lob oder Tadel – freue ich mich unter jaschinski@uvk-lucius.de.

Christian Jaschinski
Herausgeber

Inhaltsverzeichnis

1	Einführung: Texten für die Wirtschaftskommunikation	1
1.1	Ein Buch für Multitexttalente	2
1.2	Feintuning der Leseerwartungen	3
1.3	Die einzelnen Kapitel des Buches	5
1.4	Abschließende Empfehlung der Autoren	12
1.5	Literatur	12
1.5.1	Quellen	12
1.5.2	Leseempfehlungen	13
2	Recherche-Grundlagen für die Textgestaltung	15
2.1	Einführung und Begriffsbestimmung	16
2.2	Recherchearten	18
2.3	Vorbereitung der Recherche	19
2.4	Informationsbeschaffung im Internet	20
2.4.1	Eine kurze Geschichte des Internets	20
2.4.2	Vielfalt im Internet – verschiedene Dienste	21
2.4.3	Informationsbeschaffung im World Wide Web	23
2.4.4	Die Suche mit Google	24
2.4.4.1	Die erweiterte Google-Suche	25
2.4.4.2	Bilder, Videos, Karten und mehr	28
2.4.4.3	Die Ergebnisse der Google-Suche	29
2.4.5	Die Suche in Online-Medien	30
2.4.6	Suche im Social Web	31
2.4.6.1	Web 2.0	31
2.4.6.2	Suche in Blogs	35
2.4.6.3	Suche in Twitter	36
2.4.6.4	Suche in Social Bookmarking-Diensten	38
2.4.7	Online-Nachschlagewerke, Datenbanken und Webkataloge	38
2.4.7.1	Online-Nachschlagewerke	38
2.4.7.2	Datenbanken als Wissensspeicher	39
2.4.7.3	Lexika, Wikis und Wissensportale	39
2.4.7.4	Question & Answer-Sites und Web-Kataloge	41
2.4.8	Online-Buchkauf und E-Books	42
2.4.9	Newsgroups und Foren	43

2.5	Informationsbeschaffung aus Printquellen	44
2.5.1	Typen	44
2.5.2	Vor der Beschaffung	45
2.5.3	Bibliotheken	45
2.5.3.1	Strukturen	45
2.5.3.2	Suchen, Finden und Ausleihen	46
2.5.4	Buchhandel, Broschüren & Co.	47
2.6	Beschaffung von Primärinformationen – persönlicher Augenschein	48
2.6.1	Befragung	48
2.6.2	Mit allen Sinnen wahrnehmen	49
2.7	Bewerten und Kontextualisieren der Informationen	50
2.8	Zusammenfassung	51
2.9	Kontrollaufgaben	51
2.10	Literatur	53
2.10.1	Quellen	53
2.10.2	Lesehinweise	53

3	**Journalistische Texte**	**55**
3.1	Einführung	56
3.2	Informierende und tatsachenbetonte Texte	59
3.2.1	Nachricht	59
3.2.1.1	Der Aufbau einer Nachricht	60
3.2.1.2	Die Sprache der Nachricht	61
3.2.1.3	Der Umgang mit Quellen	62
3.2.1.4	Hard News und Soft News	64
	Exkurs: Nachrichtenagenturen	64
3.2.2	Bericht	65
3.2.2.1	Der Aufbau des Berichtes	66
3.2.2.2	Die Sprache des Berichtes	66
3.3	Informierende und unterhaltende Texte	68
3.3.1	Feature	68
3.3.2	Interview	69
3.3.3	Portrait	72
3.3.4	Reportage	75
3.4	Meinungsbetonte und meinungsäußernde Texte	80
3.4.1	Leitartikel	80
3.4.2	Kommentar	82
3.4.3	Kolumne	85
3.4.4	Glosse und Spitze	86

3.5	Von der Wichtigkeit, den richtigen Anfang zu machen	88
3.6	Von der Wichtigkeit, den angemessenen Sprachstil zu pflegen	91
3.7	Zusammenfassung	93
3.8	Kontrollaufgaben	94
3.9	Literatur	98
3.9.1	Quellen	98
3.9.2	Lesehinweise	99
4	**Texte für die Unternehmenskommunikation**	**101**
4.1	Einführung	102
4.1.1	Begriffsdefinitionen	102
4.1.2	Begriffsabgrenzungen: Public Relations und Werbung	106
4.2	Anlässe für die Unternehmenskommunikation und Textformen	108
4.3	Vertiefung externe Kommunikation: Presse- und Medienarbeit	110
4.3.1	Die Pressemitteilung	110
4.3.2	Themen für die Presse- und Medienarbeit	111
4.3.3	Instrumente der Presse- und Medienarbeit	113
4.3.3.1	Agierende und reagierende Presse- und Medienarbeit	113
4.3.3.2	Varianten von Pressemitteilungen	114
4.3.3.3	Weitere Instrumente der Presse- und Medienarbeit	120
4.4	Vertiefung interne Kommunikation: Mitarbeiterzeitschrift	124
4.4.1	Begriffsdefinitionen	124
4.4.2	Themen und Inhaltsstrukturierung der Mitarbeiterzeitschrift	126
4.4.3	Mitarbeiterzeitschrift und Mitarbeiterführung	128
4.5	Textbeispiele aus der Unternehmenskommunikation und exemplarische Erfolgsfaktoren	131
4.6	Zusammenfassung	144
4.7	Kontrollaufgaben	144
4.8	Literatur	149
4.8.1	Quellen	149
4.8.2	Lesehinweise	151
5	**Texte für das Internet**	**153**
5.1	Einführung und Begriffsbestimmung	154
5.2	Textformen und ihre Produzenten im Internet	157
5.3	Rezeption im Internet	158

5.4	Journalistische Texte im Internet	160
5.4.1	Der Teaser als „Text-Appetizer"	161
5.4.2	Das Artikelumfeld	162
5.4.2.1	Bilder, Audio und Video im Artikel	162
5.4.2.2	Weiterführende Inhalte	163
5.4.2.3	Social Web Komponenten	164
5.5	Texte für die Unternehmenskommunikation im Internet	166
5.5.1	Unternehmenswebsites	166
5.5.1.1	Nutzerorientierung für die Konzeption	167
5.5.1.2	Textliche Aufbereitung der Inhalte	170
5.5.1.3	Webseitenbewertung: Der Bowen Craggs & Co.-Index	171
5.5.1.4	Evaluation von Webseiten unter PR-Gesichtspunkten	173
5.5.2	Newletter via E-Mail	174
5.6	Unternehmen im Web 2.0	176
5.6.1	Blogs	176
5.6.2	Twitter	177
5.6.3	RSS (Real Simple Syndication)	178
5.6.4	Soziale Netzwerke bzw. Social Communities	179
5.6.5	Strategische Positionierung im Web 2.0	180
5.7	Schreiben für die Suche	180
5.7.1	Keywords	182
5.7.2	Keywords in Domain und HTML	184
5.7.3	Keywords in Texten	185
5.8	Zusammenfassung	188
5.9	Kontrollaufgaben	188
5.10	Literatur	189
5.10.1	Quellen	189
5.10.2	Lesehinweise	191
5.10.3	Surftipps	192

6 Texte für die Werbung ... 195

6.1	Der Charakter der Werbung	196
6.2	Die Gestaltung der Werbebotschaft	197
6.2.1	Konzeptionsfragen	197
6.2.2	Die Einzigartigkeit von Produkten und Dienstleistungen	198
6.3	Die Gestaltung von Werbeanzeigen – klassische Textelemente und ihre Funktionen	200
6.3.1	Schwierige Kommunikationsbedingungen	200
6.3.2	Textteile und Textteilfunktionen der Werbeanzeige	202
6.3.2.1	Topline, Headline und Subline	202

Inhaltsverzeichnis

1	Einführung: Texten für die Wirtschaftskommunikation	1
1.1	Ein Buch für Multitexttalente	2
1.2	Feintuning der Leseerwartungen	3
1.3	Die einzelnen Kapitel des Buches	5
1.4	Abschließende Empfehlung der Autoren	12
1.5	Literatur	12
1.5.1	Quellen	12
1.5.2	Leseempfehlungen	13
2	Recherche-Grundlagen für die Textgestaltung	15
2.1	Einführung und Begriffsbestimmung	16
2.2	Recherchearten	18
2.3	Vorbereitung der Recherche	19
2.4	Informationsbeschaffung im Internet	20
2.4.1	Eine kurze Geschichte des Internets	20
2.4.2	Vielfalt im Internet – verschiedene Dienste	21
2.4.3	Informationsbeschaffung im World Wide Web	23
2.4.4	Die Suche mit Google	24
2.4.4.1	Die erweiterte Google-Suche	25
2.4.4.2	Bilder, Videos, Karten und mehr	28
2.4.4.3	Die Ergebnisse der Google-Suche	29
2.4.5	Die Suche in Online-Medien	30
2.4.6	Suche im Social Web	31
2.4.6.1	Web 2.0	31
2.4.6.2	Suche in Blogs	35
2.4.6.3	Suche in Twitter	36
2.4.6.4	Suche in Social Bookmarking-Diensten	38
2.4.7	Online-Nachschlagewerke, Datenbanken und Webkataloge	38
2.4.7.1	Online-Nachschlagewerke	38
2.4.7.2	Datenbanken als Wissensspeicher	39
2.4.7.3	Lexika, Wikis und Wissensportale	39
2.4.7.4	Question & Answer-Sites und Web-Kataloge	41
2.4.8	Online-Buchkauf und E-Books	42
2.4.9	Newsgroups und Foren	43

2.5	Informationsbeschaffung aus Printquellen	44
2.5.1	Typen	44
2.5.2	Vor der Beschaffung	45
2.5.3	Bibliotheken	45
2.5.3.1	Strukturen	45
2.5.3.2	Suchen, Finden und Ausleihen	46
2.5.4	Buchhandel, Broschüren & Co.	47
2.6	Beschaffung von Primärinformationen – persönlicher Augenschein	48
2.6.1	Befragung	48
2.6.2	Mit allen Sinnen wahrnehmen	49
2.7	Bewerten und Kontextualisieren der Informationen	50
2.8	Zusammenfassung	51
2.9	Kontrollaufgaben	51
2.10	Literatur	53
2.10.1	Quellen	53
2.10.2	Lesehinweise	53
3	**Journalistische Texte**	**55**
3.1	Einführung	56
3.2	Informierende und tatsachenbetonte Texte	59
3.2.1	Nachricht	59
3.2.1.1	Der Aufbau einer Nachricht	60
3.2.1.2	Die Sprache der Nachricht	61
3.2.1.3	Der Umgang mit Quellen	62
3.2.1.4	Hard News und Soft News	64
	Exkurs: Nachrichtenagenturen	64
3.2.2	Bericht	65
3.2.2.1	Der Aufbau des Berichtes	66
3.2.2.2	Die Sprache des Berichtes	66
3.3	Informierende und unterhaltende Texte	68
3.3.1	Feature	68
3.3.2	Interview	69
3.3.3	Portrait	72
3.3.4	Reportage	75
3.4	Meinungsbetonte und meinungsäußernde Texte	80
3.4.1	Leitartikel	80
3.4.2	Kommentar	82
3.4.3	Kolumne	85
3.4.4	Glosse und Spitze	86

3.5	Von der Wichtigkeit, den richtigen Anfang zu machen	88
3.6	Von der Wichtigkeit, den angemessenen Sprachstil zu pflegen.........	91
3.7	Zusammenfassung	93
3.8	Kontrollaufgaben	94
3.9	Literatur	98
3.9.1	Quellen	98
3.9.2	Lesehinweise...	99
4	**Texte für die Unternehmenskommunikation**.....................	101
4.1	Einführung	102
4.1.1	Begriffsdefinitionen	102
4.1.2	Begriffsabgrenzungen: Public Relations und Werbung.............	106
4.2	Anlässe für die Unternehmenskommunikation und Textformen........	108
4.3	Vertiefung externe Kommunikation: Presse- und Medienarbeit	110
4.3.1	Die Pressemitteilung.....................................	110
4.3.2	Themen für die Presse- und Medienarbeit......................	111
4.3.3	Instrumente der Presse- und Medienarbeit	113
4.3.3.1	Agierende und reagierende Presse- und Medienarbeit	113
4.3.3.2	Varianten von Pressemitteilungen	114
4.3.3.3	Weitere Instrumente der Presse- und Medienarbeit................	120
4.4	Vertiefung interne Kommunikation: Mitarbeiterzeitschrift	124
4.4.1	Begriffsdefinitionen	124
4.4.2	Themen und Inhaltsstrukturierung der Mitarbeiterzeitschrift	126
4.4.3	Mitarbeiterzeitschrift und Mitarbeiterführung	128
4.5	Textbeispiele aus der Unternehmenskommunikation und exemplarische Erfolgsfaktoren	131
4.6	Zusammenfassung	144
4.7	Kontrollaufgaben	144
4.8	Literatur	149
4.8.1	Quellen	149
4.8.2	Lesehinweise...	151
5	**Texte für das Internet**.......................................	153
5.1	Einführung und Begriffsbestimmung	154
5.2	Textformen und ihre Produzenten im Internet	157
5.3	Rezeption im Internet....................................	158

5.4	Journalistische Texte im Internet	160
5.4.1	Der Teaser als „Text-Appetizer"	161
5.4.2	Das Artikelumfeld	162
5.4.2.1	Bilder, Audio und Video im Artikel	162
5.4.2.2	Weiterführende Inhalte	163
5.4.2.3	Social Web Komponenten	164
5.5	Texte für die Unternehmenskommunikation im Internet	166
5.5.1	Unternehmenswebsites	166
5.5.1.1	Nutzerorientierung für die Konzeption	167
5.5.1.2	Textliche Aufbereitung der Inhalte	170
5.5.1.3	Webseitenbewertung: Der Bowen Craggs & Co.-Index	171
5.5.1.4	Evaluation von Webseiten unter PR-Gesichtspunkten	173
5.5.2	Newletter via E-Mail	174
5.6	Unternehmen im Web 2.0	176
5.6.1	Blogs	176
5.6.2	Twitter	177
5.6.3	RSS (Real Simple Syndication)	178
5.6.4	Soziale Netzwerke bzw. Social Communities	179
5.6.5	Strategische Positionierung im Web 2.0	180
5.7	Schreiben für die Suche	180
5.7.1	Keywords	182
5.7.2	Keywords in Domain und HTML	184
5.7.3	Keywords in Texten	185
5.8	Zusammenfassung	188
5.9	Kontrollaufgaben	188
5.10	Literatur	189
5.10.1	Quellen	189
5.10.2	Lesehinweise	191
5.10.3	Surftipps	192
6	**Texte für die Werbung**	**195**
6.1	Der Charakter der Werbung	196
6.2	Die Gestaltung der Werbebotschaft	197
6.2.1	Konzeptionsfragen	197
6.2.2	Die Einzigartigkeit von Produkten und Dienstleistungen	198
6.3	Die Gestaltung von Werbeanzeigen – klassische Textelemente und ihre Funktionen	200
6.3.1	Schwierige Kommunikationsbedingungen	200
6.3.2	Textteile und Textteilfunktionen der Werbeanzeige	202
6.3.2.1	Topline, Headline und Subline	202

6.3.2.2	Die Headline und ihre Funktionen erkennen.	203
6.3.2.3	Die sprachliche Gestaltung von Headlines	205
6.3.2.4	Stilelemente des Headlinetextens	206
6.3.2.5	Die Copy und ihre Funktionen	208
6.3.2.6	Die textliche Gestaltung der Copy	208
6.3.2.7	Der Slogan und seine Funktionen.	209
6.3.2.8	Insert (Einklinker, Störer, Deranger) und Coupon	217
6.3.3	Die klassischen Textelemente und zeitgenössische Anzeigen	217
6.4	Produkt-, Marken- und Unternehmensnamen – Textkunst auf den Punkt gebracht.	219
6.4.1	Erwartungen an einen Namen	219
6.4.2	Theoretische Modelle für die Analyse und Kreation von Namen	222
6.4.2.1	Bedeutungshaltigkeit	223
6.4.2.2	Funktionen.	224
6.4.2.3	Benennungsmotive.	225
6.4.2.4	Herkunft und Zusammensetzung	227
6.4.2.5	Linguistische Komponenten	230
6.4.2.6	Die Analysemodelle im kritischen Vergleich.	230
6.5	Zusammenfassung	233
6.6	Kontrollaufgaben	233
6.7	Literatur	237
6.7.1	Quellen.	237
6.7.2	Lesehinweise.	238
7	**Stilistische Textgestaltung**	**241**
7.1	Einführung	241
7.2	Klarheit: Eine Frage der Verständlichkeit und Lesbarkeit	244
7.2.1	Ein Plädoyer für das Texten als Arbeit	244
7.2.2	Ein Plädoyer für den kurzen Satz	249
7.2.3	Ein Plädoyer für den angemessenen Umgang mit der Zahl	250
7.3	Redeschmuck: Eine Frage von Sprachspielen und Inszenierungen	252
7.3.1	Textgestaltung mit den Mitteln der Intertextualität	253
7.3.2	Textgestaltung mit den Mitteln der Bildhaftigkeit und Vergleichsetzung.	256
7.3.3	Textgestaltung mit den Mitteln von Sprachspielen.	260
7.3.3.1	Wortspiele und Doppeldeutigkeiten	261
7.3.3.2	Rhetorische Figuren im Überblick: Formen, Definitionen und Beispiele	263
7.4	Zusammenfassung	268
7.5	Kontrollaufgaben	269

7.6	Literatur	273
7.6.1	Quellen	273
7.6.2	Lesehinweise	274
8	**Strukturelle Textgestaltung**	**277**
8.1	Einführung	278
8.2	Deduktion und Induktion	278
8.3	Gewichtung und Platzierung von Argumenten	282
8.4	Fünfsatztechnik zur Argumentation in Meinungstexten	283
8.4.1	Charakter des Fünfsatzes	283
8.4.2	Aufbaumuster beim Fünfsatz	284
8.4.3	Vorbereitung der Argumentation	291
8.5	Argumentation im journalistischen Meinungstext	293
8.6	Inhaltliche Argumentationsstrategien in der Werbung	294
8.7	Zusammenfassung	300
8.8	Kontrollaufgaben	300
8.9	Literatur	302
8.9.1	Quellen	302
8.9.2	Lesehinweise	303
9	**Ethische Aspekte der Textgestaltung**	**305**
9.1	Von der Qual mit der Moral	305
9.2	Die Begriffe Ethik, Moral, Recht und ihre philosophische Tradition	306
9.3	Klassische Ethiktheorien und ihre Relevanz für die Wirtschaftskommunikation	307
9.3.1	Die Tugendethiken	308
9.3.2	Die deontologischen Ethiken	308
9.3.3	Die teleologischen Ethiken	309
9.3.4	Der Kontraktualismus	310
9.4	Ethik und Journalismus	310
9.4.1	Zwischen hohen Ansprüchen und Tiefen der Wirklichkeit	310
9.4.2	Nachdem die „Sau durchs Dorf getrieben wurde"	311
9.4.3	Ethische Gratwanderungen im Tagesgeschäft und ihre Kontrolle	312
9.4.4	Selbstkontrolle durch publizistische Grundsätze und Richtlinien	314
9.4.5	Werbung und Programm – was nicht zusammengehört	315
9.4.6	Der Presserat als Selbstkontrollorgan	316

9.5	Ethik und PR.	318
9.5.1	Saubere Visionen und schmutzige Affären	318
9.5.2	PR-Vertrauen und die Bedenken der Zielgruppen	319
9.5.3	PR-Ethik und Selbstkontrolle	320
9.6	Ethik und Werbung.	324
9.6.1	Eine Kommunikationsdisziplin unter Generalverdacht	324
9.6.2	Selbstkontrolle im Kampf um die Moral	326
9.6.3	Und immer wieder lockt das Weib den Werber	329
9.7	Zusammenfassung	331
9.8	Kontrollaufgaben	331
9.9	Literatur	333
9.9.1	Quellen	333
9.9.2	Lesehinweise	336
10	**Lösungshinweise**	339
10.1	Lösungshinweise zu Kapitel 2: Recherche-Grundlagen	339
10.2	Lösungshinweise zu Kapitel 3: Journalistische Texte	343
10.3	Lösungshinweise zu Kapitel 4: Texte für die Unternehmenskommunikation.	347
10.4	Lösungshinweise zu Kapitel 5: Texte für das Internet	353
10.5	Lösungshinweise zu Kapitel 6: Texte für die Werbung	356
10.6	Lösungshinweise zu Kapitel 7: Stilistische Textgestaltung	363
10.7	Lösungshinweise zu Kapitel 8: Strukturelle Textgestalttung	367
10.8	Lösungshinweise zu Kapitel 9: Ethische Aspekte der Textgestaltung	370
11	**Glossar**	373
Stichwortverzeichnis		387

Abbildungsverzeichnis

Abb. 1.1	Übersicht über die Kapitel dieses Buches	1
Abb. 2.1:	Überblick über das Kapitel 2	15
Abb. 2.2:	Überblick über Recherchierverfahren	19
Abb. 2.3:	Das Internet und seine Geschichte	20
Abb. 2.4:	Ausgewählte Dienste im Internet	21
Abb. 2.5:	Zusammensetzung einer Adresse im Internet	22
Abb. 2.6:	Kategorisierung von Nutzergruppen durch Top-Level-Domains	23
Abb. 2.7:	Suchmaschinen und Metasuchmaschinen	24
Abb. 2.8:	Erweiterte Suche mit Google	26
Abb. 2.9:	Operatoren und Beispiele	27
Abb. 2.10:	Definition von Suchräumen bei Google	28
Abb. 2.11:	Weitere Optionen der Google-Suche	29
Abb. 2.12:	Das Web 2.0 Framework des Future Exploration Networks	33
Abb. 2.13:	Kategorisierung der Social Web-Landschaft	34
Abb. 2.14:	Liste von Blogsuchmaschinen	36
Abb. 2.15:	Liste für die Twittersuche	37
Abb. 2.16:	Liste für die Social Bookmarking-Suche	38
Abb. 2.17:	Nachschlagewerke im Web	39
Abb. 2.18:	Datenbanken im Web	39
Abb. 2.19:	Suche mit Wolfram Alpha	
Abb. 2.20:	Beschaffungswege für Printmedien	45
Abb. 2.21:	Kontrollfragen nach der Informationsbeschaffung	50
Abb. 3.1:	Übersicht über das Kapitel 3	55
Abb. 3.2:	Journalistische Darstellungsformen	57
Abb. 3.3:	Leitfragen zur Auswahl der Darstellungsform	58
Abb. 3.4:	Nachrichtenfaktoren	60
Abb. 3.5:	Prinzip der umgekehrten Pyramide	61
Abb. 3.6:	Berichtstypen	66
Abb. 3.7:	Ereignisbezug und Zielsetzung von Textsorten	84
Abb. 3.8:	Treffende Überschriften	91
Abb. 4.1:	Übersicht über das Kapitel 4	101
Abb. 4.2:	Unternehmenskommunikation und verwandte Begriffe	103
Abb. 4.3:	Abgrenzung Werbung und Public Relations	107
Abb. 4.4:	Typische Texte in der Unternehmenskommunikation	110
Abb. 4.5:	Standardthemen für die Pressearbeit 1	112
Abb. 4.6:	Standardthemen für die Pressearbeit 2	112
Abb. 4.7:	Mittel der Presse- und Medienarbeit	114
Abb. 4.8:	Menge der Meldungen in Redaktionen	114
Abb. 4.9:	Aufbauschema einer Pressemitteilung	117
Abb. 4.10:	Themen für die Mitarbeiterzeitschrift	127
Abb. 4.11:	Zielgruppenerweiterung Hornbach 2008: „Alte"	135

Abb. 4.12:	Die Hymne von Hornbach aus dem Jahr 2009	137
Abb. 5.1:	Übersicht über das Kapitel 5	153
Abb. 5.2:	Medienvergleich im Hinblick auf Rezeption und Produktion	159
Abb. 5.3:	Artikel-Teaser einer Zeitung im Netz	161
Abb. 5.4:	Social-Bookmarking bzw. Empfehlungsleiste bei Spiegel Online	164
Abb. 5.5:	Konzeption einer Unternehmenswebsite	167
Abb. 5.6:	Motiv der Alphabetisierungskampagne für Schüler	168
Abb. 5.7:	Tipps für Webtexte	170
Abb. 5.8:	Bowen-Craggs Index 2010	173
Abb. 5.9:	Strategischer Ansatz zur Twitternutzung	179
Abb. 5.10:	Facebook Pinnwand von Only Jeans	181
Abb. 5.11:	Hilfreiche Tools für die Keyword-Recherche	183
Abb. 5.12:	Internetquellen zum Thema Texte im Internet	193
Abb. 6.1:	Überblick über das Kapitel 6	195
Abb. 6.2:	Belohungsebenen	199
Abb. 6.3:	Textteile einer Werbeanzeige	201
Abb. 6.4:	Anzeige Lufthansa	204
Abb. 6.5:	Anzeige taz	207
Abb. 6.6:	Textverständlichkeit in der Werbeanzeige	208
Abb. 6.7:	Headline und Slogan	212
Abb. 6.8:	Rhetorische Mittel beim Slogan	213
Abb. 6.9:	Argumentation in Slogans	214
Abb. 6.10:	Verständnis englischsprachiger Slogans	217
Abb. 6.11:	Anzeige Sixt	218
Abb. 6.12:	Global Advertizing	221
Abb. 6.13:	Analysemodelle für Namen	223
Abb. 6.14:	Funktionsmodell nach Janich (2005)	225
Abb. 6.15:	Funktionsmodell nach Herstatt (1985)	226
Abb. 6.16:	Analysemodell nach Platen (1997)	228
Abb. 6.17:	Linguistisches Modell nach Felser (2007)	230
Abb. 6.18:	Analysemodelle im Vergleich	231
Abb. 6.19:	SUPER-Formel	232
Abb. 7.1:	Überblick über das Kapitel 7	241
Abb. 7.2:	Ludwig Reiners-Schema zur Verständlichkeit	250
Abb. 7.3:	Intertextualität in der Werbung	254
Abb. 7.4:	Typologisierung intertextueller Phänomene	255
Abb. 7.5:	Systematisierung bildhafter Vergleiche	256
Abb. 7.6:	Chancen und Risiken beim Einsatz von Metaphern	258
Abb. 7.7:	Klassifizierung von Sprachspielen	263
Abb. 7.8:	Klassifizierung rhetorischer Figuren	264
Abb. 7.9:	Rhetorische Figuren und ihre werbesprachliche Verwendung	268
Abb. 8.1:	Überblick über das Kapitel 8	277
Abb. 8.2:	Argumentationen mit impliziter Gegenargumentation	281
Abb. 8.3:	ABC-Analyse zur Gewichtung von Argumenten	282

Abb. 8.4:	Argumentationstreppe	283
Abb. 8.5:	Fünfsatzmuster	284
Abb. 8.6:	Klassischer Aufbau	285
Abb. 8.7:	Standpunktformel	286
Abb. 8.8:	Dialektischer Aufbau	287
Abb. 8.9:	Kompromissformel	288
Abb. 8.10:	Problemlöseformel	289
Abb. 8.11:	Begründungskette	290
Abb. 8.12:	Deduktiver Aufbau	290
Abb. 8.13:	Leitfragen für die Argumentationsvorbereitung	292
Abb. 8.14:	Argumentationsschema für den Kommentaraufbau	293
Abb. 8.15:	Argumentationsmethode und Funktionsweise des Kommentars	294
Abb. 8.16:	„Das kann nur ein Inserat" Anzeigenmotiv der Aktion der Schweizer Presse 2007	296
Abb. 8.17:	Werbliche Argumentationsstrategien nach Janich (2005)	299
Abb. 9.1:	Überblick über das Kapitel 9	305
Abb. 9.2:	Ethikansätze und geteilte Verantwortung	312
Abb. 9.3:	Struktur und Arbeitsweise des Presserats	318
Abb. 9.4:	Werbekritik: Was Werbung verdächtig macht	324
Abb. 9.5:	Beschwerden beim Deutschen Werberat (2004–2009) nach Branchen	327
Abb. 9.6:	Beschwerdemotive beim Deutschen Werberat (2004–2009)	328

1 Einführung: Texten für die Wirtschaftskommunikation

Abb. 1.1 Übersicht über die Kapitel dieses Buches

1.1 Ein Buch für Multitexttalente

Wer heute einen Kommunikationsberuf anstrebt, sollte über eine Reihe von grundlegenden Fähigkeiten und Fertigkeiten verfügen. Gefragt sind Kontaktstärke, Organisationsgeschick, strategisches und konzeptionelles Denken sowie nicht zuletzt redaktionelle Kompetenz, um den vielfältigen Anforderungen an die Erstellung und das Management von Texten gerecht zu werden. Die letztgenannte Kompetenz steht im Zentrum der Betrachtung dieses Buches. Denn in Kommunikationsberufen sind Textleistungen aller Art auch jenseits von Korrespondenz, Protokoll und Konzept gefragt. Werbeanzeigen, Pressemeldungen, Einladungstexte, Portraits, Produktnamen, Editorials, Kommentare und vieles mehr steht auf der Wunschliste von Auftraggebern. Grundwissen über Recherche, journalistische Darstellungsformen, werbesprachliche Textgestaltung, Texte für die Public Relations (PR) und ihre Ziele, Funktionen, Charakteristika und konventionellen Textschemata sowie ihre stilistische und strukturelle Aufbereitung gehört daher in das Pflichtenheft von Kommunikationswirten. Dieses sollte nicht zuletzt auch die ethischen Grenzen thematisieren, welche der Kommunikationsfreiheit kreativer Texter gesetzt sind.

Das vorliegende Buch zum Textwissen in der Wirtschaftskommunikation richtet sich an Berufseinsteiger und Studierende der Wirtschafts- und Kommunikationswissenschaften sowie verwandter Fächer, die anhand kurzer theoretischer Einführungen zu unterschiedlichen Textsorten[1], mit Hilfe der Analyse von Textbeispielen und vor allem auf der Grundlage von praktischen Übungen das Texten für Kommunikationsberufe erlernen möchten. Neben dem Aufbau eigener Text- und Sprachkompetenz will dieses Lehr- und Übungsbuch auch Kriterien für die Textbegutachtung vermitteln, um erfolgreiches Textmanagement im Alltag von Unternehmen oder Kommunikationsagenturen realisieren zu können. Dabei folgt das Buch dem Credo, dass für das Texten Talent keineswegs hinderlich ist, allerdings nicht zwingend vorausgesetzt werden muss, um informative, unterhaltende und überzeugende Texte zu erarbeiten. Das Wissen um Strukturen, Ziele und Schreibtechniken für Texte bietet eine gute Grundlage, Kreativität im sprachlichen Gestalten zu entwickeln und Freude an Sprache in gelungene Texte zu verwandeln.

Textkompetenz ist in der Praxis zumeist disziplinübergreifend gefragt. Diesem Anspruch werden die meisten existierenden Textbücher nicht gerecht. Sie erschöpfen sich vielmehr in Details zur Gestaltung von Pressemeldungen und Reden oder beschwören alternativ die Kreativität von Werbetexten. Wer in einen Kommunikationsberuf einsteigt, erfährt aber schnell, dass eine einseitige Ausrichtung auf das Texten in der Zeitungsredaktion, der Abteilung für Öffentlichkeitsarbeit oder der Werbeagentur durch den Einblick in die Textkompetenz und -konvention der jeweils anderen Kommunikationsdisziplinen die eigene Expertise sinnvoll ergänzen kann und muss. Dieses

---

[1] Unter Textsorten versteht man in der Linguistik „einzelkulturelle Übereinkünfte, (die) von der jeweiligen Kultur, in der sie entstanden sind, geprägt (sind)." (Fix 2008, 27). Es gibt also nicht Textsorten „an sich", sondern nur spezifische, kulturelle Verwendungsweisen von Text. Zum Textsortenbegriff siehe auch die ausführliche Erörterung bei Adamzik (2008, 145 ff.).

Buch will daher ein Grundwissen für das Texten in der Wirtschaftskommunikation vermitteln, das die Kooperation an den Schnittstellen interdisziplinärer Gestaltung von Kommunikationsmitteln unterstützt.

Wesentlich für die Bearbeitung des Themas Text ist in den nachfolgenden Kapiteln die Anwendungsorientierung. Vor dem Hintergrund dieser Ausrichtung müssen theoretische Erörterungen zwangsläufig randständig bleiben. Sie bilden nur die Hinführung zu der Auseinandersetzung mit unterschiedlichen Textsorten, die in der Praxis der Wirtschaftskommunikation zu gestalten sind. Das Buch kann auch nicht allen Textsorten die gleiche Beachtung schenken und muss zwangsläufig eine Selektion darstellen. Eine weitere notwendige Selektion stellt die hauptsächliche Konzentration auf schriftliche Sprachproduktionen in Printmedien dar.

1.2 Feintuning der Leseerwartungen

Obgleich es Texte schon seit Tausenden von Jahren gibt[2] und wir täglich mit ihnen umgehen, ist zu Beginn eines Textbuches die Frage zu beantworten, was überhaupt ein Text ist, was das Wesen des Textes im Allgemeinen ausmacht und was das Besondere an den Texten ist, die hier im weiteren besprochen werden sollen. Unter einem Text versteht man ganz allgemein ein zusammenhängendes Produkt geschriebener Sprache, „eine über den Satz hinausgehende, abgeschlossene, thematisch gebundene, sinnvolle sprachliche Einheit." (Fix 2008, 17). Auch die nicht geschriebene, aber schreibbare Sprachinformation eines Films oder Liedes gilt als Text im weiteren Sinne. Der Begriff „Text" stammt von dem lateinischen Wort „textus" – Geflecht, Gewebe und meint den Wortlaut eines Schriftstückes oder dieses selbst. Der Text ist also das Gewobene, das Produkt des Webens, Flechtens und Gestaltens, das Sprache in eine spezifische Form kleidet.

Sprache ist für den Menschen zentral. Der Sprachforscher und Philosoph Wilhelm von Humboldt (1767–1835) formulierte schon vor 200 Jahren die Einsicht „Der Mensch ist nur Mensch durch Sprache." Und für den bekannten Philosophen Martin Heidegger (1889–1976) galt: „Die Sprache ist das Haus des Seins.". Steven Pinker, Professor für Psychologie an der Harvard Universität und einer der bedeutendsten Linguisten unserer Zeit, ist der Auffassung, dass die Bedeutung der Sprache für die Entwicklung des Menschen nicht hoch genug eingeschätzt werden kann. Er meint: „Sprache wurde zur Trägerrakete des Menschen für den rasanten Aufstieg des Menschen zum beherrschenden Wesen des Planeten."[3]

Da Sprache den Menschen in seinem Wesen besonders auszeichnet, haben sich von Alters her auch besondere Formen der Sprachinformation, sprich der Textgestaltung, herausgebildet, die in ihren Formen und Funktionen ein Spiegelbild der jeweiligen

---

[2] In Ägypten sind bereits vor mehr als 4000 Jahren Texte in Form von Hieroglyphen gestaltet worden. Weitere frühe Textzeugnisse legten die Sumerer in Form der Keilschrift ab.
[3] zitiert nach Traufetter (2002, 218).

Kultur darstellen. Die Wirtschaftskommunikation reflektiert dabei nur einen kleinen Ausschnitt der heutigen Textkultur, die aufgrund ihres konventionellen Charakters wandelbar und somit vergänglich ist[4]. An dieser kulturellen Aus- und Verformung arbeiten täglich viele Texter in Unternehmen und Agenturen mit, die sich auf einer Gratwanderung zwischen notwendigem und sinnvollem Konventionserhalt und lebendiger und erfrischender Neugestaltung befinden. Die deutsche Sprache bildet dafür nach Goethe (1749–1832) eine hervorragende Grundlage. Goethe, für viele der Inbegriff deutscher Geistigkeit, wusste sehr Positives über die deutsche Sprache, ihre Lebendigkeit und ihre Gestaltungsräume zu sagen: „Die deutsche Sprache ist auf einen so hohen Grad der Ausbildung gelangt, dass einem jeden in die Hand gegeben ist, sowohl in Prosa als in Rhythmen und Reimen sich dem Gegenstande wie der Empfindung gemäß nach seinem Vermögen glücklich auszudrücken."[5]

Aber nicht das allein kann das Blühen der Schriftkultur erklären. Ob Lyrik oder Prosa, Propagandareden oder Werbeanzeigen, all diese verschiedenen Ausformungen von schriftlichen Sprachinformationen hätte es wohl nicht in dem Ausmaß gegeben, wenn Menschen nicht irgendwann in unserer Kultur des Lesens und Schreibens mächtig und der Verbreitung von Texten fähig gewesen wären. Für die Verbreitung von Texten war der Drucker und Erfinder des Buchdrucks, Johannes Gutenberg (um 1400 bis 1468) Bahn brechend: Seit Gutenberg ist die öffentliche Kommunikationskultur eine hauptsächlich schriftliche Kultur geworden, nur die Schrift ließ eine massenhafte Verbreitung von Inhalten zu. Trotz Medienrevolutionen und Multimedialität (vgl. Stöber 2003, 9 ff.) ist bis heute die schriftliche Kommunikation das dominierende Vehikel gerade auch in der Wirtschaftskommunikation geblieben.

Allerdings kann in Zeiten von „Aufmerksamkeitskriegen" nicht mehr jede Sprachinformation Beachtung finden. Der Erfolg von Texten ist daher durch unterschiedliche Qualitätsaspekte bestimmt, die im Einzelnen im Kontext der verschiedenen Textsorten zu formulieren sind. Allgemein kann man aber sagen, dass die Qualität oder Güte eines Textes sich neben der medialen Passung auch an der Gesamtkonzeption eines Textes zeigt. Die Bauform der Textkomposition ist dann als gelungen zu bezeichnen, wenn sich ein harmonisches Ganzes ergibt, wenn das Textgewebe eine Geschlossenheit aufweist, bei der die „Maschen" (sprich sprachlichen Zeichen) im richtigen Abstand ihren Platz haben und einem spezifischen Textmuster oder Zuschnitt gemäß den Konventionen der unterschiedlichen Textsorten (Anzeige, Pressemeldung usw.) entsprechen. Ein daraus resultierender Zusammenhalt der einzelnen Textelemente führt zu einer hohen Textkohärenz, die gute Texte auszeichnet[6].

---

[4] Einen sehr guten Überblick über die Wandlungen und Elastizitäten der deutschen Sprache geben Anderlick & Kaiser (2008).
[5] zitiert nach Garbe (2005, 7).
[6] Textuelle Kohärenz bezeichnet die Bedeutungsbeziehungen zwischen Sätzen (Löscher 2008, 91). Als weitere beschreibende Kriterien der „Textualität" eines Sprachproduktes gelten in der Linguistik die Kriterien Kohäsion (Verbindung der Satzeinheiten im Sinne grammatischer Abhängigkeiten), Intentionalität, Akzeptabilität, Situationalität und Intertextualität (Bezüge von Texten aufeinander) (vgl. ausführlich Fix 2008, 18 ff.).

Die lexikalischen Einheiten einer Sprache zu einem großen kohärenten Ganzen zusammenzuführen, ist vor allem bei einem umfänglichen Sprachschatz eine schwierige Bergungsaufgabe. Goethes Wörterbuch des Deutschen enthält 90.000 Begriffe. Ständig erweitern wir unsere lexikalische Schatztruhe durch Sprachimporte und Wortneuschöpfungen. Diese sind gerade in der Wirtschaftssprache ein Zeichen permanenten kulturellen Wandels und sprachlicher Expansion. Allerdings vollzieht nicht Jeder in einer Sprachgemeinschaft diese Entwicklungsprozesse. Der Durchschnittsdeutsche verfügt nach Ansicht von Linguisten nur über einen Wortschatz von ca. 10.000 Hauptwörtern und etwa 4.000 Verben. Aber selbst diese bergen schon ein gewaltiges Textpotenzial: Denn die vergleichsweise „wenigen" Wörter des Durchschnittsdeutschen sind beliebig grammatikalisch kombinierbar und ergeben bis zu 6,4 Billionen unterschiedliche Sätze mit durchschnittlich fünf Wörtern. „Sie alle herunter zu leiern würde dann eine Million Jahre dauern." so Steven Pinker, der eben bereits erwähnte Harvard-Professor für Linguistik[7]. Dies wäre freilich ein sowieso recht sinnloses Unterfangen. Allerdings zeigen diese Zahlen, dass wir einen sehr hohen Freiheitsgrad in der Sprach- bzw. Textproduktion haben.

Diese Freiheit gilt es zu gestalten, was bei vielen Textanfängern zu Überforderung führt. Kulturelle Konventionen zur Sprachverwendung und Textgestaltung stellen daher sinnvolle Hilfestellungen und Orientierungspunkte dar, um Texte für verschiedene Zwecke und Verwendungsformen unterscheidbar zu machen und qualitativ hochwertig zu gestalten. Die entsprechenden Schemata für die Texterstellung werden für unterschiedliche Textsorten, die in der Wirtschaftskommunikation gebräuchlich sind, in den nachfolgenden Kapiteln vorgestellt. Eine Vorschau darauf, was die Leser in diesen Kapiteln erwartet, bietet der nächste Abschnitt.

1.3 Die einzelnen Kapitel des Buches

Bevor ein Text erstellt wird und die Entscheidung über die zu erarbeitende Textsorte fällt, muss in der Regel zu einem Informationsgegenstand eine Recherche erfolgen. Denn zumeist liegen nicht alle notwendigen Informationen zu dem zu erstellenden Textprodukt zu Beginn der Arbeit vor. Dies trifft auf den Zeitungsartikel genauso zu wie auf die Werbeanzeige oder die PR-Broschüre. Neben den in der journalistischen Praxis klassischen und heute zum Teil noch üblichen Recherchierverfahren (z.B. Vor-Ort-Recherche, verdeckte Recherche) ist die Informationssammlung im Internet zur wichtigsten Recherchemethode geworden. Eine ganze Reihe verschiedener Suchstrategien und Ansätze der Internetrecherche werden im Kapitel 2 „Recherche-Grundlagen für die Textgestaltung" (von Marcus Matysiak) präsentiert.

Dabei wird der Anfänger in Sachen Internetrecherche angesprochen und kein Erfahrungshintergrund vorausgesetzt. Den Fortgeschrittenen unter den Lesern wird vielleicht zudem auffallen müssen, dass hier nicht der letzte Schrei der Recherche zu Papier

---

[7] zitiert nach Traufetter (2002, 218).

gebracht wurde. Es liegt in der Natur dieses Mediums, dass zum Druckzeitpunkt dieses Buches einige Informationen veraltet sein müssen oder sich schneller wandeln als ein Buch von der einen zur anderen Auflage. Dennoch kann das Kapitel die Recherchearbeit für Textanfänger durch eine theoretische Einführung zum Thema und Einblicke in die Suche im World Wide Web sinnvoll anleiten. Grundlegende Angaben zur Suche nach Printquellen (Bücher und ihr Bezug) sollen vor allem Studienanfängern die Beschaffung ihrer Studien und -textmaterialien erleichtern. Neben diesen Methoden der sekundären Informationsbeschaffung stellt das Kapitel auch Grundlagen zur primären Informationssuche bei Organisationen vor und hilft, die mittels verschiedener Methoden beschafften Informationen zu ordnen und zu bewerten.

Die eigentliche Textarbeit beginnt in Kapitel 3 mit dem Thema „Journalistische Texte" (Susanne Femers). Für diese Textsorten ist bis heute der Anspruch an Aktualität der Textinformation bezeichnend. Schon Arthur Schopenhauer (1788–1880) wusste: „Die Zeitungen sind die Sekundenzeiger der Weltgeschichte.". Man kann den Beginn deutscher Zeitungsgeschichte auf das Jahr 1502 datieren, als die „newe zeytung", eine neue Nachrichtenzusammenstellung, erschien. Allerdings ist das Wort „Zeitung" schon früher belegt. Es war im 13. Jahrhundert „als zidung" erstmals in Köln gebräuchlich und wurde gleichbedeutend mit dem modernen deutschen Wort „Neuigkeit" verwendet (Schulz-Bruhdoel 2001, 65). Seit dieser Zeit haben sich verschiedene journalistische Textformate, Nachrichten, aber auch andere Textsorten, zu einer großen Bandbreite von journalistischen Ausdrucksformen mit unterschiedlichen Zielsetzungen und Gestaltungsformen entwickelt.

Die Zeitung als klassisches, periodisch erscheinendes Printmedium für das Massenpublikum hat zum Ziel, ihre Leserschaft über aktuelles Geschehen zu informieren. So ist im Gegensatz zur Zeitschrift eine Zeitung ein dem Tagesgeschehen verpflichtetes Presseorgan, das in Rubriken wie Politik, Lokales, Wirtschaft, Sport und Feuilleton im redaktionellen Teil informiert. Während dieser Teil der Zeitung dem Allgemeininteresse zugedacht ist, bietet der Anzeigenraum der Zeitung käufliche Fläche für die Präsentation von Individualinteressen, die zumeist wirtschaftliche Interessen darstellen und der werblichen Kommunikation vorbehalten sind. Das Kapitel 3 möchte mit den häufigsten Textsorten journalistischer Darstellungskunst vertraut machen, d. h. den tatsachenbetonten, unterhaltenden und meinungsbetonten Formen. Für die einzelnen Textkategorien werden jeweils klassische Vertreter (von der Nachricht bis zur Glosse) theoretisch erörtert und mit Beispielen illustriert. Dabei behandelt die Autorin die Funktionalität der verschiedenen Textformen, ihre Charakteristika, geeignete Inhalte und Strukturierungs- sowie Sprachkonventionen.

Im Verlauf der Darstellung wird gezeigt werden, dass journalistisches Texten sehr viel mehr bedeutet, als nüchterne, sachliche Nachrichtentexte zu schreiben. Ein genauer Blick in die Tageszeitung zeigt bereits, dass die Darstellung von Neuigkeiten je nach Relevanz und seitens der Redaktion eingeschätztem Leserinteresse durchaus subjektive Züge aufweisen kann und es nicht so leicht ist, bei einem Geschehen festzustellen, was nun die wichtige und berichtenswerte Seite eines Ereignisses ist. Nehmen wir als Beispiel einen Konzerttermin und die journalistischen Akzentsetzungen bei der

Berichterstattung, die illustrieren können, dass Nachrichtenwert immer ein relativer Begriff beim Zeitungsmachen ist:

> **Beispiel: Das Konzert und sein Nachrichtenwert**
>
> Das Ereignis: Der Operntenor Rolando Villazón gab ein Konzert in der Berliner Philharmonie[8]. Will man nun über dieses Geschehen informieren, bieten sich die nachfolgenden Leitfragen an: Welche Opernarien hat er gesungen? Welche Komponisten, italienische, französische oder deutsche, bildeten den Schwerpunkt seines Programms? War er bei Stimme und wie war die Stimmung des Berliner Publikums? War der Star zu Autogrammen bereit? Wie viele Besucher fanden den Weg in die Konzerthalle, um die „neue Stimme des Jahrtausends" zu hören? Die Berichterstattung in den Berliner Tageszeitungen legte aber ganz andere Schwerpunkte. Was ihnen eine Nachricht wert war, hatte nichts mit diesen nüchternen Fragen zu tun, nichts mit den Interpretationen von Donizetti, Verdi, Puccini, Mascagni, Massenet oder Gounod.
>
> Der Tagesspiegel berichtete, „Rolando Villazón, 33, gefeierter Operntenor, kann sich auch vorstellen, nackt auf der Bühne zu singen." Die Berliner Zeitung schrieb am Tag danach: „Ob Frankfurter Allgemeine, ob Stern oder Gala: Der mexikanische Tenor Rolando Villazón betört sie alle, ob sie sich nun ein Urteil über seine Stimme erlauben dürfen oder höchstens über seine Frisur. Bis ans Ende der Welt würde die Kritikerin der FAZ laufen, um ihn zu hören – und wir vermuten mal: auch um ihn zu sehen." Musikliebhaber und -kenner dürften diese Zeilen schmerzen. Es bleibt zu hoffen, dass diese nicht auch noch in den zweifelhaften Genuss der Popularisierungsvariante journalistischer Darstellungskunst gekommen sind, die die Morgenpost zum Besten gab. Hier war nämlich anlässlich des Konzerts von Villlazón zu lesen: „Er ist der Ballack des Bel Canto. Unerbittlich und unerschöpflich knallt er beseligend seine Spitzentöne aufs Operntor."

Wer bislang meinte, journalistische Texte seien immer nüchtern, ist jetzt sicher etwas trunken von dieser Kostprobe journalistischer Sprachkreation. Das Beispiel zeigt, dass journalistische Texte, sofern es sich nicht um so genannte „Hard news", also nachrichtliche Texte aus Politik, Wirtschaft und Weltgeschehen, handelt, sehr stark von der stilistischen Gestaltungsfreiheit leben, die jenseits der Nachrichtensprache gewährt und gepflegt wird. Die Grenzen dieser Freiheit sind einerseits eine Frage des Geschmacks, liegen sicher aber auch in den Grenzen der Sprachkompetenz des Lesers. Diese dürfte je nach Positionierung eines Mediums durchaus unterschiedlich sein. Sie darf aber niemals aus dem Blick geraten. Denn ein Medium muss immer für eine große Masse von Lesern verständlich sein.

Die vielen Seiten von Zeitungen und Zeitschriften wären sicher nicht so gut gefüllt, gäbe es nicht Öffentlichkeitsarbeiter, die als Zulieferer von Journalisten täglich massenweise Informationen über die Ticker, in die Mail-Boxen und auf die Redaktionsschreibtische transportieren würden. Den Public Relations bzw. der Öffentlichkeitsarbeit ist gemäß der Determinierungsthese der Kommunikationswissenschaftlerin Barbara Baerns unterstellt worden, sie habe Themen und Timing der Medienberichterstattung im Griff. In der Tat ist es so, dass Öffentlichkeitsarbeit – „als Selbstdarstellung partikularer Interessen durch Information" – die Berichterstattung strukturieren kann,

---

[8] Das Konzertereignis fand am 3.11.2005 statt. Die zitierte Nachberichterstattung stammt von den beiden Folgetagen.

wenn auf selbstständige Recherche seitens der Journalisten verzichtet wird. So ist der Journalismus – als „Fremddarstellung und (...) als Funktion des Allgemeininteresses" (Baerns 1991, 16) – nicht so unabhängig, wie man erwarten könnte. Die kommunikationswissenschaftliche Forschung hat nun gezeigt, dass die Intensität von Öffentlichkeitsarbeit Einfluss auf die Medienberichterstattung hat. Insbesondere für die Routineberichterstattung gilt, dass die Thematisierungsleistung weniger bei den Journalisten als bei den PR-Beratern liegt (siehe zusammenfassend Raupp 2008, 192 f.).

Die hiermit angesprochene Presse- und Medienarbeit als Zulieferungsleistung für das journalistische System als ein Bereich der Unternehmenskommunikation wird im Kapitel 4 „Texte für die Unternehmenskommunikation" (von Susanne Femers) im Hinblick auf ihre Instrumente und Funktionen vorgestellt. Daneben beschäftigt sich das Kapitel aber auch mit anderen Textvarianten, die Kommunikationsmanager für Unternehmen und Organisationen erarbeiten. Schwerpunkt der Darstellung ist die Funktionalität dieser Texte, die anhand von Beispielen illustriert wird. Die in der kommunikationswissenschaftlichen und betriebswirtschaftlichen Fachliteratur gebräuchlichen Begriffe für derartige Informationstätigkeiten von Unternehmen – Unternehmenskommunikation, Organisationskommunikation oder auch Public Relations – sind Gegenstand einer theoretischen Erörterung, die die Abgrenzung der Begriffe untereinander, aber auch gegenüber der Kommunikationsdisziplin „Werbung" für den Leser erleichtern soll.

Während sich das Kapitel 4 schwerpunktmäßig den Texten für Printmedien widmet, macht das Kapitel 5 „Texte für das Internet" (von Marcus Matysiak) zum Hauptgegenstand der Betrachtung. Unter den von Printproduktion und -rezeption abweichenden medialen Bedingungen sind für die Erarbeitung von Texten auch davon abweichende Gestaltungsgrundsätze zu beachten. Das Kapitel beantwortet u. a. folgende Fragen: Was ist bei der Erstellung von journalistischen Texten für das Internet zu beachten? Wie muss eine Website eines Unternehmens aufgebaut und textlich gestaltet sein, damit der Besuch der Seite für den User gewinnbringend ist? Wie schreibt man Texte für Twitter und andere Blogs? Und wie sind Texte zu gestalten, damit sie von Suchmaschinen im Internet überdurchschnittlich gut gefunden werden bzw. weit oben im Ranking der Suchergebnisse erscheinen? Texte für die Unternehmenskommunikation werden hier mit der Priorität behandelt, die ihnen durch ihre Relevanz für die Wirtschaftskommunikation gegeben ist. Andere Textvarianten im Internet, die der privaten, nicht-öffentlichen Kommunikation vorbehalten sind, sind ausgegrenzt, da deren Betrachtung den Rahmen der Darstellung sprengen würde.

Der Literaturnobelpreisträger Günter Grass[9] hat einmal gesagt „Schreiben (...) ist ein kunstvoller, manchmal auch trickreicher Akt der Verführung". Diese Aussage gilt besonders für „Texte in der Werbung", denen ein eigenes Kapitel 6 (von Susanne Femers) gewidmet ist. Werber wissen, was jeder Hedonist weiß und spielen deshalb mit unseren Phantasien von Lustbefriedigung und Glück. Die Werbung setzt auf unser Hoffen auf Superlative („Die Creme de la Creme", Nivea) und befriedigt unsere Sehn-

---

[9] in mobil (10/2005, 8).

sucht nach rosaroter Sorglosigkeit und hemmungsloser Bedürfnisbefriedigung („Nichts bereuen. Für immer genießen. Finanzierung mit Gutfühlgarantie.", Berliner Sparkasse).

Vor Jahrzehnten waren die Ambitionen gerade in der Produktwerbung noch sehr offensichtlich. Da hieß es z.B. im Ideal der sozialistischen Fernsehwerbung 1965, die sich der „dreisten Rhetorik" des Kapitalismus angepasst hatte: „Weißwein ist so recht das Getränk unserer Zeit. Für unseren Optimismus, Weißwein für glückliche Menschen, die sich gemeinsam über Vollbrachtes freuen." (Mielke 2004). Werbung ist bis heute vielfach subtiler und interpretationsbedürftiger geworden („Nogger Dir einen." (Nogger Eiscreme) oder „Sind wir nicht alle ein bisschen Bluna?" (Bluna Limonade)). Ihre Kunst besteht darin, auch Wünsche zu wecken, die eigentlich schlafen. Oder objektiv nicht Unterscheidbarem, Produkten mit nahezu identischer Ausgestaltung, eine differenzierende Identität zu verleihen, sie als absoluten Glücklichmacher jenseits aller Konkurrenz zu positionieren. Dies geschieht („nicht immer, aber immer öfter") über kommunikative Leistungen, für die der Texter sehr geschickt mit den Stilmitteln aus Linguistik und Rhetorik jonglieren muss. (Diesen Stilmitteln widmet sich im Detail das gesonderte Kapitel 7.)

Die „Es-wird-Ihnen-an-nichts-fehlen"-Klasse von Textversprechen spiegelt den Charakter der Werbung wieder, die im Unterschied zu anderen Texten der Wirtschaftskommunikation alle Inszenierungstechniken der Selbstdarstellung ungestraft einsetzen darf. Werbung ist die subjektivste aller Textsorten der Wirtschaftskommunikation. Sie darf sich am weitesten von der Realität entfernen, solange sie nur nahe genug bei unseren Wünschen vom Glück bleibt. Solche textlichen Inszenierungen in Werbeanzeigen werden im Kapitel 6 eingehend analysiert. Und dort wird auch gezeigt, wie man auf kleinem Raum sehr viel über ein Produkt sagen kann (z.B. „Italien auf Knopfdruck." 25 Jahre Saecco). Mehr noch als für Anzeigen ist dies eine Herausforderung für die Kreation von Namen. Denn allein ein Name sollte Programm sein für die Bedürfnisbefriedigung eines anspruchsvollen Konsumenten. Den Motiven der Namensgebung bzw. Fragen wie der, warum z.B. ein Fernsehsender „Sixx" getauft wird und ein Dateiformat den Namen „Adobe" trägt[10], widmet sich der zweite Teil des Kapitels über werbesprachliche Texte.

Gestaltungsfragen für Textarbeiten ergeben sich nicht nur im Kontext werbesprachlicher Kreationen. Auch in anderen Bereichen, in Journalismus und Unternehmenskommunikation, sind Stilfragen zu beantworten. Diese werden im Kapitel 7 „Stilistische Textgestaltung" (Susanne Femers) ausführlich erörtert – inklusive der unterschied-

---

[10] Sixx ist ein im Mai 2010 aus der Taufe gehobener Fernsehsender nur für Frauen aus der Pro Sieben Sat 1 Media AG. Pro Sechs als Ergänzung zu Pro Sieben wäre ein denkbarer Name gewesen. Er wäre aber womöglich als neuer Männersender missverstanden worden. Sixx steht nun für Six, für das englische Wort Sechs. Das zweite X ist eine Anspielung auf die weiblichen Chromosomen XX (Der Tagesspiegel 7.05.2010). Das Softwareunternehmen Adobe, 1982 gegründet von John Warnock und Chuck Geschke, wurde nach dem Fluss „Adobe Creek" benannt, an dessen Ufer die Häuser der Unternehmensgründer in Californien lagen (http:www.markenlexikon.com/produkte_a.html, Zugriff 12.05.2010.).

lichen Grade der stilistischen Gestaltungsfreiheit für einzelne Textformen. Denn Texte für die Werbung sowie journalistische Texte verlangen (mit Ausnahme von Nachricht und Bericht) vom Texter Kreativität im sprachlichen Ausdruck, aber auch ein solides Wissen um rhetorische Stilmittel. Die Stilistik beschäftigt sich im Hinblick auf sprachliche Gestaltung mit vier Grundfragen. Die erste Frage betrifft die Sprachkorrektheit und damit den Anspruch an die richtige Verwendung der Grammatik und die Orientierung am kulturell normierten Sprachgebrauch[11]. Als Grundfrage zwei thematisiert die Stillehre die Klarheit von Sprachinformationen, bei der es um die Verständlichkeit und Lesbarkeit eines Textes geht. Als drittes stilistisches Kriterium gilt die Sprachangemessenheit, d. h. die Einheitlichkeit und Situationsangemessenheit eines Textproduktes. Die letzte und für den kreativen Texter wohl spannendste Frage der Stilistik fokussiert schließlich den so genannten Redeschmuck.

Mit dieser Frage setzt sich das Kapitel 7 sehr differenziert auseinander. Hier geht es um Sprachspiele und -inszenierungen, mit denen man z. B. Reportagen oder aber werbesprachliche Texte attraktiv und eindrucksvoll gestalten kann. Das Kapitel knüpft an im Deutschunterricht zumeist in Lyrik und Prosa vermittelten Stilfiguren an, die hier im Kontext der Wirtschaftskommunikation illustriert und systematisiert werden. Angesprochen werden beispielsweise sprachliche Freiheiten wie die Wortneuschöpfung, aufgrund der man „tchibofonieren" statt „Aldi-Talk" betreiben kann. Auch ist es uns vergönnt, „sparnünftig billig" Produkte zu erwerben (Media Markt) oder „quantastisch" zu fliegen (Quantas). Und im Fußballsommer 2010 sind wir dank der vivesco-Apotheken „weltmeistergesund".

In der Werbesprache lernt man außerdem dank Ausschöpfung kreativer stilistischer Gestaltungsmittel mit Sprache ungewöhnlich frei von grammatikalischen Zwängen umzugehen („Sparen Sie an den Strand" (Easyjet)) oder die Strenge von rhetorischen Positionsfiguren treffsicher für eine einprägsame Textgestaltung zu nutzen (Beispiel: „Ihr Drucker liebt Ihre Kunst. Ihre Kunst liebt Ihren Drucker." (Hewlett-Packard – Anapher, Chiasmus und Personalisierung in einer Headline). Die Sprache der Wirtschaft liebt außerdem das Bildhafte, das Metaphorische und den Vergleich. So lesen wir in der Lobrede über Kulturevents, dass „Sommerfestivals die Cabrios des Musikbetriebs" sind (Der Tagesspiegel 9.05.2010), und dass das „Hotel günstiger als die Zigarre sein kann" (ICH RESERVIEHRS.) (Binnengroßschreibung mit Textintarsie) (HRS Hotelportal). Auch von Personalisierungen verspricht sich die Wirtschaftssprache viel – so behauptet die Kammeroper in Rheinsberg etwa „Es singt der See." und Nespresso gilt als „Die Seele des Kaffees.". Außerdem versucht Werbung uns mit Widersprüchen in ihren sprachlichen Bann zu schlagen. Warum sonst wäre die Geflügelwust von der Rügenwaldermühle „Saulecker!" oder würde die Berliner Stadtreinigung beschwören „So grün ist nur orange."? Gerade Werbung braucht die Kreativität zur Aufmerksamkeitsbindung. Ihr sind dazu nahezu alle sprachlichen Mittel recht. Sie will uns sprach-

---

[11] Es kommt hier insbesondere auf die Feinheiten an, die oft den entscheidenden Unterschied machen. So macht es einen Unterschied, ob es in der Broschüre eines Schönheitschirurgen heißt „Das ist nicht viel zu tun." oder ob man schreibt „Da ist nicht viel zu machen." (zitiert in Anlehnung an den Klappentext von Hirsch 2008).

lich überraschen und ihr gelingt es, durch die Sprachinszenierung immer wieder aufs Neue mit Erwartungen zu spielen. Sprachliche Abweichungen in Inhalt und Form sind daher beliebt.

Neben dem Stil ist die Struktur eines Textes eine zweite wesentliche Gestaltungsaufgabe. Ihre Realisierung kann sich an konventionellen, formalen Strukturierungsprinzipen orientieren wie sie beispielsweise durch den einheitlichen Aufbau beim Nachrichtentext oder der Pressemeldung gegeben sind. „Strukturelle Textgestaltung" (Kapitel 8, Susanne Femers) ist aber mehr als das. Gerade persuasive, argumentative Texte brauchen einen geschickten Aufbau, um funktional zu sein. Die entsprechenden Gestaltungsmittel wie Deduktion, Induktion und Fünfsatz werden zum Abschluss der Ausführungen zur Texterarbeitung wiedergegeben und anhand von Beispielen illustriert.

Da Texte wie eingangs erläutert immer ein Spiegelbild der jeweiligen Kultur sind, reflektieren ihre Inhalte und ihr Sprachduktus allgemeine Wertvorstellungen. Was man als Werbetexter sagen darf und als PR-Mensch schreiben sollte, ist daher auch eine Frage des Zeitgeistes, der gesellschaftlichen Gepflogenheiten und Normalformerwartung. Abweichungen von der Norm versprechen, wie gesagt, Aufmerksamkeit – eine im Kommunikationswettbewerb stark umkämpfte Ressource. Solche Erwartungsbrüche berühren oftmals die Grenzen „guten Geschmacks", schlimmer noch, sie können auch leicht die guten Sitten verletzen und moralische Bedenkenträger alarmieren.

> **Beispiel: „Die Volks-Blogger"**
>
> Wenn die Tankstellenkette Aral und Bild in gemeinsamer „Volks-Aktion" 2010 empfehlen, den Tag mit dem „Volks-Frühstück"[12] zu beginnen, könnte man schon ins Grübeln geraten. „Was will uns dieses Rätsel sagen?" – so fragt man sich vielleicht. Auch Kneipp macht mit beim „Volksmarketing" und bietet mit Bild die „Volks-Tablette", ein Vitaminprodukt, an. Im für die Initiatoren schlechtesten Fall fühlt man sich vielleicht alarmiert und fragt sich „Wie braun ist die Sehnsucht, die nach diesen Produkten verlangt?" Konsumenten sind kritisch, ihre Meinungen tun sie z. B. in Blogs öffentlich kund, so z. B. im Shopblogger[13], in dem sich ein „Unterschichtler" dazu mit „Jetzt neu: Der Volks-Blog" zu Wort meldet und von User „sosi-chan" die Antwort erhält: „Das ist ... grenzwertig ... echt.". Und der Blogger „Aurich02" resümiert: „Deutschland. Es geht weiter ein Stück bergab mit dir." Zugegeben: Eine alte Marketingweisheit besagt: „Der Köder muss dem Fisch, nicht dem Angler schmecken". Aber das Beispiel zeigt, der Textmanager hat dafür zu sorgen, dass der Fisch sich nicht den Magen verdirbt.

Neben Geschmacksverirrungen und Sodbrennen kann Wirtschaftskommunikation aber auch ernsthafte ethische Verstöße produzieren. Daher muss sich der Textmanager – egal ob in Journalismus, PR oder Werbung – an den etablierten Ethikcodices der jeweiligen berufsständischen Interessenvertretungen orientieren. Das letzte Kapitel 9 klärt deshalb über „Ethische Aspekte der Textgestaltung" (von Susanne Femers) auf und versucht für Kommunikationsfreiheiten und –grenzen des Textens zu sensibilisieren.

---

12 Das Volks-Frühstück beinhaltet einen Kaffee und einen Supersnack mit wahlweise Kochschinken, Salami, Pute oder Gouda. (Quelle: http://www.aral.de/aral/section genericarticle.do?categoryId =9019547&contentId=7061777, Zugriff 12.05.2010)
13 Siehe http://www.shopblogger.de/blog/archives/10130-Nooo!!!.html, Zugriff 28.05.2010.

1.4 Abschließende Empfehlung der Autoren

Das aktive Lesen und Durcharbeiten des Buches soll Kommunikationsmanager für die eingangs erwähnten „Kriege um Aufmerksamkeit" im Kommunikationsmarkt stark machen. Das 10. Kapitel des Buches stellt Lösungen und Lösungsvorschläge für die zum Ende der Einzelkapitel aufgeführten Kontrollfragen und Aufgaben vor, so dass die eigenen Analysen und Betrachtungen mit denen der Autoren abgeglichen werden können. So gestärkt dürfte es gelingen, den Strategien der Wirtschaftssprache, ihren Kuriositäten und den uns von ihr auferlegten Rätseln am Ende auf die Spur zu kommen. Im besten Fall kann auf diesem Wege sogar die Liebe zur Wirtschaftskommunikation und zum Texten entdeckt werden. Den Autoren ist es jedenfalls so ergangen.

Prof. Dr. Susanne Femers
Studiengang Wirtschaftskommunikation,
Hochschule für Technik und Wirtschaft Berlin

Marcus Matysiak
Absolvent im Studiengang
Wirtschaftskommunikation
Ausschnitt Medienbeobachtung GmbH, Berlin

1.5 Literatur

1.5.1 Quellen

Adamzik, Kirsten (2008). Textsorten und ihre Beschreibung. In: Nina Janich (Hrsg.) Textlinguistik. 15 Einführungen. Tübingen: Narr Verlag, 145–175.

Anderlik, Heidemarie & Kaiser, Katja (Hrsg.) (2008). Die Sprache Deutsch. Eine Ausstellung des Deutschen Historischen Museums Berlin. Dresden: Sandstein Verlag.

Baerns, Barbara (1991). Öffentlichkeitsarbeit oder Journalismus? Zum Einfluss im Mediensystem. Köln: Verlag Wissenschaft und Politik.

Fix, Ulla (2008). Text und Textlinguistik. In: Nina Janich (Hrsg.) Textlinguistik. 15 Einführungen. Tübingen: Narr Verlag, 15–34.

Garbe, Burkhard (2005). Goodbye Goethe. Sprachglossen zum Neudeutsch. Freiburg: Herder Spektrum.

Hirsch, Eike Christian (2008). Deutsch kommt gut. Sprachvergnügen für Besserwisser. München: Verlag C. H. Beck.

Löscher, Andreas (2008). Textsemantische Ansätze. In: Nina Janich (Hrsg.) Textlinguistik. 15 Einführungen. Tübingen: Narr Verlag, 85–111.

Mielke, André (2004). Noch mehr Weißwein. Berliner Zeitung, 26.04.04.

Raupp, Juliana (2008). Determinationsthese. In: Günter Bentele, Romy Fröhlich & Peter Szyszka (Hrsg.). Handbuch der Public Relations. Wissenschaftliche Grundlagen und berufliches Handeln. Wiesbaden: VS Verlag für Sozialwissenschaften, 192–208.

Schulz-Bruhdoel, Norbert (2001). Die PR- und Pressefibel. Zielgerichtete Medienarbeit. Ein Praxislehrbuch für Ein- und Aufsteiger. Frankfurt: F.A.Z.-Institut für Management-, Markt- und Medieninformationen.

Stöber, Rudolf (2003). Mediengeschichte. Die Evolution „neuer" Medien von Gutenberg bis Gates. Eine Einführung. Band 1: Presse – Telekommunikation. Wiesbaden: Westdeutscher Verlag.

Traufetter, Gerald (2002). Stimmen aus der Steinzeit, Der Spiegel, 43/2002, 218.

1.5.2 Leseempfehlungen

Lüdecke, Roger & Kammer, Stephan (2005). Texte zur Theorie des Textens. Ditzingen: reclam Verlag.

Pinker, Steven (1998). Wie das Denken im Kopf entsteht. Reinbek: Kindler Verlag.

Schneider, Wolf (2007). Deutsch! Das Handbuch für attraktive Texte. Reinbek: rororo.

2 Recherche-Grundlagen für die Textgestaltung

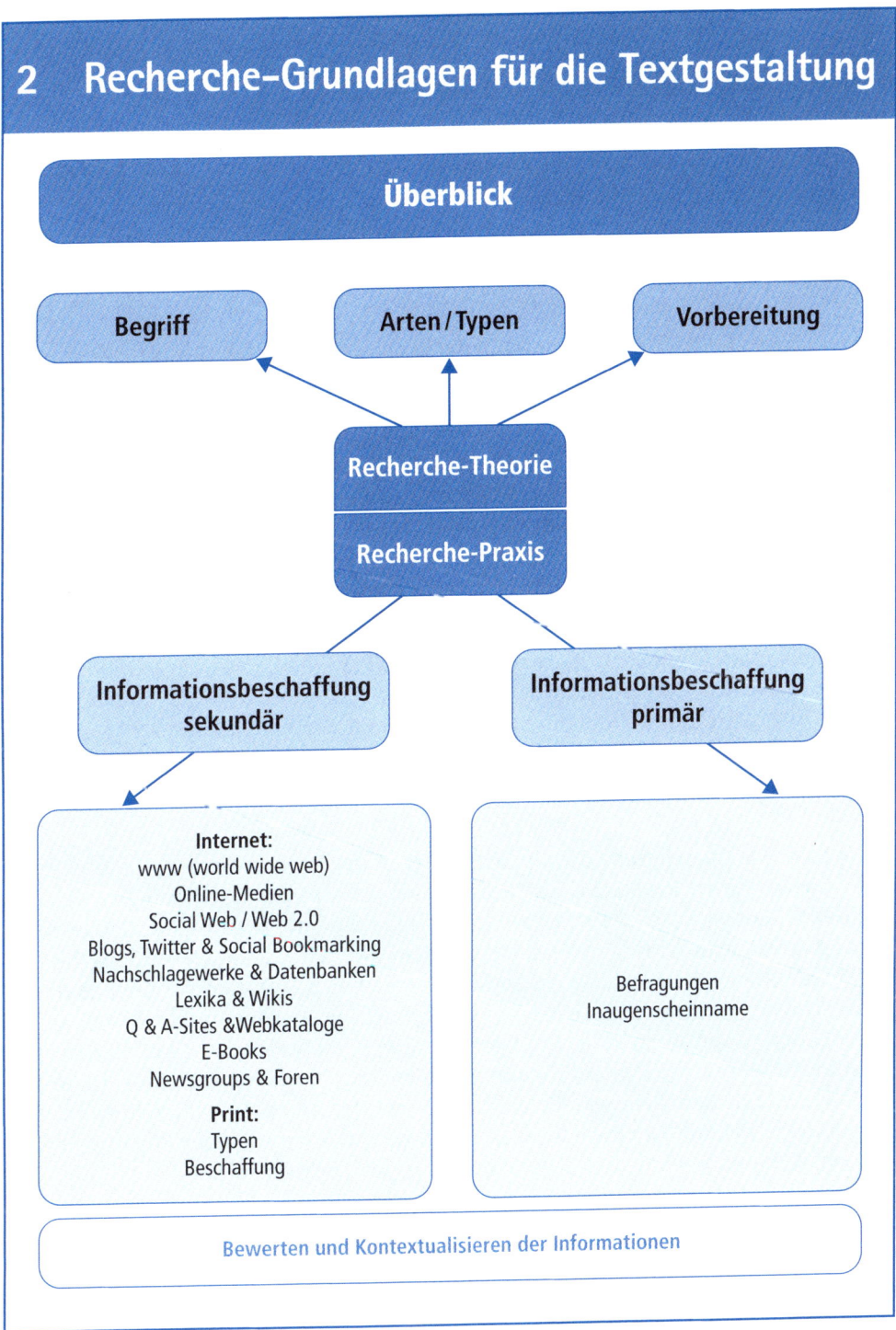

Abb. 2.1: Überblick über das Kapitel

2.1 Einführung und Begriffsbestimmung

Anspruchsvolle Textarbeit für die Wirtschaftskommunikation ist eine Kombination aus handwerklichem Geschick, Erfahrung und sorgfältiger Recherche. Die Essenz jeder Recherche ist eine Informationsbeschaffung – Wege dazu sollen in diesem Kapitel aufgezeigt werden. Ein großer Abschnitt ist der Informationsbeschaffung per Internet im weiteren Sinne gewidmet und damit den nachfolgenden Fragen:

- Wie durchsucht man das Internet zielführend?
- Wann ist es hilfreich und wann raubt die Suche gegebenenfalls kostbare Zeit?
- Wird diese Beschaffungsquelle bezüglich des Informationsgehaltes in der derzeitigen Ausprägung über- oder unterschätzt?

Ein weiterer Abschnitt befasst sich mit traditionellen Methoden der Informationsbeschaffung – von der Nutzung von Bibliotheken bis zur Auswahl eventuell zu befragender Experten. Die Beschaffung von Informationen ist nur ein, wenn auch essentieller und umfangreicher, Teil einer Recherche. Was sind die anderen Schritte? Wie sollte man mit recherchierten Informationen umgehen? Diese Aspekte werden im Anschluss so kurz wie möglich und so ausführlich wie nötig beleuchtet.

Eine etablierte Definition für Recherche liefert Haller (2008, 246), ein journalistischer Experte in Sachen Recherche: „Das Recherchieren ist im engeren Sinne ein Verfahren zur Beschaffung und Beurteilung von Aussagen, die ohne dieses Verfahren nicht preisgegeben, also nicht publik würden. Im weiteren Sinne ist es ein Verfahren zur Rekonstruktion erfahrbarer, d. h. sinnlich wahrgenommener Wirklichkeit mit den Mitteln der Sprache."

Die tiefste Auseinandersetzung mit dem Begriff Recherche findet im Journalismus statt. Die Versuche, Recherche als Begriff fassbar zu machen, entspringen weit gehend auch diesem Feld. Ziel ist dabei naturgemäß die publikumswirksame Veröffentlichung. Fasst man den Begriff weiter mit dem Ziel, eine Charakterisierung für alle denkbaren Anwendungsgebiete – insbesondere auch der Wirtschaftskommunikation – vorzunehmen, kann man Recherche wie folgt definieren: Das Recherchieren ist ein zielorientiertes Verfahren zum selbstständigen, systematischen Beschaffen, Bewerten und Kontextualisieren von Informationen aller Art. Die Zielorientierung ist besonderes hervorzuheben, denn gerade die Suche nach Informationen im Web kann ohne konkrete Zielstellung zu einem zwar interessanten und kurzweiligen Ausflug in neue Wissensregionen werden, dient allerdings oft nicht effektiver Recherche.

> **Beispiel:**
> Eine Recherche mit dem Ziel, die USA kennen zu lernen, wird nicht effizient sein. Das Feld ist weit, zu viele nicht definierte Teilaspekte sind in dieser offenen Zielstellung vereint. Vielmehr lohnt sich eine Aufteilung in relevante Aspekte, zusammen sollten diese eine sinnvolle und ergiebige Bearbeitung im gegebenen zeitlichen Rahmen gewährleisten. Solche Aspekte könnten sein: Demographie, Wirtschaft, Bildung, Kultur, Politik, Geschichte usw. Entsprechende Recherche-Fragen könnten dann lauten: Wie war die demographische Entwicklung in den USA in den letzten 20 Jahren? Wie haben sich im glei-

> chen Zeitraum das Bruttoinlandsprodukt und das durchschnittliche Einkommen entwickelt? Wie ist derzeit das Bildungssystem strukturiert? Die gezielte Bearbeitung solcher Einzelaspekte und eine spätere Zusammenführung sind weitaus erfolgreicher als das „Stochern" im großen Ganzen. In der Regel sind ohnehin nur einige Aspekte wirklich von Interesse, somit führt eine Kategorisierung als solches bereits zu einer nützlichen Selektion.

Grundsätzlich ist jede Recherche vor dem Hintergrund dreier, elementarer Aspekte vorzunehmen: Relevanz, Gültigkeit und Verstehbarkeit (Haller 2008, 51). Dieser Ansatz ist wieder der journalistischen Recherche entnommen, eignet sich aber gleichermaßen für eine Projektion auf Recherche im Allgemeinen.

So sollte in einem ersten Schritt geklärt werden, ob die beschafften oder zugetragenen Informationen relevant sind. Sind sie überhaupt passend im Rahmen des zu bearbeitenden Kontextes? Sind sie für spätere Rezipienten von Interesse, sind sie neu, sind sie wichtig? Dies sind beispielhafte Fragestellungen, um die Relevanz zu überprüfen; eine gewissenhafte und durchdachte Beantwortung erspart das Beschreiten von „Irrwegen".

Sind relevante Informationen gefunden, stellt sich die Frage nach der Wahrheit. Stimmt das eigentlich, verarbeite ich gültige Informationen? Gegenstand einer jeden Recherche sind grundsätzlich Fakten. Diese sind immer überprüfbar. Schwierig wird der Versuch von Wahrheitsfindung bei Themen, die sich aus ihrer Natur heraus einer Faktizierbarkeit entziehen. Insbesondere wissenschaftliche Themen, z.B. die Urknalltheorie in der Physik oder die Lebensumstände längst untergegangener Zivilisationen, sind durch etablierte Forschungsmeinungen erklärt. Und diese basieren auf fundierten und nachvollziehbaren, jedoch naturgemäß nicht beweisbaren Mutmaßungen. In solchen Fällen ist die Wahrheitsvoraussetzung zu relativieren und damit die Wahrheitsüberprüfung zu modifizieren. Es gilt, Informationen daraufhin zu bewerten, ob sie „saubere" Methoden zur Grundlage haben und durch mehrere Experten nachvollzogen werden können. Haller (2008, 41) führt zum Spannungsfeld zwischen Fakten und Meinungen aus: so „(...) soll sich Recherche nicht mit Aussagen befassen, die keinen faktischen Bezug zur Wirklichkeit haben." Und weiter: „Das heißt: Meinungsäußerungen sind ihrem Inhalt nach kein Objekt der Recherche.". Dies gilt so nur für die Nachrichtenrecherche. Recherchearbeit dagegen mit dem immanenten Ziel, Meinungen abzubilden, hat selbstverständlich gerade solche zum Inhalt.

Das dritte wesentliche Hauptmerkmal einer verantwortungsbewussten Recherche ist die Verstehbarkeit der Information. Ist sie lückenlos, frei von logischen Widersprüchen, insgesamt nachvollziehbar? Diese Erwägungen beziehen sich auf den Inhalt, nicht die sprachliche Aufbereitung. Aufgabe des Rechercheurs, seiner Informationsverarbeitung sowie der anschließenden Textproduktion ist es, die Inhalte – und seien sie auch noch so schwierig – in eine für die Zielgruppe verständliche Form zu bringen.

2.2 Recherchearten

Abhängig von Themengebiet, Zielstellung und Vorwissen kann man verschiedene Verfahren der Recherche abgrenzen. Haller (2008, 87 ff.) nimmt für die journalistische Recherche-Praxis eine Kategorisierung vor, die in der nachfolgenden Tabelle dargestellt ist.

Kategorisierung von Recherchierverfahren	
Recherchierverfahren	beinhaltet z. B.
Das Überprüfen	• Faktenkontrolle • Quellenzuordnung, Quellenkontrolle
Das Vervollständigen	• Erhöhung der Detailgenauigkeit • Umfeldkontrolle zur Einschätzung u. Gewichtung des Geschehen
Die Thesen-Kontrolle	• Überprüfen von Behauptungen und Gerüchten über den Hergang • „Warum" – Hinterfragung der verifizierten Aussagen • Abgleich mit Fakten- und Quellenlage
Das offene Thema	• Überprüfen der Annahmen und des aktuellen Bezugspunktes, die der Themenidee zu Grunde liegen • Erarbeitung einer Übersicht, Kontextualisierung, Verdichtung • Eingrenzen des aktuellen Bezuges eines Themas
Die Rekonstruktionsrecherche	• Klärung des Herganges, des „Wie" • Beleuchtung der Chronologie einer Vorgeschichte oder der Motive und Beweggründe
Die fließende Recherche	• bei fortlaufender Veröffentlichung zu einem Thema • begleitet Sachverhalte von erheblicher Relevanz • jeder einzelne Artikel muss den Kontext aufzeigen
Die aufdeckende Recherche	• legt verdeckte Sachverhalte offen, die für die Allgemeinheit interessant sind • Entscheidung über öffentliche Relevanz ist zu treffen • Aufdecken erfordert Fingerspitzengefühl, da oft gegen den Widerstand Beteiligter recherchiert werden muss
Die investigative Recherche	• Insider-Enthüllung als Grundlage • behandelt Missstände oder mutmaßlich unlautere Machenschaften von öffentlicher Relevanz • naturgemäß Widerstand involvierter Personen

Die literarische Recherche *verwandt mit offenen Thema, nicht dringend oder tagesaktuell*	• themenzentrierte Herstellung von Zusammenhängen zwischen Alltag und Kultur als Ziel • spekulatives Umgehen mit dem Thema
Die Vor-Ort-Recherche	• ergänzt und erweitert die eigentliche Informationsbeschaffung

– bspw Web 2.0 auch Social-Media-Blase?

ähnlich mit Rekonstruktionsrecherche, bspw Entwicklung nach Naturkatastrophe vor 20 Jahren

Abb. 2.2: Überblick über Recherchierverfahren

Abgesehen von der investigativen und der aufdeckenden Recherche sind alle Typen durchaus auch auf die nichtjournalistische Arbeit projizierbar. In jedem Arbeitsbereich werden Themen vervollständigt, überprüft oder auch rekonstruiert. Die vorgenommene Einteilung soll für unterschiedliche Ausgangspositionen und in der Folge differierende Vorgehensweisen sensibilisieren. Recherche ist nicht gleich Recherche, was Ausdruck findet in der Art der Informationen, in der Art der Beschaffung sowie in der Art der Verarbeitung.

2.3 Vorbereitung der Recherche

Eine gute Vorbereitung ist beim Recherchieren ein Schlüssel zum Erfolg. Insbesondere eine gründliche Analyse der Aufgabenstellung und eine kritische Prüfung des eigenen Vorwissens sind dabei unverzichtbar. Dazu ist der gegebene Zeitrahmen ebenso zu berücksichtigen wie die gegebenen Recherche-Möglichkeiten, sprich die nutzbaren Quellen. Ist das gelungen, sollte man bereits vor der praktischen Recherche Unterthemen herausarbeiten, diese in Fragen bzw. Suchbegriffe zerlegen und – wie bei jeder anspruchsvollen Aufgabe – einen „Plan" erstellen. Für einen solchen gibt es sicherlich keinen Königsweg, enthalten sollte dieser jedoch zwingend eine Ressourcenzuordnung mit Zeitplan, d. h. über welche Quelle kann ich mir welche Information wann und in welcher Zeit erschließen? Vorsicht ist geboten bezüglich der Menge an Informationen, die man recherchiert. Case (2002, 69) führt treffend aus: „Yet too much information leads to overload and thence to deliberate ignoring of inputs. ‚Having information' is not the same as ‚being informed', so increasing the flow of information does not always result in an informed person." Es scheint also Erfolg versprechender, sich auf weniger, dafür aber etablierte, seriöse Quellen zu stützen. Es sollte mehr Zeit zur Bearbeitung dieser als zum Sammeln weiterer aufgewendet werden.

Apropos Zeit: Wie viel ist angemessen? „Für eine Arbeit wird genau die Zeit in Anspruch genommen, die zur Verfügung steht. Der Zeitrahmen hängt vom Aufwand der Arbeit ab. Sprich: Habe ich viel Zeit für einen Job, brauche ich auch viel Zeit." (Parkinson zitiert nach Duden Lexikon New Economy 2001, 91). Dies bedeutet: Ein realistisch, aber eng gesetzter Zeitrahmen erhöht die Effektivität, nicht nur beim Recherchieren. Insgesamt wird bei strukturiertem und kontrolliertem Vorgehen die insgesamt zur Verfügung stehende Zeit effektiver genutzt. Hilfreiche Ausführungen dazu sind in zahlreicher Fachliteratur zu finden, meist im Kontext des Lernmanagements bzw. wissenschaftlichen Arbeitens (z. B. Pukas 2008).

2.4 Informationsbeschaffung im Internet

2.4.1 Eine kurze Geschichte des Internets

Das Internet (Interconnected Networks) ist ein globales Computernetzwerk, realisiert durch die Kopplung unabhängiger Computer über ein Datenverbindungssystem. Mittels technischer Standards (Protokolle) kann dabei grundsätzlich jeder mit jedem – unabhängig von dem individuell genutzten System (Hardware, Betriebssystem, Zugang) – kommunizieren und Daten austauschen. Die folgende Tabelle zeigt Meilensteine in der Entwicklung des Internets auf.

Eine kurze Geschichte des Internets[14]	
Jahr	Ereignis in der Geschichte des Internets
1969	Inbetriebnahme der ersten vier Knoten im ARPANET, ein vom US-Militär und verschiedenen Universitäten entwickeltes dezentrales Netzwerk.
1975	Entwicklung des TCP (Transmission Transfer Protocol) für den Versand der Datenpakete und die Adressierung der angeschlossenen Rechner – damit konnten auch unterschiedliche Netze in einem großen vereint werden.
1980	Modifizierung des TCP-Protokolls, Erweiterung um IP (Internet Protocol) – dieser Protokollstandard TCP/IP setzte sich durch und ist noch heute Standard.
80er Jahre	Interessenkonflikte zwischen Forschergemeinde und Militär – in der Folge spaltete das US-Militär das Militärnetz MILNET vom ARPANET ab.
1984	Bündelung verschiedener Netzwerkprojekte zum NSFNET – auf Betreiben der amerikanischen NSF (National Science Foundation)
1990	Deinstallation des ARPANET und Integration in das weitaus umfangreichere NSFNET.
1991	Entwicklung des Hypertextsystems World Wide Web (www) am CERN (Centre European de la Recherche Nucleaire) in Genf – zusammen mit fallenden Hardware-Preisen der Grundstein für die Nutzungsstruktur des heutigen Internets
90er Jahre	Die Kombination aus neuen, schnellen Möglichkeiten der Datenübertragung (ISDN, DSL etc.), den fallenden Hardwarepreisen und einer steigenden Kommerzialisierung lassen das „Netz der Netze" entstehen. Es ist auch für Ungeschulte nutzbar, preiswert und rasant wachsend.
00er Jahre	Web 2.0 als Überbegriff für eine neue Evolutionsstufe des Internets: user generated content, zunehmende Interaktivität, technologische Weiterentwicklungen und zunehmende Vernetzung in sozialen Netzwerken kennzeichnen diese Entwicklung. Leistungsfähige Geräte, sinkende Verbindungskosten und die bereits im stationären Internet geschaffene Infrastruktur sorgen für die Fokussierung von mobiler Nutzung.

Abb. 2.3: Das Internet und seine Geschichte

---

[14] Eine ausführliche Darlegung der Geschichte des Internets gibt es z.B. hier: http://www.netplanet.org/geschichte/index.shtml.

In diesem mittlerweile riesigen und expotenziell wachsenden Netz die passenden Informationen effektiv zu suchen und bestenfalls auch zu finden, wird Thema der nachfolgenden Abschnitte sein. Dem vorangestellt allerdings soll eine kurzer, quantitativer Einblick aufzeigen, welche Ausmaße das Internet mittlerweile angenommen hat: Im Herbst 2009 nutzen rund 1,7 Milliarden Menschen weltweit das Internet, in Deutschland rund 44 Mio. (68,5% der Bevölkerung ab 14 Jahren). Anfang März 2010 waren 13,5 Millionen .de-Domains registriert, der zehnmillionste Tweet (Kurznachricht) wurde gepostet (d.h. verschickt) und Facebook (ein soziales Netzwerk) zählt weltweit über 400 Millionen Nutzer. Die führende Suchmaschine Google hatte im Juli 2008 nach eigenen Angaben mehr als eine 1 Billion Webseiten (URL's – Uniform Ressource Locator = Adressen einzelner Seiten) indexiert.

2.4.2 Vielfalt im Internet – verschiedene Dienste

Internet = www? Diese umgangssprachliche Vereinfachung ist üblich und bequem, tatsächlich ist das www (World Wide Web) jedoch nicht das Internet, sondern lediglich einer von mehreren Diensten des Internets. Obschon die Internetrecherche weitgehend im www stattfindet, ist ein Blick auf weitere Dienste lohnenswert.

Hilfreiche Internetdienste für die Recherche	
Dienst im Internet	Charakterisierung des Dienstes
www (World Wide Web)	... ist ein Hypertext-System auf Basis des Protokolls HTTP (Hyper Text Transfer Protocol). Die genutzte Dokumentensprache HTML erlaubt die Verknüpfung mit multimedialen Inhalten bzw. Dateiformaten. Die einzelnen Dokumente einer Website werden per Hyperlinks miteinander verbunden. Mittels moderner Browser gibt es eine zunehmende Einbindung von Anwendungen, die traditionell eigenständige Dienste im Internet sind (Chat, News).
Newsgroups (Usenet)	... ist ein weltumspannendes Blackboard-System, in dem die Beiträge hierarchisch katalogisiert werden – in Form themenspezifischer Newsgroups. Der Zugriff erfolgt über einen News-Reader, moderne E-Mail Programme haben einen solchen bereits integriert. Allerdings werden Newsgroups mehr und mehr im www realisiert. Im Usenet kann man sich über alles austauschen, von raffinierter Kochkunst und philosophischen Weltbetrachtungen bis zu Rechnersorgen.
FTP (File Transfer Protocol)	... ist ein Dienst zum Datenaustausch. Der FTP-Client kann Dateien vom FTP-Server downloaden oder eigene uploaden. Zugang verschafft man sich per FTP-Client-Software oder modernen Web-Browsern, in denen diese Funktion meist integriert ist. Die Schnittstelle FTP wird oft zum Hinterlegen und Aktualisieren von Webseiten genutzt.

Abb. 2.4: Ausgewählte Dienste im Internet

Um eine Recherche effizient zu gestalten – d.h. das Gesuchte schnell zu finden und bei Bedarf wieder zu finden – ist eine Kenntnis der dem Netz inne liegenden Struktur notwendig. Gibt es ein Namenssystem, ähnlich Straßenschildern? In gewisser Weise gibt es das, dem Erfordernis einer für alle nutzbaren Navigations- und Merkmöglichkeit folgend, es ist das Domain-Name-System (DNS). Die Ressourcen des Internets sind für alle Dienste in Domains, d. h. Bereiche aufgeteilt. Diese sind hierarchisch gegliedert, folgen einem festen Muster und werden von den Benutzern nur bedingt selbst gestaltet. Grundsätzlich wird das System zur Namensverwaltung im Internet genutzt – dabei werden Adressen in Ziffernform (z. B. IP-Adressen) in merkfähige und einfach rekonstruierbare Namen umgewandelt. Der benutzte Namensraum folgt einer Baumstruktur, und die einzelnen Komponenten einer Domäne werden Labels genannt. Nachfolgend ist zur beispielhaften Illustration eine vollständige www-Domäne gezeigt:

> **Beispiel:**
>
> www.f4.htw-berlin.de

Die einzelnen Labels sind mit Punkten unterteilt, der gesamten Adresse ist der Rechner- oder Dienstname bzw. Netzname vorangestellt. Die Gliederung der Labels erfolgt hierarchisch, d. h. je weiter rechts ein Label steht, desto höher ist die Ebene. Dem folgend nennt man den am weitesten rechts stehenden Domainteil Top-Level-Domain. Die in Leserichtung links folgenden Labels nennt man dann Second-Level-Domain usw. Um die Verwirrung komplett zu machen sei bemerkt, dass links neben der „Hauptdomain" stehende Domains als Subdomains bezeichnet werden. Die nächste Tabelle konkretisiert dies an der Beispieladresse.

www.	f4.	htw-berlin.	de
Dienstname World Wide Web (gehört nicht zur Domäne)	Subdomain Fachbereich 4	Domain (Second-Level) Hochschule für Technik und Wirtschaft	Top-Level-Domain Deutschland

Abb. 2.5: Zusammensetzung einer Adresse im Internet

Die Top-Level-Domain (TLD) lässt erkennen, welchem Land der Domain-Inhaber entspringt bzw. welchem Betätigungs-Kontext er zuzuordnen ist. Die nachfolgende Auflistung zeigt einige allgemeine TLDs, ihre Bedeutungen und Nutzergruppen. Die TLD „com" war ursprünglich nur US-Wirtschaftsunternehmen vorbehalten, darf heute jedoch weltweit genutzt werden.

Top-Level-Domains und ihre Nutzergruppen	
TLD	Nutzergruppen
aero	Luftfahrtorganisationen
biz	Business – Handelsunternehmen
com	Commercial – Unternehmen

edu	Educational – Bildungseinrichtungen
gov	Government – US- Regierungsorgane
info	Information – Informationsanbieter
mobi	Mobile – zur Nutzung mit mobilen Endgeräten
org	Organization – nichtkommerzielle Organisationen

Abb. 2.6: Kategorisierung von Nutzergruppen durch Top-Level-Domains

Eine Übersicht über alle zugelassenen TLDs gibt es auf der Website der ICANN (www.icann.org). Dies ist das zentrale Organ für die Adressverwaltung im Internet. Die Domänenvergabe erfolgt in Zusammenarbeit mit den Landesorganisationen, in Deutschland ist dies die Denic (www.denic.de).[15]

2.4.3 Informationsbeschaffung im World Wide Web

Wie bereits angedeutet ist das www neben E-Mail der meistgenutzte Dienst im Internet, und die Zahl der Websites steigt in weiterhin atemberaubendem Tempo. Wie nun soll man in diesem Durcheinander unzähliger Angebote schnell Passendes finden? Die ersten Adressen sind Suchmaschinen. Nach einer kurzen allgemeinen Einführung in die alle Suchmaschinen betreffenden Mechanismen ist der Marktführer Google Fokus der Betrachtung. „Googeln" ist längst zu einem Komplementärwort für die Suche im Web avanciert, rund 85% aller Suchanfragen weltweit wurden im März 2010 an Google gestellt. Google bietet rund um die Suche eine Reihe Features, hat die meisten Webseiten indexiert, ist schnell und längst nicht mehr nur Suchmaschine. Die enge Verzahnung vieler eigener Webdienste, die Vorreiterschaft im digitalen Kartieren und Fotografieren der Welt, das laufende Bücherdigitalisierungsprojekt und viele weitere Aktionsfelder machen aus Google nicht nur eines der erfolgreichsten Unternehmen der digitalen Welt, sondern sie machen es auch zu einem für viele Menschen bedrohlich wirkenden, gigantischen Datensammler mit unklaren Absichten.

Suchmaschinen „besuchen" und „merken" sich quasi Dokumente, die auf einem Rechner oder in einem Netzwerk – insbesondere dem World Wide Web – gespeichert sind. Die Betreiber durchforsten automatisiert und systematisch (per Spider oder Crawler = Suchroboter) das Netzwerk. Die gefundenen Seiten werden dann indexiert, d. h. unter Auswertung des Textinhaltes und der gelegten Links in die Datenbank der Suchmaschine integriert. Erfolgt nun eine Suchanfrage, wird die Datenbank analysiert und passende Ergebnisse werden präsentiert. Die Reihenfolge der Suchergebnisse stellt eine Bewertung der Treffer – eine Listung nach Relevanz – dar. Zuerst angezeigte Er-

---

[15] Für weitere Informationen über die Internetverwaltung: Der Webauftritt der Denic enthält sowohl eine einführende Erklärung zum System der Adressverwaltung als auch tagesaktuelle Zahlen zur Domainvergabe. Beispiel 25.04.2010: Anzahl der vergebenen .de-Domains: 13.369.074, neue Domains am Vortag: 5.689 (http://denic.de).

gebnisse sind die in den „Augen" der Suchmaschine am besten passenden. Wie diese Bewertung genau erfolgt, variiert zwischen den einzelnen Suchmaschinen und die konkreten Algorithmen werden unter Berufung auf Geschäftsgeheimnisse nicht vollständig offen gelegt.

Wie geht z. B. Google vor? Ein bedeutendes Element in Googles Software ist das so genannte Page-Rank-Verfahren. Dabei ist die Link-Struktur wesentliches Merkmal für das Ranking einer Seite. In kurzen Worten: Wird oft zu einer Seite verlinkt, gilt sie gewissermaßen als im Netz geprüft und empfohlen. Dann muss sie gut sein. Außerdem wird die Verlinkung als gewichtiger eingestuft, wenn die den Link gebende Seite selbst hoch im Ranking steht. Gekoppelt wird dieses Verfahren mit einer umfassenden Textsuche auf den Seiten. Es werden grundsätzlich nur Seiten berücksichtigt, welche die Suchbegriffe auch tatsächlich enthalten. Außerdem wird die Nähe der Suchbegriffe im Text analysiert, je näher sie beieinander stehen, desto höher die Bewertung. Passende Inhalte und die per Page-Rank ermittelte Qualität einer Seite also ergeben bei Google die gewichtete Reihenfolge der Suchergebnisse zu der jeweiligen Anfrage. Die folgende Tabelle zeigt einige bewährte, allgemeine Suchmaschinen und Metasuchmaschinen. Letztere greifen auf mehrere Suchmaschinen gleichzeitig zu, fungieren also gewissermaßen lediglich als Verteiler für die Suchanfrage.

Die Bedienung von Suchmaschinen ist meist ähnlich, einige bieten jedoch mehr Möglichkeiten zu einer detaillierten Suche. Die jeweilige Eingabesyntax ist jeder Suchmaschine in der „Hilfe", den „Tipps" o. Ä. zu entnehmen. Diese zu konsultieren ist unbedingt zu empfehlen, um die Möglichkeiten der jeweiligen Maschine auch ausnutzen zu können – zu Gunsten optimaler Ergebnisse.

Überblick über Suchmaschinen und Metasuchmaschinen	
www.google.com, www.google.de	der Marktführer
www.bing.com, www.bing.de	die 2009 eingeführte Suchmaschine von Microsoft
www.metager.de	Metasuchmaschine der Leibniz-Universität Hannover, bietet vielfältige Sucheinstellungen
www.metacrawler.com	große, bewährte Metasuchmaschine

Abb. 2.7: Suchmaschinen und Metasuchmaschinen

2.4.4 Die Suche mit Google

Google hatte im Frühjahr 2010 weltweit einen Marktanteil von mehr als 85% und ist damit die erste Wahl bei der großen Mehrzahl von Suchanfragen. Google verstand es bereits früh, sich über Toolbars in Browser (vor allem dem verbreiteten Mozilla Firefox) zu integrieren und veröffentliche im Herbst 2008 einen eigenen Browser namens Chrome. Aber nicht die Präsenz macht Google zum Marktführer, es sind schlicht Quantität und Qualität sowie die hohe Innovationskraft, die Google so erfolgreich machen. Im Folgenden wird die erfolgreichste aller Suchhilfen genauer betrachtet.[16] Bei über einer Billion indexierter Webseiten ist es wahrscheinlich, auf eine Suchanfrage grotesk große Trefferlisten zu erhalten. Diese mittels fortgeschrittener Suchstrategien zu verkleinern und die wirklich passenden Seiten zu finden, soll Fokus der folgenden Ausführungen sein.

> **Beispiel:**
>
> Schon mit wenigen Befehlen kann die Google-Suche zielgenau sein. Angenommen, eine Suche dreht sich um den ehemaligen Bundespräsidenten Roman Herzog, möglichst im Zusammenhang mit seiner Zeit am Bundesverfassungsgericht, dessen Präsident er war.
>
> Die bloße Eingabe von Roman Herzog liefert 475.000 Treffer,
>
> die von „Roman Herzog" schon nur noch 123.000 (=Phrasensuche, sucht in genau diesem Wortzusammenhang),
>
> tippt man „Roman Herzog" –Bundespräsident, reduziert sich die Ergebnisliste auf 91.400 (= Phrasensuche und Ausschluss),
>
> die Eingabe von „Roman Herzog" Bundesverfassungsgericht lässt Google 3.730 Treffer anzeigen (=Phrasensuche + AND-Verknüpfung).[17]

2.4.4.1 Die erweiterte Google-Suche

Abbildung 2.8 zeigt die erweiterte Suche von Google. Die dunkel hinterlegten Felder ermöglichen die Einbindung der logischen Operationen AND, NOT und OR sowie der Phrasensuche – also die oben vorgestellten. Neu sind die Möglichkeiten darunter.

Die nächsten Felder ermöglichen eine suchspezifische Sprachwahl und eine Regionenzuordnung (aus welchem Land soll das Ergebnis kommen), gefolgt von der Möglichkeit, die Suche auf ein bestimmtes Dateiformat einzugrenzen oder umgekehrt ein Dateiformat auszuschließen. Für letzteres ist das so genannte Powerpoint-Karaoke ein treffliches Beispiel – da man dafür naturgemäß nur Powerpoint-Präsentationen haben möchte, begrenzt man die Suche auf den Dateityp ppt.[18] Anschließend kann die Suche zeitlich begrenzt werden, Google bietet hier vier mögliche Zeiträume: Suche in indexierten Dokumenten der letzten 24 Stunden, der letzten Woche, des letzten Monats oder im letzten Jahr.

Mit der nächsten Einstellung kann man Googles Suchraum auf den Seiten modifizieren. Die Voreinstellung und damit Regelsuche nimmt keine Einschränkungen vor, der gesamte Text wird analysiert. Hier gibt es vier Möglichkeiten der hilfreichen Ein-

---

[16] Auf die wohlbekannte „einfache" Google-Suche wird hier nicht im Detail eingegangen – es gibt das Feld zur Suchworteingabe, einen Suchen-Button zum Absenden der Suchanfrage und Millisekunden später die Ergebnisliste.

[17] Abfrage im April 2010. Die genannten Suchkombinationen sind willkürlich. Sie sollen vor allem die Phrasensuche illustrieren.

[18] Beim Powerpoint-Karaoke werden zufällig aus dem Internet gefischte Präsentationen spontan improvisiert vorgetragen. Der Spaß steigt natürlich, je fremder oder gar abseitiger die Themen sind (siehe http://de.wikipedia.org/wiki/Powerpoint-Karaoke).

Abb. 2.8: Erweiterte Suche mit Google

schränkung: die Suche im Titel der Seite (Überschriften), im Haupt(text)teil der Seite, in der URL und in Links zu der Seite. Der Ansatz ist ebenso einfach wie einleuchtend – taucht der Suchbegriff bereits in der URL, den Überschriften oder einem Link auf, wird sich die Seite höchstwahrscheinlich ausgiebig mit dem gesuchten Thema auseinander setzen. Nimmt man hier eine sinnvolle Eingrenzung vor, vermindert das die Zahl der (nutzlosen) Treffer erheblich.

Die nächste Stellschraube zur Optimierung der Suche lässt die Beschränkung auf eine bestimmte Domäne oder den Ausschluss einer bestimmten Domäne zu. Wird beispielsweise angestrebt, sich ausgiebig mit den Aspekten der Eigendarstellung von Sony zu befassen, ist eine ausschließliche Suche in www.sony.com durchaus sinnvoll. Sucht man einen bestimmten Konsumartikel von Sony und möchte auf genau die Eigendarstellung verzichten, schließt man sony.com und sony.de einfach aus.

Der nächste Filter zielt auf definierte Rechte an den gefundenen Dokumenten. Dort können Ergebnisse je nach Lizenz im Hinblick auf Verwendung, Weitergabe und Veränderung der Dokumente ausgewählt werden. Ein Feld weiter besteht die Möglichkeit, Googles SafeSearch zu aktivieren bzw. zu deaktivieren. SafeSearch ist ein zweistufiger Filter für jugendgefährdende, um genau zu sein pornografische Inhalte. Es existieren die Stufen „moderat", in welcher nur in der Bildsuche gefiltert wird, und „strikt", in der alle Ergebnisse gefiltert werden. In der Grundeinstellung ist SafeSearch im Modus „moderat" aktiviert.

Die letzten beiden Optionen der erweiterten Suche auf Ebene des Formulars bieten **seitenspezifische Suchoptionen**. (Z.B. Suche nach ähnlichen Seiten: Man gibt beispielsweise www.guenstiger.de als Referenzsite an und Google wird weitere Online-Preisvergleicher finden.) Zu guter Letzt **Suche nach Seiten, die auf die angegebene Seite verlinken** – damit lässt sich schnell prüfen, wer z.B. auf die eigene Seite per Link Bezug nimmt. Wie oben angedeutet, sind all die geschilderten einzelnen Möglichkeiten ebenfalls mittels Operatoren, d.h. Textanweisungen im Eingabefeld nutzbar. Der in Suchtechnik fortschreitende User neigt dazu, diese auch zu benutzen – in der Regel ist dieser Weg schneller und spart das oft lästige Mausklicken. Die folgende Tabelle gibt einen Überblick über die wichtigsten Operatoren mit Beispielen. Formell wird jeder Operator identisch gehandhabt. (Also: verknüpfende Eingabe mit dem Suchbegriff per OPERATOR:SCHLÜSSELWORT bzw. URL.)

Überblick über wichtige Operatoren	
Operator	Beispiel
allintitle: Suche in den Titeln = Überschriften	intitle:Hermeneutik
allintext: Suche im Hauptteil der Seite	Allintext:Hermeneutik
allinurl: Suche in der URL	inurl:Hermeneutik
allinanchor: Suche in Hyperlinks	inanchor:Alba Berlin
ext: oder filetype: Suche nach Dateitypen	FU Berlin ext:pdf oder FU Berlin filetype:pdf
info: oder id: Anzeige von Informationen zu einer Site	info:www.cdbaby.com oder id:www.cdbaby.com
link: Suche nach verlinkenden Seiten	link:relevants.de
related: Suche nach ähnlichen Seiten	related:twitter.com
site: oder -site: Beschränkung auf oder Ausschluss einer Site	iPhone site:www.macwelt.de iPhone -site:www.apple.com
define: Sucht nach Definitionen (nur englisch)	define:communication

Abb. 2.9: Operatoren und Beispiele

Google sucht ein Wort genau so wie eingegeben. Allerdings bietet es bei offensichtlichen Fehlern die richtige Schreibweise und damit den korrekten Suchbegriff an (unter „Meinten Sie…?"). Eine Unterscheidung zwischen Groß- und Kleinschreibung sowie

Umlauten und aufgelösten Umlauten gibt es nicht. Wichtig kann auch die Reihenfolge bei kombinierten Suchbegriffen sein, also sollte man versuchen, die sinnreichste Reihenfolge im Rahmen der Anfrage zu nutzen.

2.4.4.2 Bilder, Videos, Karten und mehr

Das Internet beinhaltet eine Vielzahl von Dateiformaten, Mediatypen, Publikationswegen usw. Google selbst bietet zudem diverse eigene Dienste und für die gezielte Suche in solchen Bereichen separate Suchen an – setzt also entsprechende Filter für die Suchenden vorab und definiert Suchräume. In der oberen Navigation der Seite ist über Mehr und noch mehr eine Übersicht der Google-Dienste abrufbar (http://www.google.de/intl/de/options/). Die folgende Abbildung visualisiert das entsprechende Angebot (Stand April 2010) und stellt einige Suchprozeduren kurz vor.

Suche nach Bildern oder Videos: Diese Suchfunktionen suchen auf Basis einer Anfrage ausschließlich nach Bildern und Videos. Viele der vorgestellten Suchoptionen aus der Web-Suche sind auch hier anwendbar, erweitert um spezielle Formateinstellungen (z. B. gesuchte Bildgrößen). Alle Sucheinstellungen sind jeweils wieder über die „erweiterte Suche" erreichbar. Die Bild- und Videosuche ist über die Startseite oder direkt: pics.google.de bzw. video.google.de zu erreichen.

Bücher: Die Buchsuche wird aus zwei Quellen gespeist – dem Bibliotheks- und dem Partnerprogramm Googles. So können über das erste Programm Bücher aus Kooperationsbibliotheken, über das zweite Programm Bücher von Händlern durchsucht werden. Die digitale Zugänglichkeit der Bücher variiert dabei in Abhängigkeit von den Urheberrechten und unterschiedlichen Abreden mit den Verlagen zwischen kurzen Buchbeschreibungen bis zu downloadbaren Volltexten.

Maps: Ist digitale Karte, Routenplaner und Branchenfinder in einem. Zusätzlich werden die Basisdaten mit nutzergenerierten Inhalten wie Bewertungen, Fotos und Videos verknüpft (maps.google.de).

Scholar: Für die gezielte Suche in wissenschaftlichen Dokumenten ermöglichen die erweiterten Sucheinstellungen die Filterung nach Autoren, Publikationszeitraum und Quelle (scholar.google.de).

Abb. 2.10: Definition von Suchräumen bei Google

Übersetzer: Via translate.google.de ist es außerdem möglich, eingefügte Texte, hochgeladene Texte oder ganze Webseiten in vielen Sprachkombinationen maschinell übersetzen zu lassen. Die Übersetzungsqualität schwankt in Abhängigkeit vom Ausgangstext und der gewählten Sprachkombination. Zur schnellen, groben Erschließung der Inhalte liegt hier jedoch ein sehr praktikables Werkzeug vor.

2.4.4.3 Die Ergebnisse der Google-Suche

Nach angemessener Eingabe eines Suchbegriffes bzw. einer Kombination wird Google in den meisten Fällen Ergebnisse liefern. Genauere Betrachtung verdienen die weiteren Optionen (Stand Mai 2010). Diese befinden sich in der Spalte links. Öffnet man diese über Mehr bzw. Weitere Optionen komplett, bietet sich folgendes Bild:

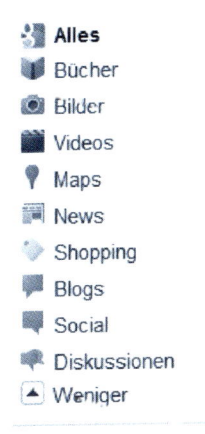

Der obere Bereich ermöglicht eine Selektion der Suchergebnisse nach Quelle bzw. Dateiformat. Per Klick werden z. B. nur die Video- oder Bilderergebnisse angezeigt. Ebenfalls per Klick kann die publizistische Herkunft eingegrenzt werden – aus dem Internet gesamt, News (Medien) oder der Blogosphäre bzw. dem Social Web (was Stand Mai 2010 den Microblogging-Dienst Twitter (Kurznachrichtendienst) meint).

News, Blogs und Social werden an späterer Stelle intensiver betrachtet.

An dieser Stelle gibt Google den Nutzern die Möglichkeit, diese Selektionen bequem und in einer Navigationseinheit auch nach der Suchabfrage vorzunehmen.

Im unteren Teil wurde ein Teil der Stellschrauben aus der erweiterten Suche auch in die Ergebnisebene integriert. Hervorzuheben ist die zeitliche Eingrenzung, ein äußerst nützlicher Parameter, gerade im Rahmen von Anfragen mit aktuellem Bezug.

Mittels Übersetze Suche können Ergebnisse, die nicht in deutsch veröffentlicht sind, automatisch übersetzt angezeigt werden. Die Sprachkombinationen (Ausgangssprache als auch Zielsprache) sind frei editierbar.

Abb. 2.11: Weitere Optionen der Google-Suche

Und was steckt hinter dem etwas mysteriös anmutenden Wunderrad? Hier zeigt Google häufige, ähnliche Schlüsselwörter in simplen, (Steuer)radähnlichen Mindmaps an. Es wird damit verdeutlicht, welche Suchanfragen, Zusammenhänge und Gebiete rund um den ursprünglichen Suchbegriff am häufigsten im Google-Index zu finden sind. Eine tiefere Einführung in die Möglichkeiten Googles würden hier den Rahmen sprengen. Für die eigene Recherche gilt: sich Zeit nehmen und probieren. Auch lohnt sich immer ein Blick in Google Labs und damit quasi in die Zukunft – dort werden Prototypen neuer Anwendungen vorgestellt: http://www.googlelabs.com.

> ➜ Ein weiterer Tipp: Wenn eine Webseite auf der eigentlichen Website nicht mehr verfügbar ist, muss sie nicht verloren sein, die Standardfunktion Google-Cache könnte helfen. Dahinter steckt der eigene Speicher Googles, auf dem indexierte Seiten abgelegt werden. In Online-Medien werden nicht alle Artikel archiviert – gerade bei hohem Meldungsdurchsatz werden viele nach einer bestimmten Zeit einfach „rausgeworfen" und sind auf dem Medium nicht mehr verfügbar. In einem solchen Fall könnte im Google-Cache zu finden sein, was man sucht.

2.4.5 Die Suche in Online-Medien

Ein enorm wichtige Informationsquelle bei vielen Rechercheaufgaben sind Online-Medien bzw. die Onlineausgaben gedruckter Zeitungen und Zeitschriften. Im Weiteren wird der Begriff Online-Medium für alle Medien, die im Internet publizieren, verwendet. Ein möglicher Recherchezugang ist die Suche in den Medien selbst, fast ausnahmslos verfügen sie über durchsuchbare Archive. Wo bekommt man einen Überblick über verfügbare Titel? Einen Überblick über die Websites deutscher Zeitungen gibt der Bundesverband deutscher Zeitungsverleger e. V. (BDZV) unter: http://www.bdzv.de/zeitungswebsites.html.

Die elektronische Zeitschriftenbibliothek (EZB) ist ein Kooperationsnetz von mehr als 500 Bibliotheken und Forschungseinrichtungen und wird unter technischer Federführung der Universität Regensburg betrieben. Sie umfasst nach eigenen Angaben (Stand Mai 2010) rund 49.000 nationale und internationale Fachzeitschriften, wovon rund 25.000 im Volltext frei zugänglich sind[19]: http://ezb.uni-regensburg.de.

Für eine gleichzeitige Suche in möglichst vielen Online-Medien sind wieder Suchmaschinen eine zuverlässige Wahl. Die drei großen liefern unter news.google.de, www.bing.com/?scope=news und http://de.news.search.yahoo.com Ergebnisse aus Online Medien. (Google durchsucht nach eigenen Angaben (Mai 2010) mehr als 700 deutschsprachige Nachrichtenquellen weltweit.) Daneben existieren auf die Mediensuche spezialisierte Suchmaschinen, exemplarisch seien hier Paperball (www.paperball.de), Jurnalo (beta.jurnalo.com) und Paperboy (www.paperboy.de) genannt.[20]

---

[19] Siehe http://rzblx1.uni-regensburg.de/ezeit/about.phtml.
[20] Weitere Nachrichten-Suchmaschinen sind hier gelistet: Siehe http://www.news-on-web.de/nachrichten-suchmaschinen.html.

Nicht alle Artikel in den Medien sind frei verfügbar, zumeist aber dennoch über Einzelkauf oder entsprechende (Kurz)Abonnements zugänglich. TIPP: Google stellt ein sehr hilfreiches Feature im Hinblick auf die (fortlaufende) Recherche in Online-Medien bereit. Mittels Google-Alerts kann eine dauerhafte, permanente Beobachtung festgelegter Suchbegriffe eingerichtet werden. Diese Suche ist in Online-Medien und/oder im Web allgemein möglich. Über neue Treffer informiert Google via E-Mail (mit Links), wobei die Überprüfungszeiträume täglich, wöchentlich oder bei Veröffentlichung möglich sind. Mit der Einstellung bei Veröffentlichung gleicht Google also die Alert-Suchabfrage permanent ab und generiert die entsprechende Mail Ad-Hoc. Für diesen Alert-Dienst gelten die Regeln und damit die Tipps der normalen Suche. Es können beliebig viele Alerts eingerichtet werden, eine komfortablere Verwaltung vieler Alerts und auch erweiterte Konfigurationsmöglichen stehen Nutzern eines Google-Kontos zur Verfügung. Direkt erreichbar ist der Dienst unter: http://www.google.de/alerts.

2.4.6 Suche im Social Web

Die Begriffe Web 2.0, Social Web bzw. Social Media oder auch Netzwerkgesellschaft sind aktuell allgegenwärtig. Klaren und allgemein anerkannten Definitionen entziehen sie sich jedoch hartnäckig. Bevor für die Recherche wichtige Teilmengen des Social Web im Hinblick auf ihre Durchsuchbarkeit vorgestellt werden, erfolgt eine kurze Annäherung an die Begrifflichkeiten.

2.4.6.1 Web 2.0

Hooffacker (2010, 184) verweist ebenfalls auf die definitorischen Schwierigkeiten und bietet dann die folgende Begriffsbestimmung an: „Web 2.0 beschreibt einerseits den User-Generated Content, die aktive Teilnahme von Internetusern und den Austausch zwischen ihnen. Andererseits steht Web 2.0 für eine Kombination aus technischen Entwicklungen, die ab 2004 durch größere Bandbreiten nutzbar wurden: intelligente Programmierschnittstellen wie Web-Service-API's, Ajax, Abonnement-Dienste mit RSS[21], oder die sogenannte Social Software wie social bookmarking und folksonomies (...), Blogs, Twitter, Wikis." (Hervorhebungen im Original). Diese Definition beinhaltet einen wichtigen und anderswo oft missverstandenen Punkt: Das Web 2.0 gründet im wesentlichen nicht auf neu erfundener Technik, sondern ist eine Weiterentwicklung und Verzahnung vieler Entwicklungen, die bereits Ende der 90er Jahre vorhanden waren, in breiter Anwendung jedoch die Netzkapazitäten und Zugangstempi heutiger Tage benötigt. „Web 2.0 stellt im gewissen Sinne eine Erneuerung des „alten" Webs dar. Dabei handelt es sich bei der Erneuerung nicht nur um technische Meilensteine, sondern auch um eine neue Art der Kommunikation und Vernetzung zwischen den Nutzern." (Friedman 2007, 35).

---

[21] RSS steht für „Really Simply Syndication", eine Technologie, die es ermöglicht, Inhalte einer Website „zu abonnieren". Neue Inhalte werden automatisch auf das Endgerät übertragen.

Diese neue Art der Kommunikation und Vernetzung ist dann auch wesentliches Element im ersten großen Evolutionsschritt des Jedermann-Internets: Vom klar rezeptionsdominierten Medium zum „Mitmachweb". Aus Nutzern wurden und werden zunehmend auch Publizierende. Themen werden nicht nur angenommen, sondern auch gesetzt. „Mit Weblogs, Wikis und Communities sind völlig neue Medienbereiche entstanden, die eine Trennung von Medienproduzent und -konsument sinnlos erscheinen lassen. Die neuen, interaktiven Medien folgen zum Teil hohen journalistischen Ansprüchen und werden dementsprechend beachtet", führen Schulz-Bruhdoel & Bechtel (2009, 76) aus. Das stellt gerade im Hinblick auf die immer noch stark zunehmende Nutzung des Social Webs und die besser werdende Orientierung in selbigem die Agenda-Setting-Rolle der professionellen Medien nachhaltig in Frage. Zumindest müssen die Medien diese Position teilen – auch Privatpersonen können insbesondere über Blogs durchaus Themen setzen und Diskussionen rund um Themen prägen. Für die Recherche ergeben sich daraus Notwendigkeit und Chance gleichermaßen, zum Thema der Informationsbeschaffung neben den Stimmen aus den Medien auch die aus der Blogosphäre[22] anzuhören.

Friedman (2007, 35) weist im Übrigen zu Recht darauf hin, dass das Web in der „Version" 2.0 eher zur ursprünglichen Intention zurückfindet: „Das neue Web entwickelt sich zwar technisch zu einem beispiellosen Medium, konzeptionell macht es jedoch einen großen Schritt zurück – zu den Anfängen des World Wide Web, als die Benutzer zum aktiven Austausch von Informationen und Kenntnissen motiviert wurden. Dieser Grundgedanke wurde durch den Online-Konsum der 90er-Jahre schnell in den Hintergrund verdrängt, kehrt nun aber in einer neuen Gestalt zurück." (Friedman 2007, 35). Mit der nachfolgenden Visualisierung zum Web 2.0 versucht das Future Exploration Network[23], ein auf der Basis von Zukunftsszenarien vor allem für globale Konzerne entwickeltes Expertennetzwerk, dem Begriffsraum Web 2.0 eine Struktur zu verleihen.

Den umschließenden Rahmen dieser Darstellung bilden sieben Merkmale des Web 2.0:

- **Participation/Teilnahme:** Das Web 2.0 ist in jeder Hinsicht von der aktiven Teilnahme der Nutzer gekennzeichnet. Blogs, Soziale Netzwerke, der einfache Upload von Mediadateien – all das zusammen erlaubt das einfache Erstellen von Inhalten und Teilen mit anderen Nutzern.

- **Standards:** Technische Standards sind essentielle Grundlage – offene Schnittstellen erst erlauben die Integration und Mischung der vielen Elemente des Web 2.0. Als simple Beispiele seien die unkomplizierte Einbindung von Youtube-Videos in Blogs genannt oder die Vielzahl von Twitter-Clients.

---

[22] Unter einem Blog (oder auch Weblog, aus World Wide Web und Logbuch) versteht man einen Eintrag in einem Tagebuch oder Journal im Web. Die Blogosphäre stellt die Gesamtheit der Weblogs mit ihren Vernetzungen in einem großen sozialen Netzwerk dar.

[23] Siehe http://www.futureexploration.net.

- **Decentralization/Dezentralsierung:** Das Web 2.0 ist dezentral in Architektur, Nutzung und Teilnahme. Die Anwendungen und Inhalte sind eher auf vielen Systemen und Rechnern verteilt, nicht auf wenigen zentralen Systemen.
- **Openness/Offenheit:** Das Web 2.0 ist nur möglich mit dem Grundsatz der Offenheit – diesem folgend stellen Entwickler und Unternehmen einen offenen Zugang zu ihren Produkten und Inhalten bereit.

WEB 2.0 Framework

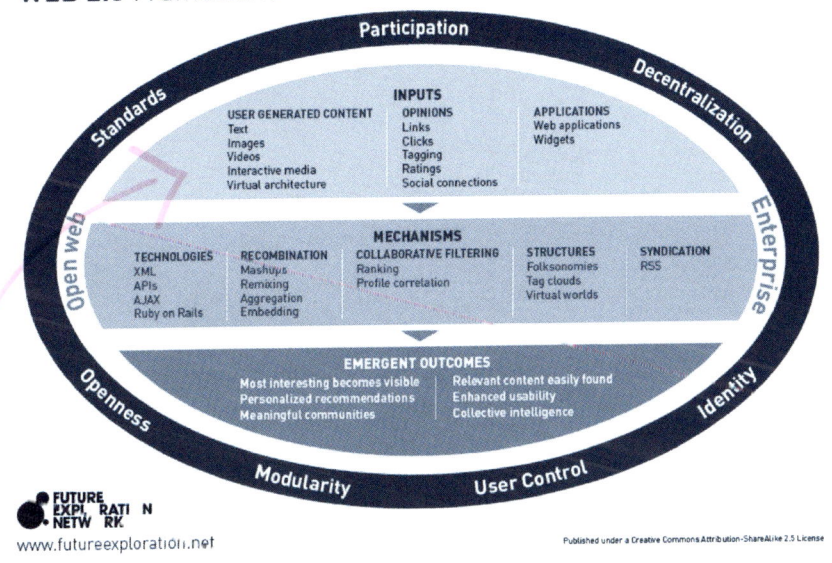

Abb. 2.12: Das Web 2.0 Framework des Future Exploration Networks

- **Modularity/Baukastenprinzip:** Das Web 2.0 besteht im Gegensatz zu monolithischer Systemarchitektur aus vielen Komponenten oder Modulen, die mit anderen kombiniert bzw. in andere integriert werden können. Das so entstehende Ganze ist mehr als die Summe der einzelnen Teile.
- **User control/Nutzerkontrolle:** Für die Nutzer ist es wichtig, Kontrolle über ihre erstellten Inhalte, Aktivitäten und Identitäten zu haben.
- **Identity/Identität:** ist ein kritisches Element im Web 2.0 und für das zukünftige Internet allgemein bedeutsam. User können zunehmend Identitäten wählen. Die wahre Identität muss jedoch sicher sein.

Im Inneren skizziert das Framework zuerst, was eigentlich Input des Web 2.0 ist: user generated content in verschiedenen Formaten (z. B. Text und Bild), Meinungen (z. B. über Links, Clicks und Bewertung) und programmierte Anwendungen. In der zentralen Horizontalen wird versucht, der Frage nach den Mechanismen im Web 2.0 eine strukturierte Antwort zu geben. Als fünf elementare Mechanismen identifiziert das Future Exploration Network Technologien, (Neu)kombinationen, gemeinschaftliche Filterung, Strukturen und Syndizierung (Einbindung der Inhalte Dritter in die eigenen). Als Folgen aus der Art der Inhalte und den greifenden Mechanismen werden diese (farblich abgestuft) aufgezeigt: Die interessantesten Inhalte werden sichtbar: leichtes Auffinden relevanter Inhalte, persönliche Empfehlungen, verbesserte Nutzerfreundlichkeit, bedeutungsvolle Gemeinschaften sowie kollektive Intelligenz (Schwarmintelligenz)[24].

Greifbarer werden die Begrifflichkeiten Web 2.0 und Social Media durch die Betrachtung typischer und zum großen Teil wohlbekannter Dienste und Anwendungen. Die auf Social Media spezialisierte Agentur Ethority hat für den deutschen Markt eine entsprechende Visualisierung und Kategorisierung der Social Web-Landschaft vorgenommen:

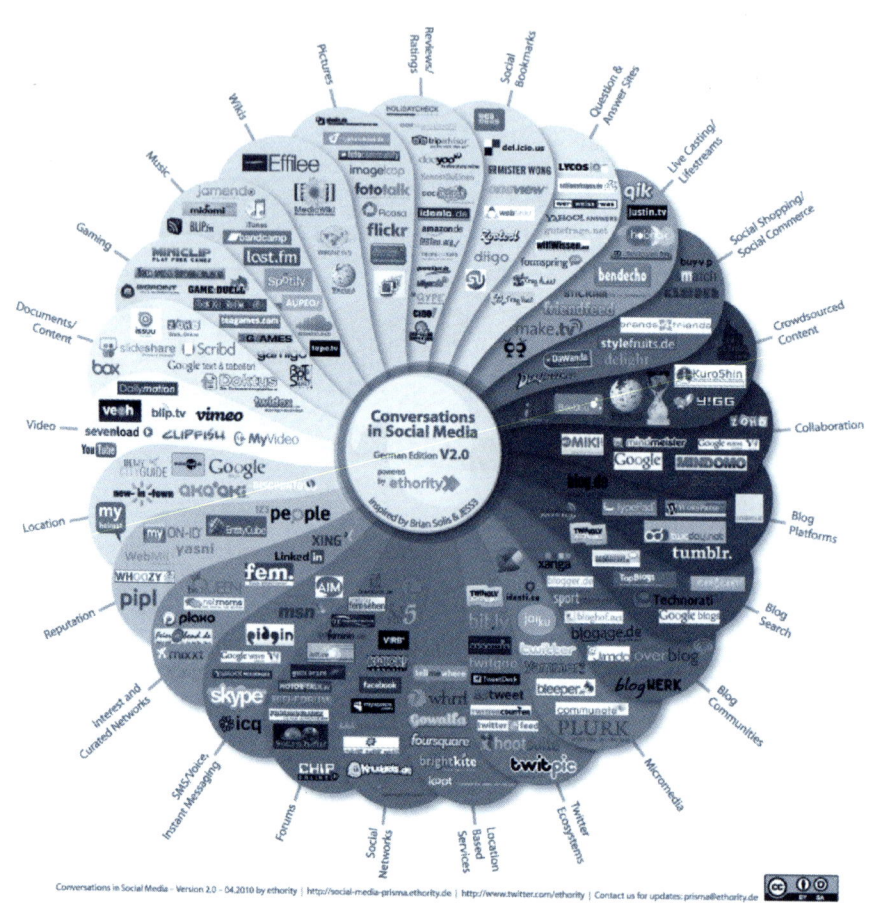

Abb. 2.13: Kategorisierung der Social Web-Landschaft

Um ein Gefühl für die Social Media-Landschaft zu entwickeln, empfiehlt es sich, aus jeder Kategorie einige der aufgeführten Beispiele zu betrachten. Das Prisma ist unvollständig, denn es beschränkt sich auf prominente Beispiele. Zudem ist es natürlich von

---

[24] Sie hierzu http://www.rossdawsonblog.com/Web2_Framework.pdf bzw. auch im Überblick die Darstellung bei Meckel (2008, 473 ff.).

begrenzter Aktualität – der dynamische Markt entwickelt sich fortlaufend. Startups schaffen es immer wieder, Nutzer mit neuen Ideen für sich zu begeistern. Ethority hat Updates des Prismas angekündigt[25].

2.4.6.2 Suche in Blogs

Zum Zwecke der Recherche werden im Folgenden kurze Einblicke in die Bereiche Blogs, Microblogs (Twitter) und Social Bookmarking vorgenommen. All diese sind durchsuchbar und weitgehend für jeden zugänglich. Zudem stecken in ihnen, insbesondere in den Weblogs, sehr viele rechercherelevanten Informationen. Weblogs, in der populäreren Kurzform Blogs, sind als Tagebucheinträge bereits eingeführt – aber streng genommen sind sie „(...) eine Weiterentwicklung des Tagebuchs unter einer Weboberfläche. Hauptkennzeichen ist die chronologische Anordnung" erklärt Hooffacker (2010, 191) und greift damit kurz. In der Tat nämlich ist im Ursprung der Tagebuchcharakter kennzeichnend – Privatpersonen schreiben private Dinge mit verschiedensten Themen in ein Blog. Die inhaltliche Vielfältigkeit und Differenzierung der Bloglandschaft jedoch erst macht sie auch für die Recherche so wertvoll. So existieren z. B. Themenblogs (z. B. Mode-, Literatur-, Technik- oder Kochblogs), Unternehmensblogs, Markenblogs, Medienkritik-Blogs, politische Blogs usw. Das hat mit einem Tagebuch nur noch insofern zu tun, als dass eben interessantes Neues eingetragen wird. Ansonsten veröffentlichen viele Experten per Profession, Experten per Passion oder interessierte Laien zunehmend themenspeziell. Im Unterschied zu Online-Medien, die in den entsprechenden journalistischen Textformen zur neutralen Berichterstattung angehalten sind, beinhalten Blogbeiträge zumeist Meinung und Wertung.[26] Schulz-Bruhdoel & Bechtel (2009, 63) sind streng, wenn sie schreiben: „(...) Die weit überwiegende Zahl der ernst gemeinten Blogs existiert allein, um Artikel und Sendungen in den hergebrachten Medien mit eigenen Kommentaren, Schimpfkanonaden, pseudointellektuellem Geschwurbel oder offenkundigen Albernheiten zu kontern. Das Bedürfnis nach Selbstdarstellung ist groß und macht vor kaum einer Dummheit halt". All das ist fraglos existent in einer zensurfreien Demokratie und nicht alles, was erlaubt ist, gefällt, und manch anderes gefällt nicht allen. Dass aber jeder (im Rahmen rechtlicher Restriktionen) z. B. Blogs und Kommentarfelder als Medium zur freien Meinungsäußerung nutzen kann, ist positiv zu bewerten. Und glücklicherweise ist subjektiv Missfälliges mit einem Klick aus dem Augenschein verschwunden.

Teil einer guten Recherche ist es eben auch, die Spreu vom Weizen zu trennen. Ein Anhaltspunkt für die Beliebtheit bzw. Wichtigkeit (und damit u. a. auch für die Qualität) von Blogs sind dabei Leserzahlen und die Anzahl der Bezugnahmen (Verlinkungen). Die von Schröder betriebene Site www.deutscheblogcharts.de bezieht sich in ihrem Ranking auf die Anzahl der Verlinkungen und beantwortet damit die Frage „Welcher Blog wird von anderen am meisten zitiert". Die Charts werden wöchentlich aktualisiert.

---

[25] Dieses Prisma ist angelehnt an die US-Version, welche von der anerkannten New-Media Autorität Brian Solis und der Kreativagentur JESS3 in der ersten Version 2008 kreiert wurde. Siehe auch: http://www.briansolis.com/2009/03/conversation-prism-v20.

[26] Weitere Erläuterungen zu Blogtypen und Eigenschaften von Blogs beinhaltet Kapitel 5.

Nach eigenen Angaben ist die Anzahl der Verlinkungen im Gegensatz zur Anzahl der Zugriffe schwer zu manipulieren[27]. Ein Ranking nach Besuchzahlen (visits) kann man sich z. B. bei http://www.blogoscoop.net/blogs/visits/1 ansehen. Dieses ist jedoch unvollständig, da die Blogs bei Blogoscoop angemeldet sein müssen, um im Ranking Berücksichtigung zu finden. Vergleicht man die beiden Seiten, ist zu sehen, dass der erste Ansatz einen deutlicheren Hinweis auf Qualität und Beitragstiefe der Blogs liefert. Ein Ranking für die USA, in denen Blogs weitaus mehr Einfluss auf aktuelle Diskussionen haben, ist bei Technorati unter http://technorati.com/blogs/top100 einsehbar. Technorati bedient sich dafür ebenfalls der Verlinkungsanzahl. Mit Technorati ist auch der Brückenschlag zur inhaltlichen Suche in Blogs erfolgt – www.technorati.com ist auch die wohl bekannteste Blogsuchmaschine. Ob sie die beste ist, wird aktuell von testenden Mitgliedern der Blogosphäre bezweifelt. Einige weitere sind hier aufgelistet:

Adressen für die Suche: Blogsuchmaschinen	
Name	Adresse
Icerocket	http://www.icerocket.com
Blogpulse	http://www.blogpulse.com
Twingly	http://www.twingly.com/search
Google	http://blogsearch.google.de
Zulaa (Metasuche)	http://www.zuula.com

Abb. 2.14: Liste von Blogsuchmaschinen

2.4.6.3 Suche in Twitter

Twitter ist derzeit der einzig relevante Vertreter der so genannten Microblogs. Die Nutzer veröffentlichen Kurzmeldungen (Tweets) mit einer maximalen Länge von 140 Zeichen. Twitter wird zu vielerlei Zwecken genutzt – für persönliche Statusmeldungen und Surftipps ebenso wie für Unternehmensnews und -angebote oder auch als „harter" Newsticker, bei dem Augenzeugen beliebiger Ereignisse (vom Kongress über ein Konzert bis zum Unwetter) in Echtzeit kurze Informationen ggfs. verknüpft mit Fotos via Tweets publizieren. Leser von Twitter-Konten bezeichnet man als Follower, die Followerzahl geht bei den meistgelesenen Twitterern in die Millionen. Die Kürze der Nachrichten und die simple Bedienung machen den Kurznachrichtendienst zum führenden „unterwegs-Medium".

Twitter wird üblicherweise den sozialen Netzwerken zugerechnet. Eine Studie des koreanischen Forschungszentrums Kaist (http://an.kaist.ac.kr) aus dem April 2010 kommt jedoch zu dem Ergebnis, dass Twitter eher ein Nachrichtenmedium als ein soziales Netzwerk ist. Relativ wenige Nutzer folgen sich gegenseitig, womit der für soziale Netzwerke kennzeichnende persönliche Kontakt in der Breite nicht stattfindet. Außer-

---

[27] Siehe Erläuterungen unter: http://www.deutscheblogcharts.de/faq.php.

dem sind laut Kaist-Studie mehr als die Hälfte aller Tweets Nachrichten.[28] (Details zu Twitter und dessen Nutzung beinhaltet Kapitel 5[29].)

Analog zu den Blogs soll nun aufgezeigt werden, wie ein Überblick über erfolgreiche Twitter-Accounts zu erlangen ist. Wieder empfiehlt sich eine Betrachtung verfügbarer Rankings. Bei Interesse an den Accounts mit den absolut meisten Followern muss der Blick gen USA gerichtet werden. Ähnlich wie Blogs ist Twitter dort bereits besser angenommen, selbst Präsident Obama twittert. Unter twitaholic.com wird ersichtlich, wer die meisten Follower hat. Für Deutschland versucht das www.twitcharts.de, dieses Ranking ist jedoch unvollständig, da sich die Twitterer selbst registrieren müssen, um Berücksichtigung zu finden. Auf Nutzerempfehlungen basiert tweetranking.com und das sicher aussagekräftigste Ranking erstellt der Medienpädagoge Pfeiffer unter webevangelisten. de/top-100-twittercharts-deutsche. Bei diesen werden Twitter-Konten nach der Anzahl der deutschen Follower bewertet, die selbst aktiv twittern. Auf der selben Website veröffentlicht Pfeiffer zudem den „Twitter-Zensus", welcher monatsaktuell die Anzahl aktiver Twitterer in deutscher Sprache angibt (webevangelisten.de/kategorie/twitter-zensus).

Die folgende Tabelle zeigt wieder einige Anlaufstellen zur inhaltlichen Suche auf[30]. Für alle lohnt sich ein Blick in die erweiterte Suche bzw. die Anzeigeoptionen, um die Suche so konkret wie nur möglich einzugrenzen. Ansonsten droht – bei dem immensen und sich stetig überholenden Output Twitters – allzu schnell die Orientierung zu leiden.

Adressen für die Twittersuche	
Name	Adresse
Twitter Search	http://search.twitter.com
Bing Twitter	http://www.bing.com/twitter
Tweetgrid	http://tweetgrid.com
Monitter	http://www.monitter.com
Tweetscan	http://www.tweetscan.com

Abb. 2.15: Liste für die Twittersuche

---

[28] Download der Studie unter: http://an.kaist.ac.kr/~sbmoon/paper/intl-conf/2010-www-twitter.pdf. Ebenfalls interessant ist eine Studie von Forschern der Carnegie Mellon Universität in Pittsburgh (http://www.cs.cmu.edu), welche im Mai 2005 publiziert wurde. Aus dieser geht Twitters grundsätzliche Eignung zur Meinungsforschung hervor. Nicht mit der Präzision herkömmlicher und gezielter Verfahren, jedoch seien eindeutig Tendenzen erkennbar (untersucht wurden Tweets zu Politik und Wirtschaft). Siehe auch: http://www.golem.de/1005/75089.html Download der Studie unter: http://www.cs.cmu.edu/~nasmith/papers/oconnor+balasubramanyan+routledge+smith.icwsm10.pdf.

[29] Ein kurzes Twitter-Wörterbuch mit den wichtigsten Begrifflichkeiten stellt der Verlag für Marketing und Trendinformationen online bereit: http://www.marketing-trendinformationen.de/marketing/online-marketing/beitrag/twitter-woerterbuch-teil-1-2490.html.

[30] Eine ausführliche Vorstellung von Twitter-Suchmaschinen gibt es unter: http://www.at-web.de/blog/20100312/twitter-suchmaschinen.htm.

2.4.6.4 Suche in Social Bookmarking-Diensten

Social Bookmarking bedeutet das Ablegen von Links im Internet auf entsprechenden Plattformen. Auf diese Weise sind die Links für die einzelnen Nutzer überall verfügbar und nicht an die lokale Lesezeichenverwaltung des heimischen Browsers gebunden. Außerdem, und das ist der spannende Punkt für die Recherche, werden diese Links veröffentlicht, verschlagwortet und somit durchsuchbar. Auf diese Weise entsteht ein Empfehlungsnetzwerk, welches von vielen Menschen gepflegt wird. Je mehr Nutzer eine Quelle empfehlen, desto wertvoller ist diese in den meisten Fällen. Es existieren zwei Arten von Social-Bookmarking-Diensten, Schulz-Bruhdoehl & Bechtel (2009, 100) erklären den Unterschied: „Die einen fassen individuell verwaltete Lesezeichen in einem kollektiven Katalog zusammen. Dieser spiegelt unmittelbar die gefragtesten Websites aller Benutzer dieses Bookmarking-Dienstes. Andere Anbieter veröffentlichen Lesezeichen wie die Schlagzeilen traditioneller Medien, um so auf neue und interessante (Nachrichten)Quellen im Netz aufmerksam zu machen – hier spricht man auch vom „Social Citing", also vom gemeinschaftlichen Referenzieren.".

Die folgende Tabelle zeigt einige der etablierten Social-Bookmarking-Dienste beiden Typs. Wie bei allen vorgestellten Anwendungen kann nur das Probieren Gefühl für und Kenntnisse über die Funktionsweise und individuelle Nützlichkeit vermitteln. Ausgiebiges Testen ist empfehlenswert.

Adressen für die Social Bookmarking-Suche	
Namen	Adresse
Delicious	http://delicious.com
Mr. Wong	http://www.mister-wong.de
Weblinkr	http://weblinkr.com
DIGG	http://digg.com
YIGG	http://www.yigg.de

Abb. 2.16: Liste für die Social Bookmarking-Suche

2.4.7 Online-Nachschlagewerke, Datenbanken und Webkataloge

2.4.7.1 Online-Nachschlagewerke

Vorweg sei hier auf die Online-Versionen von Nachschlagewerken hingewiesen, die man aus alten Zeiten kennt, in denen derartiges noch auf Papier verbreitet war, z.B. Telefonbücher, Branchenbücher, Wörterbücher und Co. Das Web nun bietet gerade bei ersterem Typus die neue Möglichkeit, nicht nur die regionalen oder landesweiten Wälzer schnell durchstöbern zu können. Auch die Suche nach internationalen Daten wird zügig Ergebnisse liefern. Dazu kommen spezielle E-Mail-Suchdienste, von Unternehmen oder Bildungseinrichtungen kreierte, themenspezifische Glossare etc. – Nachschlagen ist ein weites Feld im Web. Was die bisher Genannten eint, ist die Spezialisierung – eine Telefonauskunft liefert Telefonnummern, ein Abkürzungsverzeichnis Abkürzungen und so weiter.

Beispiele für Nachschlagewerke im Web	
Adresse im Web	Inhalte der Nachschlagewerke
www.abkuerzungen.de	Abkürzungen aus allen Bereichen werden hier aufgelöst.
www.abfragen.de	Bündelt als Nachschlageportal viele nützliche Abfragemöglichkeiten.
www.teleauskunft.de	Online-Suche in: Telefonbuch, Gelbe Seiten, Das Örtliche.
postinfo.net	Internationale Postinformationen
w3logistics.com/infopool/kfz-in	Sucht KfZ-Kennzeichen und umgekehrt, weltweit.

Abb. 2.17: Nachschlagewerke im Web

2.4.7.2 Datenbanken als Wissensspeicher

Datenbanken zeichnen sich durch Bindung an einen Themenkomplex bzw. eine Kategorie und Tiefeninformationen aus. Ob Jura, Naturwissenschaften, Sozialwissenschaften, Geschichte oder Biographisches, für jedes Fachgebiet existieren ergiebige Datenbanken. Datenbanken sind nicht immer in den Indizes der Suchmaschinen zu finden. Dies liegt an der Programmstruktur, oft liegen sie nicht in den typischen Websprachen „html" oder „php" vor. Und auch „zu Fuß" sind sie von Suchenden schwer zu finden, Abhilfe schaffen spezielle Suchmaschinen oder Datenbankverzeichnisse – viele Universitäten, Bibliotheken und private Anbieter stellen solche bereit. Die folgende Tabelle zeigt beispielhaft einige Verzeichnisse, die einen umfassenden Überblick über vorhandene Datenbanken liefern.

Beispiele für Datenbanken im Web	
Web-Adresse der Datenbank	Inhalt der Datenbank
http://www.bundestag.de/dokumente/suche/index.html	Zugang zu Dokumentationen des Deutschen Bundestages
http://www.ub.ruhr-uni-bochum.de/DigiBib/Datenbank/Gesamt.htm	Großes Datenbankverzeichnis der Ruhr-Universität Bochum

Abb. 2.18: Datenbanken im Web

2.4.7.3 Lexika, Wikis und Wissensportale

Selbstverständlich sind die Print-Klassiker unter den Lexika auch im Web vertreten. Brockhaus, Duden und Co. – schnell liefert jede Suchmaschine die entsprechenden Adressen. Besonders hilfreich sind so genannte Wissensportale. Diese haben den Anspruch eines klassischen Universallexikons, oft verknüpft mit multimedialen Inhalten. Der Umfang der Informationen variiert stark, einige Portale sind kostenpflichtig, andere teilweise kostenpflichtig, wieder andere kostenlos. Im Folgenden werden drei etablierte vorgestellt.

www.wissen.de: Ein umfangreiches Werk von Bertelsmann zum Nachschlagen, viele Quellen werden angezapft. Es werden klassische Lexikoninhalte mit Wörterbüchern und Fremdwörterbüchern gebündelt. Die Suchergebnisse sind jedoch manchmal unbefriedigend kurz gehalten. Für erste Antworten ist wissen.de oft gut geeignet. Die Suche ist kostenlos.

Encyclopedia Britannica: Ein Urgestein unter den Enzyklopädien, seit 1768 bereits am Markt. Wie alle klassischen Nachschlagwerke hat sie mit der Konkurrenz der freien Nachschlagwerke (siehe Wikipedia weiter unten) zu kämpfen. Auch heute sagt man der Britannica eine hohe Qualität der Einträge nach, unter anderem schreiben prominente Wissenschaftler für die Enzyklopädie. Online kann der Suchende kostenlos Anreißer zu den Einträgen lesen, Vollartikel sind kostenpflichtig.

Wikipedia.org: Wikipedia nennt sich die „freie Enzyklopädie" und ist in der Tat ein so genanntes „offenes Content Management System". Die Inhalte werden hier weder von bezahlten Redaktionen gestaltet, noch werden Rückgriffe auf kommerzielle Datenbanken vorgenommen. Die Autoren beteiligen sich freiwillig und unvergütet. Das bedeutet, jeder kann sein Spezialwissen einbringen und anderen Nutzern kostenlos zur Verfügung stellen. Die Artikel sind oft sehr ausführlich und die Verknüpfungen zu passenden oder vertiefenden Themenbereichen klar hergestellt. Dazu kommt die zu bemerkende Leidenschaft der Autoren: der Anspruch, ein Thema gern und populärsprachig darzustellen. Wikipedia wächst ob des offenen Content-Systems schnell und hat mittlerweile zu sehr vielen Themen Beiträge. Die englischsprachige Wikipedia verfügt im Mai 2010 über rund 3,3 Mio. Einträge, die deutsche Wikipedia über knapp 1,07 Mio.. Bei freien Autorensystemen mag der Verdacht nahe liegen, es schleichen sich unbrauchbare, unverständliche oder gar falsche Beiträge ein – es darf ja ein jeder kontrollfrei mitwirken. Dies wird durch die internen Mechanismen – Bewertung und gegebenenfalls Korrektur von Beiträgen – jedoch so weit möglich ausgeschlossen. Insgesamt liegt mit Wikipedia ein inhaltsvolles, gut sortiertes Nachschlagewerk vor, in dem die Beiträge durch interne Querverweise, Literaturtipps und Links angereichert werden.

Wikis allgemein: Neben der themenoffenen Wikipedia existieren im Netz viele themenzentrierte Spezial-Wikis – vom Mexiko-Wiki über ein Bienen-Wiki bis hin zum Spirituosen-Wiki bleiben kaum Wünsche (des neugierigen Rechercheurs) offen. Eine Zusammenstellung über diese Themen-Wikis findet sich natürlich in der Wikipedia: http://de.wikipedia.org/wiki/Wikipedia:WikiProjekt_Andere_Wikis/Liste_Andere_Wikis63.

Wolfram Alpha: Die „Computational Knowledge Engine" wie sich Wolfram Alpha (im folgenden WA) im Slogan selbst nennt, kommt auf den ersten Blick wie eine normale Suchmaschine daher. Das Ergebnis einer Suchabfrage lässt dann jedoch rasch deutlich werden, dass der Ansatz hier ein anderer ist. Im Gegensatz zur Listung von suchwort-

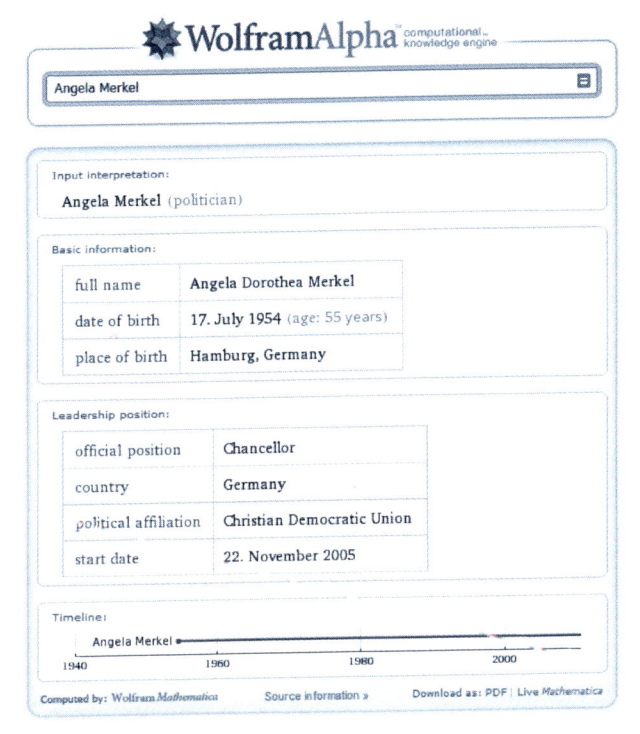

Abb. 2.19: Suche mit Wolfram Alpha

bezogenen Treffern bzw. Links ist WA bemüht, gleich selbst eine kompakte Antwort darzustellen. Bei der Eingabe eines Datums werden beispielsweise besondere Ereignisse dieses Datums dargestellt, bei der Eingabe eines Unternehmens Wirtschafts- und Börsendaten usw. WA strukturiert somit Fakten aus den Suchergebnissen und stellt sie knapp und übersichtlich dar. Im Mai 2010 ist WA ein Jahr online und die Ergebnisse sind oft noch sehr dünn. Die Vision allerdings – Antworten auf (fast) alle Fragen zu liefern – wird klar und die Ansätze sind viel versprechend (www.wolframalpha.com). Schnell stellt man fest, es gibt Abgrenzungsprobleme zwischen speziellen Suchmaschinen, spezialisierten Nachschlagewerken, Datenbanken, Lexika etc. Der hier vorgenommen Einteilung kann man eine gewisse Willkür nicht absprechen. Sie hilft aber zur groben Orientierung, als Versuch, Online-Hilfsmittel zur Informationsbeschaffung nachvollziehbar zu strukturieren.

2.4.7.4 Question & Answer-Sites und Web-Kataloge

Bei solchen Sites kann man themenoffen Fragen stellen, die einem dann von einem oder mehreren anderen Nutzern beantwortet werden. Wieder gibt es kostenlose und kostenpflichtige Dienste. Im deutschen Sprachraum seien hier vier Anbieter genannt. Alle verstehen sich als eine Art Nachbarschaftshilfe, als Wissens-Community, was sehr löblich ist, denn dieses Prinzip gewährleistet Kostenfreiheit. Erreichbar sind sie unter: www.wer-weiss-was.de, www.gutefrage.info, www.schlauefragen.de und www.answers.yahoo.com.

Aus eher nostalgischen Gründen soll abschließend eine traditionelle Suchhilfe Erwähnung finden – der Webkatalog (oder auch Webverzeichnis). Betreiber von Web-Katalogen beschäftigen in der Regel ein „humanuides" Redaktionsteam, das Webseiten besucht und in ein verzweigtes Kategoriensystem indexiert. Tatsächlich haben sich also echte Menschen die Mühe einer Prüfung inklusive Bewertung gemacht, was das begrüßenswerte Fehlen von „toten", gänzlich unpassenden oder auch schlicht unsinnigen Webseiten zur Folge hat. In heutigen Zeiten eignen sich für Recherchezwecke andere Suchsysteme deutlich besser. Das liegt unter anderem an den im Vergleich dünnen Inhalten der Webkataloge. Viele ehemals Etablierte werden nicht mehr gepflegt oder sind bereits abgeschaltet. Eine vergleichbare, moderne und ergiebigere Variante sind zum Beispiel die Social-Bookmarking-Dienste, welche ebenfalls „menschliche" Empfehlungen darstellen.

2.4.8 Online-Buchkauf und E-Books

Buchhandlungen im Netz haben eigentlich nur einen Nachteil gegenüber physikalisch manifestierten Buchhandlungen – man kann nicht selbst in Büchern stöbern, eine erste kritische Inhaltskontrolle ist nicht möglich. Die Vorteile allerdings leuchten ein: Online-Shops haben Alles, was sie anbieten, vorrätig, sie liefern schnell an jeden Ort, man kann online exzellent suchen und liest Stimmen von Leuten, die das Objekt der Begierde schon gelesen haben. Dazu kommen Merklisten, per Software generierte Lesetipps und integrierte Angebote aus zweiter Hand. All diese Möglichkeiten bündelt Amazon, der Vorreiter und Marktführer hervorragend unter www.amazon.de. Die direkte Verknüpfung zu gebrauchten Exemplaren, die große Auswahl an englischsprachigen Büchern und das raffinierte Vorschlagsystem machen Amazon besonders – ansonsten sind sich die größeren Online-Händler recht ähnlich. Amazon ermöglicht mittlerweile das „Stöbern" in vielen Büchern, d. h. Leseprobe, Inhaltsverzeichnis und Register sind vor Bestellung einsehbar.

2010 ist wohl das Jahr des Durchbruchs für E-Books. Durch die Einführung vieler Lesegeräte (z. B. Amazons Kindle oder der Reader von Sony) und dem nahenden Siegeszug der Tablet-PC's (iPad als Initialzünder) ist erstmals der technische Rahmen gegeben, um die Nachfrage und damit die E-Book-Verkäufe signifikant zu steigern. Noch ist das Angebot – insbesondere in Deutschland – überschaubar, es wächst jedoch schnell. Viele Verlage reagieren noch skeptisch. Nicht, weil sie so an bedrucktem Papier hängen, sondern eine ähnliche Entwicklung wie in der Musikindustrie befürchten. Dort hatte die Digitalisierung und damit einhergehende Kopiermöglichkeit die Umsätze dramatisch einbrechen lassen und eine noch immer anhaltende Diskussion um Urheberrechte, Kopierschutz usw. entfacht. Auch die Bedenken vieler Leser sind noch weit gestreut. Das haptische Erlebnis eines gedruckten Buches scheint viele gegen die Idee E-Book zu immunisieren.

Eine hervorragende Möglichkeit, vergriffene Exemplare zu bekommen oder einfach Schnäppchen zu schlagen, bieten Online-Antiquariate. Die größten bündeln sogar weltweite Angebote von Antiquariaten und privaten Anbietern. Die Suchroutinen gleichen denen von Neuware-Händlern weit gehend. Nachteil hierbei ist, dass selten mehrere gesuchte Bücher bei einem Anbieter zu finden sind – Versandkosten fallen dann für jeden einzelnen an. Soll ein rares Werk aus Übersee bezogen werden, ist besonderes Augenmerk auf die Beschreibung des Buchzustandes und die anfallenden Versandbedingungen zu richten.

Bei Amazon und den o. g. Antiquariaten ist der Weg auch in die andere Richtung beschreitbar: Überschüssige Bücher können veräußert werden. Damit sind schon die letzten hier erwähnten Quellen zum Bucherwerb erreicht: Ebay und Co. Die Zahl der angebotenen Bücher bei den Online-Auktionshäusern ist immens und in der Tat kann man hier wahre Perlen zu günstigen Preisen erwerben. Die entsprechenden Prozeduren sind intuitiv, man registriert sich als Mitglied und steigert virtuell mit. Auch hier kann man international suchen und finden. Vorsicht bei den Versandkosten: Einige private Anbieter scheinen ihren Hauptumsatz aus Versandpauschalen zu beziehen.

2.4.9 Newsgroups und Foren

Bei Newsgroups handelt es sich um Diskussionsforen, die in Gruppen und Untergruppen aufgeteilt sind. Jeder kann so sein Thema zuordnen und findet die richtigen Kommunikationspartner. Das Einbringen von Beiträgen („posten") geschieht öffentlich, genutzt werden Newsgroups vor allem als Wissens-Communities und zum Erfahrungsaustausch. Traditionell ist das Usenet ein eigener Dienst und die Teilnahme wird mittels geeigneter Software, so genannter Newsreader ermöglicht. Moderne Mailprogramme bieten die notwendigen Voraussetzungen. Man benötigt den Namen des Newsservers, registriert sich und wird Abonnent einer oder mehrerer Gruppen. Weitere Informationen und die Adressen frei zugänglicher Newsserver bieten die folgenden Sites:

- www.newsserverguide.de/index.htm   (Einführung, Links etc.)
- www.newzbot.com   (sucht weltweit Newsserver)

Auch Google ermöglicht den Zugang und fungiert gewissermaßen als Web-Schnittstelle. Via groups.google.de sind Newsgroup-Inhalte zu finden. Bei der Themensuche kann man bereits vorgestellte Kniffe der Google-Websuche wieder verwenden. Das Formular „Erweiterte Groups-Suche" enthält die logischen Operationen sowie einige für Groups spezielle Suchmethoden (Suche nach Autor, Datum der Veröffentlichung etc.). In der Grundeinstellung durchsucht Google nicht nur die eigenen Groups, sondern auch externe Gruppen bzw. Foren.

Aktuell findet der Austausch vor allem in spezialisierten (Web)Foren statt. Diese sind simpel zu bedienen und im www realisiert, können also bequem über jeden Browser ausgeführt werden. Betrieben werden solche Foren oft von Privatpersonen oder privaten Interessengruppierungen, aber zunehmend auch von Fach-Onlinemedien (z. B. Chip.de). Grundsätzlich sind in Foren viele Meinungen und hilfreiche Tipps, aber auch tendenzielle Gruppenstimmungen zu bestimmten Themen zu finden. Das Blättern in Foren kann sich fallweise auch als langwierig oder sogar unbefriedigend herausstellen, da diverse Diskussionen in knapper Expertensprache gehalten sind. Die Gruppen erheben natürlich nicht grundsätzlich den Anspruch einer populären Vermittlung ihres Fachgebietes.

Um den Kreis zur Ausgangsfragestellung am Ende zu schließen: Wird das Internet heute als Informationsquelle über- oder unterschätzt? Die Antwort liegt wohl irgendwo dazwischen. In unvergleichlichem Tempo können vielschichtige Informationen von vormals unerreichbaren oder noch nicht vorhandenen Quellen beschafft werden. Elementar dafür allerdings sind Know-how, Disziplin und Erfahrung. Ein derart dichtes und stetig wachsendes Netzwerk kann ohne entsprechendes Rüstzeug schnell zu Ernüchterung und der voreiligen Erkenntnis „Es wird überschätzt" führen. Auf der anderen Seite kann die derzeit im Netz vorherrschende Dokumentenstruktur – breite statt tiefe Informationen – weder fundierte Literatur noch den „Augenschein" ersetzen. Besonderes Augenmerk wird auf die Entwicklung und Nutzbarkeit des Social Web zu richten sein. Neue technische Entwicklungen, Schlagworte wie „Schwarmintelligenz" oder „Weisheit der Vielen" und die grundsätzliche Bereitschaft der Teilnehmer, Informationen offen zu legen und damit Wissen zu teilen, werden der Internetrecherche sicher schon mittelfristig weitere Möglichkeiten eröffnen.

2.5 Informationsbeschaffung aus Printquellen

2.5.1 Typen

Das gute alte gedruckte Wort ist nicht nur eines der schönsten Freizeitbegleiter, es ist auch die Quelle zur Informationsbeschaffung schlechthin. Was sind wichtige schriftliche Informationsquellen? Die folgende Auflistung gibt Antwort.

- Sachbücher widmen sich Fakten und sind das Pendant zur Belletristik (Unterhaltungsliteratur). Der Begriff „Sachbuch" meint im einzelnen vier Sparten:
  - Fachbücher entsprechen wissenschaftlichen Standards und sind in der Regel einem wissenschaftlichen Zweig – einem Fach – klar zuzuordnen.
  - Populäre Sachbücher arbeiten fachliche Themen populärsprachig, d.h. auch für Laien verständlich auf.
  - Lehrbücher sind ausdrücklich als Lernhilfen konzipiert. Flankierend zu den vermittelnden Fakten beinhalten sie Beispiele, Anleitungen und Übungen.
  - Nachschlagewerke sind z.B. die Klassiker unter den Lexika: die Enzyklopädie von Brockhaus, Meyer's Lexikon, die Encyclopädia Britannica oder das Zeit-Lexikon. Diese meist mehrbändigen Werke bilden Allgemeinwissen ab und werden als Konversationslexika bezeichnet. Dazu kommen spezielle Fachlexika, welche sich einzelnen Themen- bzw. Wissenschaftsbereichen annehmen, z.B. Gabler's Wirtschaftslexikon oder der Duden.
- Bibliographien nennt man auch Schrifttumsverzeichnisse. Sie haben den Anspruch, die komplette Literatur zu einem Sachgebiet aufzulisten und damit eine vollständige, themenbezogene Quellenübersicht zu liefern.
- Verzeichnisse im weiteren Sinne listen Daten verschiedener Art auf. Die bekanntesten Vertreter sind Telefonbücher, Branchenbücher, das „Taschenbuch des öffentlichen Lebens" von Oeckl oder auch Sammlungen von Unternehmensdaten (Hoppenstedt).

- **Periodika** sind zyklisch erscheinende Druckwerke jeder Art, z. B. der jährlich erscheinende Verfassungsschutzbericht des Bundesministeriums des Innern oder der Datenreport des Statistischen Bundesamtes.
- **Printmedien** sind sämtliche Zeitungen, Amtsblätter und Zeitschriften. Unter Broschüren sollen hier Publikationen von Organisationen verstanden werden, die keine Periodika sind (z. B. PR-Informationen, Sonderhefte).

2.5.2 Vor der Beschaffung

Wie findet man passende Printquellen? Viele Wege führen zu vielen Quellen. Die nachfolgende Übersicht zeigt nur einige auf.

Überblick über Beschaffungswege für Printquellen	
Wege zu Quellen	Erläuterungen
Persönliche Empfehlungen	Ob Kommilitone, Professor, Kollege, Experte oder Laie – hören Sie sich um. In der Regel gibt es eine Rezension gratis dazu.
Bibliographien	Ist das Verzeichnis aller Schriften zum Thema. Oft verwirrt ein solches allerdings wegen seiner Fülle.
Verweise in Büchern	Ein Autor wird vom nächsten zitiert. Beachten Sie also Fußnoten und Literaturverzeichnisse in den Anhängen.
Tipps in Medien	Viele Zeitungen und Zeitschriften veröffentlichen am Ende einiger Artikel (z. B. wissenschaftliche, medizinische oder historische) Empfehlungen für eine tiefe Auseinandersetzung mit dem Thema.
Verlagskataloge	Verlage verfügen über Kataloge ihres Gesamtangebotes, die bestellt werden können.
Bibliothekskataloge	Gerade in Verbundkatalogen kann man (fast) alles finden.

Abb. 2.20: Beschaffungswege für Printmedien

2.5.3 Bibliotheken

2.5.3.1 Strukturen

Bibliotheken haben verschiedene Aufgabenstellungen – damit differieren auch die Angebote. Im Folgenden wird aufgezeigt, welche Bibliothekstypen es gibt und welche Inhalte man von ihnen erwarten darf. In größter Anzahl trifft man auf Stadt- oder Gemeindebibliotheken. In Großstädten werden diese durch nochmalige Ableger, die so genannten Stadtteilbibliotheken ergänzt. Aufgabe ist für diese eine ansprechende Grundversorgung der interessierten Bevölkerung mit populärer Sachliteratur sowie Belletristik. Auch Historisches zum entsprechenden Stadtteil oder der Gemeinde ist dort in aller Regel zu finden. Die Auswahl ist insgesamt sehr begrenzt und wissenschaftliche Tiefenliteratur (Fachbücher, Fachzeitschriften) ist dort nur vereinzelt vorrätig. Kennzeichnend ist weiterhin, dass alle ausleihbaren Titel in der Auslage präsent sind, sie können also direkt mitgenommen werden.

Die nächste Stufe stellen die Landesbibliotheken dar. Diese bieten Sachbücher für alle populären Themengebiete in mittlerer Tiefe, Fachzeitschriften, eine breite Auswahl an Tages- und Wochenzeitungen sowie Belletristik in großer Anzahl. Landesbibliotheken enthalten auch ausländische Titel, insbesondere englische Sachliteratur. Nicht alle ausleihbaren Titel stehen in einem frei zugänglichen Regal – nach Bestellung werden diese in der Regel aus so genannten Magazinen beschafft.

Die Angebote der Staatsbibliotheken sind außerordentlich umfangreich und vor allem tief – und das über eigentlich alle denkbaren Sparten und Themengebiete. Bibliotheken dieser Größenordnung haben auch sehr alte, sehr rare Titel im Angebot. Gerade diese sind vielfach nicht ausleihbar, sondern lediglich als Leseexemplare vorrätig. Die größte ihrer Gattung ist „Die Deutsche Nationalbibliothek" (DNB). Sie sammelt und erschließt deutsche Literatur im weiteren Sinne seit 1913, und das komplett. Konkret sammelt sie:

- in Deutschland verlegte Veröffentlichungen
- im Ausland verlegte deutschsprachige Veröffentlichungen
- im Ausland verlegte Übersetzungen deutschsprachiger Werke in andere Sprachen
- im Ausland verlegte fremdsprachige Veröffentlichungen über Deutschland, die so genannten Germanica
- die zwischen 1933 und 1945 von deutschsprachigen Emigranten verfassten oder veröffentlichten Druckwerke.

Dazu erstellt die Deutsche Bibliothek die entsprechenden bibliographischen Verzeichnisse. Der Gesamtbestand umfasst ca. 25 Millionen Einheiten. Die DNB ist zwar zur Recherche hervorragend geeignet, zur Beschaffung jedoch nicht – sie agiert als reine Präsenzbibliothek.

Des Weiteren sind Hochschulbibliotheken zu nennen. In diesen findet man tiefgehende Fachliteratur zu allen an der jeweiligen Hochschule gelehrten Fächern. Nachteil ist hier die periodische Abwesenheit vieler Titel – zu jedem Semesterende leeren sich die Bestände von Hochschulbibliotheken dramatisch aufgrund der massiven Klausur- und Hausarbeitsvorbereitungen. Neben den oben genannten existieren noch diverse Spezialbibliotheken und Archive, als Beispiele seien das nationale Musikarchiv in Berlin und das nationale Filmarchiv in München genannt.

2.5.3.2 Suchen, Finden und Ausleihen

Die folgenden Ausführungen beschäftigen sich mit der eigentlichen Beschaffung von Inhalten. Die Suche erfolgt in der Regel unter Ausnutzung von Bibliothekskatalogen. Solche Kataloge vereinen die Angebote von Bibliotheksverbünden. Hier eine exemplarische Auflistung großer Verbünde:

- ZLB – Zentral- und Landesbibliothek Berlin (www.zlb.de)
- Staatsbibliothek zu Berlin Preußischer Kulturbesitz (www.sbb.spk-berlin.de)
- KOBV Kooperativer Bibliotheksverbund Berlin-Brandenburg (www.kobv.de)
- HeBis Hessisches Bibliotheksinformationssystem (www.hebis.de)
- BVB Bibliotheksverbund Bayern (www.bib-bvb.de)
- KVK Karlsruher Virtueller Katalog (www.ubka.uni-karlsruhe.de/kvk).

Die elektronische Katalogsuche ist zwischen der jeweiligen Bildschirmsuche in den Bibliotheken und den Online-Versionen synchronisiert. Die Suchroutinen in den einzelnen Katalogen sind inhaltlich weitgehend identisch, das Erscheinungsbild differiert jedoch. Die Suchfunktionen ähneln denen von Suchmaschinen und lassen sich intuitiv erschließen. Eine ausführliche Einführung zum Thema Bibliotheken mit hilfreichen weiteren Links ist auf Wikipedia zu finden: http://de.wikipedia.org/wiki/Bibliothek.

Eine besondere, in allen Bundesländern gleichermaßen genutzte Datenbank ist die Zeitschriftendatenbank (ZDB). Sie ist die weltweit größte Datenbank für Titel- und Besitznachweise für fortlaufende Sammelwerke, also Zeitungen, Zeitschriften etc. Erreichbar unter www.zdb-opac.de wies diese riesige Datenbank im Mai 2010 mehr als 1,5 Millionen internationale Titel ab dem Jahr 1500 (!) nach. Diese Titel verteilen sich auf 4300 Bibliotheken in ganz Deutschland. Um es nochmals deutlich zu machen, die ZDB ist lediglich die zentrale Datenbank, keine Bibliothek. Die Treffer aus dieser Datenbank sind Zeitungen oder Zeitschriften, die verstreut in der gesamten Bundesrepublik in Bibliotheks-Besitz sind. Hat der Suchende Glück, findet er das Gesuchte in einer nahen Bibliothek und kann es sogar selbst abholen. Ist das Glück weniger stark ausgeprägt, kann auf Direktlieferdienste oder ggf. die Onlinefernleihe zurückgegriffen werden.

2.5.4 Buchhandel, Broschüren & Co.

Ein Gesamtverzeichnis aller im Buchhandel aktuell lieferbaren Titel gibt es im Internet unter www.buchhandel.de. Die Suchroutine ist intuitiv durchschaubar, sie gleicht einer Suche in Online-Buchgeschäften. Größere Buchläden haben oft auch Terminals zur Suche aufgestellt, das ermöglicht eine Suche vor Ort und mit etwas Glück ist das gesuchte Stück sogar vorrätig. Die Regel wird das jedoch nicht sein, begründet in der begrenzten Ausstellungs- und Lagerfläche der Geschäfte. Dazu kommt die Tendenz, gut verkäufliche Titel naturgemäß bei der Lagerung zu bevorzugen. Solche Bestseller sind allerdings in den seltensten Fällen Objekt der Suche und die Sachbuchauslage eines durchschnittlichen Buchladens ist dünn. Anders verhält sich das bei Universitätsbuchhandlungen, in denen Sachbücher den Hauptteil des Bestandes ausmachen. Hier lohnt sich oft auch die direkte Regalsuche, da viele Themenbereiche durch ein umfassendes Angebot vertreten sind. Bei Zeitungen und Zeitschriften lohnt sich ebenfalls eine vorbereitende bibliothekarische Recherche. Effektiv ist das möglich in einer großen Bibliothek vor Ort oder im vorgestellten ZDB-Katalog. Mit Hilfe der ermittelten bibliographischen Angaben kann direkt bei den Verlagen bestellt werden.

Bei der Bundeszentrale für politische Bildung (bpb) kann man informative Druckwerke verschiedenen Typs beziehen. Diese sind kostenlos oder gegen eine marginale Pauschale zu haben. Es sind viele Titel zur Zeitgeschichte, politische und medienbezogene Publikationen oder auch spezielle Lexika im Angebot. Die Publikationen sind für die Informationsvermittlung konzipiert, tatsächlich also sehr dicht und ergiebig. Erreichbar online: www.bpb.de.

Viele weitere Druckwerke sind nur auf dem Wege einer persönlichen Anfrage erhältlich. Folgende mögliche Ansprechpartner seien beispielhaft genannt.

- **Unternehmen:** Nur größere Unternehmen stellen vorgefertigte Informationen bereit. Ein Anruf bei der PR-Abteilung mit der Bitte um Informationsmaterialien kann umfangreiche Ergebnisse bescheren.
- **Politische Parteien:** Auf Anfrage bekommt man von Vertretern dieser Zunft Wahlprogramme oder auch allgemeine Parteiinformationen.
- **Hilfsorganisationen:** Hier hält man für Interessenten sowohl Informationen zur eigenen Organisation als auch zur Situation in dem betreuten Bereich (Amnesty International, Caritas etc.) bereit.

2.6 Beschaffung von Primärinformationen – persönlicher Augenschein

Nun soll es nicht mehr darum gehen, bereits publizierte Informationen zu finden und zu beschaffen – hier ist das persönliche Abfragen und Dokumentieren von Informationen gefragt. In Anbetracht der extremen Unterschiede zwischen den individuellen Aufgabenstellungen gibt es dafür allerdings keinen Königsweg. Es können lediglich denkbare Quellen angesprochen werden, die allerdings bei der Planung von Informationsbeschaffung – obwohl sie so nahe liegen – oft übersehen werden.

2.6.1 Befragung

Die Kunst ist es, den richtigen Ansprechpartner, also eine mutmaßlich passende Quelle, für eine Befragung zu finden. Zu diesem Zweck macht ggf. eine vorhergehende Internetrecherche Sinn. Abgesehen davon gibt es ein paar klassische Ansprechpartner:

- **Unternehmen:** Gerade bei kleinen Unternehmen wird der Inhaber in vielen Fällen persönlich Rede und Antwort stehen. In großen Unternehmen werden externe Anfragen über die schon o. g. PR-Abteilung bearbeitet. Können die PR-Mitarbeiter auf die eventuell sehr speziellen Fragen nicht eingehen, wird man im besten Fall (und da gehört schon Glück und Überzeugungskunst dazu) mit einem Experten des Unternehmens vermittelt.
- **Vereine:** Das mag im ersten Moment abwegig klingen, aber man sollte sich vor Augen halten, dass es in Deutschland für annähernd jede denkbare Beschäftigung

einen Verein gibt. Tatsächlich gibt es Vereine für viele Themengebiete: von Taubenzucht und Imkerei über Regionalhistorie, Münzen und historische Militärfahrzeuge. Dabei ist ein wesentliches Element nicht zu vergessen: Vereinsmitglieder sind freiwillige Mitglieder, Enthusiasten, die sich in ihrer Freizeit für ihr Hobby engagieren. Leidenschaftlicher und bereitwilliger wird kaum jemand Auskunft geben. Mit Ausnahme vielleicht der folgenden Spezies.

- Fanclubs: Auch Fanclubs sind weit verbreitet. Von Sportstars über Schauspieler und Musiker bis zu ganzen Unterhaltungsmarken (Zirkus Sarasani etc.) – vieles wird verehrt, und eben auch studiert. Der Vorteil ist, die Mitglieder sind wohl informiert, in der Regel auch über das Umfeld ihres verehrten Objektes. Dazu kommt das „Vereins-Phänomen": eine Prise Stolz und die herzliche Identifikation mit dem Thema lassen auch Fanclub-Mitglieder gern Auskunft geben. Nachteil: Objektive Informationen müssen von subjektiven differenziert werden.

- Messen und Ausstellungen: Neben all den Informationen, die auf Messen und Ausstellungen aufgrund der Exponate und begleitender Schriftstücke gesammelt werden können, sind dort auch sehr geeignete Menschen für die Recherche platziert. In der Regel sind die Messeauftritte der einzelnen Teilnehmer durch geschultes Personal (Experten) begleitet, die ausnahmsweise ganz für Fragen da sind. Detaillierte Messekalender sind unter www.messekalender.de und www.auma.de zu finden.

2.6.2 Mit allen Sinnen wahrnehmen

Abgesehen von Gesprächen gibt es jedoch noch andere Möglichkeiten der persönlichen Beschaffung von Informationen. Fallweise ist es sinnvoll, das Rechercheobjekt persönlich aufzusuchen. Das kann z.B. eine bestimmte Pflanzen- oder Tierart, ein Bauwerk oder eine ganze Region sein. In solchen Fällen gilt es auch, die theoretisch gewonnen Informationen mit sinnlichen Eindrücken anzureichern. Zum weiteren Zusammentragen von „harten" Informationen gibt es wieder einige auf der Hand liegende, aber gern vergessene Möglichkeiten:

Museen: Diese werden oft unterschätzt, es sind jedoch durchaus verwertbare Informationen in ihnen zu finden. Die Museenlandschaft ist vielfältig, es gibt viele sehr spezielle Museen – allerdings unterschiedlicher Qualität. (Museenführer im Internet z.B. unter www.deutsche-museen.de oder unter http://www.kunst-und-kultur.de in der dortigen Museumsdatenbank.)

Tagungen und Symposien: Auf solchen sprechen Experten über ein bestimmtes Thema, vielleicht das der Recherche. Nicht alle sind frei zugänglich, einige auch zu speziell, viele jedoch zur Informationsbeschaffung bestens geeignet.

Öffentliche Vorträge: Verschiedene Institutionen bieten Vorträge von Sachverständigen an, z.B. in Berlin die Urania. Die angebotenen Themen sind vielfältig und werden populärsprachig vermittelt.

Vorlesungen an Hochschulen: Auf dem Wege der Gasthörerschaft können auch Nicht-Studierende in den Genuss von universitären Lehrveranstaltungen kommen. Dies eröffnet eine sehr spezifische Themenauswahl und liefert im besten Fall noch umfassende Literaturhinweise.

Damit ist auch die dritte große Quelle der Informationsbeschaffung abgeschlossen. Abschließend folgen die letzten Schritte, um aus der Beschaffung eine vollwertige Recherche zu machen.

2.7 Bewerten und Kontextualisieren der Informationen

Das Durchsehen der gesammelten Informationen hat im Rahmen der vollständigen inhaltlichen Erfassung das Ziel einer gewissenhaften Überprüfung. Gemeint ist eine Überprüfung im Hinblick auf die eingangs ausgeführten Basisdimensionen Relevanz, Wahrheit und Verstehbarkeit. Haller (2008, 55 ff.) leitet aus diesen übergeordneten Dimensionen einzelne Fragestellungen an die Informationen ab. So kann man schrittweise überprüfen, ob die Informationen in der vorliegenden Form für eine weitere Verwertung tatsächlich geeignet sind. Die folgende Checkliste in Anlehnung an die entsprechenden Ausführungen Hallers (2008) unterstützt diesen Prozess. Eine Modifikation in Form einer Verallgemeinerung war angezeigt, um die Überprüfungsroutine aus dem journalistischen Kontext zu lösen und sie damit für weitere Recherche-Bereiche uneingeschränkt nutzbar zu machen.

Informationskontrolle: Bewertung und Kontextualisierung der Informationen	
Leitfragen	**Detailfragen**
Sind die Informationen wichtig?	Ist die Themenidee für potenzielle Rezipienten zwingend von Interesse? Für wen genau ist das Thema praktisch wichtig?
Sind die Informationen neu?	Wird potenziellen Rezipienten etwas Neues mitgeteilt? Riskiert das Einbringen des Themas Langeweile oder Ablehnung, weil es ein „alter Hut" ist? Bilden eventuell veraltete Informationen aktuell fragwürdige oder gar falsche Wissensstände ab?
Sind die Informationen interessant?	Auch wenn das Thema wichtig und neu ist, ist es überhaupt von Interesse? Für wen ist es von Interesse?
Sind die Informationen umfassend?	Sind die Informationen hinreichend dicht? Sind sie frei von Widersprüchen und Unstimmigkeiten? Kann das Thema erschöpfend vermittelt werden?
Ist die Verarbeitung der Informationen zulässig?	Gibt es interne Restriktionen? Darf das Thema „angepackt" werden? Könnte die Veröffentlichung jemandem schaden? Gibt es rechtliche Bedenken?
Sind Hintergründe und Gegenpositionen bekannt?	Sind die Informationen kontrovers? Welche Positionen gibt es und ist ihre Berücksichtigung notwendig? Welche Hintergründe gibt es, sind auch diese relevant?

Abb. 2.21: Kontrollfragen nach der Informationsbeschaffung

Diese Prüfung – und die angebotenen Detailfragen sind nur Beispiele für eine gewissenhafte Prüfung – erfolgt einzeln, d.h. jede beschaffte Information muss bei seriöser Arbeit die oben genannten Kriterien erfüllen. Die geprüften Informationen werden anschließend in den gemeinsamen Kontext gesetzt. Hierbei wird gewichtet, geordnet und kausal verkettet. Die so gebündelten Informationen sollten nochmals einigen Fragen unterzogen werden, denn erst jetzt ist das Thema insgesamt abgebildet – und das Produkt ist ja bekanntlich mehr als die Summe der einzelnen Teile. Ermöglichen die geprüften Informationen, nun vereint, eine lückenlose und widerspruchsfreie Abbildung? Diese Frage muss am Ende der Recherche eindeutig mit „Ja" beantwortet werden können. Sind genügend Informationen gesammelt und geprüft, lassen diese auch zusammen keine Fragen offen und hat sich das Thema während der Recherche nicht überholt, kann es verarbeitet werden – Zeit für eine anspruchsvolle Textproduktion.

2.8 Zusammenfassung

- Sie wissen nun, dass Recherche mehr ist als Informationsbeschaffung.
- Sie kennen die wesentlichen Dimensionen zur Bewertung von Informationen: Relevanz, Wahrheit, Verstehbarkeit.
- Sie können verschiedene Recherche-Arten abgrenzen.
- Sie wissen, dass erfolgreiches Recherchieren einer gründlichen Vorbereitung bedarf.
- Sie kennen die Wurzeln des Internets und wissen, was das Web 2.0 bedeutet.
- Sie wissen, wie Suchmaschinen – insbesondere Google – arbeiten und können sie bedienen.
- Sie wissen, wo Sie effizient nach Twittermeldungen suchen.
- Sie kennen eine zweckmäßige Kategorisierung von Druckwerken.
- Sie kennen verschiedene Arten von Bibliotheken und können in Bibliothekskatalogen gezielt suchen.
- Sie können Printquellen auf verschiedenen Wegen beschaffen.
- Sie kennen verschiedene Möglichkeiten zur persönlichen Informationsbeschaffung.
- Sie können gesammelte Informationen auf ihre Verwendbarkeit prüfen.

2.9 Kontrollaufgaben

Aufgabe 1:
Beschäftigen Sie sich mit dem so genannten „Long Tail". Recherchieren Sie, beschreiben Sie das Thema kurz und nennen Sie drei Onlinequellen sowie zwei Printquellen.

Aufgabe 2:
Recherchieren Sie die Bedeutung und Herkunft Ihres Namens.

Aufgabe 3:
Welche Bibliotheken hat Ihre Universitätsstadt? Welche Nutzungsmöglichkeiten gibt es?

Aufgabe 4:
Nennen Sie eine Definition von Recherche.

Aufgabe 5:
Was ist unter der Hypothesentheorie der Wahrnehmung zu verstehen? Recherchieren Sie hierzu den theoretischen Ansatz und einen Forscher.

Aufgabe 6:
Nennen Sie je ein historisches Beispiel für die Recherche nach Art des investigativen Journalismus in den USA und Deutschland.

Aufgabe 7:
Wie lautet die Second-Level-Domain der URL ihres Fachbereiches?

Aufgabe 8:
Nennen Sie drei Blogsuchmaschinen im Internet und beschreiben Sie kurz – sofern vorhanden – deren Besonderheiten.

Aufgabe 9:
Was bedeutet Erfolg in der Kommunikation im Sinne von Niklas Luhmann? Suchen Sie die Antwort und geben Sie die Quellen an.

Aufgabe 10:
Was sind aus der Perspektive der Wirtschaftskommunikation zwei wichtige Bücher von Luhmann?

Aufgabe 11:
Nennen Sie fünf für die Wirtschaftskommunikation wichtige Zeitschriften (Print). Wie gestaltet sich die Verfügbarkeit an Ihrem Standort? Welche haben auch Online-Ausgaben?

Aufgabe 12:
Sie benötigen für eine Präsentation das Buch „Organisationskommunikation" von Anna Maria Theis-Berglmair. Wie oft, in welchen Auflagen und welchen Bibliotheken Ihrer Stadt ist das Buch derzeit verfügbar? (Bitte sechs Bibliotheken auswählen.)

2.10 Literatur

2.10.1 Quellen

Case, Donald O. (2002). Looking for Information. San Diego: Elsevier Science.

Friedman, Vitaly (2007). Praxisbuch Web 2.0. Bonn: Galileo Press.

Haller, Michael (2008). Recherchieren. Konstanz: UVK Verlagsgesellschaft.

Hooffacker, Gabriele (2010). Online-Journalismus. Berlin: Ullstein Verlag.

Meckel, Miriam (2008). Unternehmenskommunikation 2.0. In: Miraim Meckel & Beat F. Schmid (Hrsg). Unternehmenskommunikation. Kommunikationsmamagement aus der Sicht der Unternehmensführung. Wiesbaden: Gabler Verlag, 471–492.

Pukas, Dietrich (2008). Lernmanagement. Das Kompendium. Rinteln: Merkur-Verlag.

Schulz-Bruhdoel, Norbert & Bechtel, Michael (2009). Medienarbeit 2.0. Frankfurt am Main: Frankfurter Allgemeine Buch.

Verschiedene (2001). DUDEN Lexikon der New Economy. Mannheim: Bibliographisches Institut & F. A. Brockhaus AG.

2.10.2 Lesehinweise

Berger, Peter (2008). Unerkannt im Netz. Sicher kommunizieren und recherchieren im Internet. Praktischer Journalismus. Konstanz: UVK Verlagsgesellschaft.

Bleicher, Joan Kristin (2010). Internet. Konstanz: UVK Verlagsgesellschaft bei UTB.

Brauckmann, Patrick (Hrsg.) (2010). Web-Monitoring. Konstanz: UVK Verlagsgesellschaft.

Grassmuck, Volker (2004). Freie Software. Bonn: Bundeszentrale für politische Bildung.

Hehl, Hans (2001). Die elektronische Bibliothek. München: K. G. Saur.

Ludwig, Johannes (2007). Investigativer Journalismus. UVK Verlagsgesellschaft.

Mast, Claudia (Hrsg.) (2008). ABC des Journalismus. Konstanz: UVK Verlagsgesellschaft.

O´Reilly, Tim & Milstein, Sarah (2009). Das Twitterbuch. Köln: O´Reilly Verlag.

Piwinger, Manfred & Zerfass, Ansgar (Hrsg.) (2007). Handuch Unternehmenskommunikation. Wiesbaden: Gabler Verlag.

Schneider, Wolf & Raue, Paul-Josef (2006). Handbuch des Journalismus. Reinbek: Rowohlt Verlag.

Schulz-Bruhdoel, Norbert & Fürstenau, Katja (2008). Die PR- und Pressefibel. Frankfurt am Main: F.A.Z.-Institut für Management-, Markt- und Medieninformationen.

Noelle-Neumann, Elisabeth (Hrsg.) (2009). Fischer Lexikon Publizistik Massenkommunikation. Frankfurt am Main: Fischer Taschenbuch Verlag.

3 Journalistische Texte

Überblick

**Die journalistischen Darstellungsformen:
Welche Textformen unterscheidet der Journalismus?**

Tatsachenbetonte und informierende Formen	Unterhaltende und informierende Formen	Meinungsbetonte und meinungsäußernde Formen
Nachricht Bericht	Feature Interview Portrait Reportage	Leitartikel Kommentar Kolumne Glosse/Spitze

**Welche Funktionen haben diese Textformen?
Wo liegen die Grenzen der Normierung?**

↳ Verortung zwischen Informations-, Unterhaltungs- und Meinungsprimat

Welche Charakteristika haben diese Textformen?

↳ Analyse von Aufbau (Strukturmuster, Anfang und Ende), sprachlicher und stilistischer Gestaltung, äußerer Form (typographischer Hervorhebung, Länge, Autorennennung)

Welche Inhalte und Themen sind für welche Texte interessant?

↳ Gegenstands- und medienspezifische Auswahl der Darstellungsform

In welchem Verhältnis stehen die Textformen zur Wirklichkeit, ihrer Abbildung, Deutung und Bewertung?

↳ Grenzziehung zwischen objektiver und subjektiver Darstellung, Quellenverweise

Welche Sprachregeln muss man bei welchem journalistischen Text beachten?

↳ Bestimmung von sprachlichen Konventionen und Freiheitsgraden

Abb. 3.1: Übersicht über das Kapitel

3.1 Einführung

„Zuförderst muss dasjenige, was in die Zeitungen kommt, Neue seyn. Denn darum heißen die Zeitungen Novellen. (...) Denn was gingen (...) verlegene Sachen unseren itzigen Zustand an? Neue Sachen sind und bleiben angenehm: was aber bey voriger Welt vorgegangen, gehöret ins alte Eisen und ersättigt das lüsterne Gemüt keines weges." Das, was Kaspar von Stieler (zitiert nach Merten 1999, 202) 1665 in der ersten Abhandlung über das neue Medium Zeitung sagt, trifft auch den Kern der Nachrichtenselektion einige Hundert Jahre später:

- Nichts ist uninteressanter als die Zeitung von gestern.
- Nur was neu ist, ist eine Nachricht wert.
- Medieninhalte müssen darüber hinaus die spezifischen Informationsbedürfnisse und die Neugierde der Leser befriedigen.

Das heißt, sie sollen aufklären, unterhalten und die Meinungsbildung über den Leser betreffende Gegenstände in einer immer komplexer und unüberschaubar werdenden Welt ermöglichen. Das Wissen über diese Welt ist zu weiten Teilen medial vermittelt, Nichterfahrung aus zweiter Hand ist das gängige Weltwissen des modernen Zeitungslesers.

Gesellschaften sind heute zumeist komplexe soziale Gebilde. Menschen leben in voneinander weitgehend isolierten Lebenswirklichkeiten und in vielen Bereichen fehlt ihnen das unmittelbare Erfahrungswissen zur Lebensgestaltung und Teilhabe an gesellschaftlichen Prozessen. Öffentlichkeit gewährleistet in modernen Gesellschaften den unbegrenzten Zugang zu wichtigen Erfahrungen, Kenntnissen und Interessenlagen. Über das Mediensystem wird Öffentlichkeit hergestellt und Journalisten erhalten in diesem Prozess eine Vermittlungsaufgabe: Sie helfen, zwischen isolierten Lebenswirklichkeiten zu vermitteln und „die Barrieren zwischen funktional differenzierten Wissensvorräten zu überwinden und damit die Problemverarbeitungskapazität des Einzelnen wie der Gesellschaft zu stärken." (Pöttger zitiert nach Krings 2004, 15).

Im Journalismus unterscheidet man für diese Vermittlungsaufgabe verschiedene Darstellungsformen[31] als etablierte Standards mit ganz spezifischen Merkmalen der Textgestaltung. Es gibt verschiedene Ansätze, die unterschiedlichen Darstellungsformen in Klassen einzuteilen (vgl. z. B. Mast 2008, 259). Einigkeit herrscht dabei allerdings nur in Bezug auf die Frage, ob ein Darstellungsformat eher informierend (wie z. B. die Nachricht) oder meinungsbildend (wie z. B. der Kommentar) ist. Es gilt als journalistische Regel, dass Nachricht und Kommentar immer getrennt sein sollten, wobei die Trennung auch als Gradmesser der journalistischen Redlichkeit begriffen wird (Mast 2008, 259).

Bei einer journalistischen Darstellungsform als einer charakteristischen Art, in der ein zur Veröffentlichung in den Massenmedien bestimmter Stoff gestaltet wird, geht es im Unterschied zu literarischen Formen als Ziel immer um den Inhalt: „Die Form erhebt

---

[31] Statt Darstellungsform findet man in der Fachliteratur auch die alternativen Bezeichnungen Genre, Gattung, Textsorte oder auch Medienschemata mit gleicher oder ähnlicher Bedeutung (vgl. Krings 2004, 15–16).

sich nicht zu l'art pour l'art, sondern sie dient als Träger einer Botschaft, sie birgt und entfaltet Realität." (Reumann in Noelle-Neumann, Schulz & Wilke 2009, 129). Die im heutigen Journalismus über alle Medientypen hinweg gepflegten Darstellungsformen differenzieren grundsätzlich zwischen den erwähnten tatsachenbetonten und meinungsbetonten, aber auch phantasiebetonten Formen. Die letzte Kategorie umfasst Formen wie die Kurzgeschichte und den Zeitungsroman, die die Realität in Kunst verwandeln. Da sie für die Praxis der Wirtschaftskommunikation am wenigsten relevant sind, sollen sie hier nicht weiter ausgeführt werden.

Zwischen den für die Wirtschaftskommunikation relevanten Darstellungsformen, den tatsachenbetonten und den meinungsbetonten, ergibt sich allerdings eine Art Grauzone der Klassifikation: Texte mit unterhaltender, narrativer, argumentierender oder dialogischer Eigenart bilden neben der Basisdifferenz von Information und Meinung weitere Klassen von Darstellungsformen. Neben der fehlenden theoretischen Trennschärfe der Darstellungsformen zeigt sich in der Praxis der journalistischen Textproduktion, dass die Grenze auch hier zwischen den verschiedenen Textsorten verschwimmen. Es ist nicht immer klar zu analysieren, ob ein Text mehr informieren, unterhalten oder aber überzeugen will. Für die Abgrenzungsschwierigkeiten sind neben Theorie und Praxis journalistischer Gestaltungsform aber auch die Rezipientenwirkungen verantwortlich: „Soviel die Stilform über die Absicht des Autors aussagen mag, so wenig verrät sie über die Wirkung der Aussage. Es gibt Nachrichten, die meinungsbildend wirken, und es gibt Meinungen und Argumente, die Informationswert besitzen (vor allem, wenn sie neu sind oder von bedeutenden Personen stammen)." (Reumann in Noelle-Neumann, Schulz & Wilke 2009, 129).

Der vorliegende Text schließt sich der Einteilung von Haller (2008 a), Hoppe (2000) bzw. Schneider & Raue (2006) an und verzichtet auf einen Nachvollzug und eine Diskussion anderer Klassifikationen[32]. Die nachfolgende Abbildung gibt eine Einteilung der hier untersuchten Auswahl der für die Wirtschaftskommunikation wesentlichen Darstellungsformen wieder:

Die journalistischen Darstellungsformen		
Informierende und tatsachenbetonte Darstellungsformen	Informierende und unterhaltende Darstellungsformen	Meinungsbetonte und meinungsäußernde Darstellungsformen
Nachricht Bericht	Feature Interview Portrait Reportage	Leitartikel Kommentar Kolumne Glosse/Spitze

Abb. 3.2: Journalistische Darstellungsformen

---

[32] Für eine Auseinandersetzung mit alternativen Einteilungen von journalistischen Darstellungsformen sei auf die relevante Fachliteratur verwiesen (Weischenberg 2001; Schneider & Raue 2006; Mast 2008 sowie Noelle-Neumann, Schulz & Wilke 2009).

Wann wählt man nun welche Textform? Mast (2008, 259) beschreibt die funktionale Auswahl der Darstellungsformen als eine multiattribute Entscheidung: Thema, Medium, persönliche Intentionen des Autors und seine Kompetenzen sowie die Lesererwartungen bestimmen diese Entscheidung mit. Der starke Wettbewerb um Rezipienten und Abonnenten führt dazu, dass häufig Informationen, Ereignisse und Themen gleich in mehreren Darstellungsformen oder mit Hilfe der Verwendung von Elementen verschiedener Textsorten aufbereitet werden. Das erzeugt Abwechslungsreichtum und erfüllt unterschiedliche Bedürfnisse des Publikums.

Leitfragen für die funktionale Auswahl der Darstellungsform (nach Mast 2008, 260)	
Eigenheit des Mediums	Welches Medium? Welche Rubrik? Wie viel Raum steht zur Verfügung?
Eigenheiten des Themas	Eignet sich z. B. das Thema für eine ausführliche Reportage oder ist ein sachlicher, knapper Bericht angebracht?
Öffentlicher Auftrag des Journalisten	Wie können gesellschaftliche Vorgänge über das Thema hinaus vermittelt werden? Durch eher individualistisch-subjektive Schreibweise? Oder besser faktizierend-objektiv?
Reflexion über publizistische Wirkungsabsichten	Welche Darstellungsform spricht welches Publikum am besten an?

Abb. 3.3: Leitfragen zur Auswahl der Darstellungsform

Viele der hier besprochenen Darstellungsformate werden für Printmedien und audiovisuelle Medien realisiert. Auf Grund des begrenzten Raums für die Vorstellung der grundlegenden Textsorten wird auf eine nähere Spezifikation für unterschiedliche Medien wie z. B. die Reportage für die Tageszeitung, den Hörfunk und das Fernsehen verzichtet. Der Fokus liegt auf den Printmedien, daher wird auch häufig vom Leser und nicht durchgängig vom Rezipienten gesprochen.

Charakteristisch für informierende Texte ist, dass sich die Vermittlungsaufgabe an der möglichst objektiven Wiedergabe von für den Leser relevanten Informationen orientiert. Typische Merkmale sind Informationsdichte, Ausdrucksökonomie und analytische Schärfe. Unterhaltende Texte hingegen sollen dem Leser über die Informationsfunktion hinaus auch Vergnügen bereiten. Sie regen die Rezeptionsaktivität durch die spezifischen Merkmale Illustrativität, Authentizität, Simultanität und Subjektivität an. Sie sollen den Leser fesseln und Spannung erzeugen. Meinungsbetonte Texte wollen mehr als Wirklichkeit abbilden und für ihre vielfältigen Facetten faszinieren: Sie wollen Orientierung bieten und Meinungsbildung über Gegenstände und Ereignisse dieser Wirklichkeit anregen. Sie müssen dabei auch informativ sein, denn sie haben immer einen Faktenbezug. In journalistischen Texten der hier betrachten Art geht es nie um Fiktion, sondern immer um Realität. Und schließlich können meinungsbetonte Texte auch durchaus unterhaltend sein. Die nachfolgenden Abschnitte führen in die jeweilige Textformen-Klasse und die wichtigsten Vertreter ein. Sie vertiefen dabei die bis hier vorgestellten Kurzcharakteristika durch Definitionen, Beschreibungen und vor allem vielfältige Gestaltungsbeispiele. Leitend für die Darstellung sind die im Überblick vorgestellten Kernfragen zur Differenzierung des vorgestellten Einteilungsrasters.

3.2 Informierende und tatsachenbetonte Texte

3.2.1 Nachricht

Eine Nachricht kann grundsätzlich als eine spezielle Aufbereitung von Informationen definiert werden. Reimann (in Noelle-Neumann, Schulz & Wilke 2009, 131) bemerkt dazu: „Eine Nachricht ist die nach bestimmten Regeln gestaltete aktuelle Information über Ereignisse, Sachverhalte und Argumente (...)". Aber welche Information ist geeignet, eine veröffentlichte Nachricht und damit an die Leser weitergegeben zu werden?

In der Kommunikations- und Publizistikwissenschaft wird zur Entscheidung der obigen Frage der Wert einer Nachricht ermittelt. Dies erfolgt durch die Überprüfung verschiedener Kriterien, die so genannten Nachrichtenfaktoren. Exemplarisch werden im Folgenden die Nachrichtenfaktoren nach Galtung & Ruge (1965) vorgestellt, zur Ermittlung des Nachrichtenwertes sollte die Information demnach auf die folgenden zwölf Kriterien überprüft werden (Tabelle nach Noelle-Neumann, Schulz & Wilke 2009, 391):

Der Wert einer Nachricht im Sinne von Nachrichtenfaktoren	
Nachrichtenfaktor	Erläuterung
Frequenz	Je mehr der zeitliche Ablauf eines Ereignisses der Erscheinungsperiodik der Medien entspricht, desto wahrscheinlicher wird das Ereignis zur Nachricht.
Schwellenfaktor	Es gibt einen bestimmten Schwellenwert der Auffälligkeit, den ein Ereignis überschreiten muss, damit es registriert wird.
Eindeutigkeit	Je eindeutiger und überschaubarer ein Ereignis ist, desto eher wird es zur Nachricht.
Bedeutsamkeit	Je größer die Tragweite eines Ereignisses, je mehr es persönliche Betroffenheit auslöst, desto eher wird es zur Nachricht.
Konsonanz	Je mehr ein Ereignis mit vorhandenen Vorstellungen und Erwartungen übereinstimmt, desto eher wird es zur Nachricht.
Überraschung	Je überraschender ein Ereignis ist, desto größer die Chance, zur Nachricht zu werden, allerdings nur dann, wenn es im Rahmen der Erwartungen überraschend ist.
Kontinuität	Ein Ereignis, das bereits als Nachricht definiert ist, hat eine hohe Chance, von den Medien auch weiterhin beachtet zu werden.
Variation	Der Schwellenwert für die Beachtung eines Ereignisses ist niedriger, wenn es zur Ausbalancierung und Variation des gesamten Nachrichtengebildes beiträgt.

Bezug auf Elite-Nation	Ereignisse, die Elite-Nationen betreffen (wirtschaftlich oder militärisch mächtige Nationen), haben einen überproportional hohen Nachrichtenwert.
Bezug auf Elite-Person	Entsprechendes gilt für Elite-Personen, d.h. prominente und/oder mächtige, einflussreiche Personen.
Personalisierung	Je stärker ein Ereignis personalisiert ist, d.h. sich im Handeln oder Schicksal von Personen darstellt, desto eher wird es zur Nachricht.
Negativismus	Je negativer ein Ereignis, d.h. je mehr es auf Konflikt, Kontroverse, Aggression, Zerstörung oder Tod bezogen ist, desto stärker wird es von den Medien beachtet.

Abb. 3.4: Nachrichtenfaktoren

Je mehr Faktoren auf die überprüfte Information zutreffen, desto höher ist die Chance einer Veröffentlichung. Weitere, ebenfalls relativ umfangreiche Ansätze wurden im 20. Jahrhundert entwickelt, z.B. 1934 von Warren oder 1976 von Schulz (vgl. Schulz in Noelle-Neumann, Schulz & Wilke 2009, 389 ff.). All diese Ansätze haben gemeinsam, dass sie der journalistischen Theorie entspringen und in der Praxis eher in vereinfachter Form zur Anwendung kommen – d.h. in Gestalt von journalistischer Erfahrung, Instinkt und Kenntnis der Nutzergewohnheiten.

Schneider & Raue (2006, 56) vereinfachen und verdichten die Überprüfung des Nachrichtenwertes auf die Überprüfung von drei Kriterien. „Die Nachricht ist eine faire und verständliche Information über Tatsachen, die für Leser oder Hörer erstens neu sind (…) und zweitens eines von beidem: wichtig (und das heißt oft auch: interessant, doch durchaus nicht immer) oder interessant (…)".

3.2.1.1 Der Aufbau einer Nachricht

Der Aufbau einer Nachricht unterliegt, im Vergleich zu anderen journalistischen Textformen, einem allgemein akzeptierten Standard. Grundsätzlich gilt dabei: Das Wichtigste nach vorn. Das Wichtigste sind die Antworten auf die so genannten W-Fragen. Davon gibt es in der Literatur sechs bzw. zzgl. Quellennennung sieben. Die vier wichtigsten sind Wer, Was, Wann und Wo. Die Antworten sollten im Vorspann (Lead) der Nachricht zu finden sein, d.h. im ersten, die elementaren Punkte aufzeigenden Absatz. Dieser besteht in der Praxis aus einem oder zwei Sätzen. Wird zitiert, ist die Quelle (Woher) ebenfalls im Vorspann zu benennen. Die Fragen Wie und Warum werden in den folgenden Sätzen, dem Hauptteil (Body) beantwortet. So entsteht ein Text, in dem die Informationen vom Wichtigen zu weniger Wichtigem geordnet sind (das schnelle Kürzen von hinten soll möglich sein). Eine Nachricht kommt also ohne Einleitung direkt auf „den Punkt", der Leser erkennt schon innerhalb der ersten Sätze den wesentlichen Inhalt.

Dieser typische Aufbau wird als Pyramidenprinzip, genauer Prinzip der umgekehrten Pyramide (Inverted Pyramide oder Top-Heavy) bezeichnet (vgl. Reumann in Noelle Neumann, Schulz & Wilke 2009, 132).

Nach herrschender Lehrmeinung entstand dieser heute übliche Nachrichtenaufbau während des amerikanischen Bürgerkrieges (1861 – 1865) in den USA. Demnach wurde der Top-Heavy-Aufbau eine Notwendigkeit – aufgrund noch sehr störanfälliger, zur Informationsübermittlung genutzter Telegrafenverbindungen. Um die wichtigsten Informationen (W-Fragen) nicht durch gestörte Leitungen zu verlieren, sollten sie ganz nach vorn.

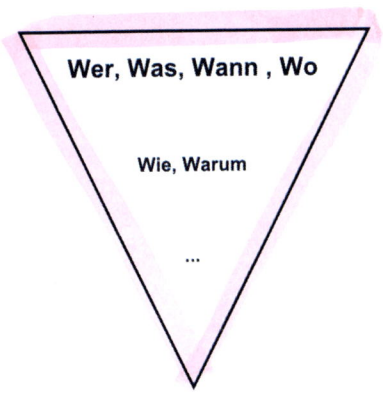

Abb. 3.5: Prinzip der umgekehrten Pyramide

Der Anfangs rein zweckmäßige Aufbau setzte sich trotz verbesserter Übermittlungstechniken durch und verdrängte den bis dahin verbreiteten Nachrichtenaufbau, die Chronologie, fast völlig (vgl. Reumann in Noelle Neumann, Schulz & Wilke 2009, 132). Zweifel sind bei dieser Geschichte jedoch angebracht: Neuere Untersuchungen belegen die spätere Durchsetzung dieses Nachrichtenaufbaus (1880er Jahre). Pöttker (2003, 515) analysiert verschiedene Erklärungsvarianten: „Neben dieser technologischen werden drei weitere Thesen – eine politische, eine kulturwissenschaftliche und eine ökonomische – diskutiert, die alle die Verbreitung des ‚harten', am Relevanzprinzips orientierten Nachrichtenstils auf Faktoren zurückführen, die von außen auf den Journalismus einwirken." (Hervorhebung durch den Autor). Auch diese, hier nicht näher zu betrachtenden Thesen bezweifelt Pöttker (2003, 516) stichhaltig und formuliert anschließend folgenden Erklärungsansatz: „Jedenfalls ist der Ursprung der professionellen Nachrichtenpyramide im Streben nach kommunikativer Qualität des journalistischen Produkts zu suchen – dass sie auf die störanfällige Telegrafentechnik zurückzuführen sei, ist ein gern kolportierter, aber durch nichts belegter Mythos.". (Hervorhebung durch den Autor).

3.2.1.2 Die Sprache der Nachricht

Eine Nachricht sollte vor allem eines sein: gut verständlich. „Die Nachricht soll aus schlichten, geläufigen, unmissverständlichen Wörtern in unverschachtelten, durchsichtigen Sätzen bestehen. (...) Fachwörter ohne geläufige Entsprechung werden möglichst vermieden, im Grenzfall mit einer Erklärung versehen." (Schneider & Raue 2006, 77). Letzterer Aspekt hat insbesondere bei der nicht spezialisierten Tagespresse Gültigkeit, in Printmedien mit klar umrissener, spezialisierter Zielgruppe ist eine Übersetzung von entsprechenden Fachwörtern in Alltagssprache weder notwendig noch gewünscht.

Für jede Nachricht in jedem Medium gilt, dass Nachrichtensprache nicht prosaisch ist. Klarheit, Einfachheit und Prägnanz sollten die Nachrichtensprache kennzeichnen. Dazu gehört z. B. das Vermeiden von Schachtelsätzen, umgangssprachlichen Phrasen und Anglizismenhäufungen. Auch (oft eitle) rhetorische Figuren sind anderen Textgattungen vorbehalten – gleiches gilt für das versteckte Einbringen von Meinung bzw. Wertung. Informationen werden in der Nachricht schnörkellos und präzise aufbereitet – nicht mehr, allerdings auch nicht weniger.

Eine Nachricht hat sich jeder Meinungsäußerung zu enthalten, für diese Textform gilt streng das Prinzip der Neutralität bzw. Objektivität. Ziel der Nachrichtenerstellung ist es, Informationen unkommentiert aufzubereiten und dem Leser zur Verfügung zu stellen. Nichtsdestotrotz können die Redaktionen jedes Thema nach Belieben kommentieren – dies allerdings in einem separaten, meinungsbetonten Text.

Es ist in den Redaktionen nicht einheitlich geregelt, welche Länge für die Nachricht kennzeichnend ist. Eine Nachricht verzichtet auf eine ausführliche Beleuchtung der Hintergründe oder ausführliches Kontextualisieren, wie es für den Bericht üblich ist. Sie beantwortet jedoch mindestens alle sechs W-Fragen. Oft ist eine Nachricht einspaltig gesetzt.

> **Beispiel für eine Nachricht** (23.10.2009)
>
> **Datenskandal: Deutsche Bahn akzeptiert Millionen-Bußgeld**
>
> Berlin – Die Deutsche Bahn hat das Millionen-Bußgeld gegen den Konzern im Datenskandal akzeptiert. Das Unternehmen lege keine Rechtsmittel gegen den Bußgeldbescheid des Berliner Datenschutzbeauftragten Alexander Dix ein, teilte es mit. Die Strafe beläuft sich laut Bahn auf 1,1 Millionen Euro. „Wir haben nach der Datenaffäre tiefgreifende Umstrukturierungen im Unternehmen vorgenommen, so dass derartige Fehlentwicklungen künftig ausgeschlossen sind", erklärte Bahn-Chef Rüdiger Grube.
>
> Die Bahn steht seit Monaten wegen ihrer Datenaffäre in der Kritik. Der Konzern hatte im Kampf gegen Korruption im eigenen Haus seine Mitarbeiter systematisch überprüft und überwacht. So glich das Unternehmen in fünf Überprüfungen zwischen 1998 und 2006 die Daten von Bahn-Mitarbeitern mit Lieferantendaten ab. Bei den groß angelegten Aktionen wurden teilweise auch Angehörige der Bahn-Beschäftigten überprüft. (AFP)

Ist die ganze Nachricht nur Lead, wird der Text als Kurznachricht oder Meldung bezeichnet. Diese umfassen maximal drei Sätze und werden oft unverändert von den Nachrichtenagenturen übernommen.

> **Beispiel für eine Meldung** (23.09.2009)
>
> New York. Google will seinen Nutzern demnächst auch einen Musikdienst anbieten. Die Lieder seien dann direkt auf der Seite der Suchmaschine von Google zu finden, berichteten der Online-Branchendienst Techcrounch und das „Wall Street-Journal". Fraglich ist noch, ob das neue Angebot zunächst nur in den USA oder sofort weltweit verfügbar ist. (AFP)

3.2.1.3 Der Umgang mit Quellen

Besonders sorgfältig sind Quellen zu verarbeiten, wie auch Schulz-Brudoehl & Fürstenau (2008, 263) erklären: „Die Angabe der Informationsquelle entspricht nicht nur den Regeln journalistischer Sorgfaltspflicht. Der Leser soll erfahren, wer die Neuigkeit mitteilt. Darüber hinaus steigert eine Quellenangabe die Glaubwürdigkeit.". Schneider & Raue (2006, 77) formulieren diesbezüglich: „Wenn der Journalist zitiert, muss diese Tatsache im Leser oder Hörer ununterbrochen wach gehalten werden." Hat also die Nachricht eine Verlautbarung zum Inhalt, ist die Quelle zu nennen, dies innerhalb der ersten zwei Sätze (Frage Woher?).

Wie wird im Text zitiert? Die beiden bekannten Methoden sind das direkte Zitat (wörtliches Zitat in Anführungszeichen) und das indirekte Zitat (Konjunktiv):

- Direkt zitiert wird bei überraschenden oder ungewöhnlichen Formulierungen, die auch den Inhalt wesentlich beeinflussen. Auch Kern- bzw. Schlüsselaussagen, wesentliche Argumente und sehr persönliche Aussagen sollten direkt zitiert werden.
- Der Konjunktiv dagegen bietet sich immer dann an, wenn zusammengefasst, geordnet und vereinfacht werden soll. Beispielsweise bei politischen Aussagen ist die eigentliche Botschaft oft versteckt oder stark verklausuliert. Hier ist es Aufgabe der Journalisten, den Lesern eine verständliche und kurze Aufbereitung zur Verfügung zu stellen.

Beide Zitierformen sind – dominant verwendet – schlecht zu lesen. Zu empfehlen ist also eine gesunde Mischung aus beiden Zitierweisen.

Beispiel für direktes und indirektes Zitieren in einer Nachricht (Süddeutsche Zeitung 14.10.2009)

Jubel an den US-Börsen
Dow Jones knackt 10.000-Punkte-Marke

Der Dow Jones nimmt erstmals seit mehr als einem Jahr die psychologisch wichtige 10.000-Punkte-Marke – und elektrisiert die Wall Street.

Starke Unternehmenszahlen der Investmentbank JP Morgan und des Chipherstellers Intel haben den US-Leitindex Dow Jones erstmals seit mehr als einem Jahr wieder über die 10.000-Punkte-Marke steigen lassen. Auch gute Konjunkturdaten gaben der Wall Street Auftrieb.

Mit 10.027,73 Zählern erreichte der Dow Jones den höchsten Wert seit dem 7. Oktober 2008. Letztlich schloss das weltweit am meisten beachtete Börsenbarometer 1,47 Prozent höher bei 10.015,86 Punkten und konnte sich damit erstmals seit dem 3. Oktober 2008 wieder über der psychologisch wichtigen Marke behaupten. Die anderen Indizes erreichten ebenfalls neue Jahreshochs. Der marktbreite S&P-500-Index stieg um 1,75 Prozent auf 1.092,02 Zähler. An der Technologiebörse Nasdaq rückte der Composite-Index um 1,51 Prozent auf 2.172,23 Punkte vor. Der Auswahlindex Nasdaq 100 gewann 1,39 Prozent auf 1.754,26 Zähler.

Am Markt fielen die Kommentare zur aktuellen Entwicklung teilweise euphorisch aus. Michael Jones, Manager bei Riversource Investments, nannte die 10 000-Punkte-Marke einen „entscheidenden Meilenstein" auf dem Weg nach oben. Die 600 Milliarden Dollar, die die US-Notenbank (Fed) bis März unter anderem für den Kauf hypothekenbesicherter Wertpapiere drucken wolle, seien „der Raketentreibstoff, der die Börsenrallye am Laufen halten wird".

Auch Währungsstratege Michael Woolfolk von BNY Mellon gab sich optimistisch: „Wir sehen ein deutliches Kaufsignal, da 95 Prozent der Unternehmen ihre Zahlen noch nicht vorgelegt haben." Allerdings gab es auch mahnende Stimmen. So warnte etwa Joseph Kapp von Lincoln Financial Advisors angesichts der weiter bestehenden Probleme am Arbeits- und Immobilienmarkt vor zu viel Euphorie.

3.2.1.4 Hard News und Soft News

Inhaltlich ist eine Abgrenzung zwischen Nachrichten verbreitet – in harte und weiche Nachrichten, in Soft News und Hard News. Diese Abgrenzung bezieht sich auf das Thema. Eine bedeutsame Nachricht aus Politik und Wirtschaft gilt als „hart" – z.B. ein Terroranschlag oder der Einbruch eines Dax-Wertes. Typische Themen einer Rubrik „Vermischtes" dagegen gelten als weich – z.B. die Hochzeit einer prominenten Person oder das mit besonderen Fähigkeiten gesegnete Haustier. Bei weichen Nachrichten steht der Unterhaltungswert im Vordergrund (vgl. Mast 2008, 265 f.). In der journalistischen Arbeit hat diese Unterteilung auch sichtbare Konsequenzen: Eine weiche Nachricht unterliegt den Gewohnheiten für Nachrichtensprache und -aufbau weniger streng. Weder die Top-Heavy-Form noch der knappe, nüchterne Sprachstil werden bei weichen Nachrichten streng verfolgt.

Exkurs: Nachrichtenagenturen

Nachrichtenagenturen sind ein unverzichtbarer Teil der Presselandschaft; sie fungieren als Nachrichten-Händler. Die älteste der bestehenden deutschen Nachrichtenagenturen ist der Evangelische Pressedienst (EPD), er wurde bereits 1910 gegründet (Garmissen 2009, 18). Zumindest die heutigen großen Agenturen verfügen über ein dichtes, weltumspannendes Korrespondenten-Netz und Erfahrung aus vielen Jahren der Nachrichtenaufbereitung. Die Agenturen liefern nach Wichtigkeit priorisierte und nach Ressorts geordnete Nachrichten – und das rund um die Uhr. Im Rahmen dieser hoch frequenten Arbeit werden konsequent Nachrichten ergänzt, fehlerhafte Meldungen korrigiert und zusätzliches Material zur Verfügung gestellt – denn längst werden nicht mehr „nur" Nachrichten geliefert, beispielsweise auch Bildmaterial, Berichte, Interviews und Features gehören zum Angebot der großen Nachrichtenagenturen. Die übermittelten Nachrichten sind journalistisch korrekt, d.h. ohne Änderungen publizierbar, aufbereitet. Vor allem Kurznachrichten werden von der Presse unverändert übernommen, oft auch längere Nachrichten, Berichte etc.

Die Basis dafür bildet der hohe Qualitätsanspruch der Agenturen: sie agieren stets neutral und zuverlässig, die Nachrichten sind sauber recherchiert und der Stil folgt dem journalistischen Regelwerk konsequent – so hält z.B. niemand den modellhaften Aufbau (Inverted Pyramid) und die sprachlichen Empfehlungen für Nachrichten so beständig durch wie Nachrichtenagenturen. Die Agenturleistungen werden durch die Medien auf dem Wege eines (modulhaften) Abonnements erworben. Die ökonomischen und publizistischen Vorteile bestehen in umfassender Nachrichtenversorgung: schnell, aus aller Welt, direkt publizierbar. So wird z.B. auch eine kleine, regional ausgerichtete Zeitung in die Lage versetzt, relativ kostengünstig erschöpfend zu berichten. Das Volumen der Nachrichtenproduktion der Agenturen ist immens: Allein der Marktführer, die Deutsche Presseagentur, produziert jährlich rund 1.200.000 Textnachrichten, das sind rund 220.000 Wörter im täglichen Basisdienst der Agentur (Siegert 2009,

14). Bedeutende Nachrichtenagenturen sind: AP (Associated Press)[33], AFP (Agence France-Presse), DPA (Deutsche Presse-Agentur), RTR (Reuters) und DDP (Deutscher Depeschendienst). Die hervorgehobenen Kürzel fungieren bei Textübernahmen in der Presse als Quellenangabe (vgl. insgesamt Schneider & Raue 2006, 23 ff.; Schulz-Bruhdoel & Fürstenau 2008, 131 ff. sowie Mast 2008, 35 ff.).

3.2.2 Bericht

Der Bericht wird oft als „großer Bruder" der Nachricht bezeichnet – ein durchaus geeignetes Bild, wenn man den Brüdern nicht allzu große Ähnlichkeit unterstellt. Aber eines nach dem anderen. Zuerst seien die Gemeinsamkeiten dieser beiden journalistischen Textarten aufgezeigt; das, was sie zu Brüdern macht. In der hier gewählten Kategorisierung ist auch der Bericht eine informierende und tatsachenbetonte Textform, somit gilt auch für den Bericht streng das Prinzip der Neutralität und Objektivität, weder Meinung noch Wertung haben im Bericht Platz. Auch gelten grundsätzlich die für die Nachricht genannten publizistischen Voraussetzungen, das Thema eines Berichtes sollte also – um bei Schneider & Raue (2006, 67) zu bleiben: neu, wichtig und/oder interessant sein.

„Unumstritten ist (…), dass der Bericht ebenso wie die Nachricht alles für den Leser Wichtige betont: Information hat Vorrang.", allerdings, und das ist der erste Unterschied: „Einig sind sich alle, dass ein Bericht nicht unbedingt aktuelle Geschehnisse abbildet, sondern sie lediglich als Aufhänger benötigt" (Schulz-Bruhdoel & Fürstenau 2008, 267, Hervorhebung im Original). Das Neue ist in diesem Sinne stets wichtig, kann aber durchaus lediglich Einstieg für eine Themenerweiterung sein. Was die Brüder zu sehr unterschiedlichen Charakteren macht, ist Länge, Detailfülle und stilistische Freiheit.

- Der Bericht informiert den Leser umfassend, zeigt Hintergründe und Zusammenhänge auf, wechselt die Perspektiven, er erläutert.
- Ein Bericht ist mehrspaltig gesetzt und kann, insbesondere in Zeitschriften, mehrere Seiten umfassen.
- Oft wird der Inhalt mit Bildmaterial (Fotos, Illustrationen, Diagramme, Tabellen u. ä.) angereichert oder auch mit einem Interview verknüpft.
- Berichte können durch Zwischenüberschriften und typografische Wechsel strukturiert werden.

Mast (2008, 272) unterteilt in folgende drei Berichtstypen:

---

[33] Die deutsche AP ist seit 12/2009 im Besitz von DDP.

Berichtstypen und ihre Schwerpunktsetzungen (nach Mast 2008, 272)	
Berichtstyp	Inhaltlicher Schwerpunkt
Tatsachenbericht	Zusammenfassung, Zuordnung und Gewichtung von Fakten
Handlungsbericht	Ablauf von Ereignissen bis zu konkretem Endpunkt
Zitatenbericht	Komprimierung von Aussagen (Reden, Interviews)

Abb. 3.6: Berichtstypen

3.2.2.1 Der Aufbau des Berichtes

Der Bericht folgt prinzipiell ebenfalls dem Prinzip der umgekehrten Pyramide, d. h. die sechs elementaren W-Fragen werden zu Beginn beantwortet. Schon dies kann allerdings vor dem Hintergrund der Gesamtlänge ausführlicher gestaltet werden – in der Praxis ist eine Darlegung der elementaren Fakten im ersten Absatz üblich. Damit ist ein nachrichtlicher Vorspann gewahrt und der Leser erkennt angemessen früh, um was es im Bericht geht. Nach dem Vorspann ist ein Bericht jedoch strukturell und stilistisch vergleichsweise flexibel.

- Beispielsweise bietet sich – abhängig vom Thema – ein Sprung in die leserfreundliche Chronologie an.
- Auch ein verschiedene Perspektiven bzw. Teilaspekte abgrenzender modularer Aufbau ist möglich.
- Wichtig beim Aufbau ist in jedem Fall wohlüberlegte Dramaturgie, das pointierte Setzen von Höhepunkten über die ganze, manchmal beträchtliche Textlänge. Ein vielleicht spannend beginnender Bericht verliert seinen Wert, wenn Leser aussteigen – sei es aus Langeweile oder Überforderung.

3.2.2.2 Die Sprache des Berichtes

Klar und prägnant (verständlich!) ist auch die Berichtssprache, mehr Freiheiten als die Sprache der Nachricht genießt sie dennoch. Wenn es der Verdeutlichung von Sachverhalten hilft, sind z. B. rhetorische Figuren oder Sprachbilder durchaus legitime Mittel. Eine Bildhaftmachung örtlicher oder atmosphärischer Umstände benötigt zuweilen bunte, gegebenenfalls sogar sehr emotionale Elemente. Nur: Derartige Elemente dürfen nie Vordergrund sein, sondern Mittel zum Zweck. Farbige sprachliche Werkzeuge sollen helfen, die Informationen in interessanter Weise verständlich zu machen. Naturgemäß ist ein Bericht reich an Zitaten, die Pflicht zur konsequenten Quellenangabe und die Empfehlung einer gut komponierten Variation der Zitiermethoden gelten in gleicher Weise wie für die Nachricht.

Beispiel für einen Bericht
(Spiegel Online 23.10.2009, http://www.spiegel.de/wirtschaft/unternehmen/0,1518, 656886,00.html, Zugriff am 23.10.2009)

Ifo-Index
Geschäftsklima bestätigt Miniaufschwung

Die Stimmung in der deutschen Wirtschaft hellt sich weiter auf, der Ifo-Index steigt zum siebten Mal in Folge. Ökonomen sprechen von erfreulichen Signalen für das laufende Jahr. Fraglich bleibt nur, ob sich die Aufwärtstendenz auch 2010 so fortsetzt.

Berlin – Aus der deutschen Wirtschaft gibt es weiter positive Signale: Der Ifo-Geschäftsklimaindex stieg im Oktober auf 91,9 Punkte von 91,3 im Vormonat. Es ist der siebte Anstieg in Folge. Das teilte das Münchener Institut für Wirtschaftsforschung (Ifo) am Freitag zu seiner Umfrage unter 7000 Unternehmen mit. Der Ifo-Index gilt als wichtigster Indikator für die Entwicklung der deutschen Wirtschaft.

Die Manager beurteilten die Lage und auch die Aussichten für die kommenden sechs Monate ebenfalls besser als noch im September. Der Teilindex für die aktuelle Lage erhöhte sich minimal von 87,1 auf 87,3 Punkte, bei den Erwartungen gab es einen Anstieg von 95,7 auf 96,8 Punkte. Die Erholung setze sich „zögerlich" fort, erklärte das Ifo-Institut.

Der Anstieg ist laut Experten der DekaBank ein gutes Zeichen für die deutsche Konjunktur. „Insgesamt ist die abermalige Stimmungsaufhellung erfreulich", sagte DekaBank-Ökonom Andreas Scheuerle. Ein leichter Dämpfer sei allerdings die nur geringfügig verbesserte Lage. „Hier hätte man mehr erwarten können." Ausschlaggebend könnte der Einzelhandel sein, wo sich die Stimmung möglicherweise wegen der ausgelaufenen Abwrackprämie verschlechtert habe.

„Wir hatten einen deutlicheren Anstieg erwartet", sagte Simon Junker von der Commerzbank. Der Konsum scheine also nachzulassen und das wahrscheinlich, „weil die Leute realisieren, dass der Arbeitsmarkt einbrechen dürfte in den kommenden Monaten", erklärte der Experte. „Unter dem Strich bleibt: Der Ifo-Index nimmt schon vorweg, dass sich das starke zweite Halbjahr nicht so im kommenden Jahr fortschreiben lassen dürfte", sagte Junker.

Einkaufsmanager schöpfen Hoffnung

Auch der Einkaufsmanagerindex des Markit-Instituts legte im Oktober um 1,5 auf 51,1 Zähler zu. Dieser Anstieg ist ebenfalls ein Signal dafür, dass der Aufschwung an Breite gewinnt, da erstmals seit 15 Monaten die Industrie wieder wuchs. Experten hatten erwartet, dass die Wachstumsmarke von 50 Index-Zählern nur knapp erreicht würde. Einen unerwarteten Dämpfer mussten allerdings die Dienstleister hinnehmen. Der entsprechende Index fiel um 1,2 auf 50,9 Punkte. Hier hatten Fachleute mit einem Anstieg gerechnet.

Es sind vor allem steigende Auftragseingänge und die weiter anziehende Produktion, die die Aussichten für die Industrie in günstigerem Licht erscheinen lassen: „Das sieht nach einer nachhaltigen Erholung aus", sagte Markit-Chefvolkswirt Chris Williamson. Da die Betriebe nach der langen Krise aber bei weitem nicht ausgelastet seien, bauten sie weiter Personal ab.

Bereits in den vergangenen Wochen hatten zahlreiche Experten ihre Konjunkturprognosen nach oben korrigiert. Die führenden Wirtschaftsforschungsinstitute rechnen für 2010 mit einem Wachstum von 1,2 Prozent. Auch die Bundesregierung geht von einer entsprechenden Konjunkturerholung aus. (böl/Reuters)

3.3 Informierende und unterhaltende Texte

3.3.1 Feature

Das Feature ist die theoretisch wohl am schwächsten herausgearbeitete Textform. Weder Fachautoren noch Redaktionen haben eine gemeinsame Bedeutung für diese Textform. Betrachtet man die informierenden, tatsachenbetonten und die informierenden, unterhaltenden Textarten gemeinsam, ist das Feature der Reportage sehr ähnlich. Ein Blick in die einschlägige Literatur offenbart zum Feature z. B.: „Features sind leichter Lesestoff abseits der strengen Nachrichtensprache, jedoch wie die Nachricht ausschließlich auf Fakten gestützt und frei von subjektivem Schmus." (Schneider & Raue 2006, 109). Und in Abgrenzung zur Reportage führt Mast (2008, 288) aus: „Die Hauptfunktion der Reportage ist das Teilnehmen lassen, diejenige des Features besteht im Anschaulichmachen abstrakter Sachverhalte, um Strukturen durchsichtig werden zu lassen. (…) Ein Feature individualisiert die geschilderte Szene nicht, sondern typisiert sie, so dass dem Rezipient die Austauschbarkeit klar wird."

Eine typische Anwendung für ein Feature wäre somit der Blick in ein Milieu anhand einer einzelnen Person oder einer sozialen Gruppe (z. B. Familie):

- Schwerpunkt ist dann, trotz szenischer und detaillierter Beschreibung des Familienalltags, immer die Beschreibung des Milieus mit seinen typischen Eigenschaften.
- Die ausgewählte Familie fungiert dabei als Modell, nicht als das eigentliche Thema (wie bei einer Reportage).

Ein Feature soll helfen, komplexe und abstrakte Themen in einer anschaulichen Form verständlich zu machen. Es behandelt aktuelle Themen, ohne einen aktuellen Anlass zur Grundlage haben zu müssen. Ein Feature ist ein mindestens halbseitiger, meist aber mehrseitiger Text.

Wie sind nun Sprache und Aufbau des Features gestaltet? Das Feature ist in allen Belangen großzügig von Zwängen befreit, aber auch hier haben Meinung und Wertung des Autors nichts zu suchen. Das Feature soll unterhaltend informieren. Um dieses Ziel zu erreichen, ist beinahe jedes Mittel recht. Das bezieht sich zum ersten auf den Einstieg, der beliebig gewählt werden kann (zum Einstieg siehe 3.6) – in der Praxis wird oft ein szenischer Einstieg gewählt, das wiederum eint das Feature mit der Reportage. Szenische Schilderungen ziehen sich oft durch den Text – im Zusammenspiel mit Zitaten und erläuternden Passagen; allerdings dürfen nach Mast (2008, 288) im Falle des Features auch fiktive Szenen verwendet werden, was in der Reportage ein unzulässiges Vorgehen ist. Das Feature ist eine stilistisch variable Textform – gerade deshalb ist jedoch Vorsicht bei der Textproduktion geboten, denn viel Freiheit (und eine lange Textform) lässt auch viel Spielraum für Fehler. So sind beispielsweise ungeschickte Übergänge zwischen den Textelementen oder eine schlechte Mischung der inhaltlichen oder stilistischen Bestandteile häufige Mängel (vgl. hierzu insgesamt Mast 2008, 290 f.).

Nochmals betont werden müssen die Unterscheidungsprobleme in der Praxis: Oft ist die Zuordnung eines Textes schwer oder gar unmöglich – ist das eine Reportage oder ein Feature? Kaum eine Zeitung übertitelt ein Feature als solches, oft steckt hinter einer angekündigten Reportage ein Feature und umgekehrt. Sollte eine Unterscheidung notwendig sein, wird sich dies eher über den Inhalt bzw. die Intention als über die gewählten sprachlichen Mittel bewerkstelligen lassen: Wird ein abstrakter Sachverhalt anschaulich anhand eines typischen Beispiels erklärt (Feature) oder ist ein Unikum Inhalt des Textes (Reportage)?

> **Beispiel für ein Feature**
> (Auszug aus: BR-online, 26.10.2009, Monika Dolliner) (Quelle: www.br-online.de/.../radiorevue-feature-wie-menschen-geistig-beweglich-bleiben-ID1229447242073.xml, Zugriff 21.12.2009)
>
> Wie Menschen geistig beweglich bleiben
> Feuerwerk im Hirn
>
> Die 34-jährige Karin Neumann war entsetzt, denn laut ihrem kleinen Spielcomputer hat sie die Gehirnleistung einer 74-Jährigen. Jetzt macht sie täglich vor dem Schlafengehen ihr Gehirnjogging: Rechenaufgaben lösen, Reime finden und andere Knobeleien. Die Angst vieler, im Alter nicht mehr fit genug im Kopf zu sein, hat eine klare Ursache: Krankheiten wie Alzheimer nehmen ständig zu.
> Gleichzeitig erscheinen regelmäßig neue Meldungen aus der Medizinforschung, die beweisen, dass es möglich ist, das Gehirn zu trainieren und so geistig fit zu bleiben. Denn im gesunden Gehirn kommuniziert jede einzelne Nervenzelle mit hunderttausend anderen Nervenzellen. Wenn diese Kontakte nicht gepflegt werden, brechen sie ab. Doch wie sinnvoll ist Gehirnjogging am kleinen Computer für die Aktivität der Nervenzellen? Was hält eigentlich das Gehirn beweglich? Sicher ist, dass das Gehirnjogging nicht ausreicht. Nicht nur der Geist, auch der Körper muss mobil bleiben.
> Wer mindestens drei Mal pro Woche schwimmt, spazieren geht oder Gymnastik betreibt, reduziert seine Erkrankungswahrscheinlichkeit an Demenz und Alzheimer laut einer amerikanischen Untersuchung um 30 bis 40 Prozent. Körperliche Aktivität regt die Durchblutung des Gehirns an, sodass Abfallstoffe, die dort ständig entstehen und tödlich für die Nervenzellen sein können, abtransportiert werden. Und körperliche Bewegung schützt nicht nur vor Gedächtnisverlust, sondern hat sogar das Potenzial, den Schwund im Gehirn wieder zurück zu drängen.
>
> (Der Textauszug zeigt, dass die zu Beginn des Textes eingeführte Einzelperson nur illustrativen Charakter hat.)

3.3.2 Interview

Das Interview wird von Friedrichs & Schwinges (2009, 11) definiert als „ein zielgerichteter Wechsel von Fragen und Antworten, wobei eine Person nur fragt, die andere nur antwortet. Es ist von Seiten des Interviewers ein planvolles Vorgehen mit der Absicht, eine andere Person durch eine Reihe (...) gezielter Fragen, Vorhaltungen und nonverbaler Reize zu Antworten zu bewegen." Als journalistische Darstellungsform ist es sehr variabel einsetzbar und damit ein beliebtes und aussagekräftiges Instrument; in jedem Printmedium und jedem Ressort (Haller 2008 b, 227). Schulz-Bruhdoel & Fürstenau (2008, 245) stellen das Wesen des Interviews in Form einer These dar: „Das Interview ist kein Gespräch, keine Plauderei, keine Diskussion und erst recht kein Streit unter zweien, sondern entspricht einem Dreiecksverhältnis: Der Interviewer fragt stellvertretend, der Gesprächspartner antwortet dem Fragesteller stellvertretend für Leser, Zuhörer, Zuschauer." Es wird unterschieden in **tatsachenbezogene und personenbezogene Interviews** (vgl. Friedrichs & Schwinges 2009, 232 ff.): **Bei erstem wird eine geeignete Person zu einem Thema befragt, bei zweitem ist die befragte Person selbst das Thema.**

Aufgrund des Textbezuges des vorliegenden Buches sollen hier Aspekte der eigentlichen Befragung, von Fragetechnik bis -taktik, nicht Inhalt der Ausführungen sein (siehe hierzu die ausführliche Darstellung von Friedrichs & Schwinges 2009). Vielmehr soll kurz auf die Darstellung und Aufbereitung von geführten Interviews für Printmedien eingegangen werden.

Wie wird ein Interview – nachdem das Gespräch geführt wurde – aufbereitet? Die gedruckte Version eines naturgemäß mündlich geführten Interviews entspricht nur äußerst selten dem tatsächlich Gesagten. Regelmäßig werden Interviews „gebaut", also an die konkreten Erfordernisse angepasst. Das gilt übrigens auch für nicht live gesendete Interviews im Rundfunk. Was wird verändert?

- Üblich ist beispielsweise, Versprecher herauszunehmen und grammatikalisch falsche Aussagen zu korrigieren.
- Auch sprachstilistische Unzulänglichkeiten von Interviewer und Interviewtem werden gern im Nachhinein aufpoliert und Redundanzen werden gestrichen
- Im Presseaalltag wird das aufbereitete Interview dem Befragten in der Regel vor Veröffentlichung nochmals vorgelegt – auch dem Befragten soll das Recht eingeräumt sein, am „Bau" des gedruckten Interviews teilzuhaben.
- Regt der Befragte im Rahmen dessen weitere Änderungen oder Streichungen an, fallen auch diese raus (oder man wird sich nicht einig und das Interview wird aufgrund einer drohenden Entstellung nicht gedruckt).

All diese Maßnahmen sollten maßvoll angewendet werden, **es gilt, Charakter und Inhalt des Interviews auch in der nachbereiteten Form zu erhalten.** Abgesehen davon sollte bei sorgfältiger Auswahl von Interviewer und Interviewtem, guter Vorbereitung auf beiden Seiten und der gebotenen journalistischen Professionalität eine einschneidende Korrektur auch nicht nötig sein (vgl. hierzu insgesamt Schneider & Raue 2006, 79 ff.).

Neben der Möglichkeit der chronologischen, textlichen Übernahme gibt es diverse Varianten zur Darstellung von Interviews in Printmedien.

- So kann die Chronologie zerschlagen werden, um die angesprochenen Einzelaspekte sinnvoller und lesbarer zu ordnen, wobei einzelne Frage-Antwort-Paare selbstredend stets zusammen bleiben müssen.
- Bei Interviews mit erklärungsbedürftigem Inhalt kann in Form erklärender Einschübe zwischen einzelnen Interviewpassagen die Verständlichkeit gesichert werden.
- Personenbezogene Interviews möchten die Person oft auch optisch einbringen – mit all ihrer Gestik, Mimik und Stimmung. Dazu werden das Interview bereichernde Fotos und auch kurze, hervorgehobene Beschreibungen des Verhaltens (z.B. „seufzt" oder „denkt stirnrunzelnd nach") eingearbeitet.

Gemeinsam haben alle Darstellungsvarianten einen kurzen Vorspann, in dem der Befragte vorgestellt und das Thema des Gespräches knapp umrissen wird.

Eine beliebte Form ist die Interview-Story, bei der über die Befragung berichtet wird. Dabei wird eine lockere, unterhaltende Sprache eingesetzt. Der Bericht über das Treffen wird ergänzt durch dramaturgisch geschicktes Einbringen einzelner Interviewpassagen (vgl. hierzu insgesamt Schulz-Bruhdoel & Fürstenau 2008, 293). Auch Verknüpfungen mit anderen journalistischen Textformen sind von praktischer Relevanz. So wird ein Interview oft mit einem Portrait verschmolzen, wobei meist interessante Aussagen aus dem Interview als Aufhänger für biographische Ausführungen genutzt werden. Ebenfalls hervorragend eignet sich ein Interview als Ergänzung oder auch Grundlage insbesondere für Berichte. Dem detailliert ausgearbeiteten Bericht wird ein Interview zur Seite gestellt. Daraus wiederum erwächst oft ein interessantes Trio, wenn nämlich Interview und Bericht noch durch einen Kommentar ergänzt werden.

> **Beispiel für ein Interview** (Stern 41/2009, Silke Roth)
>
> „Sie dürfen nicht hungrig sein beim Einkaufen"
>
> Marken-Guru Martin Lindstrom erforscht unermüdlich unser Kaufverhalten und berät Unternehmen. Der Däne verrät, woran Produktideen oft scheitern, und gibt Tipps für Konsumenten.
>
> Sie können uns bestimmt erklären, warum von zehn Produkten acht innerhalb der ersten drei Monate zu Flops werden.
>
> Unternehmer schätzen die Psychologie von Kaufentscheidungen häufig falsch ein. Sie befragen vorab Freunde, Familienmitglieder oder potenzielle Kunden, ob ihre Idee für ein Produkt gut ankommen würde, meist mit positivem Ergebnis. Wenn aber Konsumenten tatsächlich für ein Produkt bezahlen sollen, bewerten sie es plötzlich anders. Zudem sind gute Unternehmer selten auch gute Marketingstrategen, sie überlassen zu viel dem Zufall. Nur weil irgendwo eine Anzeige platziert ist, landet das Produkt noch lange nicht bei der Zielgruppe. Als dritter Grund muss genannt werden, dass es oft am Vertrieb scheitert und die Produkte nicht in den richtigen Regalen oder auf den passenden Websites landen.
>
> Was lief aus Ihrer Sicht schief beim grünen Ketchup von Heinz, einem Ladenhüter aus dem Jahr 2001?
>
> Es spricht gegen unseren Instinkt, etwas Grünes in den Mund zu nehmen, was eigentlich rot ist. Die Hausfrau steht vor dem Regal im Supermarkt und überlegt, was wohl das Beste sei für ihre Familie – und hier fällt grüner Ketchup durch, obwohl das Feedback der Testgruppen recht positiv war.
>
> Und was ist das Erfolgsgeheimnis der Marke Coca-Cola?
>
> Regelmäßige Pflege und ein großes Budget. Marken wie Coca-Cola funktionieren wie eine kleine Religion: Rituale, ein Mysterium um das Rezept, sie sprechen die Sinne an, haben eine Gemeinde und auch den Sündenfall, also eine klare Konkurrenz.
>
> Was unterscheidet aus Ihrer Erfahrung die deutschen von amerikanischen Konsumenten?
>
> Die Deutschen sind detailverliebter und mögen es, wenn eine Geschichte die Authentizität eines Produktes unterstreicht. Die Amerikaner stehen auf Produkte, die laut und dominant daher kommen – sie achten mehr auf das Konzept eines Produktes als auf Details. Auch in Designfragen sind sie nicht so anspruchsvoll wie die Deutschen.

> **Grenzübergreifend ist offenbar die Sucht, Schuhe zu kaufen. Haben Sie ein Rezept dagegen?**
>
> Grundsätzlich gilt: Bezahlen Sie mit Bargeld, und lassen Sie die Kreditkarte und Ihre Kinder zu Hause. Kinder beeinflussen nämlich bis zu 70 Prozent die Kaufentscheidung. Benutzen Sie keine Einkaufswagen, sondern tragen Sie alles selbst. Und niemals hungrig einkaufen gehen. Wer hungrig ist, kauft bis zu 32 Prozent mehr Artikel, und das gilt nicht nur für Lebensmittel.
>
> **In Deutschland ist es gerade angesagt, nachhaltige Produkte zu kaufen. Haben die „Lohas" (Lifestyles of Health and Sustainability) eine Zukunft?**
>
> Wir sind bereits über die erste Welle hinaus, jetzt folgt die zweite. Nun müssen die Marken zeigen, dass sie es ernst meinen, also: „Not talking the talk but also walking the walk." Allerdings ist der Konsument nicht bereit, für ein Loha-Produkt mehr zu bezahlen als für ein herkömmliches.
>
> **Wie wird sich das Marketing in den kommenden Jahren verändern?**
>
> Die Unternehmen müssen begreifen, dass sich die Menschen bei Entscheidungen am meisten von ihrem Gehör beeinflussen lassen, an zweiter Stelle von ihrem Geruchssinn und erst dann vom Sehen. Ferner müsse sie ihre Zielgruppen in die Entwicklungsprozesse einbinden – Konsumenten haben durch ihre Netzwerke viel Macht und können über Erfolg oder Misserfolg von Marken entscheiden.
>
> **Werden wir uns von den traditionellen Werbeformen wie Anzeigen oder TV-Spots verabschieden?**
>
> Das wird passieren, aber erst in vielen Jahren.
>
> **Was haben Sie zuletzt für sich gekauft?**
>
> Ich kann mich wirklich nicht daran erinnern. Ich habe mich für ein ganzes Jahr auf Markendiät gesetzt und bin im achten Monat.
>
> **Haben Sie trotz der Diät so etwas wie eine Lieblingsmarke?**
>
> Unbedingt, mehrere! Lego, Google und Obama.

3.3.3 Portrait

Ein Portrait ist eine **Reportage über Personen**, bei der der Handlungszusammenhang, der für die Reportage zentral ist, in den Hintergrund tritt, und „die Person als bemerkenswertes Individuum im Vordergrund steht" (Mast 2008, 305). Die Darstellungsform Portrait setzt auf das grundlegende Interesse, das Menschen am menschlichen Einzelschicksal haben, an den Hintergründen von Handlungen, Motiven und ihrer Geschichte, individuellen Erfahrungen und Erlebnissen und den mit ihnen unweigerlich verbundenen emotionalen Höhen und Tiefen. Da alle Menschen besondere Erfahrungen machen oder darstellen, eignet sich als Gegenstand für ein Portrait die Person von Nebenan genauso wie der Star, das Sternchen oder die Prominenz aus Wirtschaft und Politik. Das Portrait ist getragen vom Leitgedanken an die ehrliche, detaillierte und ungeschminkte Beschreibung eines Menschen, die diesen lebendig und erlebbar macht: „Das journalistische Portrait ist ein Instrument der Aufklärung. Ein Mensch wird erkennbar, vielleicht sogar verständlich." (Leinemann in Egli von Matt, von Peschke & Riniker 2008, 18).

Das Portrait als informierende Textform hat vor allem auch Unterhaltungscharakter. Da es sich den Hintergründen des Menschlichen widmet, ist es der genauen Beschreibung verpflichtet. Zu den Beobachtungen treten aber Interpretationen zu Einstellungen, Meinungen und Gefühlen, die dem Journalisten ein besonders hohes Maß an Sensibilität abverlangen. Dabei ist „Die Hymne (...) so falsch wie die Demontage." (Almquist in Mast 2000, 259). Das Portrait ist eine Auseinandersetzung mit einer Person bzw. die journalistische, im Sinne von sachgerechter und hier auch künstlerischer, Aufbereitung einer Begegnung (Egli von Matt, von Peschke & Riniker 2008, 17f.). Das Portrait beschreibt, reflektiert und analysiert. Es ist zugleich Dokumentation und Interpretation, d.h. genauer schon ein Stück Fiktion, denn die Abbildung ist immer auch Inszenierung.

Insofern ist die Wahrheit, die ein Portrait über einen Menschen erzählt, immer nur eine Wahrheit. Solche Wahrheiten über Menschen bilden aber Identifikations- und Orientierungshilfen, die die Faszination des Lesers und auch des Journalisten für das Portrait ausmachen. „Jeder Mensch erfindet früher oder später eine Geschichte, die er für sein Leben hält." sagt Max Frisch (zitiert nach Egli von Matt, von Peschke & Riniker 2008, 13). Das Portrait weiß um diese fiktionalen Aspekte von Geschichten, die Menschen aus ihrem Leben machen und respektiert sie. Auch weiß ein guter Portraitautor um die Subjektivität seiner Wahrnehmung und Darstellung einer offerierten Geschichte eines Menschen. Daher ist beim Portrait „(...) Subjektivität so offensichtlich, dass sie nicht mehr auszuklammern ist, sie ist qualitativ zu deklarieren." (Egli von Matt, von Peschke & Riniker 2008, 15).

Psychologisch betrachtet stellt das Portrait eine besondere Herausforderung für den Texter dar, denn:

- Der Autor muss genau differenzieren zwischen personalisieren und portraitieren.
- Die Aufbereitung der Begegnung muss dem Gegenstand angemessen sein.
- Eigene Gefühle, Vorurteile, Projektionen und Identifikationen auf Seiten des Autors müssen reflektiert werden, damit sie die Darstellung nicht dominieren.
- Und schließlich darf beim Portrait die Einsicht nicht zu kurz kommen, dass die Wahrheit über einen Menschen immer eine relative ist.

Ein gelungenes Portrait ist daher eine gute Mischung aus

- Schilderungen von Beobachtungen und Begegnungen,
- Innen- und Außensichten,
- beschreibendem Lebenslauf,
- abstrakten Reflexionen über eine Persönlichkeit,
- Verhaltens- und Charaktermerkmalen,
- einem Aufspüren von Widersprüchen und Inkongruenzen und auch von Gefühlen, die Menschen auszeichnen und in der Begegnung mit ihnen entstehen.

Wann ist ein Mensch für die Medien interessant bzw. aus welchen Anlässen heraus erscheinen Portraits in Zeitungen? Auf diese Frage geben Egli von Matt, von Peschke & Riniker 2008 (26 ff.) u.a. folgende Antworten:

1. aus aktuellem Anlass (z. B. wenn ein großer Unternehmer gestorben ist)
2. um Hintergründe auszuleuchten (z. B. um zu erfahren, warum die Schauspielerin ihrem Leben ein Ende setzte)
3. um überraschende Wendungen nachvollziehbar zu machen (z. B. um verständlich zu machen, warum ein strenger Unternehmer einen demokratischen Führungsstil einführt)
4. bei wiederkehrenden Ereignissen, die über die Erlebnisse einer Einzelperson zu etwas Besonderem werden (z. B. der Tag der Arbeit erlebt vom Langzeitarbeitslosen)
5. zur Veranschaulichung komplexer Themen (z. B. die Gründung einer Unternehmung durch eine Visionärin).

Die Mittel zur Gestaltung von Anfang und Schluss sowie zum Spannungsaufbau sind mit denen der Reportage im Allgemeinen vergleichbar, sie werden weiter unten skizziert. Szenische Einstiege sind auch hier beliebt, zeitorientierte Aufbauformen (Tages- oder Reiseablauf, Lebenslauf oder die Chronik einer Begegnung, eventuell mit Zeitsprüngen und Rückblenden) sind sinnvolle Strukturierungsmöglichkeiten für den Text. Auch ein literarischer Aufbau, beispielsweise mit der Erzählform Märchen, kann gewählt werden:

> **Beispiel**
>
> „Dies ist eine Geschichte vom Warten. Denn es ist kein Wetter. Wenn Wetter wäre, wankte die Vit 009 nicht wie trunken am Steg und täuschte Erschöpfung vor (.) Wind ist für Hubert Thürke kein Wetter. Und ‚Wenn Wedder is, is kein Wind.' Seit Neujahr war nur neunmal Wetter." (Süddeutsche Zeitung, 1.04.2000).

Besonders gut können paradoxe und überraschende Einstiege die Neugierde auf faszinierende Menschen unterstützen und den Leser motivieren, die Rätsel eines menschlichen Wesens beim Weiterlesen aufzulösen. Die nächsten beiden Beispiele können dies illustrieren:

> **Beispiele**
>
> „Die Geschichte des John D. Rockefeller beginnt 303 Jahre vor seiner Geburt, und sie beginnt damit, dass Gott ein Freund des Geldes wird. Oder zumindest, dass die Menschen anfangen das zu glauben." (Uchatius in Heusser & Jungclaussen 2004, 94).
>
> „Legenden haben den großen Vorteil, dass sie sich in einen Absatz packen lassen. Bill Gates in Kurzfassung könnte vielleicht so lauten: Im zarten Alter von 24 Jahren besorgt der Gründer von Microsoft, damals noch eine Klitsche, eines schönen Sommertages im Jahre 1980 dem Branchenführer IBM ein Betriebssystem für seine neuen Personalcomputer – und wird deswegen später zum reichsten Mann der Welt mit über 50 Milliarden Dollar auf der hohen Kante. Doch Legenden sind meist weniger als die halbe Wahrheit." (Siegele in Heusser & Jungclaussen 2004, 264).

3.3.4 Reportage

„Ein Stück Natur, gesehen durch ein Temperament" – das ist Emile Zolas Definition eines Kunstwerks und nach Schreiber (zitiert nach Haller 2008 a, 232) eine treffliche Erklärung dessen, was eine Reportage ausmacht. Dies deutet sogleich die Subjektivität dieser Darstellungsform im Vergleich zu den rein tatsachenbetonten journalistischen Textsorten an. Der Begriff Reportage entstammt dem lateinischen „reportare" und bedeutet „überbringen, zusammentragen, zurückbringen". In dieser Form werden Wahrnehmungen und Erlebnisse des Autors als persönlich eingefärbter Erlebnisbericht für den Leser offeriert und nachvollziehbar gemacht.

Journalisten ordnen die Reportage der hohen Schule des Journalismus und gleichzeitig seinen Anfängen zu: „Schließlich stand sie am Anfang allen Journalismus. Denn was ist eigentlich eine Reportage? Eine Reportage ist eine erzählte Geschichte von Menschen, von den Schicksalen dieser Menschen, von heldenhaften, exotischen oder von gemeinen – und auch immer von der Gesellschaft, in der diese Menschen leben. (...) Die Reportage stand am Anfang des Journalismus, sie wird auch am Ende des Journalismus ihren festen Platz haben. Es ist mit Sicherheit die spannendste Form, die man als Journalist machen kann. Die nächste Geschichte liegt immer irgendwo um die Ecke." (Hermann & Sprecher 2001, 21, 40/41).

Die Reportage wird auch als besondere Form des Berichts bzw. als individualitätsgebundener Informationstext klassifiziert:

- Auch wenn die Reportage im Kern eine Nachricht ist (Mast 2008, 279), geht sie weit darüber hinaus, denn sie ist ja ein persönlich gefärbter Erlebnisbericht über Ereignisse und Handlungen.
- Der Autor als Zeuge oder sogar Teil der Geschichte will aber mehr als im klassischen Bericht vermitteln: Er will hinter die Kulissen blicken und unbekannte Seiten einer Sache oder eines Themas aufdecken. Dies ist der Grund, warum Reportagen besonders rechercheintensiv sind. Auch wenn historische Personen oder Ereignisse den Gegenstand von Reportagen bilden können, werden sie in der Regel im Präsens geschrieben.
- Im Unterschied zur Nachricht bringt eine Reportage nur, oder überwiegend nur, solche Tatsachen, die der Autor selbst gehört oder gesehen hat. Das macht den hohen Grad an Authentizität aus, der im Text zu vermitteln ist. Nicht Reflexionen, sondern Beobachtungen von Handlungen und Ereignissen sind Gegenstand der Reportage.

Handlungen sollten in der Reportage nicht in Beschreibungen aufgelöst oder abstrakt dargestellt werden, sondern für den Leser als lebendiges Element erhalten bleiben (Mast 2008, 279). Die Verhältnisse sollen für sich sprechen. Auch wenn die Wiedergabe von Geschehen subjektive Färbungen und Impressionen enthält, so sollte es aber den Lesern überlassen bleiben, Urteile zu fällen. Die Normierung dieser subjektivsten aller Darstellungsformen ist schwierig, wenn nicht sogar sinnlos, sind doch die Inhalte und sprachlichen Entfaltungsformen sehr individuell: „Die moderne Reportage ist sprachgestaltete (Um)Welterfahrung. Weniger die faktizierende Empirie der Beobachtungen als sprachliche Durchdringung des Erfahrungsmaterials hebt sie zu einer journalistischen Kunstform im Sinne der Gebrauchskunst. Ihre Aussagekraft liegt nicht in der Tatsachenenthüllung (dies leisten andere Genres besser), sondern im Aufdecken von Lebenssinn (…)."(Haller 2008 a, 110) bzw. in der Entdeckung des Lebens in seiner Jeweiligkeit.".

Reportagen schreiben ist spannend und führt auf Entdeckungsreisen. Solche Reisen haben berühmte Texter unternommen: Als Reportageverfasser befindet man sich in so guter Gesellschaft und Tradition wie der von Egon Erwin Kisch, Joseph Roth, Max Winter, Ernest Hemingway, Truman Capote und Tom Wolfe. Viele der genannten Vertreter dieser Textkunst stehen für die literarische Reportage. Die Zeitungsreportage mit der ihr eigenen Zielrichtung lässt sich im Unterschied dazu wie folgt charakterisieren: „Die moderne Zeitungsreportage ist vom journalistischen Anliegen getragen, soziale Distanzen und institutionelle Barrieren zu überwinden, um hinter die Fassaden zu blicken. Sie versammelt Zeugenberichte, eigene Beobachtungen und Erlebnisse und bringt deren Inhalte in einer beschreibenden, teils erzählenden, teils schillernden Sprache den Lesern nahe," (Haller 2008 a, 109).

Ganz besonders gut kann diese Aufgabe und Faszination von Reportagen die Autorin Jana Simon (2004, 9) beschreiben, für die das Fremde nah ist, weil sie ihren Blick gezielt dahin lenkt: „Ich liebe es in fremde Fenster zu schauen. (…) Jedes Fenster steht für ein anderes Leben. Ich frage mich, wie es (den Menschen) dahinter geht, worüber sie reden, wovon sie träumen – und wie Leute denken, die sich lila oder grüne Neonröhren in die Scheiben hängen." Voyeurismus und Neugier als Motiv der Reportage werden hier deutlich. Wer von seinen Erlebnissen schlicht, anschaulich und authentisch erzählt und den Leser im Text an der Geschichte teilnehmen lässt, der schreibt eine gute Reportage. Eine ähnliche Gütebestimmung nimmt Haller (2008 a, 20) vor: „Die gute Erzählung nimmt dem Fremden das Befremdliche.".

Die moderne Reportage geht auf die Tradition von Augenzeugen- und Reisebericht zurück, in der Vorstellung des modernen Reportageautors gibt es vor allem sechs Bereiche, die sich als eigene Spielarten der Reportage herausgebildet haben (Mast 2008, 280; Haller 2008 a, 109 ff.):

1. Ereignisse und Veranstaltungen (z. B. bedeutende Wettkämpfe oder die Loveparade)
2. Milieureportagen (aus Kleingärtnerkolonien oder sozialen Brennpunkten)
3. Trendthemen (Moden, Seh- und Denkweisen, politische oder soziale Veränderungen wie die Clubszene oder das Absinthtrinken)
4. (verdecktes) Rollenspiel und Selbsterfahrung (wie die Nacht als Taxifahrer oder der Tag als Bedienung auf dem Oktoberfest)
5. Personenportraits (über den politischen Visionär, die jüngste Konzernchefin oder die engagierte Toilettenfrau)
6. politisches Geschehen (z. B. ein Parteitag oder ein Regierungssturz).

Reportagen handeln immer vom Menschen, dennoch zeigt dieses Spektrum an verschiedenen Spielarten, dass es sinnvoll ist, das Portrait als eigene Form zu unterscheiden.

Die Reportage ist länger als die Nachricht und hat keinen vorbestimmten hierarchischen Aufbau, sondern soll einem dramatischen Aufbau folgen. Daher ist zu fragen, mit welchen Mitteln die entsprechende Spannung aufgebaut und aufrechterhalten werden kann. Eine Auswahl typischer Mittel zum Spannungsaufbau und zur Erzeugung von Lebendigkeit in der Reportage zeigt die folgende Aufzählung (vgl. Haller 2008 a, 140 f.; Egli von Matt, von Peschke & Riniker 2008, 76 ff.; Mast 2008, 282; Reumann in Noelle-Neumann, Schulz & Wilke 2009, 150):

- aufmerksamkeitsbindender Einstieg (häufig szenisch) und abrundender Schluss
- Anschaulichkeit der Sprache, Konkretisierung, Bildhaftigkeit
- Perspektivenwechsel (z. B. Außenperspektive und Innenperspektive, Nahaufnahme und Gesamtsicht, Einzelfallinformationen und allgemeine Informationen)
- Wechsel von Aktualität (aktuell und latent aktuell) und Tempi (z. B. Präsens, Perfekt und Futur)
- abwechslungsreicher Einsatz formaler Mittel (vom Bericht zum Stimmungsbild, von der Dokumentation zum Zitat).

+ mehrere Personen im Fokus

Ausgewählte Einstiegsgestaltungen bei der Reportage mit Beispielen

Der szenische Einstieg: gilt als Prototyp des Reportageeinstiegs, er soll die stärkste Szene möglichst an den Anfang stellen, fotografisch genau beschreiben, mitten ins Geschehen führen oder an einen spannenden, für die Geschichte bedeutungsvollen Ort führen.

Bsp. „Die Männer haben die Kälber in einen schmalen Gang getrieben. Jetzt stehen die drei bis vier Monate alten Tiere dicht gedrängt nebeneinander. Von ihren Rücken steigt Dampf aus, sie schwitzen ihre Angst aus. Die beiden vordersten werden in den Bolzenschuß-Käfig, gestoßen. Ein drittes Kalb drängt sich dazu, doch nach wenigen Stockhieben stolpert es rückwärts. Die Eisentür schließt sich. Nur wenige Sekunden später hat der junge Schlachter die preßluftbetriebene Bolzenpistole an die erste Kälberstirn gesetzt und abgedrückt. Lautlos sackt das Rind zusammen und rutscht durch die seitliche Klapptür auf einer Schräge aus dem Käfig." (Höns in Haller 2008 a, 204 f.).

Bsp. „Thomas Knack hatte in seinem Berufsleben weiß Gott oft Lampenfieber, aber dieses Mal ist es anders. Im Dezember 2008 sitzt er im Zollamt Tegel und wartet auf den Stützpfeiler seines noch jungen Business, das Produkt mit dem unique selling point, wenn man so will: Heuschrecken, Ameisen, Maden und Skorpione. Schockgefrostet, gekocht, getrocknet, in den Geschmacksrichtungen Soja, Barbecue oder Green Curry. Säuberlich verpackt in 1.500 schicke Aluminiumtüten. „Ist das Tierfutter?" fragt der Zollbeamte. „Nein, das sollen Menschen essen", erwidert Knack. „Sind die giftig?" „Nein, natürlich nicht!" „Haben Sie das schriftlich?" (zitty Berlin Shopping 2009/2010, 33)

Der Theseneinstieg: bringt eine verblüffende Behauptung am Anfang, überrascht mit einem ausgefallenen Bild.

Bsp.: „Abstieg ist zu bedächtig. Sofie Häusler ist nicht sozial abgestiegen, sondern sie machte eine Schussfahrt durch eine zielgenaue Schneise, deren Markierung ein Saboteur hätte gesteckt haben können. Jemand, der ein Händchen hat für die dramatische Beschleunigung zum bösen Ende." (Scherer 1977, nach Schneider & Raue 2006, 121).

Der reflektorische oder rückblickende Einstieg: bietet zunächst abstrakte Gedanken oder erzählt betrachtend in der Rückschau.

Bsp.: „Manchmal im Leben begegnet man Leuten, denen man besser nicht begegnen würde." (Süddeutsche Zeitung 12.04.2001, Seite Drei).

Bsp.: „Dass amerikanische Firmen ein kritisches Auge auf ihre Angestellten werfen, ist wahrlich nicht neu. Henry Ford etwa, der Erfinder der Auto-Massenproduktion, machte ihr Einkommen vom Verhalten außerhalb der Werkshallen abhängig. Dafür beschäftigte er eine so genannte ‚Sozialabteilung' mit 150 Inspekteuren. Der US-Schokoladenfabrikant Milton Hershey pflegte durch die Stadt zu spazieren, um zu überprüfen, wie seine Arbeiter ihre Häuser in Schuss hielten und wer Müll im Stadtpark hinterließ. Gut 100 Jahre sind seitdem vergangen, doch das Misstrauen hat kaum abgenommen: Mit Drogentests, Spionageprogrammen und Verhaltensregeln versuchen viele Bosse, die Betriebskultur zu regeln. Der neueste Trend sind Liebesverträge für Büroaffären." (Der Tagesspiegel 26.03.2005, 28)

Der Rätseleinstieg: lässt zunächst offen, um was es geht, macht neugierig und bindet damit Aufmerksamkeit.

Bsp.: „Rache ist so süß wie Amaretto, wiegt 75 Gramm und kostet 7,95 Euro. Unschuld liegt direkt daneben, ist gefleckt, schmeckt nach Bourbon-Vanille und schlägt ebenfalls mit 7,95 Euro zu Buche. Für Rache und Unschuld an sich nicht viel Geld, für Schokolade allerdings ist das ganz schön happig – im Supermarkt kosten 100 Gramm Schokolade mit der lila Kuh gerade mal 65 Cent. Rache und Unschuld sind jedoch keine gewöhnlichen Süßigkeiten. Sie sind der Lockstoff, mit dem Beate Uhse, die börsennotierte Erotikkette aus Flensburg, ab Ende März Frauen in völlig neue Geschäfte locken will. Rache und Unschuld gibt's nicht im Supermarkt um die Ecke, sondern vorne rechts im Regal in den neuen Läden namens Mae B, direkt hinter den zwei meterhohen, mit roten Daunenfedern gefüllten Glassäulen, neben dem Pfirsich-Süßholz-Tee, den Dessous, Erotikhörspielen und dem Brettspiel Rausch der Sinne." (Wirtschaftswoche 26.02.2004, 63).

Der Frage Antwort-Einstieg: schafft Aufmerksamkeit über den Tabu-Bruch „Frage" im Informationstext und lenkt den Leser sofort auf das Wichtigste.

„Was für Eigenschaften muss jemand haben, der Unternehmer werden will? Pioniergeist und Mut zum Risiko gehören sicherlich dazu. Emmanuel Mangiapane würde ergänzen: Leidenschaft. Sein Herz schlägt für Fruchtgummi, schon sein ganzes Leben lang." (zitty Berlin Shopping 2009/2010, 33–34)

- Andere Einstiege stellen zunächst einmal die Hauptfigur vor oder die Atmosphäre, die für die Geschichte bezeichnend ist.

- Als Einstieg eignen sich auch unterschiedliche rhetorische Figuren wie eine Metapher, ein Appell, ein Paradoxon, eine rhetorische Frage usw. (Zu den Stilmitteln erfolgen nähere Ausführungen im Kapitel 7 dieses Bandes.)

- Beginnen kann die Reportage auch mit einem Zitat, etwa einer wörtlichen Rede einer der Hauptfiguren oder auch einem intertextuellen Zitat, bei dem berühmte Sätze aus der Literatur, aus Liedern oder Sprichwörtern in Reinform verwendet oder verfremdet genutzt werden.

- Analog der gewählten Perspektive unterscheidet man weiter zwischen Anfängen nach Art einer Nahaufnahme, der Totalen oder einer Zoomrichtung.

- Oft wird auch die personale Perspektive zur Gestaltung des Anfangs genutzt. So kann der Standpunkt des Beobachters und Erzählers aufgebaut werden als Mitglied der handelnden Personen oder aber als beobachtender oder teilnehmender Reporter.
- Die zeitliche Perspektive kann als weiteres Differenzierungskriterium der Gestaltung von Anfängen herangezogen werden. Man unterscheidet hier Zeitraffer, Rückblick oder Prognose als Alternative zum häufigen Präsensbeginn (vgl. Krings 2004, 24 f.).

Besonders gelungen ist ein Anfang oft, wenn er mit dem Schluss zusammen einen Text einheitlich rahmt. Dies ist die klassische Variante der Schlussgestaltung, die mit der Einstiegs- und Schlusssequenz der Reportage „Der Partymacher" von Jana Simon (2004, 177, 187) verdeutlicht werden soll:

> **Beispiel**
>
> Anfang: „Cookie blinzelt, die Augenlider hängen tief. Es ist früh, zu früh, elf Uhr morgens, fast noch Nacht. Er steht in der Küche seiner Freundin in Kreuzberg, öffnet den Kühlschrank, nickt kurz und stößt ihn mit dem Fuß wieder zu. Nichts Essbares, nirgends."
>
> Ende: „Cookie und seine Freundin bestellen Bacardi Ice. Es ist fünf Uhr morgens, zu früh. Cookie fragt: ‚Was machen wir jetzt?'"

Manchmal steht auch der Schluss am Anfang der Geschichte und sein Sinn wird erst verständlich durch die dann folgende Rückblende. Die Rahmung eines Textes durch Zitate, eine Rahmenhandlung, eine Anekdote oder eine Pointe sind weitere typische Schlussgestaltungen für Reportagen und Portraits. Vermeiden sollte man Schlusskommentare, die sich aus der Geschichte nicht logisch ergeben, etwa nach einer Art Generalvorhersage: „Und es ist klar, dass ihm nichts im Leben gelingen wird."

Es ist das Anliegen von Reportage wie Portrait, fremde Wirklichkeiten zu erobern und andere Lebensentwürfe zu entdecken. Dieser Anspruch lässt den Autor manchmal vor Abgründen erschrecken. Leicht verwechselt wird dieses Ziel der Reportage mit Akzeptanz für Alles oder emotionaler Zustimmung zu Jedem. Die Konfrontation mit den eigenen Gefühlen, Vorlieben, sozialen Wahrnehmungsgewohnheiten und Toleranzgrenzen ist vielleicht in den anderen journalistischen Darstellungsformen nicht so groß wie bei Portrait und Reportage. Man soll hier den Menschen Gesichter geben, ohne sie zu verurteilen. Dies ist eine schwierige Gratwanderung.

Besonders schwierig wird es für den Texter, wenn er trotz Ablehnung und Missbilligung eines zu portraitierenden Menschen und seiner Handlungen auf diesen für die Recherche angewiesen ist und trotz der inneren Widerstände professionelle Gespräche führen muss, um authentische Informationen zu bekommen. Diese Kernerfahrung von Reportageschreibern versteht die Autorin Jana Simon in sehr eindringliche Worte zu fassen. Sie nutzt eine solche Situation sogar, um den zu portraitierenden Menschen für den Leser erlebbar zu machen. Die folgende Passage stammt aus dem Text „Der Schlagersänger" (Simon 2004, 78):

> **Beispiel**
>
> „Natürlich sei er ‚sexsüchtig' und ein ‚totaler Exhibitionist' obendrein. Er wurde nicht danach gefragt, er erzählt es trotzdem. Nach einer halben Stunde lädt er in sein Hotelzimmer ein, um dort die Fotos seiner Frau, ‚der Ramona', vor und nach der Brustvergrößerung zu zeigen. ‚Sie hat keinen BH.' Man ertappt sich dabei, wie man ihm sagen will: Aufhören, stopp, ich will es nicht wissen. Aber Drews ist immer schneller. Er kommt den Fragen immer zuvor, und immer sind seine Antworten eine Flucht nach vorn. Bevor es da irgendwelche Geheimnisse geben könnte, lüftet er sie lieber selbst. Je länger man mit ihm redet, je mehr er sich entblößt, um so weniger hat man das Gefühl, wirklich etwas über ihn zu erfahren. Seine Offenheit hat etwas Aggressives. Er schlägt den anderen k.o., bevor der angefangen hat zu kämpfen."

Auf diese „Kämpfe" auf dem Weg zum Texterfolg gilt es, sich gut vorzubereiten. Aus Platzgründen kann hier nicht auf die strategische Planung und psychologische Gesprächsführung im Interview eingegangen werden. Lesehinweise am Ende des Kapitels sollen an dieser Stelle genügen (Haller 2008 a, 147 ff.; Egli von Matt, von Peschke & Riniker 2008, 63 ff.; Baumert 2004).

3.4 Meinungsbetonte und meinungsäußernde Texte

3.4.1 Leitartikel

Zu den Meinungstexten zählen der Leitartikel, der Kommentar, die Glosse, die Kolumne, aber auch die Rezension und Kritik sowie die Karikatur, von denen die wichtigsten nachfolgend behandelt werden sollen. Meinungstexte sind zwar auf Fakten bezogen, interpretieren diese aber subjektiv, um Orientierungen für den Leser und eine Grundlage zur eigenen Meinungsbildung zu bieten. Sie sind also für den Leser gedacht, nicht für die intellektuelle Selbstbefriedigung oder narzisstische Spiegelung von Autoren: „Meinungstexte haben also eine dienende Funktion – es geht nicht um Klugscheißerei; und schon gar nicht um die eitle Betonung, dass der Autor mehr weiß als sein Publikum. (...) (Sie) zeichnen sich durch Zurückhaltung und Nähe zum Publikum aus. Können zeigt sich nicht in Kapriolen, sondern in intelligenter, zielgruppengerechter Gedankenführung und Sprache." (Schulz-Bruhdoel & Fürstenau 2008, 296).

Im Vergleich zu anderen Meinungstexten stellt der Leitartikel eine ganz besondere Form dar: er ist die Quintessenz einer Zeitung, „die Flagge", eine Art Kundgebung der Redaktion (Reumann in Noelle-Neumann, Schulz & Wilke 2009, 156). Hier wird nicht die Meinung eines einzelnen Journalisten vorgestellt, sondern die der Mehrheit der Redaktion. Um die Bedeutung dieser Darstellungsform zu unterstreichen, wurde sie traditionell auf der ersten Seite platziert, meist war sie auch graphisch durch Schriftart und -type oder einen Kasten hervorgehoben. Das ist heute nur noch vereinzelt der Fall. Zusammen mit anderen Kommentaren wird sie in der Regel auf besonderen Meinungsseiten im Innenteil der Zeitung positioniert, da die erste Seite für Nachrichten und Fotos reserviert ist.

Der Leitartikel unterscheidet sich noch in einem weiteren Aspekt von anderen Darstellungsformen: Nach Reumann (in Noelle-Neumann, Schulz & Wilke 2009, 150) ist er die **Stilform mit den meisten Imperativen, die kompromissloser und eindeutiger Stellung bezieht** als viele Kommentare. Vom Kommentar unterscheidet sich der Leitartikel insbesondere durch seine Länge. Mit der **Länge** des Leitartikels soll die große Bedeutung transportiert werden, die eine Redaktion einem Thema beimisst (Mast 2008, 309). Die Sachverhalte, derer sich ein Leitartikel annimmt, sind nicht unbedingt tagesaktuell, stehen aber in einem klaren Zeitbezug zu den Entwicklungen einer Gesellschaft. Dies kann der zur Illustration ausgewählte Text sehr gut verdeutlichen.

> **Beispiel für einen Leitartikel**
> (Der Tagesspiegel, 13.05.2004: Artikel zum Relaunch des Tagesspiegels, platziert auf Seite 1, geschrieben vom Herausgeber, dem bekannten Publizisten Hellmuth Karasek)
>
> Zeitungen heute – Bilder brauchen Worte
>
> Die Fernsehbilder der letzten Wochen, Tage, Stunden schreien zum Himmel, eine sich überschlagende Bilderfolge der Apokalypse. Wer sie vor Augen hat, der möchte glauben und fürchten, dass das Medium der pausenlos im Wettlauf um die globale Uhr gesendeten Bilder das einzige journalistische Medium ist, das die aktuelle Politik prägt. Und damit die Zeitgeschichte bestimmt. Und wo bleiben wir Zeitungen? Wir Printmedien?
>
> Es sind Bilder, in denen Skandale auffliegen, in denen sich die Propaganda der Rache und die Rache der Propaganda bedient. Hinrichtungen auf Video, zu Schock-Zwecken millionenfach verbreitet. Politiker, die nach und nach zugeben, was sie jetzt öffentlich zu sehen bekommen und angeblich schon lange kennen. Verdrängte, verheimlichte Bilder, die zurückschlagen auf die öffentliche Meinung und Politiker ohne Ansehen der politischen Couleur zu Bekenntnissen, Entschuldigungen, Rechtfertigungen drängen.
>
> Es ist wahr, dass das Fernsehen wieder einmal die Zeitgeschichte schreibt: Ob wir Zeugen werden, wie Putins Autorität kurz nach dem grandiosen Wahlsieg durch das Attentat auf seinen tschetschenischen Satrapen weggesprengt wird. Oder ob immer neue Bilder dem gewünschten Eindruck der demokratischen Befreier des Irak Hohn sprechen.
>
> Die Fernsehbilder bestimmen die Politik: Politiker können ihnen trotzen, sich gegen sie stemmen, sich entschuldigen oder Umkehr versprechen – reagieren müssen sie. Und wir erinnern uns: Das war schon in Vietnam so, wo die Übertragung der Tet-Offensive im US-Fernsehen die Amerikaner endgültig vom Krieg abbrachte. Oder die DDR, die durch Bilder von der Massenflucht ihrer Bürger über Ungarn, von den Botschaftsbesetzern in Prag, die anschließend von Kameras begleitet durch die DDR in den Westen ausreisten, und von den Leipziger Montagsdemonstrationen ihren Knockout erhielt: das Ende des real existierenden Sozialismus.
>
> Und wir, die Chronisten des Wortes, wir altmodischen Zeitungsjournalisten, die wir sozusagen auf Nostalgie-Dampfloks gemächlich an der Landschaft der Fernsehschüsseln vorbeifahren – werden wir anachronistisch, ja überflüssig?
>
> Das Gegenteil ist der Fall: Gerade wo wir nahezu ungeschützt dem mächtigen Aufprall der Bilder ausgesetzt sind, brauchen wir die Worte, die die Bilder zu deuten suchen. Um sich ein wirkliches Bild zu machen, genügt der Augenschein gerade nicht. Bilder lügen – oft auch mit ihrer Wahrheit.

> Das klingt paradox und ist doch schlicht wahr. Bilder entstehen, wo Worte Wirklichkeit angerichtet haben. Denn die Worte waren die Programme – politische, terroristische, humanitäre, zynische Programme –, aus denen die Bilder entstanden sind. Deshalb lassen sie sich auch nur erklären, wenn man sie kommentiert, erläutert, in Zusammenhänge stellt, die mit gutem Recht Kontext heißen. Zeitungen, selbst wenn sie Meinungen vortragen, bewegen einen Diskurs. Denn anders als Bilder, die erschlagen, gibt es zu jeder freien Meinung eine freie Gegenmeinung.
>
> Der Kanzler hat die Zeitungsjournalisten jüngst – ausgerechnet im Plauderfernsehen – bedauert, weil sie täglich eine ganze Zeitung voll schreiben müssten. Er sollte sich bedauern, falls es anders wäre, auch wenn er das manchmal, bei den seltenen Bildern in Siegerpose, anders sieht. Ohne Worte sagen Bilder nicht die ganze Wahrheit.

3.4.2 Kommentar

„Commentari" kommt aus dem Lateinischen und bedeutet „überdenken". Analog ist es Aufgabe des Kommentars[34] aktuelle Ereignisse zu interpretieren und zu bewerten. Im Unterschied zum Leitartikel ist er eine nicht ganz so subjektive, eher sachbezogene Meinungsstilform (Reumann in Noelle-Neumann, Schulz & Wilke 2009, 158). Mit dem Bezug auf eine Kernnachricht verbindet sich das eigentliche Anliegen des Kommentars: Die Wertung von Ereignissen. Dem Kommentar ist es eigen, durch kluge und strategisch angeordnete Argumente zu überzeugen. Zumindest will er die Diskussion über ein Thema eröffnen, vielleicht auch eine neue Wendung aufzeigen und komplexe Zusammenhänge verdeutlichen. So kann er dem Leser Orientierung in der Flut von Ereignissen und Informationen geben, die täglich für ihn in einer komplexen Welt zu verarbeiten sind. Kommentare sind daher auch als ein Qualitätsmerkmal von Zeitungen zu verstehen: „Eine Zeitung ohne Kommentare ist keine richtige Zeitung. (....) Kommentare sind Elemente im Wettbewerb der Medien." (Löffelholz in Mast 2000, 267).

Schon äußerlich unterscheidet sich der Kommentar vom Informationstext:

- Oft wird er in einen Kasten gesetzt, ist mit einer anderen Schriftart gesetzt und räumlich vom Nachrichtentext getrennt.
- Typisch ist auch, dass er mit dem Namen des Autors versehen ist (Schulz-Bruhdoel & Fürstenau 2008, 297).

Dem Kommentar ist wie der Darstellungsform Leitartikel eigen, dass er „(...) bewusst, willentlich und zielorientiert mit den Mitteln rationaler Überzeugungstechniken in den Erkenntnisstand des Lesers eingreift." (Nowag 1998, zitiert nach Hoppe 2000, 30). Dabei muss er nicht unbedingt zu einem eindeutigen Ergebnis kommen: „Er ist die

---

[34] Oft wird der Begriff Kommentar als Synonym für alle meinungsbetonten Formen verwendet. Ein Grund dafür ist, dass spezifische Formen wie der Leitartikel nur den Printmedien vorbehalten sind und in Nachrichtensendungen bei allen Arten von Meinungsäußerungen von Kommentar gesprochen wird (Mast 2008, 306). Hier soll der Kommentar allerdings in Abgrenzung zu anderen meinungsbetonten Formen behandelt und als eigene Form gewertet werden.

Meinungsstilform, die eher Fragezeichen als Ausrufezeichen setzt. Er darf sogar mit einer Frage des Autors beginnen (Question lead), was der Nachricht nicht erlaubt ist. Allerdings sollte er auch nach den Antworten suchen." (Reumann in Noelle-Neumann, Schulz & Wilke 2009, 158). Insbesondere will der Kommentar die Frage nach dem „Warum?" klären. Die anderen W-Fragen treten dagegen in ihrer Bedeutung zurück. Ist eine Klärung des Warums bzw. eine abschließende Bewertung oder Stellungnahme eines Sachverhaltes noch nicht möglich, so ist es wichtig, dass ein Journalist gerade das deutlich herausstellt (Mast 2008, 306).

> **Beispiel für einen Kommentar** (Financial Times Deutschland, 21.10.2009)
>
> **Drama in der Endlosschleife**
>
> Würde der Niedergang des Arcandor-Konzerns als Theaterstück aufgeführt, die Schelte der Kritiker wäre gewiss. Jeder Akt dieses realen Trauerspiels folgt der gleichen Dramaturgie, und jedes Mal werden die gleichen Fehler wiederholt. Im Theater wäre das langweilig, in der Wirklichkeit ist es tragisch. Am Anfang steht der Versuch, den Konzern mit Staatshilfe zu retten und, als das scheitert, als Ganzes zu verkaufen. Doch ominöse Investoren lösen sich in Luft auf – und das gleiche Spiel geht von vorne los, diesmal mit den einzelnen Sparten.
>
> Auch die Versandhandelssparte Primondo glaubt man, als Einheit erhalten zu können – bis Insolvenzverwalter Klaus Görg nun eingestehen muss, dass Quelle abgewickelt wird. Tausende Arbeitsplätze werden abgeschrieben, lukrative Spezialversender wie Baby Walz doch einzeln verkauft. Tatsächlich war Quelle schon nicht mehr zu retten, als Arcandor Insolvenz anmeldete. Wie bei den Karstadt-Warenhäusern liegen die Ursachen für die aktuelle Misere in früheren Managementfehlern, nur war die Ausgangslage hier sogar noch dramatischer – und Quelle damit unverkäuflich. Anstatt sein Geschäftsmodell schrittweise auf Veränderungen im Kaufverhalten einzustellen, verfolgte der Traditionsversand einen kopflosen Zickzackkurs.
>
> Dem Trend zu Internetbestellungen setzte Quelle zunächst nichts entgegen, um dann mehrere radikale Schwenks zu vollziehen. Derweil versäumte es der Versand, sein Sortiment anzupassen, auch weil das Management einen Großteil seiner Energie in die Fusion mit Karstadt steckte. Die Quelle-Pleite selbst geht daher nicht auf Görgs Konto. Wohl kann man ihm aber ankreiden, monatelang die Augen verschlossen und die Lage der gesünderen Konzernteile so zusätzlich verschlechtert zu haben.
>
> Noch ist Zeit, aus den bisherigen Irrtümern zu lernen – beim letzten ausstehenden Akt: dem Verkauf von Karstadt. Für die Warenhauskette gibt es längst einen Interessenten: den Handelskonzern Metro. Dessen Angebot hat den Makel, dass es nur den Kauf der profitabelsten Karstadt-Häuser vorsieht. Und was macht Görg? Er fahndet natürlich wieder nach Investoren, die sich des Gesamtunternehmens annehmen. Die Erfahrung legt den Verdacht nahe, dass hier schon wieder fatales Wunschdenken am Werk ist. Wenigstens bei Karstadt sollte gelten: retten, was zu retten ist. Ein ungetrübtes Happy End ist für dieses Trauerspiel nicht mehr zu haben.

Es fragt sich, inwieweit der Kommentar noch objektiv zu nennen ist. Der Kommentar braucht auf jeden Fall die neutrale Nachricht als Kontrast: „Der Kommentar (...) überschreitet absichtlich und auftragsgemäß die Grenze zwischen Abbildung der Wirklichkeit und Gestaltung der Wirklichkeit. Er ist eine wichtige Ergänzung zur Nachricht, denn er analysiert sie, interpretiert, bewertet und reflektiert sie. Auf dieser Grundlage präsentiert er dem Leser eine bestimmte Vorstellung von dem betreffenden Ausschnitt der Wirklichkeit." (Hoppe 2000, 30). Dabei können Kommentare unterschiedliche

Schwerpunktsetzungen verfolgen: Zum einen kann die Analyse und Erklärung Anliegen des Kommentars sein, dann will er vornehmlich zum Verstehen beitragen, oder aber er will eine individuelle Meinung deutlich machen, dann kann der Kommentar nur stark subjektiv gefärbt sein (Mast 2008, 307). Der Ereignisbezug und die Wirklichkeitsdarstellung im Kommentar und dem bereits skizzierten Leitartikel kann kontrastierend zur Nachricht die folgende Abbildung (nach Hoppe 2000, 35) illustrieren.

Ereignisbezug und Zielsetzung von Nachricht, Kommentar und Leitartikel		
Darstellungsform	Umgang mit dem Ereignis	Zielsetzung
Nachricht	Vermittlung des aus den Bezügen losgelösten Ereignisses	Informationen über Ausschnitt von Realität → Abbildung von Wirklichkeit (in Ausschnitten)
Kommentar	Erklärung und Bewertung des aus den Bezügen losgelösten Ereignisses	Präsentation einer bestimmten Vorstellung von dem Ausschnitt der Realität; Erleichterung der Einschätzbarkeit; Orientierungshilfe; Anregung der Meinungsbildung → Gestaltung von Wirklichkeit (in Ausschnitten)
Leitartikel	Basis: Erklärung und Bewertung des Ereignisses und seiner Bezüge Loslösung vom Einzelereignis Erklärung und Bewertung von übergeordneter Realität	Vom Einzelfall ausgehend Wirklichkeit so umfassend und restlos wie möglich begreifbar machen → Aufklärung über Realität / Gestaltung von Realität (in Vielzahl von Bezügen)

Abb. 3.7: Ereignisbezug und Zielsetzung von Textsorten

Der Aufbau des Kommentars ist in der Regel dreiteilig (Mast 2008, 308): Der Einstieg dient der Einführung eines Sachverhalts, der knappen Einführung zum nachrichtlichen Kern, bereits hier sind Wertungen erlaubt und sogar erwünscht. Aber die Stimmigkeit der Faktendarstellung ist für den Kommentar äußerst wichtig: „Es scheint paradox, doch das wichtigste für den Kommentar sind die Fakten. (...) Falsche Fakten im Kommentar sind schlimmer als in einer Meldung, weil der Kommentar aus den Fakten Schlussfolgerungen zieht." (Löffelholz in Mast 2000, 268). Daher ist es auch riskant, Ereignisse zu kommentieren, die sich noch verändern können, bevor ein Kommentar erscheint. Im argumentativen Mittelteil sollen die Wertungen und Begründungen des Autors möglichst überzeugend – auch unter Berücksichtigung von Gegenargumenten – dargelegt werden. Dies führt zum Schlussteil, der möglichst eine eindeutige Schlussfolgerung aus der Argumentation ableiten soll, die Meinung des Autors auf den Punkt bringen und Standpunkte klären soll.

> **Ausgewählte Einstiegsgestaltungen beim Kommentar mit Beispielen**
> (vgl. Krings 2004, 26 f, 37, 55; Hoppe 2000, 43)
>
> **Der nachrichtliche Einstieg:** führt nachrichtlich in die wesentlichen Fakten ein, die es zu kommentieren gilt.
>
> Bsp. „Noch am Dienstag Abend hatte Bundesinnenminister Otto Schilly gehofft, die mäßigenden Kräfte innerhalb der PKK würden die Proteste im Zaun halten – oder doch in einem Rahmen, mit dem ein Rechtsstaat leben kann." (die tageszeitung, 18.02.1999, 1)
>
> **Der Theseneinstieg:** beginnt direkt mit der Meinung des Autors, dies kann durchaus pointiert oder gar polemisch ausgeführt werden.
>
> Bsp. „Früher gab es noch schöne Gelegenheiten zum Staunen. Heutzutage wird immer alles schon verraten, bevor irgendein Wunder, und sei es noch so klein, auch nur annähernd in Gang kommt." (Berliner Zeitung, 05.02.1999).
>
> **Der Einstieg über den Umweg:** nutzt z.B. Historisches oder Literarisches, um auf ein Thema zu kommen.
>
> Bsp. „Der Dichter Wilhelm Raabe hat im Jahr 1884 eine Erzählung geschrieben, in welcher der neue FDP-Vorsitzende Guido Westerwelle bereits vorkommt – und zwar in der Gestalt des Rechtsanwalts Doktor Riechei." (Süddeutsche Zeitung 05.05.2001 Meinungsseite)
>
> Weitere Einstiegsarten nutzen zunächst Aphorismen, Anekdoten oder Szenen, um nach dem Anfang, der die Unterhaltungsfunktion stützt, auf die meinungsbildende Aufgabe des Kommentars einzugehen. Rhetorische Figuren, die sich gut für den Kommentareinstieg eignen, sind z.B. Inversion, Antithese, Ironie oder rhetorische Frage. Auf jeden Fall muss der erste Satz die Argumentation – direkt oder indirekt – eröffnen, er muss verständlich, einfach, konkret und direkt sein.

3.4.3 Kolumne

Diesen Meinungstext findet man immer **am gleichen Ort** und in der Regel **immer von dem selbem Autor in einem Medium**. Typischerweise wird unverändert die **persönliche Meinung** eines bekannten und bedeutenden Publizisten gedruckt (Reumann in Noelle-Neumann, Schulz & Wilke 2009, 159), aber auch die Form der Gastkolumne ist möglich. Immer ist die Kolumne ein Namensartikel, der auch den ganz persönlichen Stil des Autors transportiert. Auch dieser Darstellungsform wird ein sehr hohes Maß an Subjektivität nachgesagt. Der Stil ist oft polemisch, manchmal auch aggressiv angelegt.

Da die Kolumne **mehr autoren- als gegenstandsgebunden** ist, müssen Kolumnenschreiber **nicht nur in** der Themenwahl, sondern auch im Stil völlig frei sein (Hoppe 2000, 37). Thematisch kann sich die Kolumne zwar auch auf tages- oder zeitaktuelle Themen konzentrieren, das muss sie aber keineswegs. Klatsch, Zeitgeistthemen, Fragen, Gedanken oder eine persönliche Erfahrung – alles kann zum Gegenstand der Betrachtung in der Kolumne gemacht werden. Im Unterschied zum Leitartikel und zum Kommentar ist die Kolumne nicht so stark zielgerichtet und nicht so ernsthaft. Sie soll auch der Unterhaltung dienen. Nicht strenge Argumentation zur Kommentierung und Bewertung ist ihr Ziel, sondern die subjektive Deutung, spöttische Betrachtung oder einfach die reine Plauderei.

> **Beispiel für eine Kolumne** (Der Tagesspiegel, 17.10.2009)
>
> Matthies meint
> Mach' Deinen Brotkasten selbst!
>
> Alles so grau! Die Wolken, die Straßen, ach, das ganze Leben. Wer kann helfen? CIA, Rotes Kreuz, NKWD? Nichts. Gut, dass wir Sat1 haben, den mächtigen Fernsehsender, der unser Leben bunt macht und immer wieder neue Sachen zum Denken und Freuen in den öffentlichen Raum stellt. Allerdings würde er das nie so banal formulieren, sondern schön auf Englisch, wie das die Werbeleute heute eben machen. „Colour your life", fordert er uns seit kurzem auf, was wohl so viel heißen soll wie „Mach dein Leben bunt" – ein klarer Fortschritt im Vergleich zu „Powered by emotion" („Kraft durch Freude").
>
> Zwischendurch, komisch, hieß es beim selben Sender allerdings „Sat1 zeigt's allen". Warum jetzt nicht mehr? Offenbar hat der verständliche, klare Satz einen Quotenzusammenbruch ausgelöst, hat den arglosen Sehern klargemacht, dass es sich, iiih, um einen deutschen Sender handeln mag, da schüttelt es die werberelevanten Zielgruppen, da könnte man ja gleich Sarrazin[35] loben.
>
> Immerhin hat der neue Spruch ein schönes Werbefilmchen gezeugt, das die denglische Dussligkeit in reiner Form vorführt: Allerhand Senderprominenz von Pflaume bis Pastewka turnt vor der Kamera herum und flötet „kallajoleif", das ist ungefähr so abstrus, als würden sie uns das isländische Wort für alten Hering vortragen, keiner versteht nix, aber alle sind mächtig gut drauf.
>
> Zu dieser Diagnose passt jedenfalls diese neue Untersuchung: Wieder einmal hat der Chef der Namensagentur Endmark – ganz uneigennützig – dieser Tage Verbraucher gefragt, wie sie bestimmte denglische Sprüche übersetzen. Opels „Explore the city limits" kam am grausamsten unter die Räder: „Explosionen an der Stadtgrenze". Levi's „Live unbuttoned" wurde mit „Leben ohne Knöpfe" doch arg wörtlich übertragen, und bei „Design desire" wird die Übersetzung angeblich sogar von der Firma Braun selbst als geheim eingestuft.
>
> Lassen wir mal dahingestellt, ob wirklich irgend jemand „Broadcast yourself" (Youtube) mit „Mach Deinen Brotkasten selbst" übersetzt: So oder so ist es ein eigenartiges Phänomen, dass Werbeleute Blödsinn produzieren, den die Zielgruppe konsequent nicht versteht – und doch scheinen am Ende alle zufrieden zu sein, vermutlich, weil sie das Glück kaum fassen können, so weltläufig zu sein.
>
> Na, allein deswegen ist die deutsche Sprache als Grundgesetzziel undenkbar. Denn wer will schon Werbeleute, die so lange verzweifelt an deutschen Vokabeln herumwürgen, bis sie bei der Arbeitsagentur landen?

3.4.4 Glosse und Spitze

Der Volksmund spricht davon, dass jemand eine spitze Zunge hat. Und wenn das so ist, so sollte man sich vorsehen und diesem Menschen keine Gelegenheit geben, selbige in Bewegung zu setzen. Denn mit einem ironischen, spitzen oder bissigen Kommentar ist zu rechnen. Das Wort Glosse kommt aus dem Griechischen und bedeutet Zunge, im lateinischen Ursprung bedeutet es so viel wie Erläuterung oder Anmerkung[36]. Für den

---

[35] Die Bemerkung bezieht sich auf ein nachrichtliches Ereignis, das sich Wochen zuvor in den Medien verbreitet hatte: Der Berliner Finanzsenator a.D. und Bundesbankvorstand Thilo Sarrazin hatte sich im September 2009 in einem Interview der Zeitschrift „Lettre International" dem Vorwurf der Volksverhetzung schuldig gemacht.

[36] Verwandte, erklärungsbedürftige Begriffe der journalistischen Fachliteratur: Lokalglosse oder Lokalspitze sind Begriffe für den „Leitartikel" des Lokalteils einer Zeitung, d.h. für lokale Kommentare und Glossen im

Kontext journalistischer Texte definiert Hoppe (2000, 15 f.) diese Darstellungsform wie folgt: „Die Glosse ist eine tagesaktuell auf wichtige Ereignisse reagierende Kurzform von Satire – jede Glosse muss einen Angriff ausführen, der durch eine Norm sozialisiert ist und in ästhetisch verfremdeter Form präsentiert wird. (...) Jede Glosse lebt von einer guten Idee, die das zu Kritisierende, Widersprüchliche einer Nachricht komisch verfremden und prägnant zum Ausdruck bringen kann."

Die Glosse gilt auch als „der Farbtupfer", „das Streiflicht" oder „der Mückenstich" unter den Meinungsstilformen (Reumann in Noelle-Neumann, Schulz & Wilke 2009, 161). Sie ist in diesem Sinne dem Kommentar als nächste Stufe übergeordnet, als „die reflektierende Ironisierung der Analyse" (Siemens in Hoppe, 2000, 26). Die Glosse kann sich aller möglichen Themen annehmen, sofern sie sich nicht aus Pietätsgründen ausschließen (so wird man wohl über tragische Todesfälle keine spöttischen Randbemerkungen in der öffentlichen Kommunikation machen).

Mit dem Kommentar verbindet sie die Methodik: Sie nimmt Bezug auf einen nachrichtlichen Kern, interpretiert den zu kommentierenden Sachverhalt durch eine deutlich subjektive Stellungnahme, ein Urteil und eine Wertung. Allerdings sind die sprachlichen und stilistischen Stilmittel andere, künstlerisch anspruchsvollere als in anderen Kommentarformen. Die Glosse wird auch als „Königsdisziplin" im Journalismus gewertet – zumindest ist sie eine der kreativsten und schwierigsten Darstellungsformen. Als knapp gehaltener Kommentar (max. 50 Zeilen) ist die Glosse eine spielerische, meist spöttische, bissige, ironische oder polemische Variante des ernsten, nüchternen und auf rationale Argumentation ausgelegten Kommentars, die eine enge Verwandtschaft zur Satire aufweist.

Im Unterschied zum Kommentar, der von der Logik seiner Argumente überzeugen will und den Leser mit rationalen Mitteln für seine Meinung gewinnen will, setzt die Glosse von vorneherein auf Konsens: „Die Glosse strebt keinen Konsens an, sie setzt ihn voraus." (Hoppe 2000, 46). Während der Kommentar die Realität mit Rationalität betrachtet, sieht die Glosse die Welt mit den Augen des Satirikers. Daher konstruiert sie auch in ihrer Betrachtung die Wirklichkeit, um dem Leser diesen Typus der Weltbetrachtung nachvollziehbar zu machen: „Die Absurdität der Welt lässt sich nur erkennbar und begreifbar machen, wenn sie auf die Spitze getrieben wird. Ziel der Glosse ist es, die Wirklichkeit zur Kenntlichkeit zu entstellen." (Hoppe 2000, 51).

Wichtig für die Glosse ist:

- die Eleganz der Formulierung, der Einsatz ungewöhnlicher, origineller Wörter, einschließlich der Umgangssprache und des Dialekts.
- Die Glosse ist eher gefühlsbetont und subjektiv – im Unterschied zur unpersönlichen Sachlichkeit des Kommentars.
- Die Glosse steht der Kunst näher als jede andere journalistische Darstellungsform (Hoppe 2000, 17).

---

engeren Sinne, die zumeist graphisch besonders gestaltet und hervorgehoben, üblicherweise am „Ehrenplatz" (der Spitze) des Lokalteils platziert sind (Reumann in Noelle-Neumann, Schulz & Wilke 2009, 161).

- Bei der Glossenkonstruktion setzt man auf ausgefeilte Aufbaumuster und eine große Bandbreite von stilistischen Stilmitteln, deren Darstellung den Rahmen des Kapitels sprengen würden.[37]

> **Beispiel für eine Glosse** (Das Streiflicht, Süddeutsche Zeitung 7.11.2009)
>
> Obwohl der Löwe, Tiger oder Beutelteufel viel besser hineingepasst hätte, wird das semantische Gehege des Raubtierkapitalismus von anderen Tieren bevölkert. Bevorzugt zu nennen sind der Krake, der ganze Erdteile im Würgegriff hält, und der Hai, der sich mit Vorliebe ins Fleisch der Wohnungsmieter verbeißt. Den größten Sprung aber hat die Heuschrecke gemacht, obwohl sie in Mitteleuropa bei weitem nicht so viel Angst verbreitet hat wie der Maiszünsler oder die Kastanienminiermotte.
>
> Gut vier Jahre ist es nun her, dass Franz Müntefering, damals Parteivorsitzender der SPD, die hundsföttischen Investmentgesellschaften und Hedge Fonds den Heuschreckenschwärmen gleichsetzte und so in den Rang der biblischen Plagen erhob. Es waren wahrhaft prophetische Worte: Nur drei Jahre später verfinsterte sich der Himmel über den Finanzmärkten der Welt wie weiland über dem Land Ägypten.
>
> Am Mittwoch aber begab es sich, dass Franz Müntefering, abermals und noch für eine kleine Weile Parteivorsitzender der SPD, in Freiburg/Breisgau zu Gast war, genauer: im dortigen Rotteck-Gymnasium, wo ihm zwei Schülerinnen in einem gut gefüllten Saal Heuschrecken servierten. Ein Sauerländer kennt diese Speise nicht, er hält sich, wenn es knackig kommen soll, an Althewährtes wie die Knochenwurst. Doch Müntefering war kein Frosch, er sagte wild entschlossen: „Die Heuschrecken müssen weg!" Er hat manche Kröte schlucken müssen und knirschpelte auch dieses Zeug hinunter. Versonnen signierend schob er nach: „Wenn man das Problem so lösen könnte ..." Und wieder sprach da der Prophet: Die Erde wird die Heuschrecke einfach nicht mehr los, weder die mit Flügeln, noch die mit den Krawatten.
>
> Der vielgeprüfte Müntefering hat den Test bestanden. Nicht auszudenken, wenn die Politiker der Vergangenheit schon derart beim Wort genommen und auf die Probe gestellt worden wären. Franz Josef Strauß etwa hat linke Kritiker „Ratten und Schmeißfliegen" genannt. Und Bundeskanzler Ludwig Erhard bezeichnete Literaten wie Rolf Hochhuth als „ganz kleine Pinscher". Man stelle sich vor, ein deutscher Fernsehmoderator hätte damals Strauß – immer hart, aber fair – im Studio ein paar Ratten und Schmeißfliegen und Erhard einen Rehpinscher ... nein, natürlich nicht serviert, aber vorgeführt. Da wäre aber was los gewesen! Da hätten die Parteizentralen getobt und den zarten Pinscher einen harten Hund geheißen. Leider kann Herbert Wehner, der den Angeordneten Wohlrabe einmal als Übelkrähe titulierte, nichts mehr zum Bestiarium beitragen. Dass er an der Stelle Münteferings die Heuschrecken in der Pfeife geraucht hätte, darauf kann man Gift nehmen.

3.5 Von der Wichtigkeit, den richtigen Anfang zu machen

Der Anfang eines Textes ist für die meisten Texter ein schwieriges Gestaltungsproblem. Viele erleben den Horror vor dem weißen Blatt bzw. dem leeren Bildschirm, weil hier die Schreibangst überwunden werden muss, die Entscheidung über das Wichtigste, das es zu vermitteln gilt, zu treffen ist, die Darstellungsstrategie festgelegt wird

---

[37] Daher sei hier nur auf die vertiefende Lektüre der hier zitierten Literatur verwiesen bzw. auf die Ausführungen zu den rhetorischen Stilmitteln im Kapitel 7 des Bandes.

und der Leser für den Text gewonnen werden will. Daher sollen abschließend nach der Vorstellung der einzelnen Textformen noch einmal einige Bemerkungen zur Anfangsgestaltung, zu der auch das Abfassen der Headline gehört, gemacht werden.

Der Leser muss neugierig werden. Er muss durch den ersten Satz verführt werden, weiter zu lesen. Die Relevanz des Anfangs stellt sich je nach Darstellungsformat durchaus unterschiedlich dar. Für die Nachricht bspw. ist der erste Satz entscheidend, weil die entscheidende Vermittlungsleistung ja gerade bei dieser Art von Texten darin liegt, das Wichtigste präzise formuliert an die Spitze zu stellen. (Wie dies in unterschiedlichsten Einstiegsvarianten zum Beispiel über die W-Fragen und andere Formen gelingen kann, lässt sich theoretisch und anhand zahlreicher Beispiele z. B. bei Falkenberg (2008, 100–105) oder Schulz-Bruhdoel & Fürstenau (2008, 318 f.) nachvollziehen.)

Für verschiedene Darstellungsformen hat Krings (2004) die Anfangsleistungen von Texten theoretisch und empirisch untersucht. Ihre zum Teil überraschenden Ergebnisse und beruhigenden Empfehlungen für die Gestaltung von Anfängen werden hier auszugsweise wiedergegeben (vgl. Krings 2004, 28, 105 ff.).

Der Anfang soll die Aufmerksamkeit des Lesers sichern. Unabhängig von der Darstellungsart empfehlen sich folgende Techniken:

- Die unterhaltsame Einführung über literarische Referenz, verkapptes Zitat eines Titels, geflügelte Worte in Reinform oder Abwandlung, Verse, Märchenzitate, Anekdote oder z. B. destillierte Erkenntnis.
- Die überraschende Einführung, d. h. auf die falsche Fährte locken, Situationen nur andeuten oder Personen nicht sofort identifizieren. Auch Konjunktivsätze mit „wenn", „eigentlich" oder „vielleicht" am Anfang lösen Spannung aus und steuern die Suche nach Auflösung. Überraschend kann auch ein ungewöhnlicher Satzbau sein, bei dem Elemente, die normalerweise am Ende stehen, an den Anfang gerückt werden oder umgekehrt. Diese Positionsfiguren liefern auf syntaktischer Ebene Überraschung und dienen der sachlichen oder emotionalen Hervorhebung.

Allerdings lassen sich keine pauschalen Empfehlungen für bestimmte Einstiegsarten formulieren. Es gibt nicht den einen Einstiegstyp, der immer die Aufmerksamkeit sichert und Rezeptionswiderstände bricht. Darstellungsmerkmale sind für die Entscheidung weiter zu lesen oder nicht, gar nicht so entscheidend. Viel wichtiger als die sprachlichen Merkmale eines Satzes ist es aus der Perspektive der Leser, ob sie das angesprochene Thema interessiert, und ob es Nähe zur eigenen Lebenswirklichkeit aufweist. Viel wichtiger als einstiegsspezifische Merkmale wie szenische Lebendigkeit, Personalisierung oder Rätselhaftigkeit sind grundlegende journalistische Qualitäten. Gemeint sind damit die Verständlichkeit und die Beachtung des Informationsbedürfnisses von Lesern sowie die Fasslichkeit der Information für sie. Der Aufbau unangemessener Erwartungshaltungen muss auf jeden Fall vermieden werden.

Unabhängig von der Darstellungsart muss der erste Satz einen hohen Informationsgehalt über den Artikelinhalt bieten. Bei Verrätselungen ist Vorsicht angebracht. Historische Einführungen verlangen ein hohes Bildungsniveau der Rezipienten – ansonsten sind die Vorlieben für Einstiegsarten nicht zielgruppenspezifisch und ihr Gefallen oder Nichtgefallen hängt auch nicht davon ab, ob die Einstiegsvarianten theoretisch mehr für die eine oder andere journalistische Darstellungsart empfohlen werden.

Was kann die Überschrift zu einem gelungenen Anfang beitragen? Die Überschrift muss informativ und pointiert sein. Die zentrale Aussage eines Textes sollte in der Überschrift angesprochen und im Text ausgeführt werden. Diese Aussage ist klar und verständlich, korrekt und unmissverständlich zu formulieren. Sie muss sich am nachrichtlichen Wert eines Textes orientieren. Eine Überschriftgestaltung lässt eine Reihe von Freiheiten zu: So muss die Überschrift kein ganzer Satz sein. Auf Artikel wird in der Regel verzichtet. Handelt es sich etwa um ein Zitat, so muss für die Überschriftgestaltung nicht die Konvention der Quellennennung eingehalten werden. Verben sollte vor Substantiven der Vorzug gegeben werden. Unterüberschriften oder Sublines dienen der Information über den genaueren Inhalt des Textes, sie vervollständigen die in der Headline angesprochenen Sachverhalte. Auf Fragezeichen sollte in der Überschrift verzichtet werden, es sei denn, der Inhalt eines Textes fokussiert auf einen ungeklärten Sachverhalt (vgl. Falkenberg 2008, 125) oder die Headline soll neugierig machen. Diese Neugierde muss aber durch einen gelungenen Einstieg aufgelöst werden, der den Spannungsbogen nicht überspannt.

> **Beispiel**
>
> Eine Haut voller Erinnerungen
>
> (Headline einer Reportage, Kaufeld in Haller 2008 a, 224)
>
> „Dem Prototyp eines Seebärs, eines Hans Albers gar, entspricht Theo wahrlich nicht. Eher klein, wieselflink. Hände, die ständig in Bewegung sind. Braunes, dünn gewordenes Haar und ein Bäuchlein ‚vom Holsten'. Nur die Augen hinter den schmalen Brillengläsern, die sind seewasserblau. Trotzdem, Theo hat was, das manche Männer neidisch gucken lässt und Frauen errötend zu der Frage animiert: ‚Überall?' Theo Tatoo, wie ihn die Szene liebevoll nennt, ist tätowiert. Überall. Wie ein Bilderbuch."

Beispiele für treffende Überschriften in journalistischen Texten		
Headline	Subline bzw. Lead	Quelle
Get out! Raus! Raus!	Das Riesenflugzeug A380 im Notfall-Test: 853 Passagiere haben 90 Sekunden Zeit für den Ausstieg	Bericht, Der Tagesspiegel, 27.03.2005
Letzte Chance: Laufsteg	Wer in den USA ein Kind adoptieren will, kann es auf dem Laufsteg vorher begutachten	Reportage, Woman, 07/2005
Europas kategorischer Konjunktiv	Die Lethargie des alten Kontinents und die Mission der USA	Rezension, Der Tagesspiegel 04.04.2005
Im Rausch der Quote	Im Wettstreit zwischen „Tagesthemen" und „heute-journal" legt die ZDF-Sendung stetig zu	Kommentar, Der Tagesspiegel, 20.07.2003

Boutique der Lüste	Mithilfe der Kaufhauskette Karstadt macht sich der Erotikkonzern Beate Uhse jetzt an die Frauen ran	Reportage, Wirtschaftswoche, 26.02.2004,
Pfarrer im Himmel	Roland Seidel hat zwei Berufe: Er predigt in der Kirche und er betreut als Steward Fluggäste	Portrait, Der Tagesspiegel, 26.03.2005
Der schwarz gemalte Kontinent	Christoph Marx schreibt die Geschichte Afrikas neu	Rezension, Der Tagesspiegel 04.04.2005
Der doppelte Otto	Vor einem Vierteljahrhundert verteidigte der Anwalt Otto Schily Terroristen gegen den Staat. Heute verteidigt der Minister Otto Schily den Staat gegen Terroristen.	Portrait, Die Zeit, 22.11.2001
Angst vor digitaler Landnahme	Google plant ein gigantisches Digitalisierungsprojekt – in Europa regt sich Widerstand	Bericht, Der Tagesspiegel 30.03.2005

Abb. 3.8: Treffende Überschriften

3.6 Von der Wichtigkeit, den angemessenen Sprachstil zu pflegen

Die journalistische Sprache orientiert sich an Grundregeln und Konventionen, die für andere Textarten nicht gelten. Eine Nachricht oder ein Kommentar in der Zeitung unterscheidet sich deutlich von einem lyrischen Erguss, einem Besinnungsaufsatz oder einer akademischen Abschlussarbeit. Als Regeln für die Mediensprache formulieren Schulz-Bruhdoel & Fürstenau (2008, 318): „Die Sprache der Medien

- ist Reduktion auf das Wesentliche und Interessante,
- ist ein Transportmittel für Informationen und Meinungen,
- ist präzise und hält Distanz,
- ist am eiligen Mediennutzer orientiert,
- ist selten von literarischem Wert."

Gerade die unterhaltenden und meinungsbetonten Texte, die in diesem Kapitel vorgestellt wurden, können sich eine große Bandbreite sprachlicher Freiheiten erlauben, die dem nachrichtlichen Stil im engeren Sinne fehlen. Für tatsachenbetonte, informierende Texte gibt es eine ganze Reihe von Konventionen, die beim Schreiben beachtet werden – insbesondere um das Hauptziel Verständlichkeit zu sichern (vgl. Falkenberg 2008, 79 ff.; Schulz-Bruhdoel & Fürstenau 2008, 295 ff.; Häusermann 2005, 24 ff.). Die Konventionen journalistischer Texte im Allgemeinen und nachrichtlicher Texte im Besonderen sollen abschließend summarisch vorgestellt werden. Pressesprache ist aber dennoch eine Sprache, die einem ständigen kulturellen Wandel unterlegen ist. D.h. Regeln gelten nur eingeschränkt oder relativ für eine gewissen Zeit (vgl. Brandstetter & Range 2009, 75 ff.).

Grundregeln und Konventionen journalistischer Sprache

1. Satzbau: eher kurze als lange Sätze, abwechslungsreiche Sätze, möglichst nur eine Idee pro Satz, Aufmerksamstarkes am besten nach vorne in den Satz stellen, bei langen Sätzen das Subjekt nach vorne, vollständige Sätze, keine Schachtelsätze und auch kein Telegrammstil (Ausnahme: bei nicht-nachrichtlichen Texten wie z. B. Reportagen sind solche grammatikalischen Freiheiten durchaus erlaubt und wirkungsvoll einsetzbar.)

2. Wortwahl: eher kurze als lange Worte, Worte mit wenigen Silben bevorzugen bzw. nutzlose Silben streichen (Verkauf statt Abverkauf), keine Fach- oder Expertensprache, Vermeidung von unnötigen Sprachimporten insbesondere den verbreiteten Anglizismen, viele Verben statt vieler Substantive (Nominalstil), Verzicht auf unnötige Worte, die keine Aussage haben – insbesondere Füllwörter (wie nun, gar, eigentlich irgendwie, wohl, allemal, ausgerechnet, selbstverständlich, überaus) sind zu streichen, Vergleiche und Bilder zur Anschaulichkeit der Darstellung nutzen, Vorsicht vor Wortverdopplungen und -verstärkungen (z. B. gezielte Maßnahme), sparsamer Einsatz von Adjektiven, diese sollten eingesetzt werden, wenn sie notwendig zur Unterscheidung oder Präzisierung sind. Unnötige Passivierungen meiden, denn Passivkonstruktionen unterdrücken häufig Informationen über handelnde und verantwortliche Personen.

3. Ansprache: Leser nicht direkt ansprechen oder bevormunden.

4. Geschlechtsneutrale Formulierungen und Vermeidung jeder Diskriminierung: Formulierungen wie „Frauen in der Blüte ihrer Jahre" oder „aus aller Herren Länder" sollten vermieden werden. Eine einfache Regel zur Kontrolle des Sexismus in der eigenen Sprache bietet Sigrid Löffler (zitiert nach Falkenberg 2008, 89): „Jede Aussage, die bei einer Übertragung auf Männer komisch, bizarr oder beleidigend wirken würde, ist frauenfeindlich." (Wenn statt von Krankenschwester von Krankenbrüdern die Rede wäre, so wäre das bizarr, also schreibt man besser Pflegepersonal.) Jede Diskriminierung von Personen eines bestimmten Geschlechts, einer bestimmten Herkunft oder Hautfarbe sollte durch überlegte und neutrale Wortwahl verhindert werden.

5. Absender-Neutralität: Nachrichtliche Texte werden nie in der Ich-Form geschrieben, verzichten auf persönliche sprachliche Eigenarten und Wertungen, sie sind sachlich und auch niemals umgangssprachlich formuliert.

6. Journalistische Schreibkonvention insbesondere für nachrichtliche Texte:

Informationsquelle: immer mit nennen (Name und berufliche Position), bei der ersten Nennung einer Person Vor- und Nachnamen nennen, danach kann man den Vornamen weglassen, die Formulierungen Frau und Herr sind unüblich; d. h. man schreibt nicht Herr Rösler, sondern Gesundheitsminister Philipp Rösler, Rösler oder der Minister.

Titel: akademische Grade und Titel (Doktor, Magister, Diplome) werden nicht erwähnt, hat aber ein Titel Relevanz im Textzusammenhang, so bleibt zum Beispiel der Professorentitel stehen und wird ausgeschrieben (Professor Susanne Femers statt Prof. Dr. phil. S. Femers).

Klammern: kein Text in Klammern (nur bei der Einführung von Abkürzungen und der Angabe des Lebensalters), generell sparsame Verwendung von Abkürzungen.

Veranstaltungsorte: sind in den Medien eindeutig zu kennzeichnen mit Straße und Hausnummer, Kosten, d. h. z. B. Eintrittsgelder für eine Veranstaltung sind stets anzugeben.

Terminankündigungen: hier wird der Wochentag stets mit angegeben, die Jahreszahl aber weggelassen, im journalistischen Text steht immer die Zeit vor dem Ort.

> **Zahlen:** sie sind bis zwölf auszuschreiben, es sei denn, es handelt sich um ein Datum, Kosten, Haus- oder Telefonnummern; größere Zahlen werden als Ziffern wiedergegeben; Zehnerbeträge kann man ausschreiben (z. B. zwanzig), ebenso Zehnerpotenzen (z. B. hundert, tausend, zehntausend); die Schreibweisen von Zahlenreihen sind an Übersichtlichkeit zu orientieren, Zahlenreihen sind generell zu vermeiden.
>
> **Abkürzungen:** sind zu vermeiden, die entsprechenden Begriffe oder Einheiten werden bei der ersten Verwendung ausgeschrieben und dahinter wird in Klammern die gebräuchliche Abkürzung wiedergegeben.
>
> **Typographische Hervorhebungen:** (z. B. durch Fett- oder Kursivschrift und Unterstreichung) sind in Medien im redaktionellen Teil nicht zu finden (Ausnahme: Hervorhebungen von Kommentaren).
>
> **Großbuchstaben:** werden in den Medien nicht veröffentlicht, man schreibt Commerzbank statt COMMERZBANK AG; d. h. auch bei Namen von Firmen oder Initiativen den Namen auszuschreiben, wenn es sich um ein Akronym handelt. (Ausnahme: Großbuchstaben als Abkürzung eines sehr langen Namens. Man schreibt BASF statt Badische Anilin- und Sodafabriken.) Auf die komplette Firmierung wird im übrigen verzichtet, es sei denn, sie ist für den Artikelinhalt relevant.

3.7 Zusammenfassung

- Sie wissen jetzt, welche Darstellungsformen man im Journalismus unterscheidet und welche Probleme die Normierung der Textsorten in Theorie und Praxis mitbringt.
- Sie können für jeden Darstellungstyp erklären, was seine Funktion ist und welche charakteristischen Merkmale ihn auszeichnen.
- Sie kennen Leitfragen für die Entscheidung, welches Thema sie wie textlich bearbeiten.
- Sie wissen, dass eine Information bestimmte Kriterien erfüllen muss, um zu einer Nachricht zu werden.
- Sie kennen den typischen Aufbau einer Nachricht und wissen, was die so genannten W-Fragen sind.
- Ihnen ist bekannt, dass eine korrekte Quellenverarbeitung zwingend ist und Sie kennen die entsprechenden Methoden.
- Sie kennen Nachrichtenagenturen und wissen um deren grundsätzliche Arbeitsweise.
- Sie wissen, warum das gedruckte Interview oft erheblich vom tatsächlichen Wortlaut abweicht.
- Sie können die journalistischen Schreibkonventionen insbesondere für nachrichtliche Texte anwenden.
- Sie wissen, welche unterschiedlichen Mittel ihnen zur Verfügung stehen, um den Anfang eines journalistischen Texten zu gestalten.

3.8 Kontrollaufgaben

*[Handschriftliche Notiz: * = 2 Subjektive, gekoppelt über ein Verb → Zeugma]*

Aufgabe 1:
Charakterisieren Sie die nachfolgenden Einstiegsarten von journalistischen Texten.

Beispieleinstieg	Charakter
a) Auf der sechsten Avenue läuft eine junge Frau im cremefarbenen Kostüm zur U-Bahn, spricht über den Verkehrslärm in ihr Handy. *[personaler Einstieg, anonym]*	*[Feature / Bericht]*
b) Ron Assouline hat einen irren Blick und viel übrig für Dramatik. * *[personalisierter Er-Einstieg, wertend, deutend]*	*[Interview, Portrait]*
c) Der Besuch im Treibhaus könnte mit den Gurken von Fernando Canton beginnen. *[Konjunktiver Einstieg, also keine Nachricht]*	
d) So würde es sich anhören, wenn ein Hamster im Rad bei seinem unermüdlichen Lauf auch noch erzählen müsste. *[Konjunktiver Einstieg]*	
e) Natürlich würde dieser Prozess nicht solches Aufsehen erregen, wenn die Sache mit den Ohren nicht wäre. *[Konjunktiver + Rätseleinstieg]*	
f) Die Diskussion wieder anzustoßen, das war ihre Absicht, und sie wird dafür Zustimmung bekommen. *[anonymer, personaler Sie-Einstieg]*	*[Prognose]*
g) Es war einmal einer aus dem Kreis der 68er, die jetzt so gern in ihren Erinnerungen kramen, der da feststellte: Und die Langweiligeren von uns gründeten dann die Grünen. *[narrativer, märchenhafter Einstieg]*	*[Portrait, Glosse, Kolumne]*

Aufgabe 2:
Warum heißt das Prinzip beim Nachrichtenaufbau umgekehrtes Pyramidenprinzip und nicht einfach Pyramidenprinzip?

Aufgabe 3:
Ersetzen Sie die nachfolgenden Formulierungen durch geschlechtsneutrale Äußerungen!

Beispielformulierung	Geschlechtsneutrale Alternative
Jeder, der ein Auto besitzt	
Die Richter des Bundesverfassungsgerichts	
Rat des Arztes	

Fachmänner	
Rednerliste	
Arzthelferinnen	
Ratsherren	
Stewardessen	
Rentner	
Der eine oder andere	

Aufgabe 4:
Nennen Sie drei Unterschiede zwischen Nachricht und Reportage.

Aufgabe 5:
Sind die folgenden Sätze nach journalistischen Schreibkonventionen fehlerhaft oder fehlerfrei? Welche Fehler erkennen Sie?

a) Die BDA verkündete der COMMERZBANK gegenüber, dass sie die Stellenstreichungen gutheiße.
b) Prof. Dr. H. Schmitz zur taz: „Euch gebe ich kein Interview mehr!"
c) Fast 25.000 Euro spendete die Firma dem Kinderheim „Waldruh" im letzten Jahr.
d) Die Schaffung eines EDV-gestützten Systems für eine anforderungsgerechte Übermittlung und Verarbeitung des warenbezogenen Informationsflusses war vorgegeben worden.
e) Der Schwarze überzog sein Konto ständig.
f) Eltern sollten dem Rat des Arztes folgen und teure Medikamente akzeptieren.
g) Fast 25.000 Euro spendete die Firma dem Kinderheim „Waldruh" *trotz* Pleitegefahr.
h) Zehn bis 20 Neun- bis 15 Jährige sind für Eltern nur schwer zu ertragen.
i) Die Veranstaltung findet am 20.01.2003 um 16 Uhr im Casino statt.
j) Veranstaltungsort ist das Casino. Zeitpunkt: 16 Uhr, 20. Januar.

Aufgabe 6:
Welche der folgenden Aussagen sind richtig, welche sind falsch?

	Antwort:
a) Bei Terminankündigungen in Pressetexten wird der Wochentag stets mit angegeben.	
b) Typographische Hervorhebungen gibt es in journalistischen Texten nur bei Meinungsäußerungen des Journalisten z. B. in Kommentaren.	
c) Veranstaltungsorte sind in Pressetexten eindeutig, mit Straße und Hausnummer, anzugeben.	

d) Das umgekehrte Leadprinzip findet in allen Informationstexten außer der Kolumne Berücksichtigung.	
e) In Pressetexten schreibt man zur Bezeichnung von Personen immer Vor- und Nachname.	

Aufgabe 7:
Wann ist eine Reportage als Darstellungsform geeignet?

Aufgabe 8:
Welche journalistische Darstellungsform liegt beim nachfolgenden Textbeispiel vor?

Abgewandelter Nazi-Spruch
Tchibo und Esso stoppen Kaffeewerbung

„Jedem den Seinen" – mit diesem Slogan haben Tchibo und Esso für Kaffee geworben. Jetzt müssen sie Konsequenzen ziehen. Offensichtlich hatten die Konzerne nicht bedacht, dass der Spruch „Jedem das Seine" historisch belegt ist: Er prangte über dem Eingang des Konzentrationslagers Buchenwald.

Frankfurt am Main – Tchibo und Esso haben ihre gemeinsame PR-Aktion gestoppt, berichtet die „Frankfurter Rundschau" (FR). Die Unternehmen hatten zuvor bundesweit an rund 700 Esso-Tankstellen unter dem Slogan „Jedem den Seinen" für Kaffeesorten geworben. Hintergrund für die Vollbremsung: Ursprünglich geprägt von dem römischen Staatsmann und Philosophen Cato dem Älteren wurde der Spruch als „Jedem das Seine" von den Nationalsozialisten missbraucht. Er stand über dem Eingang des Konzentrationslagers Buchenwald bei Weimar.

Der Zentralrat der Juden in Deutschland reagierte empört: Vizepräsident Salomon Korn sagte der „FR", das Plakat sei entweder eine „nicht zu überbietende Geschmacklosigkeit" oder ein Beispiel „totaler Geschichtsunkenntnis". Die Firmen zeigten sich einsichtig. Tchibo-Sprecherin Angelika Scholz sagte, das Unternehmen habe „nie die Absicht gehabt, Gefühle zu verletzen". Sie räumte ein, der Slogan sei unglücklich gewählt. Esso-Sprecher Olaf Martin machte die zuständige Werbeagentur verantwortlich. Die Kreativen hätten die historische Bedeutung des Satzes offenbar nicht erkannt.

Tchibo und Esso sind nicht die ersten Unternehmen, die aus historischer Unkenntnis den Satz „Jedem das Seine" für Werbezwecke verwenden. 1998 bewarb Nokia damit austauschbare Handy-Gehäuse. Die Plakate wurden mit dem Shakespeare-Titel „Was ihr wollt" überklebt, nachdem unter anderem das American Jewish Commitee dagegen protestiert hatte. Kurze Zeit später konnte der Handelskonzern Rewe einen Prospekt nicht mehr stoppen, in dem es hieß: „Grillen: Jedem das Seine". Rewe entschuldigte sich öffentlich. 1999 stoppte Burger King in Erfurt nach Protesten eine Handzettelaktion mit dem Slogan. 2001 waren Kunden entsetzt über eine Werbekampagne für Kontoführungsmodelle der Münchner Merkur-Bank. suc/dpa/AFP (Spiegel Online, 14.01.2009)

Aufgabe 9:
Welche Vorteile hat die journalistische Darstellungsform „Interview"? Welche Nachteile bringt sie mit?

Aufgabe 10:
Nennen Sie drei Kennzeichen der Nachrichtensprache!

Aufgabe 11:
Was versteht man unter harten Nachrichten, was unter weichen Nachrichten? Illustrieren Sie Ihre Antwort mit je zwei Beispielen.

Aufgabe 12:
Nennen Sie drei Merkmale zur Unterscheidung zwischen Nachricht und Bericht!

Aufgabe 13:
Was ist der entscheidende Unterschied zwischen Reportage und Feature?

Aufgabe 14:
Welche stilistischen Besonderheiten weisen die nachfolgenden Headlines auf?

Headline	Subline oder Lead	Medium
1. Hier werden Sie gelesen	Sage mir, was du liest, und ich sage Dir, wer du bist	Cicero, 1/2006
2. Drei Farben Weiß	Workstyle Sommer-Dresscode	Karriere, 4/2006
3. Neue Väter braucht das Land	Väteralltag in Deutschland: Wenn Papa abends heimkommt, reicht die Zeit gerade noch für eine Gutenachtgeschichte…	Karriere, 4/2006
4. Oh Sohle mio	Mit 37 Jahren hat sich Mario Moretti Polegato neu erfunden. 1989 bohrte der Erbe einer italienischen Weindynastie ein paar Löcher in seine Turnschuhe und vermarktete das Ganze als „Geox, der Schuh, der atmet". Aus der Schnapsidee wurde binnen zehn Jahren der drittgrößte Schuhhersteller der Welt	Karriere, 4/2006
5. Berliner, zur Sonne, zur Freiheit	Auch die nächsten Tage bleiben warm und schön	Tagesspiegel, 2.5.20006
6. Die Niedliche und ihr Grobian	Der Große Panda ist außerhalb Chinas eine Rarität, Berlin hat gleich zwei davon. Nur vermehren wollen sie sich leider nicht	Tagesspiegel, 2.5.20006
7. Marmor, Stein und Eisen spricht	Graffiti zu Denkmälern: Der mexikanische Künstler Damián Ortega ist für den Preis der Nationalgalerie nominiert	Tagesspiegel, 16.1.2006
8. Anrichten eines Clowns	Manege frei: George Taboris „Warten auf Godot" am Berliner Ensemble	Tagesspiegel; 6.2.2006
9. Mein Herz so heiß	Simon Rattle und die Berliner Philharmoniker spielen Dvořák, Janáček und Neues von Adès	Tagesspiegel, 23.2.2007
10. Eine Farbe der Ehre	Heute Nacht werden die Oscars verliehen – noch nie waren so viele Mexikaner und Afroamerikaner nominiert	Tagesspiegel, 25.2.2007
11. Gottes Werk, Teufels Beitrag	Banken sollten eine Strafsteuer entrichten – und so für die Krise zahlen	Süddeutsche Zeitung, 10.11.2009
12. Entdeckung der Langeweile	Versicherer wie die Allianz habe keine Lust mehr auf Abenteuer	Süddeutsche Zeitung, 10.11.2009

3.9 Literatur

3.9.1 Quellen

Brandstetter, Barbara & Range, Steffen (2009). Die Sprache der Journalisten: Von der Gefahr, arm in den Ausdrucksformen und banal in der Wortwahl zu werden. In: Christoph Moss (Hrsg.): Die Sprache der Wirtschaft. Wiesbaden: VS Verlag für Sozialwissenschaften, 75–94.

Egli von Matt, Sylvia, von Peschke, Hans-Peter & Riniker, Paul (2008). Das Portrait. Konstanz: UVK Verlagsgesellschaft.

Falkenberg, Viola (2008). Pressemitteilungen schreiben. Zielführend mit der Presse kommunizieren. Zu Form und Inhalt von Pressetexten. Frankfurt: F.A.Z.-Institut.

Friedrichs, Jürgen & Schwinges, Ulrich (2009). Das journalistische Interview. Wiesbaden: VS Verlag für Sozialwissenschaften.

Garmissen, Anna von (2009). Agenturwissen. Journalist 10/2009, 18–19.

Haller, Michael (2008 a). Die Reportage. Ein Handbuch für Journalisten. Konstanz: UVK Verlagsgesellschaft.

Haller, Michael (2008 b). Recherchieren. Konstanz: UVK Verlagsgesellschaft.

Häusermann, Jürg (2005). Journalistisches Texten. Sprachliche Grundlagen für professionelles Informieren. Konstanz: UVK Verlagsgesellschaft.

Hermann, Kai & Sprecher, Margrit (2001). Sich aus der Flut des Gewöhnlichen herausheben – Die Kunst der großen Reportage. Wien: Picus Verlag.

Heuser, Uwe Jean & Jungclaussen, John (Hrsg.) (2004). Schöpfer und Zerstörer. Grosse Unternehmer und Ihre Momente der Entscheidung. Die Zeit. Reinbek bei Hamburg: Rowohlt Taschenbuch Verlag.

Hoppe, Anja Maria (2000). Glossenschreiben. Ein Handbuch für Journalisten. Wiesbaden: Westdeutscher Verlag.

Krings, Dorothee (2004). Den Anfang machen. Einstiegssätze in Reportage und Kommentar und ihr Einfluss auf die Rezeptionsentscheidung von Lesern. Wiesbaden: VS Verlag für Sozialwissenschaften.

Mast, Claudia (2000). ABC des Journalismus. Ein Leitfaden für die Redaktionsarbeit. Konstanz: UVK Verlagsgesellschaft.

Mast, Claudia (2008). ABC des Journalismus. Ein Leitfaden für die Redaktionsarbeit. Konstanz: UVK Verlagsgesellschaft.

Merten, Klaus (1999). Einführung in die Kommunikationswissenschaft. Bd.1 Grundlagen der Kommunikationswissenschaft. Münster: LIT Verlag.

Noelle-Neumann, Elisabeth, Schulz, Winfried & Wilke, Jürgen (Hrsg.) (2009). Das Fischer Lexikon Publizistik Massenkommunikation. Frankfurt a.M.: Fischer Taschenbuch Verlag.

Pöttker, Horst (2003). Nachrichten und ihre kommunikative Qualität. Die „umgekehrte Pyramide" – Ursprung und Durchsetzung eines journalistischen Standards. In: Publizistik, 48. Jg., Heft 4, 414–426, 515–516.

Siegert, Svenja (2009). Prinzip Baukasten. Journalist 10/2009, 13–17.

Simon, Jana (2004). Alltägliche Abgründe. Das Fremde in unserer Nähe. Berlin: Christoph Links Verlag.

Schneider, Wolf & Raue, Paul-Josef (2006). Handbuch des Journalismus. Reinbek bei Hamburg.

Schulz-Bruhdoel, Norbert & Fürstenau, Katja (2008). Die PR- und Pressefibel. Zielgerichtete Medienarbeit. Ein Praxislehrbuch für Ein- und Aufsteiger. Frankfurt am Main: F.A.Z.-Institut für Management-, Markt- und Medieninformationen.

Weischenberg, Siegfried (2001). Nachrichten-Journalismus. Anleitungen und Qualität-Standards für die Medienpraxis. Wiesbaden: Westdeutscher Verlag.

3.9.2 Lesehinweise

Arnold, Klaus (2009). Qualitätsjournalismus. Die Zeitung und ihr Publikum. Reihe: Forschungsfeld Kommunikation, BD. 28. Konstanz: UVK Verlagsgesellschaft.

Barbier, Hans & Krause-Brewer, Fides (1992). Die Person hinter dem Produkt. 40 Portraits erfolgreicher Unternehmer. Bonn: VNR Verlag für die deutsche Wirtschaft.

Baumgart, Andreas (2004). Interviews in der Recherche. Redaktionelle Gespräche zur Informationsbeschaffung. Wiesbaden: VS Verlag für Sozialwissenschaften.

Britten, Uwe (2008). Interviews planen, durchführen, verschriften: Mit Übungen, praktischen Tipps und Checklisten. Ein Arbeitsbuch Bamberg: Palette Verlag.

Dernbach, Beatrice & Quandt, Thorsten (2009). Spezialisierung im Journalismus. Wiesbaden: VS Verlag für Sozialwissenschaften.

Fasel, Christoph (2008). Textsorten. Konstanz: UVK Verlagsgesellschaft.

Fey, Ulrich & Schlüter, Hans Joachim (2006). Reportagen schreiben. Von der Idee zum fertigen Text. Bonn: ZV Zeitungs Verlag Service.

Grunenberg, Nina (1990). Die Chefs. Zwölf Portraits aus den Führungsetagen großer Unternehmen. Bonn: Bouvier Verlag.

Haller, Michael (2008). Das Interview. Konstanz: UVK Verlagsgesellschaft.

Hackenberg, Dorothee (2007). Kreuzberg. Keine Atempause. Portraits. Berlin: Berlin Edition im Bebra Verlag.

Heinrich, Jürgen & Moss, Christoph (2009). Wirtschaftsjournalistik. Wiesbaden: VS Verlag für Sozialwissenschaften.

Herrmann, Friederike (Hrsg.) (2006). Unter Druck. Die journalistische Textwerkstatt. Erfahrungen, Analysen, Übungen. Wiesbaden: VS Verlag für Sozialwissenschaften.

Segbers, Michael (2007). Die Ware Nachricht. Wie Nachrichtenagenturen ticken. Konstanz: UVK Verlagsgesellschaft.

Thiele, Christian (2009). Interviews führen. Konstanz: UVK Verlagsgesellschaft.

Weichert, Stephan & Zabel, Christian (Hrsg.) (2007). Die Alpha-Jornalisten. Deutschlands Wortführer im Portrait. Köln: von Halem Verlag.

4 Texte für die Unternehmenskommunikation

Überblick

Unternehmenskommunikation (UK): Bedeutung und Abgrenzung zu verwandten Begriffen

- Unternehmenskommunikation: PR u. Werbung → Begriffe, Einordnung, Abgrenzung u. funktionale Bestimmung
- Anlässe für Unternehmenskommunikation → Vielfalt, Textformen und Beispiele für interne u. externe UK
- Vertiefung externe Kommunikation: Presse- u. Medienarbeit → Themen, Mittel, Varianten und Funktionen mit Beispielen
- Vertiefung interne Kommunikation: Mitarbeiterzeitschrift → Ziele, Funktionen und Themen mit Beispielen
- Andere Textvarianten der Unternehmenskommunikation → Formen, Beispiele, Funktionen und ausgewählte Erfolgsfaktoren beim Einsatz

Abb. 4.1: Übersicht über das Kapitel

4.1 Einführung

Bei einer Einführung zu Texten in der Unternehmenskommunikation empfiehlt sich eine frühe und klare Bestimmung dessen, was mit dem Begriff „Unternehmenskommunikation" gemeint ist. So nahe liegend und berechtigt dieser Anspruch auch ist, so fern liegt hier die ernste Absicht ihn einzulösen. Die Gründe dafür sind in der Vielzahl unterschiedlicher Verwendungen, Ausprägungen und Bestimmungen dieses Begriffs zu suchen, die hier nicht aufgearbeitet werden können. Zudem erheben verwandte Begriffe von ihrer Bestimmung her den Anspruch, gleiche oder ähnliche Gegenstände in der Kommunikation abzudecken.

Zu diesen Konkurrenzbegriffen gehören die Termini Organisationskommunikation und auch Public Relations. Und letztlich kann es nicht das Ziel eines Textbuches sein, die wissenschaftliche Grundsatzarbeit zu leisten, bei der Kommunikationswissenschaftler, Organisationswissenschaftler und zahlreiche Vertreter anderer Disziplinen mit Definitionseifer ihre Arbeitsprozesse noch nicht zu einem endgültigen Ergebnis bringen konnten.

Daher widmet sich die Einführung nur einer Reihe ausgewählter Begriffsbestimmungen zur Illustration ihrer Geltungsansprüche, um dann zu den Textvarianten zu kommen, die in den angesprochenen Kommunikationsbereichen Verwendung finden und spezifische Gestaltungsaufgaben mit sich bringen. Hauptziel dieses Kapitels ist es, die Vielfalt von Textarbeiten in der Unternehmenskommunikation aufzuzeigen und vor allem anhand konkreter Textbeispiele aus der Praxis zu illustrieren.

Dabei sollen die Funktionen und Erfolgsfaktoren von Texten anhand dieser Beispiele exemplarisch herausgearbeitet werden. Bei der Auswahl der Texte werden für die externe Kommunikation Varianten der Presse- und Medienarbeit bevorzugt behandelt, da sie zu den sehr häufig zu gestaltenden Texten gehören und einen direkten Bezug im Sinne einer Zulieferungsfunktion zu den journalistischen Texten haben, die in Kapitel 3 behandelt wurden. Für die interne Kommunikation wird beispielhaft anhand der Mitarbeiterzeitschrift, dem wichtigsten Instrument der internen Kommunikation, gezeigt, welche Ziele und Funktionen die Textarbeit hier hat. Werbliche Texte werden in diesem Kapitel nur kurz behandelt, da ihnen das gesonderte Kapitel 6 gewidmet ist.

4.1.1 Begriffsdefinitionen

Zurück zu der Frage: Was ist Unternehmenskommunikation? Behrens, Esch, Leischner & Neumaier (2001, 93) definieren Unternehmenskommunikation (englisch: Corporate Communication) aus betriebswirtschaftlicher Perspektive: „Als Teilbereich der Corporate Identity beinhaltet die Corporate Communication den integrierten Einsatz aller nach innen wie auch nach außen gerichteten kommunikativen Aktivitäten eines Unternehmens. Voraussetzung hierfür ist die Festlegung der Kommunikationsinhalte im Rahmen der Corporate Identity Strategy. Angestrebt werden Synergieeffekte bei den Kommunikationswirkungen, wobei eine effektivere und effizientere Erreichung der Imageziele im Vordergrund steht."

Nach Zerfaß (1996, 287) umfasst Unternehmenskommunikation das Management von Kommunikationsprozessen, die zwischen Unternehmen und ihren internen bzw. externen Umwelten ablaufen und damit „alle kommunikativen Handlungen von Organisationsmitgliedern, mit denen ein Beitrag zur Aufgabendefinition und -erfüllung in gewinnorientierten Wirtschaftseinheiten geleistet wird". Der Unternehmenskommunikation im Sinne von Public Relations (PR oder zu deutsch: Öffentlichkeitsarbeit) spricht er die Funktion zu, problemadäquate Bedingungen für das betriebswirtschaftliche Handeln zur „Sicherung prinzipieller Handlungsspielräume" und zur „Legitimation konkreter Strategien" (Zerfaß 1996, 302) zu garantieren.

Unternehmenskommunikation und verwandte Begriffe im Überblick					
Begriff	Autor	Kommunikator im Fokus	Richtung	Aufgabe und Instrumente	Ziele
Unternehmens-kommunikation	Behrens u.a. (2001)	Unternehmen	Innen und außen	Integrierter Einsatz aller Instrumente	Image
	Zerfaß (1996)	Unternehmen	Intern und extern	Management von Kommunikationsprozessen	Handlungsspielräume, Legitimation
Organisationskommunikation	Theis-Berglmaier (2003)	Alle Organisationen	Kommunikation in und von Organisationen	Kommunikationsprozesse durch die Organisation	–
Public Relations	Bentele (1997)	Organisation	Interne und externe Umwelt	Management von Informations- u. Kommunikationsprozessen	u.a. Image, Persuasion, Vertrauen, Konsens
	Merten (1999)			Management von Kommunikation	Verändern von Überzeugungen

Abb. 4.2: Unternehmenskommunikation und verwandte Begriffe

In der Kommunikationswissenschaft beschäftigt man sich unter Verwendung des Begriffs Organisationskommunikation mit allen Organisationsformen und -typen sowie deren Kommunikationsprozessen. Theis-Berglmair (2003, 18), die wohl die umfassendste Darstellung zu diesem Begriff im deutschen Sprachraum verfasst hat, versteht ihn wie folgt: „Der Terminus beinhaltet sowohl Kommunikation in als auch Kommunikation von Organisationen und bezieht sich damit auf Kommunikationsprozesse, die wesentlich durch die Organisation als Einflussgröße geprägt sind." (Hervorhebungen im Original). Auf dieser allgemeinen Ebene der Begriffsbestimmung lässt es sich durchaus rechtfertigen, die Begriffe Unternehmens- und Organisationskommunikation austauschbar zu verwenden. Für den Rahmen der vorliegenden Darstellung wird der gebräuchlichere Begriff Unternehmenskommunikation verwendet.

Mit dem Begriff Public Relations kommt nun aus kommunikationswissenschaftlicher Sicht ein dritter konkurrierender Begriff hinzu, für den sich Definitionen mit ebenfalls vergleichbarem Inhalt in der Literatur finden: „Öffentlichkeitsarbeit oder Public Relations sind das Management von Informations- und Kommunikationsprozessen zwischen Organisationen einerseits und ihren internen und externen Umwelten (Teilöffentlichkeiten) andererseits. Funktionen von Public Relations sind Information, Kommunikation, Persuasion, Imagegestaltung, kontinuierlicher Vertrauenserwerb, Konfliktmanagement und das Herstellen von gesellschaftlichem Konsens." (Bentele 1997, 22 f.). Ähnlich bestimmt auch Merten (1999, 269) den Begriff: „Public Relations ist also vorsätzliches Handeln, das durch Management von Kommunikation Überzeugungen zu verändern sucht und damit Wirklichkeiten konstruiert."[38] Also liegen die Funktionen der PR nach Merten (2000, 87) in einem übergreifenden Sinn in der Schaffung von Überzeugung bei relevanten Zielgruppen, was in einer differenzierten Aufzählung bedeutet: Erzeugung bzw. Steigerung von Bekanntheitsgrad, Glaubwürdigkeit, Vertrauen und Akzeptanz.

PR erweist sich ähnlich wie in der Definition von Unternehmenskommunikation bei Zerfaß (1996) auch bei einer Reihe anderer Autoren als strategischer Erfolgsfaktor im Sinne der Absicherung eines Unternehmens: „Die Unternehmen sind sich (...) offenbar der Tatsache bewußt, daß ihre ökonomische Effizienz auch von ihrem Bemühen abhängt, sich gegenüber gesellschaftlichen Gruppierungen zu legitimieren." (Avenarius 2000, 19). Diese Legitimation durch Aufbau von Bekanntheit, Vertrauen und Image schafft eine Grundlage bzw. ist Stützpfeiler für die direkt absatzbezogenen Ziele anderer Kommunikationsformen – insbesondere der Werbung.

Werbung und PR werden in anderen Darstellungen – insbesondere in der Marketinglehre – als kommunikationspolitische Instrumente angeführt, so zum Beispiel im Standardwerk zur Kommunikationspolitik des Betriebswirtschaftlers Manfred Bruhn. Er vertritt ebenfalls einen sehr weiten Begriff der Unternehmenskommunikation: „Die Kommunikation eines Unternehmens umfasst die Gesamtheit sämtlicher Kommunikationsinstrumente und -maßnahmen eines Unternehmens, die eingesetzt werden, um das Unternehmen und seine Leistungen den relevanten internen und externen Zielgruppen der Kommunikation darzustellen und/oder mit den Zielgruppen eines Unternehmens in Interaktion zu treten." (Bruhn 2009, 2).

Im marketingspezifischen Kontext dient Kommunikation dem „Zweck der Steuerung von Meinungen, Erwartungen und Verhaltensweisen bestimmter Adressaten gemäß spezifischer Zielsetzungen." (Bruhn 2009, 1).

---

[38] Was mit Konstruktion von Wirklichkeit im Sinne von Merten hier gemeint ist, mag das folgende Zitat klären: „Die hohe Schule von PR besteht ja gerade darin, Wirklichkeit durch PR so geschickt zu konstruieren, daß der unbefangene Beobachter dem Eindruck unterliegt, das Konstrukt sei kein Konstrukt, sondern ‚reale' Wirklichkeit. Das ist prinzipiell weder ethisch verwerflich noch steht es in Konflikt mit der Wahrheit. Es ist – theoretisch – gesehen – vielmehr die gesamtgesellschaftlich wirksame Installation eines Mechanismus, im Zeitalter von ‚Mediengesellschaft' das Überangebot von Kommunikation durch einen weiteren strategischen Typus von Metakommunikation sinnvoll zu reduzieren." (Merten 1999, 269–270).

- Für die Kommunikationspolitik wird im Marketingmix des Unternehmens ein Instrumentarium definiert, in dem die Werbung und die Public Relations allerdings nur zwei aus einer ganzen Reihe von Instrumenten sind.
- Als weitere relevante Instrumente sind Verkaufsförderung, Direct Marketing, Sponsoring, Persönliche Kommunikation, Messen und Ausstellungen, Event Marketing, Multimediakommunikation und Mitarbeiterkommunikation zu nennen (Bruhn 2009, 11).

Über den Stellenwert von Unternehmenskommunikation im Sinne von Public Relations versus Werbung kann man sich nun trefflich streiten, was hier unterbleiben soll. Die Ansprüche und Zusprüche unterscheiden sich sehr stark nach disziplinspezifischer Herkunft der Autoren.[39] Wer die vielfältigen und unterschiedlichen Auffassungen sowie ihre Begründungen nachvollziehen möchte, sei zur theoretischen Reflexion und näheren Beschäftigung mit den Begriffsvarianten auf die entsprechenden Standardwerke verwiesen.[40]

Für den hier gesetzten Rahmen ist allerdings noch die Klärung des Begriffs Werbung als Teil der Unternehmenskommunikation notwendig. Unter Werbung werden in der Regel alle Maßnahmen verstanden, die auf die „unmittelbare Auslösung eines Kaufentschlusses oder auf die Inanspruchnahme einer Dienstleistung abzielen." (Brown 1982, zitiert nach Merten 1999, 263). Neben diesem klassischen, engen Verständnis findet man aber auch Auffassungen, die als potentielle werbliche Ziele die Festigung eines positiven Images oder die Bekanntmachung neuer Produkte nennen, d. h. die Ziele von PR und Werbung können übereinstimmen, ohne dass Werbung und PR selbst übereinstimmen!

---

[39] Einen sehr weit reichenden Anspruch in Bezug auf die Public Relations vertritt zum Beispiel Avenarius (2000, 3): „Auf die Gesellschaft übertragen: das Kürzel PR beinhaltet die Fähigkeit, Beziehungen zu schaffen. Diese Fähigkeit liegt – als conditio sine qua non – aller öffentlichen Mitteilung zugrunde. Sie ist die Grundform des gesellschaftlichen Kommunizierens schlechthin. Und weiter im Sinne Watzlawicks: Wer ‚PR' erfolgreich betreiben will, muss über ein hinlängliches Bewusstsein seiner selbst und der anderen verfügen. (...) Jede Kommunikation mit Öffentlichkeiten intendiert mehr als eine Mitteilung; sie zielt, geplant oder spontan, bewußt oder unbewußt, darauf ab, eine Beziehung zu den angesprochenen Publika zu schaffen. Jede Kommunikation mit Öffentlichkeiten ist im Prinzip Public Relations." Hier ist Public Relations alles. Von den ihr zugesprochenen Instrumentarien und ihrer Positionierung in der organisationalen Praxis kann dieser Anspruch aber durchaus bezweifelt werden. Auch für die Perspektive der Absatzpolitik hat PR nur einen geringen Stellenwert und dieser ist dann auch der Werbung vergleichsweise untergeordnet.

[40] Hier empfiehlt sich zur Vertiefung der vorgestellten Thematik zum Beispiel die Lektüre folgender Texte: Kunczik (2002, 23 ff., 46 ff., 51 ff., 327 ff.), Theis-Berglmair (2003, 17 ff.), Mast (2008, 7 ff. und 27 ff.); Bruhn (2009, 1 ff., 81 ff., 327 ff.) sowie Siegert & Brecheis (2010, 45 ff.). Für den Berufsanfänger ist auch zur Orientierung die Selbstdarstellung der Berufsverbände hilfreich (siehe z. B. Deutsche Public Relations Gesellschaft e.V. 2005). Einen kurzen Überblick über die besprochenen kommunikationswissenschaftlichen Gegenstände kann auch das Handbuch „Öffentliche Kommunikation" von Bentele, Brosius & Jarren (2003) bieten sowie das „Handbuch der Public Relations" von Bentele, Fröhlich & Szyszka (2008).

4.1.2 Begriffsabgrenzungen: Public Relations und Werbung

Was ist nun typisch für Werbung, aber untypisch für PR? Eine Differenzierung von Merten (1999, 263) besagt,

- für Werbung ist die ausschließlich öffentliche Präsentation typisch sowie
- das große Beeinflussungspotenzial durch Wiederholung der Mitteilung und
- schließlich die Ausdruckskraft und Unpersönlichkeit, die durch die Vermittlung von Massenmedien und die Monologform hervorgehoben wird.

In funktionaler Perspektive fokussiert die Werbung:

- im Sinne von Absatzwerbung auf den Verkauf von Produkten,
- im Sinne von Wirtschaftswerbung allgemeiner auf marktrelevante Adressaten und ökonomisch wirksame Beeinflussung.

Für die vorliegenden Ausführungen soll Werbung in einem ganz allgemeinen Sinne wie bei Siegert & Brecheis (2010, 28) verstanden werden als ein geplanter Kommunikationsprozess, der Wissen, Meinungen, Einstellungen und/oder Verhalten über und zu Produkten, Dienstleistungen, Unternehmen, Marken und Ideen gezielt zu beeinflussen sucht. Insbesondere durch den Einsatz von speziellen Werbemitteln und Werbeträgern ergeben sich noch einmal bestimmte Differenzierungen zu den Public Relations, die aus funktionaler Perspektive oftmals nicht mehr festzumachen sind.

Für beide Kommunikationsformen – Werbung und PR – sind gegenseitige Annäherungen und Durchdringungen auszumachen, die die stichhaltige Abgrenzung zunehmend erschweren.

- So zeigt auch die unten stehende Gegenüberstellung in Anlehnung an Siegert & Brecheis (2010, 49), dass für beide Formen das zugrunde liegende Kommunikationsmodell, Zeithorizont, Kommunikatoren und Kommunikationsobjekte keine trennscharfen Abgrenzungskriterien in der Praxis mehr darstellen können und müssen.
- Die Betrachtung der Kommunikationsziele ist für die Differenzierung weiterhin hilfreich, insbesondere auch die organisatorische Verankerung von Werbung und PR. Aber diese ist selbstverständlich für den Adressaten der Kommunikation oder auch anhand des konkreten Kommunikationsbeispiels (eines Textes oder Plakates beispielsweise) gar nicht unbedingt nachvollziehbar.

Abgrenzung von Werbung und Public Relations (vgl. Siegert & Brecheis 2010, 49)		
Kriterium	Werbung	Public Relations
Kommunikationsmodell	• tendenziell einseitig • nur in der Direktwerbung dialogorientiert • meist ungleiche Kommunikationsbeziehung	• tendenziell zweiseitig und dialogorientiert • meist ungleiche Kommunikationsbeziehungen

Kommunikationsziel	• Primär: Absatzförderung • Veränderung von Wissen, Meinungen, Einstellungen und Verhalten • Vertrauensbildung • Imageaufbau und -pflege	• Primär: Senkung der Transaktionskosten • Veränderung von Wissen, Meinungen, Einstellungen und Verhalten • Vertrauensbildung • Imageaufbau und -pflege • Konsensgenerierung • Konfliktmanagement
Zeithorizont	• kurz- bis mittelfristig	• mittel- bis langfristig
Medienzugang	• nicht alle Aktivitäten via Massenmedien • in der Regel via bezahlter, gekennzeichneter u. ausgewiesener Zeiten u. Flächen	• nicht alle Aktivitäten via Massenmedien • in der Regel via Nachrichtenwerte Eingang in die redaktionellen Inhalte, nicht ausgewiesen
Adressaten	• Zielgruppen, d.h. Individuen o. Gruppen, die tatsächlich o. potenziell Produkte, Dienstleistungen, Ideen o. Marken nachfragen o. diesbezüglich Entscheidungen anderer beeinflussen können	• Bezugsgruppen, d.h. Individuen o. Gruppen, die von den Handlungen, Entscheidungen, Regeln o. Praktiken einer Organisation betroffen sind o. selbst Einfluss darauf haben
Organisatorische Verankerung	• Absatzfunktion • auf operativer Ebene als Marketing- und/oder Werbeabteilung installiert	• Managementfunktion • auf Führungsebene installiert o. zumindest dieser direkt berichtend

Abb. 4.3: Abgrenzung Werbung und Public Relations

Zusammenfassend können als Charakteristika von Unternehmenskommunikation folgende Aspekte festgehalten werden (Avenarius 2000, 3–33; Merten 1999, 256 ff.):

- Unternehmenskommunikation ist immer bewusste und geplante Kommunikation, die einseitig angestoßen wird und durch mediale Kommunikation geprägt ist.
- Sie ist immer intentionale, zweckgerichtete Kommunikation mit persuasivem Charakter.
- Sie muss dafür und in dieser Eigenschaft nicht unbedingt von jedem jederzeit wahrnehmbar sein.
- Unternehmenskommunikation ist häufig inszenierte Kommunikation (durch die Schaffung von Ereignissen zum Zwecke ihrer Kommunikation).

- Und schließlich gilt für die Unternehmenskommunikation wie für die persönliche Kommunikation gemäß den Grundaxiomen der Kommunikation, dass sie immer einen Beziehungsaspekt aufweist und dieser den Inhaltsaspekt dominiert.⁴¹

4.2 Anlässe für die Unternehmenskommunikation und Textformen

Die Anlässe für Unternehmenskommunikation sind sehr vielfältig. Nicht nur wenn ein neues Produkt zu bewerben ist, wird ein Spot gedreht oder eine Anzeige kreiert. Nicht nur bei Verdacht auf einen hohen Nachrichtenwert wird der Pressetext über ein Unternehmensereignis geschrieben. Aus vielen anderen Anlässen heraus kommunizieren Organisationen mit ihren unterschiedlichen Bezugsgruppen. Die Anlässe können dabei selbst geschaffen oder fremd inszeniert sein. Wichtig für Erfolg versprechende Unternehmenskommunikation ist, häufig selbst der Initiator von Kommunikation zu sein und nicht das Timing und die Themen der Kommunikation das Umfeld dominieren zu lassen (glückliche oder unglückliche Kunden oder mehr oder weniger kritische Journalisten beispielsweise).

Professionelle Unternehmenskommunikation organisiert und schafft Anlässe für die Kommunikation analog der Standardaufgaben von Unternehmenskommunikation, zu denen neben der Stärkung von Bekanntheit, Profil und Image auch gehört, für organisationseigene Werte und Interessen zu werben, die Beziehungen zum Umfeld kontinuierlich zu pflegen und sich dabei aktiv mit den Anliegen, Forderungen und Erwartungen der Ziel- bzw. Bezugsgruppen auseinanderzusetzen und sich auf diese Weise für die Belange des direkten Umfeldes und der Gesellschaft zu öffnen.

Gerade das Bemühen um Verständnis verweist auf eine notwendige Zweiseitigkeit in der Kommunikation des Unternehmens mit seinem Umfeld. Gute Unternehmenskommunikation setzt nicht die Selbstverständlichkeit eigenen Tuns und Lassens für die Bezugsgruppen voraus. Denn längst nicht alles, was Unternehmen tun, ist tatsächlich selbstverständlich, vieles ist vielmehr stark erklärungsbedürftig. So werden zum Beispiel Stellen gestrichen und zugleich neue Firmenstandorte errichtet. Oder es werden Gewinne gemacht, aber keine investiert. Die letztgenannten Anlässe für die Unternehmenskommunikation verweisen nochmals auf die für längst nicht alle Unternehmen nahe liegende Notwendigkeit, eigene Zielsetzungen zu erläutern und einzelne Aktivitäten öffentlich zu rechtfertigen. Ohne dies wird die Beziehung zur Öffentlichkeit keine tragfeste und verlässliche sein. Dabei verlangt der moderne Konsument bzw.

---

[41] Diese Axiome der Kommunikation gehen auf Watzlawick, Beavin & Jackson (1969) zurück. Ihre Kommunikationstheorie beinhaltet insgesamt fünf so genannte pragmatische Axiome bzw. Regeln, die für eine funktionierende Kommunikation eingehalten werden müssen. Die Regel „Jede Kommunikation hat einen Inhalts- und einen Beziehungsaspekt." bedeutet: Über die Sachinformation hinaus zeigt ein Sender immer, wie seine Botschaft verstanden werden soll und er sagt damit immer auch etwas über die Beziehung zu seinem Kommunikationspartner aus (Watzlawick, Beavin & Jackson 1969, 53).

aufgeklärte und interessierte Rezipient oftmals auch Ein- und Innensichten von Unternehmen, die nicht immer gerne gewährt werden.

Jenseits dieser eher kritischen Anlässe für die Kommunikation einer Organisation mit ihrem Umfeld gibt es aber eine lange Reihe von unkritischen Situationen, die als Chance für die Zielrealisierung Bekanntheit und Imageaufbau genutzt werden sollten, wann immer sie sich bieten. Im Folgenden sind eine ganze Reihe solcher konkreten Anlässe für die Kommunikation der Organisation mit dem Umfeld zur Illustration angeführt:

> **Beispiele**
> - Die Deutsche Post AG ist stolz auf ihr mehrjähriges Bestehen als Aktiengesellschaft und distribuiert eine Imagebroschüre als Postwurfsendung an alle Haushalte.
> - Der Hermann-Gmeiner-Fond Deutschland e.V., der Verein zur Förderung der SOS-Kinderdörfer, braucht Spenden und versendet einen persönlichen Brief an potentielle Förderer zusammen mit einem Jahreskalender, der – wenn schon einmal im Haus – den Empfänger zur Großzügigkeit verführen soll.
> - Die Fondsgesellschaft DWS Investment pflegt ihre Beziehung zu den Kunden in einem regelmäßigen Magazin für Anleger.
> - Die Deutsche Telekom lädt ihre Aktionäre zur jährlichen ordentlichen Hauptversammlung ein und legt den Jahresbericht vor.
> - BILD und die Kreativagentur Jung von Matt möchten öffentliche Aufmerksamkeit für eine erfolgreiche, langjährige Zusammenarbeit und schalten im Abstand von einer Woche Anzeigen mit gegenseitigen Dankesbekundungen in einer Kommunikationsfachzeitschrift.
> - Der Verlag Droemer Knaur möchte eine breite Aufmerksamkeit für das Buch „Das verlorene Labyrinth" von Kate Mosse. Er gewährt der Kundenzeitschrift der Deutschen Bahn „mobil" einen Vorabdruck aus dem Buch und verbindet dies mit einem Gewinnspiel, bei dem eine Wissensfrage geklärt werden muss. Der entsprechende Text zum Gewinnspiel enthält auch den Hinweis, dass der Roman in den rund 4000 Bahnhofsbuchhandlungen erhältlich ist.
> - Die Fördergemeinschaft Deutsche Kinderherzzentren e.V. bedankt sich mit einem Aktivitätenbericht bei den Freunden und Förderern.
> - Der Lebensmittelhändler EDEKA wird 100 Jahre alt und schaltet Image-Anzeigen, in denen es heißt „Wir lieben Lebensmittel. Seit 100 Jahren".
> - Das Bundesministerium für Umwelt, Naturschutz und Reaktorsicherheit informiert in einer Informationsbroschüre über die Klima-Prämie für Hausbesitzer und Mieter. Dabei beruft sich das Ministerium auf das Grundgesetz, Artikel 20 a: „Der Staat schützt auch in Verantwortung für die künftigen Generationen die natürlichen Lebensgrundlagen..."

Die Reihe der Beispiele ließe sich endlos fortsetzen. Sie zeigen, dass die Anlässe für Textarbeiten in der Unternehmenskommunikation so vielfältig sind wie die Aktivitäten und Beziehungen einer Organisation. Nicht für alle Anlässe und alle Formen der Kommunikation können im Folgenden Beispiele oder gar Handlungsanleitungen gegeben werden. Ausgewählte Instrumente mit Textbeispielen sollen nachfolgend mit ihren Zielsetzungen und Realisierungsvarianten exemplarisch vorgestellt werden. Dabei wird die Pressearbeit als häufigste und etablierte Form der Unternehmenskommunikation einen herausragenden Stellenwert einnehmen. Bevor auf einzelne Textformen näher eingegangen wird, soll der folgende tabellarische Überblick aber noch zeigen, wie groß die Bandbreite selbst bei den Standardinstrumenten der Unternehmenskommunikation für Textarbeiten ist.

Typische Texte in der Unternehmenskommunikation			
Interne Kommunikation	Externe Kommunikation		
Mitarbeiter	Kunden	Journalisten	Geschäftspartner, Investoren usw.
• Mitarbeiterzeitschrift • Broschüren, Prospekte, Flyer • Handbücher und Dokumentationen • Berichte, Protokolle und Rundschreiben • Briefe und E-Mails • Newsletter und Informationsdienste • Aushänge und Plakate • Arbeitsanweisungen • Arbeitsplatzbeschreibungen • Jahresberichte	• Kundenzeitschrift • Produktbroschüre • Imagebroschüre • Prospekte, Flyer • Directmailing • Question & Answer-Papiere • Newsletter u. Informationsdienste • PR- und Werbeanzeigen • Plakate • Beilagen für Zeitschriften • Kataloge	• Pressemitteilungen • „Waschzettel", Datenblätter bzw. Fact-sheets • Fotos, Grafiken • Pressemappe • Pressedienste • Themenexposes • Exklusivveröffentlichungen und Medienkooperationen • PR-Anzeigen • Interviews	• Geschäftsbericht • Umweltbericht • (Image-) Broschüren, Prospekte, Flyer • Directmailing • Aktionärsbriefe • Newsletter u. Informationsdienste • PR- und Werbeanzeigen

Abb. 4.4: Typische Texte in der Unternehmenskommunikation

4.3 Vertiefung externe Kommunikation: Presse- und Medienarbeit

Die Presse- und Medienarbeit gilt wie gesagt als das zentrale Tätigkeitsfeld der PR, „weil Medien als Multiplikatoren wirken und dadurch schnellen, laufenden und massiven Einfluss auf die (...) öffentliche Meinung und die Veränderung von (...) Images nehmen. Professionell gestaltete Pressemitteilungen von Organisationen erhöhen die Chance, dass im gewünschten Sinn über eine Organisation berichtet wird und damit eine partikuläre Relevanz der Berichterstattung zu einer allgemeinen wird." (Merten 2000, 236).

4.3.1 Die Pressemitteilung

Eine Pressemitteilung ist eine schriftliche, im Nachrichtenstil (siehe Kapitel 3) verfasste Mitteilung an die Redaktionen von Presse und Rundfunk. In diesem Text steht das Wichtigste und Neue oder das Überraschende immer am Anfang. Die weiteren Informationen folgen einer Hierarchie abnehmender Relevanz (Merten 2000, 240).

Das Schreibprinzip für eine Pressemitteilung ist recht schlicht:
- Sprache und Satzbau sind stets einfach, Sätze sind also kurz zu halten und ihr Sinn sollte sich für jeden erschließen.
- Meinungen und Wertungen werden vermieden bzw. nicht vom Absender selbst verfasst, sondern vom Experten oder jeweils Verantwortlichen im direkten oder indirekten Zitat vorgebracht.

Pressemitteilungen, die diesen Grundprinzipien folgen, haben gute Chancen, von einer Redaktion (ganz oder in Teilen) übernommen zu werden.

Eine Pressemitteilung wird in der Regel an einen größeren Verteiler von Medien versendet. Dies ist ein weiterer Grund für die Verwendung einer neutralen Sprache. Denn die Sprache einer Meldung kann auf Wunsch des jeweiligen Redakteurs dem Stil bzw. der Sprache des jeweiligen Mediums angepasst werden, dies muss aber nicht unbedingt geleistet werden. Ist die Sprache der Pressemitteilung aber zu individuell (z. B. „Bildzeitungsjargon" oder „Livestylegeschwafel"), kann sie von anderen Medien mit abweichendem Sprachduktus nicht verwendet werden.

Ganz entscheidend in der Presse- und Medienarbeit ist Kontinuität. Eine gute Beziehung zu Journalisten kann nur über einen langen Zeitraum aufgebaut werden, in dem diese immer wieder mit relevanten Informationen aus dem Unternehmen versorgt werden. Selbstverständlich sollten bei einem Text für die Presse die Nachrichtenfaktoren (siehe Kapitel 3) beachtet werden. Im Prinzip können aber auch viele Sachverhalte, die über das enge Schema des Nachrichtenwertes hinausgehen, so textlich aufbereitet werden, dass die Presse und ebenso die audiovisuellen Medien, also Funk und Fernsehen, sowie die Online-Medien, daran ein Interesse haben. Auch über Hintergründe sollten Journalisten gut informiert sein und nicht alles, was man einem Unternehmen an Informationen anbietet, kann auf Seite eins einer Zeitung landen. Dennoch zahlt sich kontinuierliche Information aus. Gerade in Krisenzeitung wissen Unternehmen es zu schätzen, wenn ihnen im Dialog durch die vorherige Pressearbeit bestens informierte Journalisten gegenübersitzen.

4.3.2 Themen für die Presse- und Medienarbeit

Welche Themen sind nun für welche Medien von Interesse? Schulz-Bruhdoel & Fürstenau (2008, 45 ff.) schlagen dafür eine ganze Reihe von ressortspezifischen Themen vor, die zeigen, wie breit das Informationsinteresse von Journalisten an Unternehmen angelegt ist. Die beiden folgenden Tabellen geben einen Überblick über solche Themen, der keineswegs den Anspruch auf Vollständigkeit erhebt:

Standardthemen für die Pressearbeit 1: Wirtschaftsressort und Fachpresse	
Geschäfts-entwicklung	Umsatz- und Gewinnstatistik (quartalsweise), Bilanzen, Rechenschaftsberichte, Umsatz nach Produkt- und Leistungsbereichen, Produktivitätsrate, Zuwachsraten, Einbußen, Zielvorstellungen, Prognosen, Erweiterung der Produktpalette, Umstrukturierungen oder Verlagerungen mit Umsatzwirkung, Vertriebszahlen, Inlands- und Auslandswerte, Vergleiche

Produktion und Ressourcen	Chancen und Potenziale, Produktionszahlen, Zuwächse, Minderungen, Rohstoffgewinnung und -verwertung, Rohstoffmarkt, Recycling, ressourcenschonende Verfahren, neue Technologien, Ökobilanzen, Qualitätssicherung
Forschung und Entwicklung	Finanzieller Aufwand, Patente, Lizenzen, Erfolge, Auszeichnungen, Ehrungen, Problemlösungen und praktische Auswirkungen, strategische Optionen, neue Wege
Markt und Mitbewerber	Marktanteile (Inland, Ausland), Wettbewerb, Kooperationen, Joint Ventures, Aufkäufe, Übernahmen, Messe-Aktivitäten, Vorzüge und Nachteile am Markt, Perspektive, Statistiken, Ziele
Personal und Soziales	Tarife, Personalkosten, Sonderleistungen, Belegschaftsschlüssel (demografisch, soziokulturell etc.), Stellenentwicklung, Mitarbeiterzahlen, Aus- und Weiterbildung, Gesundheit, Sicherheit, Ergonomie, Sozialleistungen
Zukunft und Investitionen	Investitionspläne, Volumen und Bereiche, Sonderinvestitionen (Volumen und Bereiche), Finanzierung, Kapitalveränderungen, Börsengang, Kapitalentwicklungen
Unternehmen und Philosophie	Unternehmensgeschichte, Traditionsdaten, Strukturen und Strukturveränderungen, Beteiligungen, Tochter- und Zweigfirmen, juristische Fragen und Auseinandersetzungen, Personalien (Gesellschafter, Vorstände, Mitarbeiter), Unternehmensziele, Positionierung (unternehmerisch und gesellschaftlich), gesellschaftliches Engagement, Sponsoringprojekte, Ethik im Unternehmen
Produkte, Leistungen und Kunden	Neue Produkte und Leistungen, Produktveränderungen und -erweiterungen, Kundenwünsche und -reaktionen, Kundenservice, Verbraucherbefragungen, Marktforschungsdaten, Testergebnisse und Auszeichnungen, Umweltverträglichkeit, Entsorgungsmanagement, Vertriebssystem, Logistik

Abb. 4.5: Standardthemen für die Pressearbeit 1

Das eine oder andere der genannten Themen finden wir durchaus auch im Lokalteil einer Zeitung, etwa wenn ein Sponsor in der Region ansässig ist oder die gesponserte Einrichtung sich vor Ort befindet. Für den Raum um den Unternehmensstandort bieten sich auch eine Reihe von Themen an, die speziell für die Lokalpresse aufbereitet werden sollten (vgl. Schulz-Bruhdoel & Fürstenau (2008, 48):

Standardthemen für die Pressearbeit 2: Lokalpresse

- Neue Betriebseinrichtungen, Erweiterungen
- Neubau und Umzug
- Lehrstellenangebote
- Stellenangebote
- Stellenabbau oder Betriebsverkleinerungen
- Einblicke in Produktion und Technik
- Ankündigung von Veranstaltungen
- Unterstützung und Sponsoring von örtlichen Events in Sport, Kultur, Sozialem
- Prominente Besuche im Unternehmen
- Ehrungen und runde Geburtstage

Abb. 4.6: Standardthemen für die Pressearbeit 2

Neben diesen Standardthemen, die in der Regel kontinuierlich auf ihre Relevanz für eine Information an die Presse geprüft werden sollten, muss sich Pressearbeit selbstverständlich auch mit aktuellen und unvorhersehbaren Themen so früh wie möglich auseinandersetzen. Solche Themen können sich z. B. aus neuen Gesetzesinitiativen, politischen Diskussionen, Produktproblemen (z. B. Rückrufaktion aufgrund von Fehlern) oder Trendentwicklungen ergeben.[42]

Daneben ist der Vollständigkeit halber noch auf saisonale Themen zu verweisen. So wird beispielsweise der Hersteller von Antiallergika zu Beginn des Jahres das Thema Pollenflug, im Frühsommer die Insektengiftallergie und im Herbst die Hausstauballergie zum Thema machen. Der Reifenhersteller wird das Angebot an Sommer- und Winterreifen zweimal im Jahr in Texten zu ihrer Notwendigkeit bekannt machen.

4.3.3 Instrumente der Presse- und Medienarbeit

4.3.3.1 Agierende und reagierende Presse- und Medienarbeit

Nicht nur über das geeignete Thema für eine Pressemitteilung muss eine Entscheidung getroffen werden, sondern auch über das geeignete Mittel bzw. Instrument, mit dem das Thema transportiert werden soll. Einen guten Überblick über die verschiedenen Mittel der Medienarbeit findet sich ebenfalls im dem Praxisleitfaden von Schulz-Bruhdoel & Fürstenau (2008, 194), dessen Ausführungen zu den verschiedenen Textformen der Presse- und Medienarbeit hier zumindest in zusammengefasster Form wiedergegeben werden sollen.

Mittel der agierenden und reagierenden Presse- und Medienarbeit	
Agierende Medienarbeit	**Informationsmittel:** • Pressemitteilungen • „Waschzettel", Datenblätter bzw. Factsheets • Fotografien und Grafiken • Pressemappen • Pressedienste und Newsletter • Themenexposés • Exklusiv-Veröffentlichungen und Medienkooperationen • PR-Anzeigen **Dialogische Mittel:** • Pressekonferenz, -gespräch, -empfang • Journalistenreise • Presseworkshop, -seminar

---

[42] Die angesprochenen Themen werden in der Unternehmenskommunikation auch „Issues" genannt. Diese sind vom Unternehmen zu managen: „Issues Management ist ein systematisches und strukturiertes Verfahren der Identifikation, Analyse und strategischen Beeinflussung von öffentlich relevanten Themen bzw. Erwartungen von Anspruchsgruppen, die die Handlungsspielräume einer Organisation und die Erreichung ihrer strategischen Ziele potenziell oder tatsächlich tangieren. Ziel ist die Früherkennung von möglichen Gefahren – aber auch Chancen – auf die Entwicklung dieser Issues." (Röttger 2005, 42). Zu den Möglichkeiten des Themenmanagements mittels Kommunikation siehe Femers, Klewes & Lintermeier (2000).

Reagierende Medienarbeit	Richtigstellung • Auskunft auf Presse-Anfragen • Leserbrief

Abb. 4.7: Mittel der Presse- und Medienarbeit

Selbstverständlich werden auch bei den dialogischen Mitteln, die im folgenden nicht weiter ausgeführt werden, Texte als Information eingesetzt. Diese unterstützen die direkte, personale Kommunikation im Dialog und entsprechen den genannten Informationsmitteln. Für diese soll im Folgenden eine kurze Charakterisierung zur systematischen Unterscheidung dienen.

4.3.3.2 Varianten von Pressemitteilungen

Nach Falkenberg (2008, 10) sind Pressemitteilungen (synonym: Presseinformationen, Pressemeldungen):

- „alle schriftliche Mitteilungen an die Presse, deren Veröffentlichung im redaktionellen Teil gewünscht sind,
- so geschrieben sind, dass der Text ohne Änderung veröffentlicht werden kann,
- ein Informationsangebot an die Redaktion, die über Änderungen und Abdruck frei entscheidet.
- Informationen aus medienrelevantem Anlass über einen Sachverhalt, ein Ereignis oder eine Einschätzung mittels Fakten und/oder Zitaten.

Die Information muss für die Menschen, an die sich die Redaktion wendet, aktuell von Bedeutung sein. Von Bedeutung ist, wovon die Zielgruppen des Mediums direkt oder indirekt betroffen sind."

Gerade über die freie Entscheidung über Änderung oder Abdruck gibt es bei Unternehmensvertretern immer wieder eklatante Missverständnisse. Auch über die Frage der Bedeutung eines Themas gehen die Auffassungen von Journalisten und PR-Leuten häufig auseinander. Daher sollte die Bedeutung eines Themas bzw. seine Eignung als Thema einer Pressemitteilung sehr gut geprüft werden.

Täglich eingehende Meldungen in Redaktionen (Christoph 2009, 73)		
Nachrichtenagenturen	Unternehmen	Eigene Recherchen
dpa-Meldungen pro Tag: – 750 Basisdienst – 500 Europadienst – 150 Länderdienst Inland	– mehr als 10 Anrufe – mehr als 100 Emails – mehr als 40 Pressemitteilungen	– journalistische Recherche – Internetrecherche

Abb. 4.8: Menge der Meldungen in Redaktionen

Christoph (2009, 72 ff.) stellt fest, dass eine wahre Informationsflut jeden Tag die Medien erreicht. Neben den eigenen Recherchen in einer Redaktion gelangen massenhaft Informationen von Nachrichtenagenturen und Unternehmen auf die Redaktionsschreibtische. Hier wird geprüft und ausgewählt.

- Nur etwa fünf Prozent der Meldungen von Nachrichtenagenturen gelangen nach dieser Selektion in das Medium.
- 80 Prozent der Pressemitteilungen werden nur überflogen oder gar nicht gelesen.
- Wird eine Pressemitteilung für den redaktionellen Teil eines Mediums ausgewählt, wird sie überarbeitet, zumeist gekürzt, die Überschrift wird häufig verändert, selten wird die Pressemitteilung ergänzt oder bewertet. Aus der Presseinformation wird eine Nachricht oder eine Meldung. Sprachwissenschaftler sprechen hierbei von einer „transformierenden Intertextualität mit Textsortenwechsel" (Krause zitiert nach Cristoph (2009, 73).

Auch wenn von den Unternehmenstexten, die täglich die Redaktionsschreibtische und Bildschirme füllen, nur ein Teil in die Zeitung oder Zeitschrift wandert, sind Redaktionen dennoch auf die professionelle Pressearbeit von Unternehmen angewiesen, da die eigenen Redaktionskapazitäten vielfach nicht ausreichen, um den zur Verfügung stehenden Raum in den Medien zu füllen. Häufig verbietet die geringe journalistische Schreibqualität von Pressemitteilungen ihre Veröffentlichung im redaktionellen Teil eines Mediums. Eine zweite Unverträglichkeit besteht in der Markenfokussierung und Werblichkeit vieler Presse- „informationen". Die Pressemitteilung verträgt eben nicht sehr viel Marke (Christoph 2009, 71 f.). Indizien für Werbe- oder Markensprache sind Häufungen von semantischen Aufwertungen im Text sowie der übermäßige Gebrauch von Adjektiven. Beides ist für den Stil der Nachricht untypisch und sollte vermieden werden, damit der oben beschriebene Transformationsprozess von der Pressemitteilung zur Nachricht gelingen kann. Wichtig ist in jedem Fall die Orientierung an den Nachrichtenfaktoren, wie das nachfolgende Beispiel illustriert.

> **Beispiel: „Darf's ein bisschen mehr sein?"**
>
> Wenn eine Metzgerei einen Wurstbrief (Anschreiben mit integrierter Salami) an Redaktionen versendet und darum bittet, die Öffentlichkeit durch einen redaktionellen Beitrag über die Möglichkeit des postalischen Bezugs von Würsten unterschiedlicher Art zu informieren, so muss der Redakteur eine Entscheidung über die Veröffentlichung fällen (und über den Verbleib der Wurst). Inhalte einer Pressemitteilung müssen relevant sein. Eine Wurstscheibe ist es nicht. Also wird der Wurst der Zugang zum Medium verwehrt. Wann aber kann eine Wurst eine Themenkarriere in den Medien machen? Der einfachste Weg ist der Verderb. Ist ein Fleischskandal Thema in den Medien – so wie das hin und wieder leider der Fall ist – dann könnte die gleiche Metzgerei eine Pressemitteilung an die Lokalpresse schreiben und darin zum Beispiel die Herkunft, Qualität und Handhabung ihrer Waren zum Thema zu machen. Es ist in dieser Situation von allgemeiner Relevanz zu erfahren, wo man in der direkten Umgebung auf vertrauenswürdige Fleischprodukte treffen kann. Der Weg für eine redaktionelle Berichterstattung steht der Wurst nun offen.

Der Ausdruck Pressemitteilung ist in der Praxis als eine Sammelbezeichnung für recht unterschiedliche Formen und Längen von Presseinformationen zu verstehen. Als häufigste Art, Medien zu informieren, haben sich Varianten herausgebildet, die man je nach Zielgruppe und Anspruchsniveau (Publikumspresse oder Fachpresse) bzw. nach ihrer Länge (Kurzform, Langform) unterscheiden kann und in diesen Variationsbreiten auch in kompletten Pressemappen findet[43]. Typisch für alle Formen von Pressemitteilungen ist, dass sie nach journalistischen Kriterien aufbereitet sind und dafür geschrieben sind, von Journalisten für den redaktionellen Teil von Zeitungen, Zeitschriften und Magazinen verarbeitet zu werden.

Schulz-Bruhdoel & Fürstenau (2008, 196 f.) differenzieren zwischen folgenden Formen der Pressemitteilung:

a) **Pressemeldung:** Üblichste und am besten akzeptierte Form, die streng dem Nachrichtenstil folgt, bei dem das Wichtigste, das Überraschende, Nützlichste bzw. Neueste ganz vorne steht und Details in abnehmender Wichtigkeit angeordnet werden. Die Headline sollte kurz, informativ und sachlich sein. Sie verdichtet die Kernnachricht auf wenige Wörter, verzichtet in der Regel auf Hilfsverben und Artikel, steht zumeist im Präsens und weckt die Aufmerksamkeit des Lesers. Sprachlich ist die Meldung einfach und nüchtern mit klarem Verzicht auf Wertungen gestaltet. (Länge: ca. 1000 Zeichen inklusive Leerzeichen).

b) **Presseerklärung oder Statement-Text:** Diese Form der Meldung wird gerne als Forum für Selbstdarstellungen genutzt. Häufig folgt einer kurzen Einleitung zur Person und Sache ein sehr ausführliches Zitat. Das Risiko eines solchen Statement-Textes ist, dass Teile des Zitats verwendet werden, der Kontext aber nicht unbedingt mit kommuniziert wird. Die Rezeption muss so nicht dem Sinn des Absenders entsprechen. Ein solcher Erklärungstext ist nur dann geeignet, wenn er Fragen beantwortet, die für Journalisten und ihre Leser auch tatsächlich geeignet sind. Die Antwort sollte daher nicht zu ausführlich ausfallen. Meistens ist daher der Interviewstil vorzuziehen.

c) **Infotainment-Pressemitteilung:** Diese Variante der Pressemeldung setzt mehr auf Unterhaltung als auf Information im nachrichtlichen Sinne. Neben Information und Meinungsbildung wird heute von Medien auch erwartet, eine Unterhaltungsfunktion zu erfüllen. Die Pressemeldung eines Unternehmens ist dafür aber nur in Ausnahmefällen das geeignete Instrument. Kritisch bleibt beim Einsatz solcher Meldungen abzuwägen, ob sie auch die Imagefunktion von PR-Arbeit unterstützen können oder etwa in dieser Hinsicht eindeutig kontraproduktiv sind.

d) **Pressebericht:** Die Information in Form des Berichts orientiert sich an der journalistischen Darstellungsform des Berichts (siehe Kapitel 3). Das strenge Lead-Prinzip (in der Praxis auch synonym: Pyramidenprinzip bzw. auch umgekehrtes Pyramidenprinzip) ist hier aufgehoben, die Ordnung der Inhalte kann auch chronologisch

---

[43] Nur selten werden Pressemitteilungen auch medial angepasst. Da die Verwertungs- und Rezeptionsbedingungen bei Printmedien und audiovisuellen Medien recht unterschiedlich sind, würden sich durchaus auch Textvarianten für Print, Hörfunk und Fernsehen bzw. Online-Medien anbieten.

sein. Wichtig für den Bericht sind Vorgeschichten, Hintergründe und Details. Anders als der journalistische Bericht ist der Pressebericht aber der nüchternen und sachlichen Faktenschilderung verpflichtet. Schlussfolgerungen, Interpretationen oder gar Bewertungen können nur in Zitatform verantwortlichen Personen zugeordnet werden. Häufig werden Berichten auch kurze Pressemeldungen vorangestellt oder beigelegt, die die Kernnachricht bearbeiten. In der Regel sind umfangreiche Daten und Fakten auch aus dem Fließtext ausgelagert und in Form von Tabellen oder Grafiken zur Übersicht in separaten Texten beigelegt.

Die **äußere Form einer Pressemitteilung** folgt einem klaren Aufbauschema, wie die nachstehende Abbildung schematisch zeigt. Folgende Aspekte der äußeren Form sind nach Falkenberg (2008, 71) stets zu beachten:

- Man verwendet das Geschäftspapier des Unternehmens mit Logo und klar erkennbarer Firmierung.
- Das Papier wird nur einseitig in der Hausschrift in der Schriftgröße 10 bis 12 beschrieben.
- Der Absender muss klar zu erkennen sein.
- Das Datum sollte sofort erkennbar sein.
- Die Textart ist zu kennzeichnen (Pressemitteilung, -erklärung, -einladung oder z. B. auch Terminankündigung).
- Unter dem Text sollte angegeben werden, wie viele Zeichen er enthält.

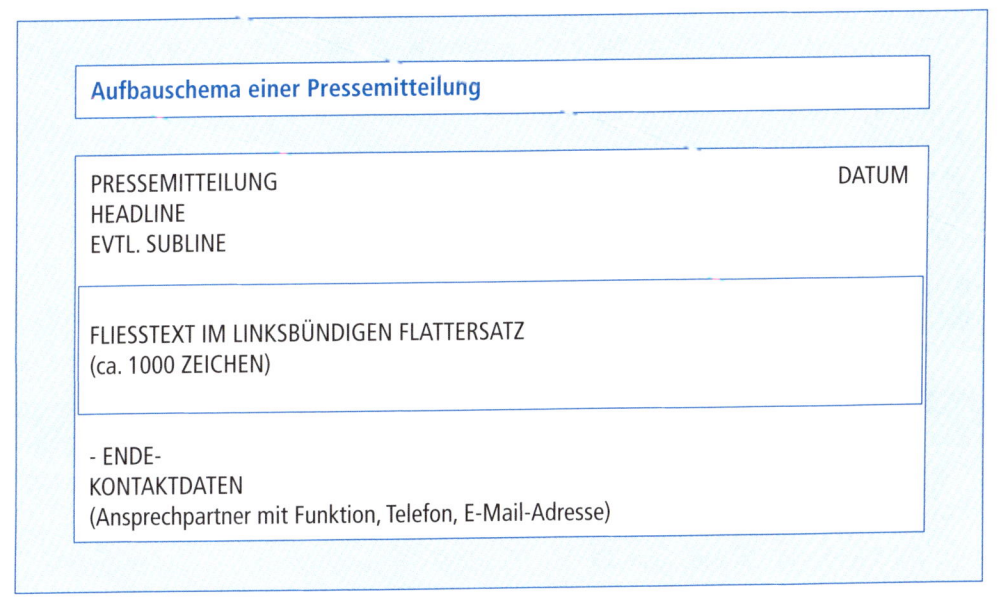

Aufbauschema einer Pressemitteilung

PRESSEMITTEILUNG   DATUM
HEADLINE
EVTL. SUBLINE

FLIESSTEXT IM LINKSBÜNDIGEN FLATTERSATZ
(ca. 1000 ZEICHEN)

- ENDE -
KONTAKTDATEN
(Ansprechpartner mit Funktion, Telefon, E-Mail-Adresse)

Abb. 4.9: Aufbauschema einer Pressemitteilung

> **Beispiel: Pressemitteilung für die Wirtschaftspresse mit klassischem Aufbau**

Pressemitteilung   30.10.2009

Hamburger Asklepios Kliniken kooperieren mit international führender Krankenversicherung Bupa

(openPR) – Hamburg – Asklepios stärkt den Gesundheitsstandort Hamburg. Bupa International, der weltweit führende Krankenversicherungsanbieter für Expatriates, und die Asklepios Kliniken Hamburg GmbH haben einen Kooperationsvertrag unterzeichnet, der den vielen privat versicherten Mitgliedern von Bupa International einen unkomplizierten Zugang zur medizinischen Versorgung in den Hamburger Asklepios Kliniken ermöglicht. Bupa International ist seit mehr als drei Jahrzehnten weltweit aktiv und versichert vornehmlich Unternehmensangehörige und so genannte Expatriates, also außerhalb ihrer Heimatländer lebende und arbeitende Menschen. Bupa International mit Sitz in Großbritannien ist derzeit in 190 Ländern aktiv und betreut weltweit mehr als 800.000 Versicherte, darunter auch eine große und steigende Anzahl in Deutschland lebender und arbeitender Bupa-Versicherter mit ihren Familien.

„Asklepios ist stolz, dass Bupa als international führende private Krankenversicherung für Expatriates seine Versicherten der medizinischen und pflegerischen Qualität unserer Ärzte und Pflegekräfte in unseren Krankenhäusern anvertraut", sagte Peter Oberreuter, Sprecher der Geschäftsführung der Asklepios Kliniken Hamburg GmbH, anlässlich der Vertragsunterzeichnung. Bupa International habe sich nach sorgfältiger Recherche und Vor-Ort-Besichtigungen für die Kooperation mit den Hamburger Asklepios Kliniken entschieden, um das eigene Leistungsangebot weiter auszubauen und zu verbessern. Ab sofort können sich die Versicherten von Bupa International gegen Vorlage ihrer Versicherungskarte in den Hamburger Asklepios Kliniken behandeln lassen. Bupa International wird nach Abschluss der medizinischen Behandlung direkt mit der jeweiligen Klinik abrechnen. Damit wird der Zugang für die Versicherten von Bupa International zu den Asklepios Kliniken deutlich unkomplizierter und attraktiver. Denn bislang mussten die Versicherten die Kosten zunächst selbst tragen und sich dann von ihrer Versicherung erstatten lassen.

Pressekontakt:
Mathias Eberenz
Asklepios Kliniken Hamburg GmbH
Konzernbereich Unternehmenskommunikation & Marketing
Rübenkamp 226
22307 Hamburg
Tel.: (0 40) 18 18-82 66 36
Fax: (0 40) 18 18-82 66 39

> **Beispiel: Pressemitteilung vom Typ „Soft News"**

Pressemitteilung   19.02.2009

L'Oréal Paris begrüßt Patrick Dempsey als neuen Markenbotschafter

Düsseldorf (ots) – L'Oréal Paris fühlt sich geehrt den Schauspieler Patrick Dempsey als neuen Markenbotschafter begrüßen zu dürfen. Patrick Dempsey wird die neue Männerpflegelinie MEN EXPERT HYDRA SENSITIVE, die besonders für empfindliche und irritierte Männerhaut entwickelt wurde, repräsentieren. Gleichzeitig wird er Botschafter für die Studio Line SpurenlosFx – Produktlinie, die Männern eine neue Generation von Haarstylingprodukten mit aktiven Mineralien bietet.

„Es ist für mich eine große Ehre ein Teil der L'Oréal Paris Familie zu werden. Ich liebe die Dynamik und Energie der Marke, die sich ständig weiterentwickelt, um Männern und Frauen in der ganzen Welt perfekte Produkte auf dem neuesten Stand der Technik zu bieten und Werte wie Weltoffenheit und kulturelle Vielfalt zu verbreiten" sagt Dempsey. „Durch den Erfolg der Serie „Grey's Anatomy" ist Patrick Dempsey momentan einer der bekanntesten Darsteller in Hollywood. Patrick Dempsey verkörpert die Marke L'Oréal Paris durch seine Herzlichkeit, Natürlichkeit und besonders durch seine Offenheit", so L'Oréal Paris International General Manager Youcef Nabi.

Die künstlerische Karriere des in Amerika geborenen Schauspielers begann am Theater. Nachdem er anfänglich mit einem Ensemble in Maine arbeitete, tourte Patrick Dempsey für ein Jahr mit dem Stück „Brighton Beach Memoirs" durch die USA, indem er die Hauptrolle spielte.

Im Jahr 1985 verließ er die Theaterbühne und spielte an der Seite von Donald Sutherland seine erste Filmrolle in „Die Himmelsstürmer". Zwei Jahre später war er zusammen mit Amanda Peterson als Hauptdarsteller in Ronald Millers romantischer Komödie „Can't Buy Me Love" zu sehen. Nach verschiedenen kleineren Rollen in den Serien „Once and again", „Will and Grace" und „The Practice" sorgte er im Jahr 2002 zusammen mit Reese Witherspoon für den Erfolg von Sweet Home Alabama.

Der internationale Aufstieg seiner Karriere begann mit der erfolgreichen TV- Serie „Grey's Anatomy". Für „Grey's Anatomy" wurde er in den Jahren 2007 und 2008, bei den Peoples Choice Awards, zum beliebtesten männlichen Darsteller im Fernsehen gewählt und bekam 2006 und 2007 eine Golden Globe Nominierung. Im Jahr 2007 wurde er von der Screen Actors Guild als bester männlicher Darsteller in einer TV-Serie ausgezeichnet und spielte eine Hauptrolle in der Disney Produktion „Verwünscht". Im gleichen Jahr war er neben Hilary Swank der Hauptdarsteller in „Freedom Writers".

Im Jahr 2008 war er Hauptdarsteller in der Komödie „Verliebt in die Braut", in der er an der Seite von Michelle Monaghan und Sydney Pollack spielt. Patrick Dempsey zeichnet sich durch seine Natürlichkeit, Herzlichkeit und seinen aufgeschlossenen Charakter aus, die ihn einem breiten männlichen und weiblichen Publikum bekannt machten. L'Oréal Paris ist stolz, neben Pierce Brosnan und Matthew Fox nun auch Patrick Dempsey als neues männliches Gesicht für sein internationales Botschafter-Dream-Team gewonnen zu haben.

Pressekontakt:
Pressestelle L'Oréal Paris
Heike Leder
hleder@de.loreal.com
Danielle Echtermeyer
dechtermeyer@de.loreal.com
Tel: 0211 4378 368

„Waschzettel", Datenblätter bzw. Factsheets: Unter diesen Bezeichnungen versteht man eine zumeist stichwortartige Sammlung von relevanten Daten und Fakten zu einer Person (z.B. Lebenslauf) oder einem Produkt bzw. eine technische Beschreibung. Solche knappen Faktenzusammenstellungen werden nicht alleine versendet, sondern in Kombination bzw. als Ergänzung zu den oben angesprochenen Formen der Presseaussendung.

Fotografien und Grafiken: Meist werden Texte mit Bildern und Grafiken kombiniert, da das Bild das dominante Informationsmittel in vielen Kontexten geworden ist. Aber die Bilder brauchen auch die Worte, um im richtigen Kontext platziert und korrekt in ihren Inhalten eingeordnet zu werden. Ein Bild oder eine Grafik wird also niemals ohne eine Inhaltsbeschreibung und eine Quellenangabe versendet.

Pressemappen: Mit dieser Bezeichnung ist eine Sammlung von Textmaterial gemeint, die in einer eigenen Mappe in der Regel im Corporate Design des Unternehmens verschickt oder auf Veranstaltungen (Pressekonferenzen, Messen etc.) präsentiert wird. Für die Pressemappe sind die unterschiedlichen hier besprochenen Textformen üblich. Folgende Bestandteile stellen den Standardinhalt einer guten Basispressemappe dar (vgl. Schulz-Bruhdoel & Fürstenau (2008, 207 f.):

- Inhaltsverzeichnis
- Aktuelle, anlassgebundene Pressemitteilung
- Erweiterter Pressebericht
- Ergänzendes Factsheet
- Hintergrundmaterial (Statistiken, Umfragen, Marktanalysen etc.)
- Datenblatt zu beteiligten Personen
- Fotos und Grafiken mit Bildtexten
- Statement-Texte oder Redetexte einer Veranstaltung
- Datenblatt mit den wichtigsten Angaben zum Unternehmen
- Broschüren und Berichte (z. B. Geschäftsbericht oder Umweltbericht)
- Quellenhinweise und Bestellformular (für Foto- oder Textmaterial)

4.3.3.3 Weitere Instrumente der Presse- und Medienarbeit

Pressedienste und Newsletter: Um die Kontinuität in der Informationstätigkeit des Unternehmens für Medien zu wahren, bieten sich neben regelmäßigen anlassbezogenen Presseaussendungen von Meldungen auch periodische Dienste an. Solche Pressedienste oder Newsletter, die beispielsweise dreimal oder viermal im Jahr an die Redaktionen versendet werden, sind in unterschiedlichen Formen in der Praxis üblich. So gibt es sowohl sehr einfache Varianten als auch anspruchsvolle Ausführungsformen im Zeitschriftenformat. Hier können mediengerechte Texte zu all den Themen, die in den oben aufgeführten Tabellen für die Presse- und Medienarbeit relevant sind, als Service für Journalisten proaktiv angeboten werden.

Themenexposes: Bei diesem Instrument der Medienarbeit werden keine fertigen Texte angeboten oder verschickt, sondern das Interesse einzelner Medien an einem Thema und seiner Ausarbeitung wird seitens des Unternehmens exploriert. Dafür wird eine Kurzbeschreibung des Themas vorbereitet, die mit Ausführungsvarianten des Textes als Vorschlag bei der Redaktion eingereicht wird, um auf den Publizierungsnutzen hin geprüft werden zu können. So könnte beispielsweise eine auf Medizin spezialisierte PR-Agentur mehreren Fachmedien das folgende Angebot machen: Eine von der Agentur beauftragte Medizinjournalistin besucht einen internationalen Kongress und berichtet von neuen Studien und Therapien, führt Interviews mit Spezialisten durch und erstellt Beiträge für eine Gruppe ausgewählter Medien mit redaktionellen Schwerpunkten in den entsprechenden auf dem Kongress bearbeiteten Indikationsgebieten.

Exklusiv-Veröffentlichungen und Medienkooperationen: Während die meisten zuvor genannten Meldungsformen sich stets an eine breite Zielgruppe richten bzw. an einen weiten Presseverteiler gestreut werden, ist die Exklusiv-Veröffentlichung ein Text für die Kooperation mit einem einzelnen Medium, in dem eine gezielte Veröffentlichung lanciert wird. Ein exklusiver Artikel muss für das informierende Unternehmen und die kooperierende Redaktion sinnvoll sein. Häufiger ist dieser Sinn bei Fachmedien als bei Publikumsmedien gegeben. Eine exklusive Erstveröffentlichung zu einem innovativen Produkt in der medizinischen Therapie für Kinder bei typischen Erkrankungen wie Allergie und Asthma beispielsweise kann für eine Zeitschrift wie z.B. Eltern durchaus Sinn machen, weil die Exklusivität das Medium aufwertet. Auch Interviews sind in der Regel exklusive Instrumente der Medienarbeit in Fach- aber auch in Publikumsmedien.

Medienkooperationen mit Wirtschaftsunternehmen haben unterschiedlichste Umfänge und Nutzerkreise. Auch die Veröffentlichung eines Sonderbeitrages in mehreren Medien ist möglich. Das folgende Beispiel illustriert eine solche Medienkooperation im Bereich der Publikumsmedien. Die Zeitschrift Brigitte, Marktführerin der Frauenzeitschriften in Deutschland, hat 2009 eine 28 Seiten umfassende „Special-Interest"-Ausgabe herausgegeben, die in Zusammenarbeit mit dem Möbelhaus IKEA realisiert wurde. Die Sonderbeilage „Komm, Billy, wir räumen auf!" zum 30. Geburtstag des „berühmtesten Regals der Welt" wurde unterschiedlichsten Zeitschriften, so. z.B. auch dem Stern 41/2009, der wie Brigitte zum Gruner + Jahr Verlag gehört, beigelegt. Der Charakter der Produkt-PR ist bei dem nachfolgend ausgewählten Beitrag der Sonderausgabe von Brigitte, „Hommage an Billy" überaus deutlich, und wird schon auf dem Titel der Sonderbeilage (mit Brigitte- und IKEA-Logo) für alle Rezipienten transparent.

Beispiel: Medienkooperation Brigitte und IKEA

Hommage an Billy (Tatjana Blobel, Brigitte Special Interest 2009, 26–27)

Lieber Billy,
kaum zu glauben, dass ausgerechnet ein Allerweltstyp wie Du die Massen so begeistert: Du bist das meistverkaufte Regal der Welt, mehr als 41 Millionen Mal über den Ladentisch gewandert. Und siehst noch so ähnlich aus wie damals, 1979: 202 Zentimeter hoch, aber ein wenig schmaler geworden – von 90 auf 80 Zentimeter.
Nun bist Du 30 Jahre alt und ein Musterexemplar. Ein Kind der Mitte. Und genau das ist Deine Stärke. Du hast kein Problem, neben einer Design-Diva zu stehen, die lässt Du einfach machen, protzen, prahlen. Du schreist nicht laut: ich, ich, ich. Hast ja auch schon viel erreicht.
1979, als das Regal namens Billy auf den Markt kam, hat es eine Revolution in deutschen Wohnzimmern ausgelöst. Hat sie von ihrem Mief befreit, von den Vitrinenschränken aus rustikaler Eiche, vom Gelsenkirchener Barock. Billy hat die Reliquien der Biedermeier aus den Wohnzimmern verbannt, und zwar flächendeckend. Eine ganz großartige Leistung.
Aber Billy bleibt konsequent im Hintergrund, lässt lieber die anderen wirken. Diese Haltung hat ihn zum Klassiker gemacht. Was drinsteht, zählt. Egal ob Bildbände, große Literatur oder Groschenromane, nach Farben, Format oder alphabetisch sortiert, Sammeltassen, Kerzenständer, Glastierchen oder Legosteine – Billy nimmt die Dinge, wie sie kommen. Er ist tolerant und schafft Ordnung in jeder Lebenslage: von Single über Kleinfamilie bis Patchwork.
Er lässt sich stapeln und auf die Seite legen. Ihm ist es egal, ob er im Keller, im Kinderzimmer oder in der Küche steht. Seit es ihn gibt, ist das Wohngefühl anders geworden. Lässiger und heller. Nicht mehr so endgültig, eher vorläufig, vorübergehend – wie das Leben, das ändert sich ja auch ständig. Wir sind jung, ziehen in die Welt, gründen eine Familie, werden älter, die Kinder gehen. Aber Billy bleibt. Klassenlos. Egal ob für Arme oder Reiche, Kleine oder Große. Ein echtes Demokratiewunder.

„Form Follows Function", die Form folgt der Funktion. Ein berühmter Satz des amerikanischen Architekten Louis Sullivan. Und ein Satz, der für Billy geschrieben sein könnte. An ihm ist nichts überflüssig. Nichts, auf das man verzichten könnte. Zehn Bretter aus Spanplatte, eine Rückwand, 16 Dübel, zwei mal 12 Schrauben, 18 Nägel, 16 Bodenhalterungen, das ist Billy.

Ich kenne Dich jetzt schon ziemlich lange. Und es ist beruhigend zu wissen, dass Du in meiner Nähe bist. Manchmal habe ich Dich glatt vergessen, und nur selten hast Du mich auf die Palme gebracht. An ein Mal kann ich mich jedenfalls genau erinnern: an unser „erstes Mal" vor 25 Jahren. Ich war Studentin. Voller Tatkraft, Zukunftsträume und mit einem unbändigen Willen zur Unabhängigkeit. Du hast mir sofort gefallen, passtest in mein Lebenskonzept und sogar auf die Rückbank meines VW Käfer. In meiner Ein-Zimmer-Bude angekommen, mussten wir uns erst einmal zurecht ruckeln. Du hast Zuwendung von mir erwartet, Geduld. Doch in der Hand hielt ich eine für mich völlig unverständliche Aufbau-Anleitung, und der Inbusschlüssel war sofort verschwunden. Was habe ich geflucht. Du hast es still ertragen. Heute werden Wettbewerbe im Billy-Schnellaufbau ausgetragen, Bestzeit: 4,21 Minuten. Wir haben länger gebraucht. Macht nichts. Das hat uns zusammengeschweißt.

Möbel zum Selbst-Aufbauen, das bedeutete damals für viele noch ein Abenteuer: Das Hantieren mit Schrauben, Muttern, Nägeln und Brettern verschiedener Größen und Stärken erforderte einigen Mut und viel Vorstellungskraft. Seitdem haben Millionen stolzer Neubesitzer ihren Billy mit nach Hause genommen. Ein gutes Gefühl. Denn Billy unter den Arm zu klemmen, fühlt sich immer noch an wie eine kleine Freiheit.

PR-Anzeigen: Wollen die anderen bislang vorgestellten Texttypen der Presse- und Medienarbeit den redaktionellen Raum von Zeitungen und Zeitschriften über die Überzeugung von der allgemeinen Relevanz ihrer Inhalte erobern, verhält es sich mit PR-Anzeigen anders. Denn dieses Instrument, das normalerweise der Werbung vorbehalten ist, besetzt bezahlten Raum im Medium. Für PR-Zwecke, insbesondere Imageaufbau oder -pflege, wird Anzeigenraum gekauft, um sicherzustellen, dass die Unternehmensbotschaft im Medium einen Platz hat.

Insbesondere bei Unternehmenskrisen und im Nachgang solcher Krisen werden Imageanzeigen zum Beispiel auch gerne in Form von offenen Erklärungen oder auch Entschuldigungen geschaltet. Eine häufig zu lesende Regel sagt, dass die PR-Anzeige sich mehr auf das Unternehmen und weniger auf seine Produkte bezieht, dass sie mehr auf Texte als auf Bilder setzt und dass das Ziel der Anzeige nicht auf den Produktverkauf setzt. Diese Differenzierungsregeln sind vielfach richtig, allerdings gibt es auch Anzeigen, bei denen man sich trefflich streiten kann, ob die Anzeige der Werbung oder aber den PR-Bemühungen eines Unternehmens zuzuordnen ist.

Beispieltext für eine PR-Anzeige 1:

Ein Unternehmen mit gesellschaftlichem Engagement

Benzin im Blut zu haben ist wunderbar. Ein Virus nicht.

Wer Automobile baut, braucht Wissen, Können und Begeisterung für das, was er tut. Wer an seine Mitarbeiter denkt, braucht das Gleiche. Denn die Aufgaben, die sich uns stellen, sind groß – aber nicht unlösbar. Gemeinsam haben wir den Kampf gegen HIV und AIDS aufgenommen. Weil wir ihn gewinnen wollen. Unseren Mitarbeitern in Südafrika ermöglichen wir die Teilnahme an einem freiwilligen und vertraulichen Testprogramm. Wir beraten, wir hören zu, und wir unterstützen mithilfe eines Ärzte-Teams alle Betroffenen sowie deren Familien. Behandlung inklusive.

> Erstaunlich: Mehr als drei Viertel der Belegschaft hat sich beteiligt – die weltweit höchste Quote unter allen Konzernen. Weniger erstaunlich, wenn man bedenkt, dass die Sicherheit des Menschen bei der BMW Group schon immer Priorität hatte. HIV und AIDS bilden da keine Ausnahme.
>
> Wenn Sie mehr zum Thema wissen möchten, finden Sie unter www.bmwgroup.com/socialcommitment weitere Informationen und Hintergründe zu unserer Arbeit.
>
> BMW Group
>
> (Anzeige: Der Tagesspiegel, Berlin, 1.12.2003 (Welt-Aids-Tag), einige Bildelemente: eine Aidsschleife, Logos von BMW und Mini)

Beispieltext für eine PR-Anzeige 2:

Ein Unternehmen entschuldigt sich für schlechte Dienstleistung

Wir bitten Sie um Entschuldigung

Die Bildqualität vieler digitaler TV-Programme haben wir durch eine höhere Brillanz und mehr Schärfe verbessert. Die Qualitätsoffensive der ARD ist dafür ein sehr gutes Beispiel. Darüber hinaus wurde das Kabelnetz auf die Einführung weiterer TV-Pakete und Video on Demand (Filme auf Abruf) vorbereitet. Dabei haben wir aber viele Kunden, die Kabel TV mit einer separaten Box (Digital Receiver) empfangen, durch die notwendige Programm-Umstellung verärgert und ihnen große Schwierigkeiten bereitet. Das bedauern wir sehr.

Viele Kunden wollten sich von unserer Hotline den notwendigen Werks-Reset und Sendersuchlauf erklären lassen oder Fragen zu den Veränderungen stellen. Das haben wir unterschätzt. Es tut uns sehr leid, dass viele Kunden sehr lange auf ihre telefonische Hilfe warten mussten – obwohl alle Mitarbeiter im Kundenservice im Einsatz waren.

Für die entstandenen Probleme bitten wir Sie um Entschuldigung. Wir unternehmen jetzt und in Zukunft alle Anstrengungen, dass Sie mit uns zufrieden sind.

Ihr

Klaus Thiemann, Vorsitzender der Geschäftsführung.

Weitere Informationen im Internet unter www.kabelbw.de oder bei unserem kostenfreien Servicetelefon unter 0800-8888 112.

Abschließend sollen noch einige Worte zu den reagierenden Mitteln der Presse- und Medienarbeit gesagt werden, auch wenn deren Relevanz der agierenden Medienarbeit deutlich untergeordnet ist. Leserbriefe werden gerne gelesen, sie sind eine wichtige Orientierungsquelle für die Redaktion, denn als Reaktion auf eine Veröffentlichung eines Mediums können sie das Interesse und die Zufriedenheit der Zielgruppe widerspiegeln. Auch Unternehmen reagieren in dieser Form auf Veröffentlichungen einer Zeitung oder Zeitschrift. Dies ist keineswegs selten der Fall, kann aber einen eventuell eingetretenen Imageschaden durch eine Berichterstattung nur bedingt kitten.

Ähnlich verhält es sich mit Richtigstellungen. Es ist schwierig, mit diesen Mitteln noch einmal all die Rezipienten zu erreichen, die eine Berichterstattung zur Kenntnis genommen haben, gegen die ein Unternehmen sich mit einer Richtigstellung zur

Wehr setzt. Außerdem vergeht in der Regel viel Zeit mit PR- und juristischer Beratung, bevor eine Richtigstellung bei einem Medium durchgesetzt ist. Eine gut informierte Presse wird kaum Missverständnisse produzieren und generell sollte man nicht eine Anfrage der Presse oder eine problematische Veröffentlichung abwarten, bis man die verschiedenen Instrumente der Presse- und Medienarbeit als Unternehmen einsetzt, um sich zu positionieren.

4.4 Vertiefung interne Kommunikation: Mitarbeiterzeitschrift

4.4.1 Begriffsdefinitionen

Experten für Unternehmenskommunikation sind sich einig, dass die Information und Partizipation von Mitarbeitern ein Kriterium für wirtschaftlichen Erfolg darstellt (vgl. Cauers 2009, 20). Interne Unternehmenskommunikation verfolgt nach Mast (2008, 256) das Ziel:

- das Wissen von Mitarbeitern zu stärken und ihr Engagement zu unterstützen,
- für Geschäftsentscheidungen und Führungspersonen Akzeptanz zu erlangen,
- die Umsetzung von Zielen des Unternehmens zu befördern sowie
- die Informations- und Kommunikationswege zu verbessern.

Damit hat die interne Kommunikationsarbeit sowohl instrumentelle als auch soziale Funktionen. Als wichtigstes Instrument der internen Kommunikation soll hier die Mitarbeiterzeitschrift skizziert werden. Unter diesem Begriff versteht man in der modernen Unternehmenskommunikation folgendes:

„Die Mitarbeiterzeitschrift ist ein gedrucktes, zweckorientiertes und instrumentalisiertes (Informations-)Medium der innerbetrieblichen Kommunikation, das journalistische Stilmittel benutzt. (...). Sie ist der formalen, organisierten Kommunikation zugeordnet und dient der Erreichung vom Unternehmen vorgegebener, wirtschaftlicher motivierter Ziele. Publikationsinhalte sind Ergebnis geplanter, strategischer Kommunikation. Nachrichtenfaktor mit der höchsten Priorität sind das Unternehmen, seine Aktivitäten und Belange. (...). Die Mitarbeiterzeitschrift ist multifunktional. Sie kann beispielsweise informieren, unterhalten oder organisieren. Ihre Hauptaufgabe ist aber ihre positive Unternehmensdarstellung (...)." (Cauers 2009, 28).

In Deutschland ist es Pflicht, Mitarbeiter einer Organisation zu informieren. Das Betriebsverfassungsgesetz (§§ 43, 110 BetrVG[44]) schreibt seit 1972 die Informationspflicht gegenüber den Mitarbeitern fest (Cauers 2009, 23). Diese gesetzliche Vorschrift kann in der Mitarbeiterzeitschrift erfüllt, aber auch weit übertroffen werden, wenn sie nicht nur Sprachrohr der Unternehmensleitung, sondern Dialogforum für das gesamte

---

[44] Betriebsverfassungsgesetz in der Fassung vom 25.09.2001 (BGBl. I, 2518). Das Gesetz verpflichtet Betriebe, Arbeitnehmer regelmäßig zu informieren. Hat das Unternehmen mehr als 1.000 Mitarbeiter, hat die Information mindestens einmal im Jahr schriftlich zu erfolgen.

Unternehmen wird. Dieser Dialogcharakter ist heute Merkmal vieler Mitarbeitermedien, war aber traditionell lange nicht selbstverständlich. Frühe Mitarbeiterzeitungen demonstrierten dagegen eher einen direktiven Führungsstil, der monologisch ausgeführt wurde.

Trotz der enormen Entwicklung von Online-Medien hat die Mitarbeiterzeitschrift[45] ihre zentrale Bedeutung (insbesondere in fertigungsgeprägten Unternehmen) nicht verloren. Vor allem, wenn es um die emotionale Bindung an das Unternehmen geht, und wenn Hintergründe und Zusammenhänge aufgezeigt werden, ist die Mitarbeiterzeitschrift als Druckmedium der Online-Variante, deren Stärken Aktualität und Schnelligkeit sind, sogar noch überlegen (Mast 2008, 267). Mitarbeiterzeitungen und -zeitschriften haben in Deutschland eine lange Tradition (Cauers 2009, 30). Bereits 1888 publizierte die Steingutfabrik Wächtersbach den „Schlierbacher Fabrikboten". Die erste Mitarbeiterzeitschrift war geboren (Mast 2008, 266). Nach dem ersten Weltkrieg, genauer 1919, erschien beim Unternehmen Bosch der erste „Bosch Zünder" für die Mitarbeiterschaft. 90 Jahre später gibt es dieses Medium immer noch, mit einer Auflage von 180.000 Exemplaren und in neun Sprachen. Als mehrfach preisgekröntes Medium der internen Kommunikation dürfte der Bosch Zünder eines der bekanntesten und erfolgreichsten Medien der internen Unternehmenskommunikation sein.

Nach Viedebantt (2005, 7) sind in Deutschland heute 700 Mitarbeiterzeitschriften statistisch erfasst, allerdings liegen Schätzungen weit höher (vgl. im Überblick Cauers 2009, 32). Manche Experten gehen sogar davon aus, dass es mehr als 2.500 Mitarbeiterzeitungen gibt (vgl. Mänken 2009, 19), deren Auflagen zwischen 150–200.000 Exemplaren liegen. Erscheinungsweisen reichen dabei von zweimal bis zwölfmal im Jahr, Formate und Layouts sind so unterschiedlich, wie es die Corporate Design-Richtlinien der jeweiligen Organisation vorschreiben. Eine Charakterisierung des Mediums nach herkömmlichen Merkmalen von Printmedien ist nach Cauers (2009, 39) nicht möglich, da die Erscheinungsformen der Mitarbeiterzeitschrift in Bezug auf Häufigkeit der Publikation, Umfang, Format, Distributionsform, Sprachen, Reichweiten usw. dafür viel zu heterogen sind. Ein großer Unterschied zu „freien" Medien liegt in ihrem formellen Charakter als Informationsorgan der Unternehmensführung.

Die besonderen Vorzüge der Mitarbeiterzeitschrift als „Flagschiff" der internen Kommunikation (Cauers 2009, 19) stellt der DPRG-Arbeitskreis interne Kommunikation (2009, 3) wie folgt dar:

- „Mit einer emotionalisierenden Bildsprache und mit aus unterschiedlichen journalistischen Stilmitteln entstandenen Texten lassen sich selbst komplexe Zusammenhänge und Entscheidungen darstellen. Damit wird die MAZ (Mitarbeiterzeitung, Ergänzung durch den Autor) gegenüber anderen innerbetrieblichen Medien als verbindlicher und glaubwürdiger empfunden. Nicht zuletzt deshalb ist die Lesedauer im Printbereich höher als auf der Online-Ebene...".

---

[45] Synonym in der Literatur: Mitarbeiterzeitung bzw. -magazin, frühere, eher antiquierte Bezeichnung: Werkszeitung oder -zeitschrift, außerdem werden die Begriffe Personalzeitschrift, Hauszeitschrift oder Unternehmenszeitung heute verwendet (vgl. Cauers 2009, 28).

- Die Mitarbeiterzeitung gilt den Experten der internen Kommunikation als „ein gedrucktes Stück Wertschätzung des Unternehmens gegenüber den Beschäftigten" DPRG-Arbeitskreis interne Kommunikation (2009, 3).
- Im Gegensatz zum Online-Medium gilt die gedruckte Zeitung als „vorzeigbarer Imagefaktor", der in Familien und Bekanntenkreisen von aktuellen und berenteten Mitarbeitern gerne herumgereicht wird. Die Zeitung kann so auch als multiplikativer „Unternehmensbotschafter" (Herbst in Cauers 2009, 23) oder "Visitenkarte" des Unternehmens verstanden werden.

4.4.2 Themen und Inhaltsstrukturierung der Mitarbeiterzeitschrift

Welche Themen werden für die Mitarbeiterzeitschrift als relevant erachtet? Antworten darauf gibt die nachfolgende Tabelle nach Cauers (2009, 45), ergänzt in Anlehnung an Mast (2008, 266) sowie Mänken (2009, 37 ff.):

Themenspektrum einer Mitarbeiterzeitschrift	
Inhalte der Mitarbeiterzeitschrift	Beispiele
Externe Unternehmensaktivitäten	Veranstaltungssponsoring, Umweltengagement
Forschung und Entwicklung	Innovationen, Technikerläuterungen
Gemeinschaft	Betriebssport, Feste, Events, Dokumentation sozialer Leistungen
Gesundheit	Arbeitssicherheit, Vorsorgemöglichkeiten
Human Touch	Hobbies von Kollegen, Schicksale, Spenden
Interessengruppen im Unternehmen	Betriebsrat, Behindertenvertretung
Marketing und Vertrieb	Werbemaßnahmen, Kampagnen
Markt- und Wirtschaftssituation	Konkurrenzsituationen, neue Märkte, Geschäftsstrategien, Zukunftsperspektiven
Meinungen	Internes Vorschlagswesen, Missstände, Leserbriefe, Kommentare, Ergebnisse von Mitarbeiterbefragungen
Personalbereich	Aus- und Weiterbildungen, Urlaub, Stellenausschreibungen und –abbau; Verweise auf andere Medien der internen Kommunikation (z. B. das Intranet)
Personalia	Neue Mitarbeiter, Jubiläen, Karrieren, Beförderungen, Nachrufe, Managementportraits
Produkte und Dienstleistungen	Produktionszahlen, Produkttests, Modellvorstellungen, neue Produktlinien
Service	Veranstaltungstipps, Kleinanzeigen

Sozialbereich	Sozialleistungen, Tarifverträge, Rente
Tochter- und Unternehmensgesellschaften	Beteiligungen, Standortgeschehen, Erfahrungen von Mitarbeitern für Mitarbeiter (z. B. bei einem Besuch der Auslandsniederlassung)
Unterhaltung	Rätsel, Comic, Gewinnspiele, Freizeit und Reise, Kochen
Unternehmensorganisation	Unternehmensaufbau, Aufgabenbereiche, Neuerungen, organisatorische Abläufe und Prozesse im Unternehmen
Sonstige interne und externe Informationen	Qualitätssicherung, Gesetze und Verordnungen

Abb. 4.10: Themen für die Mitarbeiterzeitschrift

Die konkrete Inhaltsstrukturierung einer aktuellen Mitarbeiterzeitung kann beispielhaft illustrieren, wie sich solche Themen in einer Ausgabe realisieren lassen:

**Beispiel: Inhaltsgestaltung der „Inside",
Mitarbeitermagazin der Adidas Group, Ausgabe November 2008**
(Das Medium ist abgestimmt und integriert mit einem Online-Medium, dem „eZine", der elektronischen Mitarbeiterinformation mit multimedialem Charakter und Blog-Bereich (http://www.adidas.blogformdm.com).

S. 2   Editorial des „Internal Communications Team"

S. 2   Inhaltsverzeichnis

S. 3   „Welcome to the New Inside", Fragen und Antworten zum Relaunch der Inside und zur Ergänzung des neuen elektronischen Mediums durch den Personalleiter und den Leiter Corporate Communications

S. 4   „Discover the adidas Sport Style Division", Bericht über den Unternehmensbereich, seine Ziele und Aktivitäten.

S. 8   „adidas Style Essentials – Sport Lifestyles at Value Prices", Vorstellung eines neuen Labels von Adidas in den USA seit 2008 (Sportschuhe)

S. 10 „SLVR – The Pure Fashion Label", Einführung eines neuen Labels für 25-35-jährige Konsumenten (Taschen, Schuhe, Kleidung), seit Sommer 2009 erhältlich

S. 12 „Meet the SLVR Design Team", Präsentation der Mitarbeiter mit persönlichenStatements, die für das neue Label verantwortlich sind

S. 14 „The SLVR Design Story", Erläuterung des Designentwicklungsprozesses des neuen Labels durch den Design Director

S. 16 „Originals by Originals – Unique Designers Interpret Originals Products", Einblick in die Arbeit von drei Designern für Streetwear und Fashion, mit denen Adidas zusammenarbeitet

S. 18 „Three Stripes on Two Wheels: Originals Partners up with vespa", Vorstellung der Kooperation von Adidas mit dem Motorrollerhersteller (Vespa) für eine Produktlinie für Männer

S. 20 „Classics is Back – Reebok", Darstellung der Vorbereitungen zum Relaunch der Classic-Linie von Reebok im Jahr 2009

S. 22 „The adidas Golf Campaign", Bericht zur Sportkleidung beim Golfspielen mit einem Interview mit Mark King, dem CEO und President von Adidas zum Thema Golf

S. 24 „Experience Retail! One Week in A Store", Bericht aus einer Adidas-Verkaufsniederlassung von Mitarbeitern, die dort hospitiert haben

S. 26 „Jubilees", Jubiläumsinformationen aus der Mitarbeiterschaft (10-35-jährige Unternehmenszugehörigkeit)

S. 27 „Torsi", Kolumne

Sonstige Kennzeichen des Mediums:
Umfang: 28 Seiten
Erscheinungsweise: vierteljährlich
Sprache: Englisch
Format: DIN A4
Gestaltung: Vierfarbdruck

4.4.3 Mitarbeiterzeitschrift und Mitarbeiterführung

Für die Führung von Mitarbeitern ist die Mitarbeiterzeitung nicht nur hoch geschätzt, sondern auch praktisch nicht wegzudenken: „Die Mitarbeiterzeitschrift ist das am häufigsten eingesetzte Führungsinstrument." (Cauers 2009, 23). Kann Sie den damit verbundenen hohen Ansprüchen gerecht werden? Experten sind der Auffassung, dass die Konkurrenz der Online-Medien in der internen Kommunikation für die Printmedien einen Anreiz zur Modernisierung und Innovation darstellt, der auch dringend geboten ist, wenn man eine Mitarbeiterzeitschrift nicht nur als Nachrichtenblatt, sondern auch als partizipatives Führungsinstrument verstehen will, das im Informationswettbewerb überleben will. An dem viel beschworenen Führungsinstrument wird aber in Fachkreisen auch deutliche Kritik laut:

- Mänken (2009, 9) konstatiert zum Charakter „der" Mitarbeiterzeitschrift in Deutschland: „Mit professionellen Maßstäben gemessen, sieht die Landschaft der deutschen Mitarbeiterzeitschriften doch eher traurig aus. Von rühmlichen Ausnahmen abgesehen, ist die große Mehrheit brav bis langweilig, obrigkeitsorientiert bis steril, ist Schönfärberei oder Benefiz, bloße Dokumentation oder Seid-nett-zueinander."
- Insbesondere an Glaubwürdigkeit und Überzeugungskraft mangelt es vielen Vertretern ihrer Spezies unter den Mitarbeitermedien.
- Auch Cauers (2009, 17) kommt aufgrund einer empirischen Analyse von Publikationen für Mitarbeiter in über 300 Unternehmen zu einem kritischen Befund: „Viele Publikationen bedürfen (...) einer funktionalen und zielgruppenspezifischen Profilschärfung, eingebettet in ein fundamentales Kommunikationskonzept, um Unternehmensziele effektiver zu unterstützen.". Denn: „Die Mitarbeiterkommunikation ist zu wichtig und zu kostenintensiv, als dass man sie unkontrolliert sich selbst überlassen sollte." (Cauers 2009, 22).

4.4 Vertiefung interne Kommunikation: Mitarbeiterzeitschrift

> **Beispiel: Führen durch Information und Motivation in der Mitarbeiterzeitschrift**
> **Das Editorial von „Löschblatt"** (Magazin der Feuerwehr Hamburg, Ausgabe 35, März 2009, 2)
>
> Sehr geehrte Kolleginnen und Kollegen,
>
> seit dem 1. Oktober 2008 bin ich als Abteilungsleiter von F02 verantwortlich für den Einsatzdienst und freue mich sehr, Sie erstmalig von dieser Stelle aus begrüßen zu dürfen. Zurückblickend auf das Jahr 2008 erfüllt es mich mit Stolz, feststellen zu können, dass insgesamt 228.515 Einsätze professionell von Ihnen bewältigt wurden. Imposante Zahlen, da die Steigerung zum Vorjahr über sieben Prozent beträgt. Dafür möchte ich mich sehr bei Ihnen bedanken und zudem die Schwerpunkte des Einsatzdienstes der nächsten zwei Jahre aufzeigen.
>
> Es freut mich sehr, dass es dem Amtsleiter, der Behördenleitung und den politisch Verantwortlichen gelungen ist, trotz der schwierigen Finanzlage für die Feuerwehr 40 neue Stellen im feuerwehrtechnischen Dienst, vier Stellen beim Kampfmittelräumdienst sowie zwölf Löschfahrzeuge für die Freiwillige Feuerwehr zu gewinnen. Ein bedeutender Schritt, um die Personalstruktur zu verbessern. Daneben möchte ich jedoch auch auf die fachliche Arbeit des Einsatzdienstes hinweisen. Unter qualitativen Aspekten ist es bemerkenswert, dass bis Mitte 2009 alle FuRW (Feuerwehr- und Rettungswagen) (Ergänzung durch Autor) eine realistische Brandbekämpfungsübung in unterirdischen Anlagen durchführen, um die einsatztaktischen Abläufe für diese schwierigen Einsatzlagen real zu trainieren. In Bezug auf die Qualität ist dies ein absolutes Novum bei der Feuerwehr Hamburg!
>
> Weitere Schwerpunktthemen für den Einsatzdienst in den Jahren 2009 und 2010 werden sein:
> - Konkrete Ausgestaltung der Qualitätsoffensive im Einsatzdienst,
> - Beginn des Projekts Betriebliches Gesundheitsmanagement mit umfassender Beteiligung des Einsatzdienstes,
> - Neubau der Feuerwehreinsatzleitung,
> - Vorbereitung der Strukturuntersuchung,
> - Beginn der Beschaffung von 41 HLF sowie vier Drehleitern in einem mehrjährigen Zyklus,
> - Optimierung der Organisation der Rettungsleitstelle,
> - Novellierung des Feuerwehrgesetzes und der WerkfeuerwehrVO,
> - Bauliche Ertüchtigung der FuRW 12 und 34 sowie des Feuerwehrhauses der FF Bergstedt,
> - Einführung des Digitalfunks.
>
> Hieraus wird deutlich erkennbar, dass der Einsatzdienst für zukünftige Aufgaben nachhaltig gestärkt wird. Zugleich bedeutet dies für Sie, dass die Bedingungen den gestiegenen Anforderungen in Ihrem direkten Arbeitsumfeld angepasst werden. Damit ist ein wichtiger Schritt geschafft.
>
> Ich freue mich sehr, mit Ihnen die Zukunft der Feuerwehr Hamburg weiter zu gestalten.
>
> Ihr Stephan Wenderoth

Wichtig für den Erfolg des Mediums Mitarbeiterzeitung ist – wie gesagt –, dass es nicht als alleiniges Organ der Geschäftsleitung betrachtet wird:

- Von der erwartet man selbstverständlich Beiträge, aber diese sollten sich nicht in der Zensur erschöpfen oder in der Autorität sonnen.
- Sie sollten sich vielmehr auf die konkrete Arbeitswelt der Mitarbeiter beziehen, für die Führungskräfte Verantwortung tragen und von der diese auch zeigen, dass sie sich in dieser Realität auskennen.

- Neben Beiträgen der Organisationsleitung sind selbstverständlich Beiträge von Mitarbeitern für Mitarbeiter relevant.
- Insbesondere Berichte und Reportagen über die Arbeitsrealität von Mitarbeitern in den unterschiedlichsten Bereichen eines Unternehmens, die man selber als Mitarbeiter nicht miterleben kann, schaffen Transparenz.
- Konsequente Personalisierung macht die Mitarbeiterzeitung erfolgreich (z.B. durch persönliche Vorstellung von Mitarbeitern in Text und Bild, Namensartikel mit Autorenfotos und Informationen zu Personen und Funktionen im Unternehmen) (Mänken 2009, 22). Solche Beiträge einer Mitarbeiterzeitung sind vor allem auch glaubwürdig. Dafür kann die weiter oben vorgestellte Zeitung „Inside" von Adidas beispielhaft stehen.

Um die oben genannte Hauptzielsetzung der Mitarbeiterzeitschrift zu erreichen und als ein Führungsinstrument wahrgenommen zu werden, empfehlen sich insbesondere folgende Ansätze im Medium (Mänken 2009, 32 ff.):

- Die Beiträge sollen versuchen, Akzeptanz für Veränderungen zu schaffen, indem sie durch anschauliche und aktuelle Beiträge (Berichte, Reportagen, Kommentare und Interviews) über Veränderungen, ihre Hintergründe und Konsequenzen informieren. Die Gedanken und Meinungen der Mitarbeiter dazu sind relevante Reflexionen zur Veränderung eines Unternehmens, die nicht fehlen sollten.
- Ziele einer Organisation müssen in der Mitarbeiterzeitung transparent und für die betroffenen Mitarbeiter erlebbar gemacht werden. Dabei gilt: Konkretisierung und Personalisierung ist der theoretischen Darstellung vorzuziehen.
- Für Mitarbeiter sollte in diesem Medium nachvollziehbar werden, wie Verantwortlichkeiten verteilt sind und wie Abläufe und Prozesse strukturiert sind. Die Führungskraft muss dabei möglichst realitätsnah präsentiert werden, beispielsweise in einem Interview zur Person oder in Form einer Reportage, die den Tagesablauf der Führungskraft erlebbar macht.
- Führung bedeutet auch, das Wir-Gefühl und den Teamgedanken zu unterstützen. Daher sind Portraits von Mitarbeitern und Arbeitsplätzen mit vielen O-Tönen geeignete Mittel, Herausforderungen und Erfolge zum gemeinsamen Erlebnis zu machen.
- Identität stellt sich auch durch die Aufbereitung der Vergangenheit her. Daher sollte die Historie einer Organisation, die gemeinsame Geschichte von Erfolg und vielleicht auch Misserfolg, ihren Platz in der Mitarbeiterzeitschrift haben.
- Wichtig zur Leistungsmotivation ist nicht nur, Herausforderungen zu formulieren, sondern auch Erreichtes zu wertschätzen und Erfolge mit Aufmerksamkeit in der Mitarbeiterzeitschrift zu belohnen, die über Karrieren berichtet, Beförderungen kommuniziert, das Vorschlagswesen bilanziert und besondere Leistungen in Text- und Bildreportagen überzeugend vermittelt.
- Qualitätsansprüche, die ein Unternehmen bezogen auf seine Produkte und Dienstleistungen für Kunden pflegt, sollten auch eine hohe Priorität für die formale und inhaltliche Gestaltung des Mitarbeitermediums haben, dann sind sie – so ernst genommen – für den Mitarbeiter wertschätzend und überzeugend.

4.5 Textbeispiele aus der Unternehmenskommunikation und exemplarische Erfolgsfaktoren

Im Folgenden sollen abschließend – ohne Anspruch auf Vollständigkeit – anhand von einzelnen Instrumenten und ihrer Anwendung einige Erfolgsfaktoren für die Textarbeit in der Unternehmenskommunikation herausgearbeitet werden.

Erfolgsfaktor 1: Professionalität zählt!

Insbesondere in der Pressearbeit ist es notwendig, (journalistische) Textkompetenz zu beweisen (siehe Kapitel 3 sowie Falkenberg (2008, 9 ff., 41 ff., 79 ff., 111 ff.) und Schulz-Bruhdoel & Fürstenau (2008, 167 ff., 310 ff.)). Ist ein Thema auch noch so interessant, ein werblich gestalteter Text oder ein Text, der journalistische Schreibkonventionen missachtet, Nachrichtenfaktoren nicht kennt und an journalistischen Arbeitsweisen gemessen nicht verwertbar ist, wird definitiv keinen Eingang in die Medien finden. Das Thema wird allenfalls Aufhänger zur eigenen Recherche der Redaktion und geht damit als Chance für aktive Medienarbeit des Unternehmens verloren.

Erfolgsfaktor 2: Auf das richtige Maß kommt es an!

Für die Presse- und Medienarbeit gilt, wann immer es die Relevanz der Themen für die Zielgruppen zulässt, die Chance auf aktive Presse- und Medienarbeit zu nutzen. Denn hier kann das Unternehmen Inhalt, Zeitpunkt, Umfang und Form der Information selbst bestimmen. Wer ausschließlich passiv Medienarbeit macht und restriktiv mit Informationen umgeht, kann keine guten Beziehungen zu Medien aufbauen. Man macht sich dadurch viel mehr verdächtig. Gerade in Krisenzeiten erweist es sich oft als entscheidend, dass eine Beziehung zu den Medienvertretern kontinuierlich gepflegt wurde und eine gute Versorgung mit Informationen stattgefunden hat.

Erfolgsfaktor 3: Kür wirkt gewinnend, nicht Pflicht!

Standardinstrumente der Unternehmenskommunikation können mehr bieten als der Standard verlangt und genau dadurch erfolgreich sein. Dies trifft auf die Mitarbeiterzeitschrift wie oben ausgeführt zu. Aber auch der Geschäftsbericht ist ein typischer Fall für die so genannte „Hucke-Pack"-Funktion von Public Relations (Merten 2000, 94, 198). Die originäre Funktion des Geschäftsberichts ist die Unterrichtung der Gesellschafter bzw. Kapitalgeber über die finanzielle und wirtschaftliche Lage des Unternehmens. Er ist Instrument der so genannten „Investor Relations", dem Teilbereich der Unternehmenskommunikation, der sich an die Vertreter mit Kapitalinteressen wie Miteigentümer, Gläubiger oder Finanzanalysten richtet (Mast 2008, 321). Hier verbinden sich im günstigen Fall Kommunikations-Know How mit Wirtschaftskompetenz, um der Finanzwelt einen guten Eindruck davon zu verschaffen, wie leistungsfähig ein Unternehmen ist, und welche Perspektiven es in der Zukunft hat.

In der Vergangenheit waren Geschäftsberichte zumeist recht trockene, text- und zahlenlastige Angelegenheiten, die Lesefreude nur für „Eingeweihte" aufkommen ließ.

Diese Zeiten sind heute lange vorbei. Durch kreative textliche und graphische Gestaltung ist der Geschäftsbericht in seiner sekundären Funktion zu einer Quelle der Imagepflege geworden. Die Pflicht, nach dem Handelsgesetzbuch jährlich einen Abschlussbericht mit Zahlen vorzulegen, wird zur Kür, in der alle möglichen interessanten Aspekte des Unternehmens kunstvoll inszeniert werden können.

Innerhalb der Investor Relations ist der Geschäftsbericht ein überaus wichtiges Instrument, bei den unpersönlichen Kommunikationsformen gilt er sogar als das wichtigste Instrument überhaupt (Mast 2008, 331). Vor diesem Hintergrund und im Kontext seiner Sekundärfunktion der Imagepflege verwundert es nicht, dass es eine ganze Reihe von Preisen gibt, mit denen Geschäftsberichte heute ausgezeichnet werden können, wenn sie in Bezug auf Inhalt, Gestaltung und Sprache mehr tun als es die Pflicht verlangt.

Das jährliche „Schaulaufen" der Geschäftsberichte vollzieht sich im Wettrennen diverser Preisausschreibungen, die hochkomplexe Bewertungsprozesse durch (wissenschaftliche) Experten als Hürden aufstellen, bevor sich die Sieger im Scheinwerferlicht sonnen dürfen. Die in Deutschland bekannten und bislang in der Finanzwelt als relevant erachteten Wettbewerbe sind der „Investor Relations Preis" von Capital und die Auszeichnung „Bester Geschäftsbericht" des Manager Magazins[46] Im Jahr 2008 hat die Adidas Gruppe und damit wieder ein Unternehmen aus dem Deutschen Aktienindex (Dax) mit dem besten Geschäftsbericht das vom Manager Magazin ausgeschriebene Rennen gemacht (zu den Einzelheiten siehe Manager Magazin 10/2008, 102 ff.). Kür-Sieger lesen sich dann so:

> **Beispiel: „Our game plan"**
>
> „Wir leben Sport wie kein anderes Unternehmen. Und wollen der weltweit führende Anbieter der Sportartikelindustrie sein. Das ist unser Ziel. Wir kennen unsere Stärken. Wir wissen, wo wir angreifen müssen. Wir haben ein dynamisches Team. Gemeinsame Werte – Leistung, Leidenschaft, Integrität und Vielfalt. Und viel Energie. Unsere Spielzüge sind geplant. Unsere Taktik steht. Wie sind bereit für die nächste Runde. Und wir haben eine Strategie: Our game plan." (adidas Group, Geschäftsbericht „Our game plan" 2008, 1)

Auf insgesamt 215 (!) Seiten Papier, das ansehnliche 1.069 Gramm auf der Waage bringt, erfährt der Leser respektive Aktionär alles und noch viel mehr über das Markenportfolio, Unternehmensziele und Ergebnisse, Finanz-Highlights, Produkte, Kampagnen und die Player des Sportartikelherstellers. Ein weiteres Schwergewicht im Kampf um den Titel „Bester Geschäftsbericht", ist die Fresenius Medical Care, der weltweit führende Anbieter von Produkten und Dienstleistungen für Dialysepatienten. Deren Geschäftsbericht wiegt respektable 1,5 Kilogramm, aber neben der beeindruckenden

---

[46] Stellvertretend für andere, „kleinformatigere" Preise soll hier zumindest die im Jahr 2009 erstmalig vergebene Auszeichnung „Private public" Erwähnung finden, bei der die besten Geschäftsberichte aus 240 deutschen, privat finanzierten Unternehmen in Familien- und Stiftungsbesitz im Hinblick auf Informationsniveau und begleitende Kommunikation analysiert wurden (Ergo Kommunikation & PKF Fasselt, Schlage, Lang und Stolz 2009). Dieser Preis will das wachsende Interesse an Wirtschafts- und Finanzdaten dieser börsenunabhängig finanzierten Untenemen würdigen.

Menge Papier besticht er vor allem durch seine Aufmachung und seine respektablen Inhalte, mit denen er sich im Jahr 2009 den Platz 3 unter den Besten gesichert hat. Dieser Bericht bringt einen Schlüsselbegriff der Finanzkommunikation auf den Punkt: Vertrauen. Der Geschäftsbericht trägt den Titel „Vertrauen leben".

Vertrauen und Glaubwürdigkeit werden im Allgemeinen als zentrale Erfolgsfaktoren für die Unternehmenskommunikation angesehen. Eine Behauptung, glaub- und vertrauenswürdig zu sein, reicht aber nicht aus, um Rezipienten zu überzeugen.

- Die Kommunikation selbst muss über spezifische Merkmale verfügen, die quasi als Symptome für Glaubwürdigkeit von Rezipienten interpretiert werden können (Reinmuth 2009, 133).
- Nach Keller (2009, 39 ff.) sind Kompetenz, Intelligenz, Ehrlichkeit und Sympathie wichtige Faktoren, die in der Unternehmenskommunikation im Allgemeinen und im Geschäftsbericht im Besonderen Vertrauen aufbauen oder aber durch ihre Missachtung Vertrauensbildung gefährden können.
- Auf die Sprache bei der Abfassung eines Geschäftsberichts soll daher ganz besonders geachtet werden.
- Die Aussagen und Formulierungen dürfen keinesfalls den Eindruck machen, dem Unternehmen fehle es an diesen vertrauensbildenden Faktoren.

Das hat die Berichtsvariante von Fresenius verstanden und in sehr überzeugender Form umgesetzt: Nicht nur von Vertrauen reden, sondern selbiges erlebbar machen durch vertrauensbildende Maßnahmen. Der folgende Textauszug kann dies nachvollziehbar machen – für Anteilseigner, Finanzanalysten, Kunden, Mitarbeiter und nicht zuletzt Patienten.

Beispiel: Fresenius Medical Care Geschäftsbericht 2008 „Vertrauen leben"
(Teil Unternehmensbericht, Textauszüge Kapitel 1, 1–4)

Vorspann:

Über Vertrauen
Vertrauen ist eines der wunderbarsten menschlichen Gefühle. Gut, dass es im Unternehmen Fresenius Medical Care in besonderer Weise gelebt wird.

Über Leben
Leben ist nicht gleich Lebensqualität. Wer, wenn nicht wir, könnte das am besten wissen?

Vertrauen leben
Vertrauen leben heißt auch, den Dialog zu suchen und den wissenschaftlichen Austausch zu fördern.

Zur Einführung der Inhalte des Kapitels 1 heißt es einleitend:

Vertrauen entwickeln: Wie Fresenius Medical Care schon bei der Entwicklung der immer komplexer werdenden Dialysatoren und Maschinen eine einfache Bedienung in den Mittelpunkt stellt. Und warum das wirtschaftlich sinnvoll ist.

Vertrauen rechtfertigen: Wie sich Fresenius Medical Care immer wieder neue Ansätze für Verbesserungen in der Produktion erschließt.

> **Vertrauen erfahren:** Wie Fresenius Medical Care den Patienten ein besseres Leben verschafft und dabei alles daransetzt, dass die optimale Versorgung bezahlbar bleibt.
>
> **Vertrauen bilden:** Wie Fresenius Medical Care mit seiner Aus- und Weiterbildung seinen Wissensvorsprung ausbaut.

Erfolgsfaktor 4: Nicht nur Textkompetenz, auch Strategiekompetenz ist gefragt!

Ein Text muss immer einen Sinn im gesamten Kommunikationskonzept haben und einen hohen Integrationsgrad im Hinblick auf die Gesamtheit von Maßnahmen aufweisen, so dass zum Beispiel die Botschaften des Textes den Kernbotschaften einer Kampagne entsprechen oder auch die richtigen Zielgruppen auf die richtige Art und Weise angesprochen werden. Gute Texte für die Unternehmenskommunikation kennen also ihre Zielgruppen. So kann man Beispiele für die differenzierte Ansprache von Männern und Frauen finden, die auf Geschlechterstereotypen fokussieren (z. B. „Ältere Männer sind für jüngere Frauen besonders attraktiv, wenn diese ein schnelles und teures Auto fahren." Oder „Frauen sind keine Baumarktkunden."). Die Zielgruppendifferenzierung muss dann natürlich zum Produkt passen und kann nur bei sehr genauer Kenntnis der Zielgruppe, ihrer Vorlieben, Interessen, Vorbehalte, Wünsche usw. erfolgreich sein. Die nachfolgenden Textbeispiele können dies illustrieren.

Das erste Textbeispiel einer Werbeanzeige von Mercedes-Benz spielt mit typischen Männerträumen. Das zweite Beispiel aus einer Broschüre eines Baumarktes dient der Zielgruppenerweiterung. Hier sollen Frauen als spezifische, besondere Kundengruppe für den Baumarkt angesprochen und gewonnen werden. Im dritten Beispiel wird diese Zielgruppenerweiterung der gleichen Baumarktkette fortgesetzt. Entsprechend der generell neuen Orientierung an „Alten" als Zielgruppe für die Unternehmenskommunikation (vgl. Femers 2007) spricht Hornbach in dem Plakat ganz offen das Klischee der Trümmerfrau an und instrumentalisiert diese für Werbezwecke:

> **Beispiel: Mercedes-Benz und das Spiel mit Geschlechtersterotypen**
> (Anzeigen auf zwei nachfolgenden Seiten, Der Tagesspiegel 13.08.2005)
>
> Teil 1:
>
> Sie sind mittlerweile über sechzig. (Weißhaariger Mann im Bild)
>
> Was sagen die Mädels?
>
> Teil 2: (nach dem Umblättern zu sehen)
>
> Wow! (SLK mit weißhaarigem Mann im Bild)
>
> Das Haus ist abbezahlt, die Kinder verheiratet, die Lebensversicherung kassiert: Jetzt ist die Zeit gekommen, sich selbst für den unermüdlichen Einsatz zu belohnen. Zum Beispiel mit einem SLK von Mercedes-Benz. Dieser durchtrainierte Roadster fällt nicht nur durch ein hinreißendes Design auf, sondern auch durch sein hohes Maß an Komfort und eine üppige Sicherheitsausstattung. Wenn Sie also demnächst gemächlich über den Ku'damm fahren, dürfen Sie sich nicht wundern, wenn man Ihnen anerkennend hinterher pfeift. Wir freuen uns auf Ihren Besuch.

> **Beispiel: Hornbach – Die Kampagne „Woman at work"**
> Auszüge aus der Broschüre „Woman at work"
> (2004, 24 Seiten u. a. als Beilage für Frauenzeitschriften)

Diese Broschüre ist all den Frauen gewidmet, die bei einer Feile nicht gleich an Maniküre denken, die Lack nicht tragen, sondern auftragen und die mit Silikon nicht ihre Oberweite, sondern ihr Bad renovieren.

Frauen lassen sich nicht durch jede Kleinigkeit aus der Ruhe bringen. Wenn sie etwas anpacken, dann ziehen sie es auch bis zum Ende durch. Das macht Frauen einfach zu den besseren Handwerkern. Basta.

Woman at work. Frauen jammern wenigstens nicht gleich bei jedem Kratzer.

Zeige Deine Gefühle. Der Hornbach Farbmischservice versteht Dich. Farben sagen viel über Dich und Deine Stimmung aus, ohne dabei viele Worte zu verlieren. Darum offenbare Deine Gefühle dem digitalen Farbscanner bei Hornbach. Am besten in Form eines Farbmusters. Der Hornbach Farbmischservice mischt sie für Dich hundertprozentig gefühlsecht und genau nach. Mit den Nr. 1 Marken – ohne Aufpreis, ohne Wartezeit und ohne Psychotest.

Gebt Euch erst geschlagen, wenn die letzte Wand gestrichen, das letzte Stück Parkett gelegt und die letzte Schraube festsitzt.

Hornbach. Es gibt immer was zu tun.

> **Beispiel: Hornbach – Zielgruppenerweiterung „Alte"**

Abb. 4.11: Zielgruppenerweiterung Hornbach 2008: „Alte"
(Quelle: Freier Downloadbereich: http://www.hornbach.de/home/de/html/index.phtml Zugriff 2.11.2009)

Erfolgsfaktor 5: Das Timing muss stimmen!

Unternehmenskommunikation sollte kontinuierlich, nicht nur punktuell stattfinden. Neben der Kontinuität ist in zeitlicher Hinsicht die Aktualität ganz entscheidend. Dies bedeutet auch, jahreszeitlich passende Anlässe für die Kundenansprache zu nutzen. Die nachfolgenden Textbeispiele können dies illustrieren.

> **Beispiel: Top 10 Sommer Projekte mit Hornbach** (Hornbach-Magazin Juli 2005)
>
> 30 Grad. Lauer Südwestwind. Endlich Sommer. Der einzige in diesem Jahr. Nutze ihn! Denn das Tor schreit nach einem neuen Anstrich, der Gartenteich ist jetzt schon 3 Jahre geplant und die Hofeinfahrt gleicht einer Buckelpiste. Also: Sonnencreme einpacken. Neue Batterien ins Koffer-Radio einsetzen. Bei der Frau schon mal 'ne Butterstulle für Mittag bestellen. Bier kühlen. Los geht's. Ab in die Hitze. Hier sind die Sommer-Hits für Ihre Projekte. Vorhang auf. Unter www.hornbach.de zeigen wir, wie's geht. Klicken. Informieren. Loslegen!

> **Beispiel: „Esplanade Wellness News"**
> **Kundennewsletter** von info@esplanade.de, 18. November 2009
>
> „Fit in den Winter"
> Kalte Hände, ständiges Frieren und die erste dicke Erkältung. Davon haben Sie auch die Nase gestrichen voll? Möchten Sie lieber richtig warme Stunden am knisternden Kamin bei einer heißen Tasse Schokolade verbringen, die Seele baumeln lassen und noch etwas für Ihr Wohlbefinden tun? Dann besuchen Sie unseren Esplanade Spa und machen Sie sich fit für die kalte Jahreszeit. Steigern Sie Ihr Immunsystem mit einem Saunagang, stärken Sie Ihr Inneres Gleichgewicht mit einer Yogastunde oder bei einer Klangschalenmassage und verlieben Sie sich in unsere Vitamin-Cocktails an unserer „H2O-Bar". Unsere verführerischen Angebote finden Sie unter http://www.esplanade-resort.de Wir freuen uns auf Sie!
>
> Ihr
> Heinz Baumeister
> Hoteldirektor

Erfolgsfaktor 6: Trends nutzen, aber nicht überstrapazieren!

Die Unternehmenskommunikation sollte immer eine gute Orientierung für den Zeitgeist, Trends und aktuelle Entwicklungen haben und diese im Hinblick auf die Relevanz für ihre Unternehmensaktivitäten, Produkte, Dienstleistungen und vor allem ihre Ziel- und Bezugsgruppen auswerten. Im Jahr 2005 hat eine breit angelegte Social-Marketing Kampagne mit dem Titel „Du bist Deutschland" auf positives Denken der Deutschen gesetzt und die Basis für ein neues Nationalgefühl schaffen wollen. Erklärtes Ziel der Kampagne war es, eine Bewegung für mehr Zuversicht und Eigeninitiative in Deutschland zu sein und die Bürger zu mehr Selbstvertrauen und Motivation zu ermutigen (siehe http://www.du-bist-deutschland.de). Diese Kampagne wurde durchaus kontrovers diskutiert. Sie setzte aber einen Akzent, der durch ähnliche Initiativen zu einem Trend wurde.

In diesem Zusammenhang ist auch die Image- und Standortinitiative „Deutschland – Land der Ideen" der deutschen Bundesregierung und der deutschen Wirtschaft zu sehen, die während der Fußball-Weltmeisterschaft 2006 in Deutschland gestartet wurde und u. a. von der Wettbewerbsfähigkeit, Innovationskraft und Leistungsfähigkeit des Standortes überzeugen sollte (siehe http://www.land-der-ideen.de). Beide Initiativen wurden über die Folgejahre fortgesetzt und haben Begeisterung wie auch Kritik ausgelöst. Als im Jahr 2008 die Hauptstadtkampagne „Be Berlin" (siehe http://www.sei.berlin.de) startete, war dies die dritte „Gut-Wetter-Kampagne", die dem gesetzten Trend folgte. Nicht lange hat es gedauert, bis die Werbung für Unternehmen diesen Trend aufgegriffen und in Form einer Nachahmung oder Persiflage weiterentwickelt hat. Ein solches Beispiel stellt die Hymne der Baumarktkette Hornbach dar, die als Radio- und Fernsehspot sowie als Anzeige 2009 zu erleben war.

Solche Trendorientierungen bergen allerdings nicht nur Chancen für die Unternehmenskommunikation, sie können sich auch negativ auswirken, z. B. wenn Rezipienten von einem Trend „übersättigt sind" oder eine Karikierung nicht mit Humor nehmen können, weil sie an der Sinnhaftigkeit der Vorläuferkampagnen keinen Zweifel dulden. Texte für die Unternehmenskommunikation sollten selbstverständlich Aktualität zur Orientierung aufweisen, damit Konsumenten auch wissen, dass das Unternehmen nicht von gestern ist und seine Produkte nicht morgen schon völlig überaltert sind. Leichtfertig sollten Trends aber nicht als oberflächliches Verkaufsargument eingesetzt werden, sie werden dann schnell überstrapaziert und die kommunikativen Bemühungen, Zeitgeist zu spiegeln, können zur Lächerlichkeit geraten.

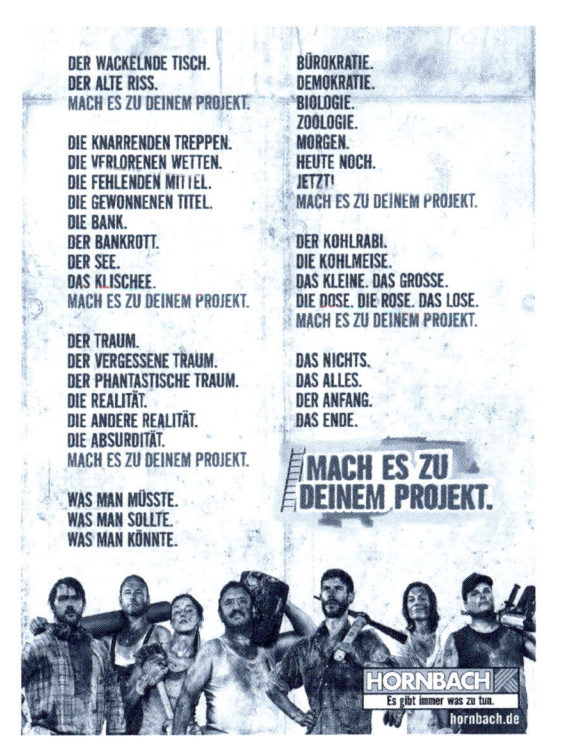

Abb: 4.12: Die Hymne von Hornbach aus dem Jahr 2009
(Quelle: Freier Downloadbereich: http://www.hornbach.de/home/de/html/index.phtml Zugriff 2.11.2009)

Erfolgsfaktor 7: Übertreibung mit Maßen betreiben!

Werbliche Ansprache von Kunden ist in der Regel nicht rein tatsachenorientiert, sondern darf auch durch das Spiel mit Wünschen, Träumen und Phantasie übertreiben. Dennoch ist auch hier sensibel auf die Grenzen zu achten. Die bildliche oder textliche Einladung zu Träumen vom Glück durch ein Produkt oder eine Dienstleistung hat immer eine Verankerung in der Realität aufzuweisen, sonst setzt sie Glaubwürdigkeit vollends auf Spiel. Der Traum im Werbetext darf eben nicht zum Albtraum geraten. Bei der textlichen Verführung zu einem Kleidungsstück zum Beispiel sollte der Respekt vor den Albträumen insbesondere von Frauen in Umkleidekabinen und vor häuslichen Spiegelwänden immer mit bedacht werden und das Sprachmaß der Verführung bestimmen.

> **Beispiel: Kundennewsletter Tchibo „Jede Woche eine neue Welt"** (Tchibo, 11.02.2004)
>
> Liebe Frau Femers,
>
> wie eine Tänzerin, die der puren Bewegung eine Form gibt und sie so zu einem Ausdruck individueller Schönheit und Eleganz macht, formt diese Wäsche den weiblichen Körper. Formvollendet.
>
> Nahtloser Übergang von Pflicht zur Kür: Das BH-Hemdchen in schwarz mit leicht verstärkten Cups ist ideal unter figurnaher Kleidung. Die Vollendung der Form: ein Magic-Push-up-BH, der das Dekolleté ins beste Licht setzt. Ein Control-Hüftslip, der Rundungen sanft modelliert. In unschuldigem kristallblau, versehen mit kostbarer italienischer Spitze. Die Choreografie der Verführung: weibliche Formen, umspielt von weich fließendem Material. Edel-Pyjama in kristallblau oder Edel-Nachthemd in schwarz.
>
> Applaus für diese sinnliche Vorführung!
>
> Ihr Tchibo.de-Team

Erfolgsfaktor 8: Perspektivenübernahme und Serviceorientierung demonstrieren!

Ziel- und Bezugsgruppen wollen sich verstanden wissen in ihrer Sicht der Dinge, sie wollen deutlich wahrgenommen werden in ihren Erwartungen und Wünschen. Ein Text für Kunden muss diese Orientierung am Gegenüber reflektieren und die Perspektive des Kunden einnehmen. Die Perspektivenübernahme kann beispielsweise durch einen Text demonstriert werden, der zeigt, dass sich ein Unternehmen sehr gut in sein Gegenüber, den Kunden, hineinversetzen kann, zum Beispiel in den Mann, der seine Frau beim Einkaufen begleitet – wie das Beispiel „Schafwandel" eines Kundenmailings aus dem Jahre 2008 zeigt. Allerdings sollte dieser Effekt durch nichts (wie z.B. zweifelhaften Humor) konterkariert werden.

> **Beispiel: „20 Jahre Schlafwandel"**
>
> Wir gehen den Männern an die Wäsche!
>
> Mit tollen Hausmänteln, Bademänteln und Pyjamas
>
> 20% auf besondere Männersachen vom 02.06.08 bis 21.06.08
>
> Danke. Männer.

20 Jahre Schlafwandel. Es ist höchste Zeit für diesen Dank. Dass nicht nur Qualität zählt im Bett, sondern auch guter Geschmack, Ihr habt es erkannt. Dass ein schöner Bademantel den Morgen noch freundlicher macht, Ihr wisst es, dass ein passendes Kissen Euch auf Eurem Sofa besser wirken lässt. Das ist für Euch selbstverständlich. Von gut sitzenden Pyjamas und schöner Unterwäsche brauchen wir gar nicht zu reden.

Noch mal. DANKE.

Und besonders für Eure Geduld. Wenn Ihr mitkommt zum Einkaufen. Mit welcher Gelassenheit Ihr im Sessel sitzt, einen Espresso trinkt, und als unverzichtbarer Ratgeber bei der schwierigen Auswahl von Pyjamas, Nachthemden, Hausmänteln, Dessous, Strandkleidern, Tagesdecken, Bettwäsche und Bademänteln mitwirkt. Wer hätte das gedacht.

Unser Dankeschön – Wir gegen den Männern an die Wäsche- **20% auf besondere Männersachen**, z. B. Herren-Hausmäntel, Tag- und Nachtwäsche für Männer und ausgesuchte Bademäntel.

Übrigens Sachen, in denen auch Damen eine gute Figur machen.

www.schlafwandel.de

Service beim Verkauf eines Produktes oder einer Dienstleistung ist heute selbstverständlich. Diese Serviceorientierung ist aber in der Regel nicht mehr allein durch einen einzelnen Akt zu demonstrieren. Ich „verkaufe" kommunikativ ein Produkt mehrmals: beim Angebot, bei der Bestellung, beim Kaufakt selbst, in der Beratungssituation, beim Verpacken, Versenden, Liefern, Bezahlen und in der Nachkaufphase. Insbesondere in der Situation, in der diese Phasen nicht durch direkte, persönliche Kommunikation gestaltet werden können, muss Serviceorientierung durch Texte überzeugend präsentiert werden.

Ein Kunde sollte in jeder Phase eine Unterstützung für eine Produktentscheidung bekommen. Dies kann selbst bei einem alltäglichen Artikel wie einer CD realisiert werden, ohne, dass es das Unternehmen viel kommunikative Mühe kostet. Die Wirkung beim Kunden kann aber ganz groß sein und als Imageplus für Service verbucht werden. Ein Textbeispiel aus dem Internet-CD-Versand zeigt, wie diese Anforderung an Serviceorientierung spielerisch, kreativ, sympathisch und humorvoll bei einer **Bestellbestätigung** realisiert werden kann.

Beispiel: Bestellbestätigung mit Serviceorienterung der ganz besonderen Art

Von: „CD Baby loves Marcus" <orders@cdbaby.com>

An: <Marcus.matysiak@web.de>

Marcus-

Thanks for your order with CD Baby!

Your CDs have been gently taken from our CD Baby shelves with sterilized contamination-free gloves and placed onto a satin pillow.

A team of 50 employees inspected your CDs and polished them to make sure they were in the best possible condition before mailing.

Our packing specialist from Japan lit a candle and a hush fell over the crowd as he put your CDs into the finest gold-lined box that money can buy.

> We all had a wonderful celebration afterwards and the whole party marched down the street to the post office where the entire town of Portland waved ‚Bon Voyage!' to your package, on its way to you, in our private CD Baby jet on this day, Tuesday, March 9th.
>
> I hope you had a wonderful time shopping at CD Baby. We sure did. Your picture is on our wall as „Customer of the Year". We're all exhausted but can't wait for you to come back to CDBABY.COM!!
>
> Thank you once again,
>
> Derek Sivers, president, CD Baby

Erfolgsfaktor 9: Nicht auffallen um den Preis der Abschreckung!

> **Beispiel: Das Geschäft der Deutschen Bank mit der Angst des Kunden**
>
> Stellen Sie sich vor, Sie gehen an den Kontoauszugsdrucker Ihrer Bank und checken Ihre Finanzen. Auf der letzten Seite des Kontoauszugs finden Sie den folgenden Text: „Ihr Lebensstandard ist gefährdet – Ihre Kredite und das Vermögen Ihrer Familie stehen auf wackligen Füßen. Die aktuellen Gesetzesänderungen zwingen zum schnellen Handeln." Hinter dem Text finden Sie zwei Telefonnummern und die Namen Ihrer Bankberater in Ihrer Filiale. Wie sieht Ihre Reaktion aus?

Für Kunden, denen dieser Werbetext präsentiert wird, kann die Reaktion von Verunsicherung bis Schock reichen. Nach Beschwerden von Kunden und Reaktionen von Verbraucherschützern, die den Text als abmahnfähig einstuften, weil er unzulässige Panikmache darstellt, hat die Deutsche Bank die Ausdrucke mit dem Text wieder aus dem Verkehr gezogen. Es gab zwar keine Abmahnung, aber einen Imageschaden, denn nicht nur direkt betroffene Kunden erfuhren von dem Versuch, durch Verunsicherung das Geschäft des Kreditinstitutes anzukurbeln. Auch Zeitungen berichteten darüber (z. B. Der Tagesspiegel, 21.7.2004, 17). Zur Abmahnung durch die Zentrale gegen unlauteren Wettbewerb kam es in einem anderen Fall gewagter Kundenansprache:

> **Beispiel: Kriegspost von Sony direkt nach Hause**
>
> Das Musikunternehmen Sony schickte Werbebriefe im Stil der US-Armee per Post an zahlreiche deutsche Haushalte. Die bräunlichen Umschläge enthielten einen Stofffetzen, der blutgetränkt aussah. Mit diesen Briefen wurde ein neues Computerspiel angepriesen. Die Wettbewerbszentrale hielt diese Art der Konsumentenansprache des Unternehmens für sittenwidrig, da der Eindruck erweckt werde, jemand aus einem Krisengebiet bitte um Hilfe (Der Tagesspiegel, 17.4.2004, 28).

Beide Beispiele zeigen, dass Auffallen in der Ansprache um jeden Preis zu vermeiden ist. Der Kreativität beim Texten sind Grenzen durch Ethik, Moral und Recht gesetzt. Welche Grenzen der Texter in ethischer Hinsicht beachten muss, wird im Kapitel 9 dieses Buches noch ausführlich thematisiert.

Erfolgsfaktor 10: Weder Intelligenz beleidigen, noch Sprachgefühl verletzen!

Das Unternehmen Media Markt hat das schon richtig erkannt: Die meisten von uns sind wirklich nicht blöd. („Nicht wirklich!" möchte man neudeutsch noch betonen.) Allerdings lässt uns manch ein Produkt-, Dienstleistungs- und auch Kommunikationsangebot von Unternehmen an unserem Verstand zweifeln. Begriffe wie „nachhaltige Raumpflege" oder ein Dienstleistungsangebot wie „Wellness beim Putzen" oder „Pilgern light" sind irritierend und stark erklärungsbedürftig. Solche sprachlichen Kontextübertragungen zur Absatzförderung sind häufig auch sehr gewagt: Wenn die ARP-Hansen Hotel Group in Kopenhagen zum Beispiel ihr Wochenendarrangement für Doppelzimmer inklusive Champagner und Frühstück mit der Bezeichnung „Paartherapie" im Verkaufsprospekt bewirbt, liegt das Risiko darin, dass neben Ausgehen und Bummeln doch auch andere, unerwünschte Assoziationen geweckt werden, da der Begriff Paartherapie auch negativ konnotiert ist. So kann auch die Kontextübertragung bei Begriffen aus der Gesundheitskommunikation auf das „normale", d.h. gesunde Geschäftsleben negative Effekte haben – wie das Beispiel „Liebeskummerpillen" zeigt.

> **Beispiel: Liebeskummerpillen**
>
> Give Aways und Werbemittelchen für Gesunde Kundenbindung – Katalog 2009
>
> Die Pille für gesunde Kundenbindung
>
> Verabreichen Sie Ihren Kunden die passende „Arznei". Passen Sie den Pillennamen, die Gestaltung von Schachtel und ihre „Wirkstoffe" (Süßwaren) individuell an Ihre Branche und Ihr Unternehmen an.
>
> **Anwendung:** Zur täglichen Kundenbindung, für Messeauftritte, für den Außendienst, bei Jubiläen und als Mailing. Oder zum Verkauf für den Einzelhandel.
>
> **Zusammensetzung:** Jede Packung enthält Individualität, Humor und eine große Dosis Werbewirksamkeit. Sonstige Bestandteile: Ein Beipackzettel mit sehr viel Platz für Ihre Werbebotschaft und 20 g leckere „Pillen" zum Genießen. Eine Auswahl von Süßwaren finden Sie auf den Seiten 8 und 9.
>
> **Wechselwirkung:** mit anderen Marketingmaßnahmen sind erwünscht.
>
> **Dosierung:** Regelmäßige Einnahme wird empfohlen.
>
> **Nebenwirkung:** Sensibilisierung für Kommunikation, stärkere Kundenbindung, Steigerung der Gewinne.
>
> **Gestaltung:** Wir bieten zwei Varianten.
>
> 1. Sie erstellen selbst die druckfähigen Daten. Entwerfen Sie Ihr eigenes Design.
>
> 2. Wir erstellen die Gestaltung für Sie nach Ihren Wünschen. Unsere Kreativabteilung berät Sie gerne.
>
> Alles ist möglich – Kreativität ohne Grenzen.
>
> **Lieferung:** Erfolgt ca. 10–20 Werktage nach Druckfreigabe.
>
> **Zu Risiken und Nebenwirkungen** fragen Sie das Team der liebeskummerpillen.
>
> Arzneimittel für Konkurrenz unzugänglich aufbewahren!
>
> Besuchen Sie unsere Gefühlsapotheke:
>
> www.liebeskummerpillen.de

Ähnlich nachdenklich kann man werden bei der Kooperation der Bildzeitung und Mediamarkt, die die „Volkszahnbürste" promoten. Eine Bürste für's Volk? Nur eine Bürste für's Volk? Wir sind die Zahnbürste! Und doch nicht Papst? Und auch nicht Deutschland, Porsche usw.? Schreckliche Gedanken – und das alles wegen einer Zahnbürste. Der Sinn von Angebot und Ansprache will sich einfach nicht leicht erschließen. Auch die Kommunikation der Möglichkeit, die Dessous von Seite eins der Bildzeitung exklusiv bei C&A zu erwerben, zieht nicht zwingend die Anschlusshandlung „Kaufen" nach sich. Manch ein Konsument mag sich vielleicht auch fragen: Warum kooperieren die eigentlich alle? Ist es wirklich so schwer geworden, eine Zahnbürste oder eine Unterhose zu verkaufen? Die Antwort heißt: „Ja!" – für viele trifft das zu, darum sind ihre Kommunikationsanstrengungen so intensiv und produktübergreifend. In der Telekommunikationssparte ist dies auch gut zu beobachten. Ein Beispiel aus der Welt der Unternehmenskommunikation dieser Branche kann dies illustrieren.

Beispiel: „Möge die Macht mit Deinem Handy sein"
Auszug aus „short message", dem monatlichen Newsletter für Kunden von E-Plus Mobilfunk, Ausgabe April 2005:

Mobiler Star Wars™ Fun. Endlich ist es so weit. „Star Wars™: Episode III – Die Rache der Sith". Mit dem lang ersehnten letzten Teil wird sich der Kreis um Anakin und Luke Skywalker endlich schließen. Die aufwendigste aller Episoden startet am 19. Mai in den deutschen Kinos.

Bis dahin vertreibt Ihnen E-Plus das Warten mit trendigen Star Wars™ Logos und Klingeltönen aller bisherigen Episoden. Rüsten Sie Ihr Handy für das Film-Event 2005. Geben Sie ihm einen individuellen Touch und ordnen Sie die Bilder und Melodien Ihren Anrufern zu. Wenn dann eine bedrohliche Star Wars™ Melodie aus Ihrem Handy ertönt und Darth Vader auf dem Display erscheint, wissen Sie: Ihre Schwiegermutter ruft an.

Und so einfach gehts: Suchen Sie sich ein Logo aus und senden Sie eine SMS mit dem Bestellcode, z. B. STAR1002 (für Yoda), an die 1002. Wichtig: Logo nach Erhalt sofort speichern.

Eine umfangreiche Auswahl an weiteren tollen Star Wars™ Logos sowie eine Vielzahl an Klingeltönen finden Sie im E-Plus WAP-Portal unter der Rubrik „STAR WARS™ Special oder unter www.eplus-unlimited.de. Schauen Sie doch einfach mal vorbei.

Weder mit dem Telefonieren noch mit dem Kommunizieren insgesamt scheint es so einfach zu sein wie es einmal war. Aber: Unternehmen müssen sich in ihrem Tun und Lassen erklären. Auch ein Zuviel in der Kommunikation kann die kritische Sinnfrage des Konsumenten nach sich ziehen, wenn Selbstverständlichkeiten nicht mehr gegeben sind. Denn eines wissen intelligente Konsumenten nun einmal: Es gibt nichts umsonst. Auch die Kommunikation zahlt der Kunde!

Das genannte Beispiel des Kundenmagazins von T-Mobile soll auf einen letzten Erfolgsfaktor beim Texten in der Unternehmenskommunikation verweisen. Erfolg hat der Texter, der neben allem anderen auch mit Sprachkompetenz und Sprachgefühl punkten kann! Korrektes Deutsch sollte eine absolute Selbstverständlichkeit sein und das Sprachniveau der Zielgruppe muss Maßstab für die Textgestaltung sein. Zielgruppen bzw. Bezugsgruppen, kommunizierende Unternehmen und ihre Angebote sind immer individuell für die Sprachwahl zu sehen. Dies bedingt, dass hierzu allgemeine Sprachempfehlungen nur schwer möglich sind.

Anglizismen und Amerikanismen beispielsweise werden oft kritisiert. Sie sollten sicher nicht im Übermaß verwendet werden, sind aber aus der neudeutschen Wirtschaftssprache vielfach gar nicht mehr wegzudenken. Auch ihre Eindeutschung, d. h. ihre Übersetzung kann oft ob der Sinnentstellung, Antiquiertheit oder Lächerlichkeit der Übersetzungsergebnisse gar keine Alternative sein.

Der Sprachwissenschaftler Garbe verweist in seinem Buch „Goodbye Goethe" auf die Gratwanderung zwischen Sprachkorrektheit und Sprachbewahrung einerseits und der notwendigen und selbstverständlichen Weiterentwicklung einer lebendigen Sprache andererseits. Als typisch für die Gegenwartssprache und erschwerend für das Verständnis reklamiert er beispielsweise den Trend zur „Aküspra" (Abkürzungssprache) (Garbe 2005, 16), bei der wir Abkürzungen wie Vokabeln lernen und immer wieder kontextabhängige Entscheidungen treffen müssen, z. B. darüber, ob „SB" nun für Sonnenblumen (im Margarineregal) steht oder für Selbstbedienung (an der Tankstelle). Abkürzungen sollten stets erklärt werden, solange sie nicht sicher von der Zielgruppe beherrscht werden.

Die Sprache der Unternehmenskommunikation liebt die Abweichung von sprachlichen Normen und die Zeitgeistsprache gleichermaßen. Von der Freude am naiv fehlerhaltigen „Trapattoni-Deutsch" („Diese Spieler waren schwach wie Flasche leer ... Ich habe fertig", Garbe (2005, 45)) bis zum Imitieren der raffiniert-fehlerinszenierenden „Verona-Sprache" („Da werden Sie geholfen") ist der Weg nicht weit. Abweichungen erregen Aufsehen und emotionalisieren. Sie werden ausgenutzt bis hin zum Bemühen von Fäkalsprache (Enttabuisierung von Tabulexemen wie z. B. „Wir lassen uns nicht verarschen – vor allem nicht beim Preis") und dem Wagnis von Schamlosigkeiten im Sprachgebrauch, die ansonsten privater Kommunikation vorbehalten und öffentlicher gern verboten sind. Der Begriff „geil" hat diesbezüglich eine Eroberungsgeschichte von der Jugendsprache zur Werbe- und Alltagssprache ohne Beispiel gezeigt.

Fest steht, dass jenseits der strengen Sprachkonvention für journalistische Nachrichtentexte, die für die Pressearbeit in der Unternehmenskommunikation eine verbindliche Norm darstellt, heute große Freiheitsgrade in der Sprache der Unternehmenskommunikation bestehen, die Raum lassen neben Sprachkorrektheit auch Kreativität zu zeigen. Messlatte für die Angemessenheit der sprachlichen Gestaltung eines Textes sind außersprachlich sicher auch die Ziele, die die Unternehmenskommunikation stets erreichen will: Bekanntheit und Imagebildung. Die Sprachwahl muss jenseits von langweiliger Korrektheit und verwirrender Sprachabweichung liegen, um gelungen zu sein. Leser, Hörer und Zuschauer sollten nicht verwirrt werden, sondern präzise informiert und auch etwas unterhalten werden. Rezipienten als denkendes Wesen ernst zu nehmen bedeutet durchaus auch, mit der Sprache spielerisch umzugehen. Strenge sprachliche Zurückhaltung und Einfachheit ist längst nicht als Erfolgskonzept für jeden Text zu sehen.

4.6 Zusammenfassung

- Sie wissen, dass es unterschiedlichste Textformen in der Unternehmenskommunikation gibt und dass diese sich nicht nur auf die Klassiker der Pressearbeit beschränkt.
- Sie kennen die journalistischen Schreibkonventionen für Nachrichtentexte und können diese auf die Texte in der Pressearbeit anwenden.
- Sie können die Begriffe Unternehmens- und Organisationskommunikation definieren.
- Sie sind in der Lage, die Unterschiede zwischen Werbung und Public Relations zu benennen.
- Sie wissen um die Anlässe für agierende und reagierende Medienarbeit für die Zielgruppe Fachmedien und die Lokalpresse.
- Sie können eine Pressemeldung in Bezug auf den äußeren Aufbau bestimmen.
- Sie können Beispiele für die wesentlichen Erfolgsfaktoren der Textarbeit in der Unternehmenskommunikation benennen.
- Sie kennen die Medien der internen Kommunikation und wissen, welche Textformen hier eingesetzt werden können.
- Sie wissen, dass eine Mitarbeiterzeitschrift nicht nur wirtschaftliche, sondern auch soziale Ziele verfolgt.

4.7 Kontrollaufgaben

Aufgabe 1:
Bitte lesen Sie die nachfolgende Pressemeldung zur Marke Haeftling[47] aufmerksam durch. Beantworten Sie dann bitte die nachfolgenden Fragen: Welche Empfehlungen für das Abfassen von Pressemitteilungen werden hier gut befolgt? An welchen Stellen ist der Text verbesserungswürdig? Bitte begründen Sie Ihre Antworten!

Pressemeldung

Made in Prison – erster „Haeftling"-Laden eröffnet

Mode aus deutschen Gefängnissen ist salonfähig geworden. Sogar in Japan und Australien haben Liebhaber Hemden oder Bettwäsche der Marke „Haeftling" geordert.

Sogar Richter und Rechtsanwälte sollen schon in den Kreationen aus dem Knast gesichtet worden sein. Hinter der Erfolgsgeschichte steckt Stephan Bohle, der Geschäftsführer der Berliner Haeftling Jailwear Vermarktungs-KG, der auf die Idee kam, von Gefangenen hergestellte Waren über das Internet zu verkaufen. Nun öffnet am 6. Mai in Kreuzberg der erste deutsche „Haeftling"-Laden in der Schlesischen Straße 31.

---

[47] Siehe auch http//www.haeftling.de.

„Für manche ist es vielleicht ein Kitzel, ein Hemd zu tragen, das ein Knacki hergestellt hat. Für viele steckt aber auch soziales Engagement dahinter. Auch mir ist das ganz wichtig", sagt der studierte Mediendesigner. Doch verherrlichen wolle er nichts: Wer im Gefängnis sitzt, sei da nicht ohne Grund. „Aber ich hab' gesehen, wie motiviert viele Häftlinge sind, die für uns arbeiten. Die wollen zeigen, dass sie gut sind. Wir geben ihnen diese Chance." Und in der Welt der Freiheit werde das Gefängnis auch mal positiv wahrgenommen. „Die Bestellungen haben uns umgehauen".

Im Vorjahr startete die Zusammenarbeit mit dem Berliner Gefängnis Tegel, der bundesweit größten Justizanstalt. Dort wird seit mehr als hundert Jahren vorwiegend für den eigenen Bedarf geschneidert. Eine Berliner Spezialität: das klassische, gestreifte Arbeitshemd. Nach „draußen" wurde wie anderswo bis dato wenig verkauft. „Die Bestellungen haben uns umgehauen, die Internetseite musste nach kurzer Zeit geschlossen werden", schildert Bohle den etwas blauäugigen Beginn. Folge war, dass der Chef einer Werbeagentur die Vermarktungs-KG gründete, die mittlerweile vier Mitarbeiter hat. Produkte aus zwölf Gefängnissen in Deutschland und der Schweiz hat die Firma derzeit unter Vertrag, monatlich werden rund 800 Stücke verkauft. „Es soll authentisch bleiben. Wir greifen auf die traditionellen Modelle und Schnitte der Anstalten zurück", so Bohle. Mit den zusätzlichen Bestellungen entstanden wie beispielsweise in Tegel auch neue der so raren Gefängnis-Arbeitsplätze.

Unterwäsche aus selbst gewebten Stoffen

Doch nicht nur Bettwäsche und Hemden aus den Knast-Werkstätten haben ihr Schattendasein hinter sich gelassen. Das bayerische Gefängnis Kaisheim webt selbst Stoffe und stellt Unterwäsche her, auch Honig wird von bayerischen Strafgefangenen abgefüllt. In der Anstalt Naumburg in Sachsen-Anhalt stehen Jeans auf der Bestellliste, die dort auch als Anstaltskleidung getragen werden. Daneben nähen die Naumburger grün-weiß-karierte Bettwäsche und Handtücher für Käufer in aller Welt. Schürzen und Geschirrtücher gehen in Brandenburg/Havel über die Nähtische.

Aus Mannheim in Baden-Württemberg kommen Hand gefertigte Schuhe und Leberwurst. Und Bohle freut sich über Wein aus dem Gefängnis Heilbronn. Dornfelder und Riesling reiften auf den Anstalts-Weinbergen heran, sagt er. Aus Lenzburg in der Schweiz werden Marmelade und Gürtel vertrieben. „Die Qualität ist überall super, die Leute haben Erfahrung", lobt Bohle. Er muss es wissen: Auch zu seiner privaten Ausstattung gehören Schuhe und Hemden der Marke Haeftling.

Aufgabe 2:
Lesen Sie den nachfolgenden Text aus einem Katalog von Jokers Bestseller (08/2005) aufmerksam durch. Er war auf der ersten Innenseite des Katalogs als persönliches Anschreiben platziert. Jokers steht für „Stapelweise Gute Bücher" (so der Slogan), die wohl auch mit diesem Mailing ihren Käufer finden sollten. Der Text steht für stapelweise Textschwächen. Finden Sie die Schwächen dieses Textes heraus!

Thomas Manns zweites Leben   Augsburg, im August 2005

Liebe Frau Feners,

die meisten Autoren haben nur ein Leben. Bei Thomas Mann ist das anders. Auch ein halbes Jahrhundert nach seinem Tod ist er ein viel gelesener Autor geblieben. Allein von den „Buddenbrooks" werden jährlich in Deutschland 50.000 Exemplare verkauft. Das ist ein Erfolg, von dem die meisten lebenden Autoren nur träumen können.

Verglichen mit seinen deutschen Nobelpreis-Kollegen Gerhart Hauptmann, Hermann Hesse oder Heinrich Böll, hat das Interesse an Thomas Mann nie nachgelassen. Dafür hat der „Zauberer" nicht zuletzt selbst mit seinem Hang zur Selbstinszenierung gesorgt. Nach seinem Tod war es dann die von ihm verfügte Edition seiner Tagebücher. Die Welt sollte (fast) alles über ihn erfahren – das war nicht wenig.

Und dann der TV-Dreiteiler über die Familie Mann. Sicher haben Sie ihn auch gesehen. Seit diesem Medienereignis gehört Thomas Mann endgültig nicht mehr nur den Germanisten. Er und die Seinen sind populär geworden.

In seiner Heimatstadt Lübeck gedenkt man nun des 50. Todestags des Ehrenbürgers. Bis zum 31. Oktober rückt die große Veranstaltungsreihe „Das zweite Leben – Thomas Mann" den Schriftsteller als Menschen mit all seinen Widersprüchen in den Mittelpunkt. Dieses Spektakel sollten Sie sich nicht entgehen lassen. Wenn nicht in diesem Leben, wann sonst?

Mit herzlichen Grüßen

Ihr

Wolfgang Nikrandt – Geschäftsleitung

P.S. Das Programm der Veranstaltungsreihe und weitere Infos finden Sie unter: www.buddenbrookhaus.de.

Aufgabe 3:
Überlegen Sie bitte, welche einzelnen Funktionen die Mitarbeiterzeitschrift hat (z.B. Motivation der Mitarbeiter) und welche beispielhaften Aufgaben (z.B. Anerkennung von Mitarbeiterleistungen) damit für die Texte in diesem Medium verbunden sind.

Aufgabe 4:
In der Sprache eines Geschäftsberichts soll besonders darauf geachtet werden, dass Vertrauen aufgebaut wird und die kommunizierten Inhalte glaubwürdig sind. Welche Faktoren von Vertrauen und Glaubwürdigkeit kann man nach Keller (2009) in diesem Kontext unterscheiden? Sind die nachfolgenden Formulierungen aus Geschäftsberichten dazu geeignet, Vertrauen aufzubauen? Bitte begründen Sie Ihre Antworten unter Einbezug der Vertrauensfaktoren nach Keller (2009).

a) „Unsere Strategie ist es, weiterhin profitabel zu wachsen."
b) „Das Neugeschäftswachstum schwankte zwischen 68 % in Deutschland, 25 % in Italien und 15 % in Frankreich."
c) „Risiken für das Ergebnis liegen in der Rohstoffkostenentwicklung."
d) „Hintergrund der nur geringen Risikoposition ist das Schwergewicht der Leistungserbringung im Euroraum und damit die weitestgehende Fakturierung der durch die XY AG erbrachten Leistungen in Euro."

Aufgabe 5:
Anglizismen und Amerikanismen sollen bekanntlich vermieden werden. Versuchen Sie sich an einer treffsicheren Übersetzung für die nachfolgenden Begriffe:

Anglizismus bzw. Amerikanismus	Übersetzungsversuch
Allroundman	
Antiaging	
Bodybuilder	
Boygroup	

Candlelightdinner	
Chatter	
Cheerleader	
Fitness-Studio	
Online-shop	
Whirlpool	

Aufgabe 6:
Im vorherigen Kapitel war ein Anzeigentext von Mercedes-Benz zu lesen, der mit Geschlechterstereotypen spielt und zum Thema machte, dass sich ein älterer Mann mit einem SLK für seine Lebensleistungen belohnt und dadurch Aufmerksamkeit von den „Mädels" erntet. Wie könnte ein entsprechender Anzeigentext für eine Frau aussehen? Wofür könnte sie sich mit welchem Wagen belohnen und was könnte der entsprechende Mehrwert sein, den der Wagen mit sich bringt? Entwickeln Sie einen entsprechenden Anzeigentext!

Aufgabe 7:
Kritisieren Sie den nachfolgenden Text aus einer Kundenbindungsmaßnahme von Douglas, einem Directmailing für Douglas Card-Kunden:

Seite 1:

Hypnose Le nouveau parfum fémin – Lancome Paris

Hypnose – die Macht der Verführung.

Ein Duft miteinander verschmelzender Noten.

Ein Duft, der einer Empfindung gleicht, der zärtlich die Haut liebkost.

Ein Duft ohne Anfang und Ende, ein unendlicher Wirbel.

Ein Duft, bei dem Worte nicht genügen, ihn zu beschreiben, dem man sich schrankenlos hingibt.

Ein Duft, eingefangen in einem geschliffenen Schmuckstück, im geheimnisvollen Amethystblau eines Edelsteins.

Ein Duft als Gesamtkunstwerk eleganter, großzügiger Feminität.

Erliegen Sie dem Charme von Hypnose. Gegen Abgabe dieses Gutscheins erhalten Sie bei Douglas Ihre persönliche Kostprobe: Ein Hypnose EdP (1,5 ml). Dazu erwartet Sie ein zartes Satin-Armband zum Parfümieren – als Zeichen subtiler Verführung.

Seite 2:

Nur für Sie!

Liebe Douglas Card-Kundin!

Ein Duft, der das Bild der Frauen zeichnet. Der all das beschreibt, was die Essenz der Weiblichkeit so faszinierend macht. Hinreißender Charme, fesselnde Präsenz und verführende Energie – verwoben in einer einzigartigen Komposition der Sinnlichkeit.

Hypnose von Lancome

Ein unglaublich femininer Duft. Die Macht der Verführung. Entdecken Sie bei Douglas alle Facetten dieses betörenden Parfums und erliegen Sie seinem Zauber.

Herzlichst

Ihre Parfümerie Douglas

Heike Aufterbeck

P.S. Man kann diesen Duft nicht beschreiben, man muss sich in den Bann seiner Anziehungskraft ziehen lassen:

Hypnose – jetzt bei Douglas.

Aufgabe 8:
Das Deutsche Atomforum e.V. hat 2007 eine Broschüre publiziert, die mit den Worten „Deutschlands ungeliebte Klimaschützer" betitelt war. In kurzen Texten wurden darin diese „Klimaschützer" vorgestellt:

„Dieser Klimaschützer verhindert jedes Jahr die Emission von 12 Millionen Tonnen CO_2." Biblis A

„Dieser Klimaschützer hat dem Treibhauseffekt entgegengewirkt, als es das Wort noch nicht gab." Neckarwestheim

„Dieser Klimaschützer schont die Umwelt und fossile Ressourcen für die nächste Generation." Isar 2

„Dieser Klimaschützer kämpft 24 Stunden am Tag für die Einhaltung des Kyoto-Abkommens." Brunsbüttel

„Dieser Klimaschützer erzeugt umweltfreundliche Energie und macht uns unabhängiger von Energieimporten." Grohnde

Im Hintergrund zu diesen Texten waren jeweils Kraftwerke auf der grünen Wiese zu sehen. Die Folgeseite der Broschüre war mit der Headline überschrieben „Kernenergie erhitzt die Gemüter. Ein Ausstieg die Atmosphäre."
Schätzen Sie ein, welcher Erfolg diesem Textansatz beschieden sein dürfte.

Aufgabe 9:
Welche sprachliche Besonderheit liegt in den nachfolgenden Beispielen vor? Bitte qualifizieren Sie die schriftliche oder sprachliche Abweichung von der Alltagsnorm näher und benutzen Sie dazu den entsprechenden Fachbegriff, falls er Ihnen bekannt ist!

Beispiel aus der Wirtschaftssprache	Qualifizierung
Frühstückchen	
KRAFT	
Redbull verleiht Flüüügel	
Hidrofugal	
Der einzigste unter diesen Promis, das Optimalste	

Geil	
Actimel activiert Abwehrkräfte	
schreIBMaschine	
Atmungsaktiv, Fruchtalarm, Leinenoptik	
Mmmh, Exquisa, keiner schmeckt mir so wie dieser	
Petra	
Tai-Ginseng	
Immer wieder neu, immer wieder gut	
Quadratisch. Praktisch. Gut.	

Aufgabe 10:
Welche sprachlichen, semantischen Aufwertungsformen kennen Sie aus der Praxis der Unternehmenskommunikation?

4.8 Literatur

4.8.1 Quellen

Avenarius, Horst (2000). Public Relations. Die Grundform der gesellschaftlichen Kommunikation. Darmstadt: Primus-Verlag.

Behrens, Gerold, Esch, Franz-Rudolf, Leischner, Erika & Neumaier, Maria (Hrsg.) (2001). Gabler Lexikon Werbung. Wiesbaden: Gabler.

Bentele, Günter (1997). Grundlagen der Public Relations. Positionsbestimmung und einige Thesen. In: Wolfgang Donsbach (Hrsg.). Public Relations in Theorie und Praxis. Grundlagen und Arbeitsweise der Öffentlichkeitsarbeit in verschiedenen Funktionen. München: R. Fischer, 21–36.

Bruhn, Manfred (2009). Kommunikationspolitik. Spezifischer Einsatz der Kommunikation für Unternehmen. München: Vahlen.

Cauers, Christian (2009). Mitarbeiterzeitschriften heute. Flaschenpost oder strategisches Medium? Wiesbaden: VS Verlag für Sozialwissenschaften.

Christoph, Cathrin (2009). Wie viel Marke verträgt die Pressemitteilung? In: Nina Janich (Hrsg.) Marke und Gesellschaft. Markenkommunikation im Spannungsfeld von Werbung und Public Relations. Wiesbaden: VS Verlag für Sozialwissenschaften, 69-84.

DPRG-Arbeitskreis Interne Kommunikation (2009). Navigationshilfen. DPRG-Statement zur Bedeutung der Mitarbeiterzeitschrift. Berlin: Deutsche Public Relations Gesellschaft e.V.

Ergo Kommunikation & PKF Fasselt, Schlage, Lang und Stolz (2009). Aus guter Familie. So berichten Deutschlands Familien- und Stiftungsunternehmen. Studie anläßlich der erstmaligen Verleihung des private public Awards, 26. Oktober 2009.

Falkenberg, Viola (2008). Pressemitteilungen schreiben. Zielführend mit der Presse kommunizieren. Zu Form und Inhalt von Pressetexten. Frankfurt: F.A.Z.-Institut für Management-, Markt- und Medieninformationen.

Femers, Susanne, Klewes, Joachim & Lintemeier, Klaus (2000). The ‚life of an issue' and approaches to its control. Journal of Communication Management, Vol. 4, No. 3, pp. 253–265.

Femers, Susanne (2007). Die ergrauende Werbung. Altersbilder und werbesprachliche Inszenierungen von Alter und Altern. Wiesbaden: VS Verlag für Sozialwissenschaften.

Garbe, Burckhard (2005). Goodbye Goethe. Sprachglossen zum Neudeutsch. Freiburg: Herder.

Keller, Rudi (2009). Die Sprache der Geschäftsberichte: Was das Kommunikationsverhalten eines Unternehmens über dessen Geist aussagt. In: Christoph Moss (Hrsg.). Die Sprache der Wirtschaft. Wiesbaden: VS Verlag für Sozialwissenschaften, 19–44.

Kunczik, Michael (2002). Public Relations. Konzepte und Theorien. Köln: Böhlau (UTB)

Mast, Claudia (2008). Unternehmenskommunikation. Stuttgart: UTB Lucius & Lucius Verlagsgesellschaft.

Mänken, Wieland (2009). Mitarbeiterzeitschriften noch besser machen. Kritik und Ratschläge aus der Praxis für die Praxis. Wiesbaden: VS Verlag für Sozialwissenschaften.

Merten, Klaus (1999). Einführung in die Kommunikationswissenschaft – Band 1: Grundlagen der Kommunikationswissenschaft. Münster: LIT Verlag.

Merten, Klaus (2000). Das Handwörterbuch der PR – A-Q. Frankfurt: F.A.Z.-Institut für Management-, Markt- und Medieninformationen.

Reinmuth, Marcus (2009). Vertrauen und Wirtschaftsprache: Glaubwürdigkeit als Schlüssel für erfolgreiche Unternehmenskommunikation. In: Christoph Moss (Hrsg.): Die Sprache der Wirtschaft. Wiesbaden: VS Verlag für Sozialwissenschaften, 127–145.

Schulz-Bruhdoel, Norbert & Fürstenau, Katja (2008). Die PR- und Pressefibel. Zielgerichtete Medienarbeit. Ein Praxislehrbuch für Ein- und Aufsteiger. Frankfurt: F.A.Z.-Institut für Management-, Markt- und Medieninformationen.

Siegert, Gabriele & Brecheis, Dieter (2010). Werbung in der Medien- und Informationsgesellschaft. Eine kommunikationswissenschaftliche Einführung. Wiesbaden: VS Verlag für Sozialwissenschaften.

Theis-Berglmair, Anna Maria (2003). Organisationskommunikation. Theoretische Grundlagen und empirische Forschungen. Münster: LIT Verlag.

Viedebantt, Klaus (2005). Mitarbeiterzeitschriften. Inhalt, Konzeption, Gestaltung. Frankfurt am Main: Frankfurter Allgemeine Buch.

Watzlawick, Paul, Beavin, Janet H. & Jackson, Don D. (1969). Menschliche Kommunikation. Formen, Störungen, Paradoxien. Bern: Verlag Hans Huber.

Zerfaß, Ansgar (1996). Unternehmensführung und Öffentlichkeitsarbeit. Grundlegung einer Theorie der Unternehmenskommunikation und Public Relations. Opladen: Westdeutscher Verlag.

4.8.2 Lesehinweise

Achleitner, Ann-Christin, Bassen, Alexander & Fieseler, Christian (2008). Finanzkommunikation. Die Grundlagen der Investor Relations. In: Miriam Meckel & Beat F. Schmid (Hrsg.). Unternehmenskommunikation. Kommunikationsmanagement aus Sicht der Unternehmensführung. Wiesbaden: Gabler Verlag, 261–322.

Bentele, Günter, Brosius, Hans-Bernd & Jarren, Otfried (Hrsg.) (2003). Öffentliche Kommunikation. Handbuch Kommunikations- und Medienwissenschaften. Wiesbaden: Westdeutscher Verlag.

Bentele, Günter, Brosius, Hans-Bernd & Jarren, Otfried (Hrsg.) (2006). Lexikon Kommunikations- und Medienwissenschaft. Wiesbaden: VS Verlag für Sozialwissenschaften.

Bentele, Günter, Fröhlich, Romy & Szyszka, Peter (Hrsg.) (2008). Handbuch der Public Relations. Wissenschaftliche Grundlagen und berufliches Handeln. Wiesbaden: VS Verlag für Sozialwissenschaften.

Deg, Robert (2009). Basiswissen Public Relations. Professionelle Presse- und Öffentlichkeitsarbeit. Wiesbaden: VS Verlag für Sozialwissenschaften.

Dezes, Matthias (2009). Die Sprache der PR. Verständliche Kommunikation als Gradmesser für Erfolg. In: Christoph Moss (Hrsg.): Die Sprache der Wirtschaft. Wiesbaden: VS Verlag für Sozialwissenschaften, 45–56.

Dietz, Kirstin & Rädeker, Jochen (2007). Geschäftsberichte – Finest Facts & Figures. Konzept – Design – Know How. Mainz: Schmidt Verlag.

Einwiller, Sabine, Klöfer, Franz & Nies, Ulrich (2008). Grundlagen der Mitarbeiterkommunikation. In: Miriam Meckel & Beat F. Schmid (Hrsg.). Unternehmenskommunikation. Kommunikationsmanagement aus Sicht der Unternehmensführung. Wiesbaden: Gabler Verlag, 221–280.

Grosse, Gisela, Hilger, Clemens & Eicher, Markus (2008). Deutsche Standards: Beispielhafte Geschäftsberichte. Eine repräsentative Auswahl vorbildlich und professionell gestalteter Geschäftsberichte. Wiesbaden: Gabler Verlag.

Keller, Rudi (2006). Der Geschäftsbericht. Überzeugende Unternehmenskommunikation durch klare Sprache und gutes Deutsch. Wiesbaden: Gabler Verlag.

Marinkovic, Daniel (2009). Die Mitarbeiterzeitschrift. Konstanz: UVK Verlagsgesellschaft.

Merten, Klaus (2008). Zur Definition von Public Relations. In: Medien & Kommunikationswissenschaft, 56, 1, 42–59.

Piwinger, Manfred (2007). Geschäftsberichte als Mittel der Information und Beziehungspflege. In: Manfred Piwinger & Ansgar Zerfaß (Hrsg.). Handbuch Unternehmenskommunikation. Wiesbaden: Gabler Verlag, 453–464.

Raupp, Juliana & Klewes, Joachim (Hrsg.) (2004). Quo vadis Public Relations? Auf dem Weg zum Kommunikationsmanagement: Bestandsaufnahmen und Perspektiven. Wiesbaden: VS Verlag für Sozialwissenschaften.

Röttger, Ulrike (2005). Issues Management: Grundlagen der Beobachtung und Steuerung von Umweltbeziehungen. In: Edith Wienand, Joachim Westerbarkey & Armin Scholl (Hrsg.). Kommunikation über Kommunikation. Theorien, Methoden und Praxis. Wiesbaden: VS Verlag für Sozialwissenschaften, 41–66.

Röttger, Ulrike (Hrsg.) (2009 a). Theorien der Public Relations. Grundlagen und Perspektiven der PR-Forschung. Wiesbaden: VS Verlag für Sozialwissenschaften.

Röttger, Ulrike (2009 b). PR-Kampagnen. Über die Inszenierung von Öffentlichkeit. Wiesbaden: VS Verlag für Sozialwissenschaften.

Röttger, Ulrike, Preusse, Joachim & Schmitt, Jana (2010). Grundlagen der Public Relations. Eine kommunikationswissenschaftliche Einführung. Wiesbaden VS-Verlag.

Schnettler, Daniel (2009). Die Sprache der Börse: Warum „Buy" nicht unbedingt „Kaufen" bedeutet. In: Christoph Moss (Hrsg.): Die Sprache der Wirtschaft. Wiesbaden: VS Verlag für Sozialwissenschaften, 107–123.

Schulz-Bruhdoel (2007). Pressearbeit: Gute Geschäfte auf Gegenseitigkeit. In: Manfred Piwinger & Ansgar Zerfaß (Hrsg.). Handbuch Unternehmenskommunikation. Wiesbaden: Gabler Verlag, 399–418.

Videbantt, Klaus (2007). Die Mitarbeiterzeitschrift als Führungsinstrument In: Manfred Piwinger & Ansgar Zerfaß (Hrsg.). Handbuch Unternehmenskommunikation. Wiesbaden: Gabler Verlag, 465–476.

Weder, Franziska (2010). Organisationskommunikation und PR. Stuttgart: facultats wuv UTB Verlag.

Weichler, Kurt & Endrös, Stefan (2010). Die Kundenzeitschrift. Konstanz: UVK Verlagsgesellschaft.

Zehrt, Wolfgang (2007). Die Pressemitteilung. Konstanz: UVK Verlagsgesellschaft.

Ziesemer, Bernd (2009). Die Sprache der Wirtschaftspolitik: Abstrakt und abgehoben. In: Moss, Christoph (IIrsg.): Die Sprache der Wirtschaft. Wiesbaden: VS Verlag für Sozialwissenschaften, 95–106.

5 Texte für das Internet

Überblick

Kommunikation im Internet
- Charakteristika allgemein
- Eigenheiten der Texte
- Textformen und ihre Produzenten
- Rezeption im Internet im Vergleich zu anderen Medien

Jounalistische Texte im Internet
- Teaser als Textappetizer
- Artikelumfeld

Texte für die Unternehmenskommunikation im Internet
- Unternehmenswebsites
- Newsletter

Unternehmen im Web 2.0
- Blogs, Twitter, RSS, soziale Netzwerke
- Strategische Positionierung

Schreiben für die Suche
- Keywords für Domain und HTML
- Keywords in Texten

Abb. 5.1: Übersicht über das Kapitel

5.1 Einführung und Begriffsbestimmung

Mit den Texten für das Internet wird die bisherige Perspektive für einen besonderen, bislang noch nicht näher betrachteten Raum öffentlicher Kommunikation erweitert, die Online-Kommunikation. Damit soll hier mit Bezug zur Unternehmenskommunikation im Sinne von Pleil & Zerfaß (2007, 515) folgendes verstanden werden: „Online-Unternehmenskommunikation nutzt das klassische bzw. das mobile Internet, um mit realen und virtuellen Bezugsgruppen zu kommunizieren. Online-Kommunikation setzt damit immer auf technische Systeme als Plattform für Kommunikation und Interaktion (...). Innerhalb dieses Rahmens werden situationsspezifisch monologische oder dialogorientierte Kommunikationsprozesse initiiert und an Kommunikationen Dritter im Internet partizipiert. (...) Die Online-Unternehmenskommunikation kann (...) – immer unter der Maßgabe der integrierten Kommunikation – eigene Kommunikationsstrategien im Internet entwickeln, aber auch das klassische Kommunikationsmanagement unterstützen und die Reichweite bzw. Qualität von Instrumenten wie Pressearbeit, Investor Relations, Eventkommunikation oder Kundenkommunikation im Internet verbessern.".

Gerade das „neue Internet" bzw. das Web 2.0 steht für neue Interaktions- und Rückkopplungsmöglichkeiten und die „Sichtbarmachung" von partizipierenden Teilöffentlichkeiten. So konstatiert Meckel (2008, 475): „Die neuen Kommunikationsformen des Internets induzieren Veränderungen in der Kommunikation der vernetzten Gesellschaft und all ihren Teilsysteme, Wirtschaft, Politik, Kultur. Die Entwicklung hin zur Netzwerkgesellschaft steht für einen veränderten Zugriff auf Informationen, veränderte Wissensstrukturen und neue Kommunikationsstrategien.". Und es gibt faktisch kein „Raushalten". Kein Unternehmen wird es sich leisten können, sich dem Rahmen und den Notwendigkeiten zeitgemäßer Kommunikation zu entziehen, die mehr und mehr zur Selbstverständlichkeit werden. Die Möglichkeiten schaffen Erwartungen, und Erwartungen wollen erfüllt sein, strebt man erfolgreiches Agieren im Markt an. Schulz-Bruhdoel & Bechtel (2009, 120) betonen dazu: „Das gesellschaftliche Miteinander findet ebenso wie der thematische Diskurs zunehmend im Internet sein Forum. Blogger und soziale Netzwerke schaffen neue Informationsmöglichkeiten, die gleichberechtigt neben die Angebote von Printmedien, Fernsehen und Radio treten. Wer auf diesem Marktplatz nicht präsent ist, offeriert seine Angebote an den Kunden vorbei."

Für den Rahmen der Darstellung dieses Buches soll das Internet und die Platzierung und Gestaltung von Texten der Wirtschaftskommunikation in diesem Medium im Vordergrund stehen. Daher bilden folgende Gegenstände den Mittelpunkt der Betrachtung:

- die abruforientierten Angebote im World Wide Web (www) (wie z.B. Nachrichten, Pressemeldungen, Unternehmensdarstellungen, Corporate Blogs und Microblogs),
- der Versand von Newslettern via elektronischer Nachrichten (E-Mail),
- die textbasierten Interaktionen mit anderen Kommunikationsteilnehmern (Nutzern bzw. auch User genannt).

Auf die Besonderheiten der Kommunikation im Online-Bereich kann in einem Textbuch nur hingewiesen und auf die entsprechende weiterführende Literatur (siehe Lesehinweise) nur verwiesen werden. Und dies geschieht ohne Anspruch auf Vollständigkeit. Ziel ist es vielmehr, für Textvarianten im Online-Bereich zu sensibilisieren, diese anhand ausgewählter Beispiele zu illustrieren und Regeln der Textproduktion und -rezeption aufzuzeigen, die vom Offline-Bereich abweichen. Erfolgreiches Texten setzt im Internet das Bewusstsein über die Eigenheiten der Kommunikation im Netz voraus. Texte werden unter deutlich anderen Gesetzmäßigkeiten und Kommunikationsbedingungen betrachtet und genutzt. Zur Sensibilisierung dieser zum Teil „neuen" Kommunikation durch die auch so genannten „neuen" Medien werden nachfolgend nur einige Markierungen der Kommunikationswelt im Netz aufgeführt[48]:

- In der Netzwelt gilt die Maxime der Freizügigkeit. Jede Information ist an jedem Ort zu jeder Zeit von nahezu jedermann zu haben. Das bedeutet Aktualitätsdruck und Präsenzpflicht zugleich, aber auch eine zunehmende Demokratisierung durch neue Medien, die Umverteilung medialer Machtgefüge sowie den Umbau von Dominanzstrukturen.

- Kommunikation im Internet lebt von der Dialogorientierung. Dialogfähigkeit wird Kommunikationspartnern zur Pflicht. Dieser Kommunikationsdruck ist auch mit der Pflicht zur Veröffentlichung und der Forderung nach Transparenz verbunden. Eine Folge davon ist, dass die Kommunikation im Internet einen nahtlosen Übergang von massenmedialer und individueller Kommunikation darstellt.

- Netzwelten bieten neue soziale Orientierungen in virtuellen Gemeinschaften von Lesern, Konsumenten und Interessensgleichen mit selbst entwickelten (Spiel-)Regeln, Gewohnheiten und Rollenauffassungen für die Interaktion. Man spricht auch von der „kommunikativen Entfesselung" der Rezipienten, da die gewonnenen Freiheiten mit Verlusten an sozialer Kontrolle und sozialer Erwünschtheit einhergehen.

- Kommunikation hat sich außerdem unter digitalisierten Bedingungen dramatisch beschleunigt und intensiviert („need for speed"). Netzkommunikation ist Kommunikation des Wandels. Darstellungsformen und Kommunikationsregeln ändern sich schnell.

Im Kommunikationsmanagement neuer Medien haben sich nach bisherigen Erfahrungen eine ganze Reihe von Problemen herauskristallisiert, die Gestaltern von Kommunikationsangeboten als kritische Erfolgsfaktoren bewusst sein müssen. Fröhlich (2005, 255 f.) benennt zusammenfassend vier gravierende „digitalisierungsoriginäre" Defizite computervermittelter Organisationskommunikation[49]:

---

[48] Nachlesen kann der interessierte Rezipient zur Vertiefung z. B. in folgenden ausgewählten Beiträgen, die unterschiedliche Aspekte der Online-Kommunikation beleuchten: Fuchs, Möhrle & Schmidt-Marwede (1998), Frindte & Köhler (1999), Bongard (2002), Rössler (2003), Krzeminski (2004), Burkart (2004), Femers (2004), Femers (2005), Klimmt, Hartmann & Vorderer (2005).

[49] Unter computervermittelter Kommunikation sollen hier im Sinne von Rössler (2003, 504) die Kommunikation(sdienstleistung)en verstanden werden, „die den einzelnen Kommunikationspartner via Datenleitung potentiell an weitere Partner rückkoppeln und ein ausdifferenziertes Spektrum verschiedenartiger Anwendungen erlauben. Geprägt von der Terminologie der angloamerikanischen

- Eine missverständliche Betrachtung des Internets als ein „kontrolliertes Massenmedium" der PR, in dem Organisationen die volle Kontrolle über Inhalte und Gestaltung ihrer Botschaften haben, bei der dann eine journalistische Weiterverarbeitungsinstanz entfällt. Tatsächlich aber bleibt die Notwendigkeit journalistisch vermittelter Unternehmenskommunikation aufgrund von Glaubwürdigkeitsdefiziten der PR-Arbeit im Netz (insbesondere Websites) auch im Internetzeitalter bestehen.
- Die Trennung der Botschafts- und Inhaltsproduktion (Content-Entwicklung) von der Gestaltungsaufgabe für Web-Auftritte (Content-Programmierung) birgt die Gefahr, dass durch überzogene Designs und zu komplexe Site-Strukturen Botschaften in der Rezeption verloren gehen und Besucher abgeschreckt werden. Studien belegen: Je einfacher die Gestaltung einer Seite, desto stärker die Besucherfrequenz.
- Neben computervermittelter Kommunikation existiert immer noch die klassische Massenkommunikation. Ein weiterer Fehler des Kommunikationsmanagements besteht darin, digitalisierte Kommunikation unter einer „Online-Käseglocke" zu planen und umzusetzen und so zu tun, als gäbe es Offline gar keine Kommunikationswelt mehr. Online- und Offline-Kommunikation muss aber integriert werden.
- Die Fokussierung spezifischer Teilöffentlichkeiten in Netzwelten greift zu kurz. Auch von der Organisation nicht avisierte Kommunikationsteilnehmer kommunizieren über ein Unternehmen im Internet. Was an Botschaften über eine Organisation im Netz alles verbreitet wird, ist stets vom Kommunikationsmanager im Auge zu behalten. Online-Kommunikation verlangt eine erweiterte Zielgruppenplanung und -analyse.

Auch wenn Inhalte und Botschaften sich durch die Digitalisierung von Kommunikation nicht ändern, so haben sich aber mit neuen Medien die Formen verändert, in die kommunikative Botschaften „gegossen" werden (Fröhlich 2005, 252). Die für die Online-Kommunikation etablierten neuen Kommunikationsbedingungen beinhalten natürlich auch neue Perspektiven für das Texten. Textsorten werden obsolet, neue Texttypen sind gefragt, alte Texte sind neu zu gestalten und alte und neue Texte, also textliche Darstellungen in den klassischen, alten Medien und den neuen Online-Medien, sind zu integrieren. Dies soll anhand von einigen Beispielen erläutert werden:

> **Beispiele für die Relativität der Textsortenrelevanz im Online- und Offline-Bereich**
>
> Manche klassische Textsorten wie die **Pressemitteilung** bekommen mehr Bedeutung, weil sie in kürzester Zeit von mehr Rezipienten aufgenommen bzw. abgerufen werden können. Sie werden aber durch die möglicherweise massenhafte Distribution für die eigentliche Zielgruppe der Journalisten entwertet.
>
> Die Gestaltung von **Unternehmensdarstellungen** in Form von Websites mit diversen Informationstexten wird für viele Organisationen zu einem Muss für das Überleben.

Forschung hat sich inzwischen (...) der Terminus ‚computervermittelte Kommunikation' (computer-mediated communication) eingebürgert." Im Sinne dieser und der weiter oben angeführten Definition für Online-Kommunikation können die beiden Begriffe sogar austauschbar verwendet werden.

> **Nachrichtenmedien** müssen ihre Texte in mehreren medialen Angeboten offerieren und ihre Printversionen kannibalistisch gefährden.
>
> **Konsumentenmeinungen** wie z. B. Kundenbeschwerden oder Verbrauchertests von Produkten werden in schnell zu verbreitende Texte gegossen und in Newsgroups oder Blogs mit Vielen ausgetauscht oder per E-Mail geäußert. Und damit werden sie zu einem wesentlichen Meinungsfaktor, mit dem sich die Unternehmenskommunikation täglich auseinandersetzen muss.

Als Chance betrachtet bedingt die Welt der neuen Medien ein riesiges Aufgabenfeld, dessen Gestaltung viele Möglichkeiten für die Positionierung und Imagebildung mit sich bringt. Texte sind dafür unabdingbar und für die Unternehmenskommunikation vielfach noch wichtiger als Bilder. Nun hat die Online-Kommunikation ganz neue Texttypen hervorgebracht wie etwa die Banner-Werbung, den Eintrag in Blogs oder die Tweets. Aber hat sich für den Texter denn wirklich so vieles geändert, wenn man die klassischen, immer noch höchst relevanten Textsorten betrachtet, die auch im Internet ihre Platzierung finden? Damit verbunden ist die Frage der Textgüte oder Textqualität.

Ist ein geschriebener Text medienunabhängig ein guter Text? Sollte ein Text nicht schlicht nach etablierten Empfehlungen gestaltet sein, ob er nun auf Papier oder einem Bildschirm gelesen wird? Die hier sicher wenig überraschende Antwort lautet: Ja und Nein. Grundsätzlich gelten Gestaltungsempfehlungen für hochwertiges, zielgruppenspezifisches Texten losgelöst vom Rezeptionsmedium. Dennoch erfordern die spezifischen Eigenschaften von Printmedien auf der einen und neuen Medien auf der anderen Seite eine besondere Aufbereitung, um Auffindbarkeit, Lesbarkeit und Leselust zu gewährleisten. Gerade in den ersten Jahren des rasch expandierenden Internets fehlte es an aussagekräftigen Studien und Erfahrungswerten über das Nutzerverhalten und entsprechende Gestaltungswünsche und -empfehlungen. Es wurde viel probiert und vieles schnell produziert, frei nach dem Motto „Hauptsache wir sind dabei". Spezialisten bildeten sich erst mit der Zeit heran und gleichzeitig entwickelte sich das Internet stetig weiter – von neuen Programmiersprachen über schnellere Zugänge bis zu zunehmender Diversifikation der Hardware auf Nutzer- und Anbieterseite.

Die Inhalte im Internet wuchsen und wachsen weiter in atemberaubendem Tempo an. Das bedeutet immer noch mehr Angebote für die Nutzer und damit mehr Konkurrenz für Publizierende jeder Art. Und für letztere heißt das, die eigenen Textangebote im Netz müssen vor allem eines leisten: Bei suchmaschinengestützter Suche von den Suchmaschinen als themenrelevant erkannt und als wichtig bewertet werden. Und das ist – neben medien- und rezeptionsbedingten Abweichungen in der Darstellung und Verknüpfung der Inhalte – die größte Herausforderung bei Publikationen im Internet.

5.2 Textformen und ihre Produzenten im Internet

Die im Rahmen dieses Buches relevanten Texte lassen sich nach Art der Absender unterscheiden. Dabei können vier große Gruppen herausgearbeitet werden, wobei die Position der folgenden Darstellung keinerlei Rangfolge darstellt:

Medien im Internet: Die erste Gruppe umfasst sämtliche Angebote der professionellen, journalistischen Nachrichtenvermittlung. Anbieter können beispielsweise Online-Zeitungen, TV-Sender oder Nachrichtenagenturen mit ihren Websites sein. Die verwendeten Texte sind den schon bekannten journalistischen Darstellungsformen zuzuordnen: In die Kategorie tatsachenbetonte Texte gehören die Nachricht und der Bericht. Zu den unterhaltenden Formen zählen Interview, Feature, Portrait und Reportage. Die meinungsbetonten Formen schließlich umfassen die Textsorten Kommentar, Leitartikel, Glosse und Kolumne. (Näheres zu journalistischen Textformen findet sich in Kapitel 3.)

Unternehmen im Internet: Hierunter sind alle Unternehmen zu verstehen, deren Tätigkeit nicht die Nachrichtenvermittlung ist. Für diese gelten journalistische Schreibkonventionen nicht oder nur eingeschränkt. Texte werden hier z. B. für die Unternehmenspräsentation im Rahmen der eigenen Website, im Rahmen von Microsites und unternehmensbezogenen Blogs, für die Online-Werbung, den Newsletter oder den Eintragung in Presseportale produziert.

Privatpersonen im Internet: Gruppe drei umfasst Internetveröffentlichungen natürlicher Personen, die privat oder als Selbstständige auftreten. Diese können beispielsweise in Form einer Website, eines Weblogs, einer Wiki- oder Foreneintragung oder auch als Tweets auftreten.

Alle anderen im Internet: Neben den genannten Absendergruppen gibt es noch viele weitere, einige seien im Folgenden beispielhaft genannt:

- Government: Regierungen, Behörden, Gerichte usw.
- Non-Profit-Organisationen (NPO), die nicht profitorientiert sind und in verschiedenen karitativen, sozialen oder ökologischen Arbeitsgebieten aktiv sind. Einige Große sind z. B. Greenpeace, Amnesty International oder Human Rights Watch.
- Außerdem sind politisch orientierte NPOs zu nennen, die im politischen Umfeld arbeiten und kein parlamentarisches Mandat haben, die so genannten Nicht-Regierungs-Organisationen (NGOs) (vgl. Pleil 2005, 4).
- Einige weitere Organisationen sind religiöse Vereinigungen, Gewerkschaften Vereine, Clubs oder auch temporäre Interessengruppen.[50]

Da diese Gruppen sich in Bezug auf die Instrumente der Kommunikation und ihre Textleistungen nicht grundsätzlich unterscheiden müssen, werden sie hier zwar erwähnt, aber nicht in Bezug auf ihre Kommunikationsaktivitäten differenzierend behandelt.

5.3 Rezeption im Internet

Das Internet als multimediale Plattform vereint Modalitäten bereits etablierter Medien – Elemente aus Printmedien, TV und Radio können dargestellt und rezipiert werden. Wesentliche Unterschiede finden sich jedoch in der Interaktivität, Aktivität und

---

[50] Eine umfängliche Einführung zu NGOs bietet ein Dossier der Bundeszentrale für politische Bildung unter http://www.bpb.de/themen/G1PDEE,0,0,Nichtstaatliche_Organisationen_html.

Individualität bei der Internetnutzung. Hooffacker (2010, 36) stellt dazu fest: „Alle Vergleiche zwischen Lesern, Hörern, Zuschauern und Usern hinken (...)". Sie zieht folgenden Vergleich zwischen den genannten Medien im Hinblick auf Rezeption, Gestaltung, Produktion und Feedbackmöglichkeiten:[51]

Medienvergleich: Rezeption, Gestaltung, Produktion, Feedback (nach Hooffacker 2010, 37 f.)				
	Print	Radio	Fernsehen	Screen
Zeitliche Rezeption	Leser: volle Zeit- und Verfügungsmacht	Hörer: an zeitlichen Ablauf der Sendung gebunden	Zuschauer: an zeitlichen Ablauf der Sendung gebunden, Abruf zeitversetzt möglich	User: volle Zeithoheit: Selbst Live-Elemente wie Chat, Ton u. Film können zu beliebigen Zeitpunkten abgerufen und wiederholt werden
Rezeptionsverhalten	kann: blättern, weg legen	kann: weg hören, weg schalten	kann: nebenbei anderes tun, zappen	kann: auswählen, anklicken, etwas eingeben, wegsurfen
Darstellung/ Struktur	linearer Text, optische Elemente und Bilder bieten Leseanreize und helfen beim Zurechtfinden und Verstehen	akustische Verpackung, stimmliche Signale und Wiederholungen dienen dem raschen Zurechtfinden auch beim Nebenbei-Hören	optische und akustische Signale, Farben, Wiederholungen, Wechsel Standbild/ Bewegtbild, gesprochener/ eingeblendeter Text	Text-, Ton-, Bild- und Filmelemente werden zu einem Teil eingeblendet, zum größeren Teil hat der User ihre Abfolge in der Hand. Text, optische und akustische Signale helfen bei der Navigation
Rolle der Journalisten	Journalist schreibt Text, illustriert mit Fotos und Grafik	Journalist spricht und illustriert mit Klangelementen	Journalist schreibt Drehbuch, agiert vor und hinter der Kamera	Journalist schreibt Drehbuch zum ‚Selberspielen' für den User
Feedbackmöglichkeit	per Leserbrief (Anruf, Fax, E-Mail...), der gedruckt wird (oder auch nicht)	Hörertelefon, Wunschsendungen, Gewinnspiele zur Hörerbindung	Anrufe, Zuschauerpost, -faxe und E-Mails, Rate- u. Gewinnspiele, digitale Abstimmung, Reality-TV	Kommunikation der User untereinander, Echzeit-Chat mit geladenen Gästen und den anderen Usern, Web-Cams, Live-Streams, zeitversetzte Diskussionsforen, interaktive Abstimmungen, eigene Beiträge (Text, Ton, Bild) der User

Abb. 5.2: Medienvergleich im Hinblick auf Rezeption und Produktion

---

[51] Da die Autorin stets eine journalistische Perspektive einnimmt, ist bei den Gestaltern von medialen Angeboten hier durchgehend von Journalisten die Rede.

Da im Fokus dieses Buches geschriebene Texte stehen, sind die Ausführungen zu den Medien Print und Screen (d.h. die aktuell aufgerufene Bildschirmseite) besonders zu beachten. Hervorzuheben ist in der Betrachtung besonders die konkurrenzlos aktive und in der Folge häufig eher flüchtige Rezeption von Internetangeboten. Der Nutzer hat die zeitliche Abfolge, die Zusammenstellung und die Wahl der begleitenden Modalitäten in der eigenen Hand wie in sonst keinem Medium. Die explosionsartige Ausbreitung neuer Internetangebote führt dazu, dass Anbieter von Webinhalten auf bereits gesichertes Wissen zu einer nutzerfreundlichen Aufbereitung nicht verzichten sollten: „Jede Seite konkurriert mit mehreren hundert Millionen anderer Seiten im Wettbewerb um die Gunst der Benutzer. Diese wissen nicht, ob sie wirklich die benötigte Seite erwischt haben oder ob eine andere besser ist. (...) Statt viel Zeit auf einer einzelnen Seite zu verbringen, bewegen sich die Benutzer zwischen vielen Seiten und versuchen, die besten Teile aus jeder Seite auszuwählen" (Nielsen 2001, 106). Ziel muss es also sein, für die Zielgruppe möglichst viele von solchen „besten" Teilen zu bündeln, insgesamt also besser zu sein als die Konkurrenz. Die oft wiederholte Weisheit, nach der die Konkurrenz „nur einen Klick entfernt" ist, ist fraglos ebenso trivial wie wahr.

5.4 Journalistische Texte im Internet

Wie weiter oben gesagt, gibt es alle schon vorgestellten Textsorten aus Printmedien auch im Internet. Es geht daher im Folgenden nicht um neue journalistische Textsorten für das neue Medium, sondern um die Einbindung in die veränderte mediale Umgebung. Die folgenden Gestaltungsempfehlungen nach Hoofacker (2010) beziehen sich somit auf alle journalistischen Darstellungsformen, wie z.B. die Nachricht, den Bericht und den Kommentar. Die Illustration der Formen, in die journalistische Texte im Internet „gegossen" werden, konzentriert sich hier exemplarisch auf die Nachricht.

Journalistische Texte sind zumeist länger als PR- bzw. Unternehmenstexte. Umso wichtiger ist bei ihnen ein versierter Umgang mit Hypertext[52] als Strukturierungsprinzip. Wie der Hypertext in der Praxis gegliedert wird, hängt vom Webdesign, den redaktionellen Inhalten und auch individuellen Vorlieben ab. Allerdings haben einige Strukturierungsprinzipien sich durchgesetzt und sind dementsprechend häufig anzutreffen. Sowohl in der Literatur als auch bei Eigenrecherchen von journalistischen Texten im Internet fällt sehr schnell auf, dass ein Text in der Regel nicht in Gänze präsentiert wird, sondern zunächst ein kleiner Textvorspann auf den eigentlichen Text aufmerksam macht. Dabei handelt es sich um den so genannten Teaser.

---

[52] Der Begriff „Hypertext" bezeichnet eine nicht-lineare Organisation von Objekten wie z.B. einzelnen Textmodulen, deren netzartige Struktur durch logische Verbindungen (Verweise, Links) zwischen den einzelnen Wissenseinheiten (auch Knoten genannt, z.B. Texten oder Textteilen) hergestellt wird. Diese Strukturierungsform nennt man auch Verweis-Knoten-Konzept. Der Link als ein Bindeglied für Informationseinheiten wird auch als Kurzbezeichnung für Hyperlink verwendet. Immer ist aber der Verweis von einem Webdokument durch eine entsprechende Markierung (farblich, durch Unterstreichung oder Fettsatz etwa) auf ein anderes Webdokument gemeint (vgl. hierzu auch Storrer 2008, 315 ff.).

5.4.1 Der Teaser als „Text-Appetizer"

Beim Kauf bzw. dem Abonnement einer gedruckten Zeitung liegt a priori die Bereitschaft vor, diese dem Format entsprechend linear und zeitintensiv zu rezipieren. Deshalb müssen dort Überschrift und erste Sätze – je nach Textsorte mehr oder weniger – den Kern des Artikels nicht zwingend explizieren. Im Internet ist das anders: Das Lesen ist dort meist flüchtig, schneller und selektiver. Der Nutzer möchte binnen Sekunden entscheiden, was in dem Artikel steckt, ob er lesenswert ist oder nicht.

Um dem Rechnung zu tragen, hat sich der Einsatz so genannter Teaser durchgesetzt. Diese sind auf der Homepage bzw. den Rubrikenstartseiten zu finden. Teaser stellen im Zusammenspiel mit der Überschrift eine kurze Zusammenfassung des Inhaltes dar – unter Hervorhebung des Themenschwerpunktes. Meist sind Teaser chronologisch, d. h. unter Angabe der Veröffentlichungszeit geordnet. Im Internet gilt also zwingend: Das Wichtigste nach vorn, eine knappe und klare Vorschau ist gefragt. Wählt der Nutzer dann diesen Artikel aufgrund des Teasers aus, wird er per internem Link zu dem eigentlichen Artikel geführt. Dieser beginnt dann wieder mit dem Teaser, der dann als Erinnerungsanker und Einleitung fungiert sowie der Forderung nach „Climax first" (das Wichtigste nach vorn) Rechnung trägt. Der folgende Screenshot zeigt drei verschiedene Teaser. Er ist der Online-Präsenz des Mediums Freitag (www.freitag.de) entnommen.

Neue Sozialdemokratie | 01.06.2010 | 15:37   [💬 4]
Rudolf Walther
Abgesang auf einen Papiertiger
Mit dem Abschied von Gordon Brown aus dem Amt des britischen Premiers verschwindet auch einer der letzten Anhänger des Schröder-Blair-Papiers von der Bildfläche ›› mehr

Köhlers Nachfolge | 31.05.2010 | 17:05   [💬 83] ★★★★★
Tom Strohschneider
Das kurze Rennen bis zum 30. Juni
Mit seinem Rücktritt wird der Bundespräsident wieder Kritik auf sich ziehen. Das Geraune wird aber bald mächtigem Strippenziehen weichen ›› mehr

Israel | 31.05.2010 | 16:57   [💬 29] ★★★★☆
Sebastian Dörfler
Angriff auf die "Mavi Marmara"
Israels Marine hat die "Solidaritätsflotte" angegriffen. Bis zu 20 Menschen sollen getötet, 30 weitere verletzt worden sein. Die Türkei zieht den Botschafter ab ›› mehr

Abb. 5.3: Artikel-Teaser einer Zeitung im Netz

Die Abbildung zeigt einen Ausschnitt der Rubrik Politik. Die Möglichkeiten des „anteasens" mit und ohne Bild sind ersichtlich. Die meisten Medien präsentieren ihre Artikel in derlei Übersichten ausschließlich einspaltig, der Freitag ist mit der (auch) zweispaltigen Darstellung eine auffällige Ausnahme. Eine weitere, recht verbreitete Variante ist der Überschriften-Teaser, der insgesamt ein Link ist und ebenfalls zum Artikel führt. Der Vorteil liegt dabei in der Möglichkeit, mehr Themen in der Übersichtseite anzureißen bzw. dem Nutzer lästiges Scrollen zu ersparen. Der Nachteil liegt in dem Mangel an Informationen, die eine Überschrift bietet – die Formulierung der Headline verlangt daher hier besondere Sorgfalt.

Online-Artikel sind je nach Länge auf mehrere Folgeseiten verteilt, das hilft zu strukturieren, optimiert den Lesefluss und sorgt für zusätzliche Klicks. Letzteres ist relevant im Hinblick auf den Online-Werbemarkt, in dem als Bemessungsgrundlage für den Werbewert und damit den Anzeigenpreis eines Mediums u. a. Page Impressions[53] in Ansatz gebracht werden. Verbunden sind die Textteile mittels interner Links. Unverzichtbar ist dabei die konstante Möglichkeit, frei innerhalb der Seiten zurückspringen zu können bzw. den Artikel jederzeit gezielt auf eine höhere Ebene (Rubrik) verlassen zu können.

5.4.2 Das Artikelumfeld

Das Internet bietet im Vergleich zur gedruckten Version mehr Möglichkeiten, den Inhalt eines Artikels ansprechend, detailliert und multisensual aufzubereiten. Die Linkstruktur eröffnet dabei auf der einen Seite potentiell sehr hohe Informationstiefe, auf der anderen Seite Optionalität. Denn es steht jedem User frei, das begleitende Material auszuwählen oder eben nicht. Dazu kamen spätestens seit Mitte der 2000er Jahre verstärkt Merkmale des Web 2.0 wie Kommentarfunktionen, Tagwolken[54] und Social-Bookmarking-Optionen, seit Ende des Jahrzehnts direkte Empfehlungsoptionen für Soziale Netzwerke oder Twitter.

5.4.2.1 Bilder, Audio und Video im Artikel

Auch im Printbereich verbreitete Mittel zur Textillustration sind Bilder, vorrangig Fotos, Grafiken, Tabellen oder Zeichnungen. Innerhalb eines Webartikels sind Bilder häufig in Form einer Bildvorschau (eine „Thumbnail" genannte verkleinerte Version des Bildes) angeboten. Mit Mausklick wird das Bild geöffnet oder eine ganze Bildstrecke gestartet. Letztere ermöglicht die Berücksichtigung mehrerer geeigneter Bilder, während für die gedruckte Version des Textes normalerweise die schwierige Entscheidung für ein Bild zu treffen ist.

Die multimedialen Rahmenbedingungen lassen zudem eine Integration von auditiven oder audiovisuellen Inhalten in die Artikel zu. Animationen, kurze Filme, O-Töne, Audiokommentare, Soundbeispiele – der Möglichkeiten gibt es viele. Da derartige Inhalte jedoch für Nutzer mit geringer Bandbreite – die es auch 2010 noch gibt – aufgrund der langen Ladezeiten lästig und für Nutzer ohne die notwendigen Plugins (verschiedene Media-Player) oft nicht zugänglich sind, sollten sie nicht notwendiger Bestandteil des

---

[53] Page Impressions (kurz: PI) geben die Anzahl der Sichtkontakte an, d.h. wie viele Seiten besucht wurden. Sie sind basale Kennzahl der Reichweitenmessung für Werbeplatz anbietende Webseiten. Mehrseitige Artikel erzeugen pro Seite eine PI, was einige Medien dazu veranlasst, die Zerlegung einzelner Artikel in mehrere Seiten – bisweilen zu Ungunsten der Nutzerfreundlichkeit – zu übertreiben.

[54] Eine Tagwolke (auch Schlagwortwolke, engl. tag cloud) oder (Stich)Wortwolke dient der (mehrdimensionalen) Visualisierung von Informationen. So kann in einer zweidimensionalen Darstellung beispielsweise die alphabetische Sortierung der Stichworte (Ordnungsdimension eins) erfolgen, die im Darstellungsraum zu einer Wolke von Worten verteilt auch noch in unterschiedlicher (Schrift-)Größe (Ordnungsdimension zwei) dargestellt werden können.

Artikels sein. Jegliche Inhalte mit Zugangsbarrieren oder langen Ladezeiten sind stets Dessert, nie Hauptspeise. Und ein Dessert ist verzichtbar. Anders ist das natürlich zu bewerten, wenn z.B. eine eigene Rubrik für Videos existiert (z.B. http://zeit.de/video) – wo Video Hauptspeise ist, werden sich auch nur gezielt Besucher mit den entsprechenden „Esswerkzeugen" einfinden.

5.4.2.2 Weiterführende Inhalte

Wie weiter oben bereits erwähnt – die Hyperlinkstruktur und multimediale Variabilität des Internets geben den Medien Gelegenheit, ihren Nutzern breit ergänzende Informationen zum Artikelthema bereit zu stellen. Dahinter steckt der Anspruch an Qualitätsjournalismus ebenso wie das Ziel, Nutzer möglichst lange auf der eigenen Seite zu halten. Möchte ein Nutzer Zusatz- bzw. Hintergrundinformationen, beschafft er sie sich ohnehin, und das natürlich am besten innerhalb des eigenen Angebotes. Eine hohe Nutzerbindung nämlich beschert ein Mehr an Klicks und bei Gefallen des Gesamtpaketes wiederkehrende Nutzer (und damit Reichweitenerhöhung, was die Relevanz für Werbekunden erhöht). Bei den Großen auf dem Medienmarkt sind die angebotenen weiterführenden Inhalte grundsätzlich ähnlich. So gibt es u.a.:

- Links zu weiteren Artikeln zum Thema,
- Verknüpfungen zu eventuell vorhandenen Themendossiers,
- gegebenenfalls Infografiken oder
- Verknüpfungen zu lexikalischen, internen Datenbanken, welche Begriffserläuterungen und Fakten liefern.

Neben internen Verlinkungen existieren selbstverständlich auch externe – beispielsweise zu zitierten Studien, im Artikel genannten Unternehmen und Organisationen oder auch empfohlenen Blogs (wie bei www.freitag.de). Externe Links finden sich übrigens auch oft in den Artikeln selbst, dabei werden einzelne Begriffe, z.B. ein Unternehmen, direkt im Text mit der URL des Unternehmens verlinkt (z.B. häufig zu finden bei www.bild.de). Auch die Anordnung ähnelt sich im Grundsatz stark. Meist sind die Seiten zweispaltig angelegt, die linke, breitere Spalte gedacht für die Artikel mit ihren Komponenten selbst, die rechte für alles Weitere: die weiterführenden Inhalte, Werbebanner, Verweise zur Printausgabe, Newsticker oder auch Übersichten über die aktuell meistgelesenen oder meistkommentierten Artikel.

Die Variationen zwischen den Medien sowohl im Hinblick auf Quantität und Qualität der weiterführenden Inhalte als auch im Hinblick auf die gestalterische und funktionale Einbindung sind vielfältig. Um dies nachzuvollziehen, empfiehlt es sich für den Leser, eine vergleichende Analyse von mehreren großen Online-Medien zu einem aktuellen Thema durchzuführen. Vier mediale Angebote, die im Vergleich Gemeinsamkeiten, vor allem aber auch viele kleine Unterschiede bei Herangehensweise und Umsetzung offenbaren, sind: www.freitag.de, www.zeit.de, www.spiegel.de und www.bild.de. Diese sind also zum Testen gut geeignet.

5.4.2.3 Social Web Komponenten

Die folgenden Möglichkeiten der Texteinbindung bzw. -anreicherung sind aus der Blogosphäre (und der Thematisierung in Kapitel 2) wohl bekannt. Sie sind zumeist überaus praktisch und bilden Kernelemente des Web 2.0 ab, wie z. B. Teilhabe an gemeinsamer Betrachtung und Meinungsbildung sowie den Austausch mit anderen Rezipienten. In Zeiten zunehmenden Kämpfens um Nutzer und Reichweiten agieren nun auch die meisten Medien mit diesen weit verbreiteten Optionen, um ihre Textangebote noch attraktiver für den Rezipienten zu machen. Eine erste etablierte Variante ist die Empfehlungsoption auf Artikelebene: Wo es noch vor wenigen Jahren nur die Option zur Artikelempfehlung via E-Mail gab, sind die Möglichkeiten dazu heute ungleich vielfältiger geworden. Typisch ist die Icon-Leiste für Social Bookmarking-Dienste und Soziale Netzwerke am Artikelende bzw. am Artikelanfang. Diese sieht wie folgt z. B. im Juni 2010 bei Spiegel Online so aus:

Abb 5.4: Social-Bookmarking bzw. Empfehlungsleiste bei Spiegel Online

Damit können Nutzer den Artikel:

- über ihre Konten z. B. bei Twitter, Facebook oder MySpace empfehlen oder
- in Bookmarkingdiensten wie Delicios oder Mister Wong ablegen.

Jedes einzelne Icon der abgebildeten Empfehlungsleiste steht für einen solchen Service, der den passiven Leser zum aktiven Meinungs(mit)macher werden lässt, der auch durch die Artikelbewertung selber zum Kommentarjournalisten werden kann. Das sorgt für Streuung und weitere Besucher auf der Website des Mediums und nicht zuletzt für suchmaschinenrelevante Links. Denn jede Empfehlung ist ein Link auf den Artikel bzw. das Medium. Und jeder Link ist gut für das Ranking des Mediums. Mehrheitlich ermöglichen die Medien heutzutage wie gesagt die Kommentierung der Artikel durch Nutzer. Unter dem Gesichtspunkt nutzergenerierter Inhalte wird diese Option hier dem Bereich Social Web zugeordnet. In Abhängigkeit vom Thema und der Brisanz des selbigen können zu einem Artikel schnell hunderte Kommentare zusammenkommen.

Zunehmend etablieren Online-Medien außerdem Blog-Bereiche, wobei die Zusammensetzung der Autoren je nach Medium stark abweichen kann. Das Handelsblatt z. B. lässt eigene Autoren themenspeziell außerhalb der Kernberichterstattung bloggen. Das liefert Hintergründe, auch Persönliches und lässt stets Spielraum für Meinung. Einem Medium wie dem Handelsblatt, dessen Inhalte in einer Print- und Onlineausgabe grundsätzlich harmonisiert werden, eröffnet sich auf diesem Wege zudem die Möglichkeit, auch die Inhalte zu publizieren, die zwar produziert, aber nicht priorisiert wurden, d. h. es nicht in das „eigentliche" Blatt „schafften" (siehe www.handelsblatt.de/media/weblogs). In einem anderen Modell lassen die Medien zwar auch eigene Autoren bzw. Korrespondenten oder Experten – in jedem Fall Text-Profis – bloggen, ermöglichen es aber außerdem auch Nutzern innerhalb der Website, sozusagen unter dem Mantel des Mediums, in entsprechenden Community-Bereichen Beiträge zu veröffentlichen. Hervorragende Beispiele sind Der Freitag (http://www.freitag.de/community) und die Zeit (http://community.zeit.de). Das nachfolgende Beispiel der Kommentierung eines journalistischen Beitrags in Zeit Online in der dafür vorgesehenen Zeit Community zeigt: Blogger schreiben engagiert und führen professionelle Debatten, die der Argumentation mancher Redakteure in nichts nachstehen müssen.

> **Beispiel: Leser-Blog**
>
> Teaser des journalistischen Beitrags:
> Das Sparpaket von Lev Adam 16.06.2010, 10.49 Uhr
>
> Das Sparpaket oder
> Das Ende unserer demokratischen Gesellschaftsordnung
>
> Die Wirtschaftskrise und ihre Folgen sowie die Reaktion oder besser die Nicht-Reaktion unserer so genannten politischen „Elite" in der Bundesregierung stellt eine nicht zu unterschätzende Gefahr für die soziale Ordnung und den Zusammenhalt in unserem Land dar.[weiter...]
>
> Kommentarbeispiel 1 von User A im Leser-Blog am 16.06.2010, 14.03 Uhr:
>
> Liberal bedeutet nicht unsozial
>
> Ein immer wieder hier zu lesender gravierender Irrtum über Begriffe lautet: neoliberal ist unsozial. Das ist einfach Quatsch. Liberal bedeutet, dass Marktprozesse ein summarisches Urteil über das abliefern, was alle Beteiligten jeweils möchten. Wesentlich ist dabei, dass alle am Marktgeschehen Beteiligten die gleiche Position und die gleiche Einflussmöglichkeit haben.
> Es ist unmittelbar einleuchtend, dass Einzelne oder auch Gruppen mit exogen verursachten schlechteren Positionen eine soziale Hilfestellung benötigen und diese über das Gemeinwesen auch als Ausgleich erhalten müssen. Dieser Ausgleich darf aber eben nicht die Marktposition dieser unterstützen Personen zu Lasten der anderen Marktteilnehmer verschlechtern.
> Ansonsten würden eben wieder ungleiche Wettbewerbsbedingungen herrschen, die das Marktgeschehen in den Machtpositionen verzerren. Solidarität mit den Schwachen kann nicht heißen, die Starken zu Schwachen zu machen. Sonst würde man es am Ende nur noch mit Schwachen zu tun haben.
>
> Kommentarbeispiel 2 von User B (als Reaktion auf A) am 16.06.2010, 14.39 Uhr:
>
> Starke und Schwache
>
> Sie schrieben: „Solidarität mit den Schwachen kann nicht heißen, die Starken zu Schwachen zu machen. Sonst würde man es am Ende nur noch mit Schwachen zu tun haben." Das ist wohl eher ein Slogan als ein Argument, da niemand fordert, die Starken zu Schwachen zu machen. Aber dennoch einen kleinen Gedanken dagegen: „Schwach" und „stark" sind Prädikate, die sich aufeinander beziehen, sich wechselseitig definieren. Der Schwache ist nur im Verhältnis zum Starken schwach und der Starke nur im Verhältnis zum Schwachen stark. Die gleiche Beziehung besteht zwischen „arm & reich" und „nah & fern" und „hart & weich".
>
> Was passiert also, wenn alle Menschen zu Schwachen werden? Kann das überhaupt passieren? Zunächst einmal sollen die Pole einander angenähert werden. Dann würde es aber immer noch ein paar geben, die stärker sind und ein paar, die schwächer sind. Wir bringen die Pole noch weiter zusammen. Jetzt sind alle vollkommen gleich stark. Oder gleich schwach...

> Eigentlich hat es jetzt gar keinen Sinn mehr, von „stark" und „schwach" zu reden: Im Verhältnis zu was sind denn jetzt alle stark oder alle schwach? Diese Prädikate, die Verhältnisse angeben, ohne Bezugspunkte zu verwenden, sind wie zu sagen „Der Edeka ist links" ohne dazu zu sagen, von wo aus gesehen er nun links ist: „Nein, nein, er ist nicht links die Straße runter oder links von mir oder links von der Apotheke: Er ist einfach nur links!" Es ist semantischer Unfug. Insofern ist Ihre Sorge unbegründet: Wir werden es nie nur noch mit Schwachen zu tun haben. Wer derartiges äußert, sagt nichts Falsches, sondern etwas semantisch Unsinniges.
>
> (Quelle: http://community.zeit.de/user/levadam/beitrag/2010/06/16/das-sparpaket#comments, Zugriff am 16.06.2010)

Noch mehr als durch die reine Kommentierungsmöglichkeit bekommen hier die Nutzer ein „Gesicht", finden eventuell ein publizistisches Zuhause und können sich allein durch die Mediengröße einer gewissen Leserschaft sicher sein. Die Zugangsbarrieren sind dabei niedrig: Eine schnelle Registrierung genügt und man kann loslegen. Die entsprechenden Medien agieren innovativ im Social Web. Und sie verstehen auch viel von Suchmaschinen. Ihre Seiten produzieren vereinfacht gesagt mehr Inhalt und mehr Links als andere. Wie dies zu erreichen ist, wird weiter unten im Zusammenhang mit dem Thema „Schreiben fürs Suchen" erläutert. Zuvor sollen allerdings zusätzlich zu den journalistischen Texten und ihrer Integration im Internet Textvarianten für die Unternehmenskommunikation im Internet vorgestellt werden.

5.5 Texte für die Unternehmenskommunikation im Internet

Da die Website als die wichtigste Form der Unternehmenspräsenz im Internet gelten kann, wird ihr hier vergleichsweise viel Platz eingeräumt. Dann folgen die Unternehmenstexte, die in Form von Newslettern via E-Mail versendet werden. Im Anschluss werden einige Möglichkeiten aufgezeigt, wie und wo sich Unternehmen im Web 2.0 platzieren bzw. bewegen können. Abschließende Betrachtungen gelten dem Thema Suchmaschinenoptimierung, das für Texte unterschiedlicher Herkunft und Funktion relevant ist.

5.5.1 Unternehmenswebsites

Eine Website ist für annähernd jedes Unternehmen heute ein unverzichtbares Kommunikationsinstrument – auch wenn über sie keine Geschäftsabwicklung betrieben wird. Jede unternehmerische Internetpräsenz fungiert zumindest als Selbstdarstellung und Kontaktforum bei unvergleichlich hoher Reichweite zu konkurrenzlos niedrigen Kosten. Dies allerdings ist alles andere als Insiderwissen. Folglich ist es umso wichtiger, bei der Planung und Umsetzung einer eigenen Website in besonderem Maße nutzerzentriert, sorgfältig und kreativ vorzugehen. Die Hauptkriterien für eine erfolgreiche Websiteproduktion sind Content, Usability und Design. Dem Content insbesondere gelten die folgenden Ausführungen.

5.5.1.1 Nutzerorientierung für die Konzeption

Vor jeder Umsetzung sollte eine Konzeption stehen, für die Grede (2003, 63) besonders wichtige und immer noch aktuelle Aspekte herausarbeitet. Das Durcharbeiten solcher Prüfkriterien soll helfen, inhaltliche Prioritäten für die Texterstellung zu setzen.

Prüfkriterien für die Konzeption einer Unternehmenswebsite (Grede 2003, 63)	
Prüfkriterium	Erläuterung
Im Mittelpunkt steht der User bzw. Kunde. Immer.	Die Zeit des Users bzw. Kunden ist wertvoll. Zu viel Selbstdarstellung ist langweilig.
Unausgesprochene Leserfragen.	Der Nutzen für den User bzw. Kunden zählt. Auch kleine Details sind wichtig, z. B. die klare Aussage darüber, was passiert, wenn der Kunde seine Adresse preisgibt.
Fragen zur Zielgruppe	An persönlich bekannte Menschen aus der Zielgruppe orientieren.
Image	Realistische Orientierung am eigenen Image.
Referenzen	Überzeugen: Testimonials, Referenzen und Medienresonanz bringen mehr als Eigenlob.

Abb. 5.5: Konzeption einer Unternehmenswebsite

Zur Kundenzentrierung – erweiternd kann man auch von Userorientierung sprechen – formuliert Grede (2003, 51): „Vor allem: Der Kunde ist zuerst an seinem Nutzen interessiert, dann an seinem Nutzen und schließlich an seinem Nutzen". Es geht darum, Inhalte, welche die Nutzer wissen müssen, möchten oder unbedingt wissen sollen, von den verzichtbaren zu trennen. „Weniger ist mehr" hat insbesondere für Unternehmenswebsites Gültigkeit, denn Webrezeption verlangt vor allem Kürze und Prägnanz. Die Zeit des Kunden ist wertvoll und das weiß auch der Kunde. Dazu hat er in den letzten Jahren durch Weberfahrung vortrefflich gelernt, wie er seine Zeit nicht verschwendet: Er klickt einfach weg – zum nächsten Unternehmen oder zu nächsten Organisation.

Allgemein verlangt jeder Auftritt am Markt möglichst genaue Kenntnisse über die Zielgruppe. Ist die Zielgruppe groß und damit meist anonym, liegt die Versuchung nahe, es inhaltlich allen recht zu machen, in der Folge oberflächlich zu texten und in unverbindliche Phrasen abzugleiten. Grede (2003, 56 f.) schlägt vor, an einen persönlich Bekannten zu formulieren – einem solchen nämlich würde man einen weit ausholenden, mit Allgemeinplätzen gespickten Text nicht zumuten. In der Konsequenz wird der Text persönlicher, direkter, kürzer und damit höchstwahrscheinlich besser. Das nachfolgende Beispiel eines zielgruppengenauen wie auch „kunden"zentrierten Textes gibt die Website des Bundesverbandes für Alphabetisierung und Grundbildung e. V., die einem ebenso passenden Motiv für die Kampagne folgt.

Abb. 5.6: Motiv der Alphabetisierungskampagne für Schüler
(Quelle: http://www.alphabetisierung.de/kampagne/print/postkartenmotive.html)

**Beispiel: Zielgruppen- bzw. kundenspezifisches Texten auf der Website
Der Bundesverband für Alphabetisierung und Grundbildung e.V.**

Für Schüler haben wir einige Fragen und Antworten gesondert zusammengestellt, die als PDF herunterzuladen sind.

Wo kann ich Kurse zum Lesen- und Schreibenlernen finden?
Wenn Sie wissen wollen, wer Kurse in Ihrer Nähe anbietet, können Sie sich an das **ALFA-TELEFON** wenden: Tel. 0251/53 33 44. Sie können auch mit unserer neuen Onlinesuche nach Kursanbietern suchen. Diese finden Sie hier. Einrichtungen, die Lese- und Schreibkurse für Erwachsenen anbieten, können sich in die Datenbank vom ALFA-TELEFON eintragen lassen. Den Meldebogen finden Sie hier.

Funktionaler Analphabetismus: Was ist das? Wie kommt das? Was kann man tun?
Zur Definition und zu den Ursachen von funktionalem Analphabetismus finden Sie weitere Informationen hier.

Eine Kurzreportage über funktionalen Analphabetismus bei jungen Erwachsenen können Sie sich hier anschauen.

Wie kommt man auf die Zahl 4 Millionen funktionale Analphabeten?
Es gibt keine gesicherten Daten zur Größenordnung des funktionalen Analphabetismus in Deutschland. Die Zahl 4 Millionen ist eine Schätzung, die sich an Studien wie der IALS, PISA und andere orientiert. Genauere Informationen bekommen Sie in dem Buch „Ihr Kreuz ist die Schrift" (Kapitel 2), zu finden als PDF Download hier.

Wie finanziert sich der Verband?
Der Verband finanziert die Vereinsarbeit durch Mitgliedsbeiträge, Spenden, Verkaufserlöse und teilweise durch ehrenamtliche Arbeit. Er wird durch verschiedene Sponsoren unterstützt.

Wie kann ich dem Verband beitreten?
Informationen zur Verbandsmitgliedschaft finden Sie hier.

> **Wo finde ich Informationen zu den einzelnen Projekten?**
> Der Bundesverband Alphabetisierung und Grundbildung führt diverse Projekte durch. Eine Übersicht der Projekte finden Sie hier.
>
> **Wo finde ich die TV-Spots, die im Fernsehen ausgestrahlt werden?**
> Die Spots der Sozialkampagne „Schreib dich nicht ab. Lern lesen und schreiben!" können Sie auf unserer Internetseite herunterladen.
>
> **Wo finde ich die Statements mit prominenten Künstlern?**
> Im Rahmen unserer iCHANCE-Kampagne unterstützen uns verschiedene Künstler wie beispielsweise Jan Delay, Peter Fox, Atze Schröder, Samy Deluxe, K.I.Z., Kurt Krömer, Culcha Candela, MIA. und die Viva Moderatorin Collien Fernandes. Alle Interviews und Statements finden Sie auf unserem YouTube-Partnerchannel.
>
> **Gibt es Werbe- und Infomaterialien, die man nutzen kann?**
> Ja, die gibt es und diese können Sie bei uns im Online-Shop bestellen. Einige Materialien können Sie kostenlos nutzen: TV-Spots, Audiospots mit Promis, Printmotive.
>
> (Textauszug – Quelle: http://www.alphabetisierung.de/infos/faq.html, Zugriff 18.06.2010.)

Die Orientierung am Image setzt Kenntnisse über die Zielgruppe und zudem Wissen um verbreitete Einstellungen zum Unternehmen voraus. Dafür ist die Sekundärdatenanalyse hilfreich, also die Auswertung bereits vorliegender Daten. Dies stellt eine preisgünstige und schnelle Möglichkeit der Analyse dar. Als Quellen für Sekundäranalysen können beispielsweise bei einer Profit-Organisation Kundenbeschwerden und -feedbacks, Aussagen der eigenen Vertriebskräfte oder Presseartikel genutzt werden. Außerdem gibt es die kosten- und zeitintensive Möglichkeit einer Primärdatenerhebung, bei der mittels Methoden der empirischen Sozialforschung – z.B. einer schriftlichen Umfrage unter den Kunden oder einer Gruppendiskussion – Einstellungen zum Unternehmen exploriert werden. Die Imagedaten aus Primär- und Sekundärforschung können inhaltlich für die Gestaltung der Website genutzt werden. So sind Urteile negativer Prägung durch stichhaltige Argumente zu widerlegen, Urteile positiver Prägung sollten durch den eigenen Text bekräftigt werden.

Immer hilfreich sind Referenzen, da sie ein Spiegel für Qualität, Erfahrung und Glaubwürdigkeit des Unternehmens darstellen. Grede (2003, 58) formuliert dazu treffend: „Eigenlob stinkt, Lob aus dem Mund eines Kunden oder Dritten wirkt nachhaltig gut." Selbiger Autor gibt aber auch zu bedenken, dass gerade Kunden oft die Mühe scheuen, einen längeren, die guten Erfahrungen kommentierenden Text zu schreiben und empfiehlt, diesen gleich selbst zu verfassen und sich dabei am tatsächlichen Kundenlob zu orientieren: „Äußert sich ein Kunde zufrieden über Ihren Service am Telefon, bedanken Sie sich und fragen ihn unmittelbar, ob Sie dieses Lob auf Ihrer Website publik machen dürfen. Sagen Sie ihm, Sie notieren ein paar Zeilen dazu und senden es ihm zur Abstimmung und Freigabe" (Grede 2003, 59). Zu Referenzen zählen zudem Kunden- und Projektlisten – gerade im Business-to-Business-Bereich ist es Usus, dass vor einem Geschäftsabschluss die eine oder andere der genannten Referenzen von Interessenten zu den konkreten Erfahrungen befragt werden. Eine weitere Form von Referenzen stellen Pressepublikationen dar. Hat eine Fachzeitschrift, die Tagespresse oder eine journalistische Website Positives über das Unternehmen berichtet, dann sollte dies dem interessierten Besucher der Website zukünftig nicht vorenthalten werden, gilt doch die Presse als besonders kritisch und neutral.

5.5.1.2 Textliche Aufbereitung der Inhalte

Sind die Inhalte der Website festgelegt, geht es um eine intelligente, auf das Medium Internet und seine Rezeptionsbedingungen zugeschnittene Textproduktion. Fasel (2008, 171) beantwortet die Frage, woran man einen guten Text für das Internet erkennt, wie folgt: „An seiner Prägnanz in Aufbau und Stil. An der präzisen Sprache, die er benutzt. An einer klaren Struktur, die Verständlichkeit schafft. An seinem Bemühen, dem Rezipienten seine Botschaft mit möglichst wenig Barrieren rüberzubringen.". Viele Empfehlungen sind bereits in den Ausführungen zur allgemeinen Textproduktion genannt worden, diese gelten grundsätzlich auch im Internet. Deshalb werden im Folgenden nur einige wenige, spezielle Hinweise gegeben, die dem spezifischen Charakter einer unternehmerischen Website Rechnung tragen. Anhand des dann folgenden Textbeispiels lässt sich gut nachvollziehen, wie ein verständlicher Text – auch über ein komplexes und abstraktes Thema – eine Website aufwerten kann.

Tipps für Webtexte (Grede 2003, 129–151)	
Empfehlung	Erläuterung
Keine abgegriffenen Phrasen	Verzicht auf tausendfach verwendete Worthülsen wie „Ihr Partner für…" oder „… und mehr". Das wirkt abgegriffen, kopiert und damit einfallslos.
Sparsamer Umgang mit Fremdsprachen	Fremdsprachige Textelemente sind nicht nur weiten Teilen der Bevölkerung unverständlich, sie sorgen oft auch für peinliche stilistische Kollisionen, beispielsweise ist „Ute Krauses Nail- und Hairdesign-Studio in Gummersbach" ein ganz und gar unmögliches Konstrukt.
Vorsicht bei Zweideutigkeiten	Sex sells. Allgemeine Gültigkeit hat diese Weisheit jedoch keineswegs. Ein seriöses Unternehmen sollte auf schlüpfrige oder gar tendenziell frauenfeindliche Aussagen verzichten. So hat z. B. der Slogan der Handelkette Real: „Real, besorg's Dir doch einfach" für viele Rezipienten einen unangenehmen Beigeschmack.
Humor ist Geschmackssache	Was der eine witzig findet, kann auf einen anderen peinlich wirken, ein nächster bemerkt den Witz erst gar nicht. Vorsicht ist also geboten, insbesondere bei der Verwendung von Ironie – für dieses Stilmittel ist die Empfänglichkeit extrem unterschiedlich ausgeprägt.
Geistiges Eigentum achten	Wenn ein fremder Text gefällt, kann er durchaus als Inspiration genutzt werden. Nie darf er jedoch für freizügige Selbstbedienung missbraucht werden, sprich Kopiervorlage sein. Abgesehen davon, dass solches Gebaren ideenlos und alles andere als individuell ist, ist es rechtlich unzulässig. Den rechtlichen Rahmen geben dafür das Markenrecht und das Urheberrecht vor. Und wenn unbedingt fremde Inhalte in den eigenen Text integriert werden sollen, muss sauber zitiert und damit die Quelle offen gelegt werden.

Abb. 5.7: Tipps für Webtexte

> **Beispiel: Ein Text für die Website – präzise, klar, verständlich**
>
> **Hörgerät mit Hilfsfunktion für Tinnitus Patienten**
>
> Ein neuartiges Hörgerät von Siemens kann die Lebensqualität von Tinnitus-Patienten entscheidend verbessern. Das Gerät aus der Serie Life kann neben der normalen Funktion als Hörgerät zugleich zur Maskierung des als unangenehm empfundenen Ohrgeräusches eingesetzt werden. Mit dem speziellen Therapierauschen können die Patienten lernen, besser mit ihrem Tinnitus zu leben. Siemens ist weltweit der erste Hersteller, der ein Hörgerät in Kombination mit einem Tinnitus-Rauschgerät anbietet.
>
> Bei Tinnitus (lateinisch für klingeln) nehmen Betroffene eine Hörempfindung wahr, die auf keine äußere Schallquelle zurückgeht, sondern im eigenen Kopf entsteht. Oft wird das Dauergeräusch als Pfeifen, Klingeln, Rauschen oder Summen erlebt. Die Ursachen sind sehr unterschiedlich und noch nicht vollständig erforscht. Auffällig ist jedoch, dass mehr als 50 Prozent der Tinnitus-Patienten zugleich unter Schwerhörigkeit leiden. In diesen Fällen sprechen Forscher häufig vom „Phantomschmerz des Ohrs". Sie gehen davon aus, dass das Gehirn fehlgeleitete Nervenaktivitäten in der Hörbahn als Geräusch interpretiert, die durch Schädigungen des Hörsinns verursacht wurden.
>
> Basierend auf dieser Erkenntnis hat Siemens Audiology das neue Kombi-Gerät der Life-Serie entwickelt: Es kompensiert einerseits den Hörverlust, und hilft Tinnitus-Patienten, sich an das Ohrgeräusch zu gewöhnen. Betroffene können sich so wieder verstärkt auf die „normale" äußere Hörwelt konzentrieren, das eigene Tinnitus-Geräusch wird in der Wahrnehmung zurückgedrängt. Um diesen Effekt zu erzielen, erzeugt das Life-Gerät ein Breitbandrauschen, das aus einer Mischung aller für das menschliche Ohr wahrnehmbaren Frequenzen besteht. Wichtig ist dabei: Das Therapierauschen darf das Tinnitus-Geräusch nicht überdecken und sollte nur knapp oberhalb der Hörschwelle wahrnehmbar sein. Trotz komplexer Technik zeichnet sich das Life-Gerät durch hohen Bedienkomfort aus: Nach einer individuellen Anpassung durch den Hörgeräteakustiker kann der Life-Träger selbst bequem per Fernbedienung wählen, ob er die Funktionen des Hörgeräts wahlweise im Wechsel oder gleichzeitig anwenden möchte.
>
> (Quelle: http://www.siemens.com/innovation/de/forschungsthemen/healthcare/update_01/tinnitus-hoergeraet.htm, Zugriff 18.06.2010)

5.5.1.3 Webseitenbewertung: Der Bowen Craggs & Co.-Index

Über die Bewertung von Websites lässt sich viel sagen. Zentral für Bewertungen verschiedener Analyseverfahren sind aber eine Rehe von Kriterien, die hier an einem aussagekräftigen Beispiel vorgestellt werden sollen. Einmal pro Jahr bewertet das US-Beratungsunternehmen Bowen Craggs & Co. im Auftrag der Financial Times die Unternehmenswebsites von Großunternehmen bzw. Konzernen. Ein Blick darauf lohnt, werden doch viele Parameter von ausgewiesenen Website-Experten detailliert ausgewertet. Auch wenn die Menge der betrachteten Unternehmen dabei gering ist, kann insbesondere die verwendete Systematik hilfreich bei der eigenen Bewertung von Corporate Websites (Unternehmenswebseiten) sein. Zur Ermittlung des Indexes werden aus den jährlich von der Financial Times ermittelten „Global 500" (ein Ranking nach Marktkapitalisierung = Börsenwert) die jeweils 25 größten Unternehmen aus den USA, aus Europa und dem Rest der Welt betrachtet. Die Bewertung selbst erfolgt nach den folgenden Kriterien:

1. **Construction bzw. Aufbau:** Hier wird die Architektur der Sites u. a. im Hinblick auf **Nutzerfreundlichkeit, Navigation, Kohärenz** und **Einbindung der nationalen Sites sowie Markensites in den globalen Auftritt** untersucht. Zudem wird die Abdeckung in den großen Suchmaschinen sowie die Verbindung zu Social Media überprüft.

2. **Message bzw. Botschaft**: Es wird die Frage beantwortet: Wie wird die Site zum **Imagetransfer** genutzt? Dazu werden die Inhalte und die visuelle Gestaltung unter die Lupe genommen.

3. **Contact bzw. Kontakt**: Ausgehend von der Annahme, dass viele Nutzer die Website zur Kontaktaufnahme besuchen, werden die **Möglichkeiten der Kontaktaufnahme** für verschiedene Interessengruppen geprüft. Dabei geht es nicht nur um die klassischen Kontaktseiten, sondern auch um das Vorwegnehmen von Fragen, wie beispielsweise in der oben vorgestellten Weise zum Thema Alphabetisierung.

Die ersten drei Kriterien sind allgemeiner Natur – beziehen sich also auf jeden denkbaren Nutzer. Die weiteren Kriterien betreffen die Frage nach der Nützlichkeit für bestimmte Interessengruppen.

4. **Serving Society bzw. Nützlichkeit für die Gesellschaft**: Wie wird die Site in dieser Hinsicht zum Reputationsmanagement genutzt? Bowen Craggs & Co. prüfen hier die Passung für die interessierte Öffentlichkeit sowie den Einbezug des Themas soziale Verantwortung **(Social Responsibility)**.

5. **Serving Investors bzw. Nützlichkeit für Investoren**: Hier wird die Nützlichkeit für (auch potentielle) Analysten und Investoren sowie private Anleger überprüft.

6. **Serving the Media bzw. Nützlichkeit für die Medien:** Wie hilfreich ist die Site für Journalisten? Wie ist z. B. die Qualität und Zugänglichkeit der Presseinformationen zu bewerten? Wie gut sind die verfügbaren Hintergrundinformationen? Wie ist es um die Kontaktmöglichkeiten und die Anforderung von Bildmaterial bestellt?

7. **Serving Jobseekers bzw. Nützlichkeit für Jobsuchende**: Jobsuchende sind bei Unternehmen dieser Größe einer der größten Besuchergruppen. Wie nützlich ist die Website für sie?

8. **Serving Customers bzw. Nützlichkeit für Kunden**: Wie wird Kunden mit Fragen, **Problemen** und Informationsbedarf geholfen?

Aus all diesen Kategorien wird ein Gesamtindex ermittelt[55]. Es werden aber auch die Ergebnisse im Hinblick auf die einzelnen Kategorien vorgestellt. Im folgendem Auszug sind die Top 20 des Gesamtindexes zu sehen. In der besonders für dieses Buch relevanten Kategorie „Message bzw. Botschaft" schneidet Siemens am besten ab. Die deutsche Telekom als schlechtestes deutsches Unternehmen (von vier deutschen Unternehmen im Index) steht auf Platz 41. Die Beurteilung nachvollziehen kann man bei einem kritischen Besuch auf den jeweiligen Seiten.

---

[55] Die Studie ist Online unter www.bowencraggs.com/ftindex mit allen möglichen Filterungen einsehbar. Der Download als pdf ist ebenfalls über diese Adresse möglich. Weitere Informationen zum Index 2010 beinhaltet ein Artikel der FTD: http://www.ftd.de/it-medien/medien-internet/:ranking-konzern-websites-rezession-stoert-firmen-websites-kaum/ 50116594.html.

Company	2010 Position	2010 Score	Country	2009 Score	Change
Royal Dutch Shell	1	213	UK	195	+18
BP	2	210	UK	209	+1
Siemens	2	210	Germany	202	+8
Roche	4	209	Switzerland	210	-1
Rio Tinto	5	201	Australia/UK	192	+9
Eni	6	200	Italy	197	+3
General Electric	7	199	USA	195	+4
Unilever	8	198	UK	197	+1
AstraZeneca	9	196	UK		new
E.ON	9	196	Germany	189	+7
Procter & Gamble	9	196	USA	159	+37
Nestle	12	195	Switzerland	194	+1
British American Tobacco	13	194	UK		new
Coca-Cola	13	194	USA	187	+7
Cisco Systems	15	193	USA	193	0
Qualcomm	15	193	USA		new
Total	15	193	France	187	+6
Chevron	18	192	USA	186	+6
GlaxoSmithKline	18	192	UK	192	0
IBM	18	192	USA	195	-3

Abb. 5.8: Bowen-Craggs Index 2010

5.5.1.4 Evaluation von Webseiten unter PR-Gesichtspunkten

Zu Beginn dieses Kapitels wurde bereits erwähnt, dass die Präsenz von Unternehmen im Internet lange Zeit der Maxime folgte „Hauptsache wir sind dabei.". Dass diese Zeiten vorbei sind, ist klar. Sich und sein Angebot zu präsentieren, reicht dem leidgeprüften und mittlerweile manchmal auch schon verwöhnten User nicht aus. Die Internetpräsenz eines Unternehmens muss vielmehr vielfältige integrierte Kommunikations- und Kontaktchancen bieten, um nicht zum vernachlässigten Datenfriedhof in den Weiten des Cyberspace zu verkommen. Die Zielorientierung der Unternehmenskommunikation orientiert sich an den klassischen Zielen, die in Netzwelten genauso bestehen wie in der Offline-Welt der Kommunikation. Burkhart (2004, 176) fasst sie beispielsweise wie folgt: „Was nun (...) den übergreifenden Sinn und Zweck unternehmerischer Webauftritte betrifft, so scheint außer Streit zu stehen: Websites als Instrumente unternehmerischer Online-PR sollen ganz allgemein dazu beitragen, die Reputation eines Unternehmens zu sichern, um die Akzeptanzbereitschaft bei relevanten Teilöffentlichkeiten zu provozieren, zu festigen oder zu erhöhen." Als Leitwerte der unternehmerischen Webkommunikation stellt der eben genannte Autor nun eine Reihe von Postulaten auf, die als Evaluationsbasis für die inhaltliche Gestaltung und Evaluation von webbasierter Unternehmenskommunikation herangezogen werden können (vgl. Burkhart 2004, 178 f.):

- **Akzeptanz durch Transparenz**: Es gilt Transparenz über das unternehmerische Tun zu schaffen und flankierend dialogische Strukturen zwischen Unternehmen und seinen Stakeholdergruppen zu etablieren, mit denen Unternehmensaktivitäten zur Diskussion gestellt werden.

- **Über Transparenz zur Glaubwürdigkeit:** Wird durch die unternehmerische Selbstdarstellung im Netz Sachkompetenz deutlich, entsteht zugleich Vertrauenswürdigkeit. Wer sich sachkompetent zeigen will, der bietet hohe Informationsqualität bzw. die Möglichkeit, Expertenwissen abzurufen oder gegebenenfalls sogar mit Experten in Kontakt treten zu können. Vertrauenswürdig zu bleiben bedeutet darüber hinaus, vorsichtig mit Ankündigungen, Versprechungen und Zusagen in der Kommunikation umzugehen (die technisch leicht zu realisieren, faktisch aber schwer einzulösen sind).

- **Akzeptanz durch Verantwortung**: Verantwortungsbewusstsein zeigen solche Unternehmen im Netz, die auch Informations- und Dialogmöglichkeiten zur sozialen Verantwortungsübernahme des Unternehmens anbieten. (Diese letzte Komponente bildet auch eine der zentralen Evaluationskriterien des oben dargestellten Bowen-Craggs Index.)

Man kann davon ausgehen, dass Störungen in der Online-Kommunikation dem Image eines Unternehmens schaden. „Konkreter formuliert: Immer dann, wenn der User auf der Suche nach einer (metakommunikativen) Möglichkeit der Beseitigung auftretender Zweifel scheitert, wird das Unternehmen an Durchschaubarkeit (Transparenz) leiden. Je nach Art des Zweifels, wird ihm dabei Misstrauen entgegengebracht, Inkompetenz attestiert oder Verantwortungslosigkeit zugeschrieben werden." (Burkhart 2004, 183). Wer Webseiten inhaltlich plant und textlich gestaltet, und wer dabei die Dialogorientierung in der Kommunikation zwischen Unternehmen und Anspruchsgruppen in der Netzwelt angemessen für die Beziehungspflege berücksichtigen will, tut also gut daran, sich an der aufgezeigten Evaluationsbasis zu orientieren.

5.5.2 Newletter via E-Mail

Inhaltlich wurde diese Form der Kundenansprache bereits im Kapitel 4 Unternehmenstexte thematisiert. Die dort gegebenen Empfehlungen für Printmedien gelten auch für das Internet. Daher wird hier nur auf die Besonderheiten im Rahmen der elektronischen Zustellung eingegangen. Newsletter und Werbemails zählen grundsätzlich zum so genannten Permission Marketing, also einer Marketingform, die durch die Nutzer ausdrücklich erlaubt wurde. Dies geschieht meist beim Besuch einer Website mittels gezielten Abonnements, häufiger noch im Rahmen eines Kaufabschlusses. Bei einem solchen wird bei der finalen Überprüfung der Bestelldaten über ein zu aktivierendes oder – in der nicht zu empfehlenden Variante – zu deaktivierendes Häkchen die Erlaubnis (Permission) zur Zusendung von Newslettern und/oder Werbemails erteilt.

Da ein Abonnement infolge mangelnder Identitätsüberprüfung auch für Dritte gebucht werden kann, hat sich das so genannte Double-OptIn-Verfahren durchgesetzt. Mit diesem wird per E-Mail die Bereitschaft zum Abonnement nochmals überprüft. Mittels eines Links bestätigt der Nutzer seinen Abonnementwunsch – auf diese Weise wird vermieden, dass Dritte aus niederen Gründen Postfächer anderer Nutzer via Newsletter und Werbemail „bombardieren" lassen können.

Ein Newsletter als solches sollte über fixe Elemente verfügen, z. B. einen deutlichen Betreff und ein Inhaltsverzeichnis am Beginn der Mail. Der Leser soll nach kurzem Überfliegen des Inhaltsverzeichnisses entscheiden können, ob er einzelne Beiträge lesen möchte oder nicht. Ausführliche Themen werden oft mit Links auf die eigene Website versehen, die dann tiefere Informationen und eventuell die Kaufoption bieten. Wichtig ist bei Permission-Marketing-Maßnahmen die ==Ausstiegsmöglichkeit== in jedem einzelnen Newsletter und auf der Website, denn der Nutzer hat kein Abonnement mit Kündigungsfrist abgeschlossen. Und wenn er den entsprechenden Newsletter nicht mehr per Mail beziehen möchte, sollte ihm die Verabschiedung vom Medium leicht gemacht werden. Ein Beispiel für die schlichte Gestaltung eines typischen E-Mail-Newsletters wird im Folgenden gezeigt.

Beispiel: Der Newsletter per E-Mail

Von: newsletter@halem-verlag.de <newsletter@halem-verlag.de>
Datum: Freitag, 18. Juni 2010
An: susanne.femers@htw-berlin.de
Betreff: 100 Rezensionen beim Online-Journal r:k:m

100 Rezensionen – Das Online-Journal r:k:m feiert seinen Erfolg bei Experten und Fachinteressierten

Ein Jahr, 100 veröffentlichte Rezensionen und über 28.000 Seitenaufrufe: Die Bilanz des Online-Rezensionsjournals r:k:m – rezensionen:kommunikation:medien darf ein wenig stolz machen!

Im Mai 2009 ging r:k:m mit einer Handvoll Rezensionen erstmals online. Die selbst auferlegte Mission: den Orientierungsschwierigkeiten im Dschungel der kommunikationswissenschaftlichen Publikationen ordnend zu begegnen und eine übersichtlich strukturierte Plattform für Information und Austausch anzubieten. Das Konzept ging auf: Regelmäßig informieren sich Interessenten bei r:k:m, welche Neuerscheinungen es im weitläufigen Bereich der Kommunikations- und Medienwissenschaft gibt und welchen Anklang diese bei kompetenten und unabhängigen Rezensenten finden. Bei r:k:m bleiben alle Rezensionen verfügbar und helfen so schon im Vorfeld bei Entscheidungsfindungen. Auch die Kommentarfunktion animiert zum regen Austausch von Wissen und Fachmeinungen. Seit Kurzem haben interessierte Leser ebenfalls die Möglichkeit, r:k:m bei Facebook und Twitter zu folgen.

Für die nahe Zukunft arbeitet die r:k:m-Redaktion am Ausbau der Rubrik Klassikerbesprechungen. In dieser Rubrik sollen abseits des tagesaktuellen Publikationswesens Klassiker der Kommunikations- und Medienwissenschaft wie Ernst Cassirer, Erving Goffman, Roland Barthes und Johann Gustav Droysen von ausgewiesenen Experten besprochen werden. Dieses Angebot dürfte speziell für Studierende, die einen kurzen und maßgeblichen Überblick suchen, von Interesse sein.

Die Herausgeber sind mit der Etablierung von r:k:m im Online-Rezensionswesen hoch zufrieden. Ab September 2009 dokumentierte Prof. Dr. Horst Pöttker durchschnittlich „mehr als zehn Rezensionen pro Monat, an die 200 Klicks pro Tag – das sind harte Belege für den Erfolg von r:k:m. Das fächerübergreifende publizistische Konzept jenseits des wissenschaftlichen Korporatismus hat sich als tragfähig erwiesen. Hoffen wir, dass es so weitergeht."

> Ebenso ist Prof. Dr. Vinzenz Hediger zuversichtlich, dass r:k:m auch in Zukunft „in einer Phase der raschen Ausdifferenzierung von Forschungsfeldern und Ansätzen sowohl in der Kommunikations- wie in der Medienwissenschaft und an einem Punkt, an dem die Medienkultur weit über die Grenzen der für ihre Erforschung zuständigen Disziplinen hinaus Interesse weckt, einen unverzichtbaren interdisziplinären Überblick über die wichtigsten Ergebnisse und Trends der wissenschaftlichen Erforschung von Medien und Kommunikation bietet."
>
> Sie möchten r:k:m kennenlernen und sich regelmäßig über Neuheiten informieren lassen? Gleich einen Blick auf www.rkm-journal.de werfen und sich für den Newsletter registrieren lassen!

5.6 Unternehmen im Web 2.0

Das so genannte Web 2.0 ist allein durch seine Dialogorientierung und Multimedialität exzellent geeignet, um Brücken zwischen Unternehmen und deren relevanten Interessengruppen zu bauen. Für Unternehmen eröffnen sich die Möglichkeiten, zielgruppengenau zu kommunizieren und damit die Streuverluste gering zu halten. Dabei kann der Kunde bzw. der potentielle Kunde „sichtbar" werden, er kann sich – die entsprechenden dialogischen Angebote des Unternehmens vorausgesetzt – einfach und unkompliziert wie noch nie artikulieren, kann Lob, Kritik und Wünsche anbringen. Auf der anderen Seite liegt genau darin für Unternehmen die Chance, ihre Bezugsgruppen ohne aufwändige Marktforschung noch besser kennen zu lernen und mit intelligentem, offenem Agieren im Netz wirkungsvolles Reputationsmanagement zu betreiben. Für die Unternehmenskommunikation von besonderer Bedeutung sind u. a. Blogs, Twitter, RSS (Really Simple Syndication) und Social Communities, welche im Folgenden skizziert werden.

5.6.1 Blogs

Für Unternehmen sind Blogs grundsätzlich überaus breit einsetzbar, Pleil & Zerfaß (2007, 525) formulieren dazu: „Corporate Weblogs können in allen Handlungsfeldern der Kommunikation, also in der internen Kommunikation, der Marktkommunikation und in den Public Relations eingesetzt werden, wobei auf jeder dieser Ebenen wiederum unterschiedliche kommunikative Ziele – von der Information über die Persuasion bis zur Argumentation – verfolgt werden können.". Bezogen auf die externe Kommunikation lassen sich für Corporate Blogs die folgenden Eigenschaften festmachen (Pleil & Zerfaß 2007, 526 f.):

- Mit Blogs kann die direkte und ungefilterte Beziehungspflege mit den wichtigsten Bezugsgruppen eines Unternehmens erfolgen.
- Blogs erweitern den kommunikativen Handlungsspielraum von Unternehmen.
- Weblogs erfordern wie alle Medien ein klares inhaltliches Konzept, das festlegt, welche spezifischen Anforderungen der Blog zu erfüllen hat.

- In Blogs offenbart sich ein spezieller Schreibstil: Die Sprache weicht von der Wirtschaftssprache in Imagebroschüren oder Pressemitteilungen ab. Der Stil ist lockerer, die Sprache subjektiver, der Autor in seiner Persönlichkeit wird erkennbar.

> **Beispiel: Subjektiver, persönlicher Schreibstil im Daimler-Unternehmensblog**
>
> Uwe Knaus (Moderator): Das Daimler-Blog ist jetzt seit mehr als 100 Tagen im Amt. Hier ein persönlicher Interpretationsversuch:
>
> Die Anlaufkurve zum Start war sehr steil: Am zweiten Tag bereits 15.000 Seitenzugriffe (Google Analytics). Da war ich schon überrascht. Allerdings war das die „Anfangsneugier", die sich erwartungsgemäß schnell wieder gelegt hat. Die Seitenzugriffe haben sich aktuell auf erfreuliche 30.000 pro Monat eingependelt. Das ist zwar nicht riesig im Vergleich zu anderen, schon lange am Markt befindlichen Blogs, zeigt jedoch, dass sich bereits nach kurzer Zeit eine konstante Leserschaft herauskristallisiert hat.
>
> Eine vergleichsweise hohe Verweildauer von zwischen 3 und 4 Minuten macht zudem deutlich, dass sich die Leser nicht nur durchklicken, sondern auch Inhalte mitnehmen. In der Blogosphäre wurde ungläubig festgestellt, dass beim Daimler die Welt wohl noch in Ordnung sei. Es fehle an negativen Tönen im Daimler-Blog. An dieser Stelle mal ein Erklärungsversuch aus der Innensicht: Klassische Blogger wollen Reichweite. Dazu brauchen sie Leser, Kommentare und Verlinkungen. Das funktioniert wiederum am Besten, wenn man eine gegenteilige Meinung vertritt, polarisiert oder über negative Dinge oder Skandale schreibt.
>
> Nein, die Daimler-Blogger sind nicht vergleichbar mit Basic, Don Alphonso, Knüwer oder Eck, um nur Einige zu nennen. Bis auf wenige Ausnahmen hatten unsere „Blogger" bis zu ihrem ersten Post mit Blogs so wenig am Hut, wie das Nilpferd mit dem Bergsteigen. In erster Linie sind sie nämlich Mitarbeiter von Daimler und arbeiten alle freiwillig für das Unternehmen. Sie haben sich den „Daimler" als Arbeitgeber selbst ausgesucht und arbeiten gerne dort. Welchen Grund sollten sie also haben, über ihren „Brötchengeber" in der Öffentlichkeit negativ zu berichten und das mit Photo und Namen?
>
> (Textauszug, Quelle: http://blog.daimler.de/2008/02/13/100-tage-daimler-blog, Zugriff 19.06.2010)

Mittlerweile haben sich eine ganze Reihe von Beispielen für unterschiedliche Blogtypen herauskristallisiert: Knowledge-Blogs, Service-Blogs, Kampagnen-Blogs, Themen-Blogs, Marken-Blogs, Customer-Relationsship-Blogs oder Krisen-Blogs (Pleil & Zerfaß 2007, 526). Für Besuche einzelner Blogs zur Vertiefung des Themas und zur Anschauung sind empfehlenswert: der Markenblog von Frosta (www.frostablog.de), der Unternehmensblog von Daimler (www.blog.daimler.de) und der Themenblog von Verdi (www.verdi-blog.de).

5.6.2 Twitter

Auch der Kurznachrichtendienst Twitter wird zunehmend von Unternehmen für die Kommunikation entdeckt[56]. Die auf 140 Zeichen begrenzten Kurznachrichten können vielerlei zum Inhalt haben; von Angeboten über Gewinnspiele bis zu Unternehmens-

---

[56] Eine Übersicht über Unternehmen, die Twitter für die Unternehmenskommunikation benutzen, findet man z.B. über eine Suche bei Tweetranking, für deutsche Unternehmen unter dieser Adresse: http://tweetranking.com/tags/twitternde-firmen?country_id=2.

nachrichten. Im Schwerpunkt fungiert Twitter als Teaser, als Appetitmacher mit direktem Einstieg zum angerissenen Inhalt via Link. Auch direkter Kundenservice ist via Twitter möglich, kurze Anfragen können ebenso kurz und professionell beantwortet werden. Bezogen auf die Texte ist der Empfehlungsrahmen bei 140 Zeichen natürlich eng. Außerdem steht Twitter in Bezug auf seine Verbreitung noch am Anfang. Dennoch ist Sorgfalt geboten – und hier treffen sich alte Weisheiten und neues Medium – in der Kürze sollte Würze liegen. Mit welchen Ingredienzien ist diese erreichbar?

Zu empfehlen ist hier die Rückbesinnung auf die Empfehlungen für ein wohlbekanntes Textelement, das ebenfalls durch Kürze geprägt ist: die Überschrift. Denn bei 140 verfügbaren Zeichen, von denen meist noch einige für Link und Schlagworte genutzt werden, ist gewissermaßen alles Überschrift.

> **Beispiele: Twittermeldungen à la Headline**
>
> Europas größter Pkw-Flottentest: Mercedes-Benz E-Klasse T-Modell ist Firmenauto des Jahres 2010 (Daimler News http://bit.ly/ci9ByF, Zugriff 20.06.2010)
>
> Nur noch bis 30. Juni 2010: jetzt eine BlackBerry Option buchen und mit 7.500 Prämienmeilen belohnt werden! (Lufthansa Twitter http://t.lh.com/JVKj, Zugriff 20.06.2010)
>
> Neu im Frosta-Blog: Eis essen, bis es gebrochen ist – Der große Frosta-Persönlichkeitstest (Frosta Twitter http://bit.ly/bOvSqW, Zugriff 20.06.2010)

Die vielen Möglichkeiten via Twitter zu kommunizieren, bündelt das im Folgenden dargestellte Modell in sechs strategische Ansätze. Die Ogilvy PR Einheit 360° Digital Influence strukturiert und visualisiert die entsprechenden Anwendungsfelder für die Unternehmenskommunikation. Als Einsatzmöglichkeiten gelten Kundenbindung, Krisenmanagement, Verkaufsunterstützung und vieles mehr (siehe Spalte „STRATEGY" in der nachfolgenden Abbildung.). „FOLLOW" skizziert dabei mögliche Interessengruppen, „CREATE" zu publizierende Inhalte und unter „ENGAGE" wird ein jeweils denkbarer Aktionsradius abgesteckt.

5.6.3 RSS (Real Simple Syndication)

RSS (Real Simple Syndication) ermöglicht dem Nutzer das Verfolgen von Aktualisierungen, auch ohne Besuch der entsprechenden Websites bzw. des Blogs. Über so genannte RSS-Feeds werden neu publizierte Inhalte automatisch oder auf Abruf an einen Feedreader, welche heutzutage auch in alle gängigen Browser integriert sind, gesendet. Das ermöglicht dem Nutzer – dem Feedabonnenten – die für ihn relevanten Neuigkeiten in seiner aktuellen Umgebung (z.B. auf dem Handy) rezipieren zu können. RSS sendet vor allem veröffentlichte Texte, seltener werden auch Bilder oder Mediadateien integriert. Das Angebot eines RSS-Feeds also ist gerade bei hoher Publikationsfrequenz heute eigentlich Pflicht, insbesondere vor dem Hintergrund der schnell ansteigenden mobilen Nutzung des Internets. Es ist gerade auf den kleineren Displays weitaus komfortabler, die Textinhalte mit nur einer Software (Feedreader) und „befreit" von der gestalterischen Umgebung der Website bzw. des Blogs zu lesen.

A Strategic Approach to Using Twitter

STRATEGY	FOLLOW	CREATE	ENGAGE
Customer Relations	Your customers and potential customers	Content relevant to your customers: tips, company info, etc.	Answer questions, respond to comments about your brand
Crisis Management	Your brand, products and relevant issues	Direct to additional resources, updated information, explanation	Answer questions, respond to comments, raise issues, provide info
Corporate Reputation Management	Industry leaders, similar interest groups, news/media	Insights, expertise, become a thought leader	Jump in the conversation. Be transparent and add value
Event Coverage	Those interested or attending event, media	Event information, updates, behind the scenes coverage	Set up Tweet-ups, talk to attendees, ask and answer questions
Product Promotion & Sales	Current and potential customers, those interested in similar products	Links to online promos, insider info on upcoming sales, discount codes	Check replies and DMs, answer questions, provide info when needed
Issue Advocacy	Those interested in your cause, industry leaders, news	Added value: health tips, disaster alerts, fundraising info	Know your followers, thank them for support, get them involved

360° DIGITAL INFLUENCE

Abb. 5.9: Strategischer Ansatz zur Twitternutzung

5.6.4 Soziale Netzwerke bzw. Social Communities

Social Communities erlebten in den letzten Jahren eine unvergleichliche Erfolgsgeschichte. Der Marktführer Facebook mit im Sommer 2010 mehr als 400 Millionen aktiven Nutzern dominiert das soziale Web und die Berichterstattung darüber. Menschen schließen sich global zusammen und in einer Mixtur aus echten Freunden und Bekannten sowie „virtuellen" Freunden und Bekannten wird auf vielerlei Ebenen kommuniziert. Das reicht von der Twitter ähnelnden Statusmeldung und dem Mailing über Social-Bookmarking via Empfehlungen („likes") bis zu öffentlichen oder teilöffentlichen Publikationen. Mit zunehmender Selbstverständlichkeit finden sich auch Unternehmen, Marken, Kampagnen oder auch Medien mit einem Profil bei Facebook. Der rein „private" Gebrauch gehört also der Vergangenheit an. Der für die Unternehmenskommunikation leitende Gedanke dahinter ist einfach und einleuchtend: Gehe dorthin, wo die Zielgruppe ist. Unternehmen und (potentielle) Kunden treffen sich an keiner Stelle im Netz direkter als in Social Communities. Für so manche Kampagne ist mittlerweile Facebook die hauptsächliche Umgebung, zu niedrigen Kosten können viele Rezipienten mit direkter Feedbackmöglichkeit erreicht werden. Aber: Ein Facebook-Profil muss gepflegt werden. Und gerade in diesem dynamischen Umfeld wird mangelnde Dynamik des einen Kommunikationsteilnehmers schnell zu Unmut des anderen Kommunikationsteilnehmers. Es muss etwas passieren. Immer.

Verschiedene Unternehmen und Marken bewegen sich seit Jahren selbstverständlich und innovativ in Social Communities. Die Tendenz geht zweifelsohne dahin, in Zukunft dabei sein zu müssen. Vor vielen Jahren wurde die eigene Website zu einem „Must-Have", heute ist es das Facebook-Profil. Die Abbildung 5.9 zeigt einen Auszug der Pinnwand des Facebook-Profils des Unternehmens Only Jeans.

5.6.5 Strategische Positionierung im Web 2.0

Die vorhergehenden Ausführungen sind nur ein kleiner Ausschnitt aus der bunten und weiten Welt des Internets unserer Tage. Gerade im Hinblick auf Social Communities und die Verzahnung verschiedener Dienste muss die Thematisierung im Rahmen dieses Buches skizzenhaft bleiben. In den Lese- und Surfempfehlungen am Ende des Kapitels erfährt der interessierte Leser mehr. Für die strategische, professionelle Unternehmenskommunikation sollen abschließend einige Orientierungshinweise für die Positionierung gegeben werden. Zur Frage, wo ein Unternehmen am besten im Social Web kommunikativ aktiv werden sollte, gib es einige Hilfestellungen im Netz:

- Ein sehr interessantes Tool liefert die Agentur Inpromo mit dem Social Media Planner. Mittels dreier Filtereinstellungen – Alter der Zielgruppe, überwiegendes Geschlecht und Themen (bzw. Branchen) – zeigt dieses Planungsinstrument auf Grundlage der Nutzerstukturen, auf welchen Plattformen sich die definierte Zielgruppe bewegt. Das ist ein hilfreicher erster Filter für die Auseinandersetzung mit der Vielzahl an Angeboten in der Social Media-Welt (http:www.socialmediaplanner.de).

- Boardtracker ist eine Forensuchmaschine – der eingegebene Suchbegriff kann so auf seine Relevanz und aktuelle Abdeckung in Webforen überprüft werden (http://www.boardtracker.com).

- Der Social Website Analyser fungiert eher als Evaluationsstool. Es überprüft eine eingegebene Site umfänglich auf Präsenz im Social Web (http://www.socialwebsiteanalyzer.com).

5.7 Schreiben für die Suche

Das Angebot an Inhalten im Internet ist riesig, es wächst ständig und wird ständig weiter wachsen. Der Zugang zu ertragreichen Quellen bei der Recherche bzw. beim „Surftrip" erfolgt dabei zumeist über Suchmaschinen. Aus der Perspektive der Anbieter kommerzieller Inhalte formuliert Petersen (2008, 321): „Dank Suchmaschinen muss niemand mehr nach Interessenten suchen. Viel entscheidender ist es, sich finden zu lassen. (...) Die Verbraucher gehen auf die Suche nach Firmen, die exakt das anbieten, was sie momentan suchen. Das Potenzial für Unternehmen ist enorm.".

Abb. 5.10: Facebook Pinnwand von Only Jeans

Anders gesagt: Wer für seine Zielgruppen nicht gut zu sehen ist, wird auch nicht gesehen, zumindest nicht durch die „Suchmaschinenbrille". Das Bewusstsein dafür ist elementar, verändert es doch – konsequent angewendet – insbesondere die Erfordernisse für Texte: „Damit (...) Inhalte in Suchmaschinen gut zu finden sind, ist es notwendig, dass der Redakteur die Algorithmen kennt, mit denen Suchmaschinen arbeiten. Nicht Wortwitz oder Abwechslung in der Wortwahl entscheiden über den Erfolg (...) im Netz, sondern das Beachten von klaren Regen." schreiben Moss & Schweins (2009, 162) im journalistischen Kontext. Dass dies problemlos übertragbar ist auf jeglichen Content im Netz, leuchtet ein, denn gesucht wird alles vorrangig über die Suchmaschinen. Zur erwähnten Kenntnis der Algorithmen sei noch auf die Relativität dieser Aussage hingewiesen. Die Algorithmen sind im Detail unbekannt, sie werden von den Suchmaschinenbetreibern unter Verschluss gehalten und immer wieder aktualisiert und mehr oder weniger leicht umgestellt – eben um Manipulationen in großem Stil zu verhindern. Allerdings haben sich aus groben Empfehlungen der Maschinen selbst, vielem Testen, Vergleichen und Analysieren stabile Empfehlungen für suchoptimiertes Schreiben herausgebildet, von denen die wichtigsten im Folgenden kurz vorgestellt werden[57]. Für tiefere Einblicke sei schon vorab auf die Leseempfehlungen am Ende des Kapitels und die Notwendigkeit des Ausprobierens hingewiesen.

Im kommerziellen, erfolgsgetriebenem Kontext empfiehlt es sich ohnehin, auf spezialisierte Dienstleister im Bereich Search Engine Optimization (SEO) zurückzugreifen. Das ausgeprägteste Know-How über „Stellschrauben" zur Suchmaschinenoptimierung und ihre dynamische Entwicklung liegt bei Spezialisten wie beispielsweise Jaron (www.jaron.de) oder Sumo (www.sumo.de/). Die folgenden Ausführungen beziehen sich ausschließlich auf die so genannte organische Suche bzw. die Verbesserung der „generischen Ergebnisse". Die Begriffe umschreiben die ausschließliche Optimierung der „natürlichen" Indexierung durch Suchmaschinen über die Textgestaltung. Die professionelle Disziplin dazu ist die Suchmaschinenoptimierung (SEO) in Abgrenzung zum Suchmaschinenmarketing (Search Engine Marketing, SEM), das die bezahlte Verbesserung der Suchmaschinenpositionierung, z. B. über Werbung, zum Inhalt hat. SEM soll hier nicht Gegenstand sein, einführende Informationen sind den Lesehinweisen zu entnehmen. Den definitorischen Rahmen des „Schreibens für die Suche" bildet die Onpage-Optimierung: „Dieser Bereich der Suchmaschinen-Optimierung beschäftigt sich mit der Optimierung der Seiteninhalte. Darunter fallen unter anderem Änderungen im HTML-Code sowie die Textoptimierung" (Erlhofer 2008, 477, Hervorhebungen durch den Autor). Vor dem Hintergrund der Textfokussierung dieses Buches ist es angemessen, ausschließlich diesen Bereich textinterner Möglichkeiten zu skizzieren. Die sich vor allem mit externen Faktoren[58] befassende Offpage-Optimierung sei hier somit nur erwähnt.

5.7.1 Keywords

Eine zentrale Rolle beim Texten für die Suche spielen die Schlüsselwörter (Keywords). Diese auch Suchbegriff oder Schlagwort genannten Wörter bzw. Phrasen bilden die sprachlichen Suchgewohnheiten der Nutzer ab. Tatsächlich können die „sender"eigenen Bezeichnungen für einen Suchgegenstand auf hohem fachlichen Niveau beruhen und damit stark von den Bezeichnungen der Suchenden abweichen. Und wenn das der Fall ist, ist ein Zusammentreffen von Angebot und Nachfrage auf hohen Rangplätzen im Suchmaschinenergebnis unwahrscheinlich. Zur Schaffung eines Erfolg versprechenden Keyword-Sets empfiehlt sich zunächst das Anlegen eine Keyword-Liste. „Futter" kann diese

---

[57] Es wird kolportiert, dass Google rund 200 Parameter im Algorithmus berücksichtigt. Das amerikanische Search Engine Journal hat Anfang 2010 rund 130 Parameter aufgelistet, von denen „fast sicher" ist, dass sie dazu gehören. Der Originalartikel findet sich hier: http://www.searchenginejournal.com/200-parameters-in-google-algorithm/15457 und in deutscher Übersetzung unter http://www.techdivision.com/blog/die-200-parameter-des-google-algorithmus.

[58] Die Offpage-Optimierung kreist in der Hauptsache um den Aufbau von Verweisen in Form von Links auf den eigenen Content. Links haben eine hohe Gewichtung bei der Suchmaschinenpositionierung. Dieses Linkbuilding jedoch ist relativ „weit weg" von den Inhalten als solches, in unserem Falle vom Text.

Liste zunächst aus der vorhanden Bezeichnungswelt, aus Befragungen von Beteiligten und Bekannten oder auch aus einem Brainstorming zum Thema bekommen. Im besten Fall ist man dann schon gar nicht mehr weit weg von der Suchsprache der Zielgruppe.

Einen Einblick in die aktuelle Suchsprache bieten Keyword-Datenbanken, Keyword Suggestion-Tools. Diese werten echte Abfragen an Suchmaschinen aus und ermöglichen es salopp formuliert so, dem „Suchvolk auf's Maul zu schauen". Eine ergänzende Herangehensweise liegt darin, die Keywords der (eventuell besser positionierten) Mitbewerber zu betrachten. Dafür gibt es entsprechende ==Websiteanalyzer.== Einige dieser kostenfreien Angebote zur Keywordsuche stellt die folgende Tabelle vor.

Hilfreiche Tools für die Keyword-Suche	
Angebot bzw. URL	**Eigenschaften**
Ranking Check Keyword Datenbank www.ranking-check.de/keyword-datenbank.php	Nach Eingabe eines Suchbegriffes liefert diese Datenbank reale Suchphrasen inklusive einer Schätzung der Anzahl der monatlichen Abfragen bei Google.
Abakus Topword www.abakus-internet-marketing.de/tools/topword.htm	Hier wird eine angegebene Website im Hinblick auf ihre Keywords analysiert. Gut geeignet zur Statusüberprüfung der eigenen Site, vor allem aber hilfreich bei der Konkurrenzanalyse.
Google AdWords Keyword Tool http://adwords.google	Damit liefert Google Keyword-Ideen mit Angaben zum Grad des Wettbewerbs mit diesem Keyword, zur Menge der Suchabfragen und lokalen Suchtrends. Das Tool ermöglicht auch die Keywordanalyse von Websites.
Metager Web-Assoziator http://metager.de/asso.html	Ein Projekt der Leibnitz-Uni Hannover: liefert zum eingegebenen Wort Assoziationen und damit potentiell Keywords.
Google Wunderrad nach Google-Suche in Ergebnisliste unter „mehr Optionen" wählen	Zeigt in einer Art einfacher Mindmap verwandte Suchbegriffe an.
Semager www.semager.de/keywords www.semager.de/keywords/url-analyse.php	Semager berechnet die Semantik von Suchworten und stellt Wortbeziehungen her, die sich für die Keywordsuche eignen. Auch Semager bietet zudem eine ausführliche Websiteanalyse in Bezug auf Keywords.

Abb. 5.11: Hilfreiche Tools für die Keyword-Recherche

Ist nun mit Hilfe einer oder mehrerer der oben genannten Prozeduren eine ansehnliche Keyword-Liste erstellt, ist die Konzentration auf die mutmaßlich Besten angezeigt. Diese erneute Revision sollte u. a. folgende Punkte beachten (vgl. Stuber 2008, 344):

- ==Mut zur „zweiten Reihe" der Keywords:== Das Google Keyword-Tool zeigt die „Auslastung" von Keywords an. Es kann sich lohnen, für die eigenen Zwecke bzw. Texte solche mit weniger Auslastung auszuwählen. Dann ist das eigene Angebot vielleicht bei der Mehrheit der Suchanfragen nicht vorn im Ranking dabei, bei einem Teil der Suchanfragen dafür aber besser positioniert.

- **Konkret sein:** Sollen z. B. italienische Herren-Ziegenlederschuhe vertrieben, das bedeutet im betrachteten Kontext textlich präsentiert bzw. positioniert, werden, kommuniziert man das mit entsprechend zusammengesetzten Keywords. Ein allgemeines Keyword wie „Herrenschuhe" lässt die Seite im Meer der Herrenschuhanbieter untergehen. Wird nur lokal agiert, sei darauf mit entsprechenden Textangaben hingewiesen.

- **Duden vs. Umgangssprache:** Nutzer suchen oft so, wie sie sprechen. Und sucht jemand z. B. eine „Friseuse", hilft das korrekte, aber eventuell ungebräuchliche Keyword Frisörin nicht weiter. Bei solchen Grenzfällen empfiehlt es sich, die verschiedenen Möglichkeiten zu berücksichtigen bzw. verschiedene Varianten des sprachlichen Ausdrucks zu verwenden.

- **Beschreibung vs. Rhetorik:** Zur Auffindbarkeit ist eine genaue Beschreibung der zu kommunizierenden Inhalte notwendig und hier gilt: Je konkreter beschrieben, desto besser das Suchergebnis. Gewarnt werden muss vor der Verwendung austauschbarer Akquise-Standardsprache, die Begriffe wie „massgeschneiderte Lösungen", „Kundenorientierung" oder „erfahrene Kompetenz" beinhaltet.

Nachdem nun die besten Schlüsselwörter aus der Keyword-Liste identifiziert worden sind, d. h. gefunden sind, stellt sich die Frage: Was damit anstellen? Wo sollten sie wie eingesetzt werden? Die folgenden Ausführungen beschäftigen sich zum einen mit der Verwendung von Schlüsselwörtern in der technologischen Einbindung des Textes und zum anderen mit der Verwendung der Keywords in den Texten selber.

5.7.2 Keywords in Domain und HTML

Die Domain (z. B. zimtshop.de) ist äußerst relevant für Suchmaschinen. Denn gerade die Domain der Homepage ist es, auf die oft via Link verwiesen wird. Daher ist es aus der Perspektive der Suchmaschinenoptimierung empfehlenswert, die Domain bereits mit dem Hauptkeyword zu versehen. Die Suchmaschine liest und bewertet nicht nur den für die Nutzer sichtbaren Teil einer Webseite, sondern auch Seiteninformationen im HTML-Code[59]. Daher ist es wichtig, „(...) dass eine Website bereits im Programmiercode eine Beschreibung hat, die individuell ist, um sich von konkurrierenden Angeboten abheben zu können, und die gleichzeitig den Inhalt der Seite widerspiegelt" (Moss & Schweins 2009, 168). Im für den User nicht sichtbaren Head (die „Kopfzeile") einer Webseite sind verschiedene Informationen zur Seitenbeschreibung in so genannten Tags hinterlegt. Unter Tags versteht man Etiketten oder Anhänger zur Auszeichnung eines Datenbestandes. Drei werden im Folgenden erläutert (vgl. hierzu Ruisinger (2007, 54 f.) und Bindl (2008, 351 f.)).

---

[59] HTML bedeutet Hypertext Markup Language oder zu deutsch Hypertext-Auszeichnungssprache. Diese dient der Strukturierung von Inhalten wie Texten, Bildern und Hyperlinks in Web-Dokumenten. HTML-Dokumente werden von Webbrowsern dargestellt.

Title: Der Titel-Tag ist einer der wichtigsten. Er ist oberes Element des Dokumentes und wird in den Ergebnislisten der Suchmaschinen an erster Stelle des Treffers angezeigt und bestimmt den Text für Bookmarks. Die Länge des Title sollte zwischen drei und zehn Wörtern bzw. 60 bis 100 Zeichen lang sein und via Keyword(s) Suchende ansprechen.

Description: Der Description-Tag wird ebenfalls in den Suchergebnissen angezeigt und kann, wenn die Beschreibung (description) viele Suchende anspricht, die Klickrate erheblich erhöhen. Diese Meta-Description sollte nach Bindl (2008, 353) „(...) den Inhalt der Seite prägnant wiedergeben und den Endnutzer motivieren, auf das Suchergebnis zu klicken. Eine Verwendung des Suchbegriffs, nach dem der Nutzer gesucht hat, ebenfalls zu inkludieren, ist äußerst empfehlenswert, da diese fett gedruckt werden, was eine optische Hervorhebung zur Folge hat – und das wiederum erhöht die Klickrate". Als optimale Länge der Description gelten 120 bis 160 Zeichen.

> **Beispiel: Google-Suchergebnis mit Anzeige der Tags „Title" und „Description"**
>
> Stellen Sie sich vor, jemand sucht für die strategische Evaluation der Pressearbeit nach einem Dienstleister im Markt der Medienbeobachtungsunternehmen. Er gibt als Stichwort „Medienbeobachtung" bei Google in den Suchschlitz ein. In der Ergebnisliste der Google-Suche nach „Medienbeobachtung" stellt sich der erste Treffer wie unten dargestellt dar. Es sind ganz oben der Text des Tags **Title**, darunter der Text des Tags **Description** zu sehen. Der Suchbegriff ist jeweils hervorgehoben:
>
> AUSSCHNITT **Medienbeobachtung** – DAS ENTSCHEIDENDE WISSEN ...
> Ausschnitt **Medienbeobachtung** Medienanalyse Imageanalyse Präsenzanalyse
> **Medienbeobachtung** Medienmonitoring Pressespiegel erstellen elektronische ...
> Stellenangebote - Kontakt - Medienbeobachtung - Unternehmen
> www.ausschnitt.de/ - Im Cache - Ähnliche

Keywords: Dieser Meta-Tag hat heute nur noch eine relativ geringe Bedeutung für die Suchmaschinenoptimierung. Bei diesem Tag werden die wichtigsten Schlagworte, getrennt durch Kommata, angegeben.

> **Beispiel: Auszug aus dem Quellcode einer Website**
>
> Folgender Ausschnitt aus dem Quellcode einer Website (Radiosender MotorFM) zeigt die Tags Title, Description und Keywords mit ihren Inhalten:
>
> ```
> <title> MotorFM </title>
> <meta http-equiv="content-type" content="text/html; charset=UTF-8" />
> <meta name="description" content="100,6 MotorFM - Das Berliner Radioprogramm als Stream und on demand mit Indie, Alternative, Punk und Elektro. Wir filtern Popkultur, Netzkultur und Stadtleben." />
> <meta name="keywords" content="100.6, berlin, radio, fm, musik, downloadradio, web radio, internet radio, indie, alternative, punk, elektro, electro, silke super, winson, max spallek, podcast, stuttgart" />
> ```

5.7.3 Keywords in Texten

Nun geht es um die Frage, wie Internettexte selbst im Allgemeinen und bezogen auf die Verwendung von Schlüsselworten zu gestalten sind, um im Netz von Nutzern schnell gefunden zu werden. Die Gestaltungsempfehlungen beginnen ganz vorn, bei der

Headline. Moss & Schweins (2009, 165) stellen fest: „Feuilletonistische Überschriften sind im Netz wenig gefragt. Ironische oder witzige Vorspänne, die nicht direkt auf den Punkt kommen, fallen durchs Raster". Handelt ein Text beispielsweise vom furiosen Comeback eines großen 400m-Läufers, würde Google mit der Überschrift „Die Rennmaschine ist zurück" aus der Headline vielleicht eher auf Rad- oder Motorsport schließen, kaum aber auf das Läufer-Comeback. Die Überschrift „Das Comeback des 400m-Läufers John Doe bei den Leichtathletikweltmeisterschaften ist geglückt" dagegen würde Google Informationen für eine „richtige" Sortierung liefern. Das bedeutet, dass Headlines für Texte im Internet im Sinne eines Leads, der bereits aus der Erarbeitung von Nachrichtentexten bekannt ist, zu texten sind, um Suchergebnisse zu optimieren. Die schlichte Beantwortung von W-Fragen ist gefragt, nicht die elegante Formulierung mit Sprachspielen oder reflektierenden Gedanken auf der Metaebene.

Ähnliches gilt natürlich für den von den Maschinen indexierten Fließtext. Auch hier steht kreative, bildhafte, wortwitzige Sprache, die an den Keywords vorbei getextet wird, einem hohen Ranking entgegen. Als eine günstige Keyword-Dichte werden derzeit zwischen zwei und fünf Prozent des Textes kolportiert. Moss & Schweins (2009, 166) bemerken dazu nicht ohne Bitterkeit: „In der Konsequenz werden (...) stilistische Mittelmäßigkeit und Glaubwürdigkeit gefördert, da nur noch Fakten zählen und nicht mehr die sprachliche Ausgestaltung. Schnörkellose Agentursprache sticht Wortwitz aus". D.h. die Schlüsselworte sollten häufig und redundant eingesetzt werden. Stilistisch ist dies natürlich problematisch. Aber: Nicht auf das Sprachvergnügen wird hier abgestellt, sondern auf das Finderglück im digitalen Meer von Zeichen.

Wer dies nicht akzeptieren kann, der möge bedenken: Der Einfluss der Onpage-Optimierung ist im Verhältnis zum Einfluss der Offpage-Optimierung relativ schwach. Es gibt eben mehrere „Stellschrauben", an denen man drehen kann, um von den Suchmaschinen besser bewertet zu werden, und die Textgestaltung ist nur eine davon. Ein guter Link auf einer im Auge der Maschine hochwertigen Site hilft dem eigenen Angebot mehr als eine Keyword-gespickte Headline oder ein „seelenloser" bzw. sprachschwacher Fließtext. Aber der Einfluss der Suchmaschinenoptimierung auf die Sprachqualität der Texte für das Internet ist da. Moss & Schweins (2009,176) schreiben sehr treffend: „Das Internet verändert die Kommunikation dramatisch. Auch die Wirtschaftssprache wird davon erfasst. Sie orientiert sich an Suchmaschinenoptimierung, aber auch an neuen Kommunikationsformen und damit auch neuen Kommunikationsinhalten", womit sie vor allem Blogs meinen, deren Hauptgegenstand in der Regel Texte sind.

Keyword-optimierte Texte zeigen Schlüsselworte früh und häufig auf im Fließtext, integrieren aber auch schon in der URL, in Headline und Vorspann das Wort, die Worte bzw. Wortkombinationen, nach denen wahrscheinlich von Usern bevorzugt gesucht wird. Dies können die beiden nachfolgenden Textauszüge illustrieren, die die „PR-Katastrophe" für das Unternehmen Kaisers-Tengelmann rund um die Kassiererin „Emmily" zum Gegenstand haben, über die viele Monate lang berichtet wurde.

Textbeispiel 1: Suchwortoptimiert für „Emmely" DPA-Meldung veröffentlicht auf www.freenet.de
http://finanzen.freenet.de/nachrichten/bundesarbeitsgericht-kippt-emmelykuendigung_1712244_993562.html (Zugriff 20.06.2010)

Bundesarbeitsgericht kippt „Emmely"-Kündigung

Erfurt (dpa) – „Emmely" ist fassungslos vor Glück und zunächst sprachlos. Das Bundesarbeitsgericht in Erfurt kippte am Donnerstag die Kündigung der Kassiererin aus Berlin.

Sie war im Februar 2008 wegen der Einlösung zweier liegen gebliebener Pfandmarken im Wert von 1,30 Euro fristlos gefeuert worden (2 AZR 541/09). Der Zweite Senat ließ in diesem konkreten Fall besondere Umstände gelten, rückte aber nicht grundsätzlich von seiner harten Linie bei Kündigungen nach Bagatelldiebstählen ab.
Die Kündigung sei angesichts des Alters der Kassiererin, die unter ihrem Spitznamen „Emmely" bundesweit bekannt wurde, nicht gerechtfertigt. Auch sprechen 31 Dienstjahre dagegen, begründete der Vorsitzender Richter Burghard Kreft die Entscheidung, nachdem der Beifall von den vollen Zuschauerrängen abgeklungen war. „Die lange Betriebszugehörigkeit führt zu einem großen Vorrat an Vertrauen, der nach einer einmaligen Verfehlung nicht völlig aufgezehrt ist." (Textauszug Ende)

Textbeispiel 2: Nicht suchwortoptimiert für „Emmely" Bericht in Der Freitag
http://www.freitag.de/politik/1024-happy-end-nach-ladenschluss (ohne „Emmely)
(Zugriff am 20.06.2010)

Happy End nach Ladenschluss (ohne „Emmely")

Der Arbeitskampf ist zum Lebensthema der Supermarkt-Kassiererin Barbara Emme geworden. Sie hat sich das nicht ausgesucht, es ist ihr zugefallen (ohne „Emmely")

Zerzaust, aber glücklich. So sahen sie aus, Barbara Emme und ihr Anwalt Benedikt Hopmann, als sie am vergangenen Donnerstag in Erfurt vor die Presse traten, um zu verkünden, was sich schon wie ein Lauffeuer verbreitet hatte: Wir haben gewonnen! Und so werden sie sich wohl auch immer noch fühlen, die beiden, nach dem langen Weg, den sie zurückgelegt haben in den zurückliegenden zweieinhalb Jahren. Der Freitag (Ausgabe 33/08) berichtete als eines der ersten Medien über „Emmely" und ihren Fall im August 2008. Da war die sympathische, kämpferische Frau schon in erster Instanz vor Gericht gescheitert; hatte einen Vergleich, den man ihr anbot, ausgeschlagen, denn sie wollte nicht als Diebin dastehen; bezog ALG I und hatte ALG II gleich beim ersten Gang aufs Arbeitsamt mit beantragt, weil sowieso klar war, ohne Hartz IV würde es nicht reichen; da hatte man ihr auch schon mitgeteilt, sie müsse ihre Wohnung gegen eine kleinere tauschen. Es braucht einen langen Atem, wer als geschasste Arbeitnehmerin in diesem Land zu Recht kommen will. (Textauszug Ende)

5.8 Zusammenfassung

- Sie wissen, dass das Internet die Kommunikation verändert hat und Sie können einige Merkmale der Online-Kommunikation erklären.
- Ihnen ist bekannt, dass dem Internet eine Chance zur Demokratisierung von Kommunikationsprozessen eingeräumt wird und Sie kennen auch die entsprechenden Textprodukte und Kommunikationsräume, in denen sich diese Demokratisierungsprozesse abspielen könnten.
- Sie können Absender von Publikationen im Internet unterscheiden und gruppieren.
- Sie kennen Beispiele für medienspezifische Textprodukte der Unternehmenskommunikation im Internet.
- Ihnen ist es möglich, verschiedene Typen von Weblogs zu benennen, für die Sie auch entsprechende Beispiele kennen.
- Sie können mindestens drei Zielgruppen für Unternehmenswebsites unterscheiden.
- Ihnen ist bekannt, dass es zum Druckzeitpunkt des Buches schon neue Phänomene der Internetkommunikation gibt, die hier nicht berücksichtigt werden konnten, da Kommunikation im Netz eine höchst wandelbare Kommunikation ist.
- Ihnen ist es möglich, die Begriffe Hypertext, Link, Weblog, Microblog und RSS zu erklären.
- Sie wissen grob, was Suchmaschinenoptimierung bedeutet und können erklären, was Keywords sind.
- Sie kennen Online-Tools, mit denen sich die Keywordstruktur von Webseiten überprüfen lässt.
- Sie können eine treffende Definition des Terminus Online-Kommunikation vorstellen und diese Kommunikation gegenüber anderen Formen der Kommunikation abgrenzen.
- Sie wissen, was man bei einem Newsletter beachten sollte.

5.9 Kontrollaufgaben

Aufgabe 1:
Welche Textformen im Internet sind Ihnen bekannt, die der persönlichen Kommunikation zuzuordnen sind, und welche Textsorten kennen Sie, die der öffentlichen Kommunikation dienen?

Aufgabe 2:
Nennen Sie je drei reichweitenstarke deutsche Internet-Fachmedien oder Portale zu den Themen IT, Wirtschaft, Kultur und Medien.

Aufgabe 3:
Vergleichen sie die Medien Der Freitag (www.freitag.de) und Der Tagesspiegel (www.tagesspiegel.de) im Hinblick auf die Einbindung der Nutzer und die Möglichkeiten zum Empfehlen und Merken der Artikel.

Aufgabe 4:
Recherchieren Sie jeweils zwei Unternehmensblogs, Markenblogs und Themenblogs.

Aufgabe 5:
Recherchieren sie zwei Facebook-Auftritte von Marken oder Unternehmen und stellen Sie dar, welche Inhalte diese über Facebook verbreiten.

Aufgabe 6:
Optimieren Sie die folgenden zwei Überschriften für Suchmaschinen.
a) „Der Quotengott kehrt heim"
   (Günther Jauch übernimmt 2011 wieder eine Sendung in der ARD am Sonntag Abend)
b) "Der Fluch der Hummelschwarmtröten"
   (Zum störenden Einfluss der Vuvuzelas auf die Spiele der Fussball WM 2010).

Aufgabe 7:
Überlegen Sie sich in der Gruppe vier Kommunikationskanäle für ein Unternehmen im Internet. Benennen Sie mögliche Inhalte jedes Kanals.

Aufgabe 8:
Überprüfen Sie, welche möglicherweise geeigneten Plattformen für Themen Ihnen der Social Media Planner von Inpromo (www.socialmediaplanner.de) vorschlägt. Die Themen lauten:
a) Mode für Mädchen und junge Frauen und
b) an Kunst interessierte Männer zwischen 35 und 55 Jahren.

5.10 Literatur

5.10.1 Quellen

Bindl, Thomas (2008). Suchmaschinenoptimierung. In: Torsten Schwarz (Hrsg.). Leitfaden Online Marketing. Waghäusel: Marketing Börse, 351–361.

Bongard, Joachim (2002). Kommunikationsberatung im Zeitalter des Internet. In: Alexander Güttler & Joachim Klewes (Hrsg.). Drama Beratung! Consulting oder Consultainment? Frankfurt: Frankfurter Allgemeine Buch, 259–266.

Burkhart, Roland (2004). Online-PR auf dem Prüfstand: Vorbereitende Überlegungen zur Evaluation von Websites. In: Juliana Raupp, & Joachim Klewes (Hrsg.). Quo vadis Public Relations? Auf dem Weg zum Kommunikationsmanagement: Bestandsaufnahmen und Perspektiven. Wiesbaden: VS Verlag für Sozialwissenschaften, 174–185.

Erlhofer, Sebastian (2008). Suchmaschinen Optimierung. Bonn: Galileo Press.

Fasel, Christoph (2008). Sprache im Internet. In: Torsten Schwarz (Hrsg.). Leitfaden Online Marketing. Waghäusel: Marketing Börse, 171–177.

Femers, Susanne (2004). Digitalisierung, Globalisierung: Harmonisierung? Über Chancen und Risiken internationaler Kommunikationsprozesse unter den Bedingungen der Digitalisierung. In: Juliana Raupp, & Joachim Klewes (Hrsg.). Quo vadis Public Relations? Auf dem Weg zum Kommunikationsmanagement: Bestandsaufnahmen und Perspektiven. Wiesbaden: VS Verlag für Sozialwissenschaften, 201–211.

Femers, Susanne (2005). Neue Medien – Neue Macht, neue Mythen? In: Patrick Rössler & Friedrich Krotz (Hrsg.). Mythen der Mediengesellschaft – The Media Society and its Myths. Konstanz: UVK Verlagsgesellschaft, 159-175.

Fuchs, Peter, Möhrle, Hartwin, Schmidt-Marwede, Ulrich (1998). PR im Netz – Online Relations für Kommunikationsprofis. Ein Handbuch für die Praxis. Frankfurt a. M.: F.A.Z.-Institut für Management-, Markt- und Medieninformationen.

Frindte, Wolfgang & Köhler, Thomas (1999). Kommunikation im Internet. Frankfurt a. M.: Peter Lang.

Fröhlich, Romy (2005). Zauberformel „Digitalisierung"? PR Im Digit-Hype zwischen alten Problemen und neuen Defiziten. In: Edith Wienand, Joachim Westerbarkey & Armin Scholl (Hrsg.). Kommunikation über Kommunikation. Theorien, Methoden und Praxis. Wiesbaden: VS Verlag für Sozialwissenschaften, 252–264.

Grede, Andreas (2003). Texten für das Web. Erfolgreich werben, erfolgreich verkaufen. München: Carl Hanser Verlag.

Hooffacker, Gabriele (2010). Online-Journalismus. Texten und Konzipieren für das Internet. Berlin: Econ Verlag.

Klimmt, Christoph, Hartmann, Tilo & Vorderer, Peter (2005). Macht der neuen Medien? „Überwältigung" und kritische Rezeptionshaltung in virtuellen Medienumgebungen. Publizistik, 50. Jg., 4, 422–437.

Krzeminski, Michael (2004). Die Trennung von Werbung und Programm – Anachronismus durch Multimedia? In: Barbara Baerns (Hrsg.). Leitbilder von gestern? Zur Trennung von Werbung und Programm. Eine Problemskizze und Einführung. Wiesbaden: VS Verlag für Sozialwissenschaften, 95–107.

Meckel, Miriam (2008). Unternehmenskommunikation 2.0 – ein Paradigmenwechsel? In: Miriam Meckel & Beat F. Schmid (Hrsg.). Unternehmenskommunikation. Kommunikationsmanagement aus Sicht der Unternehmensführung. Wiesbaden: Gabler Verlag, 471–492.

Moss, Christian & Schweins, Roland (2009). Internet und Wirtschaftssprache: Wie Suchmaschinen die Kommunikation verändern. In: Christoph Moss (Hrsg). Die Sprache der Wirtschaft. Wiesbaden: VS Verlag für Sozialwissenschaften, 161–178.

Nielsen, Jakob (2001). Designing Web Usability. München: Markt und Technik Verlag.

Petersen, Christian (2008). Suchmaschinen: Die Businesslotsen im Internet. In: Torsten Schwarz (Hrsg.). Leitfaden Online Marketing. Waghäusel: Marketing Börse, 321–330.

Pleil, Thomas (2005). Nonprofit-PR: Besonderheiten und Herausforderungen. In: Berichte aus der Forschung 5 des Fachbereichs Sozial- und Kulturwissenschaften der FH Darmstadt. Online Publikation: http://www.fbsuk.fh-darmstadt/fileadmin/dokumente/berichte-forschung/2004/Pleil/Nonprofit-PR.pdf. (Zugriff 18.06.2010).

Pleil, Thomas & Zerfaß, Ansgar (2007). Internet und Social Software in der Unternehmenskommunikation. In: Manfred Piwinger & Ansgar Zerfaß (Hrsg.). Handbuch Unternehmenskommunikation. Wiesbaden: Gabler Verlag, 511–532.

Rössler, Patrick (2003). Online-Kommunikation. In: Günter Bentele, Hans-Bernd Brosius & Ottfried Jarren (Hrsg). Öffentliche Kommunikation. Handbuch Kommunikations- und Medienwissenschaft. Wiesbaden: Westdeutscher Verlag, 504–522.

Ruisinger, Dominik (2007). Online Relations. Leitfaden für moderne PR im Netz. Stuttgart: Schäffer-Poeschel Verlag

Schulz-Bruhdoel, Norbert & Bechtel, Michael (2009). Medienarbeit 2.0: Cross-Media-Lösungen. Das Praxisbuch für PR und Journalismus von morgen. Frankfurt a.M.: Frankfurter Allgemeine Buch.

Storrer, Angelika (2008). Hypertextlinguistik. In: Nina Janich (Hrsg.). Textlinguistik. 15 Einführungen. Tübingen: Narr Verlag, 315–331.

Stuber, Lukas (2008). Keyword-Analyse. In: Torsten Schwarz (Hrsg.). Leitfaden Online Marketing. Waghäusel: Marketing Börse, 344–350.

5.10.2 Lesehinweise

Alby, Tom (2008). Web 2.0 – Konzepte, Anwendungen, Technologien. München: Carl Hanser Verlag.

Ebersbach, Anja, Glaser, Markus & Heigl, Richard (2010). Social Web. Konstanz: UVK Verlagsgesellschaft bei UTB.

Evers, Huub (2009). Online-Journalismus braucht neue moralische Normen. Publizistik, 54. Jg., 2, 163–167.

Friedman, Vitaly (2007). Praxisbuch Web 2.0. Moderne Webseiten programmieren und gestalten. Bonn: Galileo Press.

Hartling, Florian. Der digitale Autor. Autorschaft im Zeitalter des Internets. Bielefeld: transcirpt.

Hoffmann, Claus & Lang, Beatrix (2008). Das Intranet. Konstanz: UVK Verlagsgesellschaft.

Huber, Melanie (2010). Kommunikation im Web 2.0. Konstanz: UVK Verlagsgesellschaft.

Hünnekens, Wolfgang (2010). Die Ich-Sender. Das Social media Prinzip. Twitter, Facebook & Communities erfolgreich einsetzen. Göttingen: Busness Village.

Jodeleit, Bernhard (2010). Social Media Relations: Leitfaden für erfolgreiche PR-Strategien und Öffentlichkeitsarbeit im Web 2.0. Heidelberg: dpunkt.Verlag.

Krug, Steve (2006): Don't make me think! Web Usability. Heidelberg: Mitp-Verlag.

Mast, Claudia (2008). ABC des Journalismus. Ein Handbuch. Konstanz: UVK Verlagsgesellschaft.

Matzen, Nea (2010). Online-Journalismus. Konstanz: UVK Verlagsgesellschaft.

Neuberger, Christoph, Nürnbergk, Christian & Rischke, Melanie (Hrsg.) (2009). Journalismus im Internet. Profession – Partizipation Technisierung. Wiesbaden: VS Verlag für Sozialwissenschaften.

Neutzling, Ulli (2002). Typo und Layout im Web. Reinbek bei Hamburg: Rowohlt Verlag.

O'Reilly, Tim & Milstein, Sarah (2009). Das Twitterbuch. Köln: O'Reilly Verlag.

Perrin, Daniel & Kessler, Helga (Hrsg.) (2005). Schreiben fürs Netz. Wiesbaden: VS Verlag für Sozialwissenschaften.

Picot, Arnold & Fischer, Tim (Hrsg.) (2005). Weblogs professionell. Grundlagen, Konzepte und Praxis im unternehmerischen Umfeld. Heidelberg: Dpunkt Verlag.

Pleil, Thomas (Hrsg.) (2007). Online-PR im Web 2.0. Fallbeispiele aus Wirtschaft und Politik. Konstanz: UVK Verlagsgesellschaft.

Quandt, Torsten & Schweiger, Wolfgang (2008). Journalismus online – Partizipation oder Profession? Wiesbaden: VS Verlag für Sozialwissenschaften.

Schmidt, Jan (2009). Das neue Netz. Merkmale, Praktiken und Folgen des Web 2.0. Konstanz: UVK Verlagsgesellschaft.

Simon, Anton (2010). Journalismus 2.0. Konstanz: UVK Verlagsgesellschaft.

Theis-Berglmair, Anna M. (Hrsg.) (2009). Internet und die Zukunft der Printmedien. Kommunikationswissenschaftliche und medienökonomische Aspekte. Reihe: Beiträge zur Medienökonomie. Münster: Lit Verlag.

Weinberg, Tamar (2010). Social Media Marketing. Strategien für Facebook, Twitter & Co. Köln: O'Reilly Verlag.

Zerfaß, Ansger & Boclter, Dietrich (Hrsg.) (2005). Die neuen Meinungsmacher. Weblogs als Herausforderung für Kampagnen, Marketing, PR und Medien. Graz: Nausner & Nausner.

Zerfaß, Ansgar, Welker, Martin & Schmidt, Jan (Hrsg.) (2008). Kommunikation, Partizipation und Wirkungen im Social Web. Band 1: Grundlagen und Methoden. Von der Gesellschaft zum Individuum. Köln: Herbert von Halem Verlag.

Zerfaß, Ansgar, Welker, Martin & Schmidt, Jan (Hrsg.) (2008). Kommunikation, Partizipation und Wirkungen im Social Web. Band 2: Strategien und Anwendungen: Perspektiven für Wirtschaft, Politik und Publizistik. Köln: Herbert von Halem Verlag.

5.10.3 Surftipps

Surftipps zum Thema Texte für das Internet	
URL	Erläuterung
www.horizont.net	das Medienmagazin online
www.gulli.com	News & Foren mit den Schwerpunkten Internet, Datenschutz und Entertainment
www.meedia.de	etabliertes Medienportal
www.futurezone.orf.at	Newssite des ORF zum digitalen Leben

www.t3n.de	Portal zu E-Business zu Social Media
www.medienrauschen.de	preisgekröntes Blog zur Medienlandschaft
www.netzwertig.de	Blog über die Internet-Ökonomie
www.thesocialmediaguide.com.au	Tipps/News zur Nutzung sozialer Netzwerke
www.webmarketingblog.at	Expertenblog zum Online-Marketing
www.pr.pr-gateway.de	Online-PR Blog der Adenion GmbH
www.pr-blogger.de	Blog des Online-PR Pioniers Klaus Eck
www.pr-agentur-blog.de	PR/Online-PR Blog der Agentur Aufgesang
www.onlinemarketing-blog.de	Fachblog zum B2B-Onlinemarketing
www.toprankblog.com	US-Blog zu digitalem Marketing
www.seo-united.de/blog	Expertenblog Suchmaschinenoptimierung
www.abakus-internet-marketing.de/seoblog	SEO-Blog von Abakus
www.googlewatchblog.de	Blog rund um Google und dessen Dienste
facebookmarketing.de	Blog zum Facebook-Marketing

Abb. 5.12: Internetquellen zum Thema Texte im Internet

6 Texte für die Werbung

Überblick

Texte für die Werbung

Charakter der Werbung:
Nutzenkommunikation, Wahrheit der Werbung u. Phantasien vom Glück

Gestaltung der Werbebotschaft:
Konzeptionsfragen für Werbetexte und Erfolgsfaktoren

Ausgewählte Anwendungsbeispiele:
Die Werbeanzeige und Werbung mit Namen

Gestaltung von Werbeanzeigen

- **Textteile u. Textteilfunktionen:** Topline, Headline, Subline, Copy, Claim, Slogan und Insert
- **Stilelemente und Texteffizienz von klassischen Werbeanzeigen**
- **Klassische u. zeitgenössische Werbeanzeigen**

Gestaltung und Analyse von Produkt-, Marken- und Unternehmensnamen

- **Bedeutungshaltigkeit:** Hat der Name eine Bedeutung oder nicht?
- **Funktionen:** Welche Aufgabe soll oder kann ein Name erfüllen?
- **Benennungsmotive:** Wie kommt ein Produkt zu seinem Namen?
- **Herkunft:** Welche sprachliche Herkunft hat ein Name?
- **Linguistische Merkmale:** Wie ist ein Name sprachlich zusammengesetzt?

Abb. 6.1: Überblick über das Kapitel

6.1 Der Charakter der Werbung

Werbung gibt es schon so lange wie es bewusstes Wirtschaften gibt. Ihre Entstehung ist verknüpft mit dem Beginn der Herstellung von Produkten und Dienstleistungen über den Eigenbedarf hinaus (Schweiger & Schrattenecker 2009, 1). Was bedeutet der Begriff Werbung? Welche Art von Kommunikation ist damit genau gemeint? Der Ursprung des Begriffs liegt im Althochdeutschen: „werben bzw. „wervan" bedeutet „sich drehen", „hin- und hergehen", „sich bemühen" und „etwas betreiben".

Kommunikation stammt aus dem Lateinischen: „Communis" bedeutet „gemeinsam", Kommunikation meint, eine Gemeinsamkeit mit jemandem herstellen. Werbung versucht eine Information, eine Idee oder Einstellung mitzuteilen, die dann mit anderen geteilt wird, so z.B. die Erfahrung von Produktverwendungen, das Erleben von Luxus, Prestige, eine bestimmte Lebenseinstellung oder Geisteshaltung (Schweiger & Schrattenecker 2009, 6f.).

Werbung ist persuasive Kommunikation, sie will Meinungen beeinflussen und Absatz fördern. Sie soll nicht lügen, doch wissen wir, daß das in der Werbung versprochene Glück eines ist, das sich – wenn überhaupt – nur zum Teil erfüllt. Die Werbung spielt also mit unserer Liebe zu Fantasien vom Glück und setzt nicht darauf, Realität zu verkaufen: „Die Wahrheit der Werbung wird nicht an der realen Erfüllung ihrer Versprechungen gemessen, sondern an der Bedeutung ihrer Fantasien im Hinblick auf die Fantasien des Betrachters/Käufers." (Berger 1984, 125 zitiert nach Kroeber-Riel & Esch 2000, 208).

Mit diesen Intentionen unterliegt die Werbung selbstverständlich dem zeitlichen und kulturellen Wandel: „Die Lüge der Werbung liegt in den Versprechungen, die sie macht. Ihre historische Macht hingegen in den Arten des Glücks, das sie verspricht: Das Familienglück in einer Anzeige der 1950er Jahre ist ein anderes als jenes in einer Anzeige von heute." (Bär, Di Falco, Pfister 2002, 209).

Es ist also kein Geheimnis und war auch wohl nie eines, dass Werbung als positiv konnotierte Textsorte einseitig auf Nutzenkommunikation setzt: „Dabei ist es das Ziel, eine (bewusst einseitige) zweckgebundene und positive Information im Sinne des Herstellers bzw. des Verbreiters (des Handels) zu geben. Diese Information ist nicht nur rational, sondern häufig auch emotional. Dabei ist darauf zu achten, dass positive Aussagen verstärkt und negative Aussagen abgeschwächt (oder ggf. sogar unterdrückt) übermittelt werden." (Dunker 2006, 143). Damit sind an Werbung völlig andere Maßstäbe der inhaltlichen Gestaltung, Textqualität und Glaubwürdigkeit anzulegen als an andere Formen der Unternehmenskommunikation wie beispielsweise an die Public Relations.

6.2 Die Gestaltung der Werbebotschaft

Dass Haribo froh macht, dass Kunden vom Media-Markt nicht blöd sind, dass Strom gelb ist, dass Wäsche rein sein kann und nicht nur sauber, ja, dass sauber sogar noch ziemlich schmutzig ist und dass der Tag geht, wenn Johnnie Walker kommt, das alles wüssten wir nicht, wenn es nicht so viele gute und fleißige Werbetexter gäbe.[60]

6.2.1 Konzeptionsfragen

Wie bei jeder anderen Textarbeit in der Wirtschaftskommunikation auch, egal ob das zu entwickelnde Textprodukt eine Anzeige, eine Broschüre oder ein Radiospot werden soll, muss die Botschaft des Textes konzeptionell gestaltet werden. In der einfachsten Form orientiert sich diese Gestaltung am bekannten AIDA-Modell der Marketingkommunikation. Der Textinhalt soll Attention (Aufmerksamkeit), Interest (Interesse), Desire (Wunsch) und Action ((Kauf-)handlung) erzeugen.[61] Nach Dunker (2006, 148 ff.) sind in diesem Zusammenhang fünf Kernfragen zu beantworten:

1. **Frage des Inhalts:** Was will ich sagen? Was ist das Besondere, das Einzigartige des Produkts oder der Dienstleistung, für das/die ich werben will?
2. **Frage des Appells:** An was will ich mit der Botschaft appellieren? An den Verstand, in dem ich rationale Argumente für (und eventuell präventiv auch gegen) das Produkt vorstelle (wie etwa Preis, Qualität oder Langlebigkeit eines Autos)? Oder will ich die Gefühle meiner Zielgruppe ansprechen? Zum Beispiel die Freude am Fahren oder die Sicherheit? Eventuell will ich aber auch moralische Appelle nutzen und die soziale oder ökologische Verantwortung des Käufers ansprechen (z. B. durch die Fokussierung auf geringen Kraftstoffverbrauch).
3. **Frage des Aufbaus:** Wie stelle ich meine Argumente dar? Argumentiere ich einseitig oder zweiseitig, setze ich auf ein Kernargument oder viele verschiedene?
4. **Frage der Ausdrucksform:** Wie kann ich Inhalt und Ziele am besten, am eindrucksvollsten vermitteln?
5. **Frage des Absenders:** Spreche ich selber oder lasse ich Dritte (z. B. Testimonials (oder überzeugte Produktnutzer) oder einen anderen Fürsprecher mit hoher Glaubwürdigkeit, Sympathie oder Expertise) kommunizieren? So sprechen für Haarpflegeprodukte Top-Models mit Traumhaar, alt gediente Fußballstars für Mobilfunk und Kinder für Familienautos.

Das AIDA-Modell ist wohl das bekannteste Modell der Werbewirkung. Allerdings ist es – wie man aus zahlreichen Untersuchungen zur Werbewirkung weiß – zu ein-

---

[60] Wer diesen und anderen Erfolgsstories aus der Welt der Werbesprüche nachgehen möchte, dem sei das Buch von Wolfgang Hars „Nichts ist unmöglich!" (2002) empfohlen, in dem 500 bekannte deutsche Werbesprüche und ihre Geschichte vorgestellt werden.

[61] Hier und im Folgenden ist häufig von Produkten die Rede. Zugleich sind aber auch in der Regel Dienstleistungen als Gegenstand der Kommunikation mit gemeint. Ebenso wird häufig der Kauf von Produkten thematisiert. Gleichzeitig ist aber synonym zu „Kauf" auch die Inspruchnahme von Dienstleistungen angesprochen.

fach gedacht. Die Werbewirkungsdeterminanten sind weitaus vielfältiger, so spielt u.a. das Involvement (der Grad der Ich-Beteiligung) der Konsumenten, die Gestaltung der Botschaft (in sprachlicher, bildlicher, emotionaler oder informativer Hinsicht) und die Zahl der Wiederholungen eine Rolle (Kroeber-Riel & Esch 2000, 156 ff.).

Als Grundlage für die Gestaltung der Werbebotschaft dient die „Copy Strategy". Was macht eine Copy-Strategie aus?

- Basis der Copy Strategie sind Werbeziele, Zielgruppen und Positionierung.
- Sie stellt eine verbindliche Argumentations- und Gestaltungsstrategie für die konkrete kreative Ausgestaltung eines Werbemittels dar.
- Sie legt Inhalt und Ausdrucksform fest.[62]
- Sie beinhaltet Consumer Benefit, Reason Why und Tonalität.
- Ausgehend von der Positionierung definiert sie den Consumer Benefit (Verbrauchernutzen bzw. Werbeversprechen), d.h. den Nutzen, den der Verbraucher durch eine Marke hat.
- Sie legt den „Reason Why" fest, d.h. die Begründung des Verbrauchernutzens wird für den Konsumenten nachvollziehbar gemacht (Schweiger & Schrattenecker 2009, 232).

6.2.2 Die Einzigartigkeit von Produkten und Dienstleistungen

Selbstverständlich sollte dem Verbraucher das Produkt in seiner Einzigartigkeit kommunikativ „verkauft" werden. In diesem Zusammenhang ist in der Werbung ein weiterer konzeptionell relevanter Begriff zu nennen, der USP, die unique selling proposition.[63] Die kann durch physikalische, technische oder auch wirtschaftliche Eigenschaften definiert werden im Sinne eines Grundnutzens oder aber durch einen Zusatznutzen erreicht werden, d.h. durch emotionale oder soziale Aspekte wie z.B. Prestige, Luxus, soziales Zugehörigkeitsgefühl oder Akzeptanz (Schweiger & Schrattenecker 2009, 174).

Was unter den relevanten Produkteigenschaften zu verstehen ist, mag seitens der Anbieter und Käufer durchaus unterschiedlich gesehen werden, wie die nachfolgenden Zitate aus der Werbewelt illustrieren:

- „Anbieter neigen dazu, in Produkteigenschaften zu denken, aber die Konsumenten kaufen keine Produkteigenschaften, sondern subjektiven Produktnutzen." (Rothschild 1987 zitiert nach Kroeber-Riel & Esch 2000, 50) oder
- „In the factory we make cosmetics, but in the stores we sell hope." (Charles Revlon zitiert nach Kroeber-Riel & Esch 2000, 50).

---

[62] Zur sprachlichen Ausgestaltung von Inhalten siehe ausführlich (Kastens 2009, 112 ff.).
[63] Bezogen auf Dienstleistungen kann auch analog von der unique service proposition gesprochen werden.

Ratsam ist es daher, Werbebotschaften zu gestalten, in denen Produkte in Szene gesetzt werden. D. h. es wird nicht einfach über das Produkt und seine Eigenschaften gesprochen, sondern ein Produkt wird inszeniert, in dem man es in eine gute Geschichte verpackt, die anschlussfähig ist an die emotionale Erfahrungs- und Erlebniswelt der potentiellen Produktnutzer.

Der anspruchsvolle Käufer oder die verwöhnte Produktnutzerin wollen in jeder Hinsicht von einem zu erwerbenden Produkt überzeugt werden und der Kauf bzw. die Nutzung sollen mit einem Gefühl der Belohnung verbunden sein, das den Kauf absichert und keine Zweifel an der Richtigkeit der Handlung aufkommen lässt. Daher muss die Werbebotschaft Belohnungserlebnisse ermöglichen, die z. B. folgenden Dimensionen nach Kotler & Biemel (2001) (zitiert nach Dunker 2006, 160) entsprechen können:

Art des Beloh-nungs-Erlebnisses	Belohnungsebenen (Beispiel: Eine Hausfrau nutzt Weichspüler)			
	Rational	Sensorisch	Sozial-bezogen	Ich-bezogen
Erlebnis als Resultat	Es spart Zeit und Nerven.	Ich fühle mich kuschelig in dem Pulli.	Meine Kinder sagen nicht mehr, dass die Strumpfhose kratzt.	Ich sehe gepflegt aus.
Erlebnis bei Produktnutzung	Ich meine, das geht ganz einfach.	Ich finde, das riecht einfach gut.	Meine Kinder finden, unsere Wäsche duftet nach Frühling.	So erledige ich meine Wäsche gerne.
Erlebnis möglicher Nebeneffekte	Ich muss beim Einkaufen nicht überlegen, ob mein Kind den Pulli auch trägt.	Mein Mann findet mich auch kuschelig in dem Pulli.	Es gibt keine Heulerei mehr beim Anziehen.	Ich muss keine Experimente beim Bügeln wagen.

Abb. 6.2: Belohungsebenen

Bei der Gestaltung der Werbebotschaft kommt es auch auf die Reihenfolge der Botschaftsinhalte an. Nach Kroeber-Riel & Esch (2000, 246 f.) ist die Botschaft in sinnvolle, selbständig verständliche Teile aufzusplitten und diese sind dann übersichtlich und schnell erkennbar zu präsentieren. Die für den angestrebten Erfolg der Botschaften relevanten Teile sollten zu Anfang und dann abgestuft nach ihrer Relevanz vermittelt werden. Die Marke sollte nach dieser Hierarchieregel so früh wie möglich, d. h. auch vor einem möglichen Kontaktabbruch, wahrnehmbar sein. Für die Anzeigengestaltung beispielsweise bedeutet dies, sie in die Headline oder ins Bild zu integrieren.

Werbetexte gibt es in ganz unterschiedlichen Gestaltungsformen: Flyer, Broschüren, Plakate, Mailings, Anzeigen usw. Aus der Fülle der vielen Textvarianten werden im Folgenden exemplarisch zwei vorgestellt: die Werbeanzeige und Produkt-, Marken- und Unternehmensnamen. Die Grundlagen der Textgestaltung, die Funktionen der Texte, Analysemöglichkeiten und Gestaltungsempfehlungen werden nachfolgend im Detail erläutert.

6.3 Die Gestaltung von Werbeanzeigen – klassische Textelemente und ihre Funktionen

6.3.1 Schwierige Kommunikationsbedingungen

Auch wenn alle oben skizzierten Charakteristika der Werbung durch eine Anzeige oder ein Plakat erfüllt sind und in diesem Sinne gute Werbung vorliegt, heißt das noch lange nicht, dass sie erfolgreich ist, ihre Botschaft zum Kunden durchdringt und sie (Kauf-)Verhalten in der intendierten Form beeinflußt. Konsumenten sind heute mit einem Überangebot an Information konfrontiert. Die Informationsüberlastung durch gedruckte Werbung liegt bei etwa 98% (vgl. Stumpf 2009, 139). Um alle Informationen einer Anzeige in Publikumszeitschriften aufzunehmen, sollte der Leser sich der Anzeige 35-40 Sekunden lang widmen, im Durchschnitt betrachtet der Leser aber eine solche Anzeige nur zwei Sekunden lang (Kroeber-Riel & Esch 2000, 13).

Eine Anzeige wird also in der Regel bedingt durch die geringe durchschnittliche Betrachtungszeit nur ungenügend „gewürdigt", d. h. „Um effizient zu sein, muss eine Anzeige schnell wirken, Aufmerksamkeit auslösen, die Botschaft schnell übermitteln, sofort verstanden und behalten werden, eine Einstellung formen und die Kaufentscheidung beeinflussen." (Schweiger & Schrattenecker 2009, 249). Das werden die meisten Anzeigen in zwei Sekunden nicht schaffen, d. h. viele von ihnen sind schlichtweg wirkungslos.

Diese Kommunikationsbedingungen unterstützen den Trend in der Werbung, Bildern vor Texten den Vorzug in der Gestaltung von Werbebotschaften zu geben. Denn Bildinformationen werden schneller aufgenommen und verarbeitet als Textinformationen. Dies trifft insbesondere auf die Vermittlung emotionaler Inhalte zu, die für die Werbung eine ganz besonders wichtige Rolle spielen (Kroeber-Riel & Esch 2000, 15).

Das Erlebnisprofil angebotener Produkte und Dienstleistungen steht häufig im Mittelpunkt der werblichen Darstellung, da die Qualitäts- und Preisunterschiede oftmals zu vernachlässigen sind. Schlechte Bedingungen für Texter also! Es sei denn, sie beziehen relevante Dimensionen des Konsumentenverhaltens in ihr „Textkalkül" bzw. ihr Textkonzept ein und schaffen es, eine hohe Zielgruppengenauigkeit und -kompatibilität der selektierten Informationselemente zu gewährleisten. Solche wichtigen Dimensionen des Konsumentenverhaltens sind u. a. gegeben durch:

- dominante Wertorientierungen in einer Gesellschaft wie z. B. die Erlebnis- und Genussorientierung,
- das Gesundheits- und Umweltbewusstsein,
- die Betonung der Freizeit,
- eine internationale und interkulturelle Ausrichtung oder aber
- die zeitgeistige Suche nach Individualität (siehe Kroeber-Riel & Esch 2000, 27).

6.3 Die Gestaltung von Werbeanzeigen – klassische Textelemente und ihre Funktionen

Wer beim Texten einer Werbeanzeige erfolgreich sein will, muss die Zielsetzung dieser Textsorte und die Grundfunktionen der einzelnen Textelemente im Blick behalten. Was zeichnet eine Werbeanzeige im Unterschied zu anderen Texten aus? Bendel (1998, 16) gibt hierzu eine Bestimmung der prototypischen Rahmenbedingungen der Textsorte Werbeanzeige:

- Werbeanzeigen sind kürzere, in sich geschlossene Texte, die in einem Printmedium erscheinen.
- Sie sind durch typographische Merkmale vom redaktionellen Text getrennt.
- Sie informieren über Produkte und Dienstleistungen, die in größerer Quantität oder über längere Zeit zu haben sind und einem potentiell unbegrenzten Kundenkreis angeboten werden.
- Ihr Ziel ist, die Empfänger zum Kauf bzw. zur Nutzung des angebotenen Produkts oder der angebotenen Dienstleistung zu motivieren.

Eigenständige Textteile in der Werbeanzeige (in Printmedien)

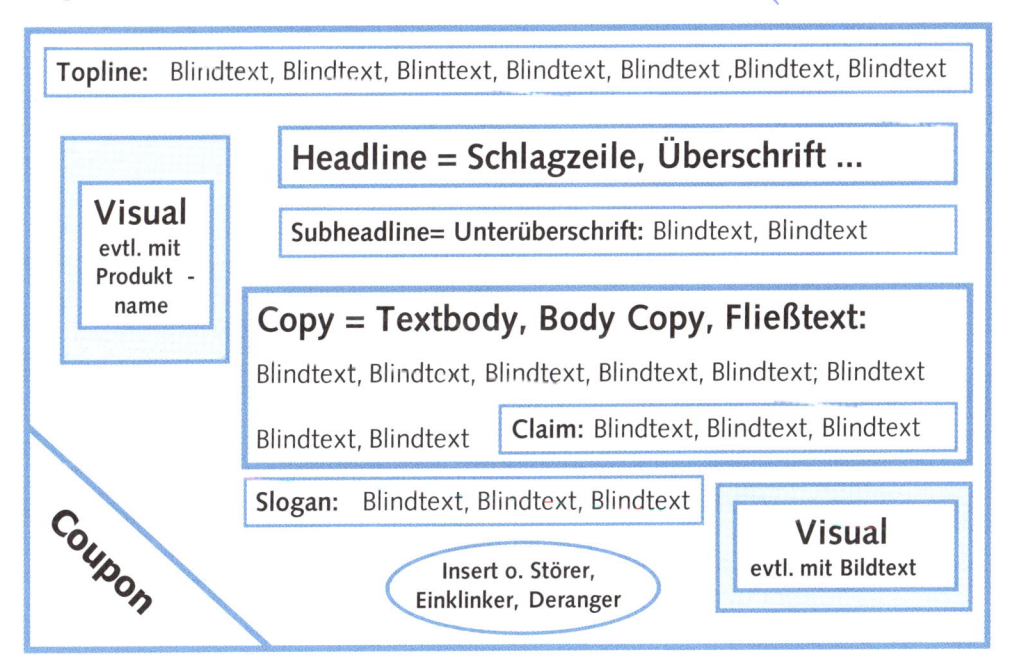

```
┌─────────────────────────────────────────────────────────────────────┐
│ Topline:  Blindtext, Blindtext, Blinttext, Blindtext, Blindtext,    │
│           Blindtext, Blindtext                                      │
│  ┌──────────┐  ┌─────────────────────────────────────────────────┐  │
│  │          │  │  Headline = Schlagzeile, Überschrift ...        │  │
│  │ Visual   │  └─────────────────────────────────────────────────┘  │
│  │ evtl. mit│  ┌─────────────────────────────────────────────────┐  │
│  │ Produkt- │  │ Subheadline= Unterüberschrift: Blindtext,       │  │
│  │ name     │  │                                 Blindtext       │  │
│  │          │  ┌─────────────────────────────────────────────────┐  │
│  │          │  │ Copy = Textbody, Body Copy, Fließtext:          │  │
│  │          │  │ Blindtext, Blindtext, Blindtext, Blindtext,     │  │
│  │          │  │ Blindtext, Blindtext                            │  │
│  │          │  │ Blindtext, Blindtext  ┌────────────────────────┐│  │
│  │          │  │                       │Claim: Blindtext,       ││  │
│  │          │  │                       │       Blindtext,       ││  │
│  │          │  │                       │       Blindtext        ││  │
│  │          │  └────────────────────────────────────────────────┘│  │
│  │          │  ┌─────────────────────────────────────────────┐    │  │
│  │          │  │ Slogan:  Blindtext, Blindtext, Blindtext    │    │  │
│  │          │  └─────────────────────────────────────────────┘    │  │
│  │ Coupon   │        ╭──────────────────────╮   ┌──────────────┐  │
│  │          │        │  Insert o. Störer,   │   │   Visual     │  │
│  │          │        │  Einklinker, Deranger│   │ evtl. mit    │  │
│  │          │        ╰──────────────────────╯   │  Bildtext    │  │
│  └──────────┘                                   └──────────────┘  │
└─────────────────────────────────────────────────────────────────────┘
```

Abb. 6.3: Textteile einer Werbeanzeige

In Werbeanzeigen finden sich typische Textteile, denen ganz spezifische Funktionen zugeordnet werden, die im Folgenden vorgestellt werden.

6.3.2 Textteile und Textteilfunktionen der Werbeanzeige

Zur Textsorte Werbeanzeige gehören die Textteile Topline, Headline, Subline, Copy, Claim, Slogan und Insert, für die jeweils auch eine Reihe von Synonymen in der Literatur gebräuchlich sind, wie die abstrahierte, schematische Abbildung zeigt. Nicht in jeder Werbeanzeige sind die klassischen eigenständigen Textteile vorhanden, vielmehr findet man als Produkt der Kreativität von Textern und Gestaltern und je nach Mode auch Anzeigen, die auf einige der klassischen Gestaltungselemente des Textes verzichten. Die Kennzeichen der einzelnen Textteile, ihre Funktionen, die Chancen und Risiken der Verwendung sind Thema der folgenden Ausführungen, die sich auf Janich (2005, 43 ff.) stützen. Dabei wird den beiden interessantesten und am besten untersuchten Textelementen in Werbetexten, der Headline und dem Slogan, der größte Raum in der Darstellung gegeben.

6.3.2.1 Topline, Headline und Subline

Die Topline wird vergleichsweise selten eingesetzt. Es handelt sich um eine oberhalb der Headline befindliche, klein gedruckte Anfangszeile, die auf die Hauptinhalte der Anzeige und eventuell auch die Headline selbst vorbereitet. Auch die Subline ist kein zwingender Bestandteil der Anzeige. Sie verstärkt oder erläutert die Headlineinhalte. Eine aussagekräftige Headline benötigt keine Erläuterung.

Der eigentliche textliche Aufhänger einer Anzeige, das neben dem Bild zentrale Element der Anzeige, ist die Headline. Sie soll das Kommunikationsobjekt schon bei der ersten Aufmerksamkeit mit positiven Merkmalen besetzen (Stumpf 2009, 140). Ihre Funktion ist es zunächst, beim Blättern Aufmerksamkeit und Leseinteresse zu wecken, und im besten Fall zum Weiterlesen zu animieren, denn sie soll den Inhalt der Copy vorbereiten und darauf neugierig machen: „Zu diesem Zweck vermittelt die Headline dem Umworbenen im Idealfall eine Information, die einen aufmerksamkeitserregenden Aspekt des Beworbenen ausschnitthaft und spektakulär thematisiert und insofern eine besondere Informationsqualität – häufig in Form eines Neuigkeitswertes – besitzt." (Zielke 1991, 67).

> **Beispiel: Klarer inhaltlicher Bezug von Topline, Headline und Copy**
> „Annemarie Börlind, Pionierin der natürlichen Schönheitspflege beruhigt:" (Topline)
> „Schlecht in Chemie? Macht nichts. Wir legen Wert auf Bio." (Headline)
>
> „Da freut sich meine Enkelin: Viel wichtiger als das Chemiebuch ist uns das Buch der Natur. Deshalb verwenden wir in unserer Schönheitspflege hochwirksame Rohstoffe aus ökologischem Anbau, nutzen nur wertvolle Pflanzenöle und Pflanzenextrakte. Dazu kommen natürliche Vitamine, Wirkstoffe aus dem Meer und frisches Wasser aus der besten Quelle, die es gibt: der eigenen (im Schwarzwald). Und auch hier freut sich meine Kleine: Tierextrakte kommen uns nicht ins Haus. Darüber hinaus sind alle unsere Produkte mit freiwilligen Testpersonen geprüft und deren Wirksamkeit und Verträglichkeit wissenschaftlich bestätigt. Von diesen strengen Geboten hab ich nicht nur alle unsere Mitarbeiter überzeugt – auch meine Enkelin ist voll dafür. Denn für unsere Pflegeserie teenCare ist sie genau im richtigen Alter." (Copy)
>
> (*Quelle:* Annemarie Börlind Natural Beauty)

6.3.2.2 Die Headline und ihre Funktionen erkennen

Wichtig zur Identifizierung der Schlagzeile ist ihre Funktion als **sprachlicher und typographischer Blickfang**. Zusätzlich muss sie den **produktspezifischen Nutzen**, der in der Anzeige fokussiert werden soll, thematisieren, den **USP** (unique selling proposition = einzigartige Verkaufsaussage). Über USP bzw. den Zusatznutzen versucht man im Werbetext, das Problem der zunehmenden Produktähnlichkeit zu lösen und den zu bewerbenden Gegenstand gegen Konkurrenzprodukte zu differenzieren, auch wenn die tatsächlichen Produktunterschiede marginal sind.

Hinter dem Begriff „**emotionaler Zusatznutzen**" verbirgt sich eine Strategie, die „gleichartige Produkte auf einer sachlich nicht mehr begründbaren Ebene mit distinktiven Merkmalen versieht." (Sauer 1998, 45). Der in der Headline fokussierte (emotionale) Zusatznutzen kann unterschiedliche **thematische Aspekte** betreffen. Er kann darin bestehen, dass:

a) eine **Produkteigenschaft** besonders hervorgehoben wird (z. B. „Die Zeit vergeht. Die Fältchen auch." – Concept Anti Age Augenpflege Gel und Creme von Eubos),

b) eine besondere **Verwendungssituation** oder ein Verbrauchsaspekt thematisiert wird (z. B. „Im Web vertickt – im Nu verschickt." – Freeway Paketmarken von DHL),

c) ein spezieller **Nutzen für den Konsumenten** genannt wird (z. B. „Die wahren Highlights im Leben sind blond." – Poly Blonde Strähnchen von Schwarzkopf) oder

d) das Produkt in allgemeine **Wertvorstellungen** eingebettet wird (z. B. „Manche mögen's sicher." – VW Polo).

Oft ist der Zusatznutzen aber gar nicht klar erkennbar (z. B. „Urlaub ohne Air Berlin ist wie See ohne Stern.") bzw. eine Headline setzt auf Aufmerksamkeitsstärke durch Typographie („Lightenschaft"* Magnum light von Langnese), sprachliche Form (Bsp. „attraktiverer") oder inhaltliche Unbestimmtheit (z. B. „Ein BMW ist ein BMW ist ein BMW...") statt auf konkrete Information im oben genannten Sinne zu setzen. Bei vielen Headlines sind durchaus auch mehrere der oben vorgestellten inhaltlichen Interpretationen möglich. Die Lufthansa-Schlagzeile „In unserer Business Class haben Sie jetzt die Wahl zwischen sehr bequem und sehr bequem." fokussiert den Produktnutzen, die Verwendungssituation und den Nutzen für den Konsumenten in gleicher Weise. Diese multifunktionale Schlagzeile ist in der nachstehenden Abbildung im Gesamtkontext der Originalanzeige wiedergegeben.

*typographische/phonetische Verwandschaft

*intertextuelle Referenz

Abb. 6.4: Anzeige Lufthansa

6.3.2.3 Die sprachliche Gestaltung von Headlines

Häufig versuchen Headlines den Nutzen eines Produktes oder einer Dienstleistung durch Vergleiche zu unterstreichen. Sowohl bei impliziten als auch expliziten Vergleichen ist aber Vorsicht angebracht, denn das Referenzobjekt sollte keine negativen Assoziationen wecken, die nicht deutlich vom Produkt oder Unternehmen abgrenzbar sind.

> **Beispiel: Headline der Allianz Group,** Anzeige für die Private Krankenversicherung
>
> „Einem Karies-Bakterium ist es egal, wie viel Sie verdienen. Einer Kranken-Zusatzversicherung der Allianz auch."
>
> Für das Image ist es sicher nicht zuträglich, ein negatives Referenzobjekt zu wählen (hier: Karies = Unternehmen).

Für die sprachliche Gestaltung von Headlines gilt:

- Headlines sollten kurz und prägnant gestaltet sein (drei bis max. acht Wörter werden empfohlen).
- Sie sollten anregend und spannend sein, dürfen auch durchaus witzig sein, allerdings müssen sie schnell auf den Kern der Werbebotschaft lenken.
- Manche Überschriften wählen den Weg zur Aufmerksamkeitsfokussierung über Rätsel, die dem Empfänger der Botschaft aufgegeben werden. Diese erweisen sich vor allem dann als besonders wirksam, wenn in ihnen die Marke unbenannt bleibt, der Text zur Lösung des Rätsels sehr ausführlich, klein gedruckt und nicht strukturiert ist (Kroeber-Riel & Esch 2000, 205).

> **Beispiele: Rätselüberschriften**
> (nach Kroeber-Riel & Esch 2000, 204 und eigene Recherchen)
>
> - Haben sechs Millionen Deutsche geschlafen? (Vaillant)
> - Treten Sie der Ericcson-Freiheitsbewegung bei (Ericcson Information Systems)
> - Was hat die Wahrheit von Olympos? (Abtaster von Lyra Akustik)
> - Jeder wird mal unterschätzt (German Parcel)
> - Höchstleistungen im modernen Zehnkampf (Brother)
> - Meine „Lieber flirten als Geld holen"-Visa Karte (Visa)
> - Radioeins. Wie eine Reise mit offenem Ende. (Radioeins)
> - Wir dachten, warum soll Ihnen nicht der Trockner beim Bügeln helfen? (Electrolux)
> - Wie bringt ein Bambushalm mehr Sportlichkeit? (Audi)
> - Qualität ist niedriger Blutdruck. (Hörzu)
> - Aus Liebe lassen wir die jungen Dinger links liegen. (Edeka)
> - Die lebenswichtigen Fettsäuren stecken nicht im Salat. Sondern in der Margarine! (Die Markenmargarinen)
> - Schönheut ist Vertrauen. (Nivea)

6.3.2.4 Stilelemente des Headlinetextens

Zwei häufig eingesetzte Stilelemente des Headline-Textens sind die Verschiebung und die Verfremdung (Barowski 2003, 71 ff.). Bei der Verschiebung handelt es sich um ein Spiel mit Normen, häufig den gekonnten Verstoß gegen Normen, der dann einen Überraschungseffekt mit sich bringt. Die Kunst besteht darin, die Verschiebung sprachlicher Ebenen und die damit verbundenen gedanklichen Umwege und Assoziationen auf Seiten der Leser in den Griff zu bekommen und die Auflösung im Sinne der Aufgabenstellung, d. h. der spezifischen Produktkommunikation, sicherzustellen. Das Funktionsprinzip lautet wie folgt: Die Bedeutung der einen sprachlichen Ebene wird durch die angesprochene Bedeutung der zweiten Ebene in einen neuen Kontext gestellt, der den Überraschungseffekt bringt.

Bei der Verfremdung werden bekannte Aussagen oder Sprichworte verändert. Der Reiz dieser Stilform und ihre Wirkung liegen darin, dass der Leser instinktiv über die ihm bekannte Formulierung stolpert und erst dann die Verfremdung wahrnimmt. Eine damit verknüpfte Gefahr liegt in der intellektuellen oder emotionalen Ablehnung der vorgenommenen Verfremdung.

> **Beispiele: Bekannte Stilelemente des Headline-Textens**
> (nach Barowski 2003, 71 ff. sowie eigener Recherche)
>
> **Verschiebung:**
> „Alle reden vom Wetter. Wir nicht." (Deutsche Bahn)
> „Durststrecken können Sie mit anderen fliegen." (Condor)
> „Wichtig ist nicht, wer den schönsten Po hat. Sondern, welcher Po es am schönsten hat. (mey feine Wäsche)
> „Wir freuen uns über jeden, den wir ohne Ticket erwischen." (Lufthansa)
>
> **Verfremdung:**
> „Räume werden wahr." (Opel Caravan)
> „Bordeaux. Passt wie eingegossen." (Bordeaux-Weine)
> „Damit Sie Ihr Geld nicht zum Handy raus werfen!" (ADAC Exklusiv Angebot mit Eplus)
> „Ich steh' auf der Kippe. Zum Nichtraucher." (Pfizer)

Für die sprachliche Gestaltung der Headline gilt nach Barowski (2003, 69), dass eine gute Headline

- den Produkt- oder Markennamen nennt,
- den USP oder emotionalen Zusatznutzen konkretisiert,
- konkret und informativ ist,
- provoziert und überrascht,
- keine Negativaussagen macht oder gar (doppelte) Verneinungen,
- keine intellektuellen Wortspiele inszeniert und
- Doppeldeutigkeiten vermeidet (z. B. „Ihre Knochen leben von der Fürsorge." (Ameckes's Apfelsaft mit Kalzium).

Dennoch zeigt die Praxis viele Anzeigenbeispiele, die diesen Empfehlungen widersprechen und trotzdem mit guten Aufmerksamkeits- und Akzeptanzwerten rechnen können. Ein Beispiel dafür ist die folgende Anzeige der taz, die mit typischen werbesprachlichen Gestaltungsregeln bricht.

Da die Headline neben dem Slogan als das wichtigste Textelement einer Anzeige betrachtet werden kann, gibt es insgesamt eine ganze Reihe von Inhaltsfunktionen und formalen Besonderheiten, die für das Texten einer guten Headline zu beachten sind. Man spricht in diesem Zusammenhang auch von der Multifunktionalität der Headline, der sicher nicht jedes Beispiel aus dem Alltag entsprechen kann und muss. Es kommt immer auf das spezifische Produkt und das Ziel der Werbung an, um einen individuellen Maßstab zu formulieren, dem eine Headline im Rahmen einer spezifischen Kampagne zu entsprechen hat.

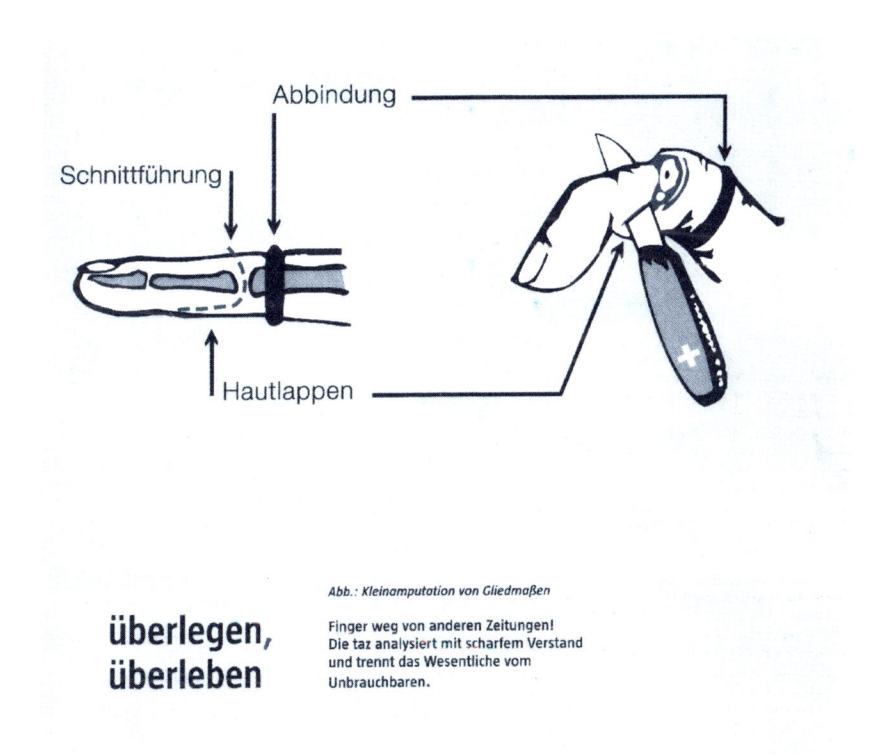

überlegen, überleben

Abb.: Kleinamputation von Gliedmaßen

Finger weg von anderen Zeitungen!
Die taz analysiert mit scharfem Verstand und trennt das Wesentliche vom Unbrauchbaren.

→ 14 Tage kostenlos taz

taz-Aboabteilung
PF 61 02 29 | 10923 Berlin
abo@taz.de | www.taz.de
T (030) 25 90 25 55 | F (030) 25 90 26 80

Abb. 6.5: Anzeige taz

6.3.2.5 Die Copy und ihre Funktionen

Während die meisten Rezipienten die Headline lesen, ist das beim Fließtext einer Anzeige nicht der Fall. Viele Anzeigen verzichten daher auch auf einen ausführlichen Textbody (synonym: Copy, Body Copy oder Fließtext) (vgl. Stumpf 2009, 140). Dieser soll den in der Schlagzeile thematisierten Aufhänger wieder aufgreifen und in einer stilistisch und semantisch kohärenten Form ausführen. Der Text der Annemarie-Börland-Anzeige weiter oben kann dies gut illustrieren.

Da eine Copy häufig nicht gelesen wird, hat sie neben der Informationsfunktion eine Suggestivfunktion. Dies meint, dass der Text nahelegt, dass es etwas über das Produkt zu sagen oder zu wissen gibt – das erzeugt Glaubwürdigkeit. Nach Zielke (1991, 73ff) unterscheidet man in diesem Zusammenhang auch die Funktionen von Shortcopies und Longcopies:

- Shortcopies sind Kurztexte – nicht länger als fünf Sätze und optisch nicht durch Absätze und Zwischenüberschriften gegliedert. Sie dienen mehr der Erzeugung von Glaubwürdigkeit als der Produktinformation.
- Longcopies dagegen haben mehr informatorischen Charakter.

> **Beispiel: Anzeige mit Shortcopy von Saab**
>
> Sie wollen aus Konventionen ausbrechen? *Topline*
> Hier ist Ihr Fluchtwagen. (Headline) *Headline*
> Unkonventionelle technische Lösungen und individuelles Design zählen zu den Kernwerten der Marke Saab. Darüber hinaus bringt Sie das neue Saab 9-3 Cabriolet mit enormer Durchzugskraft und gediegenem Fahrkomfort an Ihr persönliches Ziel. (Copy) *Copy*
> Saab. move your mind. (Slogan) *Slogan*

6.3.2.6 Die textliche Gestaltung der Copy

Für die textliche Gestaltung von Copies gilt, dass sie möglichst einfach und verständlich sein sollten (siehe dazu die unten stehenden Empfehlungen) und ihre Sprache einen hohen Grad der Bildhaftigkeit realisiert.

Empfehlungen zur Sicherstellung von Textverständlichkeit in Werbeanzeigen	
Wortwahl	allgemein bekannte, häufig gewählte, kurze, konkrete und bildhafte Worte
Satzlänge	informationsreiche Worte in kurzen Sätzen, keine Schachtelsätze
Headlines	Schrift: groß, auffällig und farbig mit Kontrast und Prägnanz; keine Großbuchstaben, Inhalt: kurz und prägnant
Fließtext	kurze Texte, Zeilenlänge 35-45 Anschläge, längere Texte durch Absätze, Zwischenüberschriften und Hervorhebungen strukturieren
Absender	Marke oder Firmenname möglichst auffällig nennen

Abb. 6.6: Textverständlichkeit in der Werbeanzeige

Viele Copies enden mit einem Abbinder, dem sogenannten Claim. Dieses Textelement soll den Inhalt der Copy noch einmal zusammenfassen bzw. ein Fazit für den Leser ziehen. Das aus dem Englischen stammende Wort Claim heißt so viel wie Anspruch, Behauptung, aber auch Bekenntnis (Samland 2009, 61). Anders als der Slogan hat der Claim keinen Wiederholungscharakter bzw. wird in der Regel nicht kampagnenübergreifend eingesetzt. Die Funktion des Claims lässt sich wie folgt zusammenfassen: „Insofern sind Claims als Sinn- und Merksprüche zu verstehen, die ein Fazit der werblichen Ausführungen einer Body-Copy ziehen und als solches von ihren Lesern in Erinnerung behalten werden sollen." (Zielke 1991, 85).

Der Text einer Adidasanzeige aus dem Jahre 2004 kann das verdeutlichen. Im Bild ist die Boxlegende, der dreimalige Weltmeister im Schwergewicht Muhammad Ali (Cassius Clay) zu Beginn seines sportlichen Erfolges in den 60er Jahren in kraftvoller Pose zu sehen. Der Jahrhundertboxer machte aber nicht nur sportlich von sich reden. Sein Kriegswiderstand in den USA („I ain't got no quarrel with them Vietkong") soll ihn zum meist gehassten Sportler der USA gemacht haben. 2005 wurde er mit der höchsten zivilen Auszeichnung der USA, der „Presidental Medal of Freedom" geehrt. Im gleichen Jahr erhielt er in Berlin für sein bürgerrechtliches Engagement eine Ehrenauszeichnung der Deutschen Gesellschaft für die Vereinten Nationen (Ben Wett, Der Tagesspiegel 17.12.05).

> **Beispiel: Anzeige mit Copy, Claim und Slogan von adidas**
>
> Miami, USA 1964: Als er das erste Mal in den Ring stieg, erzählte man Muhammad Ali, er sei viel zu schmächtig für einen Boxer.
>
> Unmöglich ist ein Wort, mit dem Menschen um sich werfen, für die es einfacher ist, die Welt so zu akzeptieren, wie sie ist, statt das Risiko einzugehen, sie zu verändern. Unmöglich ist keine Tatsache. Es ist eine Meinung. Unmöglich ist keine Feststellung. Es ist eine Herausforderung. Unmöglich ist Potential. Unmöglich ist vergänglich. (Copy)
>
> Impossible is nothing. (Claim)
>
> Forever sport. Adidas. (Slogan)

6.3.2.7 Der Slogan und seine Funktionen

Der Begriff Slogan geht zurück auf das schottisch-galäische Wort „sluagh-ghairm", was übersetzt Kriegsgeschrei oder Schlachtruf heißt (vgl. Samland 2009, 61 sowie Stumpf 2009, 140). Der Slogan wird auch „Abbinder" genannt und gilt als das „Werbekonzentrat" der Anzeige.[64] Inhaltlich thematisiert bzw. fokussiert er:

---

[64] Der Slogan wird häufig als Abbinder bezeichnet, da ihm damit die Funktion zugewiesen wird, die Werbebotschaft kurz und präzise zusammenzufassen. Das ist aber nicht immer der Fall, denn dazu sind viele Slogans viel zu diffus in ihrer Aussage. Außerdem ist bei dieser Begriffsverwendung die Gefahr der Verwechslung mit dem Claim groß. Dieser bindet nämlich die Copy ab. In der Fachsprache der Werbepraxis wird der Slogan häufig aber auch als „Claim" bezeichnet. Dies ist allerdings nur eine typisch deutsche Begriffsverwendung. Da bei Werbeanzeigen durchaus beide Textelemente, Claim und Slogan, mit unterscheidbaren Funktionen für die Anzeigen unterschieden werden können, macht es auch Sinn, beide Konzepte in differenzierter Weise zu verwenden und nicht etwa als Synonym. Zur Diskussion der Begriffsverwendung siehe auch Samland (2009, 57, 61) sowie Stumpf (2009, 140 f.).

1. das Produkt (bzw. den Produktnutzen oder die -eigenschaften) (Bsp. „Red Bull verleiht Flüüügel.", „Schützt, was gut ist." – Tetra Pack),

2. das Unternehmen (Bsp. „Opel. Frisches Denken für bessere Autos.", „There ist no better way to fly" – Lufthansa United),

3. den Konsumenten (Bsp. „Ich fühl' mich schön mit Jade"; „Pepsi-Cola: The choice of the young generation"),

4. die Verwendungssituation (Bsp. „Die schlaue Art zu waschen." Spee Megaperls, „Backen macht Freude" Dr. Oetker),

5. oder er hat einen offenen Bezug und ist interpretationsbedürftig (Bsp. „Solutions for the adaptive enterprise." – Hewlett-Packard, „Wirkt beim Arzt auch nach Feierabend" – Deutsches Ärzteblatt, „Born to perform" – Jaguar).

Slogans sind „kurze Phrasen, die den Markenkern des Unternehmens, die Positionierung und die Abgrenzung zum Wettbewerb widerspiegeln." (Stumpf (2009, 138). Formal lässt sich der Slogan also als typischerweise kurz charakterisieren, ganze Sätze sind eher seltener als Mehrwortkombinationen. Darüber hinaus sollte er einfach und eingängig sein, außerdem unverwechselbar und am besten bezogen auf den Kundennutzen. Häufig enthält er Produkt-, Marken- oder Firmennamen bzw. ist mit dem Logo kombiniert und positioniert. Slogans können aus ganz unterschiedlichen Gründen heraus entwickelt bzw. verändert werden. Stumpf (2009, 142) nennt als Anlässe: Kreation einer neuen Unternehmens- oder Produktmarke, Verschmelzung zweier Marken, Markenwechsel oder Markenrepositionierung.

Auffallend ist, dass Slogans inhaltlich pauschaler und unkonkreter gehalten sind als der Zusatznutzen in der Schlagzeile. Der Slogan hat eine Identifikations- und Imagefunktion, d.h. er ermöglicht und stärkt die Wiedererkennung von Produkt, Marke oder Unternehmen (Identifikation) und soll zusätzlich ein positives Bild über den beworbenen Gegenstand aufbauen (Bsp. „Da weiß man, was man hat." – Persil/VW oder „Let's make things better" – Philips). Innerhalb der schon genannten Positionierungsfunktion für ein Produkt bzw. eine Marke kann man für den Slogan eine Reihe von Aufgaben unterscheiden, die er für eine Marke erfüllen können (Samland 2009, 61 ff.):

- Erklärungsfunktion (z.B. „Vox. Das Ereignisfernsehen.")
- Aufforderungsfunktion (z.B. „Bild Dir eine Meinung.")
- Reason-Why-Funktion (z.B. "Waschmaschinen leben länger mir Calgon.")
- Funktion, das Markenstatement abzugeben (z.B. „Bigger. Better. Burgerking.").

Für den Einsatz des Slogans ist die Wiederholung und eine lange Lebensdauer typisch. Er wird kampagnenübergreifend eingesetzt und häufig noch mit der Ware und dem Unternehmen verbunden, selbst wenn ein Produkt nicht mehr auf dem Markt ist oder mit einem neuen Slogan für selbiges geworben wird. Beispiele für sehr langlebige Slogans gibt Stumpf (2009, 141): „Aus Freude am Tabak" dient der Firma Eicken bereits seit 1770 als Slogan und Apollinaris ist bereits seit 1852 „The queen of tablewaters.". Manche Slogans sind sogar zu geflügelten Worten geworden und haben Eingang in die Alltagssprache gefunden, d. h. sie werden auch über den engen Kontext der Produktwerbung hinaus in der Kommunikation genutzt.

Beispiele für erfolgreiche Slogans mit langer Lebensdauer	
Nicht immer, aber immer öfter.	Clausthaler
Pack den Tiger in den Tank.	Esso
Nichts ist unmöglich.	Toyota
Otto – find ich gut.	Otto-Versand
Alle reden vom Wetter. Wir nicht.	Deutsche Bahn
Bauknecht weiß, was Frauen wünschen.	Bauknecht
Campari. Was sonst.	Campari
Die zarteste Versuchung, seit es Schokolade gibt.	Milka
Ich bin doch nicht blöd.	Media-Markt
Da werden Sie geholfen.	Telegate
Auf diese Steine können Sie bauen.	Schwäbisch Hall
Wir machen den Weg frei.	Volksbanken und Raiffeisenbanken

Es gibt auch Slogans, die so bekannt, beliebt und eingängig sind, dass sie „als Kulturgut" von anderen Unternehmen oder Marken aufgegriffen werden und in gleicher oder ähnlicher Formulierung für andere Zwecke genutzt wurden. Das (Sprach)Spiel mit einem Slogan kann über Jahrzehnte die Texter beschäftigen – wie das folgende Beispiel zeigt.

Beispiel: Esso – „Pack den Tiger in den Tank" – Ein Slogan schreibt Kommunikationsgeschichte!
Keiner weiß genau, wie Esso vor über hundert Jahren in der Werbung auf den Tiger kam, aber wie Esso zu dem geschichtsträchtigen Slogan „Pack den Tiger in den Tank" kam, kann Hars (2002, 327 f.) aufklären: 1959 ersann der McCann-Erickson Texter Emery T. Smith den Spruch „Put a tiger in your tank." Die Symbolkraft der Raubkatze sollte die Erinnerung an die Nachkriegsjahre und das für sie typische, minderwertige Benzin zurückdrängen. Der Slogan wurde zunächst in den USA und ab 1965 auch in Europa mit riesigem Erfolg eingesetzt.
In Deutschland wurden bereits in den 60er Jahren eine ganze Reihe von Kommunikationsexperten vom „Tiger-Virus" angesteckt (Hars 2002, 328). In Referenz auf die Esso-Werbung textete 1969 Günter Grass in der Wahlkampagne für den SPD-Kanzlerkandidaten Brandt: „Pack den Willy in den Tank", worauf die Konkurrenz in ihrer Kampagne antwortete: „... schraub ihn zu, wähl CDU". Die Deutsche Bahn reagierte auf Esso mit der Werbeaussage „Den Tiger, den Sie im Tank haben, befördern wir in Tankzügen.". Uniroyal wollte auch vom Tiger für den Reifenabsatz profitieren und fragte den Konsumenten "Wie lange soll Ihr Tiger noch auf seine Reifen warten?"
Auch wenn Esso zwischenzeitlich „Tigerverzicht" übte, erlebte der Tiger in der Werbesprache bei Esso dann doch die Jahrtausendwende und erfreute sich auch in jüngster Vergangenheit großer Bekanntheit und Beliebtheit bei den Konsumenten. Davon wollte noch im Jahr 2009 die Unternehmung Evonik Industries profitieren. Sie schmückte eine Anzeige mit einem aus einem Tank springenden Tiger und der Headline „Wer befreit jetzt eigentlich den Tiger aus dem Tank? Wir machen so was." Das Unternehmen stellt Schlüsseltechnologien für Elektroautos zur Verfügung. Nach dieser Befreiungsaktion kann der Tiger wohl bald neue Wege gehen. Dank Evonik, die mit dem Slogan werben „Evonik. Kraft für Neues."

Gute Slogans stellen den Texter vor eine besondere Herausforderung. Denn werden sie kampagnenübergreifend über sehr lange Zeit eingesetzt, müssen sich auch die anderen Textelemente einer Anzeige inhaltlich immer an diesen Slogan anpassen. Zugleich sollen sie auch neu und aufmerksamkeitsstark sein, was insbesondere auf die Headline zutrifft. Das stellt erhebliche Anforderungen an die Kreativität des Texters dar. Die nachfolgenden Beispiele zeigen, wie ein gutes Passverhältnis von Headline und Slogan aussehen kann.

Beispiele für ein gutes Passverhältnis von Headline und Slogan in einer Anzeige	
Headline	Slogan
Bleiben Sie der Konkurrenz vor den Fersen.	Wissen, was wichtig wird. Financial Times Deutschland.
Seit Sie denken können, essen Sie mit Besteck. Seit Sie genießen können, kommt es von uns.	Das Leben schmeckt schön. WMF.
Die Erste, die umrührt, bevor sie ausschenkt. Die surpresso mit aroma whirl system.	Siemens. Die Zukunft zieht ein.
Füße, zu schön um sie zu verstecken.	Hansaplast. Raus ins Leben.
Lass Dich königlich verwöhnen.	Magnum. World's Pleasure Authority.

Abb. 6.7: Headline und Slogan

Für die sprachliche Gestaltung von Slogans werden verschiedene Strategien und gerne auch rhetorische Mittel eingesetzt: Sprachspiele, Doppeldeutigkeiten, Vergleiche und andere stilistische Besonderheiten. Illustrieren kann dies die folgende Übersicht. (Näheres zur Textproduktion mit rhetorischen Figuren bietet das Kapitel 7).

Einsatz rhetorischer Mittel beim Texten von Slogans		
Slogan	Produkt/Unternehmen	Rhetorisches Mittel
Dahinter steckt immer ein kluger Kopf.	Frankfurter Allgemeine Zeitung	Doppeldeutigkeit, Unternehmens- und Konsumentenbezug
No smint. No kiss.	Smint Pfefferminz	Anapher, Parallelismus, Ellipse
Gut. Besser. Paulaner.	Paulaner Bier	Steigerung, Ellipse
Ruf doch mal an!	Deutsche Post	Imperativ
So wertvoll wie ein kleines Steak.	Gervais Fruchtzwerge	Analogie
Bitte ein Bit.	Bitburger Bier	Stabreim
Die klügere Zahnbürste gibt nach.	Dr. Best	Personifizierung

Van schon, denn schon.	Peugeot 806 Van	Spiel mit phonetischem Gleichklang und geflügeltem Wort, Ellipse
Billig will ich.	Plus	Unreiner Reim
Bibergünstig statt schweineteuer.	Heimwerker-Bedarf, Obi Baumarkt	Vergleich, der auf den Gegensatz fokussiert, spielt mit dem Logo, Wortneuschöpfung, Ellipse
Wohnst du noch oder lebst du schon?	Möbel von Ikea	Rhetorische Frage
Brutal billig.	Media Markt	Alliteration, ungewöhnliche Kombination von Adjektiven, Ellipse

Abb. 6.8: Rhetorische Mittel beim Slogan

Samland (2009, 64 ff.) unterscheidet folgende besonders häufig angewandte Strategien bei der Kreation von Slogans:

- „Umwidmungen" erfolgreicher Slogans, die in einem neuen Slogan verfremdet werden und von der Bekanntheit und dem Erfolg des Vorgängers profitieren wollen (siehe Esso-Beispiel und das Aufgreifen des Slogans „Pack den Tiger in den Tank.")
- Wortspiele (z.B. „Die könnte Ihrem Slip so passen!" Alldays Slipeinlagen)
- Alliterationen (z.B. „Cha-Cha-Cha-Charmin" Toilettenpapier) und Lautmalerei (z.B. „BlackundDecker BlackundDecker BlackundDecker...")
- Direkte Aufforderungen (z.B. „Ruf doch mal an" Deutsche Telekom)
- Neue Wort- und Grammatikschöpfungen („Unkaputtbar." Coca-Cola).

Viele Slogans setzen auf Argumentation in der textlichen Gestaltung: Bsp. „Crisan-Shampoo ist zwar sauteuer, aber es wirkt" (Slogan von AHA Puttner Bates für ein Antischuppenshampoo in Österreich). Hier wird ein Gegenargument direkt widerlegt (Schweiger & Schrattenecker 2009, 206). Die Art der Argumentation kann alle möglichen Formen annehmen, sie kann einseitig oder zweiseitig sein, emotional, rational oder moralisch. Die aus der Textaussage zu ziehende Schlussfolgerung kann implizit oder explizit sein. Beispiele für die Vielfalt der Formen zeigt die folgende Tabelle. Ausführlichere Information zur Argumentation in Werbetexten im Allgemeinen und in Slogans im Besonderen enthält Kapitel 8.

Argumentation in Slogans		
Slogan	Produkt/Unternehmen	Argumentation
Damit Sie auch morgen noch kraftvoll zubeißen können.	Blend-a-med	Rationale Argumentation, die zukunftsbezogen eingesetzt wird.
Geht nicht, gibt's nicht.	Heimwerker-Bedarf, Praktiker-Baumarkt	Explizite Vorwegnahme eines Arguments, räumt mit der Frustration von Gelegenheitshandwerkern ebenso auf wie mit der möglichen Angst, Praktiker könnte irgendeinen Kundenwunsch nicht erfüllen.
Vichy. Weil Gesundheit auch Hautsache ist.	Vichy Hautpflege	Einseitige Argumentation, der allgemeine Wert Gesundheit wird fokussiert und für das Produkt instrumentalisiert.
L'oreal: Weil ich es mir wert bin.	Haarpflegeprodukte von L'oreal	Einseitige, diffuse Argumentation, die den Konsumenten in seiner Selbstwertschätzung unterstützt.
Iglo: So isst man heute.	Tiefkühlfertiggerichte von Iglo	Einseitige Argumentation, auch im Sinne einer Rechtfertigung interpretierbar, evtl. auch Bestätigung einer neuen gesellschaftlichen Konvention.

Abb. 6.9: Argumentation in Slogans

Der Slogan ist ein in der Werbesprachforschung intensiv erforschtes Textelement. Daher weiß man, dass Slogans leider ihre intendierte Wirkung häufig nicht erreichen oder sie werden den falschen Marken oder Produkten zugeordnet. Um eine gute Werbewirkung zu erreichen, müssen sie in elektronischen Medien kommuniziert werden, mit einprägsamen Jingles unterlegt werden; sie müssen prägnant und bildhaft formuliert sein (Bsp.: Schwäbisch Hall: „Auf diese Steine können Sie bauen") (vgl. Kroeber-Riel & Esch 2000, 114).

Slogans müssen außerdem in ihre Zeit passen (siehe hierzu die Beispiele weiter unten: Slogans als „Kind ihrer Zeit"). Ein Beispiel für einen situations- bzw. zeitpunktabhängigen Mißerfolg eines Slogans geben Schweiger und Schrattenecker (2009, 19): Die American Telegraph and Telephone Company (AT & T) hatte mit dem Slogan „We hear you" gute Erfolge in der Demonstration von Kundennähe, was sich durch den Watergate-Skandal allerdings schlagartig wandelte: Die Interpretation lautete danach: „Wir hören Ihre Gespräche ab.".

> **Beispiele: Slogans als „Kinder ihrer Zeit"**
>
> **Beispiel 1: Von Strenge und Schamhaftigkeit zu Selbstvertrauen**
>
> „Die volle Blüte weiblicher Reize zeigt nur der streng hygienisch gepflegte Frauenkörper." – ein Slogan für die Bewerbung von Camelia-Binden. Aus welcher Zeit mag der stammen? Das klingt nicht nach Aktualität und auch die frauenbewegten 70er Jahre hätten diesen lyrischen Erguss sicher mit einem gellenden Aufschrei quittiert. Die Strenge, die hier spürbar wird, passt in die 30er Jahre des letzten Jahrhunderts: „Die Deutschen bekamen ihren Hitler und die ganze Welt ihren Krieg. Die Luftwaffenhelferinnen dienten dem Reich, dem deutschen, aber auch ein ganz kleines bißchen dem des Gustav Schikedanz. Auf Anordnung der Sanitätsbeamten mußten sie nämlich alle seine Camelia-Binden verwenden, womit sie diesem Artikel zu Markenartikel-Ruhm verhalfen." (Hars 2002, 49).
>
> Ende der 40er Jahr dann wechselte der Slogan zu „Camelia gibt allen Frauen Sicherheit und Selbstvertrauen." – also etwas, was sich alle Deutschen wünschten. Mit der sexuellen Revolution gesellte sich der Tampon zur Binde und so selbstverständlich wie die Monatshygiene zum Thema wurde, wurde der Tampon zum Signal der Weiblichkeit und von Camelia mit dem Slogan „Für Frauen, die sich trauen, ganz Frau zu sein." beworben. (vgl. Hars 2002, 157).
>
> **Beispiel 2: Von Angstappellen zu Imperativen für die Sicherheit**
>
> In der Nachkriegszeit wurde bei der Allianzversicherung noch ohne Wenn und Aber mit Angstwerbung für die Rentenversicherung plädiert: „Wenn jede Frau wüßte, was jede Witwe weiß." Auch die Werbung für die Lebensversicherung ließ keine Zweifel zu: „Sicher ist der Tod, unsicher nur die Stunde." Die Arme der Allianzversicherung waren für all jene offen, die nach den katastrophalen Kriegserfahrungen nach der abgesicherten Zukunft suchten. Mit dem Optimismus des Wirtschaftswunders in den 50er Jahren traf Angstwerbung weder den richtigen Ton noch den Nerv der Zeit. Mit „…hoffentlich Allianz versichert!" war der Worte genüge getan. In den 80er Jahren dann schwanden die Hoffnungen auf die Zukunft beträchtlich. In Deutschland wurde dieser erfolgreiche Slogan zu einem immer noch bekannten Jingle in der Argumentation erweitert: „Denn wer sich Allianz versichert, der ist voll und ganz gesichert, der schließt vom ersten Augenblick ein festes Bündnis mit dem Glück – eine Allianz für's Leben." (Hars 2002, 189 ff.).

Die in der empirischen Werbesprachforschung ermittelten Merkmale eines effektiven Werbetextes, die bei der Gestaltung beachtet werden sollten, nennt zusammenfassend Felser (2007, 408 ff.):

- Verhältnis Text-Bild: Ein Text soll ein Bild nicht ergänzen oder korrigieren, die Textinhalte müssen mit den Bildinhalten verträglich sein und sich direkt darauf beziehen.
- Textlänge und Prägnanz: Werbetexte sollten kurz sein, ihre Sätze leicht verständlich (max. 15 Wörter pro Satz).
- Satztiefe: Die Menge an Information, die der Leser aufnehmen muss, um den Inhalt des Satzes zu begreifen, soll möglich kurz sein. Anders ausgedrückt: Sehr tiefe Sätze entschlüsseln erst am Ende ihren Sinn, das sollte im Werbetext vermieden werden.
- Grammatikalische Korrektheit: Die Sparsamkeit der Aussage dominiert die sprachliche Korrektheit, wenn es um die Effizienz eines Slogans geht. So sind z.B. Sätze ohne Prädikat durchaus erlaubt, sinnvoll und werden häufig erfolgreich eingesetzt.

- **Stilistische Besonderheiten** führen zu positiven Effekten: Visuelle Metaphern erhöhen Erinnerungswerte und Kaufinteresse. Werbetexte mit synästhetischen Metaphern (Bsp. „loud taste") werden vergleichsweise positiver beurteilt. Als effektiv erweisen sich außerdem rhythmische Gestaltung, Reime, Wiederholungen, Alliterationen, aktuelle Begriffe und die Nennung des Produktnamens im Slogan.

In der zeitgenössischen Werbesprache finden sich auffällig viele **Anglizismen und Amerikanismen** sowie Wendungen in englischer Sprache – so auch speziell bei Slogans. Von ihrem Einsatz erwartet man besondere **Aufmerksamkeit und Imagegewinn**. Denn die englische Sprache erweckt den Eindruck der Modernität, auf viele wirkt sie cool und jugendlich, sie kann manches – so meint man – kürzer und prägnanter ausdrücken. Vielen Produkten soll sie einen Hightech-Touch geben und ein internationales Flair verleihen. Die Globalisierung der Märkte, exotische Aufwertung, sprachliche Präzision (z.B. im Englischen) und Kosten- sowie Zeitersparnis sind weitere Gründe, aus denen heraus viele fremdsprachige Slogans eingesetzt werden (vgl. Stumpf 2009, 143).

Aber entsprechen diese Slogans auch der Sprachrealität der angespochenen Zielgruppen? Werden sie (richtig) verstanden? Zwei repräsentative Studien der Endmark AG aus den Jahren 2006 und 2009 kommen bei diesen Fragen zu ernüchternden Resultaten. Denn die Mehrheit der befragten Verbraucher hat die Botschaften der untersuchten Werbesprüche nicht oder aber in nicht intendierter Form verstanden, wie die nachfolgende Tabelle für einige beispielhafte Slogans aus hochfrequenter bundesweiter Publikumswerbung zeigt.

Verständnis englischer Slogans in Deutschland			
(Quellen: Endmark 2006 (Repräsentativbefragung mit n = 1.172 Personen, m/w, 14–49 J.) und Endmark 2009 (Repräsentativbefragung mit n = 1.1014 Personen, m/w, 14–49 J.))			
Slogan verstanden in %:	Slogan	Absender	Übersetzungsbeispiele (Auswahl falscher Verständnisse)
10%	Because change happenz	Zurich Versicherung	Weil man etwas verwechseln kann, weil Chancen glücklich machen
11%	World's pleasure authority	Magnum Eiscreme	Die Welt bittet um Autorität
13%	A State of happiness	Centerparks	Statt happy zu sein, mit Glück Staat machen
14%	Live unbottoned	Levi's 501	Leben ohne Knöpfe
18%	Welcome to the Beck's experience	Beck's	Willkommen beim Becks Experiment
23%	Have it your way	Burger King	Hast Du Deinen Weg? Nimm's mit auf den Weg
24%	One of life's pleasures	Mars	Ein Leben bitte! Ohne Leben bitte

24%	Design Desire	Braun	Designwüse, Gestaltungsdesaster
25%	The power to surprise	Kia Motors	Die Überraschungsmacht, mit Strom überraschen
30%	Broadcast yourself	Youtube	Mach' Deinen Brotkasten selbst
33%	Make the most of now	Vodafone	Mach meist nicht alles, mach's meistens jetzt
48%	Sense and simplicity	Philips	Sinn und Einfalt, denke simpel

Abb. 6.10: Verständnis englischsprachiger Slogans

6.3.2.8 Insert (Einklinker, Störer, Deranger) und Coupon

Das Insert oder der Einklinker ist eine Art Texteinschub, der meist gut sichtbar in der Anzeige platziert ist. Inserts werden zur Zusatzinformation genutzt, z.B. für Sonderaktionen wie Preisnachlässe oder besondere Öffnungszeiten. Ist ein Insert an zentraler Stelle platziert und unterbricht es gezielt die Gesamtwahrnehmung bzw. den harmonischen Aufbau der Anzeige, dann nennt man es Deranger oder Störer (Bsp. quer in das Bild oder die Textinformation gesetzte, typographisch und farblich auffällige Schriftzüge wie „Neu!", „Wahnsinn!", „Ab sofort auch samstags" oder „Jetzt billiger").

In Anzeigen findet man in Form des Coupons oder Antwortcoupons immer wieder Einladungen zur Kontaktaufnahme oder zum Dialog zwischen Anbieter und Abnehmer. Über diese Coupons kann man z.B. Informationsmaterial oder Produktproben bestellen oder das Interesse an einem Beratungsgespräch äußern. Coupons sind auffällig gestaltet, häufig als Dreieck am Anzeigenrand rechts oben oder unten. Eine angedeutete Schere beispielsweise kann auf die Funktion hinweisen, die der Anzeigenteil haben sollen: heraustrennen, ausfüllen und abschicken, um die Kontaktaufnahme zu realisieren. Manchmal findet man auch die Postkarte als alternative Gestaltungsform.

6.3.3 Die klassischen Textelemente und zeitgenössische Anzeigen

In der Werbung herrscht das „Prinzip Abweichung" von Gewohntem, von Erfahrungen und von Normen. Daher muss eine zeitgenössische Werbeanzeige auch nicht dem Aufbau einer klassischen folgen. Bei der vorgestellten Einteilung von Textelementen einer Anzeige zu funktionsanalytischen Zwecken ist zu beachten, dass es auch in Einzelfällen, d.h. in einer Anzeige oder in weiteren Büchern oder Fachartikeln, durchaus Ausnahmen oder Gegensätze zu diesem Kategorisierungsschema gibt. Beispiele:

- So wird z.B. ein Slogan zugleich als Schlagzeile eingesetzt oder es tritt ein optisch hervorgehobener Kurztext im Bild an die Stelle von Schlagzeile oder Fließtext.
- Viele Anzeigen verzichten ganz auf die Copy.
- Headlines müssen nicht immer oben im Bild platziert sein.
- Anzeigen verzichten völlig auf klassische Textelemente, zeigen nur ein Bild und ein Logo.

In der Praxis gibt es nicht den Prototypen der Werbeanzeige mit charakteristischem Textaufbau und –umfang. Verschiedene theoretische Abhandlungen über Werbeanzeigen benutzen die hier erläuterten Begriffe zum Teil uneinheitlich (insbesondere Claim und Slogan), was die Verwirrung neben der uneinheitlichen Anwendung von Textelementen in der Praxis noch vergrößert und die Orientierung bei der Textgestaltung erschwert. Die beschriebenen Textelemente können, müssen aber nicht in Anzeigen gefunden werden. Werden sie nach den klassischen Annahmen für die Gestaltung einer Anzeige genutzt, so kann die beschriebene Funktionalität der Textelemente für die Konzeption und Evaluation in der Anzeigenplanung wertvoll sein. Der Kreativität in der Gestaltung dürfen auf jeden Fall keine engen Grenzen durch Merkmalsbeschreibungen und Funktionalitäten gesetzt werden, macht diese doch gerade den entscheidenden Erfolgsfaktor im Kommunikationswettbewerb aus.

Abb. 6.11: Anzeige Sixt

Beispiel für eine Anzeige, die einen Gegensatz zu den funktionsanalytischen Kategorisierungsschemata der Werbesprachforschung darstellt (Sixt)

6.4 Produkt-, Marken- und Unternehmensnamen – Textkunst auf den Punkt gebracht

6.4.1 Erwartungen an einen Namen

Namen als klassische „Einworttexte" stellen für den Werbetexter eine besondere Herausforderung dar: Auf kleinstem Raum müssen diese Texte den verschiedenen Zielsetzungen der Werbung gerecht werden. Die sprachliche Inszenierung soll:

- Aufmerksamkeit erlangen,
- positive Assoziationen wecken,
- die Wiedererkennung unterstützen,
- um Sympathie werben und
- bestenfalls zum Kauf eines Produktes anregen.

Nach Bugdahl (2005, 7) gilt für die Namenswahl: „Gute Marken basieren auf guten Namen, die unverwechselbar sind, die gewünschten Assoziationen wecken und Parkplätze im Bewusstsein der Konsumenten bereitstellen." An einen Namen stellten sich Erwartungen, die mit den Funktionen der Marke überhaupt vergleichbar sind, als wichtigste gelten die Identifizierungs- und Unterscheidungsfunktion sowie die Herkunfts- und Qualitätsgarantie für den Kunden (Latour 1996, 133 ff.). Mit dem Namenfindungsprozess für Industrieprodukte verbinden sich damit die gleichen Überlegungen wie an die Namensgebung für Individuen – der Name soll Individualität und Image vermitteln: „Zunächst einmal drückt der Name Einzigartigkeit aus. Er unterscheidet und festigt das Sein, schützt es vor Verwechslungen, widerechtlicher Aneignung und Störung durch andere. Der Name erfüllt das Bedürfnis nach Dauerhaftigkeit (…). Schließlich erlaubt der Name im besten Fall Ansehen und Respekt." (Latour 1996, 20).

Erfolgreich ist die Wahl eines Produktnamens insbesondere dann, wenn er in das alltagssprachliche Lexikon übergeht und wo möglich zum Namen einer ganzen Produktkategorie wird. Diese Namenskarriere nennt man Deonymisierung[65]:

- So bitten wir eine andere Person um ein Tempo, nicht um ein Papiertaschentuch der Marke Henkel.
- Wir sprechen auch von Tesa, wenn wir alle möglichen durchsichtigen Klebestreifen meinen.
- Auch das Angebot eines Aspirins schließt gelegentlich das Angebot von Kopfschmerztabletten aller möglichen Hersteller ein, nicht unbedingt ist damit konkret das Produkt der Firma Bayer gemeint.
- UHU ist für viele in der Alltagssprache ein Synonym für flüssigen Klebstoff geworden.

---

[65] Latour (1996, 145) spricht auch von Lexikalisierung für diesen Prozess, den sie negativ für die Marke bewertet, da der Name seine Differenzierungsfunktion verliert.

- ATA hat sich zum Inbegriff der Scheuerpulver gemausert und
- fit ist (zumindest in den neuen Bundesländern) alltagssprachlich zur allgemeinen Bezeichnung für Spülmittel avanciert.

Nicht alle Namen sprechen für sich, oftmals ist mit einem Namen Kommunikationsaufwand verbunden, um zu verdeutlichen, wofür ein Name steht – wie die folgenden Beispiele zeigen.

> **Beispiel Aspirin: „Medicine of the Century" oder „Medizin Deines Lebens"**
>
> Wie kam eine Weltmarke zu ihrem Namen? Bayer Helthcare lüftet das Geheimnis auf ihrer Homepage. Das Mittel ASPIRIN® wurde 1899 in Deutschland getauft. Der heute weltweit bekannte Name setzt sich folgendermaßen zusammen:
>
> „Das ‚A' steht für ‚Acetyl' und deutet auf die Acetylgruppe in der Acetylsalicylsäure hin. Die zweite Silbe „spir" ist eine Anlehnung an die mit Acetylsäure chemisch identische Spirsäure (Spiraea ulmaria). Und das „in" war eine damals gebräuchliche Endung in der chemischen Namensgebung. Ins Reich der Legenden gehört die Version, dass das Präparat nach dem heiligen Aspirius benannt wurde, der Bischhof von Neapel und Schutzpatron gegen Kopfschmerzen gewesen sein soll." (Quelle: http://www.aspirin.de/html/brand/index.html, Zugriff am 7.1.2010)

Nicht alle Unternehmen machen sich die Mühe, ihren eigenen oder den Namen ihrer Produkte bzw. Marken zu erklären. Manchmal wird auch ein rechtes Geheimnis daraus gemacht. Das Beispiel Aspirin steht für eine gute Aufklärung für interessierte Verbraucher. Die Namensgeschichte dürfte allerdings für den Laien kaum merkfähig sein. Will man etwas über den Namen erfahren, muss der Konsument aktiv werden, d.h. sich z.B. auf der entsprechenden Internetseite informieren. Es gibt aber auch Unternehmen, die dafür sorgen, dass der Konsument an der Aufklärung des Namens nicht vorbei kommen kann. Das ist bei Le Crobag der Fall, der Name steht für Croissants und Baguettes und das erfährt man auf der Brötchentüte.

> **Beispiel: Text mit Namensgeschichte auf der Brottüte von Le Crobag 2009**
>
> **Wie alles begann**
>
> 1981 hatte ein waschechter Hamburger die zündende Idee, original französische Croissants auch in Deutschland zu verkaufen. Tiefgekühlte Teigrohlinge, damals in Deutschlands Bäckerwelt ganz und gar nicht verbreitet, kleine Öfen und Garschränke machten eine Realisierung auf 12 m² möglich. Noch im selben Jahr wurde eine zweite, professionell gebaute Verkaufseinheit eröffnet, und der Erfolg des Croissantanbieters, damals noch unter dem Namen „Le Croissant", nahm seinen Lauf.
>
> In den darauf folgenden Jahren eröffneten bundesweit zahlreiche Filialen und das Sortiment wurde durch neue Croissant-Spezialitäten, frisch belegte Baguettes, Snacks sowie Heiß- und Kaltgetränke erweitert. Heute sind wir stolz auf unsere über 100 Outlets und sind uns sicher, dass es noch jede Menge Menschen gibt, die noch kein ofenwarmes Croissant oder lecker belegtes Baguette in einer unserer „LE CROBAG"-Filialen probiert haben. Aber auch sie werden irgendwann dem einzigartigen Duft unserer original französischen Croissants und Baguettes nicht widerstehen können. Sollte Sie einmal mit unseren Produkten oder unserem Service nicht zufrieden sein, dann rufen Sie mich gern an: 040/890 93-130.
>
> Friederike Stöver, Geschäftsführerin

An einen Produktnamen kann man über das oben Gesagte hinaus natürlich noch weitere Ansprüche stellen (vgl. Behrens u.a. 2001, 244):

- er sollte eine hohe Sprech-, Merk- und Diskriminationsfähigkeit aufweisen,
- die sprachliche Kompatibilität zum benannten Produkt gewährleisten,
- möglichst international und interkulturell identisch und problemlos verwendbar,
- verständlich und akzeptabel sein.

Im besten Fall ist der Name Programm oder Omen im positiven Sinn (nach dem lateinischen Sprichwort „nomen est omen") wie bei der Bezeichnung „Talking Heads" oder „Haarscharf" für einen Friseur oder „Fernweh" für ein Reisebüro. Außerdem muss sich der Name national und gegebenenfalls international als juristisch schützbar erweisen (vgl. Latour 1996, 118 ff., 130 f.) . Das setzt eine große Sprachkompetenz und intensive Recherchearbeit voraus. Die Problematik der internationalen Verwendung von Namen für das Image illustriert die nachfolgende Tabelle.

Global Advertizing: Gefahr lokaler Verwirrung und regionaler Imageverluste durch Markennamen im internationalen Kontext (vgl. Latour 1996, 119 ff., Behrens u.a. 2001, 161; Felser 2007, 404 f.; Schweiger & Schrattenecker 2009, 239)		
Name	Produkt/Hersteller	Probleme der internationalen Verwendung
Silver Mist	PKW von Rollce Royce	Zu deutsch: silberner Mist
Irish Mist	Whiskey Marke	Zu deutsch: irischer Mist
Fiat Pinto	Italienische Automarke	Nähe zu „pito": spanische, umgangssprachliche Bedeutung = Penis
Mitsubishi Pajero	Japanische Automarke	Auf spanisch: pajero = Wichser
VW Jetta	Deutsche Automarke	Auf italienisch: jetta = wirf weg
Fiat Regata	Italienische Automarke	Auf schwedisch: streitsüchtige Frau
Serena	PKW der Marke Nissan	Deutschland: Marke für Damenbinden
Lucky Päck	Deutsche Post World Net	Auf Englisch: lucky = glücklicher Zufall
Nova	Modell von Chevrolet	Auf spanisch: no va = geht nicht
Daewoo Espero	Koreanische Automarke	Auf spanisch: espero = ich warte
Mercedes 400	Deutsche Automarke	Südostasien: 4 = Tod
Toyota MR2	Japanische Automarke	Französische Assoziation „merde", „merdeux" = Scheiße, Scheißer

Abb. 6.12: Global Advertizing

Neben der Analyse der vorgestellten Merkmale von Namen stellen sich bei der Kreation von Produktbezeichnungen aber auch noch andere Fragen, wie z. B. ob der **Zeitgeist**[66] sich im Namen spiegeln soll, wie originell der Name sein soll und wieviel **Kommunikationsarbeit und Lernaufwand** zu erwarten sind, wenn der Name penetriert werden soll. Nach Zilg (2009, 124) sind Namen sozusagen „Mind marker": „Der Name gilt gleichsam als kognitiver Anker, der dem Verbraucher Orientierung ermöglicht und für den er ein ganzes Wertpaket verkörpert. (...) Warennamen stellen einen wichtigen, allgegenwärtigen Teil unserer alltäglichen Sprachumgebung dar, es sind Neuschöpfungen unseres eigenen Zeitalters, gleichsam ein Reflex bestimmter gesellschaftlicher und wirtschaftlicher Bedingungen."

Am einfachsten wäre für die Kreation eines Namens sicher auf den ersten Blick die Besonderheit des Produktes, die unverwechselbar für das Profil ist und daher den Namen sinnvoll prägen kann. Aber diese einfache Ausgangssituation ist heute in den seltensten Fällen gegeben: „Wo Autos ähnlich gut fahren, und Waschmittel gleich weiß waschen, entscheiden häufig die weichen Faktoren: Gefühls- und Bauchwelten, Anmutungen, Assoziationen." (Schulte Döllinghaus 2001, 8).

Genau diese sollen Vertrautes darstellen oder aber den entscheidenden Unterschied zu Konkurrenzprodukten ausmachen. Häufig sind diese Intentionen für den Rezipienten nicht mehr nachzuvollziehen. Das mag daran liegen, dass dem Namen eine konkrete Bedeutung fehlt, weil er ein Kunstwort darstellt oder das gewählte Wort in seiner Modifikation zum Produktnamen eine hohe Verfremdung erfahren hat. Oder aber es liegt daran, dass Namen aus der Sprachwelt fremder Sprachen entliehen oder entlehnt sind. Traditionell wird dafür gerne die griechische oder lateinische Sprache bemüht, moderne Produkte werden sehr gerne auch aus englischsprachigen Begriffen zusammengesetzt.

6.4.2 Theoretische Modelle für die Analyse und Kreation von Namen

Diese und andere Kriterien von Produkt- und Markennamen werden in unterschiedlichen theoretischen Modellen aufgegriffen, die die Suche nach einem Namen unterstützen können und potentielle Werbewirkungen einer Namenskreation analysieren helfen. Während es auf der einen Seite Modelle gibt, die sich insbesondere der Klassifikation des lexikalischen Status widmen und linguistische Merkmale für die Untersuchung nutzen (z. B. Platen 1997), gibt es auf der anderen Seite Modelle, die mehr auf den kommunikativen Kontext fokussieren und Klassifikationen anbieten, die eine Einordnung danach vornehmen, ob mehr auf den Sender oder den Empfänger der Botschaft oder aber die Produktverwendung Bezug genommen wird (z. B. Janich

---

[66] Die Namensgebung unterliegt auch gesellschaftlichen Trends und Moden: Joghurts wurden in den 1990er Jahren gern mit wissenschaftlicher Anmutung benannt wie sonst nur Medikamente und Kosmetika: Beispiele Actimel, Probiotic plus Oligofructose, LC1. In Zeiten der Interneteuphorie folgten dann z. B. „Dot-Namen" wie „oeffentlichkeitsarbeit.de" für einen Ausbilder in Sachen Public Relations oder „@-Intarsien" bei den Benennungen von Firmen nach dem Textmuster „Wort@Wort": z. B. best@visor, mega@fun, net@work solutions, net@vise. Solche Zeiterscheinungen können sich schnell überleben.

2005). Einfachere Unterscheidungen differenzieren zunächst einmal Namen danach, ob sie bedeutungshaltig sind oder nicht. Relevante Analysemodelle der Werbesprachforschung zeigt die nächste Abbildung:

> **Überblick: Analysemodelle für Unternehmens-, Produkt- und Markennamen:**
> 1. Differenzierung nach der Bedeutungshaltigkeit (Behrens u. a. 2001)
> 2. Funktionsmodell der Produktnamen (Janich 2005)
> 3. Klassifikation von Produktnamen nach ihrem Benennungsmotiv (Herstatt 1985)
> 4. Namensanalyse nach Herkunft und Zusammensetzung (Platen 1997)
> 5. Unterscheidung linguistischer Komponenten (Felser 2007)

Abb. 6.13: Analysemodelle für Namen

6.4.2.1 Bedeutungshaltigkeit

Das erste einfache Differenzierungsmodell fragt: Hat der Name eine Bedeutung oder nicht? Bedeutungslose Markennamen stellen zunächst sinnlose Buchstabenkonstellationen dar (Esso, Xerox), machen aber durch Klangempfinden geförderte Assoziationen möglich und damit auch der Markenpositionierung zuträglich. Bedeutungshaltige Markennamen haben – wie und für wen auch immer – irgendeine Bedeutung, diese Bedeutung kann, muss aber nicht, einen Angebotsbezug aufweisen (Bsp. Bärenmarke: kein Bezug, Cliff: assoziativer Bezug, Volkswagen: direkter Bezug) (vgl. Behrens u. a. 2001, 245).

Es ist natürlich sehr wirksam, wenn der Name eines Produktes sofort über bestimmte Heuristiken die Wahrnehmung prägt (vgl. Felser 2007, 375 f.): Heißt eine Margarine „Becel" und die andere „Du darfst", dann ist – Nomen est omen – schon durch den Namen programmiert, welchem Produkt man weniger Kalorien unterstellt. Heißt ein Kaffee „Mövenpick – Der Himmlische", ist ein hohes Maß an Zufriedenheit mit dem Produkt vorgegeben. Nicht alle Namen leisten dies so eindeutig wie in den Beispielen gezeigt. Durch verschiedene rhetorische Mittel können allerdings Bedeutungen für Produktnamen assoziierbar werden.

Insbesondere phonetische Assoziationen und emotionale Konditionierungen sind dafür geeignet (Felser 2007, 375; Schweiger & Schrattenecker 2009, 227 f.): Assoziationen, die durch Klang oder die Vermittlung zusätzlicher emotionaler Inhalte mit einem Namen, geweckt werden, können auf die Inhaltsstoffe eines Produktes mehr oder weniger direkt verweisen und damit durch positionsrelevante Assoziationen sogar Produkte durch Namen aufwerten oder durch die ausgelösten Emotionen von anderen Produkten differenzieren:

Livio klingt nach Olive, es handelt sich aber nicht um ein reines Olivenöl, das Produkt besteht zu 90 % aus dem günstigeren Sonnenblumenöl. Mildeen ist ein Duschgel, dass vom Klang her schon Reinigungskraft bei milder, schonender Behandlung verspricht. Nirosta klingt schon nach rostfreiem Material, Vileda klingt wie Leder, auch wenn der Putzlappen nicht aus Leder, sondern einem lederähnlichen Material besteht und die

Kraft von Wuxal ist der Bezeichnung dieses Haarwuchsmittels unschwer zu entnehmen. Kloos (2002, 246) nennt zudem ein interessantes Beispiel aus dem Chinesischen: Dort wird der Markenname Coca Cola mit „Kekou kele" übersetzt. Dies ist eine den Laut angleichende, aber auch zugleich interpretierende Übersetzung: Der Name heißt dann wörtlich übersetzt so viel wie „Es schmeckt gut und man trinkt es mit Behagen.".

6.4.2.2 Funktionen

Das zweite Modell zur Namensanalyse fragt: **Welche Aufgaben soll oder kann ein Name erfüllen?** Die Funktionsmatrix nach Janich (2005) geht auf frühe Arbeiten des Psychologen und Sprachforschers Karl Bühler (1879-1963), einem Vertreter der Würzburger Schule (Lück & Miller 2005, 50) zurück. In seinem schon 1934 entwickelten Modell der Sprache unterscheidet Bühler **drei Basisfunktionen sprachlicher Zeichen**:

- die Darstellungsfunktion zur Benennung eines Objektes,
- die Ausdrucksfunktion, die sich auf den Sender einer Botschaft bezieht und schließlich
- die Appell- oder Signalfunktion, die sich an den Empfänger einer sprachlichen Nachricht richtet und auf etwas aufmerksam machen möchte bzw. ihn zu etwas veranlassen will.

Im Kontext von Produkt- oder Unternehmensnamen beinhaltet die Darstellungsfunktion den Produktbezug:

- Mit dem Namen soll das Produkt identifizierbar und abgrenzbar sein (Bsp. Simply Soft, der BH von Triumpf, nicht der von mei),
- es soll durch Konnotation oder Assoziation aufgewertet werden (Bsp. Blütenweiß, ein Waschmittel, das sicher ganz weiß wäscht) und
- Informationen über das Produkt und seine Eigenschaften vermitteln (Bsp. Simply Soft, ein BH, der einfach weich ist, weil er aus softem Material besteht und auf Bügel verzichtet).

Der Senderbezug aus dem Bühlerschen Sprachmodell

- sichert die Identifikation eines Produktes mit einem Hersteller (Bsp. Mazda MX5),
- soll Werbe- und Imagefunktion sicherstellen (Bsp. Die Seife De Luxe, die Zigaretten Lord oder Krone, Der Kaffee Bremer Stolz) und
- die gesetzliche Schutzfunktion erfüllen.

Bei Beachtung dieser Funktionen kann ein Markenimage aufgebaut werden und die Abgrenzung von No-name-Produkten erleichtert werden.

Funktionsmodell der Produktnamen nach Janich (2005, 53 ff.)		
Produktbezogen	Senderbezogen	Empfängerbezogen
Identifikation (Abgrenzung zu anderen Produkten)	Identifikation (Handhabung als Name)	Identifikation (Wiedererkennung)
Aufwertung durch Konnotation und Assoziation	Werbefunktion, Imagefunktion	Signal- und Appellfunktion
Information über Produkt (-eigenschaften)	Gesetzliche Schutzfunktion	Qualitäts- und Herkunftsgarantie

Abb. 6.14: Funktionsmodell nach Janich (2005)

Der Empfängerbezug eines Produkt- oder Markennamens hilft

- bei der Identifizierung eines Produktes aus der Fülle des Angebotes,
- signalisiert dem Konsumenten, dass er sich z.B. auf ein Produkt verlassen kann (Bsp. Best Friend, der Wäschetrockner von Miele),
- appelliert an einen angemessenen Umgang mit einem Produkt (Nimm zwei) oder
- vermittelt eine Garantie für Herkunft und Qualität (Bsp. Werthers Echte, AEG (Aus Erfahrung gut), AEG Competence (Elektroherd), Eduscho Gala (Kaffee)).

Selbstverständlich können nicht alle Namen alle möglichen Funktionen der Matrix erfüllen, es gibt aber durchaus Namensschöpfungen, mit denen mehrere Funktionen zugleich abgedeckt werden (Bsp. VW Phaeton: Herkunfts- und Imagefunktion).

6.4.2.3 Benennungsmotive

Das folgende Analysemodell für Namen fragt danach wie ein Produkt zu seinem Namen gekommen ist, d.h. welches Motiv die Textbotschaft des Namens geprägt hat. Diese Kategorisierung geht auf Herstatt (1985, nachzulesen auch bei Janich 2005, 56 f.) zurück und kann viele, wenn auch nicht alle Werbebotschaften von Produktnamen gut erklären wie die nachfolgende Tabelle mit der entsprechenden Kategorisierung und Illustration zeigt:

Klassifikation von Produktnamen nach ihrem Benennungsmotiv nach Herstatt (1985)	
Kategorie	Beispiele
Produktherkunft	Bad Reichenhaller Spezialsalz Gerolsteiner, Spreequelle (Mineralwasser)
Produkthersteller	Miele Bodenstaubsauger S323i
Produktgattung	AEG Lavamat (Waschautomat)
Produktbestandteile	Nuts, Milchschnitte, Milky Way

Produkteigenschaften	
• Größe	Knirps
• Gewicht	Heavyhands (Hanteln)
• Form	Waterpik slimline (Munddusche)
• Farbe	Signal (Zahnpasta in Signalfarben)
• Konsistenz	Flora soft, Vileda
• Geschmack	Mildessa (Sauerkraut), Fruchtzwerge
• Alter	Asbach Uralt, Idee Kaffee Classic
• Qualität	Lord Extra, Jacobs Krönung
• Exklusivität	Prestige (Herrenkosmetik), Gourmet Kaffee
• Haltbarkeit	Nirosta (rostfreies Material)
• Aktualität	Die Aktuelle, Die Zeit, Nuevo Futuro (Kaffee)
• Vielseitigkeit	Braun Multimix (Küchenmaschine)
Produktnutzen	
• Produktverwendung	Überraschungsei, Slim fast, Doppelherz, Lexmark
• Anwendungsbereich	Pöschl's Gletscher Prise Snuff
• Verwendungsort	Spüli, Zahnweiß, Wannenwichtel, WC-Ente
• Verwendungszeit	Jacob's Night and Day, Always, Nocturne
• Verwendungsdauer	Wipp-Express, Sofix, Supremo Kaffee express
Zielgruppennennung	Bebe, Kinderschokolade, Lady Shave, Siemens Lady (Geschirrspüler) und Domina (Waschmaschine), Jacobs Familiy Choco Cappucino

Abb. 6.15: Funktionsmodell nach Herstatt (1985)

Ist ein neues Produkt, das es zu benennen gilt, in seinen besonderen Charakteristika – auch gegenüber Konkurrenzprodukten – identifiziert, kann das Modell für die Positionierung des Namens analytische Unterstützung bieten. Nicht alle auffindbaren Produktnamen lassen sich allerdings in dieses System einordnen. Ist der Name eines Produktes unmittelbar beschreibend (Zahnweiß, Abflussfrei, Hair Care Styling Gel), ist die Zuordnung leicht. Handelt es sich dagegen um Kunstwörter oder symbolische Überhöhungen von Produkten (Jacobs Krönung, Dr. Best) müssen selbständig Inferenzen gezogen werden bzw. die richtigen Assoziationen geweckt werden. Dies muss nicht immer gelingen. So ist zum Beispiel Strom nicht gelb – auch wenn er Yellow heißt.

Und manchmal wird der Assoziationskraft eines Namens vielleicht auch zu viel abverlangt. Warum heißt ein Tampon Tampax? Verspricht er Frieden in schwirigen Zeiten? Knüpft dieser Name an die Frauen während der Menstruation nachgesagte soziale Unverträglichkeit an? Oder ist das stereotyp oder gar falsch gedacht? Geschlechtsrollenstereotype müssen nicht unbedingt ein Motiv bei der Namensgebung sein. Geschlechtsneutral sind allerdings viele Produktnamen nicht. So kann man sich fragen, warum ein Haushaltsreiniger Meister Proper heißt, obwohl selbiger nur virtuell in der Küche zu finden ist (sagt das Vorurteil!). Oder warum ist die Geschirrspülmaschine eine „Lady Siemens" und warum reagierte die Konkurrenz nicht mit einem „Herrlein Foron", um neue Zielgruppen zu erschließen? Fragen, die auf die kulturelle Verhaftung der Namensgebung verweisen.

6.4.2.4 Herkunft und Zusammensetzung

Das vierte Modell für die Produktnamenanalyse (nach Platen 1997, 7 ff.) fragt nach der sprachlichen Herkunft und Zusammensetzung von Namen. Es unterscheidet drei Hauptkategorien von Namen, die jeweils weiter differenziert werden können:

- (sprachlich unveränderte) Übernahmen,
- (verfremdete oder zusammengesetzte) Konzeptformen und schließlich
- (sehr stark abstrahierte) Kunstwörter bzw. Worte ohne festgelegte Semantik.

Analysemodell für Produkt-, Marken- und Unternehmensnamen nach Platen (1997)		
Übernahmen	Konzeptformen	Kunstwörter
1. Lexikalisch	1. Deformiert	1. Modular
Tempo, Perfekt, Fit, Blink, Dalli, Der General, Always, Mr. Muscles, Kristall, Plus, Knirps, Signal, Ja!, Atari (japanisch = Volltreffer), Hyundai (koreanisch: Moderne), Brunch, Samsung (koreanisch: Drei Sterne), Volvo (lateinisch: ich rolle)	Neonardo, Softie, Pfanni, Rama, Cinemaxx, Antikal, Smild, Illux, Pulmoll, Fairy, Rei, Spüli, Süssli, Wella, Viss (lateinisch: Viss = Kraft), Pampers (englisch: to pamper = verwöhnen), Chickeria, Canon, Google, Erdal[67]	AS, Tip, KD, Plus, Ricola, Fiat, Agip, Fewa, Rowenta, Persil, AEG, BMW, Chio Chips, Aldi, ARAG, Aral, Eduscho, Hakle, Leica, Odol, Osram, Tchibo, Tesa, Hanuta, OB, Asics, Epson, Ikea, Intel, Lego, Mattel, Nissan, SAP[68]
2. Onymisch	2. Derivat	2. Kompakt
Elefanten, Frosch, Nike, Clio, Ajax, Ariel, Mercedes, Uhu, Pelikan, Wasa, Penaten, Demeter, Hermes, Barbie, Ken, Starbucks, Melitta, Puma, Taft, Mars, Falke, Apple, Mustang, Google, Lotus[69]	Scheibletten, Salzletten, Yogurette, Mildessa, Amaretto (lateinisch: amaro = bitter), Schogetten, Hustinetten, Backin, Nutella, Orangina, Cremissimo, Sunil	Xantia, Samsara, Omo, Ata, Xedos, Patros, Swiffer, Biff, Fexx, Emsal, Twingo, Kalgon, Twixx, Elmex, Kodak, Kelts, Vileda, Livio, Febréze, Milram, Tigra, Iloé (Dessous), Esso[70]

---

[67] Chickeria aus Chicken und Schickeria, Canon benannt nach der buddhistischen Göttin der Barmherzigkeit: „Kwanon" (Schreibanpassung aufgrund von Ängsten vor religiösen Anfeindungen), Google nach Googol (eine Eins mit 100 Nullen, steht für die Menge der Suchergebnisse), Erdal nach dem Kurfürsten „Erthal".

[68] AS (Anton Schlecker), Tip (toll im Preis), KD (Kaisers Drugstore), Plus (Prima leben und sparen), Ricola (Richterich & Co. Laufen), Fiat (Fabbrica Italiana Automobili Torino), Agip (Azienda Generale Italiana die Petroli), Fewa (Feinwaschmittel), Rowenta (Robert Weintraud), Persil (Perborat und Silikat), AEG (Allgemeine Elektrizitäts Gesellschaft bzw. modifiziert Aus Erfahrung Gut), BMW (Bayerische Motoren Werke), Chio Chips (Carlo, Heinz und Irmgard Opel), Aldi (Albrecht Discounter), ARAG (Auto-Rechtsschutz AG), Aral (Aromaten und Aliphaten), Eduscho (Eduard Schopf), Hakle (Hans Klenk), Leica (Leitz Camera), Odol (Odous: griechisch = Zahn und Oelum: lateischisch = Öl), Osram (Osmium und Wolfram), Tchibo (Chilling (der Gründer) und Bohnen), Tesa aus Elsa Tesmer (Sekretärin des Produktvaters), Hanuta (Haselnusstafel), OB (ohne Binde), Asics (Sportbegleidung nach dem lateinischen Sprichwort „anima sana in corpore sana!"), BASF (Badische Anilin- & Soda-Fabriken), Epson von Son of Electronic Printer, Ikea (Ingvar Kamprad aus Elmtaryd bei Agunnaryd), Intel (Integrated Electronics), Lego (dänisch: leg godt = spiel gut), Mattel (Firmengründer Harold Matson und Elliot Handler), Nissan (japanisch: Nihon Sangyo = japanische Industrie).

[69] Barbie und Ken benannt nach den Kindern des Matellgründers Elliot Handler, Starbucks nach dem Steuermann aus dem Roman „Mobby Dick".

[70] Esso von den Klägen von „S" und „O" abgeleitet, von Standard Oil of Ohio

	3. Zusammengesetzt	
	Lord Extra, Meister Proper, Blütenweiss, Slim Fast, Milky Way, Cleancare, Sofix, Orofix, Profix, Leukoplast (leuko: griechisch = weiß), Dolormin, TopCleaner, Optiwisch, Palmolive, WC Ente, Reinex, Domol, Domestos, Domax, Nirosta, Sinalco, Ultra Pampers, Flink & Sauber, Cosywash, Accenture (aus accent (französisch = Akzentzeichen) und future)	
	4. Komplexe Formen	
	Nimm zwei, post it, Du darfst, Wash & Go, Dusch Das, Sechzig na und?, Go long life, La vache quit rit, Talk2Friends	

Abb. 6.16: Analysemodell nach Platen (1997)

Übernahmen sind nach Platen (1997, 39) „vollständige Eigennamen, Wörter oder Morpheme,[71] die aus der natürlichen Sprache beziehungsweise aus dem allgemeinen Namenbestand entlehnt und zur Bezeichnung von Produkten umfunktioniert werden". Dabei können die Übernahmen aus allen möglichen natürlichen Sprachen stammen. In der Bezeichnungspraxis deutscher Produkte dominieren **deutsche Übernahmen**, aber auch Entlehnungen aus der **englischen und lateinischen Sprache** sind beliebt. Die erste Unterkategorie der lexikalischen Übernahmen sind Übernahmen von Appellativen[72] oder appellativischen Morphemen wie Camel oder Miracoli (Plural vom italienischen Wort für Wunder). Als onymische Übernahmen gelten Übernahmen von geographischen oder Personennamen wie Chloé oder Brigitte, Clio, Ascona, Mont Blanc oder Capri.

Unter die **Konzeptformen** fallen nach Janich (2005, 54): „alle Poduktnamen, die sich durch ein zumindest leicht verändertes Erscheinungsbild von einer entsprechenden lexikalischen oder onymischen Vorlage distanzieren, die gegenüber den reinen Übernahmen also in irgendeiner Weise abgewandelt oder verfremdet sind". Hier unterscheidet Platen (1997):

---

[71] Die kleinsten bedeutungstragenden Elemente, aus denen sich ein Wort zusammensetzt, heißen **Morpheme**. Ein Morphem kann sowohl ein Wort sein als auch eine andere bedeutungstragende Lautverbindung (Affixe s. u.), die nicht als eigenständiges Wort gelten. Eine Sprache setzt sich also aus Wörtern zusammen und diese wiederum aus ihren Grundelementen, den sogenannten Wortwurzeln, die mit einem oder mehreren Affixen (Präfixen am Wortanfang, Infixen in der Wortmitte und Suffixen am Wortende) mit unterschiedlicher Bedeutung versehen werden. Suffixe können modifizierend sein, z.B. Verkleinerungsformen, Vergrößerungsformen, Koseformen oder Suffixe mit abwertendem Sinn (vgl. Zilg 2009, 128).

[72] Gattungsnamen, Substantive, die eine ganze Gattung bezeichnen

1. **deformierte Formen:** Veränderungen im An-, In- oder Auslaut, graphische Veränderungen oder Kurzformen (Smild statt mild, Rama statt Rahma oder Rei statt rein);
2. **derivate (abgeleitete) Formen:** gebildet durch Anhängen eines Suffixes wie z. B. Nut-ella, Sun-il, Salz-letten;
3. **zusammengesetzte Formen:** Wortkreuzungen und erweiterte Mehrwortformen (z. B. Sinalco aus sine alcohol) sowie
4. **komplexe Formen:** Satznamen wie z. B. Nimm zwei.

Nicht nur bei den modularen Formen, sondern auch bei den zusammengesetzten Formen sind die Bedeutungen ohne Hintergrundwissen häufig nur sehr schwer zu erkennen. Der Name Daihatsu Copen für den Sportwagen im Kleinstformat (3,40 m Länge) legt nahe, dass es sich nach der Kategorisierung von Platen (1997) hier um eine zusammengesetzte Form aus dem Firmennamen und einem Kunstwort handelt. Copen steht für die Kombination aus Compact und open.

Nach Platen (1997, 44) unterscheiden sich Kunstwörter „von den beiden bisher behandelten Produktnamenkategorien durch einen besonders hohen Grad der Verfremdung; Prägungen dieser Art sind weder aus natürlichen Sprachen noch aus dem allgemeinen Namenbestand übernommen und transportieren keine klar konturierbaren semantischen beziehungsweise onymischen Konzepte." Hier ist manchmal keine Bedeutung auszumachen. Die zugeschriebene Bedeutung ist durch phonetische Assoziation aufgebaut oder durch den kommunikativen Kontext und die Produkt- und Markenwelt konturiert, in der sie präsentiert werden.

Namen dieser Kategorie bedürfen intensiver kommunikativer Bemühungen um (richtig) verstanden zu werden. Dennoch können sie für Imageaufbau und Markenbewußtsein gut genutzt werden. Die modularen Formen sind Kurzwörter aus Initialen oder Silben wie Persil (aus Perborat und Silikat). Die kompakten Formen sind sinnlose Kombinationen von Wortbestandteilen oder einzelnen Buchstaben, die von den Assoziationen leben.

Bei der Zuordnung von Namen in dieses Modell gibt es sicher Zweifelsfälle wie der Name Golf, der sowohl als lexikalische als auch als onymische Übernahme gelten kann. Die Satznamen stellen zugleich Kombinationen lexikalischer Übernahmen dar und die Abgrenzung zwischen deformierten und derivaten Formen ist manchmal strittig bzw. fließend. Viele Namen stellen auch Mischformen oder Zusammensetzungen dar: Die Waschmaschine AEG Lavamat ist im ersten Namensbestandteil als modulares Kunstwort zu qualifizieren (AEG – Aus Erfahrung Gut), der zweite Teil ist eine zusammengesetzte Konzeptform (Lava von lavare = lat. Waschen und -mat von Automatik). Der Name Renault Twingo helios stellt eine Kombination aus onymischer Übernahme aus dem Französischen, kompaktem Kunstwort und onymischer Übernahme aus dem Griechischen dar.

6.4.2.5 Linguistische Komponenten

Auch das letzte Modell **fragt nach der sprachlichen Zusammensetzung** mit Fokussierung der einzelnen linguistischen Komponenten für die Gestaltung eines Namens. Eine Zusammenstellung zu dieser Analyseperspektive bietet Felser (2007, 402 ff.). Danach kann man als grundlegende linguistische Mittel **phonetische, orthographische und morphologische Mittel** unterscheiden. Jede Kategorie beinhaltet wiederum eine ganze Reihe von Unterkategorien, die in der nachfolgenden Tabelle beispielhaft wiedergegeben sind.

Linguistische Komponenten von Markennamen nach Felser (2007, 402 ff.)	
Linguistisches Mittel	**Beispiel**
Phonetisch	
Alliteration (Stabreim)	Coca-Cola, Beste Bohne
Binnenreim	Raum-Traum
Assonanz (Vokalwiederholung)	Hin und Mit
Stumpfer, einsilbiger Reim	MaxPax
Unreine, schwache Reime	Black und Decker
Onomatopoesie (Lautmalerei)	Cracker
Wortverstümmelung	Chevy (für Chevrolet)
Verschnitt (Morphemkombination mit Auslassungen)	Duracell
Anfangsplosive	Big Mac
Orthographisch	
Ungewöhnliches o. falsches Buchstabieren	Kool-Aid, TOYS < R> US
Palindrome	Omo, Maoam, Mum, ATA, Sugus
Morphologisch	
Affixationen (Hinzufügungen)	Jell-O
Zusammenfügungen	Daimler-Benz

Abb. 6.17: Linguistisches Modell nach Felser (2007)

6.4.2.6 Die Analysemodelle im kritischen Vergleich

Gerade beim letzten Modell ist auffällig, dass es viele Namen gibt, die sich auch schon mit anderer Bezeichnung in den zuvor dargestellten Modellen kategorisieren lassen: So ist der Verschnitt nach Felser (2007) beim Modell nach Platen (1997) als zusammengesetzte Konzeptform klassifiziert. Und Akronyme werden nach Platen (1997) modulare Kunstwörter genannt.

Was bei der Namensgestaltung wirklich als erfolgreich bezeichnet werden kann, zeigt schlussendlich die Reaktion der Konsumenten. Eignungstests von Namen lassen frühzeitig Missverständnisse und Assoziationskraft abklären. Ob die Namenskarriere gelingt, zeigt die Zeit. Vom analytischen Standpunkt aus betrachtet sind allerdings Vor- und Nachteile für die Verwendung von einzelnen Namenskategorien vorhersehbar und müssen von vorneherein bei der Namensfindung mit in die Betrachtung einbezogen werden. Teilweise können Vor- und Nachteile aber erst komplett analysiert werden, wenn die Produktverwendung mit in die Betrachtung einbezogen wird, der Kontext ist für die Wirkung des Namens entscheidend, daher ist die Aufzählung im folgenden nur als Annäherung an eine Stärken-Schwächen-Analyse zu verstehen.

Exemplarische Vor- und Nachteile von Namen für ausgewählte Namenskategorien		
Kategorie	Vorteil	Nachteil
Kunstnamen	• Viele Möglichkeiten • Überraschungseffekt • Einmaligkeit • Neuigkeitswert hoch • Schützbarkeit hoch	• Erklärungsbedürftig • Intellektuell anspruchsvoll • Schwer erlernbar
Onymische Übernahmen	• Viele Möglichkeiten • Einmalig • Persönlich • Non-sophisticated	• Kein Bezug zur Produktverwendung • Verwechselbar • Erklärungsbedürftig • Geringe Schützbarkeit
Modulare Kunstwörter	• Kurz • Komprimiert • Geschlechtsunspezifisch	• Nicht einfach • Technisch • Verwechselbar • Nicht populär • Geschlechtsunspezifisch • Unanschaulich • Schwer erlernbar • Schwer verständlich • Erklärungsbedürftig
Konzeptformen	• Inhaltlich gut • Leicht lernbar • Geeignet als Namenssystem • An Erfahrungen anschlussfähig • Neuigkeitswert hoch • Schützbarkeit hoch • Inhaltliche Aussagen leicht abbildbar	• Verwechslungsgefahr hoch • Aufwendig bei juristischer Prüfung • Nicht populär • Intellektuell anspruchsvoll

Abb. 6.18: Analysemodelle im Vergleich

Bei der Kreation und Auswahl eines Namens für ein Produkt, eine Marke oder auch ein Unternehmen müssen über die genannten kritischen Aspekte einzelner Kategorien hinaus noch eine Reihe von Fehlern beachtet bzw. vermieden werden (vgl. Bugdahl 2005, 9 ff., 111 f.; Samland 2009, 57 ff.):

- Mangelhafte Recherche nach ähnlichen oder identischen Namen, die juristische Probleme oder Abgrenzungs- bzw. Markierungsprobleme für einen Namen mit sich bringen.
- Fremdheit bzw. fehlende dreifache „Selbstähnlichkeit": Ein Name muss zum Produkt, zum Unternehmen und zum Kunden passen.
- Fehlende globale Verwendbarkeit, Verständnisprobleme und/oder Übersetzungsfauxpas bei fremdsprachigen Namen oder bei der Rezeption von deutschen Namen durch fremdsprachige Zielgruppen.
- Auswahl von beschreibenden Namen, die nicht monopolisierbar sind. „Fitness First" ist z. B. ein Name, der stark beschreibend und austauschbar ist und wenig produktspezifisch wirkt.
- Übertreibung in der Verwendung positiver Attribute für einen Namen, dem es in der Wirkung dann an Authentizität fehlt. Vorsicht ist also angebracht bei der Verwendung von Hochwertsprache (z. B. Premium, Exzellenz).
- Überfrachtung des Namens mit Geschichten und Geschichte, die nicht bekannt sind. Gerne werden Symbole, Metaphern und die Mythologie in der Namengebung bemüht. Den Namen der Sportmarke „Nike" z. B. bringen allerdings nur wenige Rezipienten mit der griechischen Siegesgöttin in Verbindung.
- Verwirrung und hohe Verwechslungsgefahr durch Namen, die Abkürzungen darstellen (siehe die oben erläuterten Beispiele für die modulare Konzeptfom nach Platen (1997)), oder Zahlen beinhalten wie beispielsweise viele Haushaltsgeräte oder Automobile.

In den Werken von Latour (1996) und Bugdahl (2005) beispielsweise finden sich ausführliche Strategien zur Kreation und Auswahl von Namen, die hier nicht im Detail beschrieben werden können. Samland (2009, 60) schlägt vor, zur Eignungsprüfung eines Namens zumindest auf die SUPER-Formel zu setzen. Wenn alle fünf Fragen dieser Formel mit „Ja" beantwortet werden können, kann man die größten Fehler bei der Namensgebung vermeiden:

SUPER-Formel: Ist der Name...				
S	für	simple	(einfach)	?
U	für	unique	(einzigartig)	?
P	für	protectable	(schutzfähig)	?
E	für	eloquent	(ausdrucksstark)	?
R	für	rememberable	(gut zu erinnern)	?

Abb. 6.19: SUPER-Formel

6.5 Zusammenfassung

- Sie wissen nun am Ende dieses Kapitels, was den Charakter der Werbung im Unterschied zu anderen Formen der Unternehmenskommunikation z.B. der Öffentlichkeitsarbeit ausmacht.
- Sie kennen darüber hinaus die wesentlichen Gestaltungsmerkmale eines Werbetextes.
- Sie haben die konzeptionellen Grundlagen der Textgestaltung in der Werbung kennen gelernt und können sie auf die Textsorten Anzeige und Produkt-, Marken- oder Unternehmensnamen anwenden.
- Sie wissen, welche Textelemente für eine klassische Werbeanzeige typisch sind.
- Sie kennen die Funktionen, die die einzelnen Textelemente einer Werbeanzeige erfüllen sollen und können dies an praktischen Beispielen kritisch prüfen. Sie können Abweichungen von den klassischen Verwendungsweisen erkennen und diese Abweichungen auf ihre Funktionalität hin interpretieren.
- Sie wissen auch, was eine Werbeanzeige außerdem noch erfolgreich macht.
- Sie können einen Slogan von einer Headline unterscheiden und Sie wissen, was eine Copy ist.
- Sie haben sich mit Stilelementen der Textgestaltung in der Werbung beschäftigt und können Sie an Beispielen aufzeigen.
- Sie wissen, welche Anforderungen ein guter Name für ein Produkt, eine Marke oder ein Unternehmen erfüllen muss. Sie haben Analysemodelle und Kriterien kennen gelernt, nach denen man Namen unterscheiden kann und können dies an Praxisbeispielen anwenden. Sie wissen, warum die Ansprüche an einen Namen aus kommunikationswissenschaftlicher Sicht berechtigt sind.
- Sie haben erfahren, daß beim Texten einer Anzeige oder bei der Kreation eines Namens die Wirkung und Einsatzmöglichkeiten im internationalen Kontext mit bedacht werden müssen. Sie können Beispiele für die Probleme der interkulturellen Verwendung dieser Textsorten benennen.

6.6 Kontrollaufgaben

Aufgabe 1:
Der Erfolg von Texten in der Werbesprache ist insbesondere daran zu bemessen, ob bei Rezipienten die „richtigen" Assoziationen ausgelöst werden. Für die Textsorte „Produkt- oder Unternehmensname" trifft dies in besonderer Weise zu. Auf minimalem Sprachraum muss die maximale Wirkung entfaltet werden. Stellen Sie sich bitte vor, Sie müssten einen Namen für einen Erotikladen für Frauen kreieren. Fünf Berliner Studentinnen der Berliner Universität der Künste waren 2003 vor diese Aufgabe gestellt. Sie haben für die Beate Uhse AG das Konzept einer Erotikladenkette für Frauen entwickelt, von der Geschäftsidee, über Interieur, Logo und Werbeslogan wurde alles

komplett im studentischen Team entworfen. Für die 2004 gestartete Kette wählten sie den Namen „Mae B.". Halten Sie diesen Namen für Erfolg versprechend? Löst er die „richtigen" Assoziationen aus? Begründen Sie Ihre Antwort! Eine kleine Bewertungshilfe: Isabelle Allende, Meisterin der erotischen Erzählung, hat einmal gesagt: „Erotik ist, wenn man eine Feder benutzt, Pornografie, wenn man das ganze Huhn verwendet." Wie ist das, wenn Sie „Mae B." hören? Erwarten Sie Federn oder Hühner zu finden?

Aufgabe 2:
Die Kost Marketing GmbH vertreibt den Joghurt Drink „Pina Colada Lassi Giacomo". Welche Assoziationen könnte dieser Name auslösen und wie ist er nach dem Kategoriensystem von Platen (1997) aufzulösen?

Aufgabe 3:
Wie lässt sich der Name der bekannten Automarke „Audi" erklären?

Aufgabe 4:
Ist der Produktname „Citroen C3 Pluriel" gut gewählt?

Aufgabe 5:
Eine Luxuslimosine von Kia Motors heißt „New Premium Sedan Opirus". Dass es sich um eine Neuheit handelt und etwas ganz Besonderes, das wird schnell verständlich. Aber hätte man diesen Sedan wirklich „Opirus" taufen sollen? Was spricht dafür, was spricht dagegen?

Aufgabe 6:
VW steht bekanntlich für Volkswagen. Wie benennt man dort die Wagen für das Volk? Man findet bei der entsprechenden Recherche Namen aus der Vergangenheit und Gegenwart des Wolfsburger Autokonzerns, u.a. die Namen Lupo (heute Fox), Polo, Golf, New Beetle, Bora, Touran, Passat, Sharan, Tuoareg oder Phaeton. Was sagen diese Namen über die Autos, das herstellende Unternehmen und die Kunden(wünsche) aus? Beantworten Sie diese Frage, in dem Sie mit den Ihnen bekannten werbesprachlichen Kategorisierungssystemen, freier Assoziation, dem Lexikon und zugänglichen Werbeinformationen den Volkswagenweissagungen nachspüren!

Aufgabe 7:
Analysieren Sie die nachfolgenden Headlines im Hinblick auf ihre Form, ihren Inhalt und ihre Wirkung!

Headline	Produkt	Unternehmen
a) Der neue Opel Astra. Trauen Sie Ihren Augen.	Opel Astra	Opel
b) Die Welt ist groß. Entdecken Sie sie zum kleinen Preis.	Flugticket	Lufthansa United

c) Fenistil. Einfach cool bei Insektenstichen.	Kühl-Roll-on für Insektenstiche	Fenistil
d) Auf der Traum!	PT Cruiser Cabrio	Chrysler
e) Bulgarien: Kleine Badehosen zahlen nur Euro 99!	Kinderfest-preise	TUI
f) Strandgut der Woche: Ab 9,95 den Sommer einpacken.	Floppies und Beach-Taschen	Deichmann
g) Lernen Sie lieben, was man Sie fürchten lehrte.	Software	Hewlett-Packard
h) Fliegen Sie sich verwöhnen lassen nach Kärnten.	Flugticket	Hapag-Lloyd
i) Außen Toppits, innen Geschmack.	Folien u. Beutel	Melitta
j) Um es lang zu machen.	Professional Tarif	Eplus
k) Jaguar baut keine Kombis. Jaguar baut den x-Type Estate.	Jaguar x-Type	Jaguar
l) Gepflegtes Haar zu gewaschenen Preisen.	Haarpflegeprodukte	Drospa
m) Auf die Plätzchen fertig los!	Backutensilien	Drospa
n) Noch Schmerzen? Die hab' ich >togal< vergessen!	Schmerztabletten	Togal
o) Denken Sie an was Sie wollen. Nur nicht an Kopfschmerzen.	Vivimed- Kopfschmerztablette	Dr. Mann Pharma
p) Das Pflaster: unsichtbar. Der Schmerz: verschwunden.	Hydra-Gel-Wundverschluss	Scholl

Aufgabe 8:
Welche sprachlichen Besonderheiten weisen die nachfolgenden Slogans auf?

Slogan	Produkt/Unternehmen
a) Leidenschaft ist unser Antrieb.	Fiat
b) Have a break, have a KitKat.	KitKat – Schokoladenriegel
c) Bigger. Better. Burger King.	Fast Food
d) Scholl. Ihre Füße stehen drauf.	Fuß-Pflaster
e) Überraschend. Überzeugend. Anders.	Daihatsu Cuore

Aufgabe 9:
Analysieren Sie Form, Inhalt und Funktion der nachfolgenden Slogans!

Slogan	Produkt	Unternehmen
a) Sind wir nicht alle ein bißchen Bluna?	Bluna Limonade	Bluna
b) Nivea Visage. Pflege, inspiriert von Ihrer Haut.	Nivea Visage	Beiersdorf
c) Schwarzkopf. Professional HairCare for you.	Haarpflege- und Färbemittel	Schwarzkopf
d) Miele – immer besser.	Miele Hausgeräte	Miele
e) Miele – nur für lange Zeit.	Miele Hausgeräte	Miele
f) Nichts bewegt Sie wie ein Citroen.	PKW-Reihe	Citroen
g) Die Zukunft ist schon lange unter uns.	Steinkohle	Deutsche Steinkohle
h) Open your mind.	PKW-Reihe	Smart
i) Coca Cola is it.	Koffeinhaltige Limonade	Coca Cola

Aufgabe 10:
Welche typischen Probleme könnten im Gebrauch der nachfolgenden Namen auftauchen? In welcher Hinsicht ist die Namenswahl zu kritisieren?

Namensbeispiele	Probleme? Kritik an der Namenswahl?
VARTA (Vertrieb, Aufladung und Reparatur transportabler Akkumulatoren), Degussa (Deutsche Gold- und Silberscheideanstalt)	
Aurora (römische Göttin der Morgenröte), Mondamin (indianischer Gott, „Freund des Menschen")	
Kaloderma (griechisch: schöne Haut), Eucerin (lateinisch: das schöne Wachs)	
Dr. Socke, Kapitän, Admiral, Konsul	

Aufgabe 11:
Was haben die nachfolgenden Headlines aus Werbeanzeigen gemeinsam?

„Der Unterschied zwischen geliefert haben und geliefert sein ist hauchdünn." (Hermes)

„Gegen alles ist ein Kraut gewachsen: Kneipp. Natur, die wirkt. (Kneipp)

„Ich bin dafür, dass Lügen lange Beine machen." (Petra)

Aufgabe 12:
Ordnen Sie die nachfolgenden Namen in das Kategoriensystem nach Platen (1997) ein: Mitsubishi, Nindendo, Novartis, smart, Sony, Sun, Yahoo.

6.7 Literatur

6.7.1 Quellen

Barowski, Mike (2003). Das professionelle 1 x 1 der Textgestaltung. Berlin: Cornelsen.

Behrens, Gerold, Esch, Franz-Rudolf, Leischner, Erika & Neumaier, Maria (Hrsg.) (2001). Gabler Lexikon Werbung. Wiesbaden: Gabler.

Bendel, Sylvia (1998). Werbeanzeigen von 1622–1798. Entstehung und Entwicklung einer Textsorte. Tübingen: Niemeyer.

Bugdahl, Volker (2005). Erfolgsfaktor Markenname. Wie Unternehmen erfolgreiche Markennamen entwickeln, etablieren und schützen. Wiesbaden: Gabler Verlag.

Di Falco, Daniel, Bär, Peter & Pfister, Christian (2002). Bilder vom besseren Leben. Wie Werbung Geschichte erzählt. Bern: Haupt.

Dunker, Martin (2006). Marketing. Das Kompendium. Rinteln: Merkur Verlag.

Endmark GmbH (2006). Pressemitteilung: Englische Werbung und böhmische Dörfer. Warum viele Markenbotschaften nicht so gut ankommen. Köln: 27.11.2006.

Endmark GmbH (2009). Pressemitteilung: „Sinn und Einfalt" für „Sense and Simplicity". Köln: 16.10.2009.

Felser, Georg (2007). Werbe- und Konsumentenpsychologie. Stuttgart: Schäffer-Poeschel.

Hars, Wolfgang (2002). Nichts ist unmöglich! Lexikon der Werbesprüche. 500 bekannte deutsche Werbeslogans und ihre Geschichte. München: Piper.

Herstatt, Johann David (1985). Die Entwicklung von Markennamen im Rahmen der Produktneuplanung. Europäische Hochschulschriften. Reihe V: Volks- und Betriebswirtschaftslehre 597. Frankfurt a.M.: Peter Lang Verlag.

Janich, Nina (2005). Werbesprache. Ein Arbeitsbuch. Tübingen: Narr.

Kastens, Inga Ellen (2009). Linguistische Markenführung: Die Sprache der Marken. In: Nina Janich (Hrsg.). Marke und Gesellschaft. Markenkommunikation im Spannungsfeld von Werbung und Public Relations. Wiesbaden: VS Verlag für Sozialwissenschaften, 111–122.

Kloos, Ingomar (2002). Internationale Werbung – Herausforderung für Unternehmen. In: Axel Mattenklott & Alexander Schimansky (Hrsg.) Werbung. Strategien und Konzepte für die Zukunft. München: Verlag Franz Vahlen, 238–261.

Kotler, Philip & Bliemel, Friedhelm (2001). Marketing-Management. Stuttgart: Schaeffer-Poeschel.

Kroeber-Riel, Wolfgang & Esch, Franz-Rudolph (2000). Strategie und Technik der Werbung. Verhaltenswissenschaftliche Ansätze. Stuttgart: Kohlhammer.

Latour, Susanne (1996). Namen machen Marken. Handbuch zur Entwicklung von Firmen- und Produktnamen. Frankfurt: Campus Verlag.

Lück, Helmut E. & Miller, Rudolf (Hrsg.) (2005). Illustrierte Geschichte der Psychologie. München: Quintessenz.

Platen, Christoph (1997). Ökonymie. Zur Produktnamen-Linguistik im Europäischen Binnenmarkt. Tübingen: Max Niemeyer Verlag.

Samland, Bernd M. (2009). Die Sprache der Werbung: Ein schmaler Grad zwischen Genialität und Blödsinn. In: Christoph Moss (Hrsg.). Die Sprache der Wirtschaft. Wiesbaden: VS Verlag für Sozialwissenschaften, 57–71.

Sauer, Nicole (1998). Werbung – wenn Worte wirken. Ein Konzept der Perlokution, entwickelt an Werbeanzeigen. Internationale Hochschulschriften 274. Münster: Waxmann.

Schulte Döllinghaus, Uwe (2001). Was soll das heißen? In: Die Marke – Wesen, Wirkung, Wandel. Supplement zum Deutschen Marketingtag 2001 von W&V werben und verkaufen, Süddeutsche Zeitung, media & marketing und Der Kontakter, in: W&V werben und verkaufen, Nr. 42, 2001, 8–12.

Schweiger, Günter & Schrattenecker, Gertraud (2009). Werbung. Eine Einführung. Stuttgart: Lucius & Lucius.

Stumpf, Marcus (2009). Claims als Instrumente der Markenführung. In: Nina Janich (Hrsg.). Marke und Gesellschaft. Markenkommunikation im Spannungsfeld von Werbung und Public Relations. Wiesbaden: VS Verlag für Sozialwissenschaften, 137–148.

Zielke, Achim (1991). Beispiellos ist beispielhaft oder: Überlegungen zur Analyse und Kreation des kommunikativen Codes von Werbebotschaften in Zeitungs- und Zeitschriftenanzeigen. Reihe Medienwissenschaften. Pfaffenweiler: Centaurus.

Zilg, Antje (2009). Mamma Antonia, Mama Maria, Mama Mia. Kulturspezifika in der italienischen Markennamengebung. In: Nina Janich (Hrsg.). Marke und Gesellschaft. Markenkommunikation im Spannungsfeld von Werbung und Public Relations. Wiesbaden: VS Verlag für Sozialwissenschaften, 123–135.

6.7.2 Lesehinweise

Czartowski, Tory (2007). Die 500 bekanntesten Marken der Welt: Ein populäres Lexikon von Adidas bis Zippo. München: Pieper.

Esch, Franz-Rudolf (2010). Strategie und Technik der Markenführung. München: Verlag Vahlen.

Esch, Franz-Rudolph & Kroeber-Riel, Wolfgang (2009). Strategie und Technik der Werbung. Verhaltenswissenschaftliche Ansätze für Offline- und Online Werbung. Stuttgart: Kohlhammer.

Fuchs, Werner, T. (2010). Das professionelle 1 x 1: Erfolgreiche Konsumentenpsychologie in Marketing und Werbung. Berlin: Cornelsen Verlag Scriptor.

Gaede, Werner (2001). Abweichen von der Norm: Enzyklopädie kreativer Werbung. München: Verlag Langen/Müller.

Hars, Wolfgang (2009). Wer trinkt die wächserne Kaulquappe?: Mythen, Märchen, Missgeschicke aus der Welt der Werbung. Reinbek: Rowohlt Taschenbuch Verlag.

Held, Gudrun, & Bendel, Sylvia (Hrsg.) (2009). Werbung – grenzenlos: Multimodale Werbetexte im interkulturellen Vergleich. Frankfurt am M.: Peter Lang Verlag.

Michael, Bernd M. (2009). Markenkommunikation in einer globalen Gesellschaft. In: Nina Janich (Hrsg.). Marke und Gesellschaft. Markenkommunikation im Spannungsfeld von Werbung und Public Relations. Wiesbaden: VS Verlag für Sozialwissenschaften, 95 – 109.

Pincas, Stéphane & Loiseau, Marc (2008). Eine Geschichte der Werbung. Köln: Taschen.

Pohlmann, Jörg (2003). Das Lexikon der Markennamen. Logos, Slogans, Storys. München: Droemer Knaur.

Samland, Bernd M. (2006). Unverwechselbar: Name, Claim & Marke. Freiburg: Haufe Verlag.

Siegert, Gabriele & Brecheis, Dieter (2010). Werbung in der Medien- und Informationsgesellschaft. Eine kommunikationswissenschaftliche Einführung. Wiesbaden: VS Verlag für Sozialwissenschaften.

7 Stilistische Textgestaltung

Überblick

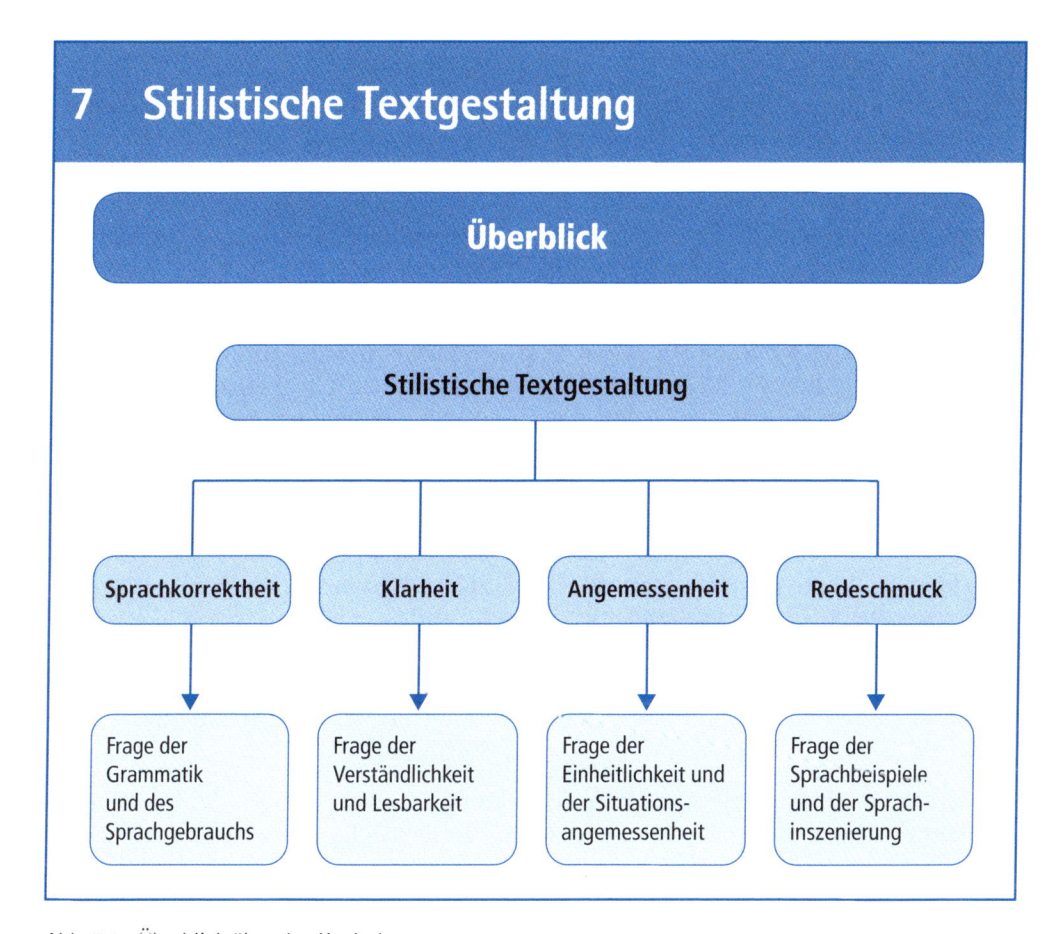

Stilistische Textgestaltung
- Sprachkorrektheit — Frage der Grammatik und des Sprachgebrauchs
- Klarheit — Frage der Verständlichkeit und Lesbarkeit
- Angemessenheit — Frage der Einheitlichkeit und der Situationsangemessenheit
- Redeschmuck — Frage der Sprachbeispiele und der Sprachinszenierung

Abb. 7.1: Überblick über das Kapitel

7.1 Einführung

In diesem Kapitel geht es um die Textgestaltung in stilistischer Hinsicht. Bereits in den vorangegangenen Kapiteln sind einige Details und Gestaltungsaspekte für bestimmte Typen von Texten vorgestellt worden. Dieses Kapitel widmet sich nun einem **Überblick über die stilistischen Gestaltungsaspekte**, die Texte in der Wirtschaftskommunikation sprachlich interessant, lesbar und attraktiv machen können. Stil hat man, oder man hat ihn eben nicht – könnte man meinen. Stil ist individuell, eine Geschmacksfrage und eine Frage der Sprachkompetenz (**Individualstil**). Stil ist aber auch eine Frage der Angemessenheit, der Kultur und des Zeitgeistes. In der Wahl des Sprachstils ist man in der Wirtschaftskommunikation keineswegs immer frei. Sender und Empfänger müssen z. B. stilkompatibel sein. Der Stil ist auch eine Frage der Textsorte (**Textsortenstil**). Das Texten einer Werbeanzeige lässt andere Freiheiten als der journalistische, nachrichtliche Text beispielsweise. Wo auf der einen Seite Stillosigkeiten zum Stil stilisiert werden können, verbieten auf der anderen Seite journalistische Konventionen die sprachliche Kapriole und das Zeigen von Kunstfertigkeit. Stil ist aus Sicht der Stilistiker also textgebunden, er hat textkonstitutive Funktion: „Dies bedeutet einerseits, dass Stil an den Text gebunden ist, dass es ihn nur im Textzusammenhang gibt und (...) es bedeutet andererseits, dass (...) die reale Existenz eines Textexemplars auch vom Vorhandensein eines einheitlichen Stils abhängt. Ohne einheitlichen Stil kann man die Textmusterbezogenheit eines Textes (...) nicht erkennen und daher seine Texthaftigkeit nicht bestätigt finden. Text und Stil bedingen einander." (Fix 2008, 28).

Wie in anderen Wissenschaften auch, gibt es ebenso in der Stilistik nicht „den" Stilbegriff[73]: „Nach vielen Kämpfen nähert man sich inzwischen der entspannten Auffassung einer Pluralität von Stilen, ohne dass dies gleich auf eine solipsistische[74] Welt hinausläuft. Stil ist immer auch ein Spiel: mit den Konventionen, mit den Erwartungen. Stil – so die heute wohl gängige Ansicht – liegt jenseits der Sprache, in der er sich äußert und die alle Möglichkeiten bereithält: Stil ist Entscheidung." (Göttert & Jungen 2004, 13). Welche Entscheidungen sind im Einzelnen damit angesprochen? Stil als individuell zu treffende oder durch den Kontext der Textproduktion geforderte Entscheidung über bestimmte sprachliche Mittel zeigt sich in der Wahl der Worte, der Syntax und auch der Semantik. Schon in der Antike, z.B. bei Cicero (55 v.Chr. in dessen Schrift „Vom Redner" – „De oratore"), werden die wesentlichen vier Stilqualitäten Sprachkorrektheit, Klarheit, Angemessenheit und Redeschmuck diskutiert (vgl. Götter & Jungen 2004, 65). Dieser Vierteilung folgt im Wesentlichen die Systematik moderner Stilistik.

Die sprachliche Richtigkeit oder Sprachkorrektheit ist eine Frage der Grammatik und des vorherrschenden Sprachgebrauchs wie im Duden dokumentiert. Klarheit ist im Wesentlichen eine Frage der Verständlichkeit und Lesbarkeit. Typische Barrieren der Verständlichkeit sind zu lange und zu komplizierte Sätze, insbesondere auch Kettensätze bzw. Schachtelsätze. Mit Redeschmuck werden alle möglichen Formen von Wort- und Sprachspielen sowie rhetorische Figuren bezeichnet.

Als letzte Qualität sprachlicher Darstellung bzw. Leitlinie stilistischer Textgestaltung gilt die Angemessenheit: Sprachkorrektheit, Klarheit und der Einsatz von Redeschmuck gelten nicht abstrakt, sondern anwendungsbezogen. „Zur Angemessenheit gehört, dass die einzelnen Mittel sprachlicher Darstellung aufeinander abgestimmt sein müssen." (Götter & Jungen 2004, 150). Gemeint sind damit Überlegungen hinsichtlich der Einheitlichkeit eines Textes und seiner Situationsbezogenheit. So kann man z.B. im Nachrichtentext keine rhetorischen Fragen verwenden, weil dieses Stilmittel der Intention dieser Textsorte grundsätzlich zuwiderläuft.

Eine solche Forderung nach Angemessenheit im Stil setzt allerdings eine klare Definition und Abgrenzung von Textsorten bzw. -formen voraus – ob im Rahmen ihres Einsatzes in der Wirtschaftskommunikation oder in anderen kontextuellen, sprach-

---

[73] Der Begriff Stil geht auf das lateinische Wort stilus zurück, den spitzen Pfahl, Stiel oder Griffel und ist wurzelverwandt mit dem Wort Stimulus, das einen Treibstecken mit eiserner Spitze meint, der auch schon einmal als Folterinstrument seinen Einsatz fand (Götter & Jungen 2004, 15).

[74] Der Begriff Solipsismus stammt aus dem Lateinischen und bezeichnet die Überzeugung, dass nur das Ich existiert.

lichen Bezügen. Hierfür ist zunächst der Begriff der Textsorte zu klären: „Textsorten sind konventionell geltende Muster für komplexe sprachliche Handlungen und lassen sich als jeweils typische Verbindungen von kontextuellen (situativen), kommunikativ-funktionalen und strukturellen (grammatischen und thematischen) Merkmalen beschreiben." (Brinker 1997 zitiert nach Janich 2005, 76). Schon das Definitionsmerkmal „konventionell" verweist auf die Schwierigkeit einer solchen Textsortenbestimmung über die Zeit und über kulturelle Grenzen hinweg.

Für journalistische Texte ist in Kapitel 3 des vorliegenden Buches eine Bestimmung unterschiedlicher Textsorten vorgenommen und auf die Probleme bei der kategorialen Abgrenzung hingewiesen worden. Wenn man noch ein zweites Beispiel für die Textsorten in der Wirtschaftskommunikation heranziehen will, so dürfte auch die Werbeanzeige als geeignet gelten, um die Problematik zu verdeutlichen: Werbeanzeigen sind (nach Bendel 1998, zitiert nach Janich 2005, 77):

„a) kürzere, in sich geschlossene Texte, die

b) in einem Printmedium erscheinen,

c) durch typographische Maßnahmen vom redaktionellen Text abgetrennt sind, in denen

d) über Produkte und Leistungen informiert wird, welche

e) in größerer Qualität oder über längere Zeit zu haben sind und

f) einem potentiell unbegrenzten Kundenkreis angeboten werden, mit dem Ziel,

g) die Empfänger zum Kauf bzw. zur Benützung des Angebotenen zu bewegen."

Nach dieser Bestimmung dürfte es relativ leicht sein, die Werbeanzeige etwa von Bericht oder Reportage abzugrenzen. Aber diese Abgrenzungssicherheit und die definitorische Klärung der Textsorte Werbeanzeige sagen noch nichts über die sprachliche Gestaltung aus, ist diese werblich, journalistisch oder wie auch immer? Und wenn sie werblich ist, wie ist dann werblich angemessener Stil zu fassen? Gerade mit dieser textlichen Form wird gerne gespielt. So bedient man sich z. B. der redaktionellen Anmutung bei der textlichen Gestaltung von Anzeigen in Anzeigenblättern. Und die Berücksichtigung klassischer Textelemente in der Werbeanzeige – wie sie ausführlich mit ihren Merkmalen und Funktionen in Kapitel 6 vorgestellt wurden – entspricht in modernen Werbeanzeigen durchaus nicht der Regel. Die Konventionen wandeln sich hier sehr schnell, sogar bis hin zum Paradoxon, dass die Abweichung in der textlichen Gestaltung zur Norm erhoben wird. Vor diesem Hintergrund[75] kann die Stilistik für den Bereich der Wirtschaftskommunikation keine klare Empfehlung zur angemessenen sprachlichen Gestaltung ihrer Textsorten bieten.

---

[75] Auf diese Problematik verweist auch Janich (2005, 76) ausdrücklich in ihrer Feststellung: „Bisher existiert noch keine allseits anerkannte und die Vielfalt existierender Texte angemessen beschreibende oder integrierende Typologie, da nur wenige Textsorten so stark normiert sind, dass sich eine verbindliche Liste von Merkmalen aufstellen ließe. (...) Probleme machen vor allem unkonventionelle Erscheinungsformen von postulierten Textsorten."

Auch für den journalistischen Text muss man in der Praxis mit Stilbrüchen und dem vom theoretischen Ideal fernen und Konventionen missachtenden Text, zumindest jenseits der bereits behandelten Nachrichtensprache, rechnen. Denn Stil – als eine Frage individueller Entscheidungen und sprachästhetischer Empfindungen – und Journalismus schließen sich keinesfalls aus: „Doch am ungewohnten Wort trennen sich die Wege. Stil ist die Abweichung vom Üblichen und Erwarteten, definiert Sowinski. Eine literarische Definition, gewiss – doch ist den Journalisten der literarische Ehrgeiz nicht verschlossen, im Feuilleton und in der großen Reportage hat er sogar seinen Platz." (Schneider 2001, 183, Hervorhebungen im Original).

Im Folgenden sollen stilistische Überlegungen sowohl für Werbetexte als auch für journalistische Texte vorgestellt werden. Da die Korrektheit des Sprachgebrauchs hier vorausgesetzt wird und die Frage bzw. Problematik der stilistischen Angemessenheit hinreichend erörtert sein dürfte, sollen im Folgenden die zwei verbleibenden stilistischen Grundaspekte näher erläutert werden: Klarheit als Frage der Verständlichkeit und Redeschmuck als Frage der Sprachspiele und Sprachinszenierung.

7.2 Klarheit: Eine Frage der Verständlichkeit und Lesbarkeit

7.2.1 Ein Plädoyer für das Texten als Arbeit

Das folgende Plädoyer für das Ringen um Verständlichkeit, das den Texter bei seiner Gestaltungsaufgabe leiten sollte, bringt auf den Punkt, was viele Texte in der Praxis der Wirtschaftskommunikation leider nicht auszeichnet: Arbeit.

> „Würste aus Text" (Auszug aus einer Kolumne von Ernst Alexander Rauter (2004, 48))
>
> „Manche Autoren verwenden Sätze vom ersten Wort bis zum Punkt wie eine Wursthaut. Sie stopfen Aussagen verschiedener Art in ihnen zusammen. (...) Wurstfüllung schmeckt durch Mischung, ein Satz durch Entmischung. Wenn der Leser die Wörter versteht im Moment des Erblickens der Buchstaben, schmeckt der Satz am besten. (...) Wenn wir von Langeweile eines Textes sprechen, meinen wir Strecken, die wenige Erlebnisse des Verstehens auslösen. Damit der Leser festgehalten wird durch ununterbrochenes Verstehen, ist dem Autor aufgegeben, eine Mindestmenge an Macheranstrengung auf sich zu nehmen. Das bloße Nachgeben dem Verlangen, sich mitzuteilen, reicht nicht. Man muss bauen. Das Herstellen von Artefakten wie Text, Bild, Musik, Architektur, verlangt gestalterische Mühe. (...) Was der Autor als Arbeitsenergie nicht investiert, kommt als Faszination nicht hinaus."

Unverständliche Texte gefallen nicht und können keine Faszination für ein Thema entfalten. Um Verständlichkeit und Faszination zu erreichen, muss man investieren in einen Satz, der präzise sein soll. Im Ideal soll er eine Sprache mit der Schärfe eines japanischen Kochmessers aufweisen. Der Weg dahin ist eindeutig: „Die klare Rede ist wie der klare Text: Arbeit." (Siemens 2004, 97). Nicht jeder kann von sich behaupten, dass er nach der Fixierung des weißen Blattes oder dem intensiven Blickkontakt mit dem Bildschirm sofort den Satz vom Typ japanisches Kochmesser absondert. In der Regel heißt schreiben gestalten und dann verwerfen und wieder neu gestalten. Ein

Zyklus, der einige Male durchlaufen werden muss. Gute Texter füllen daher eifrig Papierkörbe und können blind die „Entfernen"-Taste drücken.

Das Textgut kann aber durchaus der Wiederverwertung zugeführt werden, wofür sich z. B. die folgenden, bewährten Techniken zur Bearbeitung unverständlicher Texte empfehlen:

Die Überarbeitung sollte sich zunächst der Satzlänge widmen: Insbesondere beim Überarbeiten von Texten muss noch einmal überprüft werden, ob die Sätze nicht zu lang und zu kompliziert sind, ob sie klar, lebendig und verständlich sind. Häusermann (2005, 13 ff.) empfiehlt dafür zwei Techniken, das Portionieren und das Wiederbeleben.

1. **Portionieren:** Dabei zergliedert man umständliche Sätze oder Textabschnitte zunächst in mehrere Teile, um den Überblick über wesentliche Inhalte zu bekommen und sich klar zu werden, was am Satz oder Text unverständlich ist. Danach folgt eine Umformulierung in einfache und kurze Sätze, die für Klarheit sorgen. Dabei darf das Portionieren nicht als Stilideal verstanden werden, sondern es ist als ein erster Schritt auf dem Weg zu einem reformulierten, verständlichen Text zu verstehen.

> **Beispiel: Ein Satz wird portioniert**
>
> „Die Asylrekurskommission hat die Beschwerde eines Asylsuchenden gutgeheißen, dem seine Angabe, noch unmündig zu sein, auf Grund einer Röntgenaufnahme der Handknochen als Täuschung über die Identität zur Last gelegt worden war." (Neue Züricher Zeitung, 28.09.2000).
>
> Die Portionierung lautet wie folgt (nach Häusermann 2005, 18):
>
> „1. Ein Asylsuchender gab an, er sei noch unmündig.
>
> 2. Da röntgte man seine Hand.
>
> 3. Auf Grund der Röntgenaufnahme erachtete man seine Angabe als falsch.
>
> 4. Man nahm an, er hätte über seine Identität (gemeint: sein Alter) täuschen wollen.
>
> 5. Das legte man ihm zur Last.
>
> 6. Der Asylsuchende legte Beschwerde ein.
>
> 7. Die Asylrekurskommission hieß seine Beschwerde gut."
>
> Beim Portionieren stellt sich häufig die Notwendigkeit der Nachrecherche ein, da durch die starke Verdichtung des Ausgangstextes Informationen verloren gegangen sind. Aus den chronologischen Portionen kann dann ein neuer Text gestaltet werden.

2. **Wiederbeleben:** Die zweite Empfehlung zur Überarbeitung unverständlicher Sätze ist das Wiederbeleben, was so viel bedeutet wie:
   - neue (mehrere) Sätze bilden aus Komprimierungen bzw. Verdichtungen und Verschachtelungen.
   - Substantivierungen (Nominalstil) aufbrechen (z. B. bei Worten, die ganze Buchstabenprozessionen darstellen: Lagerhaltungsbeschlusssitzung, Müllverwertungsverordnungsklausel, Wirtschaftspreisverleihungsgala, Energiesparkompromissbeschluss).
   - Verben einsetzen, wo Substantive dominieren.

> **Beispiel: Ein Satz wird wiederbelebt**
>
> „In dem mit großer Mehrheit gebilligten Abschnitt der Wahlplattform über die innere Sicherheit wird die Verhinderung von Verbrechen durch die Reform der Verhältnisse, in denen Kriminalität ihren Nährboden findet, als oberstes Ziel genannt."
> (1 Satz, 33 Wörter, 2 Verben)
>
> Die Wiederbelebung (nach Schneider 2001, 114) könnte wie folgt aussehen:
>
> „Im Abschnitt ‚innere Sicherheit' nennt die Wahlplattform als oberstes Ziel: Verbrechen verhindern durch Reform der Verhältnisse, in denen Kriminalität gedeiht. Der Abschnitt wurde mit großer Mehrheit gebilligt."
> (2 Sätze, 27 Wörter, 4 Verben)

Das Redigieren von Texten zur Sicherung von Verständlichkeit, Klarheit und Angemessenheit als Stilideale gehört zu den Routineaufgaben des Texters wie des Textmanagers in der Wirtschaftskommunikation. Textüberarbeitung ist also nicht die peinliche oder lästige Ausnahme, sondern die notwendige Selbstverständlichkeit. Für journalistische Texte kann die folgende Checkliste zur Unterstützung des Redigierens und zur Sicherung eines angemessenen, klaren und verständlichen Sprachstils im redaktionellen Umfeld eingesetzt werden:

Checkliste zum Redigieren von journalistischen Texten

1. Hat der Text eine nachvollziehbare Struktur? Ist der Aufbau gut nachvollziehbar? Sind die Textteile abgegrenzt oder verknüpft? Sind die Übergänge sinnvoll? Gibt es Gedankensprünge oder schwierige Inferenzen (Schlussfolgerungen), die zu ziehen sind?

2. Ist der Text auf das Wesentliche und wirklich Interessante reduziert? Oder muss man mehr lesen als nötig?

3. Ist die Sprache präzise und verzichtet sie auf überflüssige Füllworte? (nun, gar, ja wohl, einigermaßen, sowieso, irgendwie, ausgerechnet, selbstverständlich, überaus, natürlich, ohne Zweifel, übrigens, sonst, ungefähr[76])?

4. Verzichtet der Text auf unnötige abstrakte Begriffe, Fremdworte und Wortungetüme?

5. Werden Anglizismen und andere, nicht notwendige Sprachimporte vermieden?

6. Findet man im Text viele Substantivierungen oder wurde der Nominalstil vermieden? Beherrschen Verben den Text und sorgen für Lebendigkeit? Sind blasse Tätigkeitsworte sparsam eingesetzt? (sich ereignen, herrschen, sich abzeichnen, sich belaufen, durchführen, stattfinden, beinhalten, vorliegen, aufweisen, darstellen)

7. Ist der Text aktiv gestaltet oder gibt es viele Passivkonstruktionen (die die Information über handelnde und verantwortliche Personen unterdrücken)?

---

[76] Eine beeindruckende Sammlung von Füllwörtern findet sich bei Schneider (2001, 131–133).

8. Ist der Text verwirrend, weil zu viele Synonyme eingesetzt wurden?
9. Sind die verwendeten Adjektive und Adverbien zur Differenzierung und Präzisierung notwendig?
10. Enthält der Text unangemessene oder versteckte Interpretationen oder gar Diskriminierungen durch die Fokussierung bestimmter Akteure oder die Wortwahl?
11. Ist der Satzaufbau abwechslungsreich und nicht zu kompliziert? Wurden Schachtelsätze (Unterbrechung des Hauptsatzes durch den Nebensatz) vermieden?
12. Entspricht der Text seiner Textsorte? Orientiert er sich angemessen an der journalistischen Gattung oder folgt er einem anderen stilistischen Ideal – etwa dem literarischen?

    (Die Empfehlungen zum Redigieren gehen zurück auf Schulz-Bruhdoel & Fürstenau (2008, 266) und Häusermann (2005, 24 ff. und 200 ff.).)

Die Verständlichkeit von Texten, journalistischen wie auch nicht journalistischen, ist u. a. in der sog. Hamburger Schule der Verständlichkeit seit den 70er-Jahren sehr gut untersucht worden (vgl. Langer, Schulz von Thun & Tausch 2006, Göpferich 2008, 295). Für alle möglichen Textformen wurden dabei vier Dimensionen herausgearbeitet, die die Verständlichkeit erhöhen können: Einfachheit in Wortwahl und Satzbau, Gliederung und Ordnung, Kürze und Prägnanz sowie Stimulanz, d. h. Nutzung anregender Zusätze. Nach Mast (2008, 262) lassen sich für diese Dimensionen der Verständlichkeit Empfehlungen zum Texten ableiten, die Verständlichkeit sichern helfen. Im sog. Karlsruher Verständlichkeitskonzept (Göpferich 2008, 296 ff.) werden die vier Dimensionen der Verständlichkeit des instruktionspsychologischen Ansatzes der Hamburger Schule präzisiert und dem Konzept werden noch zwei weitere Kriterien hinzugefügt, die Korrektheit und Perzipierbarkeit.

Diese sechs Kriterien der Verständlichkeit von Texten, als dem wichtigsten Qualitätsmerkmal von Texten, werden nachfolgend in einer Checkliste wiedergegeben und mit einzelnen Prüfkriterien illustriert, auf die ein Text hin untersucht werden sollte, wenn man dessen Verständlichkeit optimieren möchte.

Checkliste für den verständlichen Text nach dem Hamburger Modell der Verständlichkeit und dem Karlsruher Verständlichkeitskonzept
(Mast 2008, 262 f., Göpferich 2008, 295 f., 302 f.):

1. Simplizität bzw. Einfachheit (sprachliche Einfachheit):
   - Die Wortwahl muss zur Zielgruppe passen, dem Thema und der Textsorte angemessen sein.
   - Die Wortwahl sollte präzise, nicht mehrdeutig sein.
   - Fachwörter und Abkürzungen sind in der Regel zu erklären oder zu vermeiden.
   - Wörter sollen kurz und geläufig sein und einen kurzen, einfachen Satz bilden.
   - Bei der Verwendung von Synonymen sind die gängigsten den ungeläufigen vorzuziehen.
   - Direkte Formulierungen sind zumeist verständlicher als indirekte.

- Zur Vermeidung von Monotonie soll der Satzbau variieren (kurze und längere Sätze im Wechsel).
- Die Syntax ist der Sprachkompetenz der Adressaten und der Textsorte anzupassen.
- Innerhalb eines Textes ist die Lexik und die Syntax konsistent zu halten.

2. **Struktur bzw. Gliederung und Ordnung (kognitive Ordnung):**
   - Die Aufgliederung komplexer Inhalte muss an das Vorwissen von Rezipienten anschlussfähig sein.
   - Inhalte sind in einer sinnvollen Reihenfolge zu präsentieren.
   - Sätze sollten aufeinander bezogen werden und Verweise enthalten. Sie müssen sich korrekt aufeinander beziehen.
   - Texte sind inhaltlich und in ihrer äußeren Form zu strukturieren (Vor- und Zwischenbemerkungen, Absätze und Überschriften).
   - Wichtiges und weniger Wichtiges ist deutlich voneinander zu trennen. Irrelevantes wird gestrichen.
   - Zusammenhänge von Aussagen sind zu verdeutlichen.
   - Inhaltliche Sprünge sollten vermieden werden.

3. **Kürze und Prägnanz (semantische Kürze / Redundanz):**
   - Inhalt und Informationsziel (Funktion) bestimmen die Textlänge.
   - Ein Text soll weder Lücken noch unnötige Details aufweisen.
   - Füllwörter, Floskeln und Tautologien sind zu vermeiden.
   - Jedes einzelne Wort ist auf seine Notwendigkeit hin zu prüfen.
   - Kurze Formulierungen mit gleicher für den Text relevanter Bedeutung sind langen vorzuziehen.

4. **Anregende Zusätze (motivationale Stimulanz):**
   - Ein Text soll das der Textsorte zugehörige Interesse treffen und über den Textverlauf hin halten können.
   - Interesse und Aufmerksamkeit sind aktiv mit sprachlichen Mitteln zu wecken.
   - Exemplifizierung und Illustrierung von Sachverhalten durch Beispiele, durchaus auch aus der Erfahrungswelt des Rezipienten, können die Motivation stützen.
   - Eine einbeziehende „Wir"-Perspektive ist Passivkonstruktionen zumeist vorzuziehen.
   - Persönliche Leseransprache kann zur Motivation eingesetzt werden.
   - Zitate, Personalisierungen und rhetorische Stilmittel können hilfreich sein, sofern sie auch der Einfachheit und Prägnanz dienen. (Die vier „Verständlichmacher" sind also nicht unabhängig voneinander zu betrachten.)
   - Der Einsatz von Gestaltungsmitteln ist genreabhängig bzw. muss zur Textsorte passen. (Für die Nachricht etwa ist „Stilmittel-Abstinenz" empfohlen.)

5. **Korrektheit**
   - Texte sollen keine inhaltlichen, sprachlichen oder formalen Fehler enthalten.
   - Ein Text muss widerspruchsfrei sein.
   - Konventionsverstöße sind zu vermeiden (z.B. gegen werberechtliche oder redaktionelle Richtlinien).
   - Das Vermittlungsmedium des Textes muss korrekt gewählt sein.

6. Perzipierbarkeit
   - Die Textgestaltung sollte die leichte Wahrnehmbarkeit der Inhalte gewährleisten.
   - Inhaltliche Strukturen sind nonverbal zu stützen (Hervorhebungen, Absätze, Überschriften, Aufzählungen, Schriftgrößen, Schrifttypen, Abbildungen).

7.2.2 Ein Plädoyer für den kurzen Satz

Die Reduktion von Satzlängen ist eine häufig zu findende Forderung zur Sicherung von Verständlichkeit. Mancher Texter fragt sich aber, wie kurz muss kurz sein, wenn es um die kritische Frage der Satzlänge geht. Schneider (2001, 90) und Schulz-Bruhdoel & Fürstenau (2008, 328) haben zu dieser Frage einige interessante Daten zusammengetragen, die bei der Beantwortung dieser Frage vom Texter berücksichtigt werden sollten:

- In der BILD-Zeitung haben die Hälfte der Sätze fünf Worte oder noch weniger.
- 12 Wörter entsprechen der durchschnittlichen Satzlänge dieses Mediums.
- In Thomas Manns Roman „Buddenbrocks" und im Johannesevangelium hat ein Satz durchschnittlich 17 Worte.
- 14 Worte pro Satz kennzeichnen den durchschnittlichen Satz in der „Tagesschau".
- Bei der dpa (Deutsche Presseagentur) sind 20 Worte die Obergrenze der Gewünschten.
- Bei AP (Associated Press) gelten 30 Wörter als Durchschnittslänge des Lead-Satzes, bei dpa ist das die Obergrenze des Erlaubten.
- Im Dr. Faustus von Thomas Mann weist ein Satz im Mittel 31 Worte auf.
- Hermann Broch trumpft im „Tod des Vergil" mit durchschnittlich 92 Wörtern pro Satz auf.

Und was versteht der Leser oder Hörer? Ein durchschnittlich gebildeter Deutscher kann einen Satz nach einmaligem Lesen nur dann wiedergeben, wenn der Satz nicht mehr als acht Worte hat. Neun Worte gelten daher als Obergrenze für einen optimal verständlichen Satz laut dpa. 7–14 Worte gelten als Obergrenze für gesprochene Texte im Hinblick auf die Verständlichkeit.

Und wie kurz soll ein Satz nun im journalistischen Text sein? Man sollte im Durchschnitt nicht mehr als 14–17 Wörter im Satz einsetzen, denn dann hat man genügend stilistische Freiheit in der Textgestaltung für eine ausgewogene Mischung aus ganz kurzen Sätzen mit fünf, sechs Worten oder auch einen ganz langen Satz, der als Ausnahme einmal erlaubt ist.

Zur Prüfung der Verständlichkeit nutzen Journalisten gerne das Ludwig-Reiners-Schema, das angibt, wie viele Wörter pro Satz, wie viele aktive Verben, zitierte Menschen und abstrakte Substantive die Verständlichkeit befördern oder aber behindern. Es wird hier in einer Darstellung nach Schneider (2001, 94) wiedergegeben:

Das Ludwig-Reiners-Schema zur Verständlichkeit von Texten				
Verständlichkeit	Wörter pro Satz	Je 100 Wörter		
		Aktive Verben	Menschen	Abstrakte Substantive
Sehr leicht verständlich	bis 13	15 und mehr	12 und mehr	bis 4
Leicht verständlich	14–18	13–14	10–11	5–8
Verständlich	19–25	9–12	6–9	9–15
Schwer verständlich	26–30	7–8	3–5	16–20
Sehr schwer verständlich	31 und mehr	6 und weniger	2 und weniger	21 und mehr

Abb. 7.2: Ludwig Reiners-Schema zur Verständlichkeit

7.2.3 Ein Plädoyer für den angemessenen Umgang mit der Zahl

Zahlen sind für Texter hohe Hürden auf dem Weg zu verständlicher Darstellung. Oft werden sie in Texten einfach unkommentiert stehen gelassen, aufgereiht, in ihrer Unfasslichkeit belassen und dem Leser wird still empfohlen, sich seiner Rechenmaschine anzuvertrauen. Zahlen sind in der Wirtschaftskommunikation häufig zu kommunizierende Inhalte. Da sie in ihrer Absolutheit für den Rezipienten oft abstrakt, alltagsfern und ohne Bedeutung bleiben dürften, versucht man sie zur Sicherung von Verständlichkeit und Klarheit anschaulich zu machen, z.B. in dem man sie in Bezug zu anderen bekannten Größen setzt:

Beispiel: „Der Duft vom großen Geld!"
„Das atmet den Duft vom großen, weiten Geld: 954 Milliarden Euro. Mit der Summe ließe sich das Haushaltsloch der USA stopfen. Sie entspricht dem Gegenwert von 400 Flugzeugträgern oder 198 878 Eigenheimen in Deutschlands guten Lagen. Diese 954 Milliarden Euro verwalten die deutschen Fondsgesellschaften." (Euro, März 2004, 126).

Sinnvoll sind solche Bezugssetzungen nur, wenn die Erfahrungshorizonte der Informationsrezipienten auch mit den Vergleichsgrößen kompatibel sind. Wer nicht weiß, wie viel ein Eigenheim kostet, dem hilft auch die oben dargestellte Übersetzung nichts. Um möglichst die Erfahrungen vieler Menschen anzusprechen, werden häufig sehr unterschiedliche Vergleiche angeboten, damit quasi für jeden etwas dabei ist. Das zeigt das nächste Bespiel.

> **Beispiel: „Ein Porsche oder viele Schokoladenriegel"**
>
> „480 Milliarden Euro umfasst das Rettungspaket der Bundesregierung. Dies ist eine Zahl mit zehn Nullen. 480 Milliarden Euro entsprechen dem 30-fachen der weltweiten Lohnsumme der Daimler AG oder dem 1,7-fachen des gegenwärtigen Bundeshaushalts. Es sind rund 41 Mal so viel wie die Bilanzsumme der Deutschen Bank. Man kann dafür auch 510 638 Porsche 911 Carrera S oder eine halbe Billion Schokoriegel kaufen. In 50-Euroscheine aufgereiht und aneinandergelegt ergibt sich eine Strecke von 67,2 Kilometern." (Tagesspiegel, 14. 10. 2008)

Solche Vergleiche als „Verständlichmacher" für Zahlen sind nicht immer ernst zu nehmen bzw. immer kritisch auf die in ihnen enthaltene Meinungstendenz hin zu überprüfen. Das nächste Rechenszenario kann dies eindrucksvoll belegen.

> **Beispiel: „Rasante Zeitreise"**
>
> Stephan Wiehler legt mit der BVG in 30 Sekunden 847 Jahre zurück
>
> Berlins Tempo hat angezogen, die Stadt ist schneller geworden, und wir alle haben dadurch mehr Zeit gewonnen. Das verdanken wir der BVG, die mit ihrem neuen Metrolinienkonzept eine Revolution der Beschleunigung eingeleitet hat, wie die grüne Abgeordnete Claudia Hämmerling vom Senat erfahren hat. Demnach hat sich die Reisegeschwindigkeit im öffentlichen Nahverkehr nach der Fahrplanreform erhöht, der daraus resultierende Zeitgewinn beträgt amtliche „30 Sekunden im Mittel über alle Fahrgäste".
>
> Das mag nach wenig klingen. Doch bei jährlich 890 Millionen Fahrgästen kommt da schon ein Weilchen zusammen: 26,7 Milliarden Sekunden Zeitersparnis insgesamt. Das sind umgerechnet fast 847 Jahre, in etwa die Zeit, die es dauert, um die Schulden der BVG abzustottern. So lange haben die Berliner vor der Fahrplanumstellung jedes Jahr länger in Bussen und Bahnen herumgesessen, Zeit, die sie jetzt sinnvoller nutzen können.
>
> Die Zeitgewinn-Bilanz könnte sogar noch besser aussehen, wenn diejenigen BVG-Kunden, die nach der Reform in den Außenbezirken länger auf Anschluss an Haltestellen warten müssen, endlich einsehen, dass es zu Fuß viel schneller geht. Den übrigen Fahrgästen kämen dann sicher noch einige Jahrzehnte mehr zugute. (Tagesspiegel, 4. 4. 2005)

Wenn es um Zahlen geht, die Gesundheits- oder Umweltgefährdungen bemessen, ist allerdings für humorvolle Darstellungen kein Platz. Aber auch vor unangemessenen Warnungen muss man sich schützen. Medien wird nämlich nachgesagt, dass sie sich insbesondere in der Gesundheitskommunikation als Panikmacher betätigen, weil sie mit Zahlen nicht den rechten Umgang pflegen (vgl. z. B. Krämer & Mackenthun 2001). Journalistische Selektionskriterien sind auch dafür verantwortlich, dass z. B. schlechten Nachrichten der Vorzug vor guten und ungewöhnlichen Ereignissen mehr mediale Aufmerksamkeit geschenkt wird als gewöhnlichen (vgl. z. B. Ruhrmann 2003, 543 ff.). Dadurch kann ein verzerrtes Bild von Gesundheitsgefährdungen entstehen (vgl. Femers 2005). Eine Beispielauswahl kann dies illustrieren:

> **Beispiele für Zahlen zu gesundheitlichen Risiken**
>
> „Botulinumtoxin ist das wirksamste Gift der Welt. (…) In Wasser gelöst würden 50 Gramm (…) ausreichen, um 590 000 Kubikmeter – die tägliche Trinkwassermenge Berlins – zu vergiften." (Die Zeit, 08. 05. 2003, 52)

> „Würde die mißbildende Wirkung von Alkohol ebenso streng bemessen wie die des Seveso-Dioxins TCDD, dürfte man nur alle 345 Jahre ein Glas Bier trinken..." (Krämer & Mackenthun 2001, 235)
>
> Die Wahrscheinlichkeit für einen Eifelbewohner, einen Vulkanausbruch zu erleben, ist höher als für einen Briten, an der Creutzfeldt-Jakob Krankheit zu sterben. (Krämer & Mackenthun 2001, 21)
>
> Das Risiko eines Arbeitsunfalls liegt bei 1:24,5. Das Risiko bei Einnahme der Anti-Baby-Pille Thrombose zu entwickeln, liegt bei 1:2500. (Krämer & Mackenthun 2001, 248)
>
> Die individuelle Strahlenbelastung bei einer Hochgebirgswanderung in den Alpen ist höher als die bei einer Röntgenaufnahme beim Zahnarzt. (Ruhrmann 2003, 540)

Für die Praxis der journalistischen Berichterstattung ergeben sich aus der vorgestellten Problematik folgende Empfehlungen zum Umgang mit Zahlen:

- Zahlen und Vergleiche können unterschiedliche Kommunikationsrisiken mit sich bringen – sie können verharmlosen oder aber unnötige Aufregungsschäden verursachen. Journalisten sollten diese Risiken kennen und Zahlen nicht unreflektiert lassen. Ihre Aussagekraft ist sorgfältig zu prüfen.
- Bei der Vermittlung von numerischen Größen über Gesundheitsrisiken geht es oftmals um Akzeptanz durch Vertrauen und nicht durch Wissen. Vertrauen allerdings sollten Journalisten nicht unnötig verspielen. Die Frage der Nebenwirkungen journalistischen Handelns muss daher einen zentralen Stellenwert in der Textgestaltung über riskante Inhalte haben.

7.3 Redeschmuck: Eine Frage von Sprachspielen und Inszenierungen

Unter den Begriffen Sprachspiel und Inszenierung finden sich in der Literatur eine Reihe ganz unterschiedlicher Konzepte, Mittel und Empfehlungen, um zu einem stilistisch anspruchsvollen und ansprechenden Text zu gelangen. Viele dieser Mittel setzen wie die eben vorgestellten Vergleichssetzungen auch auf eine Verbindung des Textes mit Bekanntem oder die Konkretisierung und Veranschaulichung. Die historischen Wurzeln dieser Informationsstrategie sind in der Philosophie zu finden – wie die beiden folgenden Aussagen verdeutlichen:

> **Philosophische Weisheiten für anschauliche Textgestaltung**
>
> „Ferner ist das Allgemeinste wohl auch für die Menschen am schwierigsten zu erkennen; denn es liegt am weitesten ab von der sinnlichen Wahrnehmung." (Aristoteles, „Die Stufen der Erkenntnis")
>
> „Denn das Anschauliche, das Reale, in seiner Ursprünglichkeit und Kraft, ist der natürliche Gegenstand des denkenden Geistes und vermag am leichtesten ihn tief zu erregen." (Arthur Schopenhauer, „Parerga und Paralipomena")

Jenseits von Konkretisierung und Veranschaulichung von Zahlen oder Worten arbeiten andere stilistische Mittel z. B. mit der Wiederholung oder Umpositionierung von Worten oder Satzgefügen, so dass ein besonderer Rhythmus entsteht oder die Abweichung von gewohnten Positionen für Aufmerksamkeit oder Eleganz in der Formulierung sorgt. Die wichtigsten und gängigsten stilistischen Gestaltungsmittel werden im Folgenden vorgestellt. Dabei werden jeweils Beispiele aus journalistischen Texten und der Werbesprache zur Illustration der stilistischen Gestaltung in der modernen Wirtschaftskommunikation herangezogen.

7.3.1 Textgestaltung mit den Mitteln der Intertextualität

Unter Intertextualität versteht man den Bezug, den ein Text auf einen anderen hat (Fix 2008, 26). Dieser kann explizit sein, indem zitiert wird, es kann aber auch nur eine partielle oder karikierende Nachahmung stattfinden. Texte werden dann häufig nur syntaktisch nachgeahmt oder nur einzelne lexikalische Elemente des Ursprungstextes finden sich wieder. Intertextualität existiert seit der Etablierung der Schriftkultur (Janich 2008 a, 177). Die Werbesprache bedient sich in ihrer stilistischen Gestaltung sehr gerne solcher Textreferenzen bzw. intertextueller Referenzen und nutzt Sprichworte, populäre Buch- und Filmtitel oder berühmte Zitate aus Politik, Literatur, Geschichte oder Wirtschaftswerbung selbst, um das zu bewerbende Produkt sprachlich ansprechend zu inszenieren.

Beispiel für Intertextualität in der Werbung
„Gurgeln oder Lutschen, das ist hier die Frage! William Shakespeare" (Mallebrin)
Referenztext: „Sein oder Nichtsein, das ist hier die Frage." (William Shakespeare, Hamlet)

Dieses Beispiel zeigt, dass der neue Text lexikalisch modifiziert sein kann, allerdings ist dies nicht immer der Fall (Janich 2008 a, 178 f.). Die Intertextualität setzt auf die Bekanntheit des Originaltextes und den Transfer der Bedeutung auf das zu bewerbende Gut. Im Vordergrund steht die Aufmerksamkeitserregung durch die (wie auch immer geartete) Verfremdung von Bekanntem. Intertextualität findet man aber auch häufig in der journalistischen Sprache, sehr häufig in der Glosse z.B. und auch sehr gerne in der textlichen Gestaltung von Headlines. Beim Lesen einer Tageszeitung fallen solche intertextuellen Überschriften schnell ins Auge. Das Interesse ist dann zumeist rasch geweckt und der Leser will sich selber die Frage beantworten, was der aktuelle Text (die Nachricht oder der Kommentar zum Beispiel) mit dem Original aus Literatur oder Film zu tun hat. Beispiele für solche stilistischen Inszenierungen aus Werbeanzeigen und Werbespots finden sich zur Illustration in der nachfolgenden Tabelle.

Beispiele für Intertextualität bzw. intertextuelle Referenzen in der Werbung (nach Janich 2005, 174 ff.)		
Werbeaussage	Absender	Bezugstext
Nach Hause telefonieren. Oder gleich hinfahren.	Ford Ka mit Freisprechanlage	Referenz auf den Ausspruch der Filmfigur E.T. – der Außerirdische von Steven Spielberg

Entdeck' die Leichtigkeit des Seins	Performance Drink Fit for Fun	Anspielung auf den Buchtitel "Die unerträgliche Leichtigkeit des Seins" (Milan Kundera)
Der Mensch lenkt. Mercedes denkt.	Mercedes Benz	Referenz auf den alttestamentarischen Ausspruch „Der Mensch denkt, Gott lenkt"
Wie es Euch gefällt	Softwareunternehmen Java	Unmarkiertes Zitat des deutschen Titels einer Komödie von William Shakespeare
Brave Autos kommen in die Garage. Der Rocsta kommt überall hin.	Auto Kia Rocsta	Übernahme der syntaktischen Struktur des Buchtitels „Brave Mädchen kommen in den Himmel, böse überall hin" (Ute Ehrhardt)
Von einer, die auszog, geraucht zu werden.	Lucky Strike	Bezug auf den Märchentitel der Brüder Grimm „Von einem, der auszog, das Fürchten zu lernen"
Manche mögen's heiß	Tabak Schwarzer Krauser	Unmarkiertes Zitat des deutschen Titels des Marilyn-Monroe-Films
Nicht ohne meine Coca Cola.	Coca Cola	Verfremdetes Zitat des Buchtitels „Nicht ohne meine Tochter" (Betty Mahmoody)

Abb. 7.3: Intertextualität in der Werbung

Intertextuelle Referenzen können viele **verschiedenen Funktionen** haben: „(...) sie dienen der Zusammenfassung, der Nachahmung, der Ergänzung, der kritischen Kommentierung, der Verstärkung, der argumentativen Zuhilfenahme, dem Nachweis fremder Quellen, der Markierung von Verbindlichkeit, dem Widerspruch, der Persiflierung und der Parodierung, der Aufmerksamkeitserregung – kurz: der Erweiterung der Bedeutung des eigenen Textes." (Janich 2008 a, 177 f.). Neben der Differenzierung der Funktionen lassen sich auch spezifische Gestaltungsprinzipien für die Intertextualität ausmachen.

In der **Intertextualität** folgt speziell die **Werbung** zwei **Grundprinzipien bzw. Strategien**, die überhaupt ihre Kreativität in der stilistischen Gestaltung ausmachen: Es geht entweder um **Wiederholung** (im Sinne eines wiederholenden Zurückgreifens) oder um **Verfremdung** (im Sinne eines erweiternden Verfremdens). Wiederholung als regelgeleitete Kreativität ist nach Janich (2008 b, 293) „die Wiederkehr von Bekanntem, das Aufgreifen von Vertrautem und das Befolgen von Regeln. Als Gestaltungstechnik umfasst sie die Wiederholung von Lauten, Wörtern, Sätzen (nicht selten in Form rhetorischer Figuren) oder (...) das sprachliche und bildliche Anknüpfen und anspielen auf vertraute Situationen, Personen oder bekannte Texte." Wenn in der McDonalds-Werbung das Sprichwort „In der Kürze liegt die Würze" bemüht wird, folgt man der Strategie der Wiederholung.

Das Prinzip der Verfremdung hingegen ist in der Werbeaussage von DeutschlandRadio realisiert, wenn es heißt „Und seid Ihr nicht hörig, so braucht ihr Musik."[77] Die Verfremdung, als regelverändernde Kreativität, ist nach Janich (2008 b, 293) „jegliche Abweichung von Bekanntem, ist die Modifizierung und das 'Fremdmachen' von Vertrautem und das bewusste und absichtliche Brechen von Regeln und Überschreiten von Grenzen." Auch für diese Strategie lassen sich nicht nur in Form von intertextuellen Referenzen viele Beispiele in der Werbesprache finden. Die Formen der orthographischen und grammatikalischen Abweichungen z.B., die weiter unten erläutert werden, stützen sich auch auf dieses stilistische Gestaltungsprinzip.

Für Intertextualität liegen darüber hinaus verschiedene, weit differenziertere linguistische Typologisierungsvorschläge vor, von denen anhand von werblichen Beispielen eine Typologisierung in Anlehnung an die Darstellung bei Janich (2008a, 189f.) nachfolgend vorgestellt wird. Die Typologie zeigt mögliche Varianten von kreativen Sprachspielen mit bekanntem Referenzmaterial.

Typologisierung intertextueller Phänomene (vgl. Janich 2008a, 189f.)		
Intertextuelles Phänomen	Werbeaussage	Referenztext
1. Vollständige oder unvollständige Übernahme (Zitat) eines Referenztextes (mit oder ohne Markierung)	„Manche mögens's heiß." (Tabak Schwarzer Krauser)	Filmtitel "Some like ist hot." bzw. "Manche mögen's heiß." (Billy Wilder)
2. Anspielung auf einen Referenztext durch Übernahme von (syntaktischen) Strukturen bei lexikalischer Substitution	„Manche mögen's sicher" (VW Polo)	Filmtitel „Some like ist hot." bzw. "Manche mögen's heiß." (Billy Wilder)
3. Anspielung auf einen Referenztext durch Verwendung zentraler lexikalischer Einheiten bei struktureller Modifikation (Aufgreifen von Schlüsselworten)	„Entdeck' die Leichtigkeit des Seins." (Performance Drink Fit for Fun)	Buchtitel "Die unerträgliche Leichtigkeit des Seins" (Milan Kundera)
4. Anspielung auf einen Referenztext über den visuellen Code	„Manche mögen's sicher" (VW Polo) (Anzeige mit Crashtest-Dummy in klassischer Monroe-Pose mit fliegendem weißen Kleid)	Filmtitel „Some like ist hot." bzw. "Manche mögen's heiß." (Billy Wilder) mit der Schauspielerin Monroe
5. Anspielung auf die Struktur eines Referenztextes	„Lucky Strikes. Sonst nichts." (Lucky Strike)	Slogan „Campari. Was sonst?" (Campari)

Abb. 7.4: Typologisierung intertextueller Phänomene

---

[77] Verfremdet ist hier eine Zeile aus dem Gedicht „Der Erlkönig" von Goethe: „Ich liebe Dich, mich reizt Deine schöne Gestalt, und bist Du nicht willig, so brauch' ich Gewalt.".

7.3.2 Textgestaltung mit den Mitteln der Bildhaftigkeit und Vergleichsetzung

Unter Mitteln der Bildhaftigkeit kann man alle die Sprachkonstruktionen verstehen, bei denen sinnbildlich beschrieben wird, was der Texter ausdrücken will. Dabei kommt es darauf an, dass die mit der Sprache gemalten Bilder eingängig und vor allem verständlich sind. Sie sollen das zu Sagende klarer machen und Anschaulichkeit der Sprache erhöhen, können aber auch in der Wirkung eine Meinung oder Wertung des Autors gezielt zum Ausdruck bringen. Bei Vergleichskonstruktionen, die auf Bildhaftigkeit setzen, sind zwei verschiedene Formen zu unterscheiden: Analogie und Metapher (vgl. Hoppe 2000, 179 ff., Ditko & Engelen 1998, 200 ff.). Beides sind bildhafte Vergleiche. Sie lassen sich wie folgt systematisieren:

Systematisierung bildhafter Vergleiche	
Explizit: Der Vergleich enthält ein Signalwort (z. B. „wie")	**Analogie**, Beispiel: „Die Männer tragen kollektiv glitzernde Trainingsanzüge, die Frauen haben grelle Morgenmäntel angelegt, in denen sie aussehen wie riesige Fleisch gewordene Bonbons." (Simon 2004, 130)
Implizit: Der Vergleich enthält kein Signalwort	**Metapher**, Beispiel: Trendscouts: „Sie sind die Todesboten der Szene, wo sie erscheinen, tragen die Gäste bald Jackets mit aufgeknöpften Hemden darunter und bringen ihre Eltern aus der Provinz mit." (Simon 2004, 180)

Abb. 7.5: Systematisierung bildhafter Vergleiche

Vergleiche stellen Begriffe neben andere und konstruieren eine Beziehung zwischen Personen, Gegenständen oder Sachverhalten. Vergleiche können, müssen aber nicht bildhaft sein. Auf die Ähnlichkeitsbeziehung wird häufig durch typische Signalwörter verwiesen: wie, als ob, gleichen, ähneln. Sind im Vergleich solche Signalwörter enthalten und ist der Vergleich bildhaft, so handelt es sich um eine Analogie. Verzichtet ein Vergleich auf das Signalwort, so ist er implizit. Ist ein solcher Vergleich bildhaft, so handelt es sich um eine Metapher. Beide Formen sollen nachfolgend erläutert werden. (Auf die Erörterung nicht bildhafter Vergleiche wird hier verzichtet, da dies für die stilistische Praxis in der Wirtschaftskommunikation irrelevant ist.)

Analogien: findet man sehr häufig in literarischen Texten (vgl. Schneider 2001, 186). Aber auch in journalistischen und werblichen Texten werden sie oft eingesetzt.

Beispiel: Analogie in der Literatur
„Seine Augen leuchteten wie die Scheiben brennender Irrenhäuser." (Arno Schmidt)

Auf die Relevanz von Analogien, Gleichnissen und ihr Wirkprinzip haben – wie gesagt – schon die Philosophen hingewiesen, so weiß Arthur Schopenhauer: „Gleichnisse sind von hohem Wert, sofern sie ein unbekanntes Verhältnis auf ein bekanntes zurückführen." Bereits in der Antike haben sich berühmte Rhetoriker mit dem Wesen und der Wirkung der Analogie beschäftigt. Analogien stellen also wie die anderen hier betrachteten sprachlichen Mittel keine Erfindungen oder Entdeckungen der modernen Rhetorik der Wirtschaftskommunikation dar.

Metaphern, die beliebtesten Mittel zur Erzeugung von Bildern mittels Sprache, sind mit der Analogie sehr eng verwandt. Mit der Analogie wie auch mit der Metapher kann man neues Wissen auf der „Folie" alten Wissens abbilden: „Analogien fördern die Kreativität, in dem sie es erleichtern, durch den Rückgriff auf altes Wissen Hypothesen über neues Wissen aufzustellen." (Ditko & Engelen 1998, 229). Im Unterschied zu Metaphern arbeiten Analogien aber wie gesagt immer mit Signalwörtern. Der Einsatz von Analogien ist daher weniger riskant als die Verwendung von Metaphern. Denn die Gleichsetzung ist in der Analogie explizit, sie wird nicht so leicht fälschlich für Identität gehalten. Die Vergleichsdimension für die Analogie muss sorgfältig ausgewählt sein. Sie ist umso wirksamer, je mehr sie in den gesamten Kontext passt – wie die Analogie zu einer Bohrinsel aus einer Reportage zeigen kann.

> **Beispiel: „Eine Bohrinsel wie ein Tintenfisch"**
>
> „Vom Schiff sehen die Neftanje Kamnje, die öligen Steine, aus wie ein mächtiger Tintenfisch, der sich aus dem Meer emporhebt. Sein Leib ragt hässlich neun Betonetagen hoch in den Himmel, die Arme breiten sich auf dünnen Stelzen 100 Kilometer im Wasser aus. Aus der Nähe wirkt der Tintenfisch angeschlagen, dem Tod geweiht. Der letzte große Sturm 1992 und die vielen kleineren danach haben Teile aus seinem Körper gerissen, jedes Jahr ein Stück mehr. Manche Tentakel enden im Nichts, andere scheinen so schwach, dass sie einzuknicken drohen und mit sich die Bohrtürme und Ölpumpen in die Tiefe reißen." (Simon 2004, 105).

Das für die Analogie gewählte Tier passt sehr gut zum Meer, in dem die Bohrinsel platziert ist und der Hässlichkeit des von Menschen Gemachten, des Künstlichen, das der Naturgewalt des Meeres nur scheinbar entnommen ist, ihr aber nicht standhalten kann. Das Bild ist in der Analogie konsequent und detailliert ausgearbeitet. Die generelle Beliebtheit von Analogien in journalistischen Texten sollen abschließend die folgenden Beispiele verdeutlichen.

> **Beispiele für Analogien in journalistischen Texten** (hier: Reportage)
>
> Bankmenschen: „(...) die aussehen, als seien sie im Kollektiv auf der Sonnenbank eingedöst. (...) Sie wirken wie Beamte auf einem Betriebsausflug, die aus Versehen in einem Striptease-Lokal gelandet sind und nun nicht so richtig wissen, ob sie sich gruseln oder freuen sollen." (Simon 2004, 181).
>
> „Als Cookie 1992 nach neun Stunden Zugfahrt am Bahnhof Zoo ankam, war Mitte ein Viertel mit schiefen blassen Häusern, deren Fassaden aussahen, als hätte es jahrzehntelang geregnet." (Simon 2004, 182)
>
> „Der Zug erinnert an ein fettes Tier kurz vor dem Winterschlaf, voll gefüttert mit allerlei Herrlichkeiten – Geschenken, Dollar, Wodka. Man müsste ihn nur noch schlachten." (Simon 2004, 132)

Metaphern: Auch Metaphern findet man häufig in literarischen Texten (vgl. Schneider 2001, 186). In der Literatur sind Metaphern das wichtigste Element der bildhaften Sprache und ihnen kommen gleich zwei Funktionen zu, wobei für den Einsatz im Journalismus nach Schneider (2001, 185–186) nur die erste als sinnvoll angesehen werden kann: „Es ist die königliche Funktion der Metapher, mit den alten Worten das Neue zu sagen oder das Unbekannte anschaulich zu machen. (...) In ihrer anderen Funktion richtet die Metapher häufig jenes Unheil an, für das sie zu recht verspottet wird: als bloßer Redeschmuck, als Überhöhung des Altbekannten, als ‚Sprechblume' (Jean Paul)".

> **Beispiel: Metapher in der Literatur**
>
> „Ich bin, was meine ganze Naturanlage betrifft, einer der süßlichsten Kerls in Europa, meine Lippen sind Zuckerfabriken, und mein Benehmen ist ein total schokoladenes." (Robert Walser)

Metaphern wird häufig unterstellt, sie seien kunstvollere Sprachgebilde als die Analogie. Sie werden auch als eine Art **Brückenschlag** bezeichnet: „Denn sie verbindet auf schöpferische Weise, ihre luftigen Konstrukte schwingen sich über die Abgründe des logisch scheinbar Verbindungslosen hinweg." (Boehm 2006, 77). Weniger prosaisch definiert Hoppe (2000, 179) dieses Stilmittel: „Die direkteste Form der bildhaften Beschreibung ist die Metapher. Sie ist reine Übertragung. Die Metapher ersetzt einen Ausdruck durch einen anderen. Dieser ist sinnähnlich zu dem ursprünglichen Ausdruck, also vergleichend, aber unbedingt bildhaft. Die bildhafte Bedeutung tritt an die Stelle der ursprünglichen Bedeutung. Diese Bezeichnungsübertragung ist nur wirkungsvoll, wenn zwischen Ausdruck und Metapher eine Ähnlichkeitsbeziehung besteht."

Man benutzt also Metaphern, um auf Übereinstimmungen zwischen zwei Gegenständen oder Personen hinzuweisen, die sich ansonsten unterscheiden. **Bekanntheit der Vergleichs- bzw. Übertragungsdimension** ist dabei eine wesentliche Bedingung: „Metaphern beschreiben also das Unbekannte oder Unverstandene in Begriffen von etwas Bekanntem oder Verstandenem, d. h. sie übertragen (...) dieses Unbekannte oder Unverstandene im wahrsten Sinne des Wortes aus seinem eigentlichen Bedeutungszusammenhang in einen anderen." (Ditko & Engelen 1998, 200). Die grundlegende Bedingung für die gelungene Metapher ist aber das Erkennen von Ähnlichkeiten, worauf schon Aristoteles verwiesen hat („Denn gute Metaphern zu bilden bedeutet, dass man Ähnlichkeiten zu erkennen vermag."). Der gelungene Einsatz von Metaphern setzt eine Chancen- und Risikoabwägung voraus wie die nachfolgende Gegenüberstellung zeigen kann:

Chancen und Risiken von Metaphern (nach Ditko & Engelen 1998, 206–207)	
Chancen von Metaphern	**Risiken von Metaphern**
• Mobilisieren Vorstellungen, Gefühle und Erinnerungen	• Verwechslung des Bildes mit der Sache selbst, die kommuniziert werden soll
• Verstärken die Wirkung des Gesagten, sind einprägsam	• Entgleiten der Wirkung, Verselbständigung des Bildes
• Lassen Totes lebendig werden	• Missverstehen des Bildes aufgrund fehlenden Wissens oder mangelnder Erfahrung
• Überraschen, fesseln die Aufmerksamkeit	• Verharmlosung einer Sache durch die Wahl einer bestimmten Vergleichsdimension
• Eröffnen neue Perspektiven der Betrachtung, konstruieren neue Wirklichkeiten	
• Erlauben eine Distanzierung und machen unangenehme Botschaften akzeptabel	

Abb. 7.6: Chancen und Risiken beim Einsatz von Metaphern

Der letzt genannte, vielleicht nicht selbst erklärende Risikoaspekt, die Verharmlosung, soll anhand historischer Beispiele aus der Rhetorik des Nationalsozialismus illustriert werden. Klemperer (2007), der wohl wie kein anderer der Sprache des dritten Reiches nachgespürt hat (vgl. auch Dutt 2008) führt Sportmetaphern an, die in der Sprache des Reichspropagandaministers Josef Goebbels angelegt waren, um mit sprachlichen Bildern blutigen Krieg zu verharmlosen.

> **Beispiel: „Rhetorische Abschwächung: Sportmetaphern für den Krieg"**
>
> Sportmetaphern in der Propaganda von Goebbels (Klemperer 2007, 312 ff.)
>
> Laufen: „Uns wird der Atem nicht ausgehen, wenn es zum Endspurt kommt." Sieger werde, „wer auch nur um Haupteslänge vor den anderen durchs Zielband geht."
>
> Fußball: „Wir kämpfen ausschließlich im gegnerischen Strafraum."
>
> Boxen: „Wir wischen uns das Blut aus den Augen, damit wir klar sehen können, und geht es in die nächste Runde, dann stehen wir wieder fest auf den Beinen."

Für die in der Wirtschaftskommunikation üblichen Textsorten gilt die Metapher auch als ein zentrales Element der Textgestaltung. Viele journalistische Texte z.B. setzen auf die Verbildlichung. Beispiele aus Reportagen können dies belegen:

> **Beispiele für Metaphern in journalistischen Texten** (hier: Reportage)
>
> Coca Cola ist die Muttermilch des Kapitalismus. (Heuser & Jungclaussen 2004, 126)
>
> Basil Zaharoff, der mit Waffengeschäften Millionen machte, ist der „Kaufmann des Todes und Handlungsreisender des Todes". (Heuser & Jungclaussen 2004, 138)
>
> Clubbetreiber sind in der Tiermetapher: „Trüffelschweine der Immobilienbranche" (Simon 2004, 185)
>
> „Als das Werk vollbracht war und niemand mehr an seinem Erfolg rütteln konnte, ließ er die Abendsonne darüber scheinen. Rudolf v. Bennigsen-Foerder, Vorstandsvorsitzender der Veba und vom Manager-Geblüt her ein Monarch, wurde in seinen letzten Lebensjahren milder, gelassener, auch amüsierter." (Grunenberg 1990, 40)
>
> „Emphatisch feierte die Zeitschrift ‚Life' die Ästhetik der Coca-Cola-Flasche, sprach von der schönsten Verpackung des Industriezeitalters und bezeichnete die Form als ‚kalliphygisch', was soviel heißt wie ‚schönes Gefäß' – die Colaflasche als Aphrodite für den Massenzugriff." (Heuser & Jungclaussen 2004, 128, 132).

Bildhafte Vergleiche, Analogie und Metapher, sind gut dafür geeignet, Stimmungen und Atmosphäre zu vermitteln. Sie können Unbelebtes lebendig machen und sehr eindringliche Vorstellungsbilder schaffen, die es dem Leser leicht machen, sich in eine Szene hinein zu versetzen und die geschilderten Ereignisse oder Schauplätze auch emotional mit zu erleben. Die abschließenden Beispiele aus Reportagen können das verdeutlichen.

> **Beispiele für Vergleiche, die insbesondere Atmosphäre und Stimmungen verdeutlichen**
>
> „Es ist wieder Gipfel der großen Industrienationen. Die Journalisten stehen da wie 100-Meter-Läufer kurz vor dem Startschuss, die Gesichter vor Aufregung verzerrt, jeder Muskel angespannt." (Heuser & Jungclaussen 2004, 75)

> „Man muss nicht hinaussehen. Da ist nichts. Ihre Wohnung wirkt seltsam leer, die wenigen Dinge scheinen an ihren Plätzen festgefroren, als würde Ofelia keine Unordnung dulden. (...) In dieser Wohnung liegt die Sehnsucht auf jedem Gegenstand." (Simon 2004, 98)
>
> „Wenn es einen Superlativ von Grau gibt, beschreibt das die Farbe des Himmels. (...) Die graue Landschaft, die verkommenen Dörfer, die traurigen Gesichter hinterlassen ein Gefühl, als habe einem jemand in den Magen geschlagen. Hoffnungslos, sinnlos. Der Osten, die Heimat der Depression. (Simon 2004, 134)
>
> Sprachliche Demonstration der Macht des Öls und des Einflusses, den es auf Menschen hat, die in der Erdölindustrie arbeiten: Öl, die „heilige Flüssigkeit": „Das Öl nimmt Besitz von den Menschen, die mit ihm arbeiten, schleicht sich in ihre Träume, bestimmt und vernichtet ihre Wünsche, weckt Hoffnungen oder zerstört sie. Es verändert die Gestalt je nach Betrachter, zeigt oder verbirgt sich, wie es ihm gefällt. (...) Zu Beginn raubte die Freude den Menschen die Sinne, sie beten das Öl in Tempeln an. (...) Erst mit den Jahrzehnten entblößte es seine hässliche Fratze. (...) Öl, der Stoff, der die Welt antreibt, der reich macht oder arm, der die Sinne berauscht. Der die Menschen verwandelt – erst sind sie nur interessiert, begierig auf Abenteuer, später werden sie hungrig, lüstern nach Wohlstand und Macht." (Simon 2004, 95, 96, 101, 103)

7.3.3 Textgestaltung mit den Mitteln von Sprachspielen

Vor der Lektüre des nachfolgenden, inhaltlich recht dichten Unterkapitels sei dem Leser empfohlen, vielleicht besser einen Jacobs icepresso zu sich zu nehmen, denn in der Werbung heißt es: „Wachsein ist jetzt icekalt lecker." (Jacobs icepresso). Diese von der üblichen Wortkonstruktion abweichende Mischung zweier Sprachen in einzelnen Worten verspricht Aufmerksamkeit. Darauf bauen Sprachspiele in ihren unterschiedlichen Varianten.

Unter einem Sprachspiel versteht man eine **intendierte Abweichung**[78] **mit Mehrwert**. Kreutzer (1969, 6, zitiert nach Janich 2005, 146) definiert Sprachspiele als „Spiele mit dem gesamten überkommenen Sprachmaterial, die sich den normativen Idealen inhaltlicher Eindeutigkeit und formaler Fixiertheit durch Mehrdeutigkeit und Abwandlung entziehen, vornehmlich um komische und suggestive Wirkungen zu erzeugen."

Die Komplexität des Spiels darf die Rezipienten weder überfordern noch langweilen, diese **Gratwanderung** ist für den Texter eine schwierige Aufgabe. Ein weiteres Risiko ist die Einbuße von Akzeptanz, wo nicht Mehrwert (Witz z.B.), sondern Banalität geboten wird. Auch darf der Witz keinen höheren Erinnerungswert als das eigentliche textliche Anliegen z.B. die Werbebotschaft selbst haben, sonst verfehlt das eingesetzte Sprachspiel sein Ziel. Der kreative Umgang mit der Sprache kann sich bei Sprachspielen auf allen Ebenen, dem Laut, dem Wort oder dem Satz abspielen. Für die verschie-

---

[78] Für die Abgrenzung von Sprachspielen bzw. -inszenierungen und rhetorischen Figuren ist die Begriffsbestimmung von Janich (2005, 139) hilfreich, sie zeigt aber auch gleichzeitig die Grenze der Begriffsabgrenzung auf: „Rhetorische Figuren sind in der Regel sprachliche Erscheinungen, die sich entweder durch eine bestimmte (auffällige) Form auszeichnen (z.B. (...) Alliteration) – oder wie die rhetorischen Ersatztropen (z.B. Metapher (...)) eine besondere Semantik aufweisen. (...) Sprachspiele lassen sich am besten als Abweichungen von Normen oder zumindest Erwartungen (...) charakterisieren, doch auch rhetorische Figuren stellen nicht selten Normverstöße dar."

denen Sprachspielformen gibt es sehr unterschiedliche Klassifikationsansätze. Eine erste einfache Variante der Klassifikation, die im Folgenden nachvollzogen wird, sind die Wortspiele und Doppeldeutigkeiten.

7.3.3.1 Wortspiele und Doppeldeutigkeiten

Reime in der Werbung: Beliebte einfache Wortspiele mit Klangähnlichkeit
Wenn Dich eine Mücke sticht, nimm' Azaron, dann juckt es nicht. (Azaron)
Vor dem Bier und nach dem Essen, Bommerlunder nicht vergessen. (Bommerlunder)
Genuss wie ein Kuss. (Berliner Kindl)
Such nicht viel, nimm Persil. (Persil)
Prüfe hier, prüfe da, kaufe dann bei C&A. (C&A)

Reime sind wohl die einfachsten Formen von Wortspielen, die sich der Klangähnlichkeit von Worten bedienen. Sie sind im Unterschied zu anderen in der Literatur bearbeiteten Wortspielformen sehr einfach konstruiert. Die weiteren, komplizierteren Formen von Wortspielen erzeugen typische Verfremdungseffekte und setzen auf Klang- oder Bedeutungsverwandtschaften von Wörtern. Dabei werden ganze Worte oder nur Silben und Buchstaben ausgetauscht. Im Wortspiel wird die Erwartung des Lesers gebrochen, denn aus Bekanntem heraus erfolgen überraschende Wendungen, die nur durch implizite Gedankengänge beim Leser offenbar werden. Dabei darf die intellektuelle Hürde nicht zu hoch angesetzt werden, die Inferenz muss relativ einfach zu ziehen sein, damit der Rezipient den Sinn des Wortspiels auch identifizieren kann. Man kann zwischen drei Typen von Wortspielen unterscheiden (vgl. Reiners 2004, 426 ff.; Hoppe 2000, 176 ff.):

1. Ähnlichkeitswortspiele: Lautähnliche Wörter ohne gemeinsamen Ursprung oder gemeinsame Bedeutung werden beim Ähnlichkeitswortspiel für einen Überraschungs- oder komischen Effekt miteinander in Beziehung gesetzt. Die Ähnlichkeit der Worte kann vollständig oder teilweise gegeben sein. Manchmal reicht es, einen einzelnen Buchstaben auszutauschen, um den gewünschten Effekt zu erreichen (Bsp.. „Hasta la visa, Joschka?" rhetorische Frage in einer Hapag Lloyd-Anzeige am 25.04.2005 in einer überregionalen Tageszeitung im Kontext der Visa-Affäre bzw. dem Visa-Untersuchungsausschuß, vor dem der ehemalige Bundesaußenminister Joschka Fischer musste).

2. Umformungswortspiele: Besteht die Klangverwandtschaft nur zwischen Teilen, und nicht den gesamten Wörtern, müssen Wörter teilweise ausgetauscht, zerlegt oder neu verschmolzen werden, um ein Wortspiel zu realisieren: Bsp. „Beck's Appeal"; „Für Kochmopoliten." (GU-Spezialitäten aus aller Welt); „Union – das dortmundige").

3. Doppelsinnwortspiele: Viele Wörter haben mehrere Bedeutungsvarianten, die für eine gezielte Doppeldeutigkeit in dieser Wortspielvariante gekonnt eingesetzt werden: Bsp.: „Verlangen Sie mehr Gehalt. Auch von Ihrer Zeitung." (Financial Times Deutschland); „Wir haben noch viel mehr auf Lager." (Deutsche Steinkohle. 400 Jahre ab heute); „Wer das Blatt wenden will, muss das richtige lesen." (Focus. Money).

Eine über diesen einfachen Klassifizierungsansatz hinausgehende Kategorisierung nach Janich (2005, 148 f.) baut auf einer ganzen Reihe von linguistischen Arbeiten auf und zeigt sowohl den hohen Differenzierungsgrad von allen möglichen Sprachformen als auch die Relevanz dieser Abweichungsformen für die Werbung. Die nachfolgende Tabelle gibt Auszüge aus dieser Klassifikation wieder.

Sprachspielklassifizierungsvorschlag mit Beispielen (nach Janich 2005, 148 ff.)		
1. Wortspiele	a) phonetische Verfahren	
	Spiele mit Homophonie	Märchen-Prints (Anzeige für Videoprinter)
	Spiele mit Lautvertauschung -hinzufügung, -ersetzung	Unnachrahmlich (Weihenstephaner Milchprodukte)
	Spiel durch Lautverschriftung	Schnupfn, Huustn, Heisakeit. (Erkältungsmittel von Ratiopharm)
	b) morphologische Verfahren	
	Spiel mit Komperativen	Wieder, größer, satter, lecker. (McDonald's)
	Spiel mit ungrammatischen Wortformen	Räkel – streck – fläz (Condor Airlines)
	Spiel durch Wortbildung	Unkaputtbar (Coca-Cola)
	Spiel durch Ersetzung, Vertauschung, Hinzufügung	Fun-tastisch (Handy von Swatch)
	c) syntaktische Verfahren	
	Spiel mit Aktiv und Passiv	Der Unterschied zwischen geliefert haben und geliefert sein ist hauchdünn. (Hermes)
	Spiel durch normwidrige Syntax	Der Held, was er verspricht. (Walt-Disney-Film Herkules)
	d) phraseologische Verfahren[79]	
	lexikalische Substitution eines Phraseologismus	Ist die Katze günstig, freut sich der Mensch. (Jaguar in Sixt-Werbung)
	Remotivation eines Phraseologismus	Für Leute, die gern viel um die Ohren haben. (Verstärker von Blaupunkt)
	e) graphische und orthographische Verfahren	
	Spiel mit Interpunktion	Alfa Spider. Auf. Und davon. (Alfa-Romeo)
	Spiel mit Intarsio (Integration eines Markennamens)	SchreIBMaschine (Schreibmaschine von IBM)
	Verfremdung der Orthographie (hier: Binnengroßschreibung)	Schwarzkopf. HauptSache schönes Haar. (Schwarzkopf)
	Verschiebung der Wortgrenzen	Have an Ice Day. (West)
	Mehrsprachige Kombinationen	Très dick (Gauloises)

---

[79] Die hier aufgeführten phraseologischen Verfahren kann man auch wie oben geschehen intertextuelle Referenzen nennen.

2. Kontextspiele	a) Intertextuelle Gattungsreferenzen	Eine Renault-Twingo-Anzeige formuliert und gesetzt wie eine Kleinanzeige für Wohnungen.
	b) Spiel mit Textsortenkonventionen	Eine Mercedes-Anzeige ohne Bild mit der Headline: Dieses eine Mal verzichten wir auf die Abbildung der neuen E-Klasse. Sonst liest das ja doch wieder keiner.
3. Referenzspiele	a) Personifizierung	Möchten Sie lieber von ihr geweckt werden oder von uns? (Vivre-System von Renault mit Leitplanke)
	b) Spiel mit Ambiguität	Noch nie waren Oberteile so leicht zu öffnen. (Cabrios von Europcar)
	c) Kontextkombinationen	Gegen Vergesslichkeit. Die Spiegel-Jahreschronik 1998. Rezeptfrei im Handel.

Abb. 7.7: Klassifizierung von Sprachspielen

Viele Beispiele aus der Werbesprache lassen sich den unterschiedlichen Sprachspielkategorien zum Teil sogar mehrfach zuordnen. Dies zeigt, dass die theoretischen Ordnungsversuche mit der Kreativität in der Praxis nicht immer mithalten können. Für kreatives Texten sind allerdings Kenntnisse über Sprache, Syntax und Grammatik von hoher Relevanz, die Einfälle stellen sich nämlich keineswegs intuitiv ein. Textgestaltung vermag vielmehr sehr stark von der Auseinandersetzung mit linguistischen Arbeiten zu profitieren. So ist es sicher kein Zufall, dass sich für die klassischen rhetorischen Figuren unschwer eine Fülle von Beispielen aus dem werbesprachlichen Gebrauch finden lassen (siehe unten).

Die vorgestellten Mittel der Sprachgestaltung sollen alle im Kampf um Aufmerksamkeit einen Differenzierungsvorsprung auf sprachlicher Ebene sichern – zum Teil auch dort, wo Produkte diese Differenzierung nicht mehr leisten können. Die Mehrdeutigkeit und semantische Verdichtung kann die kognitive Auseinandersetzung mit einem Produkt vertiefen und eine interessante Spannung herstellen. Vertiefter kognitiver Einsatz in der Sprachverarbeitung hat natürlich Gedächtniseffekte, die dem beworbenen Produkt zu Gute kommen sollen. Andere Sprachspiele setzen mehr auf die emotionale Wirkung oder die Erweiterung der Wahrnehmungsdimension (z. B. Lautmalerei).

7.3.3.2 Rhetorische Figuren im Überblick: Formen, Definitionen und Beispiele

Neben den vorgestellten Formen existiert noch eine Fülle weiterer rhetorischer Gestaltungsmittel. Ihr Charakter und ihre Klassifikation sollen im Folgenden zumindest in Form eines Grundlagenwissens im Überblick und zusammenfassend vermittelt werden. Wie lassen sich rhetorische Figuren insgesamt charakterisieren? „Rhetorische Figuren sind in der Regel sprachliche Erscheinungen, die sich entweder durch eine bestimmte (auffällige) Form auszeichnen (z.B. Chiasmus, Dreierfigur, Alliteration) oder – wie die rhetorischen Ersatztropen (z.B. Metapher und Metonymie) – eine besondere Semantik aufweisen. Sprachspiele lassen sich am besten mit Abweichungen von Normen oder zumindest Erwartungen (...) charakterisieren." (Janich 2005, 139).

Rhetorische Figuren und Sprachspiele werden in der Literatur auch sehr gerne als Redeschmuck bezeichnet, so z.B. in der Bonner Redeschule bei Ditko & Engelen 1998, 197 ff.): „Unter Redeschmuck versteht man in der Literatur zunächst solche Redeweisen, die eine Aussage leichtverständlich, anschaulich, eindringlich, mitreißend, ergreifend und unterhaltsam machen. (...) Bereits die antiken Redner schufen Tausende solcher Schmuckstücke, wobei man unter einem Tropus mit Quintillian eine ‚mit Schönheit ausgeführte Abänderung von der eigentlichen Bedeutung in eine andere' bezeichnen kann." (Hervorhebung im Original).

Die für die Praxis der Wirtschaftskommunikation wichtigsten Formen werden in der nachfolgenden Tabelle systematisiert. Ihre definitorische Erläuterung und Abgrenzung sowie die Illustration anhand von Beispielen aus der Werbesprache folgt in einer zweiten tabellarischen Darstellung. Bei den rhetorischen Stilmitteln sind Figuren im engeren Sinne und Tropen[80] berücksichtigt.

Klassifikation gebräuchlicher rhetorischer Figuren in der Werbesprache (vgl. Biermann & Schurf 1999, 184 f., Janich 2005, 142 f.; Götter & Jungen 2004, 131 f.)	
1. Positionsfiguren	Anastrophe, Chiasmus, Inversion, Parallelismus
2. Wiederholungsfiguren	a) Wiederholung gleicher Elemente: Alliteration, Anapher, Endreim, Epipher, Gemination, Polysyndeton b) Wiederholung ähnlicher Elemente: Diaphora, Klimax (Gradation), Paronomasie, Pleonasmus, Tautologie, Wiederholung einzelner Morpheme in unterschiedlicher morphologischer Umgebung
3. Erweiterungsfiguren	Akkumulation, Antithese, Oxymoron
4. Kürzungsfiguren	Asyndeton, Ellipse, Zeugma
5. Appellfiguren	Apostrophe, Ausruf, Befehlsform, rhetorische Frage
6. Sinnfiguren	Correctio, Vergleich
7. Tropen	Allegorie, Antonomasie, Entkonkretisierung/Hypostasierung, Euphemismus, Hyperbel, Ironie, Litotes, Metapher, Metonymie, Neologismus, Onomatopoesie, Paradoxon, Periphrase, Personifikation, Symbol, Synästhesie, Synekdoche

Abb. 7.8: Klassifizierung rhetorischer Figuren

---

[80] Die genannte Einteilung geht auf den antiken Rhetoriker Quintilian zurück. Er grenzte „den Schmuck, der in einzelnen Wörtern vorkommt (als Tropen) von solchem ab, der sich auf Wortverbindungen bezieht (als Figuren). Die Tropen arbeiten nach dem Prinzip der Qualität (indem ein ‚eigentlicher' Begriff durch einen ‚uneigentlichen' ersetzt wird), die Figuren nach dem der Quantität, und zwar in dreifacher Hinsicht, sofern einem Ausdruck etwas hinzugefügt, etwas weggelassen oder eine Vertauschung vorgenommen wird." (Götter & Jungen 2004, 132–133, Hervorhebung im Original).

Rhetorische Stilmittel werden in allen Textgattungen eingesetzt. Besonders wirkungsvoll und beliebt sind sie nicht nur in der Lyrik, sondern auch in der öffentlichen Rede und der Werbung. Ihre Wirkung zielt auf einen **Zugewinn an Anschaulichkeit, Nachdruck, Betonung, Sinnlichkeit oder Spannung**. Als ästhetischer Reiz machen sie Texte interessanter, schaffen Aufmerksamkeit und erhöhen die Merkfähigkeit. Eine Auswahl rhetorischer Stilmittel (nach Biermann & Schurf 1999, 184 f. und Janich 2005, 142 f.) mit Beispielen aus der Textsorte Werbung zeigt die folgende Tabelle.[81]

Eine Auswahl rhetorischer Stilmittel und ihre Anwendung in der Werbesprache		
Rhetorische Figur	Definition	Beispiel aus der Werbung
Akkumulation	Reihung von Begriffen zu einem – genannten oder nicht genannten – Oberbegriff	Quadratisch, praktisch, gut. (Ritter Sport)
Allegorie	Konkrete Darstellung abstrakter Begriffe (auch als Personifikation)	Bei ARD und ZDF sitzen Sie in der ersten Reihe. (Gemeinschaftswerbung ARD u. ZDF)
Alliteration	Wiederholung der Anfangsbuchstaben oder -silben bei aufeinander folgenden Wörtern	Wenn Winzer Wunder wirken. (Ernst & Julio Gallio)
Anapher	Wiederholung eines oder mehrerer Wörter an Satz-/Satzgliedanfängen	Hier bin ich Mensch. Hier kauf ich ein. (dm)
Anastrophe	Ungewöhnliche Wortstellung im Satz	Ticket Namen ändern Sie auf Ihrem. (Easy Jet)
Antithese	Entgegenstellung von Gedanken und Begriffen	Morgens Aronal, abends Elmex. (Aronal/Elmex)
Antonomasie	Verwendung eines Appellativs[82] statt eines Eigennamens oder umgekehrt	Bei uns hat jede Uhr ihre eigene Geschichte. Und einige von ihnen haben sogar eine Lange Geschichte. (Armbanduhr Lange & Söhne)
Apostrophe	Feierliche oder betonte Anrede, Anruf	Vertrauen Sie Ihrer Intuition. (Wilkinson Sword)
Asyndeton	Weglassen der Konjunktionen	Papier ist geduldig, der Stern nicht. (Stern)

---

[81] Die Beispiele gehen auf eigene Recherchen in verschiedenen Printmedien und folgende Quellen zurück: Janich (2005, 142 ff.), Zimmer-Pietz (2000, 13 ff.), Hars (2002) und http://www.slogans.de). Einige der Beispiele könnten durchaus mehreren Kategorien zugeordnet werden. Denn manchmal sind die Unterschiede kaum vorhanden. So kann manche Akkumulation auch als Klimax verstanden werden, denn die Steigerung ist in der Werbung selten rein. Und selbstverständlich weist eine Inversion auch eine ungewöhnliche Wortstellung auf, hat also eine hohe Verwandtschaft zur Anastrophe, bei der aber das ungewöhnliche an der Wortreihe nicht unbedingt der genauen Umkehrung der normalen Reihenfolge entspricht. Euphemismus und Hyberbel sind oft auch sehr ähnlich.

[82] Ein Appellativ ist ein Gattungsname bzw. ein Wort, das gleichartige Dinge bezeichnet.

Ausruf	Ohne konkrete Anrede	Ich bin ein Air Berliner! (Air Berlin)
Befehlsform	Imperativische Anrede	Auf die Packung, Milch rein, los! (Dr. Oetcker)
Chiasmus	Symmetrische Überkreuzstellung von semantisch oder syntaktisch einander entsprechenden Satzgliedern, spiegelbildliche Konstruktion	Unterwegs für perfektes Design. Perfektes Design für unterwegs. (Hewlett Packard) (umgekehrte Reihenfolge)
Correctio	Korrektur eines zu schwachen Ausdrucks	Nicht nur sauber, sondern rein. (Ariel)
Diaphora	Wiederholung desselben Wortes, aber in unterschiedlicher Bedeutung	Man muss nicht groß sein, um groß zu sein. (VW Polo)
Ellipse	Unvollständiger Satz, Auslassung eines Satzteils oder Wortes, das leicht ergänzbar ist	Verflugt günstig. (Fly.de) (Subjekt fehlt.)
Endreim	Endsilben von Wörtern reimen sich	Im Falle eines Falles, klebt Uhu wirklich alles. (Uhu)
Entkonkretisierung/ Hypostasierung	Abstrahierung von einem Gegenstand (Entkonkretisierung)/bzw. Verdinglichung eines Abstraktums (Hypostasierung)	Alte Liebe rostet, neue kostet. (ADAC FinanService)/bzw. Gut. Besser. Paulaner. (Paulaner)
Epipher	Wiederholung gleicher Worte am Satz-, Satzglied- oder Versende	Würzt scharf. lßt scharf. (WMF Gewürzmühlen)
Euphemismus	Beschönigung statt eines tabuisierten Ausdrucks	An den stärkeren Tagen. (Monatsbinden)
Gemination	Unmittelbar auf einander folgende Wiederholung desselben Wortes innerhalb eines Satzes	Bonnfinanz. Damit Ihre Zukunft Zukunft hat. (Bonnfinanz Versicherung)
Hyperbel	Starke Übertreibung, Übersteigerung ins Unwahrscheinliche (was oft auf Pathos oder Ironie zielt)	Haare wie neugeboren und glänzend wie noch nie. (Poly Kur)
Inversion	Umkehrung der geläufigen Wortstellung im Satz	Vertrauen ist der Anfang von allem. (Deutsche Bank)
Ironie	Unwahre Behauptung, die durchblicken lässt, das das Gegenteil gemeint ist, semantisch gegensätzliche Determinierung durch Kontext und/ oder Referenz	Ikea das unmögliche Möbelhaus. (Ikea)
Klimax/Gradation	Meist dreigliedrige Steigerung, Aneinanderreihung verschiedener Wörter, die auf semantischer Ebene eine Steigerung ausdrücken	Scharf, schärfer, digital. (Technisat)

Litotes	Bejahung durch doppelte Verneinung bzw. Ausdrucksverstärkung durch Verneinung des Gegenteils	Nichts ist unmöglich. (Toyota)
Metapher	Kunstvolle Wortersetzung, Bedeutungsübertragung, sprachliche Verknüpfung zweier semantischer Bereiche, die gewöhnlich unverbunden sind	Das Schwarze mit der blonden Seele. (Köstritzer Schwarzbier)
Metonymie	Ersetzung eines gebräuchlichen Wortes durch ein anderes, das zu ihm in unmittelbarer Beziehung steht, z.B. Autor für Werk, Gefäß für Inhalt, Ort für Person, Ursache und Wirkung	Fischer im September. (Fischer Verlag)
Neologismus	Wortneuschöpfung	Trill heißt hüpfgesunde Sittiche. (Trill)
Onomatopoesie	Lautmalerei	Redbull verleiht Flüüügel. (Redbull)
Oxymoron	Verbindung zweier Vorstellungen, die sich ausschließen zur Ausdruckssteigerung	Traditionell innovativ. (Becker Autoradio)
Paradoxon	Scheinwiderspruch	Die Gesundheitsreform. Damit alles so bleibt, muss sich etwas ändern. (Bundesregierung)
Parallelismus	Wiederholung gleicher syntaktischer Fügungen, parallele Konstruktion zweier oder mehrerer Sätze oder Satzglieder.	2002: Verliebt. 2005: Verlobt. 2045: Versorgt. Jetzt vorsorgen mit der UniProfiRente. (UniProfiRente)
Paronomasie	Wortspiel durch Nutzung/ Verbindung klangähnlicher Wörter, die aber semantisch und etymologisch unterschiedlich sind	Jetzt noch Meer lecker. (Calla Pizza)
Periphrase	Umschreibung	Maggi. Das gewisse Tröpfchen Etwas. (Maggi)
Personifikation	Vermenschlichung, Verlebendigung unbelebter Gegenstände	Autos lieben Shell. (Shell)
Pleonasmus	Wiederholung eines charakteristischen semantischen Merkmals des Bezugswortes	Pril entspannt das Wasser, Pril macht Wasser nasser, Pril, Pril, Pril... (Pril)
Polysyndeton	Aufeinanderfolgende Satzglieder werden mit derselben Konjunktion eingeleitet	Es gibt verschiedene Möglichkeiten, durchs Leben zu kommen. Sehr sicher. Oder sehr bequem. Oder sehr schnell. Oder? Wieso eigentlich oder? (Ford Focus)

Rhetorische Frage	Scheinbare Frage, bei der jeder die Antwort kennt	Da biste Blatt, was? (Salads plus Mc Donalds)
Symbol	Sinnbild, das über sich hinaus auf etwas Allgemeines verweist	Heart of Technology. (ASUS)
Synästhesie	Verbindung zweier unterschiedlicher, realer oder fiktiver, Sinneseindrücke	Da werden Ihre Ohren Augen machen. (Nordmende)
Synekdoche	Ein Teil steht für das Ganze und umgekehrt.	Berlin hat Pläne. Und den passenden Investmentfonds: DWS Funds Stars Select. (Berliner Bank)
Tautologie	Wiederholung eines Begriffs bzw. Ersetzung durch ein sinnverwandtes Wort (Zwillingsformeln)	Nachtschwarz. (Kaffee-Werbung)
Vergleich	Verknüpfung zweier semantischer Bereiche durch Hervorhebung des Gemeinsamen (des sog. tertium camparationis)	Hart im Nehmen und mit zunehmendem Alter attraktiver. Wie ein Mann. (IWC Spitfire Doppelchronograph)
Wiederholung einzelner Morpheme in unterschiedlicher morphologischer Umgebung	Flexion oder Wortbildung	Damit im Alter alles beim Alten bleibt. (WWK Versicherung)
Zeugma	Ungewohnte Beziehung eines Satzteiles auf mehrere andere, meist des Prädikats auf ungleichartige Objekte	Der Nikolaus steht vor der Tür und die Paketbox um die Ecke. (DHL Paket-Station)

Abb. 7.9: Rhetorische Figuren und ihre werbesprachliche Verwendung

7.4 Zusammenfassung

- Sie wissen, dass Stil eine Frage der Sprachkenntnis und der Entscheidung ist.
- Sie kennen die vier Grundpfeiler moderner Stilistik und wissen, welche Bedeutung diesen stilistischen Gestaltungskriterien für die Textsorten in der Wirtschaftskommunikation zukommt.
- Sie können rhetorische Figuren von Tropen abgrenzen.
- Sie wissen, welche journalistischen Texte Sprachspielvarianten erlauben und welche nicht.
- Sie kennen die Wirkung von Sprachspielen.
- Sie können Beispiele für rhetorische Figuren von einander abgrenzen und die Definitionen zu den einzelnen Formen erläutern.

- Sie wissen, wie man eine Metapher von einer Analogie abgrenzt.
- Sie wissen, dass Sprachspiele auf das Prinzip Abweichung setzen.
- Ihnen sind die verschiedenen Formen von Wortspielen und Doppeldeutigkeiten bekannt. Sie kennen Beispiele für ihren Einsatz in der Werbung.

7.5 Kontrollaufgaben

Aufgabe 1:
Formulieren Sie die nachfolgenden Sätze besser, im Sinne von klarer und verständlicher!
a) Auch für Rosemarie von dem Knesebeck, Vorsitzende des Landesverbands Bayern des Börsenvereins des Deutschen Buchhandels, der gemeinsam mit der Stadt den Geschwister-Scholl-Preis verleiht, ist das Pöbelwort ‚Tätervolk' ein Alarmzeichen.
b) Weil hier Sprache als Sprengstoff wirkt, Wörter – ihrer aufklärerischen Kraft entledigt – zu Geschossen werden, denen zu widersetzen wir eben Bücher bräuchten wie Mark Romans Geschichte der Essener Jüdin Marianne Strauss, denn ‚In einem unbewachten Augenblick' (erschienen im Aufbau Verlag) fordert Mut und fördert den moralischen und intellektuellen Mut, den es braucht in Zeiten eines Martin Hohmann.
c) Bei den Konsultationen der Politiker und Manager im Ural geht der Blick unterdessen nach vorne. Hier wollen die Spitzen des russischen Gaskonzerns Gasprom und der beiden deutschen Unternehmen Ruhrgas und Winterhall, einer Tochter von BASF, an diesem Donnerstag voraussichtlich einen Vorvertrag für eine neue Pipeline-Verbindung von Russland nach Westeuropa unterzeichnen.

Aufgabe 2:
Welche sprachlichen Besonderheiten liegen in den folgenden Werbeaussagen vor? Bitte nennen Sie das rhetorische Mittel und begründen Sie bitte Ihre Auffassung.
a) Nicht nur sauber. Also rein! Testen Sie Ford. Deutschlands Hersteller mit dem geringsten CO_2-Ausstoß. (Ford)
b) smiles & more. Kundennähe und mehr Wirtschaftlichkeit für Ihre Geschäftsreisen. (Media Planet)
c) Schönes leben. Stilwerk. Diese Küchen lassen keinen kalt. (Stilwerk)

Aufgabe 3:
Janich (2008 a, 177 f.) unterscheidet verschiedene Funktionen für intertextuelle Referenzen. Geben Sie für die nachfolgenden Beispiele jeweils an, welche dieser Funktionen in den Beispielen realisiert worden sind.

Funktionen intertextueller Referenzen (vgl. Janich 2008a, 177f.)		
Beispiel aus der Werbung	Referenztext	Funktionen
„Manche mögens's heiß." (Tabak Schwarzer Krauser)	Filmtitel „Some like ist hot." bzw. "Manche mögen's heiß." (Billy Wilder)	
„Manche mögen's sicher" (VW Polo)	Filmtitel „Some like ist hot." bzw. "Manche mögen's heiß." (Billy Wilder)	
„Entdeck' die Leichtigkeit des Seins." (Perfomance Drink Fit for Fun)	Buchtitel "Die unerträgliche Leichtigkeit des Seins" (Milan Kundera)	
„Manche mögen's sicher" (VW Polo) (Anzeige mit Crashtest-Dummy in klassischer Monroe-Pose mit fliegendem weißen Kleid)	Filmtitel „Some like ist hot." bzw. "Manche mögen's heiß." (Billy Wilder) mit der Schauspielerin Monroe	
„Lucky Strikes. Sonst nichts." (Lucky Strike)	Slogan „Campari. Was sonst?" (Campari)	

Aufgabe 4:
Der Name Gerhard Stadelmaier steht für Qualitätsjournalismus, viele sehen in ihm einen der besten Stilisten seines Fachs. Lesen Sie bitte die folgende Schauspielrezension von ihm aus der Frankfurter Allgemeinen Zeitung vom 18.08.2003. Nehmen Sie dann bitte eine Stilanalyse mit den im vorliegenden Kapitel angesprochenen Analysekriterien und Gestaltungsmitteln vor:

Massenrufmord
Thalheimers Salzburger „Woyzeck"

Salzburg, 17. August. Die Bühne des Salzburger Landestheaters: eine geschlossene Aluminium-Zelle. Vorne singt ein Rauh- und Rauchbein „Sag' mir quando, sag' mir wann" und „Si tu n'existe pas". In der Zellenmitte grinst sich Woyzeck, weißes Hemd, schwarze Hose, eins. Weil er nicht existiert und sich alles nur im Kopf ausdenkt, dreht er, quando, quando, quando, der magersüchtigen Keifmegäre Marie den Hals um, schneidet dem Hauptmann, einem Kotz-Deppen, und dem Doktor, einem Lall-Idioten, die Kehlen durch, bringt den hängebauchschweinischen Tambourmajor dazu, sich das Blut literweise abzuzapfen, meuchelt die geile Käthe per Handkantenschlag, mittels Würgegriff aber seinen Kumpel Andreas, der hier ein verhungertes T-Shirt-Girlie ist. Woyzeck – bei Georg Büchner ein Einzelmörder (an Marie; sie hat was mit dem Tambourmajor). Real. Aus Verzweiflung. Demütigung. Es geht um alles. Hier jetzt: ein Massenmörder mit Regierübe. Irreal. Es geht um nichts mehr.

Die Untat des Festspiel-Sommers: Rufmord an Woyzeck. Begangen vom Spielvogt Michael Thalheimer und dem Hystero-Schmuddel-Ensemble des Hamburger Thalia. „Was sagt ihr?" fragte einmal Woyzeck von oben herab. Da antwortete einer im Publikum: „Ich will mein Geld zurück!" stand auf und ging. Recht so. Ich aber bin leider noch sitzen geblieben. Ich möchte ja nur meinen Büchner zurück.

Aufgabe 5:
Deutsch ist nicht gleich deutsch. In der nachfolgenden Tabelle finden Sie spezifische Varietäten oder auch Subsysteme der Sprache, die vom Standard deutlich abweichen. Diese Abweichungen findet man häufig in der Werbesprache. Erkennen Sie den Varietätentyp, die Art der Abweichung? Tragen Sie ihn in die rechte Spalte der Tabelle ein! Überlegen Sie dann bitte noch, welche Probleme es beim Einsatz dieser Varietätentypen geben könnte.

Werbesprachliche Äußerung	Verwender	Varietätentyp
Clearasil Daycream und Nightgel: Der Doppelhammer, zusammen noch schneller gegen Pickel.	Clearasil	
Häsch Dini Ovo hüt scho ghaa?	Ovomaltine	
HalloLuja, lasset uns telefonieren	VIAG Interkom	
Ob in de Stubb, ob uff de Gass, in Frankford mecht des Esse Spass.	McDonalds	
Geil! Noch 'ne Camel inner Jacke!	Camel	
United, sag' i, united! München – Washington nonstop.	United Airlines	

Aufgabe 6:
Was müsste Ihnen beim Redigieren eines Medientextes auffallen, was müsste verändert werden, wenn Sie die nachfolgenden Sätze lesen? Tragen Sie dazu ein Stichwort in die rechte Spalte der Tabelle ein!

Beispielsatz	Verändert werden sollte ...
Sie war mit der Leitung des Konzerns beschäftigt.	
Das Konfliktpotential wurde eruiert.	
Die Etablierung eines computergestützten, technisch innovativen EDV-Systems für eine bedarfskompatible Transmission und Verarbeitung der System-Daten eines produktbezogenen, erforderlichen Informationstransfers wurde vorgegeben.	
Bei der Heox-Gruppe, die so neue Kunden in der ganzen Welt gewinnen will, wurde eine neue Marketingpolitik ins Leben gerufen.	
Der Productlaunch war irgendwie zu früh, obwohl er eigentlich zu spät geplant wurde.	

Aufgabe 7:
Welche stilistischen Mittel werden in den folgenden Zitaten eingesetzt und was unterscheidet sie?

„Wir brauchen Bücher, die auf uns wirken wie ein Unglück, das uns sehr schmerzt, wie der Tod eines, den wir lieber hatten als uns, wie wenn wir in die Wälder verstoßen würden, von allen Menschen weg, ein Buch muss die Axt sein für das gefrorene Meer in uns." (Franz Kafka)

„Lob ist wie eine Feder. Von Zeit zu Zeit ein Lob und Menschen bekommen Flügel." (Phil Bosmanns)

Aufgabe 8:
Welche rhetorischen Figuren (und Tropen) wurden in den folgenden Beispielen aus der Werbesprache eingesetzt? Mehrere Antworten sind möglich!

Beispiel aus der Werbung	Rhetorische Figur
VORWEG GEHEN. (RWE)	
Windeln voll und Konto leer? (Ready & Go Credit)	
Braucht so wenig Strom wie ein Kaktus Wasser. (Grundig Fernseher)	
Gut. Günstig. Gesund. (AOK Sachsen)	
Voll Farbe. Voll Spannung. Voll Leistung. (Auto Bild Motorsport)	
Ford Mondeo. Dass er sicher ist, wussten Sie ja schon. (Ford)	
Einfach schön. Schön einfach. (Nokia)	
Sei frech. Sei Schnauze. Sei Berlin.	
Lightenschaft (Magnum Light Langnese)	
Weiß – nicht unschuldig. (Axe Air)	
Behindert ist man nicht, behindert wird man. (Aktion Sorgenkind)	
Ich trink Ouzo. Was machst Du so? (Gemeinschaftswerbung Ouzo-Hersteller)	
Iiyappadappadu (Iiyama)	
Hear it. See it. Feel it. (Spire)	
Das einzig Wahre. Warsteiner. (Warsteiner)	
Alles andere als gewöhnlich. (Honda Civic)	
Die Gentlemen unter den Zigaretten (Astor)	
Doofe Idee: Das Mebel. Messer plus Gabel in Einem. – Gute Idee: Der Plusbrief. Umschlag plus Marke in Einem. (Post)	
Vertrauen ist der Anfang von allem. (Deutsche Bank)	

... putzt so sauber, dass man sich drin spiegeln kann (Meister Proper)	
Citroen – Intelligenz auf Rädern (Citroen)	
Seien Sie bescheiden. Verzichten Sie auf Understatement (Chrysler)	
Ein Teufel in der Wüste. Ein Engel auf Asphalt. (Mitsubishi)	
Das Bier mit dem runden Geschmack. (Dortmunder Union)	

7.6 Literatur

7.6.1 Quellen

Anderlik, Heidemarie & Kaiser, Katja (Hrsg.) (2008). Die Sprache Deutsch. Eine Ausstellung des Deutschen Historischen Museums Berlin. Dresden: Sandstein Verlag.

Biermann, Heinrich, Schurf, Bernd (1999). Texte, Themen und Strukturen. Berlin Cornelsen Verlag.

Boehm, Gottfried (Hrsg.) (2006). Was ist ein Bild? München: Wilhelm Fink Verlag.

Ditko, Peter H. & Engelen, Norbert Q. (1998). In Bildern reden. Düsseldorf: Ecco.

Dutt, Carsten (2008). „Sie war wahrhaft totalitär." Victor Klemperer als Analytiker und Kritiker der Sprache des Dritten Reiches. In: Heidemarie Anderlik & Katja Kaiser (Hrsg.). Die Sprache Deutsch. Eine Ausstellung des Deutschen Historischen Museums Berlin. Dresden: Sandstein Verlag, 210–213.

Femers, Susanne (2005). Risikovergleiche: Ungewisses mit Erfahrungshorizonten verbinden. Zeitschrift für angewandte Umweltforschung (ZAU). JG 17 (2005), H. 1, S.28–44.

Fix, Ulla (2008). Text und Textlinguistik. In: Nina Janich (Hrsg.) Textlinguistik. 15 Einführungen. Tübingen: Narr Verlag, 15–34.

Göpferich, Susanne (2008). Textverstehen und Textverständlichkeit. In: Nina Janich (Hrsg.) Textlinguistik. 15 Einführungen. Tübingen: Narr Verlag, 291–312.

Göttert, Karl-Heinz & Jungen, Oliver (2004). Einführung in die Stilistik. München: Wilhelm Fink Verlag bei UTB.

Grunenberg, Nina (1990). Die Chefs. Zwölf Portraits aus den Führungsetagen großer Unternehmen. Bonn: Bouvier Verlag.

Hars, Wolfgang (2002). Lexikon der Werbesprüche. München: Piper.

Häusermann, Jürg (2005). Journalistisches Texten. Sprachliche Grundlagen für professionelles Texten. Konstanz: UVK Verlagsgesellschaft.

Heuser, Uwe Jean & Jungclaussen, John (Hrsg.) (2004). Schöpfer und Zerstörer. Große Unternehmer und ihre Momente der Entscheidung. Die Zeit. Hamburg: Rowohlt Taschenbuch Verlag.

Hoppe, Anja Maria (2000). Glossen schreiben. Ein Handbuch für Journalisten. Wiesbaden: Westdeutscher Verlag.

Janich, Nina (2005). Werbesprache. Ein Arbeitsbuch. Tübingen: Narr Verlag.

Janich Nina (2008 a). Intertextualität und Text(sorten)vernetzung. In: Nina Janich (Hrsg.) Textlinguistik. 15 Einführungen. Tübingen: Narr Verlag, 177–196.

Janich, Nina (2008 b). Wiederholung und Verfremdung. Strategien in Werbung und Werbesprache. In: Heidemarie Anderlik & Katja Kaiser (Hrsg.). Die Sprache Deutsch. Eine Ausstellung des Deutschen Historischen Museums Berlin. Dresden: Sandstein Verlag, 293–300.

Klemperer, Victor (2007). LTI Notizbuch eines Philologen. Stuttgart: Reclam jun.

Krämer, Walter & Mackenthun, Gerald (2001). Die Panik-Macher. München: Piper.

Langer, Inghart, Schulz von Thun, Friedemann & Tausch, Reinhard (2006). Sich verständlich ausdrücken. München: Reinhardt Verlag.

Mast, Claudia (Hrsg.) (2008). ABC des Journalismus. Ein Handbuch. Konstanz UVK Verlagsgesellschaft.

Rauter, Ernst Alexander (2004). Würste aus Text. Message, I/2004, 48–49.

Reiners, Ludwig (2004). Stilkunst. Ein Lehrbuch deutscher Prosa. München: CH. Beck.

Ruhrmann, Georg (2003). Risikokommunikation. In: Günter Bentele, Hans-Bernd Brosius & Otfried Jarren. (Hrsg.): Öffentliche Kommunikation. Handbuch Kommunikations- und Medienwissenschaft, 539–549.

Schneider, Wolf (2001). Deutsch für Profis. Wege zu gutem Stil. München: Goldmann Verlag.

Schulz-Bruhdoel, Norbert & Fürstenau, Katja (2008). Die PR- und Pressefiebel. Zielgerichete Medienarbeit. Ein Praxislehrbuch für Ein- und Aussteiger. Frankfurt a. M.: F.A.Z.-Institut.

Siemes, Reinhard (2004). Sozusagen generiert. Werben & Verkaufen 23/2004, 97.

Simon, Jana (2004). Alltägliche Abgründe. Das Fremde in unserer Nähe. Berlin: Christoph Links Verlag.

Zimmer-Pietz, Helga (2000). Professionelles Texten. Wien: Ueberreuther.

7.6.2 Lesehinweise

A.M. Textor[83] (2006). Sag' es treffender: Ein Handbuch mit über 57.000 Verweisen auf sinnverwandte Wörter und Ausdrücke für den täglichen Gebrauch. Reinbek: rororo Taschenbuch Verlag.

Baumert, Andreas (2008). Professionell texten: Grundlagen, Tipps und Techniken. München: Deutscher Taschenbuch Verlag.

Eckey, Wolfgang, Mang, Dieter, Schrupp, Charlotte & Drosdowski, Günther (2010). Der Duden. Band 2. Das Stilwörterbuch: Grundlegend für gutes Deutsch. Mannheim: Bibliographisches Institut.

Fix, Ulla, Gardt, Andreas & Knape, Joachim (Hrsg.) (2010). Rhetorik und Stilistik. Handbücher zur Sprach- und Kommunikationswissenschaft, Halbband 2. Berlin: Mouton de Gruyter.

Förster, Hans-Peter (2008). Texten wie ein Profi. Ein Buch für Einsteiger und Könner. Frankfurt: Frankfurter Allgemeine Buch.

---

[83] A.M. Textor ist das Pseudonym von Annemarie Weber (Textor (lateinisch) = Weber)

Förster, Hans-Peter (2008). Floskelscanner. Coach für erstklassige Texte ohne Floskeln, Lesehemmer oder Bandwurmsätze. CD-ROM. Frankfurt a.M.: Frankfurter Allgemeine Buch.

Gottschling, Stefan (2006). Einfach besser texten. Offenbach: Gabal Verlag.

Gottschling, Stefan (2008). Lexikon der Wortwelten: Das So-geht's-Buch für bildhaftes Schreiben. Augsburg: SGV-Verlag.

Götter, Karl-Heinz (2005). Eile mit Weile. Herkunft und Bedeutung der Sprichwörter. Stuttgart: Reclam jun.

Heinrichs, Johannes (2009). Stilistik: Die Logik der Ausdrucksspiele. Philosophische Semiotik: Sprache 5. Ingolstadt: Stenoverlag.

Hirsch, Eike Christian. (2009). Deutsch kommt gut: Sprachvergnügen für Besserwisser. München: C.H. Beck Verlag.

Kurz, Josef, Müller, Daniel, Pötschke, Joachim, Pöttker, Horst & Gehr, Martin (2010). Stilistik für Journalisten. Wiesbaden: VS Verlag für Sozialwissenschaften.

Moennighoff, Burkhard (2009). Stilistik. Ditzingen: Reclam.

Reiter, Markus & Sommer, Steffen (2009). Perfekt schreiben. München: Carl Hanser Verlag.

Sanders, Willy (2009). Gutes Deutsch – besseres Deutsch: Praktische Stillehre der deutschen Gegenwartssprache. Darmstadt: Wissenschaftliche Buchgesellschaft.

Schiewe, Jürgen (2010). Sprachkritik. Geschichte – Themen – Positionen. Konstanz: UVK Verlagsgesellschaft bei UTB.

Schneider, Wolf (2007). Wörter machen Leute: Magie und Macht der Sprache. München: Pieper.

Schneider, Wolf (2009). Deutsch für Kenner: Die neue Stilkunde. München: Pieper.

Schneider, Wolf (2010). Deutsch für junge Profis: Wie man gut und lebendig schreibt. Berlin: Rowohlt.

Walter, Simone (2009). Börsenmarken und Markenprodukte der Börse – Analyse einer Insidersprache. In: Nina Janich (Hrsg.). Marke und Gesellschaft. Markenkommunikation im Spannungsfeld von Werbung und Public Relations. Wiesbaden: VS Verlag für Sozialwissenschaften, 257–264.

Zimmermann, Günther (2010). Texte schreiben – einfach, klar, verständlich. Göttingen: Businessvillage.

8 Strukturelle Textgestaltung

Überblick

Strukturelle Textgestaltung

- **Konventionelle, formale Strukturierungsprinzipien**

  Zum Beispiel:
  - Leadprinzip des nachrichtlichen Textes
  - Aufbau von Pressemeldungen
  - Chronologie eines Berichts über ein Ereignis

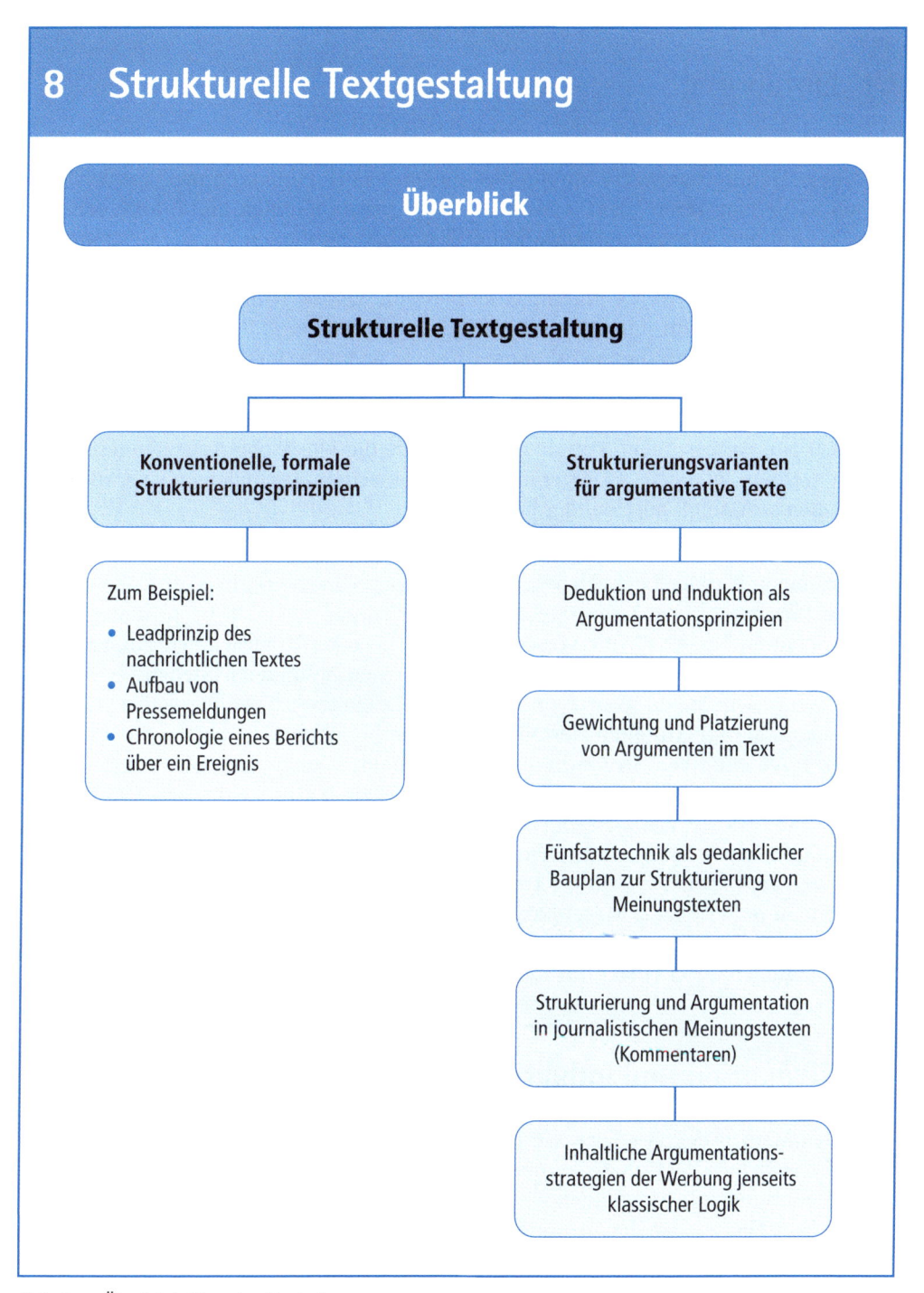

- **Strukturierungsvarianten für argumentative Texte**
  - Deduktion und Induktion als Argumentationsprinzipien
  - Gewichtung und Platzierung von Argumenten im Text
  - Fünfsatztechnik als gedanklicher Bauplan zur Strukturierung von Meinungstexten
  - Strukturierung und Argumentation in journalistischen Meinungstexten (Kommentaren)
  - Inhaltliche Argumentationsstrategien der Werbung jenseits klassischer Logik

Abb. 8.1: Überblick über das Kapitel

8.1 Einführung

In den vorangegangenen Kapiteln wurden bereits punktuell strukturelle Prinzipien der Textgestaltung vorgestellt, an die hier zunächst noch einmal erinnert werden soll: Für journalistische Texte, insbesondere für die tatsachenbetonten und informierenden Formen, konnten aufgrund journalistischer Schreibkonventionen strenge Gestaltungsregeln für den Aufbau herausgearbeitet werden. Jenseits der nachrichtlichen Texte und des Leadprinzips wurde allerdings klargestellt, dass in struktureller Hinsicht viel Gestaltungsfreiraum für journalistische Texte eingeräumt wird. Das Kapitel 4, das sich den Texten für die Unternehmenskommunikation widmete, formulierte außerdem für den Aufbau von Pressemeldungen inhaltliche und formale Empfehlungen, die eingehalten werden sollten, um professionellen Standards von Journalisten zu genügen. Im Kapitel 6 zur Werbesprache konnte außerdem für die klassische Anzeigengestaltung gezeigt werden, wie sich Anzeigeninhalte aus einzelnen Textteilen mit spezifischen Funktionen strukturell aufeinander beziehen.

Jenseits dieser konventionellen, formalen Strukturierungsprinzipien kennt die Wirtschaftskommunikation aber auch besondere Strukturierungsvarianten für verschiedene Formen argumentativer Texte. Sowohl in der Werbung als auch in journalistischen Texten sowie in Texten für die verschiedenen Zwecke der Unternehmenskommunikation kann der argumentative Gehalt des Textes einen besonderen Stellenwert haben. Immer wenn Argumente gezielt zur Überzeugung eingesetzt werden sollen, tauchen auch Fragen der strukturellen Gestaltung auf. Kapitel 6 verweist bereits auf die Vielfalt der argumentativen Strukturierung von Slogans. Und für die meinungsbetonten und meinungsäußernden Formen des journalistischen Textes, Leitartikel, Kommentar, Kolumne und Glosse, erweist sich ebenfalls die Arbeit mit Argumenten in der Textgestaltung als zentral. Die Strukturierung durch Argumentation ist der Aspekt der Textgestaltung, der neben der Qualität der Argumente (vgl. im Überblick Frey, Kastenmüller, Greitemeyer, Fischer & Moser (2007)) hier aufgegriffen und nochmals ausführlicher erläutert werden soll. Dafür werden im Folgenden einzelne Strukturierungsprinzipien für die Argumentation eingeführt und anhand von Beispielen erläutert.

8.2 Deduktion und Induktion

Argumentation bedeutet soviel wie Begründung, Beweisführung oder Folgerung. Da viele Texte in der Wirtschaftskommunikation weniger den Sinn haben, Informationen zu vermitteln als Meinungen zu beeinflussen bzw. in persuasiver Absicht Verhalten zu beeinflussen, ist die Argumentation ein wesentlicher Aspekt der Gestaltung und Strukturierung von Texten. Dem antiken Rhetoriker Aristoteles wird die Aussage zugesprochen „Die Beweise sind das Wesentliche, das Übrige ist Beiwerk.". Auf solche „wesentlichen" Beweismittel und Argumentationstechniken soll nachfolgend Bezug genommen werden.

Eine fundamentale Forderung der Rhetorik besteht darin, dass ein Meinungstext Gefühle provozieren und ästhetisch sein soll, um wirkungsvoll zu sein. Diese Qualifizierung des Charakters einer Argumentation weicht von Forderungen ab, die sich bei der Argumentation streng an den Gesetzen der Logik ausrichten und auf die Wirkung einer möglichst rationalen Argumentation setzen. In der Logik beschäftigt man sich mit der Wahrheit und dem Sinn von Sätzen. Sie stellt ein objektives System dar, in dem mehr der formale Zusammenhang von Sätzen und weniger ihre Inhalte betrachtet werden. Zwei klassische Argumentationstechniken der Logik sollen hier vorgestellt werden, da sie in vielen Kontexten der Wirtschaftskommunikation Verwendung finden: der deduktive und der induktive Beweis (vgl. Vogt 2005, 146 f.).

Beispiel: deduktiver Beweis

„Die Sophisten der Antike waren philosophisch gesehen Relativisten. Protagoras war ein Sophist. Also gehörte Protagoras zu den Relativisten."

Beispiel: induktiver Beweis

„Homer, Perikles, Sokrates, Plato, Aristoteles und Demosthenes zählen zu den bedeutendsten Rednerpersönlichkeiten. Die Redekunst war daher in der griechischen Antike hoch entwickelt."

Beim deduktiven Schluss schließt man vom Allgemeinen auf das Besondere. In seiner logischen Stringenz folgt ein Untersatz einem Obersatz, aus beiden folgert man zwingend den Schlusssatz. Beim induktiven Beweis zieht man im Unterschied dazu Rückschlüsse vom Besonderen auf das Allgemeine. Der deduktive Schluss gilt vielen als der überzeugendere der beiden Beweistypen.

In der Werbung werden beide Techniken gerne angewendet. Oft ist die Argumentation aber hier verkürzt, nicht jeder Schluss ist explizit. Die elliptische Form vieler Werbeslogans bedingt, dass die Inferenzen vom Rezipienten beim Lesen oder Hören gezogen werden müssen. Auch wenn die Inferenzen hier nicht explizit sind, so sind sie aber absehbar, so dass der Schluss vom Allgemeinen zum Besonderen oder umgekehrt auch gelingen kann. Das heißt, der Konsument soll durchaus selber denken und zwar genau in die Schlussrichtung, die der Werbetexter festgelegt hat.

Beispiele: Deduktion bei Werbeslogans

Bewusst essen, weil's vernünftig ist: Becel gehört dazu. (Becel)

Gesünder leben. Bewusster genießen. Becel. (Becel)

Tu Dir was Gutes. Butter. (CMA)

Dieser Argumentationsverlauf ähnelt einer Konkretisierung, man nennt dies in der Werbesprache auch Enthymenargumentation. Darunter wird nach Janich (2005, 89) eine mehrstufige Argumentation verstanden, bei der vom unstrittigen Allgemeinen deduktiv auf die Plausibilität des besonderen Falls (Produkt) geschlossen wird. Wenn für ein Joghurt oder ein Bonbon damit geworben wird, dass es z.B. Vitamine und

Calcium enthält, dann ist dies das Argument, das dafür spricht, genau dieses Joghurt zu kaufen (oder von genau diesem Bonbon ruhig zwei zu nehmen) (Konklusion), und zwar aufgrund der impliziten Schlussregel, dass der Verzehr von Calcium und Vitaminen gut für die Gesundheit ist.

Man knüpft hier an allgemeine Wertvorstellungen oder vorhandenes Wissen über Gesundheit, Glück, Zukunft oder auch Sicherheit an, um den Schluss auf den Konsum eines bestimmten Produktes logisch erscheinen zu lassen. Der folgende Werbetext einer Anzeige von Volvo macht von dieser Form der Argumentation in ausführlicher Weise Gebrauch.

> **Beispiel: Explizite Enthymenargumentation**
>
> Es gibt mehr im Leben als einen Volvo. Es gibt Preisvorteile, die richtig Spaß machen. Deshalb fahren Sie die Berlin Edition.
>
> Volvo C30 und Volvo V50 ‚Berlin Edition'. Jetzt besonders günstig einsteigen.
>
> Volvo. For life.

Einerseits scheint die Deduktion ein interessantes Strukturierungsprinzip für die Werbung zu sein. Andererseits lehrt Werbung, dass ein Produkt nicht nur irgendein physikalisches Objekt ist, sondern dass es für mehr steht, z. B. für Spaß, Glück, Gesundheit oder Wohlbefinden. In dem Slogan „Nenn' nie Chiquita nur Banane" (Chiquita) wird dies auf den Punkt gebracht. Dieser Grundsatz, dass etwas Konkretes für etwas Allgemeines steht bzw. dass von einem konkreten Fall auf viele (vergleichbare) Fälle geschlossen werden kann, entspricht der induktiven Argumentationsweise.

> **Beispiel: Induktion bei Werbeslogans**
>
> Mit Cama Gesundheit aufs Brot. (Cama)
>
> Weil das Besondere ganz normal ist. (Bahlsen)

Die Werbesprache nennt diese Vorgehensweise induktive oder illustrative Beispielargumentation (Janich 2005, 89 f.): Beim induktiven Beispiel geht es um einen Schluss vom Besonderen auf das Allgemeine (z. B. die Gesundheit, die erlangt oder erhalten wird durch den Konsum von Cama). Das Besondere einer Kekssorte der Firma Bahlsen wird im zweiten Beispiel als der Normalfall reklamiert. Also: Egal welche Kekse dieser Backwarenfirma ich kaufe, sie sind immer besonders gut. In der illustrativen Ausprägung der Beispielargumentation werden konkrete Situationen vorgestellt und dann wird ein Schluss auf ähnlich gelagerte Fälle nahe gelegt. Dieses Vorgehen kennt man sehr gut aus Werbespots, in denen verschiedene Extremsituationen vorgestellt werden: Zum Beispiel ein weißes Kinder-T-Shirt mit Grasflecken oder ein Kinderkleidchen mit üblen Schokoladenspuren. Jeder einzelne Fall stellt dann für ein Waschmittel eine Herausforderung, aber kein Problem dar. Dieses Waschmittel ist also, so die nahe liegende Schlussfolgerung, für alle Fälle geeignet. Auch aus der Werbung für Haushaltsreiniger kennt man diese illustrative Vorgehensweise (z. B. extrem angebrannte Töpfe oder scheinbar hoffnungslos verkalkte Fliesen im Bad).

Diese teils übertriebenen Darstellungen ergeben sich aus der Problematik, dass Werbung als nicht dialogische Kommunikationsform monologisch und prophylaktisch Argumente vorwegnehmen muss. Würde man den Haushaltsreiniger für die normale Verschmutzung anpreisen (Allgemeines), könnte er seine Kraft für Ausnahmesituationen (den extremen Einzelfall) nicht unter Beweis stellen. Also beginnt die Argumentation mit dem besonderen Fall und verweist dann (implizit oder explizit) auf die Eignung in vergleichbaren oder minder schwierigen Fällen, die Normalität. Weitere Ausprägungen des Argumentationstypus, der Gegenargumente impliziert, zeigt die nachfolgende Tabelle.

Werbliche Argumentationen mit Vorwegnahme von Gegenargumenten		
Werbeaussage	Produkt	Implizites Gegenargument
Für Raucher, die mit Verstand genießen.	Denicotea	Rauchen ist unvernünftig.
Macht Cola Kinder süßer? Fragen kann man ja mal.	Bionade	Süße Cola ist für Kinder ungesund.
Reizt Frauen, nicht die Haut.	Axe Dry +	Deos reizen die Haut.
Viel Geschmack bei besonders niedrigen Werten.	Lord Ultra	Eine leichte Zigarette schmeckt nicht.
Ich bereue nichts.	Immobilienfinanzierung Berliner Sparkasse	Ich hätte mir keine Immobilie anschaffen sollen.

Abb. 8.2: Argumentationen mit impliziter Gegenargumentation

Der strenge Orientierungsrahmen der Logik erweist sich häufig als zu eng für Argumentationen im Alltag. Logisch vollkommene Schlüsse, die absolute und wahre Erkenntnisse vermitteln, sind nicht immer möglich und in vielen Zusammenhängen wie bei der Argumentation in der Werbung nicht angestrebt. Hier zielt die Argumentation mehr darauf ab, zu begründen, warum man etwas überhaupt braucht, warum es gut ist bzw. besser als etwas anderes. Weitere Grenzen der Logik von Argumentationen in Meinungstexten im Alltag sind:

- Eine widerspruchsfreie Festlegung wie in logischen Sätzen und Schlüssen ist in der Alltagssprache, in praktischen Handlungsvollzügen nicht immer möglich.
- Die Vieldeutigkeit der Alltagssprache ist für logische Schemata ein Hemmnis.
- Die Logik berücksichtigt nicht die Intentionen (Absichten, aber auch Wünsche und Vorstellungen) des Handelnden. Es ist möglich, dass jemand einen logischen Schluss gar nicht ziehen will.
- Wer nur auf formal-logische Argumentation setzt, wird seine Rezipienten häufig nicht erreichen und nicht überzeugen.

Im Alltag muss also häufig anderes für die Argumentation gelten, als die Logik vorsieht. Gerade in der Wirtschaftskommunikation findet man neben der rationalen Argumentation, die sich in ihrer Güte an der Logik der Aussagen bemessen lässt, auch viele Argumentationen, die auf die Wirkung von Gefühlsprovokationen setzen. Insbesondere in der Werbung können Überzeugungsversuche mit Erfolgsaussichten auch jenseits rationaler Überlegungen gefunden werden. Auf solche alternativen inhaltlichen Argumentationsstrategien wird am Ende des Kapitels näher eingegangen.

8.3 Gewichtung und Platzierung von Argumenten

Argumente für eine Begründung aufzustellen, ist für die Strukturierung eines Textes nur ein erster Schritt. Ein zweiter wesentlicher Schritt besteht darin, sie auch gezielt einzusetzen, d.h. eine überzeugende Platzierung vorzunehmen. Das deuten die beiden vorgestellten Beweisketten beim deduktiven und beim induktiven Schluss schon an. Für die Platzierung oder Feinstrukturierung eines Textes hilft zunächst die Reflexion über die Stärke der einzelnen Argumente, die in einem Text eingesetzt werden sollen. Pro- und Kontra-Argumente müssen dafür gesammelt und priorisiert werden. Die Relevanz von Argumenten kann man zum Beispiel in den Kategorien 1. Muss-, 2. Soll-, und 3. Kann-Argumente ordnen. Das zeigt die ABC-Analyse nach Thiele (2006, 44):

ABC-Analyse zur Ordnung von Argumenten nach ihrer Relevanz			
Pro-Argumente	Gewichtung	Kontra-Argumente	Gewichtung
1.		1.	
2.		2.	
3.		3.	
usw.		usw.	
Gewichtung: A = Muss-Argumente, B = Soll-Argumente und C = Kann-Argumente			

Abb. 8.3: ABC-Analyse zur Gewichtung von Argumenten

Argumente sollten, um bestmögliche Überzeugungskraft zu entfalten, anschließend nach dem Entwicklungsgesetz der Steigerung geordnet werden – wie die klassische Argumentationstreppe zeigt. Am Ende der Argumentation muss nach dieser Regel das stärkste Argument vorgebracht werden. Allerdings darf der Anfang auch nicht mit dem schwächsten Argument gestaltet werden, denn das Spannungsniveau der Einleitung muss gehalten werden, um das Rezeptionsergebnis nicht zu gefährden. Auf ganz schwache Argumente kann gänzlich verzichtet werden. (Gefahr: Die Argumentation wirkt insgesamt so schwach wie das schwächste Glied der Kette.)

Die Argumentationstreppe (nach Vogt 2005, 149)

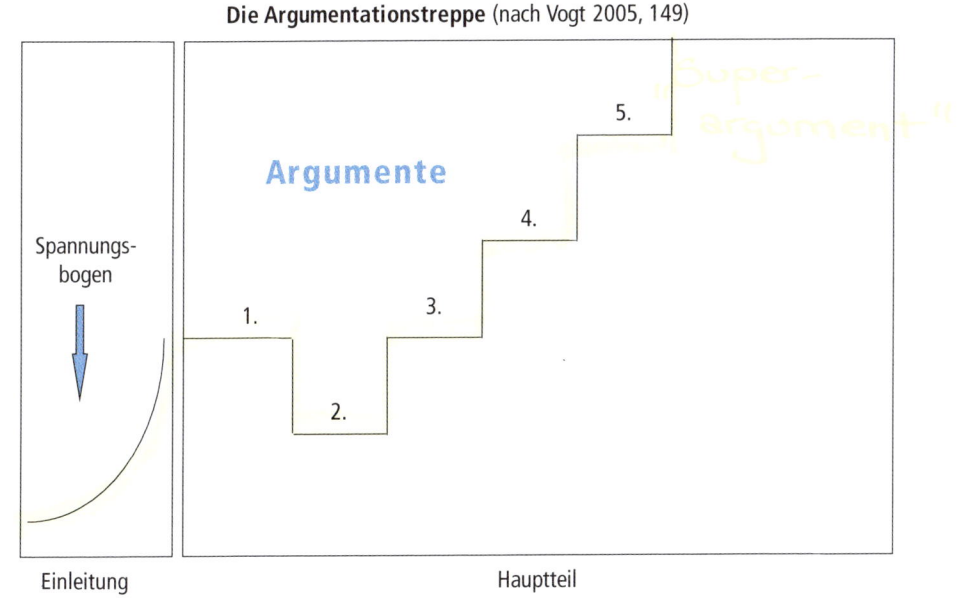

Abb. 8.4: Argumentationstreppe

Diese Anordnung von Argumenten entspricht auch den Effekten, die man in der Gedächtnispsychologie kennt: dem Primacy- und dem Recency-Effekt bzw. dem Anfangs- und Endeffekt (Raab & Unger 2005, 115; Schweiger & Schratteneker 2009, 246 f.; Fischer & Wiswede 2009, 250). Den Anfang und das Ende einer Rede, eines Statements oder eines Textes merkt sich der Rezipient besonders gut, statistisch gesehen besser als die mittleren Informationseinheiten.

Für die Strukturierung von Argumenten wird in Meinungstexten darüber hinaus sehr gerne die so genannte Fünfsatztechnik verwendet, die als Bauplan für Argumente eine gute Strukturierung sicherstellen soll. Da diese Technik in sehr vielen Texten verwendet wird, ist ihr der folgende, eigene Abschnitt gewidmet.

8.4 Fünfsatztechnik zur Argumentation in Meinungstexten

8.4.1 Charakter des Fünfsatzes

Insbesondere bei Meinungstexten und -reden sind Argumente gezielt einzusetzen und so anzuordnen, dass sie eine Struktur bilden, der Rezipienten gedanklich folgen und zustimmen können. Ein bewährtes Strukturierungsprinzip in der Rhetorik ist dafür der Fünfsatz oder die Fünfsatztechnik (vgl. Walter 1997, 142 ff.; Vogt 2005, 120 f.; Thiele 2006, 22 f., 99 f.). Fünfsätze sind gedankliche Baupläne, die es möglich machen, in fünf Schritten kurz, logisch, gegliedert, einprägsam und zielgerichtet zu argumentieren. Diese Baupläne können sowohl für die Strukturierung eines kurzen Statements als auch eines längeren Meinungstextes eingesetzt werden. Der Begriff „Satz" ist also im vorliegenden Zusammenhang nicht im Sinne eines einzigen Satzes mit Subjekt, Prädikat, Objekt zu verstehen. Satz meint hier vielmehr so etwas wie einen Abschnitt, ein Strukturmodul in einem möglicherweise auch umfänglicheren Aufbau einer Argumentation. Einen Überblick über die häufigsten Aufbaumuster beim Fünfsatz gibt die folgende Abbildung. Die einzelnen Baupläne werden nachfolgend mit ihrer Struktur für die Argumentation sowie einigen Formulierungsempfehlungen vorgestellt.

Überblick über die häufigsten Fünfsatztechniken

- Klassischer Aufbau
- Standpunktformel
- Kompromissformel
- Begründungskette
- Problemlöseformel
- Deduktiver Aufbau
- Dialektischer Aufbau

7 Aufbaumuster beim 5-Satz

Abb. 8.5: Fünfsatzmuster

Beim Fünf-Satz ist der letzte Satz der Zielsatz, er ist der wichtigste Satz, der die Kernaussage enthält. Bei der Formulierung des Fünf-Satzes muss sichergestellt werden, dass alle vorherigen Sätze zielgenau auf diesen Ziel- oder Kernsatz zulaufen. Daher empfiehlt es sich, diesen Zielsatz vor dem Aufbau der gesamten Argumentation zunächst einmal zu formulieren, um auch die Zielorientierung der Argumentationsstruktur abzusichern. Will man beispielsweise verhindern, dass Unternehmen in der Schule durch Sponsoring präsent sind, könnte der Zielsatz eines Meinungsstatements in einer Elternversammlung lauten: „Stoppt den Ausverkauf der Schule jetzt!" oder „Verhindern Sie mit mir, dass unsere Schule zu einer Außendienststelle der Vertriebszentralen von Unternehmen verkommt. Unterschreiben Sie den Aufruf ‚kommerzfreie Schule' jetzt!". Aber wie kann die Argumentation auf einen Zielsatz in Form eines Fazits oder einer Handlungsanweisung zulaufen? Antworten geben die nachfolgenden Aufbaumuster für Fünfsätze.

8.4.2 Aufbaumuster beim Fünfsatz

Eine erste Möglichkeit bietet der klassische Aufbau der Fünfsatztechnik. Dieser klassische Aufbau ähnelt dem Muster, in dem häufig Schulaufsätze als Erörterung geschrieben werden. Ein Problem wird mit seinen Ursachen und Lösungsmöglichkeiten erläutert, wie die nächste Tabelle zeigt.

1. Der klassische Aufbau:
„Schulsponsoring: Diskussion über Entscheidungsrichtlinien gefragt"

Struktur der Argumentation	Beispiel
1. Problembeschreibung	Da kommerzielle Werbung an Schulen in den meisten Bundesländern verboten ist, suchen Unternehmen über Sponsoringaktivitäten den Weg in die Schule und verschaffen sich Präsenz. Sie sprechen Schüler als Konsumenten an, die von ihren Sportgeräten, Laptops, Collegeblöcken und Bodenfliesenlogos umgeben sind. Die Pausenhofschirme mit Firmenzeichen beschatten ihre Erholungspausen bis die Lehrer fortfahren, die von Firmen bereitgestellten Unterrichtsmaterialien zur Erziehung der jungen Konsumenten herunterzubeten.
2. Klärung der Problemursachen	Die Offenheit für die Präsenz von Unternehmen in Schulen hat der Staat zu verantworten. Denn dessen leere Kassen machen für manche Schulen das Unternehmenssponsoring unverzichtbar. Gehen Schulen auf die Sponsoringangebote ein, kann der Staat sich noch weiter aus seiner Verantwortung stehlen.
3. Aufzeigen eines Lösungsansatzes	Um dieses Dilemma zu beseitigen, bedarf es einer neuen Regelung. Heute entscheidet der Schulleiter, ob ein Sponsoringangebot angenommen oder aber abgelehnt wird. Das gesellschaftliche Problem des Schulsponsorings wird also individualisiert und zu einer Art Gewissensfrage des Schulleiters. Die Lösung liegt in einer Regulierung der Entscheidungsbefugnisse. Auch wenn die Verantwortung beim Schulleiter bleibt, kann sein verantwortliches Verhalten aber durch allgemeinverbindliche Richtlinien zu Sponsoring und Werbung an Schulen orientiert werden. Dafür sind die Kultusminister verantwortlich.
4. Beschreibung der Auswirkungen eines Lösungsansatzes	Wenn die Kultusminister allgemeine Richtlinien zur Unternehmenspräsenz in Schulen entwickeln, wird dies zu einer öffentlichen Debatte des Problems beitragen. Missstände an einzelnen Schulen werden publik und Elternschaften, Verbraucherschützer und Unternehmensverbände werden ihre Positionen klar machen müssen. Diese Transparenz wird Schüler schützen.
5. Fazit oder Handlungsanweisung	Das Fazit lautet: Die Kultusminister der Länder sind aufgefordert, eine Richtlinie für Werbe- und Sponsoringkampagnen in deutschen Schulen zu erarbeiten, die das pädagogische Ziel, kritische Wirtschaftsbürger zu erziehen, schützen kann.

Abb. 8.6: Klassischer Aufbau

Ein zweites Fünfsatzmuster ist die Standpunktformel. Sie kommt dann zum Einsatz, wenn ein Standpunkt detailliert erläutert werden soll und dabei auf eine explizite Auseinandersetzung mit dem gegenteiligen Standpunkt bewusst verzichtet werden soll. In der Debatte um Unternehmenspräsenz in Schulen könnte die Argumentation der Struktur in der nachstehenden Tabelle folgen.

2. Die Standpunktformel: „Schulsponsoring? Eindeutig nein!"	
Struktur der Argumentation	Beispiel
1. Nennung des Standpunktes	Sponsoringaktivitäten von Unternehmen in Schulen sind prinzipiell abzulehnen.
2. Standpunktkonforme Argumentation	Auf Schüler wird ein unzulässiger psychologischer Kaufzwang ausgeübt. Das ist unlauterer Wettbewerb und muss abgestraft werden.
3. Aufzeigen eines Beispieles zur Veranschaulichung	Wie ein kollektiver Kaufzwang ausgelöst werden soll, kann die Aktion „Sammeln für die Klassenfahrt" des Keks-Produzenten Bahlsen zeigen. Bis Mai 2005 konnten Schüler auf verschiedenen Keksprodukten angebrachte Punkte sammeln. Hatten die Schüler einer Klasse 222 Punkte gesammelt, finanzierte Bahlsen zusammen mit der Deutschen Bahn und dem Reisekonzern TUI eine dreitägige Klassenfahrt, für die die Eltern pro Kind nur noch 99 Euro zuzahlen mussten.
4. Erläuterung der Konsequenz	Zu vermuten ist, dass kein Kind bei einer solchen Fahrt fehlen möchte. Zu vermuten ist auch, dass Eltern nach einer solchen subventionierten Reise am Keksregal im Supermarkt eine gewisse Verpflichtung spüren, Bahlsen die Treue zu halten. Einen solchen Druck auf den Konsumenten konstatierten auch die Richter des Oberlandesgericht Celle, die die Fortführung der Aktion unter Androhung eines Ordnungsgeldes bis 250.000 Euro untersagten[84].
5. Fazit oder Appell	Das Beispiel zeigt also eindeutig, dass Schulsponsoring psychologisch problematisch, ja sogar ordnungswidrig sein kann und daher unterlassen werden muss.

Abb. 8.7: Standpunktformel

Im Gegensatz zur Standpunktformel, die sich nur auf einen Standpunkt, Pro oder Contra, in einer Debatte konzentriert, greift das nächste Fünfsatzmuster, der dialektische Aufbau, explizit gegensätzliche Standpunkte auf. Das Für und Wider einer Sache wird abgewogen. Zwei Positionen, These und Antithese, werden einander gegenübergestellt, um eine neue These zu entwickeln. Der Zielsatz thematisiert dann den Appell, wie mit der neuen These umzugehen ist. Die nächste Tabelle veranschaulicht diese argumentative Vorgehensweise wiederum am Beispiel Schulsponsoring.

3. Der dialektische Aufbau: „Schulsponsoring? Jein! Es kommt auf die Elternzustimmung an"	
Struktur der Argumentation	Beispiel
1. Nennung einer These	Sponsoringaktivitäten von Unternehmen an Schulen sind unakzeptabel.

---

[84] Die hier geschilderten Daten und Fakten zum Fall Bahlsen sind der Darstellung von Schulz (2005) entnommen.

2. Thesenkonforme Argumentation	Sponsoring kann zu kollektivem Kaufzwang führen und Schüler beim Kauf von Produkten unter Druck setzen. Schule und Erziehung müssen frei sein von kommerziellen Zwängen. Das hat der Fall der Unternehmung Bahlsen eindeutig gezeigt. Die Aktion „Sammeln für die Klassenfahrt" nötigt und ist daher unlauter – so die Einschätzung des Bundesverbandes der Verbraucherzentralen.	
3. Gegenargumentation	Man kann das auch ganz anders sehen. So ist zum Beispiel Bahlsen der Meinung, dass kein Kind genötigt werde. Außerdem könne kein Kind ohne Einverständnis der Eltern an der Klassenfahrt teilnehmen, so das Unternehmen weiter. Die Sponsoringaktivität ist hochakzeptabel, das zeigt der Erfolg der Aktion. Nach Aussagen des Unternehmens Bahlsen haben 130 Klassen mit insgesamt 3200 Schülern auf Kosten von Bahlsen eine Fahrt gebucht.	
4. Schlussfolgerung: neue These	Was akzeptabel ist und was nicht, das sehen im Einzelfall Verbraucher sehr unterschiedlich. Eltern, die die Erziehungsberechtigung für ihre Kinder haben, müssen im Einzelfall abwägen und eine Entscheidung treffen.	
5. Fazit oder Appell	Eine und dieselbe Sponsoringaktivität kann sehr unterschiedlich beurteilt werden. Der Konsument kann und soll selbst entscheiden. Und Eltern tun dies, wie bei anderen Belangen auch, für ihre Kinder.	

Abb. 8.8: Dialektischer Aufbau

Die Kompromissformel ähnelt stark dem dialektischen Fünfsatz. Es wird ausdrücklich auf zwei konträre Standpunkte zu einem Streitgegenstand Bezug genommen. Dann aber wird auf Gemeinsamkeiten der widerstreitenden Positionen fokussiert, um wie die nächste Tabelle zeigt, zu einer Lösung zu kommen.

4. Die Kompromissformel: „Schulsponsoring? Jein! Es kommt auf den Einzelfall und den Schutz des Kindes an"	
Struktur der Argumentation	Beispiel
1. Nennung einer Meinung A	Sponsoren binden ihre Offerten häufig ganz offen an Kaufversprechen, wenn sie etwa als Fotogeschäft die Bereitstellung von Laptops an die Bedingung knüpfen, dass 600 Schüler danach zu einer Fotoserie beim Sponsor antreten müssen. Oder eine versprochene Unterstützung für die Turnhallenausstattung wird vom Hersteller von Sportgeräten an einen Exklusivvertrag für die kommenden Jahre gekoppelt. Schulsponsoring ist abzulehnen, da es den Gesponserten zu Gegenleistungen zwingt, die implizit oder explizit immer gefordert werden. Vor diesen kommerziellen Zwängen müssen Kinder geschützt werden. Das beeinträchtigt die freie Atmosphäre an den Schulen.
2. Widerspruch, Darlegung einer Meinung B	Kinder brauchen eine schöne Schule, um sich dort wirklich wohl zu fühlen. Es ist nichts dagegen einzuwenden, dass Unternehmen Schulen finanziell unterstützen, mehr als die betrübliche Minimalausstattung sicherstellen und sich so gesellschaftlich engagieren. Eltern, Schüler und Lehrer können es ruhig wissen, wem sie es zu verdanken haben, dass ihre Schule sauber gestrichen ist und der Pausenhof begrünt ist. Dass es der Staat nicht ist, erfahren sie jeden Tag aus der Zeitung. Wenn beispielsweise 500 Grundschüler nach einer Pausenhofbegrünung, die die Fielmann AG bezahlt hat, den Namen des

	größten europäischen Optikers kennen, dann muss man fragen, ob sie den Namen nicht sowieso schon kannten. Auf dem Schulhof werden nach der Aktion wohl weiterhin nur Milchflaschen und keine Brillen verkauft werden. Die Angst vor dem Schulsponsoring ist gemeinhin völlig überzogen.
3. Fokussierung von Gemeinsamkeiten der Meinungen	Eines ist unbestritten, Schulsponsoring ist ein ganz wichtiges Thema für die Schule. Es bestimmt die Atmosphäre in der Schule mit und wirft die Frage auf, wie unabhängig Schulen heute noch von der Privatwirtschaft sein können, wenn sie eine gepflegte Umgebung und moderne Ausstattung bieten wollen. Kindern kann in der Schule nicht verborgen bleiben, dass sie in einer kommerziellen Welt leben.
4. Erarbeitung eines Kompromisses	Wichtig ist doch, dass Kinder sich in dieser kommerziellen Welt frei bewegen können und dadurch nicht unreflektiert beeinträchtigt werden. Ein erster Schritt dahin ist, dass Sponsoring transparent wird, Leistungen und Gegenleistungen explizit sind. Über das Ausmaß der Transparenz ist nur im Einzelfall zu entscheiden.
5. Fazit oder Appell	Bei der Erarbeitung von Entscheidungshilfen für den Einzelfall sind Kritiker und Befürworter von Schulsponsoring gleichermaßen gefragt, sich für die Gestaltung einer freien Schule einzusetzen.

Abb. 8.9: Kompromissformel

Die nächste Fünfsatzformel, die Problemlöseformel, ähnelt etwas dem klassischen Aufbau, aber auch einem Prozess von Diagnose und Therapie: Ein auftretendes Problem wird diagnostiziert, seine Ursachen werden beleuchtet und kommentiert. Danach wird wie in einem Behandlungsplan eine Zielvorstellung expliziert, die Aussicht auf die Problembehandlung bietet. Abschließend wird in der Argumentation ein Maßnahmenplan zur Zielerreichung bzw. Problemlösung vorgestellt, der den an einer Debatte beteiligten Parteien angeboten wird.

5. Die Problemlöseformel: „Schulsponsoring? Transparenz und Gestaltungsfreiheit beheben Missbrauch"	
Struktur der Argumentation	Beispiel
1. Beschreibung der Lage	Deutschlands Schulen sind in Not. Nicht nur Pisa plagt die Penäler, sondern auch der Dreck, graue Betonschulhöfe und die Aussichtslosigkeit auf Besserung. Diese versprach einst das Schulsponsoring von Unternehmen, die für moderne Computertechnik, grüne Schulhöfe und ein bisschen mehr Lebensnähe im Unterricht gesorgt haben. Doch seit ein paar subventionierten Klassenfahrten ist Schluss damit. Schulleiter lehnen Kontaktversuche von Unternehmen ab, weil sie Angst haben, von pauschalen Konsumkritikern an den Pranger gestellt zu werden, die ihnen und den Eltern die Entscheidungskompetenz versagen.
2. Ursachenanalyse	Schulsponsoring war ein Geschäft mit Gegengeschäften, das man machte, aber worüber man nicht sprach. Das war falsch und öffnete dem Missbrauch Tür und Tor.

8.4 Fünfsatztechnik zur Argumentation in Meinungstexten

3. Zielbestimmung	Will die Schule trotz leerer öffentlicher Kassen wieder Aussicht auf Besserung haben, muss sie sich erneut den Unternehmen und ihren Offerten für die Schule öffnen.
4. Maßnahmenempfehlung	Das Geschäft mit der Schule sollte ein schulöffentliches werden, bei dem Lehrer, Schüler und Eltern gemeinsam prüfen, was an den Unternehmensangeboten uneigennützig und was eigennützig ist.
5. Fazit oder Appell	Diese Transparenz schafft Freiraum für die Gestaltung einer Schule, die modern ist und nicht ausverkauft und die in der Lage ist, durch transparente Entscheidungswege Kinder zu kritischen Wirtschaftsbürgern zu erziehen. Konsum kann also die Schule in ihrer Not retten, nur kritisch muss ihr Umgang mit ihm sein.

Abb. 8.10: Problemlöseformel

Die Begründungskette versucht bis zum Zielsatz den Endpunkt einer sinnvollen Gedankenkette zu entwickeln. Hier soll ein Argument streng und logisch aus dem vorhergehenden abgeleitet werden. Die Verknüpfung erkennt man an gerne eingesetzten „Gelenkwörtern" wie darum, also, deshalb, weswegen, dann, daraus, folglich usw. Für das Beispiel Schule und Sponsoring wird nachfolgend eine solche Kette aufgebaut.

6. Die Begründungskette: „Schulsponsoring? Betroffene ernst nehmen, dann Meinungen kolportieren!"	
Struktur der Argumentation	Beispiel
1. Aufstellen einer Behauptung	Bei der Diskussion über das Thema Schulsponsoring wird gerne behauptet, dass Eltern so etwas prinzipiell und vehement ablehnen.
2. Prüfung der Behauptung auf Haltbarkeit	Folglich müsste die Schule kommerzfrei sein. Aber die Realität in geförderten Schulen belegt zumindest im Einzelfall das Gegenteil. Denn ein begrünter Schulhof ist nun einmal bei näherer Betrachtung nicht gottgegeben, Computertechnik ist nicht staatlich gefördert und die Kulisse für das Theaterprojekt hat auch nicht der Weihnachtsmann gebracht, sondern ein Mensch vom Baumarkt.
3. Empirische Prüfung der Behauptung	Ob Eltern in ihrer Ablehnung von Sponsoring tatsächlich so rigoros sind, wie gerne behauptet wird, muss folglich einer genaueren Betrachtung unterzogen werden. Erste Schritte in dieser Richtung liefert eine Emnid-Umfrage (vgl. Schulz 2005, 23). 76 Prozent der befragten Eltern finden es z. B. unbedenklich, wenn Unternehmen Schulfeste unterstützen und dafür auf Plakaten genannt werden. Ein Firmenlogo auf Unterrichtsmaterialien halten 74 Prozent der befragten Eltern für unbedenklich.
4. Verzögerung der Stellungnahme oder Entscheidung	Weil letztlich nicht empirisch geklärt ist, wie es um die Akzeptabilität von Sponsoringmaßnahmen bei Eltern im Einzelfall steht, sollten Stellungnahmen von Schulen und Unternehmen in dieser Hinsicht vorsichtig formuliert werden.

5. Fazit oder Appell	Damit beim Schulsponsoring keine Chancen vorschnell vertan werden, und Kinder lernen vergeblich auf das Christkind zu warten, sind Schulen aufgerufen, Eltern ernst zu nehmen und in die Meinungsbildung über Sponsoring-Maßnahmen einzubeziehen.

Abb. 8.11: Begründungskette

Das letzte hier vorzustellende Argumentationsmuster folgt einem deduktiven Aufbau. Vom Allgemeinen zum Besonderen schließend, fokussiert es die Argumentation auf einen Vorschlag, wie bei einem konträren Sachverhalt konkret zu verfahren ist. Die präsentierten Fünfsätze zeigen in der Veranschaulichung am Beispiel „Schulsponsoring", dass Argumentationen sehr flexibel eingesetzt und von der Strukturierung her variiert werden können und nicht einem strengen Abarbeiten von Beweisen entsprechen müssen. Es gibt immer unterschiedliche Einstiege in die Argumentation. Je nach Thema, Anzahl der vorhandenen Argumente und Fakten kann aus der Vorlage der Fünfsatzmuster das für eine bestimmte Kommunikationssituation überzeugendste ausgewählt und textlich in unterschiedlicher Länge und Breite gestaltet werden.

7. Der deduktive Aufbau: „Schulsponsoring? Die besondere Situation kann Aufschluss geben!"	
Struktur der Argumentation	Beispiel
1. Allgemeiner Standpunkt	Im Allgemeinen geht man davon aus, dass das Schulsponsoring nach seinem Einzug in die Schulen kaum noch kommerzfreie Flächen übrig lässt. Keine Toilette, an der nicht ein Firmenschild in Mattsilber zur Zierde angebracht den edlen Gönner in dankbare Erinnerung bringt. Keine Sporthalle, in der der Medizinball nicht das Branding einer Firma erhalten hat. Selbst in den Taktstock des Musiklehrers soll sich die Firmierung eines Sponsors gefräst haben – mangels anderer Freiflächen eben.
2. Besonderer Fall	Nun mag dies überall der Fall sein, in der Hauptstadt kann davon allerdings kaum die Rede sein.
3. Begründung zu 1	Gerade in dieser Stadt des finanziellen Notstands ist doch zu befürchten gewesen, dass sogar jeder Imbiss und jede Döner-Bude Plakate in die Schulen schleppt.
4. Begründung zu 2	Die Senatsverwaltung für Bildung, Jugend und Sport gibt eindeutig Entwarnung: Nur sechs der 53 vom Land Berlin verwalteten Schulen lassen Werbung von Unternehmen an Bauwänden oder Freiflächen zu. Aus der Vermietung erwirtschaftet man insgesamt in Berlin jährlich etwa 1000 Euro – ein harmloser Betrag also.
5. Fazit oder Appell	Das Beispiel der Berliner Schulen zeigt, dass vor der Unternehmenspräsenz in der Schule wohl verfrüht gewarnt worden ist.

Abb. 8.12: Deduktiver Aufbau

8.4.3 Vorbereitung der Argumentation

Die hier vorgestellten Aufbaumuster findet man in leicht unterschiedlichen Varianten und mit zum Teil etwas anderen Bezeichnungen in allen gängigen Rhetorikbüchern. Vor der Ausführung eines solchen Fünfsatzmusters ist es wichtig, Argumente zu einem kontroversen Thema zu sondieren. Erst wenn alle möglichen Argumente gesammelt und gewertet wurden, z. B. mit einer ABC-Analyse, kann das passende Fünfsatzmuster ausgewählt werden. Um diesen Auswahlprozess zu unterstützen, ist es hilfreich, sich für die wichtigsten Argumentationsschritte zentrale Fragen zur Vorbereitung zu notieren und dann sukzessive zu beantworten. Walter (1997, 142 ff.) stellt dazu einige Kernfragen für unterschiedliche Strukturmuster in der Argumentation zusammen, die hier in Auszügen und leicht adaptierter Form zur Unterstützung des Vorbereitungsprozesses wiedergegeben werden.

1. Vorbereitungsfragen zu einer Meinungsformel	
Argumentationsschritt	Kernfrage
Meinung	Was ist meine Meinung?
Begründung	Wie komme ich zu dieser Meinung?
Schlussfolgerung	Welche Konsequenzen ergeben sich aus meinem Standpunkt?
Appell	Was erwarte ich von meinen Rezipienten?
2. Vorbereitungsfragen zu einer Pro-und Kontra-Formel	
Argumentationsschritt	Kernfrage
Pro-Argumente	Was spricht für meinen Standpunkt?
Kontra-Argumente	Was spricht gegen meinen Standpunkt?
Zusammenfassung	Wie sind Pro und Kontra zu bewerten?
Appell	Was erwarte ich von meinen Rezipienten?
3. Vorbereitungsfragen zu einer Kontra-Pro-Formel	
Argumentationsschritt	Kernfrage
Gegnerische Meinung	Was behaupten die anderen?
Eigene Meinung	Was setze ich dagegen?
Begründung	Was sind die Gründe für meine Auffassung?
Appell	Was erwarte ich von meinen Rezipienten?
4. Vorbereitungsfragen zu einer Deduktionsformel	
Argumentationsschritt	Kernfrage
Allgemeine Regel oder Grundsatz	Was ist allgemein bekannt?

Konkreter Fall	Was liegt im konkreten Fall vor?
Schlussfolgerung	Was folgt daraus?
Appell	Was erwarte ich von meinen Rezipienten?

5. Vorbereitungsfragen zu einer Induktionsformel

Argumentationsschritt	Kernfrage
Konkreter Fall oder Anlass	Was liegt im konkreten Fall vor?
Abgeleitete/r allgemeine/r Regel/Grundsatz	Was ist allgemein bekannt?
Schlussfolgerung	Was folgt daraus?
Appell	Was erwarte ich von meinen Rezipienten?

6. Vorbereitungsfragen zu einer Ist-Soll-Formel

Argumentationsschritt	Kernfrage
Ist-Zustand	Was ist gegenwärtig?
Soll-Zustand	Was soll zukünftig sein?
Maßnahmen	Was kann getan werden?
Appell	Was erwarte ich von meinen Rezipienten?

7. Vorbereitungsfragen zu einer Problemlösungsformel

Argumentationsschritt	Kernfrage
Problemdarstellung	Was ist das Problem?
Konsequenzen	Was ergibt sich daraus?
Lösungsvorschlag	Was kann getan werden?
Konsequenzen	Was verbessert sich dadurch?
Appell	Was erwarte ich von meinen Rezipienten?

Abb. 8.13: Leitfragen für die Argumentationsvorbereitung

8.5 Argumentation im journalistischen Meinungstext

Meinungsbetonte Texte wollen anders als informierende Texte mehr als nur Wirklichkeit abbilden. Ihr Anliegen ist es – wie im Kapitel 3 dargelegt wurde – Orientierung zu bieten und Meinungsbildung über Gegenstände und Ereignisse der Wirklichkeit anzuregen. Der Kommentar will aktuelle Ereignisse interpretieren und bewerten. Diesen Bezug verdeutlicht die nachfolgende Abbildung mit einem Schema zum Kommentaraufbau.

Schema des Kommentaraufbaus (nach Hoppe 2000, 30)

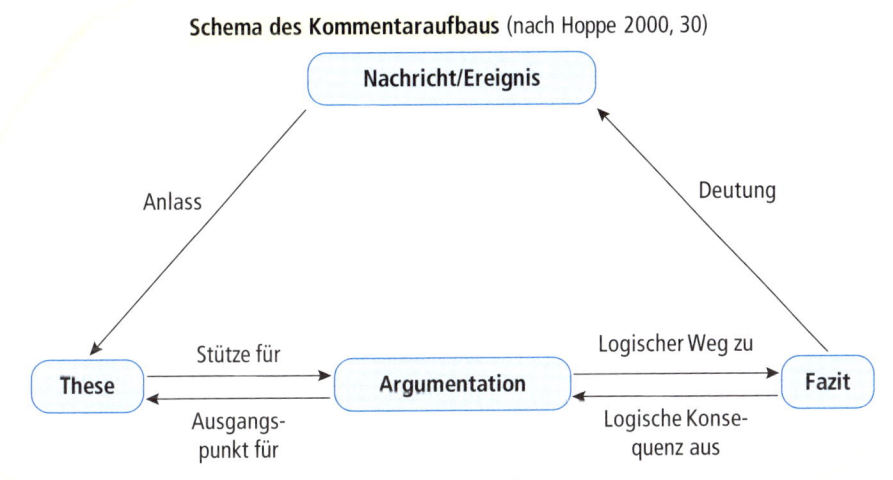

```
                    Nachricht/Ereignis
                    ↗              ↖
              Anlass                Deutung
              ↙                          ↖
                  Stütze für      Logischer Weg zu
        These  ←──────────  Argumentation  ──────────→  Fazit
                  Ausgangs-       Logische Konse-
                  punkt für       quenz aus
```

Abb. 8.14: Argumentationsschema für den Kommentaraufbau

Dem Kommentar als Prototyp des Meinungstextes ist eigen, durch kluge und strategisch angeordnete Argumente zu überzeugen, die Diskussion anzuregen über ein Thema und/oder komplexe Zusammenhänge aufzuzeigen. Für den Kommentar ist es typisch, dass er „(...) bewusst, willentlich und zielorientiert mit den Mitteln rationaler Überzeugungstechniken in den Erkenntnisstand des Lesers eingreift." (Nowag 1998, zitiert nach Hoppe 2000, 30). Von allen W-Fragen ist für den Kommentar die Frage nach dem „Warum?" die wichtigste (Mast 2008, 308). Der Kommentar folgt einem dreiteiligen Aufbau: Der Einstieg dient der Einführung eines Themas, diese kann durchaus wertend sein. Im Mittelteil wird der Kommentar argumentativ, die Wertungen und Begründungen des Autors sollen möglichst überzeugend – auch unter Berücksichtigung von Gegenargumenten – dargelegt werden. Eine eindeutige Schlussfolgerung aus der Argumentation wird im Schlussteil gezogen, der die Meinung des Autors auf den Punkt bringen und Standpunkte klären soll. Zur Strukturierung von Kommentaren mit ihren erklärenden und wertenden Funktionen kann auch die nachfolgende Darstellung der Methode und Funktionsweise des Kommentars in Anlehnung an Hoppe (2000, 33) zur Hilfe genommen werden. Hier zeichnet sich genau ab, wo in der Textgestaltung die Argumentation den Aufbau der Textinhalte bestimmen sollte.

Methode und Funktionsweise des Kommentars (nach Hoppe 2000, 33)

Ziele: bessere Einschätzbarkeit der Nachricht, Orientierungshilfe und Anregung der Meinungsbildung

Deutung einer Nachricht

durch → **Erklärungen**
- kausal (Ursachen, Gründe)
- intentional (Motive, Alternativen)
- funktional (Einordnung in Kontext)

→ **Tatsachenbehauptungen**

durch → **Bewertungen**
- von Personen
- von Handlungen
- von Plänen
- von Meinungen
- von Standpunkten
- von Forderungen etc.

→ **Werturteile**

+++ **Überprüfbarkeit/Überzeugungskraft** – – –

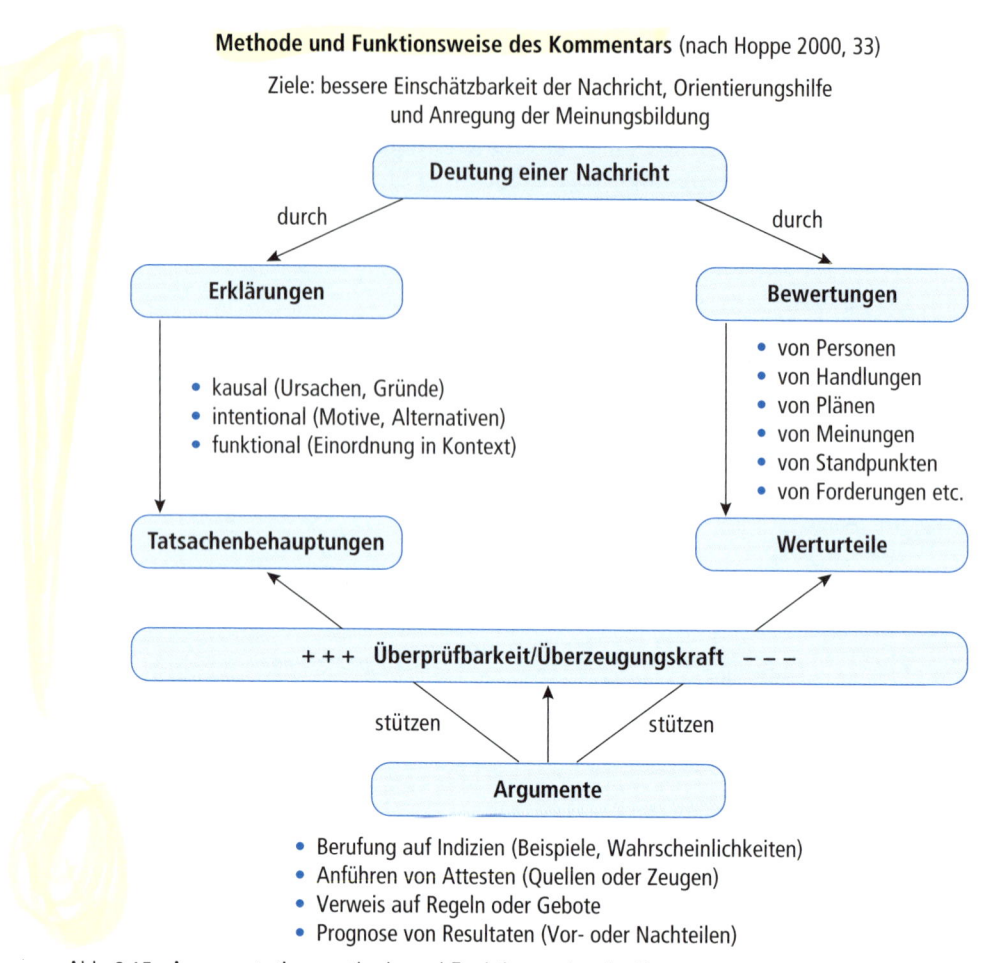

stützen ← **Argumente** → stützen

- Berufung auf Indizien (Beispiele, Wahrscheinlichkeiten)
- Anführen von Attesten (Quellen oder Zeugen)
- Verweis auf Regeln oder Gebote
- Prognose von Resultaten (Vor- oder Nachteilen)

Abb. 8.15: Argumentationsmethode und Funktionsweise des Kommentars

8.6 Inhaltliche Argumentationsstrategien in der Werbung

Bei der Rezeption einer Werbebotschaft muss in sehr kurzer Zeit die Frage geklärt werden: Warum soll ich mich für dieses Produkt entscheiden? Oder: Was spricht mehr für Produkt A als für Produkt B? Die Erwartung ist also nahe liegend, dass Werbebotschaften stark argumentativ aufgebaut sind und die „Warum-Frage" fokussieren. Das ist allerdings längst nicht bei jeder Werbeaussage der Fall – wie die nachfolgenden Beispiele illustrieren können, die den Verzicht auf nachvollziehbare Argumente üben.

Beispiele für Werbebotschaften ohne explizit argumentativen Charakter
Endlich: der Kristall zum Sprühen. (Duschdas alaun Deo. Die Deo-Innovation)
Hier zahle ich erst mal gar nichts. (Base. Die neue Redefreiheit)
Geradeaus ist der kleine Bruder von Langweilig. (Mini Cooper S. Let's Mini.)

Die Aussagen muten rätselhaft, ja paradox an und dürften auf die Lösung des Widerspruchs neugierig machen und auf diese Weise Aufmerksamkeit binden (Wieso kann man einen Kristall sprühen? Wieso muss man nichts bezahlen? Was bedeutet hier geradeaus? Und wie ist das mit nicht-geradeaus?).

Während in solchen Fällen explizite Argumente ausgespart werden, verfolgen andere Werbeaussagen die umgekehrte Strategie und machen das Produkt an sich zum Argument bzw. vertreten einen Absolutheitsanspruch in der Argumentation, der kaum Widersprüche zulässt. „Das kann nur ein Inserat." ist z.B. ein unschlagbares Argument in der Fachkommunikation, das in einer Aktion der Schweizer Presse in Zusammenarbeit mit Schweizer Werbeagenturen zugleich einen Kreativwettbewerb betitelt, der seit 2002 jährlich durchgeführt wird.[85]

Beispiele für Werbebotschaften mit explizit argumentativem Charakter
Meridol. Das überzeugende Argument zum Schutz vor Mundgeruch. (meridol HALITOSIS)
Ein Muss für alle Kinderzimmer! (Chicco-Spielzeug)
Kraft braucht jeder! (Möbel Kraft)

Zwischen diesen Extremen kann man unterschiedliche Strategien der Argumentation unterscheiden. Schweiger & Schrattenecker (2009, 236 ff.) differenzieren in Anlehnung an die Rhetorik von Aristoteles zwischen drei Möglichkeiten zu überzeugen:

1. Ethos: Appelle an das Gewissen, die Moral, Rekurs auf Normen
2. Pathos: Appelle an Gefühle
3. Logos: Rationale Argumentationen.

Auf die erste Strategie, die Fokussierung auf Ethos, wird gerne auch mit Unterstützung von Testimonials in der Werbung gesetzt, die – wenn sie attraktiv und glaubwürdig sind – die Wirkung einer Werbebotschaft verstärken können (vgl. hierzu Becker, von Rosenstiel & Spörrle 2007). Das folgende Textbeispiel einer Werbeanzeige setzt auf die Schauspielerin Esther Schweins, um Umweltfreundlichkeit beim Waschmittelkonsum durchzusetzen:

Beispiel für Ethos in der Werbung: Appell an das „Umweltgewissen"
„Absolut stark. Und Bio." Ihre Esther Schweins.
Terra Activ: Topleistung auf Basis nachwachsender Rohstoffe.
Die neue Qualität: Bio + Kraft.
Qualität & Verantwortung. Henkel

---

[85] Das Argument kann vielseitig und kreativ ausgestaltet werden wie die Kampagnenillustrationen auf http://www.schweizerpresse.ch (unter Dienstleistungen – Gestaltungsmarketing) zeigen (vgl. hierzu auch Schweiger & Schrattenecker 2009, 229).

Abb. 8.16: „Das kann nur ein Inserat" Anzeigenmotiv der Aktion der Schweizer Presse 2007 (*Quelle:* http://www.schweizerpresse.ch/index.php?id=141 Zugriff 13.04.2010)

Pathos ist in der Werbung häufig gefragt, denn Appelle an die Gefühle der Rezipienten sind bei sehr vielen Werbeaussagen die Argumente der Wahl: Zum Beispiel wenn Schlecker in einem Prospekt Backutensilien damit anpreist, dass beim Backen mit diesen Utensilien sogar die Schwiegermutter überzeugt wird und schweigt. Oder wenn die KFZ-Versicherung der HUK-Coburg emotionale Erleichterung verspricht: „Privathaftpflicht Classic. Damit Sie auch mal Fehler machen dürfen." In diesen beiden Beispielen sind die Gefühle implizit angesprochen. Explizit werden Emotionen in der Werbung selbstverständlich auch genannt (z. B. „BMW. Freude am Fahren." (1er BMW) oder „Leistung aus Leidenschaft. (Deutsche Bank)). Emotionale Werbung versucht, bei den Konsumenten Gefühle zu erzeugen und auf die beworbenen Produkte oder Marken zu übertragen (vgl. hierzu im Überblick Mattenklott 2007).

Für Logos bzw. die rationale Argumentation können alle die Empfehlungen bzw. Gestaltungsformen in der Werbung aufgegriffen werden, die schon weiter oben ausgeführt worden sind (z. B. einseitige und zweiseitige Argumentation, implizite und explizite, induktive und deduktive Schlüsse usw.). Das folgende Beispiel zeigt eine explizite, logische Argumentation, die Gegenargumente bzw. negative Erfahrungen präventiv zur Argumentation für ein Produkt nutzt.

> **Beispiel für Logos in der Werbung: Rationale Argumentation für ein Seniorenhandy**
>
> Endlich mal was, das Mama nicht gleich weiterverschenkt.
>
> Das perfekte Geschenk für die ältere Generation.
>
> Noch keine Geschenkidee für Ihre Eltern? Mobiltelefone von emporia sind auf die Bedürfnisse der über 55-jährigen zugeschnitten. Keine überflüssigen Extras, dafür große Tasten, ein übersichtliches Display und z. B. ein Notrufknopf. Erfahren Sie mehr unter www.emporia.at und in Ihrem Telekom Shop.
>
> Wir machen Kommunikation einfach. emporia.

Jenseits der strengen Prinzipien der Logik nutzt die Werbung wie eingangs bereits erläutert alternative Prinzipien der inhaltlichen Strukturierung der Argumentation z. B. für Copys von Anzeigen oder für Slogan. Auf diese Strategien der Textgestaltung soll abschließend eingegangen werden. Nach Janich (2005, 95 ff.) gibt es in der Werbung dabei drei typische Strategien der inhaltlichen Argumentation. Die Überzeugung soll durch produkt-, sender- oder empfängerbezogene Argumente gelingen, bei denen jeweils weitere Differenzierungen der Argumentationsweise möglich sind. Diese überschneiden sich zum Teil mit der Differenzierung nach Aristoteles bzw. Schweiger & Schrattenecker (2009). Die Relevanz dieser zusätzlichen Kategorisierung ist daher zu klären. Findet man in der Praxis der Werbesprache tatsächlich solche Strategien im Aufbau der Argumente? Das nachfolgende Beispiel zeigt, dass das der Fall ist. Für Chiquita Superfruit Smoothies wird ausführlich und explizit produktbezogen mit der Hyperbel „Superfrucht" argumentiert.

> **Beispiel: Produktbezogene Argumente – Jede Menge Gutes ... in einer Superfrucht**
>
> Einfach super! 32-mal mehr Vitamin C als in Orangen steckt in Acerolakirschen. Und das ist gut so, denn Vitamin C unterstützt Ihre antioxidative Abwehr. Gemixt mit Pink Guave und Orange wird daraus ein leckerer Smoothie. Warum? Weil Chiquita eben immer nur die besten Früchte verwendet. Entdecken Sie mehr: www.chiquita.de
>
> Chiquita Superfriut Smoothies. Frische Früchte und sonst nichts.

Die nachfolgende Tabelle gibt weitere Beispiele für die nach Janich (2005) unterschiedenen inhaltlichen Argumentationsstrategien. Es zeigt sich: Die theoretische Differenzierung findet sich in der Erfahrungswelt des Konsumenten mit den Überzeugungsversuchen von Werbetexten wieder. Empfängerbezogene Argumente, die eine emotionale Aufwertung mit sich bringen, soziale Orientierung und/oder Distinktion von anderen sicherstellen, sind besonders beliebt. Bei den produktbezogenen Argumentationen dominieren die Überzeugungsversuche über die Produkteigenschaften. Die Beispiele zeigen auch, dass in der Werbung die Argumentationsstrategie auf sehr kleinem Raum, in einem Satz, in der Headline oder im elliptischen Slogan auf den Punkt gebracht werden muss. Nicht immer ist der Gebrauch von Argumenten so ausführlich wie bei der oben belegten Wertschätzung für einen Smoothie.

Beispiele für inhaltliche Strategien der Argumentation in der Werbung[86]	
1. Produktbezogene Argumente	
a) Verweis auf die Herkunft des Produktes	Aus deutschen Landen frisch auf den Tisch. (Gesellschaft für Absatzförderung (GAL)) Das Beste am Norden. (NDR)
b) Nennung von Produkteigenschaften	Odol gibt sympathischen Atem. (Odol) Kostbares Arganöl und verwöhnende Sheabutter. Die natürliche Soforthilfe für sehr trockene Haut. (Florena)
c) Beschreibung der Wirkungsweise des Produktes	Kurze Bremswege, wenn es drauf ankommt. (Continental) Alles geht mit Afri-Cola. (Afri-Cola)
d) Beschreibung der besonderen Verwendungssituation	Nicht immer. Aber immer öfter. (Clausthaler) Der Tag geht, Johnny Walker kommt. (Johnny Walker)
e) Beweis durch Warentests	(z. B. Stiftung Warentest) oder: Dermatologisch, klinisch, allergiegetestet. (Elisabeth Arden)
f) Anführen marktbezogener Argumente (z. B. Preis)	... nicht einen Pfennig dazubezahlt. (Fielmann) Lasst Euch nicht verarschen, vor allem nicht beim Preis (Media Markt)

---

[86] Die Beispiele sind folgenden Quellen entnommen: Hars (2002), Pohlmann (2003), Garbe (2005) sowie http://www.slogans.de.

g) Vergleichende Werbung	Saturn eröffnet ein hübsches Kaufhaus. Wir eröffnen den Preiskampf. (Media Markt) Die einen haben die größte Klappe. Wir haben die größte Auswahl. (Saturn) Ob's wirklich günstig ist, zeigt sich am Preis. (Media Markt) Ob's wirklich günstig ist, zeigt sich am Service. (Saturn)
2. Senderbezogene Argumente	
a) Verweis auf Tradition (Image)	Aus Erfahrung gut. (AEG) Schweizer Emmentaler. Seit Urzeiten gut. (Emmentaler)
b) Verweis auf Kompetenz	Wir haben verstanden. (Opel) Kompetenz in Serie: 40.000.000 Staubsauger von Miele. (Aktionsmodelle S5 Premio)
3. Empfängerbezogene Argumente	
a) Appell an überindividuelle Werte	Vertrauen ist der Anfang von allem. (Deutsche Bank) Wer Gegenwind liebt, zeigt sich offen. (Cabrio Saab 93)
b) Emotionale Aufwertung	Kandis. Mein Ruhepol (Kölner Kandis) Liftet nicht nur meine Laune. (Nivea Beauty Lift Foundation) Robinson. Zeit für Gefühle. (Robinson Club)

Abb. 8.17: Werbliche Argumentationsstrategien nach Janich (2005)

Für die Argumentation kann selbstverständlich auch auf einen Mix der drei Hauptstrategien der Argumentation gesetzt werden. Illustrieren kann dies der abschließende Werbetext aus einer Anzeige für die Brigitte-Diät mit Frosta-Gerichten.

> **Beispiel: Strategiemix in der Argumentation**
>
> Ganz entspannt abnehmen. (empfängerbezogen) (Headline)
>
> Leckere Gemüsegerichte zum Wohlfühlen (produkt- und empfängerbezogen) (Subline)
>
> Wie sieht die Traumvorstellung einer Diät aus? Genau. Lecker essen und trotzdem abnehmen. Geht nicht? Doch. Die Brigitte-Diät und FROSTA machen es möglich, z. B. mit den fettarmen Gemüsegerichten.
>
> Fünf gute Gründe für FROSTA Gemüse Mahlzeiten:
> - leckere Rezepte aus aller Welt (produktbezogen)
> - natürliche Zutaten – keine Chemie (produktbezogen)
> - ausgewogen und fettarm (produktbezogen)
> - mehr Zeit für sich – weniger Zeit am Herd (empfängerbezogen)
> - extra für die BRIGITTE-Diät entwickelt (senderbezogen).
>
> FROSTA und BRIGITTE-Diät: Beide stehen für köstliches und gesundes Essen. (senderbezogen)
>
> FROSTA-Tiefkühlgerichte folgen einem strengen Reinheitsgebot, das in Deutschland einzigartig ist: Sie sind 100% frei von Aroma-, Farbstoff- und Geschmacksverstärkerzusätzen. (produktbezogen)
>
> Viele FROSTA-Gerichte wurden extra für die BRIGITTE-Diät entwickelt und passen prima in einen ausgewogenen Speiseplan. Die gelingen jedem und sind fix gemacht. (sender-, empfänger- und produktbezogen)

8.7 Zusammenfassung

- Sie wissen, dass Wirtschaftskommunikation Argumentationsprinzipien jenseits der strengen Logik nutzt.
- Sie kennen die inhaltlichen Argumentationsstrategien der Werbung.
- Sie können das Strukturierungsprinzip eines Kommentars nachvollziehen.
- Sie sind in der Lage, Texte nach den Prinzipien des Fünfsatzes zu strukturieren.
- Sie wissen, in welcher Reihenfolge Sie am besten Ihre Argumente anbringen.
- Sie können die Argumentationsstruktur eines Meinungstextes analysieren.

8.8 Kontrollaufgaben

Aufgabe 1:
Im Folgenden finden Sie eine ganze Reihe von werbesprachlichen Äußerungen. Identifizieren Sie die inhaltlichen Strategien der Argumentation in diesen Äußerungen.

Bringen Sie Ihrem Stromzäher das Schleichen bei. (Bosch Waschvollautomat)
Frau Antje bringt Käse aus Holland. (Niederländisches Büro für Molkereierzeugnisse)
Das kann nur das Verwöhnaroma von Jacobs. Wunderbar. (Jacobs Krönung).
Der große Klare aus dem Norden. (Bommerlunder)
Wie das Land so das Jever. Frisch herb. (Jever)
Pack den Tiger in den Tank (Esso). Antwort. Vielleicht sind wir so günstig, weil wir kein Geld in die Tierhaltung stecken. (Jet)
Werther's Echte. (Werther's)
Hauptfach: Denken. (Die Bundeswehr)
Jack Daniels, persönlich seit 1866: Schon nach dem ersten Schluck werden Sie verstehen, warum das auch so bleiben wird. (Jack Daniels)
So wertvoll wie ein kleines Steak. (Gervais-Fruchtzwerge)
Neckermann macht's möglich. (Neckermann)
Die tun was. (Ford)
Ist der neu? Nein, mit Perwoll gewaschen. (Perwoll).
Ihr guter Stern auf allen Straßen. (Mercedes Benz)
Wenn einem so viel Schönes wird beschert, das ist schon einen Asbach uralt wert. Im Asbach Uralt ist der Geist des Weines. (Asbach)
Mit freundlichem Diebels. (Diebels)
Wäscht so weiß, weißer geht's nicht. (Dash)
Haribo macht Kinder froh. (Haribo)
Mit Butter ist alles in Butter. (Gemeinschaftswerbung Butter)
Der schmeckt ja wie frisch gepresst. (Valensina)
Mars macht mobil bei Arbeit, Sport und Spiel. (Mars)
Gewebefestigend und hautstraffend wirkt das transparente Gel Raffermissant. (Chanel)
Ein Stück heile Welt. (Tesa)
Weil ich es mir wert bin. (L'Oreal)
Mit einem Wisch ist alles weg. (Zewa).
Hallo Partner – danke schön. (Deutscher Verkehrssicherheitsrat)

In Bahlsen steckt viel Liebe drin. (Bahlsen)
Die 5-Minuten-Terrine von Maggi, ne tolle Idee. (Maggi)
Heute ein König. (König Pilsner)

Aufgabe 2:
Was sind Fünfsätze? Wozu dienen sie? Nennen Sie ein Beispiel für ein solches Argumentationsmuster!

Aufgabe 3:
Welche Schlüsse legen die nachfolgenden Werbeslogans nahe?
a) Natürlich wirksam. Natürlich für Frauen. (Frauengold)
b) Sie haben es sich verdient. Urlaub mit TUI. (TUI)
c) Actimel activiert Abwehrkräfte. (Actimel)
d) Das gesunde Gehen. Der Schuh für Ihr Kind. (Ada-Ada Perifom)

Aufgabe 4:
Was ist eine ABC-Analyse?

Aufgabe 5:
Lesen Sie den nachfolgenden Text einer Werbeanzeige bitte aufmerksam durch. Welcher Fünfsatztechnik ähnelt die Argumentation dieses Werbetextes?

Die lebenswichtigen Fettsäuren stecken nicht im Salat. Sondern in der Margarine! (Headline)
Hätten Sie gedacht, dass ein Brot mit Margarine gesünder ist als eines ohne? Denn Margarine ist ein wertvoller Lieferant essentieller Fettsäuren. Die brauchen unsere Körperzellen für Wachstum, Regeneration, einfach um gesund zu bleiben. Können vom Körper aber nicht selbst hergestellt werden. (Copy)
Daher ist es wichtig, dass wir diese guten Fettsäuren jeden Tag mit unserer Nahrung aufnehmen. (Claim)
Gesunde Pflanzenkraft: Margarine! (Slogan)
Eine Initiative der Markenmargarinen (Lätta, Rama, Becel, Bertolli)

Aufgabe 6:
Bitte lesen Sie den nachfolgenden Auszug aus einem längeren Zeitungsartikel aufmerksam durch. Analysieren Sie dann die argumentative Struktur des Textes. Nutzen Sie dazu das Schema des Kommentaraufbaus nach Hoppe (2000, 30).

Gier war gestern (Quelle: Sonja Pohlmann, Der Tagesspiegel, 18.3.2010)
Wirtschaftsmagazine haben in der Krise besonders gelitten. Warum der Neuzugang „enorm" gerade deshalb erscheint.
Das Magazin „enorm" will sich dem sozialen Wirtschaften widmen und damit auch „brand eins" Konkurrenz machen.

Wenn Manager von „Edeka" sprechen, geht es neuerdings selten um den Gang zum Supermarkt, sondern ums „Ende der Karriere". Harte Zeiten, harte Worte – dass es Alternativen gibt, will das neue Wirtschaftsmagazin „enorm" zeigen, das heute erstmals am Kiosk erscheint. Nicht nur ein antizyklischer, sondern auch risikoreicher Schritt. Denn abgesehen von den IT- und Telekommunikationstiteln hat kein Segment der deutschen Zeitschriftenbranche so stark unter den Folgen der Krise gelitten wie das der Wirtschafts- und Finanztitel.

Fast 35 Prozent weniger Anzeigenseiten wurden in den 24 Genreblättern gebucht. Ein Minus, das durch die Kürzung des Werbebudgets im Banken- und Finanzsektor bedingt ist. Bemerkenswert jedoch: Auch die verkaufte Auflage brach bei fast allen Blättern ein – dabei müsste doch gerade in Zeiten der Krise das Bedürfnis nach Informationen besonders groß sein. Ist das Vertrauen der Menschen in den Wirtschaftsjournalismus etwa gesunken?

„Nicht allgemein", sagt Arno Balzer, Chefredakteur des „Manager-Magazins", das monatlich rund 113 800 Stück (IVW, viertes Quartal 2009) verkauft. Aber ein Teil der Zunft habe bei Lesern an Kredit verloren. Schon nach dem Platzen der New-Economy-Blase 2001 seien Magazine mit Tipps zur Geldanlage kritischer beäugt worden, mit der jüngsten Finanzkrise sei diese Skepsis gegenüber der Wirtschaftsberichterstattung weiter gewachsen. (…) (Einige Verlage haben daher ihre Printtitel zusammengelegt.) Doch in der Branche wird die Zusammenlegung der Blätter skeptisch betrachtet. „Die Redaktionen der einzelnen Titel verlieren ihre Seele, wenn in einer Zentralredaktion Einheitsgulasch produziert wird", sagt „Wirtschaftswoche"-Chefredakteur Roland Tichy.

Wie wichtig es für die Zeitschriften ist, sich abzusetzen, zeigt insbesondere „brand eins". Seit der Gründung 1999 verzichtet die Redaktion auf Bilanzberichte und Gewinnprognosen, sondern bettet wirtschaftliches Handeln in gesellschaftliche, kulturelle, wissenschaftliche und politische Zusammenhänge ein. Zwar rutschte das Blatt 2009 erstmals seit vier Jahren in die roten Zahlen, ist aber eines der wenigen Wirtschaftsmagazine, das seine Auflage kontinuierlich steigert. Im vierten Quartal 2009 legte es im Vergleich zum Vorjahresquartal um drei Prozent zu und verkaufte monatlich rund 100 800 Stück. Auch „enorm" will Menschen hinter den Zahlen in den Mittelpunkt stellen. In ihrer ersten Ausgabe zeigt die Zeitschrift einen Unternehmer im Urwald und einen Topmanager – mit Gewissen.

8.9 Literatur

9.9.1 Quellen

Becker, Florian, von Rosenstiel, Lutz & Spörrle, Matthias (2007). Persuasion durch Glaubwürdigkeit. In: Klaus Moser (Hrsg.). Wirtschaftspsychologie. Heidelberg: Springer Medizin Verlag, 68–85.

Garbe, Burckhard (2005). Goodbye Goethe. Sprachglossen zum Neudeutsch. Freiburg: Herder.

Fischer, Lorenz & Wiswede, Günter (2009). Grundlagen der Sozialpsychologie. München: Oldenbourg.

Frey, Dieter, Kastenmüller Andreas, Greitemeyer Tobias, Fischer, Peter & Moser, Klaus (2007). Überzeugen durch Argumente. In: Klaus Moser (Hrsg.). Wirtschaftspsychologie. Heidelberg: Springer Medizin Verlag, 53–67.

Hars, Wolfgang (2002) Lexikon der Werbesprüche. München: Piper.

Hoppe, Anja Maria (2000). Glossen schreiben. Ein Handbuch für Journalisten. Wiesbaden: Westdeutscher Verlag.

Janich, Nina (2005). Werbesprache. Ein Arbeitsbuch. Tübingen: Narr.

Mattenklott, Axel (2007). Emotionale Werbung. In: Klaus Moser (Hrsg.). Wirtschaftspsychologie. Heidelberg: Springer Medizin Verlag, 85–106.

Mast, Claudia (2008). ABC des Journalismus. Ein Leitfaden für die Redaktionsarbeit. Konstanz: UVK Verlagsgesellschaft.

Pohlmann, Jörg (2003). Das Lexikon der Markennamen. Logos, Slogans, Storys. München: Knaur Taschenbuch Verlag.

Raab, Gerhard & Unger Fritz (2005). Marktpsychologie. Grundlagen und Anwendung. Wiesbaden: Gabler.

Schweiger, Günter & Schrattenecker, Gertraud (2009). Werbung. Eine Einführung. Stuttgart: Lucius & Lucis.

Schulz, Oliver (2005). Der Schüler als Konsument. Wie weit darf Sponsoring an der Schule gehen? Lehrer, Eltern und Firmen streiten. Der Tagesspiegel, 3.8.2005, 23.

Thiele, Albert (2006). Die Kunst zu überzeugen. Faire und unfaire Dialektik. Berlin: Springer Verlag.

Vogt, Gustav (2005). Erfolgreiche Rhetorik: Faire und unfaire Verhaltensweisen in Rede und Gespräch. München: Oldenbourg.

Walter, Klaus Dieter (1997). Professionelle Präsentation. Vorbereitung, Strukturierung, Durchführung. München: Knaur.

8.9.2 Lesehinweise

Bayer, Klaus (2007). Argument und Argumentation. Logische Grundlagen der Argumentationsanalyse. Göttingen: Vandenhoeck & Ruprecht.

Bartsch, Tim-Christian, Hoppmann, Michael, Rex, Bernd F. & Vergeest, Markus (2008). Trainingsbuch Rhetorik. Stuttgart: Schöningh/UTB Verlag.

Felser, Georg (2007). Werbe- und Konsumentenpsychologie. Heidelberg: Spektrum Akademischer Verlag.

Inch, Edward, S. & Warnick, Barbara (2009). Critical Thinking and Communication: The Use of Reason in Argument. Boston: Allyn & Bacon.

Kopperschmidt, Josef (2005). Argumentationstheorie zur Einführung. Hamburg: Junius Verlag.

Posch, Claudia (2010). Kritisch Denken und Argumentieren. Konstanz: UVK Verlagsgesellschaft bei UTB.

Rauda, Christian, Kaspar, Hannah & Proner, Patrick (2007). Pro & Contra. Das Handbuch des Debattierens. Heidenau: PD-Verlag.

Siegert, Gabriele & Brecheis, Dieter (2010). Werbung in der Medien- und Informationsgesellschaft. Eine kommunikationswissenschaftliche Einführung. Wiesbaden: VS Verlag für Sozialwissenschaften.

Tetens, Holm (2006). Philosophisches Argumentieren. Eine Einführung. München: Beck Verlag.

Toulmin, Stephen (1996). Der Gebrauch von Argumenten. Weinheim: Beltz Äthenäum.

Toulmin, Stephen (2003). The Uses of Argument. Cambridge: Cambridge University Press.

Weimar, Wolfgang (2005). Logisches Argumentieren. Ditzingen: Reclam Verlag.

Winkler, Maud, Commichau, Anka & Schulz von Thun, Friedemann (2005). Reden. Handbuch der kommunikationspsychologischen Rhetorik. Reinbek: Rowohlt Taschenbuch Verlag.

9 Ethische Aspekte der Textgestaltung

Überblick

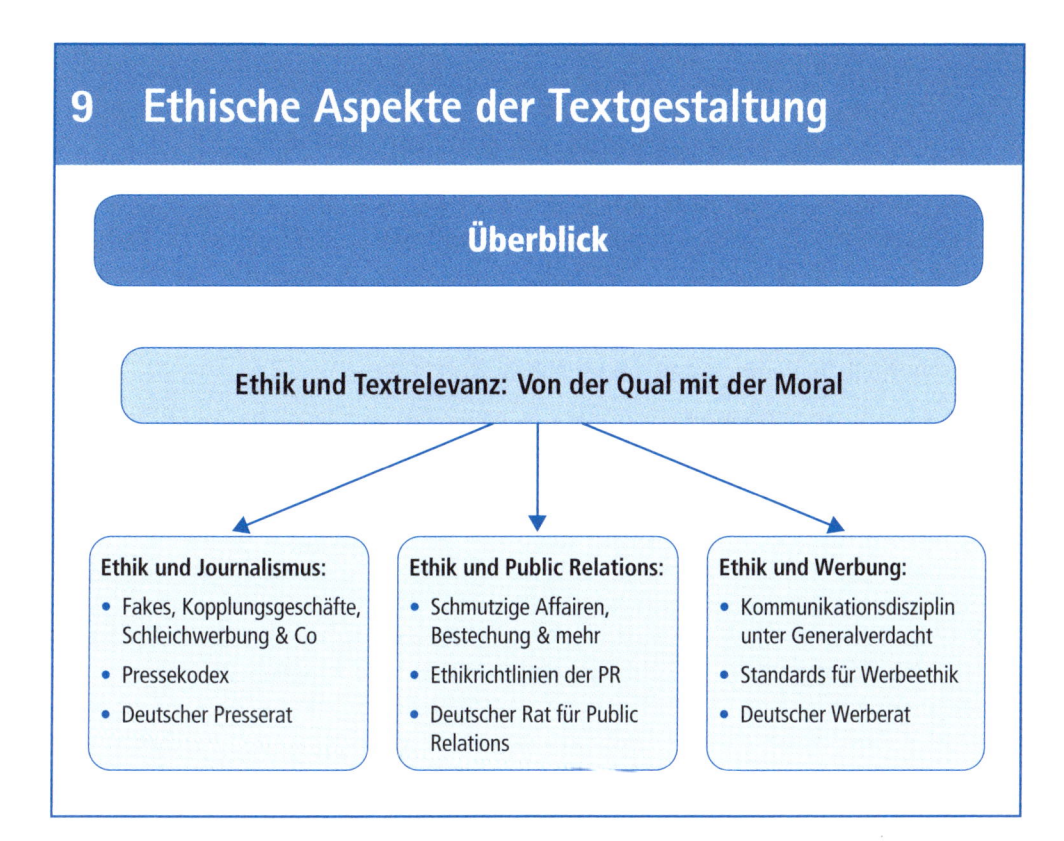

Ethik und Textrelevanz: Von der Qual mit der Moral

Ethik und Journalismus:
- Fakes, Kopplungsgeschäfte, Schleichwerbung & Co
- Pressekodex
- Deutscher Presserat

Ethik und Public Relations:
- Schmutzige Affären, Bestechung & mehr
- Ethikrichtlinien der PR
- Deutscher Rat für Public Relations

Ethik und Werbung:
- Kommunikationsdisziplin unter Generalverdacht
- Standards für Werbeethik
- Deutscher Werberat

Abb. 9.1: Überblick über das Kapitel

9.1 Von der Qual mit der Moral

Die Gedanken sind frei, die Kommunikation ist es nicht. Den Kommunikationsfreiheiten sind Grenzen gesetzt. Nicht alles, was sein kann, darf auch sein. Wo dem strategischen Kalkül in der Kommunikation und der Kreativität der Ausgestaltung gedanklich zunächst einmal keine Einschränkungen entgegen stehen, setzt das moralische und ethische Empfinden sowie das Recht und Gesetz einer Gesellschaft Schranken. Diese sind je nach Kultur und Zeitgeist durchaus unterschiedlich, denn sie sind ja nichts anderes als gesellschaftliche Konventionen, die veränderbar sind und um deren Herstellung und Konsens in einer Kommunikationsgemeinschaft in der Regel lange gerungen wird.

Jeder, der Kommunikation betreibt, egal ob als Produzent oder Macher, als Konsument oder Rezipient, kommt über kurz oder lang mit den vagen Grenzen der Kommunikationsfreiheiten in Berührung. Im Feld der Kommunikationsfreiheiten und seinen Begrenzungen durch Ethik und Recht gibt es Minenfelder, Fallen, Grauzonen, gerade und ungerade Wege und oftmals Fragen, an denen sich die Geister scheiden. Die Fragen, was ethisch vertretbar, legitim und legal ist, sind häufig sehr schwer oder gar nicht zu beantworten.

Für diese Fragen zu sensibilisieren und die ethische Notwendigkeit der Kommunikationsbeschränkungen zu reflektieren, ist das Ziel dieses abschließenden Kapitels. Je mehr Kommunikationsdruck, je mehr Wettbewerb es auf dem Markt der Informationen und Meinungen gibt, desto dringlicher und heikler wird die Frage, was in der Kommunikation machbar ist und was zugleich als ethisch vertretbar gelten darf. Diese Frage ist keine rein moralische, sie ist wohl auch als eine ökonomische zu verstehen: „In den letzten Jahren mehren sich die Anzeichen dafür, dass sich die Unternehmen ohne einen moralisch korrekten Auftritt ihrer Unternehmenskommunikation ökonomische Nachteile einhandeln." (Schmidt & Tropp 2009, 8).

Ohne Anspruch auf Vollständigkeit werden im Folgenden einige berufständische Grundsätze und Regelungen vorgestellt, die dem Texter in seiner Arbeit in Journalismus, PR und Werbung erste Navigationshilfen bieten sollen.

Von ethischen Pflichten und Regulierungen sollte man allerdings nicht zu viel erwarten. Denn es gilt: Wo keine Einsicht, da keine Heilung. Wo kein Kläger, da kein Richter. Böse Zungen behaupten, Ethik sei ein Thema für Sonntagsreden und Theoretiker, die Realität in der Kommunikationsbranche sei – wie andere Bereiche der Gesellschaft auch – dagegen durchaus anfällig für Doppelmoral und Lippenbekenntnisse. Der Professionalisierung und imageträchtigen Selbstveredelung zuträglich sind ethische Reflexionen und Regelungen allemal. Im Konkurrenzdruck der Akteure und dem täglichen Hauen und Stechen um Aufmerksamkeit und Kommunikationserfolg sind sie aber schnell vergessen, sofern überhaupt ein Bewusstsein für die ethischen Dimensionen kommunikativen Handelns in der beruflichen Sozialisation geschaffen wurde.

Das, was man zur Durchsetzung ethischer Standards als Maximum und konsensfähigen Status erreichen kann, ist die Selbstverpflichtung und -kontrolle: „Wo Marktmechanismen nicht zu gesellschaftlich erwünschten Verhaltensmustern führen und gesetzliche Regelungen Zensurgefahren heraufbeschwören, bleibt im Prinzip nur ein schwaches Steuerungspotential: Steuerungsinstrumente sind die (Selbst-)Verpflichtung auf ethische Normen sowie Selbstkontrollinstanzen, die deren Einhaltung überwachen. Und als Sanktionsmittel verbleibt der Pranger, an den Sünder bei Normverstößen gestellt werden können" (Ruß-Mohl 2004, 123).

9.2 Die Begriffe Ethik, Moral, Recht und ihre philosophische Tradition

Das Wort „Ethik" stammt aus dem Griechischen. Es leitet sich von Ethos (Sitte, Brauch) ab und bezeichnet seit Aristoteles die philosophische Wissenschaft vom Sittlichen und die kritische Untersuchung seiner Ausprägungen und Effekte im menschlichen Handeln. „Moral" (vom lateinischen Wort „mos", „mores" (plural) abgeleitet = Sitte, Charakter) wird häufig in der Alltagssprache synonym zu Ethik verwendet. Ethik und Moral stellen Verhaltensordnungen in einer Gesellschaft dar, zu denen auch das Recht gehört und damit die Gesamtheit der Vorschriften, die in bindender Weise das Gemeinschaftsleben regeln. Im Unterschied zu den Verhaltensordnungen von Ethik und

Moral sichert der Staat in Bezug auf das Recht seine Befolgung durch ein geregeltes und in der Gerichtsbarkeit institutionalisiertes Zwangsverfahren.

Die verschiedenen Systeme der sozialen Regulation sind selbstverständlich aufeinander bezogen und nicht unabhängig von einander zu sehen, ihre Grenzen sind daher manchmal schwer zu ziehen. Es lässt sich auf lange Sicht keine Rechtsnorm in einer Gesellschaft durchsetzen, die den moralischen Grundsätzen dieser Gemeinschaft widerspricht. Moral wird durch Rechtsnormen in das juristische System integriert (intentional-inkorporierende Relation), allerdings gilt das nicht für alle moralischen Vorstellungen und Überzeugungen in einer Gesellschaft. Daher sind außerhalb des Rechtssystems weitere soziale Regulativa gefragt, so z.B. für die Einhaltung von Ethik und Moral im kommunikativen Handeln einer Gesellschaft.

Mit solchen Regulativa sind zugleich zwei Funktionen verbunden: „Alle Ethiken haben die primäre Funktion, ethisch-sittliches Handeln dadurch zu ermöglichen, dass dessen Grenzen formuliert werden: Sei es als Gebot oder Verbot und dies ggf. unter Angabe von Sanktionen bei Grenzüberschreitungen. Neben dieser primären Funktion aller Ethik entwickelt eine Ethik stets eine sekundäre Funktion, nämlich als Instrument der PR. Die Verkündung einer Ethik signalisiert den Willen zur Tugendhaftigkeit, die Bindung an grundlegende Werte etc. – und entfaltet daher starke, positive Wirkungen." (Merten 2009, 25). Die Sekundärfunktion darf allerdings die Primärfunktion nicht dominieren oder deren Defizite ausgleichen, sonst droht der Verlust von Glaubwürdigkeit als „maximaler Kollateralschaden" für die Ethik (Merten 2009, 26).

Ethische Grundsätze sind recht allgemein gehalten und schreiben nicht im Einzelnen genau vor, was ein Gemeinschaftsmitglied zu tun oder zu lassen hat. Sie fordern also nicht direkt zum Handeln oder zur Unterlassung auf, sondern zielen auf die Bildung eines kritischen Willens ab, mit dem die moralische Güte und Angemessenheit von Handlungen und Handlungsalternativen von jedem Mitglied der Gemeinschaft selbst bemessen werden kann. Ethische und moralische Grundsätze setzen daher ein frei und autonom reflektierendes und handelndes Individuum voraus. Die Verantwortung für ethisch angemessenes Handeln liegt also in der Kommunikation nicht im abstrakten System, sondern beim konkret handelnden Kommunikationsteilnehmer (d.h. bei demjenigen, der informiert, genauso wie bei demjenigen, der rezipiert).

9.3 Klassische Ethiktheorien und ihre Relevanz für die Wirtschaftskommunikation

In der Ethik lassen sich nach Pieper (2007) vier Typen von Theorien unterscheiden: die Tugendethiken, die deontologischen Ethiken, die teleologischen Ethiken und der Kontraktualismus. Diese sollen im Folgenden in ihren Grundzügen summarisch eingeführt und auf ihre Handlungsrelevanz für die moderne Kommunikationspraxis geprüft werden. Die Darstellung orientiert sich an der Aufarbeitung von Förg (2004, 18–35).[87]

---

[87] Wer mehr über die angesprochenen Philosophen und ihre Werke wissen will, dem sei die Lektüre von Störig (2004) und Weischedel (2008) empfohlen.

9.3.1 Die Tugendethiken

Diese gehen auf Platon (um 428 bis ca. 347 v. Chr.) und Aristoteles (384–322 v. Chr.) zurück und versuchen übergeordnete Tugenden, Charaktereigenschaften und Einstellungen zu identifizieren und menschliche Handlungen in moralischer Hinsicht zu bewerten. Platon geht von der grundsätzlichen „Idee des Guten" aus, auf der alles Gute beruht. Das Gute ist allen Dingen inhärent, kann je nach Reifegrad vom Menschen erkannt werden, ist aber dem Seinswesen Mensch nie vollständig, sondern immer nur in Teilen zugänglich. In Gesprächen muss der Mensch an die Ideen, so auch an das Gute, erinnert werden (Anamnesis-Lehre von Platon).

Stärkeren Praxisbezug weist die Theorie des Guten bei Aristoteles, einem Schüler Platons auf: Das Gute kann prinzipiell von jedem klugen Mitglied einer Gemeinschaft erkannt werden. Durch Belehrung, Erfahrung und Gewöhnung sind uns die Tugenden zugänglich. Das Gute wird hier in der Gemeinschaft als moralischer Wert vom Menschen selbst definiert und akzeptiert, es ist nichts Außersoziales oder Metaphysisches. Praktische Erfahrung und Reflexion moralisch richtigen Handelns, die Belehrung über normkonformes Handeln, das Aufstellen von Richtlinien für ethisches Handeln und die Prüfung praktischer Fälle sind der Weg, der den berufspraktisch Handelnden danach zu einem moralisch angemessenen Kommunikationsmanager werden lassen.

In der Weiterentwicklung der Tugendethiken von Platon und Aristoteles hat Thomas von Aquin (1224-1274) eine Ethik entwickelt, die auf die Beachtung der Intention des Handelnden großen Wert legt. Für moralisch angemessene Handlungen muss der Mensch nach dieser Gesinnungsethik seine Absichten richtig einschätzen und darf über diese nicht täuschen. Bei moralisch richtiger Intention ist auch die folgende Handlung richtig. Die moralisch richtige Entscheidung ergibt sich in der thomasischen Ethik aus den Akten des Beratens über verfügbare Mittel, des Wählens moralisch geeigneter Instrumente, des Entschlusses über den Einsatz der Mittel und der Anwendung selbst. Die Umstände einer kommunikativen Handlung bestimmen also mit darüber, ob ein kommunikativer Akt ethisch angemessen ist oder nicht. Diese Ethik ist hilfreich für die Beurteilung problematischer Einzelfälle, wie sie von den berufsständischen Selbstkontrollinstanzen (s. u.), wie z. B. dem Deutschen Werberat oder dem Deutschen Rat für Public Relations, im Nachhinein zu erörtern sind.

9.3.2 Die deontologischen Ethiken

Anders als bei den Tugendethiken handelt es sich bei deontologischen Ethiken um systematische, normative Konzepte, die einer moralischen Verpflichtung ein logisches Primat zuweisen, für die das Gute an sich im Extremfall keine Rolle spielt. Eine Handlung kann in diesem Ansatz auch dann moralisch richtig sein, wenn sie mehr negative als positive Konsequenzen hat. Für die Deontologen stellt sich vornehmlich die kritische Frage, wie man von den moralischen Pflichten wissen kann. Diese Pflichten sind zu erkennen, indem man subjektive Handlungsrichtlinien dahin gehend prüft, ob sie auch für andere Menschen Geltung besitzen.

Situationsunabhängig verlangt **der kategorische Imperativ nach Kant** (1724–1804) die Klärung der Frage, ob die Maxime meines Willens jederzeit auch als Prinzip einer allgemeinen Gesetzgebung gelten kann. Dieser abstrakte Generalisierbarkeitsanspruch macht die Entscheidungsfindung im konkreten Fall einer pluralistisch orientierten Gesellschaft, die vielfach mit Dissens leben und nicht im Detail auf Konsens setzen kann, über das moralisch richtige Handeln unmöglich bzw. schränkt das Handeln sehr stark ein.

Der Vielfalt moralischer Phänomene in unserer heutigen Gesellschaft wird der Ansatz von Ross (1877–1971) eher gerecht. Er unterscheidet sog. Prima-Facies-Regeln, die für moralisch eindeutige Situationen ausnahmslos gelten können, von sog. tatsächlichen Pflichten. Für viele, tatsächlich bestehende moralische Konfliktsituationen können die höherwertigen Prima-Facies-Pflichten nur eingeschränkte Geltung haben. Für diese Situationen vertritt Ross innerhalb der Ethik einen **Intuitionismus**: Konfliktsituationen, in denen z. B. zwei moralische Werte miteinander in Widerspruch stehen, werden dadurch gelöst, dass der Einzelne intuitiv den ethisch bedeutenderen Wert erkennt und sich dafür entscheidet. Ross differenziert darüber hinaus das Richtige vom Guten, indem er das Richtige den Handlungen, das Gute den Beweggründen zuordnet. Nur diese interessieren primär, das faktische Handeln und seine Folge dagegen nur sekundär. Eine normative Orientierung für das Handeln in der Wirtschaftskommunikation kann bei den Deontologen nicht erwartet werden. Also bleibt nur das **Warten auf** die **Intuition**!

9.3.3 Die teleologischen Ethiken

Im Gegensatz zum deontologischen Ansatz ist hier entscheidend, dass die positiven Handlungsfolgen die negativen überwiegen und das mindestens im gleichen Maß wie bei gegebenen Handlungsalternativen. Entscheidend für das Verständnis der Teleologie ist die Definition von Werten. Das zeigt der **Utilitarismus** als bekannteste teleologische Position nach **Bentham** (1748–1832) und **Mill** (1773–1836) ganz klar: Das Glück einer Gesellschaft stellt sich als Summe des Glücks aller Mitglieder dar. Nach den naturgegebenen Prinzipien des Lustgewinns und der Schmerzvermeidung soll das Glück nach allen Regeln der Vernunft gesteigert werden. Moralisch ist eine Handlung, wenn sie Glück befördert.

Dem grenzenlosen Egoismus des Individuums bietet Mill, ein Schüler Benthams, dadurch ein Einhalt, dass er, wie Aristoteles auch, das moralische Handeln als Teil der Lebenskunst betrachtet, deren Ziel die Steigerung des Allgemeinwohls ist. Der Einzelne muss dort auf Glück verzichten, wo es dem Allgemeinwohl abträglich ist. Die fehlende Definition von Glück und ihre Spezifikation für den Kontext des kommunikativen Handelns (Was bedeutet für wen hier der Terminus Glück?) dürfte es schwer machen, in der Praxis der Kommunikation von der utilitaristischen Position bei ethischen Reflexionen und Entscheidungen zu profitieren.

9.3.4 Der Kontraktualismus

Kritik in Bezug auf die Gerechtigkeit des Utilitarismus übt Rawls (1921–2002), ein Vertreter des Kontraktualismus, in dem er auf die Unterordnung des individuellen Glücks unter das der Allgemeinheit verweist. Jeder Einzelne muss im Sinne seines Ansatzes für sich Gerechtigkeit definieren und darauf aufbauend Annahmen über die gerechte Gemeinschaft entwickeln. Im Kontraktualismus in der frühen Entwicklung nach Hobbes (1588–1679) wird ein grundsätzliches menschliches Interesse daran unterstellt, Normen für das Handeln aufzustellen und vertraglich fixiert einzuhalten. Die Vertragsrealisierung wird in diesem Ansatz an die Macht bzw. den Herrscher delegiert.

Der Ansatz verfolgt das Ziel, sich gemeinschaftlich moralische Pflichten aufzuerlegen. Viele moralische Probleme und Dilemmata, die z. B. die Aushandlungsprozesse, den Schutz des Schwachen vor dem Starken, das moralisch gerechtfertigte Zuwiderhandeln gegen konventionelle Regeln angeht, bleiben in diesem Ansatz außer acht, so dass er für die Praxis kommunikativen Handelns recht wenige Ansatzpunkte bietet.

Alle vorgestellten klassischen ethischen Theorien sind sehr abstrakt, ihre Bezüge auf lebensweltliche Phänomene sind so rudimentär, dass ihrer Realisierbarkeit Grenzen gesetzt sind. Dennoch zeigen sie Implikationen auf, die für die Entwicklung einer anwendungsorientierten Bereichsethik, wie die Ethik der Wirtschaftskommunikation, wertvoll sind.

9.4 Ethik und Journalismus

9.4.1 Zwischen hohen Ansprüchen und Tiefen der Wirklichkeit

John Delane, Times-Chefredakteur, hat 1852 prägnant zum Ausdruck gebracht, was der Auftrag des Journalismus im Credo seiner Zeit war: „Die Pflicht des Journalisten gleicht der des Historikers – vor allen Dingen die Wahrheit zu finden (....)." (Haller 2008, 19). Der an der Wahrheitssuche und Aufklärung gebundene Auftrag des Journalismus, die Heiligsprechung von Fakten und das Missionarische im Selbstverständnis vieler Journalisten stellen hohe Ansprüche an die ethische Haltung in diesem Beruf. Auch gängige Rollenbilder von Journalisten wie etwa Spürhund, Detektiv oder Schnüffler haben Implikationen für das ethische Handeln. Diese betreffen das konkrete Verhalten in der Recherche, den Umgang mit Interaktionspartnern, die Darstellung von Inhalten selbst und auch den Objektivitätsbegriff des Journalismus und seine resultierenden handlungsleitenden Maximen.

Objektivität kann dabei in unterschiedlicher Weise interpretiert werden, so z. B. mit fairer und neutraler Darstellung assoziiert werden oder auch mit dem Hinterfragen von Fakten und Stellungnahmen. Journalistische Objektivität kann sich nicht im Wunsch nach getreuer Abbildung der Realität erfüllen, vielmehr kann man nach dem Vorbild empirischer Wissenschaften die Erfüllung der Objektivitätsnorm an genau den Verfahren messen, mit denen der Journalist bei Erkenntnisgewinnung und Darstellung vorgeht. Methodische Objektivität bemisst sich insofern also an der Orientierung am Falsifikationsprinzip (vgl. Noelle-Neumann, Schulz & Wilke 2009, 392 ff.).

Neben diesen hehren Ansprüchen tun sich in der Realität aber schon einmal Abgründe auf, wenn man journalistisches Handeln unter moralischer Perspektive betrachtet. Die Kritik am Moralgehalt journalistischen Handels ist so alt wie die Pressefreiheit selbst. Seit den 80er Jahren wird Ethik mehr und mehr im deutschen Journalismus – nachdem dies im amerikanischen Journalismus schon länger eine Selbstverständlichkeit war – ein Thema professioneller Selbstreflexion, für das in Abhängigkeit von spektakulärem journalistischem Fehlverhalten aber auch die Öffentlichkeit immer wieder Sensibilität zeigt. Mit Fehlleistungen sind die folgenden, allgemein bekannten, dunklen Stunden des deutschen Journalismus der jüngeren Vergangenheit gemeint, die Mast (2008, 97) anführt: „Gäbe es so etwas wie eine ‚schwarze Liste' für fragwürdige Leistungen des Journalismus in Deutschland, dann würden Bezeichnungen wie Lady Diana, Barschel, Ramstein, Remscheid und Gladbeck[88] vermutlich ganz weit oben stehen. Sie stehen für Ereignisse der jüngsten Vergangenheit, in deren Umfeld sich heftige Kritik an der Berichterstattung der Medien und am Verhalten von Journalisten entzündet hat."

9.4.2 Nachdem die „Sau durchs Dorf getrieben wurde"....

Mit journalistischem Fehlverhalten (gnadenloser Jagd nach Fotos, fragwürdige Methoden der Informationsbeschaffung, Ausschlachten von Trauer und Verzweiflung bei Angehörigen von Opfern (sog. „Witwenschütteln") etc.) verbindet sich im Nachgang der Hetzjagd unweigerlich die Forderung nach einer spezifischen angewandten Ethik, die für die tägliche Redaktionsarbeit Handlungsanleitungen bieten soll. Solche handlungsbestimmenden Vorgaben kann es ohne die Definition zentraler Werte, die im Journalismus bedient werden sollen, kaum geben. Berufsständische Ethiknormen werden daher durch die Diskussion um folgende Werte und Grundsätze bestimmt (vgl. Noelle-Neumann, Schulz & Wilke 2009, 121 ff.):

- Schutz der Menschenwürde und Grundsatz der individuellen Selbstbestimmung und gleicher, nicht an Voraussetzungen gebundene Freiheit (Persönlichkeitsschutz und Schutz der persönlichen Ehre der Informations„objekte"),
- Objektivität bei empirischen Aussagen und Möglichkeit der unabhängigen Wirklichkeitswahrnehmung bei der Medienrezeption,
- Pluralismus bei nicht wahrheitsfähigen Wertentscheidungen in der journalistischen Informationsselektion, -aufbereitung und -bewertung.

Auch wenn dem Wunsch nach einer endgültigen, unanfechtbaren ethischen Norm im Journalismus in einer pluralistischen Gesellschaft und in einem hoch aggressiven Wettbewerbsumfeld nur ein illusionärer Charakter zugeschrieben werden kann, sind auf dem Weg zur Wunscherfüllung dennoch sinnvolle Wege gehbar. Die machbare Ethik im Journalismus orientiert sich an drei sich ergänzenden Ansätzen, die nachfolgend in Anlehnung an Mast (2008, 99 ff.) vorgestellt werden.

---

[88] Siehe hierzu Bergmann & Pörksen (2009, 13 f, 46 ff., 296 ff.) zum skandalösen Verhalten von Journalisten in einzelnen Fällen bzw. der Skandalisierungsmacht der Medien.

Ethik-Ansätze im Journalismus und ihre geteilte Verantwortung		
Individual-Ethik	Mediensystem-Ethik	Publikumsethik
Fokus: Appell an die Verantwortung des Journalisten, die Ethik zu achten und hohen moralischen Maßstäben zu genügen.	**Fokus:** Verantwortung des gesamten journalistischen Systems und Betonung der institutionellen Bedingungen für ethisches Verhalten.	**Fokus:** Verantwortung der Mediennutzer für ethische Prinzipien und die entsprechende Medienqualität.
Forderung: nach fundierter fachlicher und handwerklicher Ausbildung, die ethisches Handeln sicherstellen.	**Forderung:** Berücksichtigung von Bedingungen des Medienmarktes, konkreter Institutionen, gesellschaftlicher Rahmenbedingungen und Publikumsinteressen für ethisches Handeln.	**Forderung:** Medienrezipient ist nicht wehrlos den Medien ausgesetzt, er nutzt sie gemäß seinen Bedürfnissen. Zu fordern ist seine ethische Reflexion der Maßstäbe für ethisches Handeln.
Regelmechanismus: Etablierung einer journalistischen Standesethik (siehe Ehrenkodex des Deutschen Presserates als Selbstkontrolle).	**Regelmechanismus:** Medienorganisationsethik mit gestufter und realistisch verteilter Verantwortung aller Akteure.	**Regelmechanismus:** Medienkonsument beobachtet kritisch Medieninhalte u. -konsum und überwacht die Prozesse der sozialen Produktion von Kommunikation.
Problem: Ungelöstes Spannungsverhältnis für den Journalisten zwischen wert- u. zweckrationalem Handeln bzw. zwischen Gesinnungsethik (die sich an Überzeugungen und Werten orientiert ohne Rücksicht auf die Folgen) und Verantwortungsethik (die die Bewertung der Konsequenzen zum Handlungsmaßstab macht).	**Problem:** Medienorganisationsethik hat derzeit zwar ideellen Status, aber keine reale Basis. Solange ökonomischer Erfolg durchaus zweifelhafter Ethik im Journalismus „Recht" gibt, bleibt Medienorganisationsethik Illusion.	**Problem:** Realisierungsansätze sind nicht existent, der Medienrezipient wird vor zu große Verantwortung gestellt, der er nicht gerecht werden kann.

Abb. 9.2: Ethikansätze und geteilte Verantwortung

9.4.3 Ethische Gratwanderungen im Tagesgeschäft und ihre Kontrolle

Nicht immer werden „spektakuläre Säue durchs Dorf getrieben", viel zentraler für die tägliche Arbeit von Journalisten in der Redaktion, in der Recherche und in ihrer Zusammenarbeit mit Informationsdienstleistern ist die Gratwanderung bzw. die Frage, was erlaubt ist oder ethische Grenzen tangiert. Die folgenden Beispiele können dies illustrieren.

> **Beispiel: Journalistenreisen als Beeinflussungsversuche**
>
> Kann eine Journalistenreise als ein Beeinflussungsversuch eines Unternehmens auf die journalistische Freiheit betrachtet werden? Schulz-Bruhdoel (2001, 25) versucht die schwierige Grenzziehung zwischen notwendigen und übertriebenen Aspekten einer solchen Reise an folgendem Beispiel zu verdeutlichen: „Wenn – wie geschehen – ein Automobilhersteller ausgewählte Fachjournalisten zu einer Testfahrt des

neuen Sportcabrios in das sonnige Hinterland der Cote d'Azur einlädt, kann das etwas mit der Wettersicherheit in dieser Region zu tun haben. Es ist durchaus vernünftig ein Cabriolet unter Bedingungen zu testen, wie sie der Käufer eines solchen Wagens vorfinden will. Wenn die dreitägige Rallye aber ihre Zielpunkte regelmäßig in Luxushotels findet, jedem der Test-Journalisten eine charmante Hostess als Beifahrerin gegeben wird, und wenn zum Abschluss die Autoschlüssel gegen einen geschenkten Laptop eingetauscht werden – dann ist wohl die Grenzlinie eindeutig überschritten."

Beispiel: Anzeigenentzug als Erpressungsversuch

Die Zeitschrift Stern übte Kritik an der seinerzeit neuen S-Klasse von Mercedes Benz. In der Folge zog der Konzern eine doppelseitige Anzeige für die nachfolgende Ausgabe des Magazins zurück. Daraufhin reagierte die Redaktion der Zeitschrift in Abstimmung mit dem Verlag wie folgt: Die beiden für die Anzeige gedachten Seiten blieben weiß und wurden nur mit einem Informationstext an die ‚Sehr geehrten Sternleser' diagonal, d.h. sehr auffällig, bedruckt: ‚An dieser Stelle sollte eine zweiseitige Farbanzeige des Stuttgarter Automobilherstellers Mercedes Benz erscheinen. Nachdem der Stern kritisch über die neue S-Klasse berichtet hatte, zog Mercedes-Benz seinen Anzeigenauftrag zurück und wurde vertragsbrüchig. Dem Verlag Gruner + Jahr entgehen damit Einnahmen von 84.000 DM, auf die wir jedoch in völliger Übereinstimmung mit der Redaktion verzichten, wenn auf diese Weise eine wohl wollende, aber wahrheitswidrige Berichterstattung im Sinne des Stuttgarter Konzerns erpresst werden soll." (vgl. Schulz-Bruhdoel 2001, 164).

Mit solchen Vorfällen verbindet sich ein klarer Regelbedarf für die Zusammenarbeit. Immer wenn die Souveränität bzw. die journalistische Freiheit in Frage gestellt wird, ist die Reaktion der Medien sehr empfindlich, was vor historischer Perspektive (staatliche Zensur und Gleichschaltung) und mit Blick auf den Auftrag des Journalismus nur allzu gut verständlich ist. Gerade der Auftrag des Journalisten, „Wahrheit" zu finden und „zu transportieren" ist in der Geschichte des Journalismus auch immer wieder von Journalisten selbst empfindlich verletzt worden[89]. Nachfolgende Beispielsammlung illustriert Entgleisungen dieser Art.

Beispiele: Recherchefops oder „Fakes" und fehlende journalistische Sorgfaltspflicht

Das Jahr 1980 war für die Washington Post kein gutes Jahr, denn die mit ihren investigativen Recherchen so erfolgreiche Zeitung erlebte ein großes Fiasko, als die junge Reporterin Janet Cooke eine recherchierte Artikelserie über den achtjährigen Drogenabhängigen ‚Jimmy' publizierte. Die Artikelserie war so hervorragend gewesen, dass sie mit dem Pulitzer-Preis belohnt wurde. Diese Erfolgsgeschichte erwies sich in dem Moment als Fiasko, als die Journalistin des Schwindels überführt wurde: Sie hatte den Protagonisten der Geschichte, Jimmy, frei erfunden und so das „Jimmygate" der Post produziert, einer der größten, wenn nicht der Fake der amerikanischen Zeitungsgeschichte (vgl. Haller 2008, 35).

Aber auch in Deutschland haben Rechercheflops Geschichte gemacht. Zu nennen ist hier der Fall Born: Mehrere Fernsehmagazine (z.B. S-Zett, stern TV) kauften bei Michael Born, einem freien Journalisten in der ersten Hälfte der 90er Jahre nachgewiesenermaßen mindestens 16 gefälschte Filme und ließen es

---

[89] Siehe hierzu auch Bergmann & Pörksen (2009, 142 ff., 196 ff.): 1. zu den von Konrad Kujau gefälschten Hitlertagebüchern und der Geschichte des Sternreporters Gerd Heidemann bzw. zur „größten Ente der deutschen Pressegeschichte" im Jahr 1983, 2. zu den im großem Stil bis zum Jahr 2000 gefälschten Star-Interviews von Tom Kummer u.a. für das Magazin der Süddeutschen Zeitung.

> an der journalistischen Sorgfaltspflicht der Nachrecherche fehlen. Unter diesen Fakes, die im deutschen Fernsehen ausgestrahlt wurden, befanden sich z.B. Filme über Bombenbauer der kurdischen Arbeiterpartei der PKK (gedreht tatsächlich in einem Asylbewerberwohnheim in Koblenz) und über einen angeblichen Klu-Klux-Klan in der deutschen Provinz als deutsches, rechtsextremes Verbindungsmitglied des amerikanischen Klans (Haus der Geschichte der Bundesrepublik Deutschland 2003, 24 ff.).

In diesen Fällen wurde die Wahrheit einfach durch Fälschung ersetzt, man ersparte sich seitens der verantwortliche Redaktionen auch die Nachrecherche vor der Verwendung des Materials. In anderen ethisch bedenklichen Fällen wurden Recherchemethoden ohne Rücksicht auf Verluste oder Konsequenzen der von der Recherche Betroffenen angewendet. Diese für den enthüllenden, investigativen bzw. Undercover-Journalismus recht typischen Vorgehensweisen verbinden sich in Deutschland unweigerlich mit dem Namen des Journalisten Günter Wallraff. Seine Enthüllungsgeschichten, Reportagen aus der Welt der Bundeswehr, der BILD-Zeitung und der Industrie sind seit den 70er und 80er Jahren allgemein bekannt und öffentlich diskutiert worden, haben doch Medien und Gerichte sich jahrelang über die Art und Weise, wie Wallraff um der Wahrheitsfindung willen die Ethik strapazierte, gestritten. In diesen und anderen Recherchefällen zeigen sich also die Methoden als das ethische Problem[90].

„Harte", ethisch umstrittene Recherchiermethoden:

- unter falschem Namen auftreten
- inkognito in einem Betrieb arbeiten, um an Informationen zu kommen
- Informanten unter Druck setzen
- vertrauliche, geheime Informationen verwerten
- persönliche Unterlagen ohne Zustimmung veröffentlichen
- für vertrauliche Informationen bezahlen
- sich als andere Person ausgeben
- vertrauliche Quellen preisgeben
- versteckte Mikrofone, Kameras einsetzen.

9.4.4 Selbstkontrolle durch publizistische Grundsätze und Richtlinien

Die vorgestellten Beispiele können nicht vollständig abbilden, was praktisch gemeint ist, wenn über die Ethik im Journalismus theoretisiert wird. Sie können und sollen nur sensibilisieren für die ethischen Implikationen des Tagesgeschäfts im Journalismus. Eine ethische Reflexion ist jedem selber überlassen, denn das Gesetz kann vor moralischen Ausfallerscheinungen nicht sicher schützen. Nicht alles, was von Rechts wegen zulässig wäre, ist auch ethisch vertretbar. Deshalb hat der Presserat, zu des-

---

[90] Vgl. Haller (2008, 35 f., 45, 124 f., 139 ff.), insbesondere zu den sog. „Wallraff-Methoden" siehe Haller (2008, 142 ff.), Bergmann & Pörksen (2009, 336 ff.) sowie zum Thema „Scheckbuch-Journalismus" Eberle (2002).

sen Struktur und Zusammensetzung weiter unten Ausführungen folgen, die publizistischen Grundsätze, den so genannten Pressekodex, aufgestellt. Darin finden sich Regeln für die tägliche Arbeit der Journalisten, die die Wahrung der journalistischen Berufsethik sicherstellen, so z. B.:

- Achtung vor der Wahrheit und Wahrung der Menschenwürde
- gründliche und faire Recherche
- klare Trennung von redaktionellem Text und Anzeigen
- Achtung von Privatleben und Intimsphäre
- Vermeidung unangemessen sensationeller Darstellung von Gewalt u. Brutalität.

Ergänzt werden diese Grundsätze durch eine ganze Reihe zusätzlicher Richtlinien, die aufgrund aktueller Entwicklungen und Ereignisse ständig fortgeschrieben werden. Um die Bedeutung der Selbstkontrolle durch diese Grundsätze nachvollziehen zu können, ist ein Besuch der Internetseite www.presserat.de lohnenswert[91].

9.4.5 Werbung und Programm – was nicht zusammengehört

Die Trennung von Werbung und Programm ist nicht nur für Journalisten und ihren Berufsethos wesentlich, sie betrifft selbstverständlich auch Kommunikationsmacher in Werbung und PR. Daher soll ihr hier besondere Beachtung geschenkt und ihre Bedeutung näher erörtert werden. Im Jahre 1907 beschrieb der Begründer der deutschen Zeitungswissenschaft, Karl Bücher, eine Zeitung als eine Unternehmung, „welche Anzeigenraum als Ware produziert, die nur durch den redaktionellen Teil absetzbar wird." (Bücher 1926, 21). Sicher lassen sich auch andere Definitionen von Zeitung denken.

Die hier genannte fokussiert aber eine Unterscheidung zweier Medieninhalte, die unter ethischen Aspekten äußerst relevant ist und bis in die Zeit der modernen Wirtschaftskommunikation hinein immer wieder Anlass gab, über die Kennzeichnung und Vermischung der Inhalte von werblichen und redaktionellen Teilen eines Mediums zu disputieren. Werbung muss den publizistischen Grundsätzen entsprechend vom übrigen Programm strikt getrennt und durch visuelle oder andere Merkmale deutlich gekennzeichnet werden. Eine inhaltliche oder redaktionelle Beeinflussung durch Werbung ist grundsätzlich auszuschließen. Schleichwerbung, die Nennung von Produkten, Dienstleistungen, Marken und Namen, die journalistisch nicht erforderlich sind, gelten als unzulässig[92]. Kopplungsgeschäfte, bei denen redaktionelle Beiträge gegen das

---

[91] Um die zahlreichen Richtlinien zu erfassen, ist es sehr hilfreich, sich dort mit den verschiedenen Fallbeispielen zu den einzelnen Ziffern des Kodex zu beschäftigen. Da der Pressekodex für die Arbeit in der Wirtschaftskommunikation zentral ist, sollte er im Detail studiert werden. Das umfängliche Werk findet sich in der aktuellen Fassung vom 3. 12. 2008 unter: http://www.presserat.info/uploads/media/ressekodex_01.pdf, Zugriff 1. 2. 2010.

[92] Auch Produkte ohne zwingende Gründe zu zeigen, ist unzulässig. Allerdings sind durch die Regelungen des 13. Rundfunkänderungsstaatsvertrags, der seit April 2010 in Deutschland gilt, die Regelungen dafür etwas gelockert. Auf Produktplatzierungen, die unter bestimmten Bedingungen erlaubt sind, muss jedoch immer eindeutig hingewiesen werden.

Schalten einer Anzeige eines Unternehmens in den redaktionellen Teil eines Mediums aufgenommen werden, sind verboten (vgl. Baerns 2004).

> **Beispiel: Koppelungsgeschäft**
>
> Der Kölner Stadtanzeiger berichtete, dass die PR-Agentur Flaskamp öffentliche politische Veranstaltungen und Redaktionsbesuche eines Staatssekretärs des Bundeswirtschaftsministeriums angeboten hat, die mit Anzeigen „gegenfinanziert" werden sollten. Die Agentur erhielt eine Rüge, weil sie gegen das Transparenzgebot verstoßen hat (vgl. DRPR-Verfahren 12/2007 zitiert nach Avenarius & Bentele 2009, 241 f.).

Für die PR-Zulieferer an die Journalisten erklärt Falkenberg (2008, 35 f.) die entsprechenden ethischen Handlungsanweisungen wie folgt: „Werbliche Darstellung im redaktionellen Teil in Beiträgen, an denen kein öffentliches Interesse besteht, sind verbotene Schleichwerbung, wenn journalistische Gründe dies nicht erfordern. Das Argument, diese sei seit langem üblich, lehnt nicht nur der Deutsche Presserat immer wieder ab. (...) Getarnte Werbung verbietet außerdem das Gesetz gegen den unlauteren Wettbewerb. Dazu gehört die Veröffentlichung von Texten mit überwiegend werbendem Charakter im redaktionellen Teil. (...) Werbende Informationen dürfen, so sie sachlich zutreffend sind, also lediglich ergänzend in Pressemappen eingelegt werden. Wird für eine redaktionelle Veröffentlichung direkt oder indirekt bezahlt, kann dies ein verbotenes „Kopplungsgeschäft" sein."

Warum ist diese Trennung notwendig? Barbara Baerns (2004, 9) beantwortet diese Frage wie folgt: „Es geht nicht um eine Verteufelung der Werbung, sondern um Überprüfbarkeit und Transparenz. Denn in unserem Gemeinwesen gilt der Anspruch auf Informationsfreiheit dann als gesichert, wenn der Leser und die Leserin, der Hörer und die Hörerin, der Zuschauer und die Zuschauerin, die Internetnutzer redaktionellen Text und Anzeigen beziehungsweise redaktionelles Programm und Werbeprogramm unterscheiden können. Durchschaubarkeit der Herkunft des Angebotenen, das ist, was wir erwarten können. Nicht mehr und nicht weniger." Der Trennungsgrundsatz ist also eine unverzichtbare Norm, weil er das Vertrauen der Leser in eine wirklich unabhängige und glaubwürdige Presse sichert. Und insofern müsste es auch für die PR-Industrie als Versucherin einsehbar sein, dass die „PR als Parasit der Medien" ein „gesundes Wirtstier" (so Szyszka in Geyer 2004, 65) braucht.

9.4.6 Der Presserat als Selbstkontrollorgan

Die Selbstkontrollinstanz für ethische Fragen im Journalismus, der deutsche Presserat, wurde im Jahr 1956 als Organ der Eigenverantwortung der Presse vom Deutschen Journalistenverband und Verlegern geschaffen. Seine heutige Gremienbesetzung und Arbeitsweise zeigt die unten stehende Abbildung. Über Sinn, Problematik und Akzeptanz seiner Arbeitsweise finden sich hilfreiche Ausführungen im Detail z. B. bei Eberle (2002).

Die Aufgaben und Ziele des Rates sind vielfältig und weit reichend (vgl. http://www.presserat.info/22.0.html, Zugriff 30.01.2010):

- Eintreten für die Pressefreiheit
- Eintritt für den unbehinderten Zugang zu Nachrichtenquellen
- Wahrung des Ansehens der deutschen Presse
- Aufstellen und Fortschreiben von publizistischen Grundsätzen sowie Richtlinien für die redaktionelle Arbeit (Pressekodex)
- Beseitigung von Missständen im Pressewesen
- Behandlung von Beschwerden über redaktionelle Veröffentlichungen und journalistische Verhaltensweisen auf der Basis des Pressekodex
- Selbstregulierung des Redaktionsdatenschutzes
- Ansprechpartner für Leser, Journalisten und Verleger.

Doch wie wirkungsvoll ist die Arbeit des Presserates und wie weit reichend sind seine Interventionsmöglichkeiten? Die Antworten auf diese Fragen weisen leider auch klar auf die faktischen Regulationsgrenzen der Kontrollinstanz hin: „Diese Einrichtungen der Selbstkontrolle haben keine gesetzlichen Sanktionsmöglichkeiten, ihr Einfluß ist, so gesehen, gering. Gleichwohl nehmen sie Einfluß dadurch, daß sie Fehlverhalten öffentlich rügen und über Missstände öffentlich berichten können." (Merten 2000, 298). Wen diese Grenzen am Sinn des gesamten Unterfangens zweifeln lässt, muss nach den Alternativen fragen. Dabei stößt man unweigerlich auf die weiter oben geschilderten Probleme der alternativen Mediensystem- und Publikumsethik.

Die Grenzen ethischer Kontrollinstanzen liegen darüber hinaus auch außerhalb des journalistischen Systems und sind typisch für das Gesellschaftssystem, in dem wir leben. Denn mit Ruß-Mohl (2002, 18) muss einfach konstatiert werden: „Ethik (...) wird die Geschäftsprinzipien des Kapitalismus nicht aus den Angeln heben. Sie wird damit die Selektionsraster, Verstärker und Filter eines Mediensystems, das Nachrichten als leicht verderbliche Ware umschlägt, nicht grundsätzlich ändern können. (...) Aber Ethik kann gewiss als Korrektiv wirken, wenn und so lange sie nicht einfach gut heißt, was gute Geschäfte verheißt." Aber auch Vorsicht vor dem Umkehrschluss scheint geboten: „Nicht alles, womit sich im Journalismus Geld verdienen lässt, ist schon deshalb verwerflich, weil sich damit Geld verdienen lässt.".

```
┌─────────────────────────────────────────────────────────────────┐
│  Bundesverband     Deutscher        Ver.di         Verband      │
│  deutscher         Journalisten-    Fachbereich    Deutscher    │
│  Zeitungs-         Verband          Medien         Zeitschriften-│
│  verleger (BDZV)   (DJV)            (dju)          verleger (VDZ)│
└─────────────────────────────────────────────────────────────────┘
```

Trägerverein
Eintreten für die Pressefreiheit und Wahrung des Ansehens der deutschen Presse

Geschäftsstelle
Ansprechpartner für Leser, Journalisten und Verleger

Plenum
Beseitigung von Missständen im Pressewesen, Eintreten für den unbehinderten Zugang zu Nachrichtenquellen

Beschwerdeausschuss Redaktionsdatenschutz
Behandlung von Beschwerden, Aussprechen von Massnahmen

Beschwerdeausschuss allgemein
Behandlung der Beschwerden, Aussprechen von Massnahmen

Struktur und Arbeitsweise des Deutschen Presserats
(nach Tillmanns 2004, 111)

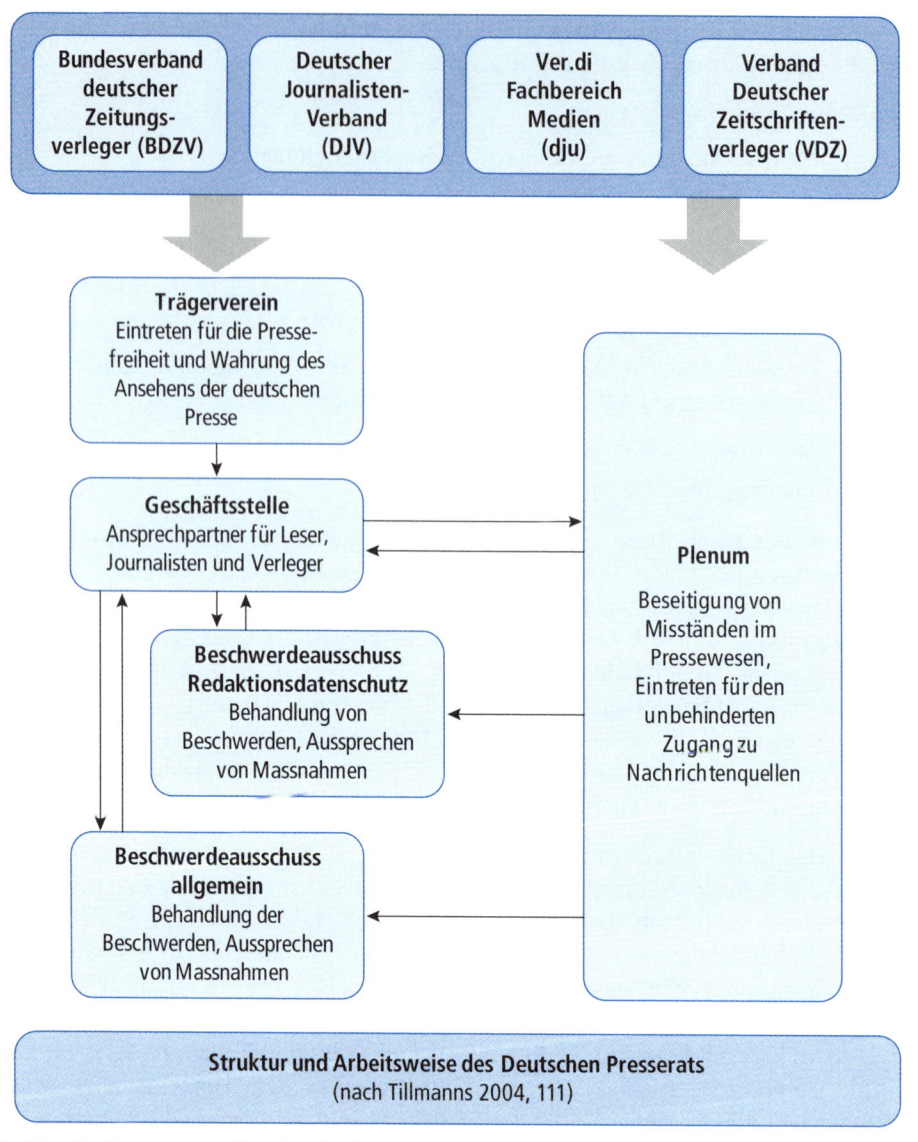

Abb. 9.3: Struktur und Arbeitsweise des Presserats

9.5 Ethik und PR

9.5.1 Saubere Visionen und schmutzige Affären

PR ist – kurz gesagt – Selbstdarstellung, Journalismus dagegen Fremddarstellung. PR ist interessengebunden, journalistische Kommunikation verfolgt im Unterschied dazu das Ziel umfassender wie auch ausgewogener Information und Meinungsbildung. Expliziten Bezug auf die Ethik kommunikativen Handelns nimmt die DPRG (Deutsche

Public Relations Gesellschaft e. V.) **als Standesorganisation** in ihrer Selbstdarstellung: „Ethisch verantwortliche Öffentlichkeitsarbeit/Public Relations gestaltet Informationstransfer und Dialog entsprechend unserer freiheitlich-demokratischen Werteordnung und im Einklang mit geltenden PR-Kodizes. Öffentlichkeitsarbeit/Public Relations ist Auftragskommunikation. In der pluralistischen Gesellschaft akzeptiert sie Informationsgegensätze. Sie vertritt die Interessen ihrer Auftraggeber im Dialog informativ und wahrheitsgemäß, offen und kompetent. Sie soll Öffentlichkeit herstellen, die Urteilsfähigkeit von Dialoggruppen schärfen, Vertrauen aufbauen und stärken und faire Konfliktkommunikation sicherstellen. Sie vermittelt beiderseits Einsicht und bewirkt Verhaltenskorrekturen. Sie dient damit dem demokratischen Kräftespiel." (DPRG 1998, 6).

Wie weit dieser Selbstdarstellung gegenüber allerdings Zweifel angebracht sind, wenn es um die Realität von **einzelnen** PR-Handelnden geht, zeigen verschiedene **PR-Skandale** der jüngsten Vergangenheit. Ganz prominent und als jüngster Image-Gau der deutschen PR-Geschichte ist sicher die Affaire Hunzinger/Scharping zu nennen[93]. Aber auch ihr historisches Erbe und das lange währende, nicht ganz erfolgreiche Bemühen, sich von propagandistischer Affinität[94] zu emanzipieren und entsprechende Selbstzweifel der Disziplin zu begraben, tragen dazu bei, dass es um das Image der PR als Image-Macher recht schlecht bestellt ist und ihre Zielgruppen sich mit argen Bedenken dieser Kommunikationsdisziplin gegenüber plagen.

9.5.2 PR-Vertrauen und die Bedenken der Zielgruppen

Sind es problematisierende Intellektuelle, die das Handwerk von braven PR-Leuten wegen singulärem Fehlverhalten schwarzer Schafe unnötig verkomplizieren und unter ethischen und moralischen Gesichtspunkten überstrapazierend in Frage stellen? Nein! Zwei wichtige Zielgruppen der Public Relations haben hohe Erwartungen an die Kommunikationsmacher und zugleich eine Reihe von ernstzunehmenden Zweifeln, was Vertrauen, Glaubwürdigkeit und ethisches Handeln in der Branche angeht. Eine repräsentative **Bevölkerungsumfrage** (N = 1100) und eine **Journalistenbefragung** (N = 105) gibt über diese Zielgruppenskepsis Auskunft (Bentele & Seidenglanz 2004, 79, 85, 82):

---

[93] Diese Affäre hat kurz vor der Bundestagswahl 2002 zum Rücktritt des damaligen Bundesverteidigungsministers Rudolf Scharping und des Bundestagsabgeordneten Cem Özdemir von Bündnis/Die Grünen geführt. Außerdem war sie Auslöser der sog. Bonusmeilenaffaire, in deren Verlauf eine ganze Reihe Abgeordneter die private Nutzung von Flugvergünstigungen zugeben musste. Auch der Rücktritt von Gregor Gysi, damals Wirtschaftssenator in Berlin und Spitzenkandidat der PDS, gehörte zu dieser sich quasi selbst ernährenden Krise, die im Detail bei Ahrens & Knödler-Bunte (2003), Bergmann & Pörksen (2009, 152 ff.) sowie Bentele (2009, 18) nachvollzogen und diskutiert wird.

[94] Mit Buß (1997, 93) soll Propaganda hier verstanden werden als eine im Gegensatz zu PR oder Werbung „(…) zentral gesteuerte, zumeist politisch motivierte Form massiver Meinungsbeeinflussung oder Indoktrination seitens einer Führungselite, die sich auf eine höhere Vernunft oder verbindliche Ideologie beruft." Sie ist mit Öffentlichkeitsarbeit in einer Demokratie per definitionem nicht gleichzusetzen. Diese Meinung ist keinesfalls unumstritten – zur Diskussion siehe Kunczik 2002 (35–38).

- In der Bevölkerung bringen nur 12% Werbefachleuten hohes und sehr hohes Vertrauen entgegen, bei PR-Beratern und -Managern sind es 17%. (Zum Vergleich: Bei Journalisten haben 42% hohes und sehr hohes Vertrauen.) Die Bevölkerung ist der Auffassung, dass PR-Praktiker als eher unehrlich, wenig vertrauenswürdig, kaum wahrheitsgemäß und objektiv, nur in geringem Maße seriös, glaubwürdig und gesellschaftlich verantwortlich sind.
- Bei den befragten Journalisten sind es nur 3%, die ein hohes Vertrauen in die PR haben, 36% haben wenig Vertrauen, 20% überhaupt kein Vertrauen. Bezogen auf die o.g. Eigenschaften bewerten Journalisten PR-Leute durchweg negativer als die Bevölkerung. Einzige Ausnahme stellt die eingeschätzte Loyalität des PR-Beraters zum Auftraggeber dar.

Vor dem Hintergrund dieser Vertrauensdefizite verwundert es nicht, dass fast die Hälfte der Bevölkerung (48%) der Auffassung ist, dass strengere Standesregeln für die PR angebracht seien, um den Missbrauch von kommunikativem Einfluss möglichst zu verhindern (Bentele & Seidenglanz 2004, 91). Die Bevölkerung hat ein sehr ambivalentes Bild der PR-Fachleute: Hohe gesellschaftliche Relevanz der PR ist verbunden mit insgesamt niedrigen Vertrauenswerten und negativer Einschätzung im Moralverhalten. Das Image der Imagemacher ist bei Journalisten als eine der direkten Hauptzielgruppen der PR noch schlechter.

Wie kommt das Misstrauen gegenüber PR und das Unmoralische in der PR zustande? Diese Frage kann und soll hier nicht grundsätzlich beantwortet werden. Eine Teilantwort auf diese Frage, die für die Arbeit mit Texten von großer Bedeutung ist, gibt z.B. Bentele (2000, 30), in dem er Diskrepanzen zwischen Soll und Tun in der PR-Kommunikation identifiziert. Er unterscheidet Diskrepanzen zwischen:

- Informationen und Fakten, auf die sie bezogen sind,
- kommuniziertem und tatsächlichem Handeln (z.B. Hinhalten und Ablenken),
- einander disjunkten (d.h. nicht zu vereinbarenden) Handlungen innerhalb einer Organisation,
- widersprüchlichen Aussagen einer Person zu verschiedenen Zeitpunkten,
- einander disjunkten Aussagen verschiedener Akteure innerhalb einer Organisation,
- etablierten moralischen und/oder juristischen Normen und faktischem Handeln.

9.5.3 PR-Ethik und Selbstkontrolle

Vor dem Hintergrund der Vertrauensprobleme und Diskrepanzen zwischen Soll und Tun ist der Ruf nach einer bereichsspezifischen Ethik nicht weiter verwunderlich. Dieser ist aber nicht neu und die Anstrengungen dazu sind im Berufsfeld schon seit Jahrzehnten betrieben worden. Was PR-Ethik leisten soll, wird im PR-Lexikon Anfang der 1990er Jahre bereits konstatiert: „Unter der Ethik der Public Relations ist die Gesamtheit jener Normen zu verstehen, unter denen sich die Öffentlichkeit eines Betriebes, einer gesellschaftlichen oder politischen Institution vollziehen soll. (...) Bereits die Grundsätze der Wahrheit, Klarheit und der Einheit von Wort und Tat stellen einen hohen Anspruch dar. Sollen sie verwirklicht werden, müssen sie mit entsprechenden Codizes versehen, modifiziert, institutionell überwacht und evtl. auch sanktioniert werden." (Pflaum & Piper 1993, 170, 171).

Nun haben eine ganze Reihe von Institutionen national und international etliche Ethik-Normen aufgestellt, die mehr oder weniger bekannt, überschneidungsfrei und praxisrelevant sind (vgl. hierzu im Überblick die Dokumentation bei Avenarius & Bentele 2009, 276 ff.). Nach den Leitlinien für ethisches Verhalten erwartet man vom PR-Berater, dass er wahrhaftig ist, die Interessen seiner Auftraggeber redlich vertritt, sich loyal verhält, dass er für Fairness im Kommunikationsverhalten sorgt, dass er offen informiert und Journalisten nicht zur Vorteilsnahme verleitet, dass er die Unabhängigkeit seiner Kommunikationspartner respektiert und dass er dem Berufsstand keinen Schaden zufügt (vgl. die sieben Selbstverpflichtungen des PR-Beraters in Avenarius & Bentele 2009, 285).

Grundverpflichtung der DPRG ist es, ethisch verantwortliche PR als Informationstransfer und Dialog entsprechend der freiheitlich demokratischen Wertordnung und in Einklang mit den geltenden PR-Kodizes zu gestalten. Richtungsweisend für ethisches Verhalten innerhalb der Standesorganisationen ist der Deutsche Rat für Public Relations (DRPR e. V.), Berlin. Diese Selbstkontroll-Instanz ist von GPRA e. V., Gesellschaft Public Relations Agenturen e. V., dem Zusammenschluss führender PR-Agenturen in Deutschland, und dem Berufsverband DPRG gemeinsam begründet. Heute gehören ihr auch der Bundesverband deutscher Pressesprecher (BDP e. V., Berlin) sowie die Deutsche Gesellschaft für Politikberatung (Degepol e. V., Berlin) an (vgl. Avenarius 2009a, 69).

Der Rat initiiert Prüfverfahren von sich aus. Jeder Bürger hat das Recht, unethisches Verhalten einer Person oder Organisation vor den Ethikrat zu bringen. Der Deutsche Rat für Public Relations (DRPR) ist somit das Organ der freiwilligen Selbstkontrolle der PR-Fachleute in Deutschland. Die Hauptaufgabe des DRPR liegt darin, Fehlverhalten und Missstände bei der Kommunikation mit Öffentlichkeiten aufzuspüren, zu benennen und zu rügen. Er bemüht sich um Offenheit und Fairness in der Kommunikation und fordert ein normkonformes und verantwortungsbewusstes Handeln ein in der Kommunikation zwischen Organisationen und ihren Publika. Er vertritt die ethischen Prinzipien des Kommunikationsmanagements im gesamten Feld der öffentlichen Kommunikation – sowohl Mitglieder der Verbände als auch Nichtmitglieder stehen dabei im Fokus seiner Aufmerksamkeit.

Der Umgang mit ethischen Forderungen, wie sie in den oben erwähnten Kodizes deklariert werden, bereitet – nicht nur in der PR, auch in anderen Kommunikationsdisziplinen – erhebliche Probleme in der Praxis (vgl. hierzu auch Avenarius 2009b, 106 ff., Bentele 2008, 571 ff., Bentele 2009, 18 ff., Jarren 2009, 58 ff., Bentele, Nickel, Pfitzer, Tillmanns & Wolf 2009, 124 ff.):

- Die Vielfalt der ethischen Normen national und international birgt Orientierungsschwierigkeiten.
- Die Normen sind in der Regel sehr abstrakt. Ihre Berechtigung und ihr Sinn sind nicht unbestritten.

- Die Vielgestaltigkeit und Intransparenz von PR-Handeln macht das Entdecken von Missständen entsprechend der Normen problematisch.
- Verhalten kann unethisch, aber in seiner moralischen Qualität nicht durch eine abstrakte Norm abgebildet sein. Das Nichtregulieren solchen PR-Handelns lässt Zweifel am Normensystem und den Kontrollinstanzen aufkommen.
- Ethik ist zudem in die Ausbildung von Kommunikationsfachleuten schlecht oder gar nicht integriert. In der PR-Praxis wird wenig Wert auf die Auseinandersetzung mit den Normen gelegt.
- Ethikverteidigung braucht einen Ankläger. Das geringe Wissen um die Normen verhindert häufig, dass nahe liegende Anklagen faktisch umgesetzt werden.
- Über die PR und ihre Ethik herrscht keinesfalls Einigkeit bei den PR-Treibenden.
- Die Wirksamkeit der Ethikinstanzen ist nicht leicht nachweisbar. Sie müssen sich bezogen auf ihre Durchsetzungskraft immer wieder der Frage stellen: Sind Räte „zahnlose Tiger" (Bentele, Nickel, Pfitzer, Tillmanns & Wolf 2009, 124)?

Vor dem Hintergrund der Tatsache, dass es sich bei PR immer um interessengebundene Information handelt, warnt Kunczik (2002, 96) vor einem **illusionären Charakter von Ethiknormen**: „Gesinnungsethisches Handeln im Sinne einer unbedingten Wahrheitspflicht kann (...) nicht die ethische Dimension sein, entlang derer PR-Praktiker sich bewegen. Nicht Wahrheit ist die Handlungsmaxime, sondern das Handeln wird durch die Interessen der Auftraggeber geleitet." Die Begriffskombination „Ethik und Public Relations" provoziert bis heute bei Praktikern und Vertretern ihrer Publika (z. B. Journalisten) eine starke Ablehnung ihrer Faktizität (Förg 2004, 86).

Befragt man Praktiker direkt nach ihrem Wissen und ihrer Einstellung zu PR-Kodizes, so ist auffällig, dass deren Inhalte häufig gar nicht bekannt sind, dass sie mit PR-Theorie, aber nicht mit **Praxis** assoziiert werden und dass mit ihrem Einsatz in der Regulation konflikthafter Anwendungskontexte ein starke Ablehnung des Eingriffs in den eigenen Tätigkeitsbereich verbunden ist und somit auch eine Angst vor dem Verlust von Autonomie. Praktiker – so Förg (2004, 176) als Fazit ihrer Studie – fühlen sich mit ihren subjektivistischen moralischen Haltungen sicher. Intrinsisch motiviert ist die Auseinandersetzung mit PR-Kodizes nur dann, wenn Imageverluste drohen. Dass diese Angst aber PR-Experten umtriebig machen und zu mehr Engagement für eine wirksame und praxistaugliche PR-Ethik motivieren sollte, begründet als Resümee einer Grundsatzkritik deutscher PR-Ethik Merten (2009, 36) wie folgt: „Öffentliche Lippenbekenntnisse aller Art haben ein Verfallsdatum. Ist dieses erreicht, ist jede Glaubwürdigkeit ruiniert."

Als **Erfolgsfaktoren für den Prozess der Selbstregulierung** ethischer Verfehlungen konstatiert Jarren (2009, 66) vier Aspekte:

„1. Herstellung von Öffentlichkeit durch die Selbstregulierungsorganisation zum Zeichen der Wahrnehmung von Verantwortung.

2. Herstellung von Transparenz über die Organisation, ihre Träger, ihre Repräsentanten, die Regelwerke, ihre Verfahren und Sanktionen.

3. Nachweis einer wirksamen und raschen wie angemessenen Sanktionierung in jedem Einzelfall.
4. Erhöhung von Zielgerichtetheit und Effektivität innerhalb der Selbstregulierungsorganisation."

Trotz der oben genannten Probleme und Unzulänglichkeiten kann aber für Kodizes in den Public Relations wie auch im Journalismus festgehalten werden, dass sie den Berufsstand nicht einfach nur idealisieren oder „dekorieren", sie sind auch nicht nur als Replikationen des Rechts in den betreffenden gesellschaftlichen Subsystemen zu begreifen, sondern sie sind vielmehr als Ausdruck des Bemühens um eigenständige Konfliktregulierung zu verstehen, die darauf abzielt, rechtlichen Interventionen vorzubeugen und die professionelle Autonomie in der jeweiligen Kommunikationsdisziplin zu erhöhen (vgl. Raupp 2004, 193). Nicht alle Kodizes und Richtlinien der PR zu Fragen ethischen Handelns können hier wiedergegeben oder gar erörtert werden, um aber die Sinnhaftigkeit dieses Regulationsmechanismus zu unterstreichen und die Arbeit des Deutschen Rates für Public Relations zu würdigen, sollen nachfolgend Fallbeispiele aus der Beschwerde- und Spruchpraxis wiedergegeben werden.

> **Beispiel: Kennzeichnungspflicht missachtet**
>
> Anzeigen sind kennzeichnungspflichtig, andernfalls liegt Schleichwerbung vor, die wie im Folgenden Fall geschehen mit einer öffentlichen Rüge quittiert wird: Die DWS Investment GmbH, Frankfurt, vermittelt durch die JDB Media Agentur, Hamburg, publizierte ein achtseitiges Anzeigen-Supplement im Magazin New Investor, das der Wirtschaftswoche 14/2006 beilag. Nur die Texte auf den Seiten 1 und 8 waren als Anzeigen gekennzeichnet, die sechs Seiten dazwischen enthielten journalistisch aufgemachte Beiträge, die nicht als Anzeige gekennzeichnet waren (vgl. DRPR-Verfahren 13/2006 zitiert nach Avenarius & Bentele 2009, 223).

> **Beispiel: Unzulässige Erfolgsgarantie**
>
> Die PR Agentur Schmellenkamp Communications bot ihren Kunden Medienresonanz mit Auflagengarantie an und verstieß damit gegen den Artikel 10 des Code Lisbonne, einem relevanten Ehrenkodex der Branche, nachdem solche messbaren Erfolgsgarantien nicht gegeben werden dürfen. Denn Journalisten entscheiden frei über den Abdruck von Informationen. Die Agentur wurde abgemahnt. (vgl. DRPR-Verfahren 11/2008 zitiert nach Avenarius & Bentele 2009, 250).

> **Beispiel: Bestechung eines Journalisten**
>
> Gernot Greiner, Betreiber einer PR- und Marketing Agentur gab an, dem Redakteur einer großen Boulevardzeitung für die Berichterstattung über die Eröffnung eines Duisburger Bordells 500 Euro gezahlt zu haben. Er wurde gerügt, weil er gegen den Artikel 15 des Code Lisbonne verstoßen hat. Dieser besagt, dass Informationen unentgeltlich und ohne verdeckte Belohnung zur Veröffentlichung bereitgestellt werden (vgl. DRPR-Verfahren 12/2008) zitiert nach Avenarius & Bentele 2009, 251).

9.6 Ethik und Werbung

9.6.1 Eine Kommunikationsdisziplin unter Generalverdacht

„Die Reklame wird zur Kunst und Wissenschaft, wenn sie mit ethischen Mitteln die Wahrheit verkündet." (Paul Ruben 1913, zitiert nach Schindelbeck 2004, 73). Selbst nach einem Jahrhundert zeigt sich die Werbung in dieser Hinsicht noch keinesfalls als künstlerisch oder wissenschaftlich veredelt. Werbung war von jeher verdächtig. Die frühe, kritische kommunikationswissenschaftliche Auseinandersetzung zum Thema Werbung reicht bis in die Anfänge des 20. Jahrhunderts zurück (vgl. Zurstiege & Schmidt 2003, 492). Für die Praxis der Werbung formuliert Engel (2009, 260) sogar: „Moral und Ethik sind der blinde Fleck der Werbebranche."

Die Vorbehalte gegenüber der Werbung hängen damit zusammen, dass sie privatwirtschaftlichen Interessen dient und nicht wie etwa der „höherwertige" Journalismus, der einer öffentlichen, am Allgemeinwohl orientierten Aufgabe verpflichtet ist, ein „unverdächtiges" Kommunikationsfeld ist. Seit Mitte des letzten Jahrhunderts wurde Werbung intensiv auch von anderen sozialwissenschaftlichen Disziplinen kritisiert. Die Kritik zeugt von einem massiven Beeinflussungsglauben in der Bevölkerung und unter Wissenschaftlern, die nur zum Teil durch Werbewirkungsstudien neuerer Zeit als gerechtfertigt gelten kann. Ein Überblick über die Generalvorwürfe der Sozialforscher gegenüber der Werbung gibt die nachfolgende Tabelle (in Anlehnung an Schmidt 2004, 272 ff.):

Was die Werbung verdächtig macht – Kritik an einer überschätzten Kommunikationsdiziplin	
Disziplin	Vorwurf gegenüber der Werbung
Soziologie: Frankfurter Schule (kritische Theorie)	Werbung ist ein Instrument, mit dem die Bewusstseinsindustrie die Massenkultur steuert. Die Kulturindustrie reproduziert durch Standardisierung kultureller Produkte das kapitalistische Wirtschafts- und Gesellschaftssystem.
Psychologie: kritische Markt- und Konsumentenpsychologie	Werbung manipuliert die Massen; Schreckensbild des willenlosen Konsumenten, der unbewusst durch Werbebotschaften gesteuert wird und geheimen Verführungen unterliegt (vgl. Packard 1957); Propagierung sozial schädlicher Werte und Verhaltensweisen.
Pädagogik: kritische Medienpädagogik	Werbung hat schädlichen Einfluss auf Kinder, sie haben nicht die Medienkompetenz, um Werbung von anderen Inhalten zu unterscheiden und sich souverän zu verhalten. Werbung führt zu unkontrolliertem Konsum, verändert soziale und kulturelle Vorstellungen.

Abb. 9.4: Werbekritik: Was Werbung verdächtig macht

Über die angeführten Vorwürfe hinaus hat Luhmann (2004, 85) eine Generalkritik an der Werbung insofern formuliert, als dass sie vor den Augen des Massenpublikums quasi die „Todsünde der Massenmedien" auf sich nimmt, indem sie einerseits offen ihre Motive kommuniziert und andererseits ihre Mittel verschleiert. Werbung als „kalkulierter Grenzgang zwischen Schmeicheln und Imponieren" verweist nach Zurstiege & Schmidt (2003, 493) auf eine ethisch bedenkliche „doppelte Ausblendungsregel": „Die Werbung verspricht erstens nur denen die Erfüllung ihrer Wünsche, die sich Wunscherfüller finanziell leisten können (soziale Ausblendungsregel). Sie stellt dabei zweitens all das in den Hintergrund, was die Attraktivität der beworbenen Leistung und die Integrität des Werbenden in irgendeiner Weise mindern könnte (sachliche Ausblendungsregel)."

Kurz gesagt: In der Werbung nimmt man es wohl mit der Wahrheit nicht so genau, Schattenseiten bleiben unkommuniziert und Werbeversprechen sind weniger an ihrer tatsächlichen Erfüllung zu messen als an der Bedeutung, die sie für die Welt der Wünsche und Sehnsüchte der Konsumenten haben. Dabei gilt es allerdings folgendes zu bedenken: „Der Konsument ist sich in der Regel bewusst, dass die Welt der Werbung weniger eine Welt der wirklichkeitsnahen Bilder als vielmehr der kalkulierten Trugbilder ist. Ihre Verführungskraft zielt auf das Unbewußte. (...) Werbung lügt aber nur dann, wenn wir ihr glauben." (Haus der Geschichte der Bundesrepublik Deutschland 2003, 74).

Kommen wir nun zur Praxis unethischen Verhaltens in der Werbung. Bilder sind hier oft viel Aufsehen erregender als Worte. Um die ethische Dimension eines einzigen Bildes in der Werbung werden schnell mehr als tausend Worte gemacht. Nur zwei Beispiele sollen das illustrieren:

> **Beispiel: Der Tod und der Kommerz**
>
> Ist es unethisch, italienische Pullover mit Hilfe von kroatischem Blut zu verkaufen? Um diese Frage kreist ein „ethischer Verfehlungsklassiker" par exellence. 1993 löst Oliviero Toscanis Benneton-Werbung während des Bosnien-Krieges eine Debatte über das Plakat „Kleidung des getöteten kroatischen Soldaten Marinko Gagro" aus (vgl. z. B. Der Tagesspiegel, 8.02.2003, „Sag' mir wo die Poster sind, 23). Diese und viele andere Plakate des italienischen Fotografen berühren die Frage, ob Unternehmen auf soziale und gesellschaftliche Missstände in der Werbung aufmerksam machen dürfen, um ihre kommerziellen Interessen zu befriedigen (vgl. hierzu die Dokumentation und Interpretation der Kunstkritikerin Salvemini 2002). Der gesellschaftskritische Anspruch des Werbekünstlers stellt für viele bis heute recht unappetitliche Kost dar, deren Konsum man sich aus ethischen Gründen verweigert. Die Werbung erweist sich hier in der Tat als „ein lächelndes Aas" (Toscani, 2000).

> **Beispiel: Hitler, Stalin & Co – „Aids ist ein Massenmörder"**
>
> Das Licht ist schummerig, ein Paar hat Sex, das Gesicht des Mannes wird gezeigt: Es ist Adolf Hitler, Josef Stalin oder Saddam Hussein. Zum Weltaidstag am 1.12.2009 hat der Saarbrückener Verein Regenbogen e.V. diese Szenen als Printmotive, Film und Radiospot mit der Aussage „Aids ist ein Massenmörder" produziert. Zu sehen sind jeweils Doppelgänger dieser „Gesichter des Bösen". Die Schockwerbung gegen den Trend zum ungeschützten Geschlechtsverkehr war vielen zu drastisch. Die Deutsche Aids-Hilfe verlangte den Stopp dieser Werbung. Das Videoportal „Youtube" und die Plattform „Facebook" entfernten den Film von ihren Seiten. Die Kampagnenseite im Internet wurde im Januar 2010 gesperrt.
>
> (*Quelle:* Presseinformation zur Kampagne unter http:www.aids-ist-ein-massenmoerder.de/typo3/index/php?id=welt_aids_tag_kampagne, Zugriff 19.11.2009)

9.6.2 Selbstkontrolle im Kampf um die Moral

Verbände sind – so Vieregge (2009, 309) – „normative Konstrukte", die die Branchenmoral verkörpern. Für die Behandlung ethischer Entgleisungen gibt es in der Werbung wie in den anderen Kommunikationsdisziplinen neben den Ehren-Kodizes der Verbände auch eine Selbstkontrollinstanz. Der Deutsche Werberat ist die Selbstdisziplinierungs- bzw. Kontrollinstanz der Werbewirtschaft, der durch den Zentralverband der Werbewirtschaft (ZAW) in Analogie zum Deutschen Presserat im Jahre 1972 gegründet wurde (Schmidt 2004, 290 f.) und im Jahr 2010 von 43 Organisationen getragen wird (Unternehmen, Medien Agenturen). Wieso gerade eine Gründung zu diesem Zeitpunkt? „Die innere Initialzündung hängt mit der systemkritischen Zeit als Ausläufer der 68er Studentenbewegung zusammen." – so der Zentralverband der deutschen Werbewirtschaft (http.//www.interverband.com/u-img/69392/Zeitraffer_2004.htm, Zugriff am 28. 11. 2004).

Er hat es sich als Institution der Selbstdisziplin zur Aufgabe gemacht, vorbildliche Werbung zu unterstützen und ethische Fehlentscheidungen der Werbetreibenden zu Gunsten der Verbraucher zu korrigieren. Die Feststellung und Beseitigung von Missständen in der Werbung gehört ebenso zu seinen Zielen wie die Erstellung und Weiterentwicklung von Leitlinien mit selbstdisziplinärem Charakter für die Werbetreibenden. Zwischen dem, was erlaubt und dem, was gesetzlich verboten ist, gibt es Grauzonen, die seitens der Werbetreibenden gerne ausgenutzt werden, um im Kommunikationswettbewerb aufzufallen, zu provozieren und mit Gefälligkeit zu spielen. Werden Beschwerden laut, versucht der Werberat zwischen Beschwerdeführer (Konsumenten bzw. Medienrezipienten, aber auch Unternehmen) und dem kritisierten werbetreibenden Unternehmen zu vermitteln. Seine Maßstäbe sind:

- das geltende Recht,
- die Verhaltensregeln des deutschen Werberates selbst (z. B. für Werbung mit und vor Kindern, Bewerbung von alkoholischen Getränken und Zigaretten) sowie
- das Konglomerat von herrschender Sitte, Anstand und Moral, was generell in unserer Gesellschaft herrscht.

Allein die letztgenannten Orientierungsmaßstäbe verweisen bereits auf die äußerst schwierige Arbeit des deutschen Werberates in einer pluralistischen, multikulturellen Konsumgesellschaft, in der Werte keinesfalls mehr das sind, was sie noch vor Jahrzehnten waren, auch nicht ubiquitär unterstellt werden können und sich im Moment ihrer Feststellung schon wieder wandeln. Zu viel darf man sich von der Selbstkontrolle und dem Kampf für die Moral allerdings nicht versprechen. Der Werberat ist nämlich nur bedingt regulationsfähig:

- Er kann ethische Verstöße durch Bitten auf Unterlassung versuchen abzustellen,
- er kann eine öffentliche Rüge erteilen[95] und/oder

---

[95] Wenn ein Unternehmen trotz Beanstandung durch den Werberat eine Werbemaßnahme fortschreibt, kann das Sanktionsinstrument der öffentlichen Rüge eingesetzt werden. Unternehmen fürchten selbstverständlich diese Kritik in den Massenmedien, weil sie mit dem Bemühen um ein positives Image

- bei Verdacht auf Rechtsverstoß an die juristisch regulierende Instanz (in der Regel die Zentrale zur Bekämpfung unlauteren Wettbewerbs) appellieren, um die Notwenigkeit und Möglichkeit rechtlicher Konsequenzen prüfen zu lassen.

Das Bemühen des deutschen Werberates um die Ethik in der Werbung lässt sich auch in Zahlen ausdrücken. Wie der neuesten Ausgabe der Spruchpraxis des Werberates zu entnehmen ist, sind im Betrachtungszeitraum 2004 bis 2009 insgesamt 1.421 Werbekampagnen Beschwerdegegenstand des Werberates geworden. In den meisten Fällen setzt sich der Werberat mit seinen Reklamationen bei den werbetreibenden Unternehmen durch, denn 93 % der Firmen nehmen Werbung vom Markt oder ändern sie auf die Intervention hin, nur 7 % der Unternehmen bleiben uneinsichtig und müssen öffentlich gerügt werden. Zwei Drittel der Beschwerden (930 Kampagnen bzw. 64 Prozent) konzentrieren sich auf nur zehn Wirtschaftsbereiche, die differenzierte Verteilung gibt die folgende Tabelle wieder (vgl. http://www.werberat.de/content/lit_Spruchpraxis.php, Zugriff 24.01.2010).

Von Beschwerden beim deutschen Werberat betroffene Wirtschaftsbereiche 2004–2009 (Basis: 1.421 Kampagnen)		
Wirtschaftsbereich	Kampagnen in %	Anzahl Kampagnen
Medien	12	168
Unterhaltungselektronik / Kommunikationstechnik	10	144
Bekleidung	8	119
Lebensmittel	7	99
Markenanbieter alkoholhaltiger Getränke	6	88
Dienstleistungen	6	88
Gaststättengewerbe	5	70
Geldinstitute / Versicherungen	4	53
Möbel / Haushaltsbedarf	4	53
Körperpflegemittel	3	38

Abb. 9.5: Beschwerden beim Deutschen Werberat (2004–2009) nach Branchen

Was sind die Gründe, aus denen heraus Beschwerdeführer aktiv werden? Wie auch in den Jahren zuvor steht der Vorwurf der Frauendiskriminierung an der Spitze der kritischen Einwände gegen Werbung. Einen Überblick über die relevanten Beschwerdegründe gibt die nächste Abbildung (vgl. http://www.werberat.de/content/lit_Spruchpraxis.php, Zugriff 24.01.2010).

---

nicht zu vereinbaren ist. Eine öffentliche Rüge des Werberates ist mit der Forderung an die Medien gebunden, die beanstandete Werbemaßnahme nicht mehr zu schalten.

Beschwerdemotive beim deutschen Werberat (2004–2009: 1.421 Kampagnen gesamt)		
Beschwerdemotiv	Kampagnen in %	Anzahl Kampagnen
Frauendiskriminierung	37	530
Gewaltverherrlichung	9	134
Verstoß gegen moralische Mindestanforderungen	8	109
Gefährdung von Kindern und Jugendlichen	7	105
Diskriminierung von Personengruppen	6	91
Verletzung religiöser Empfindungen	5	66

Abb. 9.6: Beschwerdemotive beim Deutschen Werberat (2004–2009)

Wie sind diese ethischen Verfehlungen in der Menge ihrer Ausprägungen zu bewerten? Der Rat selber hält sein Konfliktmanagement zwar für notwendig, aber Verfehlungen in dieser Größenordnungen bei millionenfachen Schaltungen für absolute Randphänomene. Dabei verweist er auch auf den überkritischen Blick auf die Werbung und die Unterschätzung anderer Verhaltensursachen neben der Werbewirkung: „Die Attitüden sind häufig rechthaberisch, die Inhalte leichtzüngig. Werbung verderbe die Menschen, verleite sie zu ungewollten Handlungen und Verhaltensweisen – zu Scheidungen und Schulden, Alkoholismus und Nikotinsucht, Fettleibigkeit und Schlankheitswahn. Ja, auch Vergewaltigungen und Pädophilie und andere Verfehlungen gingen zu Lasten der kommerziellen Kommunikation. Über Jahrzehnte hat sich die Produktion solcher Vorwürfe kaum geändert, ungeachtet aller Erkenntnisse der Wissenschaft über die komplexen Ursachen menschlichen Handelns – über deren Antriebe, etwas zu tun oder zu lassen, beispielsweise Produkte zu kaufen oder zu missbrauchen." (http://www.interverband.com/u-img/69392/Zeitzeichen.htm, Zugriff am 28.11.2004).

Der Werberat stützt sich in seiner ethischen Grundhaltung beim Konfliktmanagement auf die Verantwortungsethik, die nach den Folgen des jeweiligen Handelns fragt, und distanziert sich damit von den Grundsätzen der Gesinnungsethik, die sich an der eigenen Überzeugung orientiert, ohne Rücksicht auf die Folgen des Handels zu nehmen. Was sind die konkreten Anlässe, aus denen heraus der Werberat interveniert? Die folgenden Beispiele aus der Werbung von Wirtschaftsorganisationen können diese Fragen beantworten.

> **Beispiel: Gewaltverharmlosung in den Medien**
>
> Ein Fernsehsender bewarb ein neues Sendeformat mit Großflächenplakaten auf Bahnhöfen des öffentlichen Personennahverkehrs, deren Hauptprotagonist ein Serienkiller war. Er lächelte auf den Plakaten mit Blutspritzern im Gesicht und der Plakattext kommentierte „Keine Angst. Der will nur töten" und „Du sollst nicht töten. Lass ihn das machen". Der Werberat reklamierte das beim Sender, der daraufhin die Werbung einstellte. (http://www.werberat.de/content/Einzelfaelle.php Zugriff 23.01.2010).

> **Beispiel: Gefährdung von Kindern und Jugendlichen durch Medien**
>
> Ein Sender bewarb seine TV-Serie auf Plakaten mit dem Slogan „Ein Tag ohne Marienhof ist wie Sex ohne Sportlehrer". Kritiker sahen hier eine Gefährdung Schutzbefohlener. Es werde suggeriert, dass sexuelle Kontakte zwischen Lehrern und Schülern legitim seien. Zur Stellungnahme aufgefordert, erklärte sich der Sender bereit, die Plakatwerbung nicht mehr zu verwenden. (http://www.werberat.de/content/Einzelfaelle.php Zugriff 23.01.2010).

Manchmal steht die Werbung nicht-kommerzieller Organisationen den ethischen Verfehlungen kommerzieller Kommunikatoren in nichts nach, sondern stellt sie sogar in den Schatten. Für öffentliches Aufsehen und Entsetzen sorgte z. B. im Jahr 2004 die Tierschutzorganisation PETA (People for the Ethical Treatment of Animals), mit einer bereits in den USA realisierten und für Deutschland geplanten Kampagne:

> **Beispiel: „Holocaust auf deinem Teller"**
>
> Auf Plakaten sind Bilder von Menschen in Konzentrationslagern neben Bildern toter und gequälter Tiere (Legebatteriehühner und Mastschweine) zu sehen. Folgende Texte sollen die Bilder erklären:
> a) „Unsere Enkel werden uns eines Tages fragen: Was habt Ihr gegen den Holocaust der Tiere getan? Wir können uns nicht zum zweiten Mal damit entschuldigen, wir hätten nichts gewusst.",
> b) „Sechs Millionen Juden sind in Konzentrationslagern gestorben, aber dieses Jahr werden sechs Milliarden Grillhähnchen in Schlachthäusern sterben.",
> c) „Für Tiere sind alle Menschen Nazis."
>
> Der Zentralrat der Juden in Deutschland war mit seiner Klage erfolgreich: Wegen der Verletzung der Menschenwürde wurde die Kampagne untersagt. Allerdings hatte es bei der Ausstellung der Plakate in Wien, Prag, Mailand und Warschau keine juristischen Folgen gehabt, die Bild- und Textdokumente zu zeigen. Erst die Ausstellungen in Amsterdam und Stuttgart wurden gestoppt.[96]

9.6.3 Und immer wieder lockt das Weib den Werber

Immer wiederkehrende Inhalte der Werbekritik sind Frauen diskriminierende Werbemaßnahmen. Sie bilden auch Jahrzehnte nach der Frauenbewegung immer noch die Spitze im Ranking der ethischen Fehlgriffe kommerzieller Werbung in Deutschland. Was versteht man zu Beginn des neuen Jahrtausends unter der Erniedrigung von Frauen in der Werbung? Handelt es sich hier um übertriebene Zimperlichkeiten oder handfeste Fehlgriffe? Oder fehlt dem, der sich hier ärgert, einfach nur der „richtige" Humor? Die folgenden Praxisbeispiele geben eine Antwort:

---

[96] Vgl. hierzu die Dokumentationen unter http://www.interverband.com/u-img/69392/Zeitzeichen.htm Zugriff am 28.11.2004; „Gericht stoppt Tierschützer" und „Holocaust der Hühner? Der Tagesspiegel 23.04.2004.

> **Bespiele: Frauen und ihre Diskriminierung in der Werbung**
>
> - Ein Bekleidungshersteller warb mit dem Slogan „Sie werden in Ihrem Leben mehr als nur eine Frau lieben. Aber alle werden das gleiche Hemd bügeln." (Der Werberat hielt dies 2003 nicht für bedenklich. Vgl. http.//www.interverband.com/u-img/69392/Beschwerden_an_den_Werberat.htm, Zugriff am 28.11.2004.)
> - Eine Baumarkt-Kette zeigt in Anzeigen eine Frau, die lächelnd mit elektrischer Heckenschere arbeitet. Ein Bein ist vom Knie abwärts amputiert, der Unterschenkel liegt auf dem Rasen, die Hose ist blutrot gefärbt. Der Werbetext erklärte folgendes: „Woman at Work. Frauen jammern wenigstens nicht gleich bei jedem kleinen Kratzer." (Die Firma Hornbach zog die Werbung auf Nachfrage des Werberates 2003 zurück. Vgl. http.//www.interverband.com/u-img/69392/Beschwerden_an_den_ Werberat.htm, Zugriff am 28.11.2004.)
> - Das Schweizer Unternehmen Dorit veröffentlichte 2007 in einem Fachmagazin für Fleischereien ein Werbemotiv für Fleischverarbeitungsmaschinen. Gezeigt wurde eine Schinkenpresse, daneben ein halbnackter Frauenpo. Die Headline der Anzeige lautete „Best ham", der Text darunter „Jeder Schinken braucht die korrekte Behandlung." (vgl. Nickel 2008, 16). Die Werbung wurde abgemahnt.
> - Eine Bäckerei bewarb in einer Zeitung Produkte mit einer Anzeige, die den Oberkörper einer Frau in Dessous zeigte, ihre Brüste bildeten den Mittelpunkt des Bildes. Dazu der Slogan neben dem ebenfalls abgebildeten gefüllten Krapfen „Prall gefüllt sind unsere Berliner". Der Werberat reklamierte das, das Unternehmen war bereit, die Anzeige nicht mehr zu schalten. (Quelle: http://www.werberat.de/content/Einzelfaelle.php Zugriff 23.01.2010)
> - Auf Firmentransportern des Unternehmens Dieter Holschbach GmbH im Oberbergischen Morsbach stand 2009 der Text „Wir machen geile Bodenbeläge". Darunter räkelte sich eine nackte Frau mit geöffneten Schenkeln. Da der Werberat der Auffassung ist, dass Frauen keine geilen Bodenbeläge sind, erhielt das Unternehmen eine Rüge (vgl. http://www.werberat.de/content/Pressemitteilungen.php, Zugriff 24.01.2010).
> - Der Dresdner Diskothek ‚Fahrenheit 100' wurde 2010 eine öffentliche Rüge wegen eines diskriminierenden Anzeigenmotivs erteilt. Unter der Überschrift „Titten, Techno & Trompeten" war ein Frauenunterleib im Tanga und gespreizten Beinen zu sehen (vgl. http://www.werberat.de/content/Pressemitteilungen.php, Zugriff 24.01.2010).

Schon seit Jahrzehnten hat man in der Werbung versucht, sich in Selbstdisziplin zu üben und der Kreativität in den Köpfen Grenzen mit Ethik-Regeln zu setzen – nicht immer mit Erfolg. Man kann über Berechtigung, Logik und Sinn einzelner Entscheide von Selbstkontrollinstanzen trefflich streiten. Dennoch zeigen gerade die zuletzt aufgeführten Beispiele diskriminierender Darstellungen von Frauen, was uns vom Frühstückstisch bis in die Alpträume der Spätmahlzeit so alles an übel inszenierter Fleischlichkeit begegnen könnte, wenn es keine „Ethikpäpste" und „Moralaposteln" in der Werbewirtschaft gäbe. Den Tugendwächtern sei es gedankt, dass uns der Appetit auf fleischlose und fleischhaltige Kost gleichermaßen erhalten geblieben ist. Und wenn es uns nicht schmeckt, so hat das Konsequenzen, die Nickel (2008, 18) auf eine kurze Formel bringt „Regeln brechen kann Marken brechen." Und „Aufsehen ist noch kein Ansehen.".

9.7 Zusammenfassung

- Sie wissen nun, dass ethische Fragen für die moderne Praxis der Wirtschaftskommunikation relevant sind und Sie kennen die philosophischen Traditionen, die sich mit den klassischen Ethiktheorien verbinden.
- Sie kennen darüber hinaus alle Kontrollinstanzen, die sich in den verschiedenen Kommunikationsdisziplinen mit Fragen der Ethik auseinandersetzen. Auch sind Ihnen die Selbstverpflichtungen in den Kodizes bekannt.
- Ihnen ist klar, dass es bei der Anwendung von Ethikkodizes diverse praktische Probleme gibt.
- Sie können Fallbeispiele dafür nennen, dass man in Journalismus, PR und Werbung die Grenzen ethisch akzeptablen Verhaltens eindeutig überschritten hat.
- Sie wissen, in welcher Weise Frauen zuweilen in der Werbung diskriminiert werden. Ihnen ist auch bekannt, welche Sanktionen in einem solchen Fall zu erwarten sind.
- Sie können Argumente dafür bringen, warum Werbung und Programm getrennt werden müssen. Und Sie wissen auch, in welchen Fällen man gegen den Trennungsgrundsatz verstößt.
- Sie wissen, wo der Unterschied zwischen Gesinnungsethik und Verantwortungsethik liegt und welche Probleme mit diesen ethischen Auffassungen im Einzelfall für die kommunikative Praxis, z.B. im Journalismus, verbunden sind.

9.8 Kontrollaufgaben

Aufgabe 1:
Wofür steht die Abkürzung DRPR?

Aufgabe 2:
Wie heißt die ethische Selbstkontrollinstanz der Presse in Deutschland und seit wann gibt es diese Einrichtung?

Aufgabe 3:
Die Hamburger Kiesow Autorecycling + Autoteile GmbH wirbt mit großformatigen Plakaten auf Lastkraftwagen der Hamburger Müllabfuhr für ihre Altautos. Auf den Plakaten ist eine sich selbst befriedigende Frau zu sehen mit dem dazugehörenden Werbetext: „Selbermachen ist geil!". Was sagt die ethische Kontrollinstanz in der entsprechenden Kommunikationsdisziplin wohl dazu?

Aufgabe 4:
Die tageszeitung hat auf ihrer Satireseite „die wahrheit" vom 3.9.2003 den Leadsänger der Gruppe Pur als einen der hässlichsten Männer der Welt und als „schwäbische Arschwarze" bezeichnet. Weiter konnte man dort erfahren, dass, wenn das Kotzen einen neuen Namen bräuchte, es Englern heißen könnte (die „schwäbische Arschwarze"

heißt mit bürgerlichem Namen Hartmut Engler). Ist das ein Fall für den Ehrenkodex des deutschen Presserates? Wenn ja, welche Ziffer ist hier relevant? Siehe www.presserat.de!

Aufgabe 5:
Ist Satire frei von ethischen Grenzen? Die Zeitschrift FHM hat in einem satirischen Beitrag an viele Beispiele die Feststellung geknüpft, dass die deutsche Frau im Vergleich zu Frauen in anderen Ländern dieser Erde keinen Grund hat zu jammern. Die Beispiele lasen sich nach Darstellung der Zeitschrift message (I/2004, 88) etwa so: „Sie jammere, immer sei sie diejenige, die sich um die Verhütung kümmern müsse. Dabei könne sie froh sein, dass sie verhüten dürfe. In China sei die Pille verpönt (...). Sie jammere über ihren dicken Hintern. Dabei habe sie es noch gut, denn bei den Tuaregs würden die Frauen gemästet. Sie jammere, der Partner finde beim Vorspiel die Klitoris nicht. Doch wenn sie in Ägypten leben würde, wäre es vielleicht unmöglich ihre Klitoris zu finden." Darf Satire so weit gehen?

Aufgabe 6:
Welche ethischen Überlegungen sollten die Arbeit an der Textsorte Portrait begleiten?

Aufgabe 7:
Eine Verlagsbeilage, die eine PR-Veröffentlichung war, wurde im „Outfit" des FAZ-Magazins gestaltet und der FAZ beigelegt. Beim Konkurrenzmedium Welt hat man sich darüber stark empört. War diese Aufregung berechtigt?

Aufgabe 8:
Sind Musterlesebriefe als PR-Maßnahme musterhaftes Verhalten? Wie ist dies unter ethischen Gesichtspunkten zu betrachten? Mit der „Musterlesebriefaktion" der Dualen System Deutschland GmbH (DSD) und der betreuenden Agentur Kohtes & Klewes Umweltkommunikation, Bonn, entfachte eine ethische Diskussion darüber, ob Leserbriefe fertig geschrieben und konfektioniert von einer Organisation zur Distribution über Meinungsbilder verschickt werden dürfen, mit der Anregung, diese Briefe an regionale Medien zu senden – mit der individuellen Unterschrift versteht sich. Dürfen Leserbriefe auf diesem Wege distribuiert werden?

Aufgabe 9:
Bitte lesen Sie den nachfolgenden Text einer Werbeanzeige und arbeiten Sie heraus, ob gegenüber diesem Text ethische Bedenken angebracht sind:

„Liebe Verwenderinnen von Anti-Falten-Cremes: Setzen Sie sich nackt in einen Umzugskarton. Schließen Sie den Deckel. Urinieren und kotzen Sie hinein. Und bleiben Sie dort bis ans Ende Ihres Lebens. NOAH Menschen für Tiere e.V." und nach einem Absatz klein gedruckt heißt es weiter: „Das erleben immer noch viele Versuchstiere bei Kosmetiktests in Deutschland."

Aufgabe 10:
Ein Artikel mit der Überschrift „Mein erster Flug in der First Class" in der Welt am Sonntag zollte von der Begeisterung eines Journalisten über einen Flug in der 1. Klasse mit Singapore Airlines. Der Name der Fluglinie wurde 14 Mal im Text genannt. Der Text war undifferenziert positiv, ja sogar schwärmerisch. Noch stärker wurde der Werbeeffekt durch detaillierte Angaben zu Buchungsmöglichkeiten und Preisen. Beigestellt waren zudem PR-Fotos der Fluggesellschaft. Ist dieses journalistische Vorgehen vertretbar?

9.9 Literatur

9.9.1 Quellen

Ahrens, Rupert & Knödler-Bunte, Eberhard (Hrsg.) (2003). Die Affäre Hunzinger. Ein PR-Missverständnis. Berlin: media mind Verlag.

Avenarius, Horst (2009a). Die moralischen Prinzipien der PR. In Horst Avenarius & Günter Bentele (Hrsg.). Selbstkontrolle im Berufsfeld Public Relations. Reflexionen und Dokumentationen. Wiesbaden: VS Verlag für Sozialwissenschaften, 48–57.

Avenarius, Horst (2009b). Die Spruchpraxis im Laufe der Jahre. In Horst Avenarius & Günter Bentele (Hrsg.). Selbstkontrolle im Berufsfeld Public Relations. Reflexionen und Dokumentationen. Wiesbaden: VS Verlag für Sozialwissenschaften, 106–114.

Avenarius, Horst & Bentele, Günter (Hrsg.) (2009). Selbstkontrolle im Berufsfeld Public Relations. Reflexionen und Dokumentationen. Wiesbaden: VS Verlag für Sozialwissenschaften.

Baerns, Barbara (Hrsg.) (2004). Leitbilder von gestern? Zur Trennung von Werbung und Programm. Eine Problemskizze und Einführung. Wiesbaden: VS Verlag für Sozialwissenschaften.

Bentele, Günter (2000). Ethik und Public Relations – eine schwierige Kombination? In: PR+ plus Fernstudium Public Relations Bd. 17, Recht und Ethik für PR, 29–48.

Bentele, Günter (2008). Ethik der Public Relations. Grundlagen, Probleme und Herausforderungen. In: Günter Bentele, Romy Fröhlich & Peter Szyszka (Hrsg.). Handbuch der Public Relations. Wissenschaftliche Grundlagen und berufliches Handeln. Wiesbaden: VS Verlag für Sozialwissenschaften, 565–577.

Bentele, Günter (2009). Ethik der Public Relations. Grundlagen, Probleme und Herausforderungen. In Horst Avenarius & Günter Bentele (Hrsg.). Selbstkontrolle im Berufsfeld Public Relations. Reflexionen und Dokumentationen. Wiesbaden: VS Verlag für Sozialwissenschaften, 18–47.

Bentele, Günter & Seidenglanz, René (2004). Das Image der Image-Macher. Eine repräsentative Studie zum Image der PR-Branche in der Bevölkerung und eine Journalistenbefragung. Leipziger Skripten für Public Relations und Kommunikationsmanagement Nr. 7 (2004). Leipzig: Merkur Druck.

Bentele, Günter, Nickel, Volker, Tillmanns, Lutz, Pitzer, Jürgen & Wolf, Volker (2009). Sind Räte zahnlose Tiger? Berufsregeln und ihre Durchsetzungskraft. Eine Podiumsdiskusson. In Horst Avenarius & Günter Bentele (Hrsg.). Selbstkontrolle im Berufsfeld Public Relations. Reflexionen und Dokumentationen. Wiesbaden: VS Verlag für Sozialwissenschaften, 124–140.

Bergmann, Jens & Pörksen, Bernhard (Hrsg.) (2009). Skandal! Die Macht öffentlicher Empörung. Edition medienpraxis, 6, Köln: Herbert von Halem Verlag.

Buß, Eugen (1997). Propaganda. Anmerkungen zu einem diskreditierten Begriff. In: Manfred Piwinger (Hrsg.), Stimmungen, Skandale, Vorurteile. Formen symbolischer und emotionaler Kommunikation. Frankfurt a. M.: Institut für Medienentwicklung und Kommunikation, 90–114.

Bücher, Karl (1926). Die Grundlagen des Zeitungswesens. In: Karl Bücher: Gesammelte Werke. Aufsätze zur Zeitungskunde. Tübingen: H. Lauppsche Buchhandlung, 1–64.

Deutscher Werberat (Hrsg.) (2005). Werberat mahnt Moral an. Pressemeldung vom 25.09.2005.

DPRG (Hrsg.) (1998). Qualifikationsprofil Öffentlichkeitsarbeit/PR. Bonn: DPRG.

Eberle, Carl-Eugen (2002). Information als Ware? Über Scheckbuchjournalismus. In: Manfred Rehbinder (Hrsg.). Ethik als Schranke der Programmfreiheit im Medienrecht. Baden-Baden: Nomos Verlagsgesellschaft, 99–108.

Engel, Dirk (2009). Jenseits des blinden Flecks. Einige Überlegungen über die Moral der Kommunikationsdienstleister. In: Siegfried J. Schmidt & Jörg Tropp (Hrsg.). Die Moral der Unternehmenskommunikation. Lohnt es sich, gut zu sein? Köln: Herbert von Halem Verlag, 260–273.

Falkenberg, Viola (2008). Pressemitteilungen schreiben. Frankfurt a. M.: FAZ-Institut für Management-, Markt- und Medieninformationen.

Förg, Birgit (2004). Moral und Ethik der PR. Grundlagen – Theoretische und empirische Analysen – Perspektiven. Wiesbaden: VS Verlag für Sozialwissenschaften.

Geyer, Steven (2004). Trennungsregel: Parasiten und Wirtstiere. Message I/2004, 64–68.

Haller, Michael (2008). Recherchieren. Ein Handbuch für Journalisten. Konstanz: UVK-Verlagsgesellschaft.

Haus der Geschichte der Bundesrepublik Deutschland (2003) (Hrsg.). Bilder, die lügen. Bundeszentrale für politische Bildung. Bonn: Bouvier Verlag.

Jarren, Otfried (2009). Auf gutem Wege…? Governance in der Kommunikations- und Medienbranche. 20 Jahre Deutscher Rat für Public Relations. In: Horst Avenarius & Günter Bentele (Hrsg.). Selbstkontrolle im Berufsfeld Public Relations. Reflexionen und Dokumentationen. Wiesbaden: VS Verlag für Sozialwissenschaften, 58–67.

Kunczik, Michael (2002). Public Relations. Konzepte und Theorien. Köln: Böhlau.

Luhmann, Niklas (2004). Die Realität der Massenmedien. Wiesbaden: VS Verlag für Sozialwissenschaften.

Mast, Claudia (Hrsg.) (2008). ABC des Journalismus. Ein Leitfaden für die Redaktionsarbeit. Konstanz: UVK-Verlagsgesellschaft.

Merten, Klaus (2000). Das Handwörterbuch der PR – A-Q und R-Z. Frankfurt a. M.: FAZ-Institut für Management-, Markt- und Medieninformationen.

Merten, Klaus (2009). Ethik der PR oder PR für PR? Zur Kommunikation einer Ethik der PR. In: Siegfried J. Schmidt & Jörg Tropp (Hrsg.). Die Moral der Unternehmenskommunikation. Lohnt es sich, gut zu sein? Köln: von Halem Verlag, 25–38.

Nickel, Volker (2008). Frauen, Werbung und Gesellschaft. Das etwas andere Bild in und von der Werbung. Vortrag Zentralverband der deutschen Werbewirtschaft (ZAW), Wahlkreisbüro Karlsruhe, 1. Juli 2008.

Noelle-Neumann, Elisabeth, Schulz, Winfried & Wilke, Jürgen (2009). Fischer Lexikon Publizistik Massenkommunikation. Frankfurt a. M.: Fischer Taschenbuch Verlag.

Packard, Vance (1957). The Hidden Persuaders. New York: Longmans, Green & Co.

Pieper, Annemarie (2007). Einführung in die Ethik. Tübingen/Basel: Francke.

Pflaum, Dieter & Pieper, Wolfgang (Hrsg.) (1993): Lexikon der Public Relations. Landsberg/Lech: Verlag Moderne Industrie.

Raupp, Juliana (2004). Berufsethische Kodizes als Konfliktvermeidungsprogramme – PR-Kodizes und Pressekodizes im Vergleich. In: Klaus-Dieter Altmeppen, Ulrike Röttger & Günter Bentele (Hrsg.). Schwierige Verhältnisse. Interdependenzen zwischen Journalismus und PR. Wiesbaden: VS Verlag für Sozialwissenschaften, 181–195.

Ruß-Mohl, Stephan (2002). Zum Verhältnis von Medienethik und Medienrecht. In: Manfred Rehbinder (Hrsg.). Ethik als Schranke der Programmfreiheit im Medienrecht. Baden-Baden: Nomos Verlagsgesellschaft, 11–20.

Ruß-Mohl, Stephan (2004). Organisationsethik und Medienmanagement: Wie wirksam sind medienbetriebliche Ethik-Kodizes? In: Barbara Baerns (Hrsg.): Leitbilder von gestern? Zur Trennung von Werbung und Programm. Eine Problemskizze und Einführung. Wiesbaden: Verlag für Sozialwissenschaften, 123–137.

Salvemini, Lorella Pagnucco (2002). Toscani. Die Werbekampagnen für Benetton 1984–2000. München: Knesebeck.

Schindelbeck, Dirk (2004). Strategien zwischen Kunst und Kommerz. Die Geschichte des Markenartikels seit 1850. In: Jörg Meißner/Deutsches Historisches Museum: Strategie der Werbekunst 1850–1933. Bönen: Druck Verlag Kettler, 68–77.

Schmidt, Siegfried J. (Hrsg.) (2004). Handbuch Werbung. Münster: LIT Verlag.

Schmidt, Siegfried J. & Tropp, Jörg (2009). Einleitung: Die Moral der Unternehmenskommunikation. Lohnt es sich, gut zu sein? In: Siegfried J. Schmidt & Jörg Tropp (Hrsg.). Die Moral der Unternehmenskommunikation. Lohnt es sich, gut zu sein? Köln: von Halem Verlag, 8–24.

Schulz-Bruhdoel, Norbert (2001). Die PR- und Pressefibel. Frankfurt a. M.: FAZ-Institut für Management-, Markt- und Medieninformationen.

Schweizer, Robert (2002). Selbstkontrolle in Printmedien. In: Manfred Rehbinder (Hrsg.). Ethik als Schranke der Programmfreiheit im Medienrecht. Baden-Baden: Nomos Verlagsgesellschaft, 121–179.

Störig, Hans Joachim (2004). Kleine Weltgeschichte der Philosophie, Bd. 1 und 2. Frankfurt a. M.: Fischer Taschenbuch Verlag.

Tillmanns, Lutz (2004). Journalisten ‚im Dienst' des Marktes? In: Barbara Baerns (Hrsg.): Leitbilder von gestern? Zur Trennung von Werbung und Programm. Eine Problemskizze und Einführung. Wiesbaden: Verlag für Sozialwissenschaften, 109–122.

Toscani, Oliviero (2000). Die Werbung ist ein lächelndes Aas. Frankfurt a. M.: Fischer Taschenbuch Verlag.

Vieregge, Henning von (2009). Die Agenturen, ihr Verband und die Moral – Vom schwierigen Lernen aus Krisen. In: Siegfried J. Schmidt & Jörg Tropp (Hrsg.). Die Moral der Unternehmenskommunikation. Lohnt es sich, gut zu sein? Köln: Herbert von Halem Verlag, 305–322.

Weischedel, Wilhelm (2008). Die philosophische Hintertreppe. 34 große Philosophen in Alltag und Denken. München: dtv.

Zurstiege, Guido & Schmidt, Siegfried J. (2003). Werbekommunikation. In: Günter Bentele, Hans-Bernd Brosius & Ottfried Jarren: Öffentliche Kommunikation. Handbuch Kommunikations- und Medienwissenschaft. Wiesbaden: Westdeutscher Verlag, 492–503.

9.9.2 Lesehinweise

Baum, Achim, Langenbucher, Wolfgang, Pöttker, Horst & Schicha, Christian (2005). Handbuch Medienselbstkontrolle. Wiesbaden: VS Verlag für Sozialwissenschaften.

Bartoschek, Dominik & Wolff, Volker (2010). Vorsicht Schleichwerbung! Konstanz: UVK Verlagsgesellschaft.

Beck, Klaus (2008). Neue Medien – alte Probleme? Blogs aus medien- und kommunikationsethischer Sicht. In: Ansgar Zerfaß, Martin Welker & Jan Schmidt (Hrsg.). Kommunikation, Partizipation und Wirkungen im Social Web. Band 1: Grundlagen und Methoden: Von der Gesellschaft zum Individuum. Köln: Herbert von Halem Verlag, 62–77.

Deutscher Presserat & Institut zur Förderung publizistischen Nachwuchses (Hrsg.) (2005). Ethik im Redaktionsalltag. Konstanz: UVK Verlagsgesellschaft.

Deutscher Presserat (Hrsg.) (2010). Jahrbuch 2010. Mit der Spruchpraxis des Jahres 2009. Konstanz: UVK Veragsgesellschaftt.

Deutscher Werberat (Hrsg.) (2009). Spruchpraxis Deutscher Werberat. Berlin: Verlag edition ZAW.

Liebert, Wolf-Andreas & Metten, Thomas (Hrsg.) (2007). Mit Bildern lügen. Köln: Herbert von Halem Verlag.

Pauli, Andreas (2009). Auch Werber träumen von einer besseren Welt. In: Siegfried J. Schmidt & Jörg Tropp (Hrsg.). Die Moral der Unternehmenskommunikation. Lohnt es sich, gut zu sein? Köln: Herbert von Halem Verlag, 293–304.

Schicha, Christian & Brosda, Carsten (2009). Handbuch Medienethik. Wiesbaden: VS Verlag für Sozialwissenschaften.

Schulz-Bruhdoel, Norbert & Fürstenau, Katja (2008). Die PR- und Pressefibel. Frankfurt: FAZ-Institut für Management-, Markt- und Medieninformationen.

Seufert, Michael (2008). Der Skandal um die Hitler-Tagebücher. München: Scherz Verlag.

Streeck, Klaus (2008). Kirchtürme, High Heels und Werbeagenturen – Kultur als Ressource der Wirtschaftskommunikation. München: Reinhard Fischer Verlag.

Thomaß, Barbara (2009). Ethik der Kommunikationsberufe. Journalismus, Public Relations, Werbung. Wiesbaden: VS Verlag für Sozialwissenschaften.

Westerbarkey, Joachim (2004). Illusionsexperten. Die gesellschaftlichen Eliten und die Verschleierung der Macht. In: Juliana Raupp & Joachim Klewes (Hrsg.). Quo vadis Public Relations? Wiesbaden: VS Verlag für Sozialwissenschaften, 30–51.

Internetadressen relevanter Verbände bzw. ihrer Kontrollinstanzen:

Bundesverband deutscher Pressesprecher, Berlin, http://www.pressesprecherverband.de

Deutscher Journalistenverband, Berlin, http://www.djv.de

Deutscher Presserat, Berlin, http://www.presserat.de

Deutsche Public Relations Gesellschaft, Berlin, http://www.dprg.de

Deutscher Rat für Public Relations, Berlin, http://www.drpr-online.de

Deutscher Werberat, Berlin, http://www.werberat.de

Gesamtverband Kommunikationsagenturen, Frankfurt, http://www.gwa.de

Gesellschaft der Public Relations Agenturen, Frankfurt, http://www.pr-guide.de

Zentralverband der deutschen Werbewirtschaft, Berlin, http://www.zaw.de

10 Lösungshinweise

10.1 Lösungshinweise zu Kapitel 2: Recherche-Grundlagen

Lösungshinweise zu den Kontrollaufgaben

Aufgabe 1:

Der Begriff des Long Tail (der lange Schwanz) wurde von Chris Anderson 2004 eingeführt. Er beschreibt die Etablierung bzw. Ausweitung von Nischenmärkten im Internet, welches dieses erst ermöglicht. Die physische Verkaufswelt schränkt Angebotsbreite und -tiefe ein. Spezielle Inhalte haben keine Chance bei limitierten Präsentations- und Lagerflächen, welche mit Produkten der Massennachfrage des geografisch limitierten Umfeldes, der „Laufkundschaft" befüllt werden. Angebot und Nachfrage des Außergewöhnlichen außerhalb des Mainstreams finden im Netz eine neue virtuelle, globale Plattform, befreit von der Limitierung eines lokal agierenden Geschäftes. So wird es möglich, auch mit sehr speziellen Angeboten in einer von sehr vielen Nischen langfristig geschäftlichen Erfolg zu erzielen.

Onlinequellen:
http://de.wikipedia.org/wiki/Long_tail
http://www.internetente.de/long-tail.htm
http://www.manager-magazin.de/unternehmen/it/0,2828,447782,00.html
Printquellen:
Andersen, Chris (2009). The Long Tail. Nischenprodukte statt Massenmarkt. München: DtV.
Alby, Tom (2008). Web 2.0. Konzepte, Anwendungen, Technologien. München: Carl Hanser.

Aufgabe 2:

Beispiel: Der im Sommer 2010 häufig genannte Name Lena, der eine kürzere Form des Namens Helena oder auch Magdalena ist. Helena stammt aus dem Griechischen und bedeutet hell, strahlend, leuchtend – die schöne Helena (welche eine prominente Rolle in der griechischen Mythologie spielt). Magdalena ist hebräischer Herkunft und ursprünglich Beiname Marias, die aus dem Ort Magdala am See Genezareth stammte. Verbreitung und Beliebtheit verdankt der Name genau der biblischen Maria Magdalena.

Aufgabe 3:

In Berlin gibt es viele nutzbare und nützliche Bibliotheken, exemplarisch seien an dieser Stelle drei genannt.

- Staatsbibliothek zu Berlin mit den drei Standorten Potsdamer Straße, Unter den Linden und Westhafen (http://staatsbibliothek-berlin.de). Es kann ausgeliehen werden, aber einige Titel sind nur in den Häusern einsehbar.
- Zentral- und Landesbibliothek Berlin mit den Häusern Berliner Stadtbibliothek, Amerika-Gedenkbibliothek und Senatsbibliothek (http://www.zlb.de). Es kann ausgeliehen werden, aber auch hier sind einige Titel nur einsehbar.
- Bibliothek der Humboldt-Viadrina School of Governance zu den Themen Zivilgesellschaft, Philantropie und Nonprofit Sektor (http://www.humboldt-viadrina.org/bibliothek). Das ist eine reine Präsenzbibliothek.

Aufgabe 4:

Das Recherchieren ist ein zielorientiertes Verfahren zum selbstständigen, systematischen Beschaffen, Bewerten und Kontextualisieren von Informationen aller Art.

Aufgabe 5:

Die Hypothesentheorie der (sozialen) Wahrnehmung geht auf Jerome S. Bruner und Leo J. Postman zurück, die diese in den 50er Jahren des 20. Jahrhunderts entwickelten. Sie besagt, dass die menschliche Wahrnehmung von Hypothesen (Annahmen) ausgeht, welche auf bisherigen Erfahrungen basieren. Diese werden dann in der Realität „abgeglichen" und im Rahmen dessen bestätigt bzw. widerlegt. Der gesamte Wahrnehmungsprozess besteht somit aus einer permanenten Revision, die Verstärkung, Abschwächung oder auch das Verwerfen der Hypothesen zur Folge haben kann. (Im letzteren Fall wird die verworfene Hypothese durch eine neue ersetzt.). Die Theorie postuliert dazu folgende Annahmen:

- „Je stärker eine Hypothese ist, desto größer ist die Wahrscheinlichkeit, dass sie erregt wird."
- „Je stärker eine Hypothese ist, desto geringer ist die Menge der unterstützenden Reizinformationen, die zu ihrer Bestätigung nötig ist."
- „Je stärker eine Hypothese ist, desto größer muss die Menge widersprechender Reizinformationen sein, um sie zu widerlegen."

(Quelle: Focus Medialexikon, http://www.medialine.de/deutsch/wissen/medialexikon.php?snr=2517, Zugriff 14.6.2010).

Die Theorie beschäftigt sich intensiv mit der Frage, welche Einflüsse die Stärke einer Hypothese bestimmen. Brunner formulierte dazu die folgenden fünf Annahmen:

- „Je häufiger eine Hypothese bestätigt wurde, desto stärker wird sie."

- „Je größer die Anzahl verfügbarer Alternativhypothesen in der Wahrnehmungssituation ist, desto schwächer ist die Anfangshypothese."
- „Je größer die motivationale Unterstützung für eine Hypothese ist, desto stärker ist sie."
- „Je größer die kognitive Unterstützung der Hypothese ist, desto stärker ist sie."
- „Je stärker die soziale Unterstützung (Affirmation) für eine Hypothese ausfällt, desto gefestigter ist sie."

(Quelle: http://de.wikipedia.org/wiki/Hypothesentheorie_der_sozialen_Wahrnehmung, Zugriff 14.06.2010).)
Weitere Quelle: http://psychonomie.de/sozialpsychologie/sozwahr.htm

Aufgabe 6:

USA: Die Ermittlungen von Bob Woodward und Carl Bernstein von der Washington Post im Zusammenhang mit der so genannten Watergate-Affäre Anfang der 70er Jahre.

BRD: Das lange Wirken von Günter Wallraff, der seit mittlerweile rund 30 Jahren undercover in verschiedenen Rollen recherchiert – vom Gastarbeiter über einen Obdachlosen bis zum Call-Center-Agent. Triebfeder seiner Arbeit ist dabei zumeist die Offenlegung unwürdiger Lebens- und Arbeitsbedingungen.

Aufgabe 7:

htw-berlin

Aufgabe 8:

Icerocket: Durchsucht auf Wunsch auch gezielt Twitter und MySpace. Neben der Suche bietet Icerocket unter anderem noch ein Trendtool und eine RSS-Verwaltung.

Twingly: Besticht durch einfache Oberfläche und Bedienung. Durchsucht auf Wunsch neben Blogs auch Microblogs, wobei hervorzuheben ist, dass die Microblog-Suche hier ausdrücklich nicht nur Marktführer Twitter umfasst.

Google-Blogsuche: Kann als Besonderheit vor allem Vertrautheit aufweisen. Mit Google kennt man sich in der Regel aus, die Möglichkeiten der Websuche gelten auch für die Blogsuche.

Aufgabe 9:

Grundlage ist bei dieser Fragestellung das Sender-Empfänger-Prinzip und der manchmal verlustreiche Weg zwischen Senden und Empfangen. Kurz gesagt: Was der Sender ausdrücken wollte, ist längst nicht das, was beim Empfänger ankommt. Nach Luhmann kann man von kommunikativen Erfolg sprechen, wenn die Kommunikation anschlussfähig bleibt, sie vereinfacht gesagt nicht in eine Sackgasse gerät.

„Luhmann versteht Kommunikation als eine dreistellige Selektion. Ein Initiator entscheidet über Information und Mitteilung. Daran kann sich ein Verstehen anschließen. Erfolg bedeutet nun, dass beispielsweise eine ursprünglich selektierte Informationen verstanden und als Grundlage von Folgekommunikationen angenommen wird. Auf Basis der Selektion des ersten Initiators wird nun eine weitere dreistellige Selektion angeschlossen."

(Quelle: http://de.wikipedia.org/wiki/Symbolisch_generalisierte_Kommunikationsmedien, Zugriff 14.06.2010)
Empfehlenswerte Printquelle: Berghaus, Margot (2004). Luhmann leicht gemacht. Stuttgart: Böhlau/UTB.

Aufgabe 10:

Auf diese Frage kann es im Hinblick auf das sehr umfängliche Gesamtwerk Luhmanns und den Fokus persönlicher Spezialisierung sicher mehrere Antworten geben. Hier sei die Kombination aus den Werken „Die Gesellschaft der Gesellschaft" und „Die Realität der Massenmedien" vorgeschlagen.

Aufgabe 11:

Horizont (http://www.horizont.net)
Werben & Verkaufen (http://www.wuv.de)
Pressesprecher (http://www.pressesprecher.com)
Kressreport (http://kress.de)
PR-Report (http://prreport.de)

Alle fünf sind im Zeitschriftenmagazin der HTW Berlin einsehbar. Auch haben alle fünf – wie zu sehen ist – Onlinepräsenzen, wobei die Zugänglichkeit von Inhalten abweicht. So stellen bis auf Pressesprecher alle auch frei zugängliche, umfängliche Online-Inhalte zu Verfügung. Pressesprecher stellt Teile der Ausgaben (Rubrik „Sprecherszene" mit Personalmeldungen) als pdf-Download zur Verfügung.

Aufgabe 12:

Die folgenden Rechercheergebnisse stammen aus dem Monat Juni 2010:

Bibliothek	Auflage	Exemplare ausleihbar	Exemplare Präsenz
HTW Berlin	1 (1994)	2	-
	2 (2003)	2	1
UDK Berlin	1 (1994)	1	-
VÖBB	-	-	-
Staatsbibliothek	-	-	-
HU Berlin	1 (1994)	2	-
FU Berlin	1 (1994)	5	1

10.2 Lösungshinweise zu Kapitel 3: Journalistische Texte

Aufgabe 1:

Zum Charakter von beispielhaften Einstiegssätzen (Beispiele nach Krings 2004, 141 ff.):

Beispieleinstieg	Charakter
a) Auf der sechsten Avenue läuft eine junge Frau im cremefarbenen Kostüm zur U-Bahn, spricht über den Verkehrslärm in ihr Handy.	Szenisch, personal, anonym
b) Ron Assouline hat einen irren Blick und viel übrig für Dramatik.	Personalisiert, Rhetorische Figur: Zeugma[97]
c) Der Besuch im Treibhaus könnte mit den Gurken von Fernando Canton beginnen.	Konjunktivisch, szenisch
d) So würde es sich anhören, wenn ein Hamster im Rad bei seinem unermüdlichen Lauf auch noch erzählen müsste.	Konjunktivisch, reflektierend
e) Natürlich würde dieser Prozess nicht solches Aufsehen erregen, wenn die Sache mit den Ohren nicht wäre.	Rätselhaft, konjunktivisch
f) Die Diskussion wieder anzustoßen, das war ihre Absicht, und sie wird dafür Zustimmung bekommen.	Theseneinstieg, anonymer Sie-Einstieg
g) Es war einmal einer aus dem Kreis der 68er, die jetzt so gern in ihren Erinnerungen kramen, der da feststellte: Und die Langweiligeren von uns gründeten dann die Grünen.	Narrativ, provokant

Aufgabe 2:

Das Prinzip der „inverted pyramid" wird in den meisten Lehrbüchern genutzt, um den Aufbau einer Nachricht zu erklären. Nachdem es erstmals 1934 in einem amerikanischen Lehrbuch grafisch dargestellt wurde, hat sich diese Metapher durchgesetzt, um bildhaft deutlich zu machen, dass der Informationskern, das Wichtigste einer Nachricht an den Anfang gestellt werden soll und erst danach Einzelheiten und allgemeine Informationen angeführt werden sollen. Aber wenn von der Spitzenstellung des Nachrichtenkerns die Rede ist, ist es eigentlich nicht einsichtig, warum man vom umgekehrten und nicht einfach vom Pyramidenprinzip spricht. Denn Pyramiden stehen ja in der Regel nicht auf dem Kopf – sprich auf ihrer Spitze. Die Bezeichnung entspricht der Konvention, das Bild ist nicht treffend gewählt. Man kann sich diesen Widerspruch nur insofern erklären, dass die Basisinformationen – man könnte auch sagen der Sockel, das tragende Hauptgewicht der Informationen – am Anfang stehen und hier die wichtigsten W-Fragen beantwortet werden (vgl. Krings, Dorothee (2004)). Den Anfang machen. Einstiegssätze in Reportage und Kommentar und ihr Einfluss auf die Rezeptionsentscheidung von Lesern. Wiesbaden: VS-Verlag für Sozialwissenschaften, 22).

---

[97] Das Zeugma koppelt zwei Substantive (hier in der Funktion des Objekts) durch ein gemeinsames Prädikat.

Aufgabe 3:

Vorschläge für geschlechtsneutrale Formulierungen (nach Falkenberg 2008, 90 f.)

Beispielformulierung	Geschlechtsneutrale Alternative
Jeder, der ein Auto besitzt	Alle, die ein Auto besitzen
Die Richter des Bundesverfassungsgerichts	Das Bundesverfassungsgericht
Rat des Arztes	Ärztlicher Rat
Fachmänner	Fachleute
Rednerliste	Redeliste
Arzthelferinnen	Praxispersonal
Ratsherren	Ratsmitglieder
Stewardessen	Flugbegleitung
Rentner	Leute, die Rente beziehen
Der eine oder andere	Der eine oder die andere

Aufgabe 4:

a) Die Reportage ist länger als die Nachricht.

b) Ihr Aufbau ist dramatisch, nicht hierarchisch (Pyramidenprinzip).

c) Sie bringt (fast) nur solche Tatsachen, die der Autor selbst gehört oder gesehen hat.

Aufgabe 5:

a) fehlerhaft: Bundesvereinigung der Arbeitgeberverbände und Commerzbank.

b) fehlerhaft: Professor Heiner Schmitz

c) fehlerfrei

d) fehlerhaft: Nominalstil und Passiv

e) fehlerhaft: der Schwarze – diskriminierend

f) fehlerhaft: statt Rat des Arztes- ärztlicher Rat (geschlechtsneutral)

g) fehlerhaft: keine typographischen Hervorhebungen im Pressetext

h) fehlerhaft, denn verwirrend: Die Regel heißt zwar, Zahlen bis zwölf ausschreiben, sofern es sich nicht um Kosten, Haus- und Telefonnummern handelt, aber man wird klarer schreiben: „10 bis 20 Neun- bis Fünfzehnjährige".

i) fehlerhaft: Wochentag fehlt, Jahreszahl weglassen.

j) fehlerhaft: Ort darf nicht vor Zeit stehen, Telegrammstil.

Aufgabe 6:

Richtige und falsche Äußerungen über journalistische Schreibkonventionen:

a) Bei Terminankündigungen in Pressetexten wird der Wochentag stets mit angegeben.	richtig
b) Typographische Hervorhebungen gibt es in journalistischen Texten nur bei Meinungsäußerungen des Journalisten z. B. in Kommentaren.	richtig
c) Veranstaltungsorte sind in Pressetexten eindeutig, mit Straße und Hausnummer, anzugeben.	richtig
d) Das umgekehrte Leadprinzip findet in allen Informationstexten außer der Kolumne Berücksichtigung.	falsch
e) In Pressetexten schreibt man zur Bezeichnung von Personen immer Vor- und Nachname.	falsch

Aufgabe 7:

Eine Reportage kann man wählen, wenn man genügend Platz für eine ausführliche Schilderung hat. Außerdem muss ein Thema eine unbekannte Seite für den Leser haben. Man muss sich also fragen, welche Distanzen (räumlich, sozial) oder welche Barrieren (z. B. institutionell) zu überwinden sind, um an ein Thema heranzukommen. Außerdem muss ein Thema auch eine erlebnisstarke Seite haben. Kann ich nach Überwindung der Distanzen keine Erlebnisse zum Gegenstand der Berichterstattung erwarten, ist das Thema für eine Reportage ungeeignet.

Aufgabe 8:

Beim vorliegenden Textbeispiel handelt es sich um einen Bericht.

Aufgabe 9:

Die Vorteile sind Lebendigkeit durch O-Töne. Repräsentation eines Themas durch eine Person, Erhalt von Originalstellungnahmen, gute Identifikationsmöglichkeiten für den Leser und Kostengünstigkeit. Nachteilig ist hingegen die Abhängigkeit vom verfügbaren Befragten. Ein spannendes Thema kann durch einen wenig kommunikationsstarken Befragten langweilig werden (vgl. Friedrichs & Schwinges 2009, 13 f.).

Aufgabe 10:

Die Sprache der Nachricht ist durch Klarheit, Einfachheit und Prägnanz geprägt.

Aufgabe 11:

Harte Nachrichten kommen meist aus Politik und Wirtschaft; sie sind von allgemeinem Interesse. Der Nachrichtenwert ist weit höher als der Unterhaltungswert, das heißt, eine harte Nachricht erfüllt komplett die Kriterien: neu, wichtig, interessant.

Beispiel a) Ein starkes Erdbeben mit Personen- und Sachschaden

Beispiel b) Der Rücktritt des Bundesfinanzministers

Weiche Nachrichten finden sich oft in einer Rubrik „Vermischtes", der Unterhaltungswert ist stark ausgeprägt. Das Kriterium wichtig ist bei weichen Nachrichten schwach ausgeprägt.

Beispiel a) Die Vorstellung der neuen Kollektion von Karl Lagerfeld

Beispiel b) Die Erdumrundung mit einem Leichtflugzeug

Aufgabe 12:

Drei Abgrenzungsmerkmale zwischen Nachricht und Bericht sind: Länge, Detailfülle und stilistische Freiheit.

Aufgabe 13:

Die Reportage lässt die Leser an einem konkreten, individuellen Fall teilnehmen. Das Feature dagegen zeigt Typisches anhand eines austauschbaren Beispieles. Das Feature setzt sich mit der Besonderheit eines Themas auseinander und gilt daher auch als eine Weiterentwicklung des Berichts. Es geht darum, ein trockenes Thema durch Lebendigkeit einer Szene interessant zu machen. Dafür benutzt das Feature als Gestaltungsmerkmale der Reportage die Personalisierung und das Szenische. Aber die Individualität ist im Feature nur schwach ausgeprägt, denn der Einzelfall spricht für die Allgemeinheit.

Aufgabe 14:

In allen Beispielen handelt es sich um intertextuelle Referenzen. Die Headlines beziehen sich auf Lied- oder Filmtitel, bekannte Sprichworte oder geflügelte Worte.

1. Referenz zu „Veronasprache": „Da werden Sie geholfen! 11880", Slogan von Telegate AG und Sprichwort „Sage mir, was Du isst, und ich sage Dir, wer Du bist. (Außerdem: Ellipse)
2. Bezug auf Filmtitel: „Drei Farben": Blau ist der erste Teil einer Film-Trilogie des 1996 verstorbenen polnischen Regisseurs Krzysztof Kieslowski über die drei Farben der französischen Flagge, die symbolisch für Freiheit, Gleichheit und Brüderlichkeit stehen. 1993: Blau / 1994: Weiss / Rot. (Außerdem: Ellipse und Paradoxon)
3. Bezug auf den Song „Neue Männer braucht das Land" von Ina Deter 1982. (Außerdem: Ellipse)
4. Referenz zum populären italienischen Lied „O sole mio", „Oh meine Sonne", orthographisches Wortspiel (Hinzufügung „h"). (Außerdem: Ellipse und Ausruf)
5. Bezug zum Lied: „Brüder, zur Sonne, zur Freiheit", russisches Arbeiterlied. Es gilt neben „Wenn wir schreiten Seit an Seit" als Parteihymne der SPD und wird jeweils zum Abschluss der Parteitage gesungen, hatte aber auch seinen Platz auf den Par-

teiversammlungen der SED. (Außerdem: Ellipse; Ausruf, Anapher, Akkumulation bzw. Klimax, Correctio)

6. Referenztitel „Die Schöne und das Biest" (Original: „La belle et la bête"), ein traditionelles Volksmärchen aus Frankreich. (Außerdem: Ellipse und Antithese)
7. Bezug zum 60er Jahre Hit von Draffi Deutscher: „Marmor Stein und Eisen bricht, aber unsere Liebe nicht". (Außerdem: Personifikation)
8. Referenz zum Roman „Ansichten eines Clowns" von Heinrich Böll aus dem Jahr 1963. (Außerdem: Ellipse)
9. Bezug auf den Weltbestseller aus dem Jahr 1992 von Javier Marías „Mein Herz so weiß". (Außerdem: Ellipse)
10. Referenz zum Film „Eine Frage der Ehre" des Regisseurs Rob Reiner aus dem Jahr 1992. (Außerdem: Ellipse)
11. Bezug zum Buchtitel „Gottes Werk und Teufels Beitrag" von John Irving aus dem Jahr 1985. (Außerdem: Ellipse und Antithese)
12. Anspielung auf den Buchtitel „Die Entdeckung der Langsamkeit" von Sten Nadolny aus dem Jahr 1983. (Außerdem: Ellipse)

10.3 Lösungshinweise zu Kapitel 4: Texte für die Unternehmenskommunikation

Aufgabe 1:

Der Pressetext „Made in Prison" kann wie folgt kritisiert werden:

- Es fehlt das Firmenlogo und das Datum.
- Der Absender des Textes ist unklar.
- Der Ansprechpartner wird unter dem Text nicht mit Kontaktdaten angegeben.
- Der Satz ist kein linksbündiger Flattersatz.
- Es gibt viele Formulierungsschwächen:

  Wiederholungen: zweimal „sogar" am Textanfang, zweimal „umhauen" in den Zitaten im zweiten und dritten Absatz.

  Formulierung: „Richter und Rechtsanwälte sollen schon..." – eine Pressemitteilung sollte definitive Angaben machen.

  Formulierung: „Hinter der Erfolgsgeschichte" – „die" Erfolgsgeschichte wurde noch nicht eingeführt.

  Formulierung: „Eine Berliner Spezialität: das klassische, gestreifte Arbeitshemd" – im Pressetext wird in vollständigen Sätzen getextet, kein Telegrammstil.

- Im zweiten Absatz kann man nur raten, wer der studierte Mediendesigner ist.

- Umgangssprachliche oder abwertende Ausdrucksweisen (z. B. „Knacki", „umhauen") sollten vermieden werden. Das spricht gegen die Neutralität eines Pressetextes und mindert hier auch den Eindruck der Professionalität des Unternehmens.
- Die Zitate sind wenig informativ, redundant und offenbaren die geringe Kompetenz der Geschäftsführung.
- Die W-Fragen „Wer" und „Was" haben keine eindeutige Antwort: Die Pressemeldung greift zu viele verschiedene Themen auf. Insbesondere bei den Absätzen „Unterwäsche aus gewebten Stoffen" werden viele Unterthemen aufgegriffen (Kaisheim, Naumburg, Brandenburg/Havel, Mannheim, Heilbronn, Lenzburg), die nichts mehr mit der Überschrift und der eigentlichen Neuigkeit, dem Eröffnungsevent, zu tun haben. Es ist nicht mehr klar, wer hier wohl der Absender der Nachrichten ist. Und was der Geschäftsführer mit diesen Initiativen zwischen Leberwurst und Unterwäsche zu tun hat, wieso sie ihn freuen und wieso man seinem Qualitätsurteil trauen sollte, bleibt offen. Wahrscheinlich sind in der Schlesischenstraße 31 alle diese Produkte zu kaufen, so könnte man annehmen, aber sicher ist das nicht.
- Die „Wann-Frage" ist uneindeutig in der Beantwortung: Denn die Eröffnungsveranstaltung geht im Text verloren: Wann ist sie genau? Wer ist eingeladen? Was kann man erleben? Das sind alles Fragen, die für den Leser unklar bleiben.
- Zur Frage „Warum?" gibt es Teilantworten (soziales Engagement), ansonsten kann man hier auch nur spekulieren!
- Der Text folgt also nur bedingt dem nachrichtlichen Stil (insbesondere Neutralität), das Pyramidenprinzip ist nur eingeschränkt umgesetzt, die W-Fragen werden nur unvollständig beantwortet.

Aufgabe 2:

Die Textschwächen werden im folgenden Brief einer verstörten Katalogleserin deutlich:

Sehr geehrter Herr Nikrandt,

Ihr Text „Thomas Manns zweites Lesen" hat mich eher verwirrt als meinen Verstand erhellt. Es ergaben sich viele Fragen bei der Lektüre des Textes. Die wichtigste Frage für mich war: Warum muss ich diesen Text lesen? Was will der Autor mir damit sagen? Und wieso soll mich der Inhalt dazu bringen, irgendein Buch bei jokers zu kaufen?

Warum sprechen Sie mich mit „Liebe Frau Feners" an, da Sie mich doch überhaupt nicht kennen und ich Femers heiße? Sind Ihre Mailing-Verteiler schlecht gepflegt?

Sie schreiben: „Die meisten Autoren haben nur ein Leben." Wieso müssen Sie mich daran erinnern? Das ist unsensibel. (Gut, Sie wissen nicht, dass ich Autorin bin!)

Die Erwähnung, dass die meisten lebenden Autoren von den Verkaufserfolgen der „Buddenbrooks" nur träumen können, ist sicher eine wichtige Information für lebende Autoren. Auf wie viele Ihrer Kunden trifft das zu?

Ich lese Bücher der Inhalte und der Sprache wegen, nicht weil andere sie lesen. Ist das bei Ihnen anders?

Warum setzen Sie deutsche Nobelpreisträger durch den für diese ungnädigen Vergleich mit Thomas Mann unnötig herab? Haben Sie Hauptmann, Hesse und Böll nicht im Programm oder wollen Sie nicht, dass Ihre Kunden deren Bücher bei Ihnen bestellen?

Wie viele Ihrer Kataloglesen verstehen den intertextuellen Bezug von der „Zauberer"?

Sind Sie vom „Hang zur Selbstinszenierung" eines Thomas Mann negativ beeindruckt? Ihre Sprachwahl spricht nicht für Begeisterung.

Ich habe den Drei-Teiler über die Familie Thomas Manns nicht gesehen. Können Sie mir eine Inhaltsangabe schicken? Muss ich wirklich als Literaturliebhaberin über diesen Film aufgeklärt werden?

Was passiert während der Veranstaltungsreihe, die Sie ankündigen? Was hat jokers damit zu tun?

Ist der Begriff „Spektakel" nicht negativ konnotiert? Gehen Sie gerne zu Spektakeln und warum?

Was geschah wirklich im zweiten Leben des Thomas Mann, von dem die Welt (fast) alles erfahren sollte?

Ach, Herr Nikrandt, ich hätte so gerne Antworten auf all diese Fragen! Die bekomme ich bestimmt. Sie sind doch „mein" Wolfgang Nikrandt.

Mit neugierigen Grüßen

Susanne Femers – Leserin

Aufgabe 3:

Cauers (2009, 66) systematisiert die einzelnen Funktionen und Aufgaben der Mitarbeiterzeitschrift wie folgt:

Funktionen der Mitabeiterzeitschrift	Beispielhafte spezifische Aufgaben
Information	Wissensvermittlung über Betriebsaufbau und -ablauf, Produkte und Dienstleistungen
Orientierung und Transparenz	Aufgaben und Ziele der Organisation festlegen und erläutern, Komplexität reduzieren
Integration	Wir-Gefühl bzw. Gemeinschaftsgefühl, soziale Nähe herstellen, Anonymität reduzieren
Führung	Orientierung geben, Anweisungen, Aufgaben und Anleitungen definieren
Motivation	Anerkennung von Mitarbeiterleistungen, Leistungssteigerung hervorrufen
Forum und Dialog	Problemlösungen diskutieren, Meinungen darstellen, hierarchieübergreifend kommunizieren
Involvement	Mitarbeiter in das Unternehmensgeschehen einbinden, Interesse und Anteilnahme wecken
Unterhaltung	Unterhaltende Auseinandersetzung mit dem Unternehmen, Ablenkung vom Arbeitstag
Marketing und Public Relations	Einbindung in Werbemaßnahmen, Mitarbeiter als Experte und Multiplikator nutzen

Aufgabe 4:

Anhand der nachfolgenden Beispiele strenger Sprachkritik nach Keller (2009, 39 ff.) kann die Vertrauensfunktion der einzelnen Aussagen überprüft werden. In dieser Betrachtung folgt Keller (2009, 25) streng der Devise: „Die Sprache ist der Stoff, aus dem Gedanken sind und nicht Versandkarton derselben."

Gefährdung von Vertrauen in der Sprache von Geschäftsberichten		
Vertrauensfaktor	Textbeispiel aus Geschäftsbericht	Textkritik (nach Keller 2009, 39 ff.)
Kompetenz	„Unsere Strategie ist es, weiterhin profitabel zu wachsen."	Eine Strategie ist ein Handlungsplan mit einem Ziel und einer „Wegbeschreibung" zum Ziel. Das Textbeispiel zeugt nicht von Kompetenz, weil der Strategiebegriff problematisch verwendet wird.
Intelligenz	„Das Neugeschäftswachstum schwankte zwischen 68% in Deutschland, 25% in Italien und 15% in Frankreich."	Der Eindruck intellektueller Schwäche resultiert aus der unbeholfenen Wortwahl und der fehlenden Argumentation.
Ehrlichkeit	„Risiken für das Ergebnis liegen in der Rohstoffkostenentwicklung."	Die unbestimmte Formulierung, die Hintergründe verschweigt, provoziert Spekulationen.
Sympathie	„Hintergrund der nur geringen Risikoposition ist das Schwergewicht der Leistungserbringung im Euroraum und damit die weitestgehende Fakturierung der durch die XY AG erbrachten Leistungen in Euro."	Die Formulierung ist verklausuliert, bürokratisch und unpersönlich. Das schafft keine Sympathien.

Aufgabe 5:

Der Sprachwissenschaftler Garbe (2005, 87) meint, dass seit einigen Jahren nichts so intensiv gerettet wird wie die deutsche Sprache. Dazu gehört auch der verzweifelte Versuch, die deutsche Sprache vor der unnötigen Verwendung von Anglizismen zu retten. Vergebens in vielen Fällen! Das ist sein Resümee, nachdem er sich die Übersetzungsversuche zu den gefragten Begriffen angeschaut hat. Die nachfolgenden Beispiele zeigen, dass viele Übersetzungen ältlich, lächerlich oder sinnentstellend wirken. Überprüfen Sie Ihre eigenen Lösungen im Hinblick auf diese Bewertungskriterien.

Anglizismus bzw. Amerikanismus	Übersetzungsversuch
Allroundman	Rundumbegabter
Antiaging	Alternsverzögerung
Bodybuilder	Muskelmäster

Boygroup	Jungensinggruppe
Candlelightdinner	Kerzenlicht-Essen
Chatter	Netzplauderer
Cheerleader	Jubelmädchen
Fitness-Studio	Kraftstall
Online-shop	Netzkiosk
Whirlpool	Sprudelwanne

Aufgabe 6:

Mercedes Benz hat diese Aufgabe wie folgt gelöst:

Anzeigen auf zwei nachfolgenden Seiten (Der Tagesspiegel 06.08.2005):

Teil 1:

Jahrelang geputzt, gespült, gekocht, geschimpft, getröstet und gelobt. Und was kommt danach? (Weißhaarige Frau im Bild)

Teil 2: (nach dem Umblättern zu sehen)

Die große Freiheit (A-Klasse im Bild)

Wer selbst Kinder groß gezogen hat, weiß: Kinder machen viel Freude, aber auch jede Menge Arbeit. Wenn dann Töchter und Söhne aus dem Haus sind, ist es an der Zeit, mal wieder an sich selbst zu denken. Die A-Klasse von Mercedes-Benz mit ihrem schwungvollen Design, dem großzügig gestalteten Innenraum und dem üppigen Sicherheitspaket ist genau das Richtige, um dann und wann die Kinder zu besuchen. Und von der Tochter die anerkennenden Worte zu hören: Wie hast Du das damals bloß geschafft, mit vier Kindern. Wir freuen uns auf Ihren Besuch.

Anmerkung zu dieser Aufgabenlösung: Überlegen Sie doch einmal, ob Mercedes Benz das ernst gemeint hat! Die Autorin hält diesen Anzeigentext nämlich für einen Witz. Und Freiheit, wie könnte die ansonsten aussehen? (Kleiner Tipp zu Lösung dieser Zusatzaufgabe: Von Porsche gibt es auch schöne Autos!)

Aufgabe 7:

Der Text setzt sehr stark auf Übertreibung, ist unnötig redundant, benutzt zum Teil problematische Bilder („unendlicher Wirbel") und Vergleiche („ein Duft, der eingefangen ist") und spricht sich durch die Argumentation im Text selbst die Existenzberechtigung ab: Was man mit Sprache nicht erfahrbar machen kann, sollte man nicht so langatmig und aussichtslos beschreiben. Da hilft auch die Synästhesie nicht weiter („ein Duft, der zärtlich die Haut liebkost").

Eine Duftprobe hätte die Lektüre angenehm abkürzen können. Der übertriebene Einsatz von Anaphern gibt dem Text keinen Rhythmus und keine Dynamik. Die gleichen Satzanfänge wirken eher einschläfernd, was den Eindruck erweckt, als werde hier die Hypnose ungewollt einer Persiflage unterzogen. Dieser Eindruck verstärkt sich noch durch die Parallelismen im Satzaufbau.

Die Unvollständigkeit der Sätze unterstreicht die Hilflosigkeit des sprachlichen Ausdrucks im Beschreiben des Textgegenstands.

Der Text strapaziert das Klischee der Frau als Sexualobjekt, das zum „Täter" wird durch seine Anziehungskraft. Für diesen Eindruck sind die Hyperbeln (insbesondere auf Seite 2 des Textes) verantwortlich.

Aufgabe 8:

Das Risiko dieses Textes liegt darin, dass er in der Kernenergiedebatte weiter polarisiert und wenig zu einem sachlichen Dialog beitragen dürfte. Hier fehlt die Perspektivenübernahme für die AKW-Gegner. Die Broschüre könnte auf sie nur abschreckend wirken und keinen kommunikativen Gewinn realisieren. (Siehe auch www.klimaschützer.de bzw. www.kernenergie.de, die vom Deutschen Atomforum e. V. in der Broschüre angegebenen Internetseiten.)

Aufgabe 9:

Die sprachlichen Besonderheiten der Beispiele aus der Wirtschaftssprache sind wie folgt zu qualifizieren:

Beispiel aus der Wirtschaftssprache	Qualifizierung
Frühstückchen	Ungewöhnliche Diminutivform (Verkleinerung)
KRAFT	Orthographische Abweichung, in Großbuchstaben, Majuskeln geschriebenes Wort
Redbull verleiht Flüüügel	Onomatopoesie (Lautmalerei)
Hidrofugal	Schreibererleichterung, aus dem griechischen „y" wird ein „i"
Der einzigste unter diesen Promis, das Optimalste	Doppelter Superlativ
Geil	Tabulexem, jugendsprachliches Hochwertadjektiv
Actimel activiert Abwehrkräfte	Alliteration, Schreiberleichterung „activiert"
schreIBMaschine	Binnengroßschreibung in Form einer Textintarsie
Atmungsaktiv, Fruchtalarm, Leinenoptik	Neologismus (Wortneuschöpfung)
Mmmh, Exquisa, keiner schmeckt mir so wie dieser	Endreim

petra	Orthographische Abweichung, totale Kleinschreibung
Tai-Ginseng	Schreiberleichterung Thai ohne „h"
Immer wieder neu, immer wieder gut	Wiederholungsformel: Anapher
Quadratisch. Praktisch. Gut.	Elliptische Syntax, hier Einwortsätze

Mehr zu sprachlichen Besonderheiten findet sich beispielsweise in dem Buch von Garbe (2005), das als Quelle zu Kapitel 4 aufgeführt ist, und aus dem die hier vorgestellten Beispiele entlehnt sind. Eine systematische Beschäftigung mit dem Thema Textgestaltung mittels stilistischer Mittel findet sich in dem hier vorliegenden Buch in Kapitel 7.

Aufgabe 10:

Die Sprache der Unternehmenskommunikation arbeitet dafür mit so genannten Hochwertwörtern sowie Komperativ- und Steigerungsformen (vgl. Garbe 2005, 64 ff.):

- Als Vorsilben/Präfixe sind z.B. zu nennen: Aktiv-, all-, doppel-, edel-, fein-, groß-, hoch-, Luxus-, Marken-, Original-, Riesen-, Spezial-, Spitzen-, super-, Traum-, ultra-, giga-, maxi-, mega-.
- Auch Adelstitel und andere Bezeichnungen für hohe soziale Positionen sind üblich: Lord, Sir, Fürst, Admiral, Diplomat, Konsul. Royale Begriffe kennen wir aus der Verwendung von zum Beispiel König-Pilsner, Krone, Prinz, Regent, Jacobs Krönung, Prinzenrolle, Kaiserkasseler, Prinzess Saure Sahne.
- Hoch wertende Adjektive werden ebenfalls gerne eingesetzt: echt, extra, gut, kostbar, neu, wunderbar, zauberhaft, light, mild, pikant.

Häufig eingesetzte Komperative sind z.B. reiner, weißer, schöner, größer, satter. Bei den Steigerungsformen kreiert die Sprache der Unternehmenskommunikation auch gerne Formen, die es gar nicht gibt: der allergrößte Größeste, Einzigste, Überraschendste (doppelte Superlative).

Für Aufwertungen werden auch Euphemismen als stilistisches Mittel zum Schönreden (z.B. „an den stärkeren Tagen" für den Einsatz von Damenbinden) oder Hyberbeln (Übertreibungen) eingesetzt.

10.4 Lösungshinweise zu Kapitel 5: Texte für das Internet

Aufgabe 1:

Persönliche Kommunikation: E-Mail, Chat; öffentliche Kommunikation: z.B. Pressemeldungen, Unternehmenswebsites, Werbung. Anwendungen, die sowohl private als auch öffentliche Kommunikation ermöglichen: Soziale Netzwerke, Twitter, Social Bookmarking.

Aufgabe 2:

IT:	Heise online, www.heise.de Golem, www.golem.de PC Welt, www.pcwelt.de
Wirtschaft:	Financial Times Deutschland, www.ftd.de Handelsblatt, www.handelsblatt.net Wirtschaftswoche, www.wiwo.de
Kultur:	art, www.art-magazin.de Perlentaucher, www.perlentaucher.de Titel Kulturmagazin, www.titel-magazin.de
Medien:	Horizont, www.horizont.net Kress Report, www.kress.de DWDL Das Medienmagazin, www.dwdl.de

Aufgabe 3:

Stand Juni 2010: Beide Medien ermöglichen den Lesern die Kommentierung der Artikel. Der Freitag offeriert zudem aktives Publizieren unter dem Dach des Mediums im Bereich Community. Dazu kann über ein kostenloses Nutzerkonto ein eigenes Freitag-Blog genutzt werden. Die Medien offerieren folgende Funktionen zum Teilen, Merken und Bewerten ihrer Inhalte:

a) Der Tagesspiegel: Versand per E-Mail, Social Bookmarking bei Mister Wong, Artikel twittern.

b) Der Freitag: Versand per Mail, Merken und Bewerten innerhalb des Freitag-Nutzerkontos, Social Bookmarking, Empfehlung bei verschiedenen Diensten (z.B. Facebook, Mister Wong, Reddit), Empfehlung und freiwillige Vergütung durch Anbindung des Micropayment-Dienstes Flattr (Siehe flattr.com).

Aufgabe 4:

Unternehmensblogs:	New Balance, www.newbalanceblog.de Frosta-Blog, www.frostablog.de
Markenblogs:	Skoda Blog, www.skoda-portal.blogspot.com Do you Flip? Blog um die Flip-Kamera von Cisco, www.blog.doyouflip.de
Themenblogs:	Lieber Wein, www.lieberwein.de Les Mads (Mode), www.lesmads.de

Aufgabe 5:

a) Motorola Europa, www.facebook.com/motorolaeurope

Motorola betreibt über Facebook hoch vernetztes Produktmarketing. Ein Autorenteam stellt neue Produkte, Features oder Kampagnen vor. Auch relevante externe Artikel oder Studien werden eingebunden. Im Videobereich finden sich z.B. Produktvideos und TV-Spots. Motorola verweist via Bildlinks auf die eigene Website und die Accounts bei Last.fm, Twitter und Youtube.

b) Miss Sixty, www.facebook.com/MissSixty

Der Modehersteller agiert ähnlich, lässt aber im Gegensatz zu Motorola vor allem „Freunde" für sich sprechen: Dominierender Inhalt sind Fotos von Nutzerinnen in Miss Sixty-Outfits. Miss Sixty verweist via Bildlinks auf die Unternehmenswebsite und die Accounts bei MySpace, Twitter und Youtube.

Aufgabe 6:

„Günter Jauch kehrt mit politischem Sonntagstalk zur ARD zurück"

„Fussball-WM 2010 in Südafrika: Der laute Eintonklang der Vuvuzelas ärgert Spieler und Zuschauer"

Aufgabe 7:

a) Unternehmenswebsite: Eigendarstellung, Kontaktmöglichkeiten, Pressematerial, News, Referenzen, Investoreninformationen, Servicebereich

b) Unternehmensblog bzw. Markenblog: News in lockerem Stil, Kundeneinbindung über Kommentare, Mitarbeiter als „sichtbare" Vertreter des Unternehmens, Servicefunktionen

c) Twitter: Teaser- und Vernetzungsfunktion für Inhalte auf Website und Blog, Servicefunktion.

d) Facebook: direkte Nutzereinbindung, Verlinkung zu Inhalten auf Website und Blog, Mitarbeiter als „sichtbare" und kontaktierbare Vertreter des Unternehmens.

Aufgabe 8:

Impromo schlägt im Juni 2010 für die beschriebenen Zielgruppen ein eventuelles Engagement in folgenden Social Media-Plattformen vor:

a) Mode, Zielgruppe Mädchen und junge Frauen: erdbeerlounge.de, stardoll.com, glamour.de, frauenzimmer.de, stylefruits.de, bequeen.de, elementgirls.de

b) Kunst, Zielgruppe Männer zwischen 35 und 55 Jahre: dasauge.de, deviantart.com, grafiker.de

10.5 Lösungshinweise zu Kapitel 6: Texte für die Werbung

Aufgabe 1:

Vielleicht denken ja manche Frauen bei Federn an Staubwedel. Diese Assoziation würde sicher vom Besuch des Erotikhauses ablenken. Die Mütter des Namens „Mae B." meinen, dass man beim Aussprechen des Namens an das englische Wort „may be" für „vielleicht" denkt. Diese Assoziation lässt viel Raum für Phantasie, das passt zum Thema, verweist auf Spielerisches, Möglichkeiten und setzt so auf unbegrenzte (Gedanken)freiheit. „Mae B." kann auch für eine Frau, eine Kundin stehen, die ihren kompletten Namen nicht preisgeben will. Dies verweist auf die gewisse Anonymität, die Besucherinnen eventuell schätzen, wenn sie „Mae B.", den „erotischen Vollsortimenter", besuchen. (Quelle: Franz, Sabine (2004). Liebeskugeln unterm Kronleuchter. Woman 02/2004, 28–29.)

Aufgabe 2:

Der Name stellt eine Kombination von lexikalischen und onymischen Übernahmen dar. „Pina Colada" (lexikalische und onymische Übernahme) läßt uns an milchige, cremige, nach Ananas und Kokos schmeckende alkoholische Köstlichkeiten denken, die auf Urlaub in der Karibik verweisen oder zumindest an erlebnisreiche Zeiten in Cocktailbars erinnern. Dieser Teil des Namens bezieht sich auf die Farbe und Inhaltsstoffe, führt aber auch etwas in die Irre, denn Alkohol enthält dieser Joghurt Drink nicht. Das Lassi (onymische Übernahme) verweist auf den klassischen indischen Yoghurtdrink, den man hierzulande aus Restaurants kennt (und der in seinem Gehalt für manch einen eine ganze Mahlzeit ersetzen kann). Dieser Bestandteil des Namens steht im Zusammenhang mit der Konsistenz des Produktes. Er könnte bei den Konsumenten abschreckend wirken, die Yoghurts als leichten Genuss für zwischendurch verstehen und Kalorienbomben fürchten. Giacomo (onymische Übernahme aus dem Italienischen) bleibt unverständlich. Weder Inhalt noch Verpackung des Produkts lassen klare Verbindungen zu diesem italienischen Männernamen zu. Die Phantasie kann allerdings dahin gehen, dass erst ein Giacomo das gewünschte Feeling eines Strandurlaubs oder eines Besuchs in einer Cocktailbar abrundet – dies allerdings nur bei denen, die sich daran erinnern, dass Casanova mit Vornamen Giacomo hieß.

Aufgabe 3:

Audi stammt vom lateinischen Wort audire (hören, zuhören) und ist der Imperativ Singular, der übersetzt heißt „hör zu" oder „horch". Der Name verweist auf den Firmen(mit-)gründer des Unternehmens, den Maschinenbau-Ingenieur Dr. h. c. August Horch (1868–1951). Es handelt sich also um eine lexikalische Übernahme.

Aufgabe 4:

Ja, dieser Name bezieht sich klar auf die Eigenschaften dieses Modells. Das Modell stellt Kleinwagen, Cabrio und Pick-up in einem dar (C3), d.h. der Wagen bietet die drei Möglichkeiten geschlossen, halb offen oder offen zu fahren. Bei der Modellbezeichnung handelt es sich um eine deformierte Konzeptform: aus Plural (für Mehrzahl) wird in der Abwandlung „Pluriel". Die Werbung zu diesem Produkt zeigt phantasievoll, dass mit dem Citroen C3 Pluriel alle Wünsche an das Autofahren befriedigt werden können. Der Slogan „Mein neues Auto ist ein Fuhrpark." dokumentiert diesen Anspruch. Selbsterklärend ist der Name allerdings nicht.

Aufgabe 5:

Gegen diesen Namen spricht, dass auch er für den Durchschnittskonsumenten sicher nicht selbsterklärend ist. Vielleicht soll er auch nur gebildete Käuferschichten mit dem passenden Portemonnaie ansprechen und die anderen neugierig machen. Das würde bedeuten: selektive Kundenansprache! Und könnte als Vorteil der Namenswahl betrachtet werden. Eins ist sicher: Bibelkenner kommen bei diesem Namen auf ihre Kosten, denn das Geheimnis des Namens lüftete sich 2003 bei der Markteinführung auf der Unternehmensseite (www.kia.de) auf der ersten Seite zum Produkt: „Opirus [O'piruss]: Von Ophir, der sagenumwobenen biblischen Stadt. Einem Ort, der vor allem für Reichtümer, Luxus und den Handel von edlen Gütern wie Gold und Sandelholz bekannt war. Attribute, die sich im neuen KIA Opirus wieder finden und Autofahren auf hohem, luxuriösen Niveau ermöglichen." Die in der Anzeigenwerbung verwendeten Slogans „Ein Zeichen von Klasse…" und „Alles, außer gewöhnlich." verweisen deutlich auf den elitären Anspruch an Auto und Käufer.

Aufgabe 6:

Interpretationsvorschläge zur VW-Namenswelt:

Lupo: Vorläufer des Fox, Kleinstwagen von Volkswagen, der laut VW manche Großen ganz klein aussehen ließ. Der Name steht für den kleinen, wendigen und wilden Wagen aus Wolfsburg. Die onymische Übernahmen „Lupo" verweist auf die Herkunft des Herstellers. Der Begriff geht auf das lateinische Wort Lupus (=Wolf) zurück, das zum einen das Tier und zum anderen das südliche Sternbild „Wolf" bezeichnet. Aus dem wilden, kräftigen Wolf ist der Hund hervorgegangen, ein domestizierter Wolf, der zum treuen Begleiter und Beschützer des Menschen geworden ist. Etwas überraschend bei diesen Wortbedeutungen ist, dass VW beim Slogan auf die Lust auf preisgünstigen Fun setzte: „Sparen Sie am Sprit, aber nicht am Spaß." Mit Sondermodellen wie Lupo Princeton oder Windsor wurde dem Konsumenten darüber hinaus die Möglichkeit aufgezeigt, Stil zu zeigen.

Polo: ein Kleinwagen aus der Wolfsburger Autoschmiede. Das Wort Polo geht auf das tibetanische „Pulu" (=Wurzelknorren aus Weidenholz) zurück. Es bezeichnet ein vor allem in Großbritannien verbreitetes reiterliches Treibball- und Zielspiel, das in Mannschaften gespielt wird und ursprünglich aus Indien stammt. Eine zweite Wortbedeutung von Polo könnte in der Abstammung vom lateinischen „polus" (= Pol) für Himmel stehen. Doch im Zusammenhang mit dem Wagen, ist wohl eher an Sport und Spiel(er) gedacht, denn hier heißt es: „Extrem gut gebaut. Unwiderstehlich dynamisch." Der Wagen ist klein und wendig wie der Polospieler.

Golf: Kompaktklassenmodell von VW in vielen erfolgreichen Varianten. Lexikalisch hat der Begriff gleich mehrere Bedeutungen. Zum einen stammt er vom italienischen „golfo" aus griechisch „Kolpos") (=Busen) und bezeichnet eine größere Meeresbucht, d. h. einen Einschnitt des Meeres in das Festland. Die zweite Bedeutung stammt aus dem Englischen (und geht wohl auf das schottische „gowf" (= schlagen) zurück. Bezeichnet wird damit ein Vollballspiel, das zu den Ziel- und Treibspielen gehört und in naturgegebenem oder leicht verändertem großräumigem Gelände stattfindet. Die Kommentierung in den Werbeslogans erfordern hohe Assoziationskraft: z. B. bei „Einsame Spitze. Stark und authentisch." Oder „Variant: Die Highlights. Mehr Freiheit.".

New Beetle: Kompaktklasse-Renaissance-Modell als Nachfolge für den alten Käfer, das den Käufer als Limousine oder Cabriolet verzaubern soll. Der Begriff stammt aus dem Englischen und bezeichnet das eben genannte Tier, der Wagen vollzieht die typisierte Form nach. Weitere Eigenschaften penetriert die VW-Kommunikationswelt z. B. wie folgt: „Charmant bis ins kleinste Detail. Einfach zum Verlieben." oder beim Cabriolet: „Vergessen Sie den Alltag. Und gut zu wissen: Erfrischende Gefühle gehören beim New Beetle Cabriolet zur Serienausstattung.".

Bora: Bezeichnung für ein Modell der Kompaktklasse. Die Bora (italienisch, aus griechisch „boreas" (=Nordwind)) ist ein heftiger, kalter, trockener Fallwind an der Küste Dalmatiens, der vom kalten Hochland zum wärmeren Tiefland zieht. Der Begriff wird auch auf ähnliche dynamische kalte Fallwinde in Kontinentalgebieten übertragen. In der werblichen Ansprache zum Wagen werden diese Eigenschaften transferiert: „Zeigen Sie, was in Ihnen steckt. Wahres Temperament. Gründe liegen auf dem Weg. Der Bora."

Touran: ist der Van von VW. Mit dem Begriff bezeichnet man ein Tiefland in Sowjetisch-Mittelasien (Turkmenistan, Usbekistan und Kasachstan). Das Gelände ist rund 1,8 Mio km² groß und zu 4/5 Wüste mit subtropisch kontinentalem Klima, stellt also extreme Verhältnisse dar, die nicht leicht zu überwinden sind – es sei denn, man hat das richtige Auto dafür, daher „Für alle Fälle. Der neue Konpaktvan von Volkswagen." (so die Weisheit von VW). Der Name steht also nach dieser Interpretation für die Verwendung des Produkts. Touran erinnert auch – trotz der Veränderung im Ausklang – an „touren", dieser Ausdruck steht heute in der Alltagssprache für unterwegs sein. Eine dritte Interpretation versteht den Namen als Veränderung im Inlaut: Tour (v)an, dann resultiert die Namensgebung aus einem Van für die Tour.

Passat: ein Mittelklasse-Modell von Volkswagen. Der Begriff stammt aus dem Niederländischen und bezeichnet das über den tropischen Ozeanen vorherrschende Windsystem, das sich durch große Beständigkeit auszeichnet. Dazu VW: „Bester Fahrgenuss."

Sharan: der Multivan. Der Begriff steht für eine Stadt in Afghanistan (Zareh Sharan), ist aber auch als indischer Name gebräuchlich. Die Werbeslogans von VW erklären den Fahrzeugnutzens mit dem Namen aus der Ferne so: „Reisen neu erleben. Unterwegs sein ist schöner als ankommen."

Touareg: der Geländewagen von VW. Tuareg oder Tuoareg stammt aus dem Französischen. Bezeichnet wird damit ein Volk berberischer Abstammung in der westlichen

Zentralsahara und der Sahel Zone, von Touat bis Timbuktu, von Fessan bis Zinder zu finden. Wegen der Farbe ihrer Kleider und der zumeist nomadischen Lebensführung werden die Touareg als „blaue Ritter der Wüste" bezeichnet. Hervorstechendes Merkmal dieser Volksgruppe ist, dass die Männer, nicht aber die Frauen verschleiert sind. Der Touareg ermöglicht Abenteuer und Naturerleben außerhalb von Asphaltstraßen, also eine Reise über die Grenzen der Zivilisation hinaus. Wofür steht der Touareg in der Automobilwerbung? Die Antwort: „Kraft und Eleganz vereint."

Phaeton: das Oberklasse-Modell von Volkswagen, das unter dem geheimnisvollen Projektnamen „D1", gefertigt in der neuen gläsernen Manufaktur in Dresden, BMW und Mercedes in den Schatten stellen sollte, dies erklären auch die Slogans: „Der Phaeton. Luxus leben. Phaeton experience." oder „Sie besitzen nicht nur ein Automobil. Sie besitzen Priorität.". Ein für VW ungewöhnliches Auto trägt auch einen entsprechend ungewöhnlichen Namen. Phaetonisch bedeutet soviel wie kühn, verwegen. Das Wort „Phaeton" stammt aus dem Griechischen und heißt übersetzt „der Leuchtende". Dieser tauchte schon in der griechischen Mythologie als ein Sohn des Sonnengottes Helios auf. Sein Vater erlaubt ihm, den Sonnenwagen zu lenken. Das tut er nicht gerade geschickt: Phaeton verliert die Kontrolle und damit durchzieht diese Namensgeschichte eine Spur von Katastrophen. Phaeton reißt bei seiner Sonnenwagenfahrt eine Wunde in den Himmel, aus der dann die Milchstraße entsteht. Leider setzt der Sage nach Phaeton dabei auch die Erde in Brand. Und am Ende kommt es noch schlimmer. Phaeton wird durch einen Blitzstrahl des Zeus in den Fluss Eridanos (heute Po) geschleudert. Omen ist hoffentlich für Phaeton-Fahrer nicht Nomen! Aber die Geschichte von der Milchstraße hat auch ihr Gutes für die Menschen aus Wolfsburg mit der Liebe zum Automobil. Mit Stars und Sternchen lässt sich leicht ein Slogan machen: Bei der Berlinale 54, den Internationalen Filmfestspielen in Berlin im Jahre 2004 war der Milchstraßenschöpfer offizieller VIP-Shuttle und der entsprechende Slogan lautete: „Der Phaeton bewegt Stars."

Auffällig ist, dass der deutsche Volkswagen-Konzern mit den derzeit auf dem Markt befindlichen Modellen Namen präsentiert, die allesamt nicht der deutschen Sprache entstammen. Es handelt sich um lexikalische und onymische Übernahmen. Die Namen klingen nach Fremde. Es eröffnet sich eine geographische Weite, die (dank des Autos) überwunden werden kann. Der Geist von Natur, Abenteuer, Freiheit, Freude, Entdeckung, Kraft, Dynamik und Grenzüberschreitung schwingt hier mit. Bis auf die letzte Ausnahme, den Phaeton, stellen die Namen Bezeichnungen für geographische Einheiten, Winde, Tiere, Wüstenvölker sowie Sport und Spiele in der Natur, im Freien dar. Mit der durch Phaeton gegebenen Ausnahme dokumentiert sich auch das Besondere dieses VW-Modells: Erstmals wurde hier der Sprung in die Oberklasse gewagt. Luxus wird auch in einer anderen Klasse von Bezeichnungen des Gegenstands Auto dokumentiert, der sich von den eingeführten, gängigen Begriffen abhebt. Allen Namen ist eigen, dass der Mensch mit dem Bezeichneten aus dem Alltag ausbrechen kann, Weite und Möglichkeiten erkunden kann – so wie der bezeichnete Gegenstand, das Auto, den Menschen von seinem Standort über seine eigenen Möglichkeiten hinaus grenzenlos sich fortbewegen lässt.

Aufgabe 7:

Lösungsvorschläge zur Headline-Interpretation:

a) Diese Headline ist zweigliedrig: Produktnennung und kommentierender Imperativ. Es handelt sich um eine Verfremdung der bekannten Redewendung: Ich dachte, ich traue meinen Augen nicht! Dass gerade dies gefordert wird, macht die Überraschung und Wirkung aus.

b) Die Headline fokussiert den Produktnutzen, hier den Preis. Sie setzt in der Wirkung auf den Gegensatz groß-klein, der in zwei Hauptsätzen aufgebaut wird.

c) Die Headline ist zweigliedrig: Produktnennung und adjektivische Produktkommentierung. Sie arbeitet mit der Doppeldeutigkeit von „cool" im Sinne von kühlen und sozusagen „in" sein.

d) Hier handelt es sich um eine Verfremdung von „Aus der Traum!", die die neue Produkteigenschaft (Cabrio) überzeugend und auf eine kurze Formel gebracht kommuniziert. Implizit wird auch gesagt: Der Chrysler ist ein Traumauto!

e) Der Produktnutzen (Preis) wird in einer auffälligen sprachlichen Form präsentiert: eine Personifizierung, die sympathisch wirkt.

f) Produkte werden mit Schätzen gleichgesetzt, die man beim Strandspaziergang finden kann. Die Produkte stehen für Sommer an sich und Urlaubspause. Mögliche negative Assoziation: Strandgut ist nicht immer ein Schatz, in der Regel Abfall, Unrat. Den Sommer einpacken heißt auch mit dem Sommer Schluss machen.

g) Diese Headline stellt eine Rätselaufgabe dar, die den Produktnutzen unbestimmt in Form eines Gegensatzes anspricht. Sie könnte abschreckend wirken, denn wer setzt sich gerne mit Dingen auseinander, die Angst machen?

h) Die Headline verspricht Aufmerksamkeit durch ihre ungewöhnliche grammatikalische Form. Der Inhalt bleibt diffus und verwirrt. Vielleicht ist eine angenehme Reise gemeint.

i) Eine zweigliedrige Headline, die auf den Gegensatz außen-innen setzt. Durch diese klare Trennung wird der Produktnutzen Frische, unverfälschter Geschmack und Geruchsneutralität gut kommuniziert.

j) Der Produktnutzen, geringer Preis für das Telefonieren, wird hier indirekt angesprochen. Eigentlich heißt die Norm: Mach's kurz, denn Telefonieren kostet Geld. Damit handelt es sich um eine Verschiebung, die überrascht, präsentiert durch den gekonnten Verstoß gegen die Norm.

k) Der Inhalt bleibt unbestimmt, wird nur durch die Abgrenzung gegen das Gewöhnliche bestimmt, was bei Jaguar glaubwürdig ist. Formal handelt es sich um eine Anapher, zwei Folgesätze beginnen mit dem gleichen Wort und einen Parallelismus.

l) Eine eingliedrige Headline, die den Produktnutzen durch ein Wortspiel bzw. eine Doppeldeutigkeit von „sich gewaschen haben" kommuniziert. Die Wirkung dürfte kontraproduktiv sein. Der Satz ist unvollständig (= Ellipse).

m) Diese eingliedrige Schlagzeile fokussiert die Verwendungssituation. Anzunehmen ist, dass das Backen schnell geht mit den angebotenen Backutensilien. Außerdem auffällig: Verfremdung und Aufforderungscharakter.

n) Die Headline ist in Form von Frage und Antwort aufgebaut. Inhaltlich präsentiert sie ein Problem und seine Lösung durch das Produkt. Der Produktnutzen wird damit sehr klar kommuniziert, da der Produktname treffsicher ein anderes Wort der deutschen Sprache (total) ersetzt. Dies lässt die Wirkung des Produktes quasi als Superlativ erscheinen.

o)	Diese zweigliedrige Schlagzeile stellt eine paradoxe Handlungsaufforderung dar, die Überraschung garantiert, die sich im Sinne des Produkts bzw. seines Nutzens auflöst.
p)	Diese zweigliedrige Schlagzeile mit identischem Aufbau setzt formal und inhaltlich auf die Parallele, die durch den Produktnutzen gegeben ist. Nicht nur das Pflaster ist unsichtbar (Ästhetik), sondern auch der Schmerz ist sinnlich nicht mehr erfahrbar. Ellipse.

Aufgabe 8:

Die gesuchten linguistischen Mittel in den Slogans sind:

a)	Doppeldeutigkeit von Antrieb im Sinne von Motivation und Technik (Moto)
b)	Doppeldeutigkeit von break: Brechen des Riegels und Pause; Anapher, Parallelismus
c)	Steigerung, Alliteration, Ellipse
d)	Doppeldeutigkeit von stehen im engeren Sinne und darauf stehen im Sinne von gefallen, Personifikation, Ellipse im ersten Teil.
e)	Steigerung oder Akkumulation, Alliteration, Ellipse

Aufgabe 9:

Lösungsvorschläge für das Verständnis der Slogans:

Slogan-Interpretationen
a) Rhetorische Frage mit offenem Bezug, die eine große Interpretationsbreite zulässt und auf das Erlebnis einer inhaltlich diffusen, aber dennoch gemeinsamen Erfahrung schließen lässt. Das Produkt wird zum Eigenschaftswort (evtl. Imagetransfer zum Konsumenten).
b) Zweigliedrig, unvollständige Sätze; Verweis auf natürliche, genau angemessene Bedürfnisbefriedigung; daneben Fokussierung von Glaubwürdigkeit gestützt über die Breite der Produktrange. Bezug: Konsument und Produkt zugleich. Ellipse, Personifikation.
c) Zweigliedrig, unvollständige Sätze, auffallende Binnengroßschreibung, Konsument und Unternehmen werden angesprochen, Imagefokus durch Thematisierung von Professionalität, Qualitäts- und Individualitätsanspruch. Auffällig: Anglizismen. Ellipse.
d) Unvollständiger Satz; Komparativ, Unternehmensbezug, inhaltliche Thematisierung von Professionalität, Imagebildung durch Qualitätsgarantie. Außerdem Entscheidungsabsicherung für den Kunden.
e) Unvollständiger Satz. Geräte der Firma Miele sind hochpreisig, sie versprechen aber eine lange Lebensdauer. Im Unterschied zur häufigen künstlichen Verknappung (Nur für kurze Zeit) wird hier bewusst auf lange Zeit gesetzt. So hebt man sich von der Konkurrenz ab. Ellipse.
f) Vollständiger Satz mit ungewöhnlicher Wortstellung (Anastrophe); zugleich auch als Hyperbel zu verstehen (Übertreibung/Übersteigerung ins Ungewöhnliche). Setzt inhaltlich auf die Doppeldeutigkeit von bewegen als fortbewegen und emotional bewegen. Absolutheitsanspruch durch einen Vergleich, der zugleich Vergleichbarkeit leugnet. Offener Bezug, da Produktqualitäten nicht spezifiziert werden, Erlebnisqualität des Wagens wird undifferenziert angesprochen.

g) Formal vollständiger Satz. Setzt unspezifisch auf Fortschritt und damit Imagebildung, nicht unbedingt positiv konnotiert, offener Bezug, diffus in der Interpretation. Außerdem: Doppeldeutigkeit, Personifizierung.

h) Imperativ mit offenem Bezug. Nahe liegende Interpretation: Offen für Neues sein, den kleinen Wagen, die innovative, unkonventionelle Form, auch die Cabrio-Erweiterung der Reihe paßt dazu. Über diese Interpretation durchaus imagebildend und Imagetransfer für den Konsumenten andeutend.

i) Vollständiger Satz ohne spezifische Aussage. Inhaltlich Anspruch auf das einzig Wahre (auch wenn es hier nicht um Warsteiner geht). Absolutheitsanspruch an Genussbefriedigung und Zielgruppenbreite.

Aufgabe 10:

Namensbeispiele	Probleme? Kritik an der Namenswahl?
VARTA (Vertrieb, Aufladung und Reparatur transportabler Akkumulatoren), Degussa (Deutsche Gold- und Silberscheideanstalt)	Abkürzung wird nicht verstanden bzw. vom Konsumenten nicht aufgelöst.
Aurora (römische Göttin der Morgenröte), Mondamin (indianischer Gott, „Freund des Menschen")	Überfrachtung des Namens mit Geschichten, die nicht bekannt sind.
Kaloderma (griechisch: schöne Haut), Eucerin (lateinisch: das schöne Wachs)	Verständnisprobleme aufgrund fehlender Fremdsprachenkenntnisse.
Dr. Socke, Kapitän, Admiral, Konsul	Übertreibung in der Verwendung zu positiver, überhöhter Attribute.

Aufgabe 11:

In allen Fällen hat der Texter das Stilelement Verschiebung eingesetzt.

Aufgabe 12:

Mitsubishi: Bezug auf das Wappen der Firma, den dreiteiligen Diamanten; Mitsu = drei, Hishi = Wasserkastanie (entspricht der Form des Diamanten); da Japaner das „h" in der Mitte des Wortes oft wie „b" aussprechen, wurde der Inlaut in „b" verändert (zusammengesetzte Konzeptform).

Nintendo: Nin-ten = japanisch für „arbeite hart und überlasse den Rest dem Schicksal", do heißt Laden (zusammengesetzte Konzeptform).

Novartis: Hintergrund war die Fusion der Pharmakonzerne von Ciba-Geigy und Sandoz 1996, novae artis (lateinisch = neue Künste) wurde zu Novartis (zusammengesetze Konzeptform).

Smart: aus den Kooperationspartnern Swatch, Mercedes und dem Wort art (englisch) für Kunst) (deformierte Konzeptform).

Sony: aus sonus (lateinisch = Klang) und sonny (kleiner Sohn); damit wollten die Japaner ihre Energie und Jugend betonen (deformiert oder modulares Kunstwort).

Sun: nach der ersten Software des Unternehmens „Stanford University Network" (modulares Kunstwort).

Yahoo: Abkürzung von „Yet Another Hierarchical Officious Oracle" (noch ein aufdringliches, hierarchisches Orakel) (modulares Kunstwort); weitere Bedeutung: in Jonathan Swifts „Gullivers Reisen" kommen Yahoos vor, grobe, freche Fabelwesen, die den Unternehmensgründern sehr gut gefielen (onymische Übernahme).

Verwendete Quellen für die Namensrecherche:

Der Brockhaus Multimedial Premium (2010). CD-Rom.
Dtv-Brockhaus (1984). Lexikon in 20 Bänden, München: Deutscher Taschenbuch Verlag.
Encyclopedia Britannica (2007). Deluxe edition CD-ROM.
Langenscheidts Taschenwörterbuch der englischen und deutschen Sprache (2009). Berlin: Langenscheidt.
Langenscheidts Taschenwörterbuch der französischen und deutschen Sprache (2009). Berlin: Langenscheidt.
Langenscheidts Taschenwörterbuch der lateinischen und deutschen Sprache (2009). Berlin: Langenscheidt.
Microsoft Encarta Professional (2005). CD-Rom.
Schwab, Gustav (2006). Die schönsten Sagen des klassischen Altertums. Ditzingen: Reclam.
http://www.net-lexikon.de
http://www.spiegel.de/wirtschaft/0,1518,317253,00.html (Spiegel Online Markenwelt)
http://www.volkswagen.de

10.6 Lösungshinweise zu Kapitel 7: Stilistische Textgestaltung

Aufgabe 1:

Alle drei Beispielsätze sind der Süddeutschen Zeitung entnommen und von Ernst Alexander Rauter, einem österreichischen Autor und Sprachkritiker wie folgt kommentiert und verändert worden (message I/2004, 49): Die Texte sind unverständlich bzw. erst mit dem letzten Wort recht spät verständlich und müssen „entmischt" werden, d. h.

a) Die Stadt München und der Landesverband des Börsenvereins des Deutschen Buchhandels verleihen den Geschwister-Scholl-Preis. Die Vorsitzende des Landesverbandes, Rosemarie von dem Knesebeck, fühlt sich alarmiert durch ‚Tätervolk'.

b) Solche Wörter können zu Geschossen werden, Bücher wie Mark Rosemans Geschichte der Jüdin Strauss helfen uns, sich ihnen zu widersetzen. Wir brauchen solche Darstellungen, sie fordern und fördern unseren intellektuellen Mut in Zeiten eines Martin Hohman. (Titel und Verlag sollten separat stehen.)

c) Die Spitzen des russischen Gaskonzerns Gasprom, der deutschen Ruhrgas und der BASF-Tochter Wintershall wollen an diesem Donnerstag einen Vorvertrag unterzeichnen für eine Pipeline von Russland nach Westeuropa. (Voraussichtlich ist das Vorhaben sowieso, wenn die Spitzen unterzeichnen wollen.)

Aufgabe 2:

Die sprachlichen Besonderheiten sind:

a) Intertextuelle Referenz zum Ariel-Slogan „Nicht nur sauber, sondern rein!"; außerdem liegt eine Correctio vor und eine Ellipse.

b) Intertextuelle Referenz zum Lufthansa-Angebot mit dem Namen „miles & more"; außerdem liegt eine Ellipse vor.

c) Intertextuelle Referenz zum bekannten Slogan vom Wienerwald „Heute bleibt die Küche kalt, wir gehen in den Wiener Wald." Außerdem liegen Ellipsen in den ersten beiden Sätzen vor.

Aufgabe 3:

Funktionen intertextueller Referenzen (vgl. Janich 2008a, 177f.)		
Beispiel aus der Werbung	Referenztext	Funktionen
„Manche mögens's heiß." (Tabak Schwarzer Krauser)	Filmtitel „Some like ist hot." bzw. "Manche mögen's heiß." (Billy Wilder)	Aufmerksamkeitserregung, Nachahmung, argumentative Verstärkung
„Manche mögen's sicher" (VW Polo)	Filmtitel „Some like ist hot." bzw. "Manche mögen's heiß." (Billy Wilder)	Aufmerksamkeitserregung, Zusammenfassung, Widerspruch
„Entdeck' die Leichtigkeit des Seins." (Perfomance Drink Fit for Fun)	Buchtitel „Die unerträgliche Leichtigkeit des Seins" (Milan Kundera)	Aufmerksamkeitserregung, Nachahmung
„Manche mögen's sicher" (VW Polo) (Anzeige mit Crashtest-Dummy in klassischer Monroe-Pose mit fliegendem weißen Kleid)	Filmtitel „Some like is hot." bzw. "Manche mögen's heiß." (Billy Wilder) mit Monroe	Aufmerksamkeitserregung, Nachahmung, Widerspruch
„Lucky Strikes. Sonst nichts." (Lucky Strike)	Slogan „Campari. Was sonst?" (Campari)	Aufmerksamkeitserregung, Nachahmung, Persiflierung

Aufgabe 4:

Der nach Auffassung des Autors niedere Stil der Woyzeck-Inszenierung wird hier sprachlich nachgeahmt, dafür werden für Schauspielkritiken recht derbe und ungewöhnliche, auf jeden Fall abwertende Begriffe eingesetzt (hängebauchschweinisch, Kotz-Deppen, Hystero-Schmuddel-Ensemble). Eine ganze Reihe von rhetorischen Stilmitteln sind in dem Text zu entdecken:

Der Satzbau ist stakkatohaft, die meisten Sätze sind elliptisch. Figuren und Tropen: Paronomasie (Rauchbein); Parallelisierungen und Oppositionen (real – ireal; es geht um alles – es geht um nichts; steht auf und geht – bleibt sitzen; will Geld zurück – will Büchner zurück); Alliteration (Rauh- und Rauchbein, Regie-Rübe), Metonymie (meinen Büchner), Chiasmus (Meuchelt Käthe mit einem Schlag, mit Würgegriff Andreas). Regie-Rübe ist auch zugleich eine Metapher. (Mehr zur Interpretation des Stils findet sich bei Götter & Jungen 2004, 274-275).

Aufgabe 5

Die Varietätentypen lauten (nach Janich 2005, S. 158 ff.):

Werbsprachliche Äußerung	Verwender	Varietätentyp
Clearasil Daycream und Nightgel: Der Doppelhammer, zusammen noch schneller gegen Pickel.	Clearasil	Jugendsprache
Häsch Dini Ovo hüt scho ghaa?	Ovomaltine	Dialekt
HalloLuja, lasset uns telefonieren	VIAG Interkom	Religiöse Sprache
Ob in de Stubb, ob uff de Gass, in Frankford mecht des Esse Spass.	McDonalds	Dialekt
Geil! Noch 'ne Camel inner Jacke!	Camel	Jugendsprache
United, sag' i, united! München – Washington nonstop.	United Airlines	Dialekt

Probleme oder Kritik an der Verwendung sind z.B. religiöse Verunglimpfung, Unverständlichkeit und fehlende Zielgruppenkompatibilität. Dem stehen die angestrebten Effekte des Einsatzes wie Aufmerksamkeitsgewinnung, Identifikation oder Herstellerfokussierung gegenüber. Mehr zu den Varitätentypen der deutschen Sprache findet sich bei Anderlik & Kaiser (2009, zu Dialekten 275 ff., zur Jugendsprache 301 ff.).

Aufgabe 6:

Das Redigieren sollte zu folgenden Ergebnissen führen:

Beispielsatz	Verändert werden sollte ...
Sie war mit der Leitung des Konzerns beschäftigt.	Substantivierung
Das Konfliktpotential wurde eruiert.	Passiv, Fremdwort
Die Etablierung eines computergestützten, technisch innovativen EDV-Systems für eine bedarfskompatible Transmission und Verarbeitung der System-Daten eines produktbezogenen, erforderlichen Informationstransfers wurde vorgegeben.	Nominalstil, Satzlänge, Passiv, Fremdworte, Redundanz

Bei der Heox-Gruppe, die so neue Kunden in der ganzen Welt gewinnen will, wurde eine neue Marketingpolitik ins Leben gerufen.	Schachtelsatz und Passiv
Der Productlaunch war irgendwie zu früh, obwohl er eigentlich zu spät geplant wurde.	Sprachimport, unpräzise, Füllworte

Aufgabe 7:

Stilmittel und Unterschied:

Wir brauchen Bücher, die auf uns wirken wie ein Unglück (Analogie), das uns sehr schmerzt, wie der Tod eines, den wir lieber hatten als uns (Analogie), wie wenn wir in die Wälder verstoßen würden (Analogie), von allen Menschen weg, ein Buch muss die Axt sein (Metapher) für das gefrorene Meer in uns (Metapher)." (Franz Kafka).

Lob ist wie eine Feder (Analogie). Von Zeit zu Zeit ein Lob und Menschen bekommen Flügel.

Der Unterschied liegt im Gebrauch des Wortes „wie".

Aufgabe 8:

Die rhetorischen Figuren (und Tropen) lauten:

Beispiel aus der Werbung	Rhetorische Figur
VORWEG GEHEN. (RWE)	Großschreibung, Textintarsie, Ellipse
Windeln voll und Konto leer? (Ready & Go Credit)	Synekdoche, rhetorische Frage, Ellipse, Antithese
Braucht so wenig Strom wie ein Kaktus Wasser. (Grundig Fernseher)	Analogie, Ellipse
Gut. Günstig. Gesund. (AOK Sachsen)	Alliteration, Ellipse, Klimax
Voll Farbe. Voll Spannung. Voll Leistung. (Auto Bild Motorsport)	Anapher, Ellipse, Parallelismus, Klimax
Ford Mondeo. Dass er sicher ist, wussten Sie ja schon. (Ford)	Ellipse, Anastrophe, Apostrophe
Einfach schön. Schön einfach. (Nokia)	Ellipse, Chiasmus
Sei frech. Sei schnauze. Sei Berlin.	Anapher, Ellipse, Akkumulation, Imperativ, Verfremdung
Lightenschaft (Magnum Light Langnese)	Neologismus, Paronomasie, Ellipse
Weiß – nicht unschuldig. (Axe Air)	Correctio, Ellipse
Behindert ist man nicht, behindert wird man. (Aktion Sorgenkind)	Diaphora, Anapher, Parallelismus

Ich trink Ouzo. Was machst Du so? (Gemeinschaftswerbung Ouzo-Hersteller)	Endreim, rhetorische Frage
Iiyappadappadu (Iiyama)	Onomatopoesie, Ellipse, Ausruf
Hear it. See it. Feel it. (Spire)	Epipher, Parallelismus, Akkumulation
Das einzig Wahre. Warsteiner. (Warsteiner)	Hyberbel, Ellipse, Alliteration
Alles andere als gewöhnlich. (Honda Civic)	Alliteration, Ellipse, Litotes
Die Gentlemen unter den Zigaretten (Astor)	Personifikation, Ellipse, Hyperbel
Doofe Idee: Das Mebel. Messer plus Gabel in Einem. – Gute Idee: Der Plusbrief. Umschlag plus Marke in Einem. (Post)	Neologismus, Ellipse, Parallelismus, Antithese, Epipher
Vertrauen ist der Anfang von allem. (Deutsche Bank)	Inversion, Anastrophe, Apostrophe
... putzt so sauber, dass man sich drin spiegeln kann (Meister Proper)	Analogie, Ellipse, Hyperbel, Periphrase
Citroen – Intelligenz auf Rädern (Citroen)	Metonymie, Ellipse, Entkonkretisierung
Seien Sie bescheiden. Verzichten Sie auf Understatement (Chrysler)	Imperativ, Oxymoron
Ein Teufel in der Wüste. Ein Engel auf Asphalt. (Mitsubishi)	Anapher, Antithese, Parallelismus, Ellipse
Das Bier mit dem runden Geschmack. (Dortmunder Union)	Synästhesie, Ellipse

10.7 Lösungshinweise zu Kapitel 8: Strukturelle Textgestalttung

Aufgabe 1:

Die Zuordnung von Beispielen zu Argumentationsstrategien sieht wie folgt aus:

Inhaltliche Strategien der Argumentation in der Werbung	
1. Produktbezogene Argumente	
Verweis auf die Herkunft des Produktes	Frau Antje bringt Käse aus Holland. (Niederländisches Büro für Molkereierzeugnisse) Der große Klare aus dem Norden. (Bommerlunder) Wie das Land so das Jever. Frisch herb. (Jever)
Nennung von Produkteigenschaften	Bringen Sie Ihrem Stromzähler das Schleichen bei. (Bosch Waschvollautomat) So wertvoll wie ein kleines Steak. (Gervais-Fruchtzwerge) Der schmeckt ja wie frisch gepresst. (Valensina) Mars macht mobil bei Arbeit, Sport und Spiel. (Mars)

Beschreibung der Wirkungsweise des Produktes	Gewebefestigend und hautstraffend wirkt das transparente Gel Raffermissant. (Chanel) Mit einem Wisch ist alles weg. (Zewa). Ist der neu? Nein, mit Perwoll gewaschen. (Perwoll). Wäscht so weiß, weißer geht's nicht. (Dash)
Beschreibung der besonderen Verwendungssituation	Wenn einem so viel Schönes wird beschert, das ist schon einen Asbach uralt wert. Im Asbach Uralt ist der Geist des Weines. (Asbach) Die 5-Minuten-Terrine von Maggi, ne tolle Idee. (Maggi)
Vergleichende Werbung	Pack den Tiger in den Tank (Esso). Antwort: Vielleicht sind wir so günstig, weil wir kein Geld in die Tierhaltung stecken. (Jet)
2. Senderbezogene Argumente	
Verweis auf Tradition	Werther's Echte. (Werther's) Jack Daniels, persönlich seit 1866: Schon nach dem ersten Schluck werden Sie verstehen, warum das auch so bleiben wird. (Jack Daniels)
Verweis auf Kompetenz	Neckermann macht's möglich. (Neckermann) Hauptfach: Denken. (Die Bundeswehr) Die tun was. (Ford)
3. Empfängerbezogene Argumente	
Appell an überindividuelle Werte	Ein Stück heile Welt. (Tesa) Hallo Partner – danke schön. (Deutscher Verkehrssicherheitsrat) Ihr guter Stern auf allen Straßen. (Mercedes Benz)
Emotionale Aufwertung	Weil ich es mir wert bin. (L'Oreal) Mit Butter ist alles in Butter. (Gemeinschaftswerbung Butter) In Bahlsen steckt viel Liebe drin. (Bahlsen) Haribo macht Kinder froh. (Haribo) Mit freundlichem Diebels. (Diebels) Heute ein König. (König Pilsner) Das kann nur das Verwöhnaroma von Jacobs. Wunderbar. (Jacobs Krönung).

Aufgabe 2:

Fünfsätze sind gedankliche Baupläne, mit denen man in fünf Gedankenschritten kurz, logisch, gegliedert, einprägsam und zielgerichtet argumentieren kann. Ein Beispiel ist die Standpunktformel. Die Struktur der Argumentation besteht aus den folgenden fünf Schritten:

1. Nennung des Standpunktes
2. Standpunkt-konforme Argumentation
3. Aufzeigen eines Beispieles zur Veranschaulichung
4. Erläuterung der Konsequenz
5. Fazit oder Appell

Aufgabe 3:

Die Schlussfolgerungen, die hier nahe gelegt werden, lauten:

a) Weil Natürlichkeit gut ist, ist Frauengold auch gut. Also ist es eine gute Entscheidung, Frauengold zu wählen.
b) Weil ich mir prinzipiell etwas verdient habe, kann ich mir Urlaub mit TUI gönnen.
c) Es ist wichtig, dass mein Körper genug Abwehrkräfte hat. Da Actimel Abwehrkräfte aktivieren kann, ist Actimel das richtige Produkt zum Erhalt meiner Gesundheit.
d) Für die Gesundheit des Kindes sind gesunde Schuhe wichtig. Deshalb greife ich beim Schuhkauf für mein Kind zu Ada-Ada Periform.

Die Argumentation folgt vom Allgemeinen zum besonderen Fall bzw. Produkt. Es handelt sich also um deduktive Schlüsse, die in der Werbesprache auch Enthymenargumentation genannt werden.

Aufgabe 4:

Eine ABC-Analyse ist ein Verfahren zur Ordnung von Argumenten im Hinblick auf ihre Relevanz. Pro- und Kontra-Argumente werden gesammelt und jeweils nach ihrer Wichtigkeit in die Kategorien A, B und C eingeordnet. A beinhaltet die wichtigsten Argumente, C die unwichtigsten.

Aufgabe 5:

Der Text folgt dem Aufbau der Standpunktformel: Nennung des Standpunktes = Headline; standpunktkonforme Argumentation mit detaillierter Erörterung = Copy; Fazit = Claim.

Aufgabe 6:

Der argumentative Aufbau folgt dem hier abgebildeten Schema:

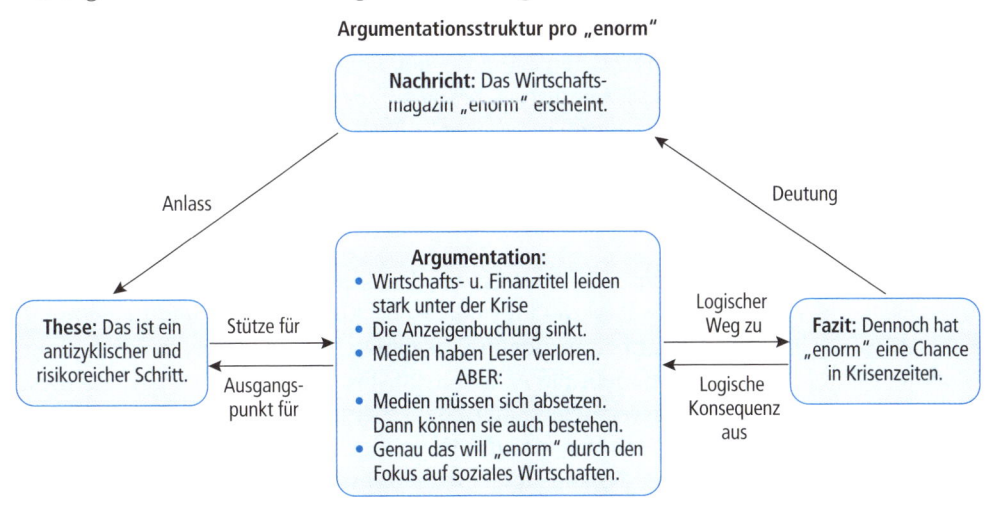

Argumentationsstruktur pro „enorm"

- **Nachricht:** Das Wirtschaftsmagazin „enorm" erscheint.
- Anlass → **These:** Das ist ein antizyklischer und risikoreicher Schritt.
- Stütze für / Ausgangspunkt für → **Argumentation:**
  - Wirtschafts- u. Finanztitel leiden stark unter der Krise
  - Die Anzeigenbuchung sinkt.
  - Medien haben Leser verloren.
  - ABER:
  - Medien müssen sich absetzen. Dann können sie auch bestehen.
  - Genau das will „enorm" durch den Fokus auf soziales Wirtschaften.
- Logischer Weg zu / Logische Konsequenz aus → **Fazit:** Dennoch hat „enorm" eine Chance in Krisenzeiten.
- Deutung ↑

10.8 Lösungshinweise zu Kapitel 9: Ethische Aspekte der Textgestaltung

Aufgabe 1:

Deutscher Rat für Public Relations, die ethische Selbstkontrollinstanz der PR in Deutschland, getragen von der GPRA, der DPRG, de BdP und der Degepol.

Aufgabe 2:

Presserat, bestehend seit 1956.

Aufgabe 3:

Wegen deutlicher Überschreitung der Grenzen anständigen Geschäftsgebarens wurde das Unternehmen durch den deutschen Werberat öffentlich gerügt.

Aufgabe 4:

Der relevante Artikel im Pressekodex findet sich unter Ziffer 9, wonach es journalistischem Anstand widerspricht, unbegründet Behauptungen und Beschuldigungen ehrverletzender Art zu veröffentlichen. Allerdings hat der Presserat trotz Klage eines Fans der Popgruppe keine Verletzung der Menschenwürde in dieser Hinsicht ausmachen können. Er bewertete die Formulierung als zulässige satirische Meinungsäußerung und als Synonym für den Gesamtkomplex Person, Popmusik und Szene (vgl. Schilling, Horst (2004). Ehrverletzende Berichterstattung. message I/2004, 88).

Aufgabe 5:

Nein, sagte der deutsche Presserat, er reagierte mit einer Missbilligung aufgrund der Beschwerde einer Leserin. Die kommentarlose Aufzählung von Unterdrückungen bis zu Folterungen von Mädchen und Frauen zur ironischen Diskussion kleiner „Beziehungsproblemchen" diskriminiere und verletze die Menschenwürde, da die teils entsetzlichen Lebensumstände in anderen Ländern mit lapalienhaften Klischees über das vermeintliche Verhältnis von Männern und Frauen hierzulande in einen unangemessenen Zusammenhang gestellt würden (vgl. Schilling, Horst (2004). Ehrverletzende Berichterstattung. message I/2004, 88).

Aufgabe 6:

Gerade für die Erarbeitung eines Portrait ist die Wahrung der Menschenwürde eine zentrale Überlegung. Ein Portrait ist die journalistische Aufbereitung einer Begegnung, dies darf weder in Huldigung, noch in Demontage enden. Wir sehen als Autoren einen Menschen durch unsere Emotionen, die er in uns auslöst und müssen, egal wie diese Gefühle auch beschaffen sind, versuchen, dem Menschen und seiner Würde gerecht zu werden. Dies ist immer eine Gratwanderung, die nur gelingen kann, wenn man sich intensiv mit den Grenzen und Risiken des Portraits auseinandersetzt, denn: Portraits blenden gesellschaftliche Realitäten gerne aus, sie heizen Emotionen an, sie simplifizieren und verführen zur Wertung, sie trivialisieren schwierige Sachverhalte, sie pauschalisieren leicht und bedienen gerne Klischees und schließlich instrumentalisieren sie immer Menschen für journalistische Zwecke. Als anspruchsvolle Textsorte setzen sie anspruchsvolle ethische Reflexionen voraus (vgl. Egli von Matt, Sylvia, von Peschke, Hans-Peter & Riniker, Paul (2008). Das Portrait. München: UVK-Mediengesellschaft).

Aufgabe 7:

Die Aufregung war in der Tat berechtigt, denn es liegt ein krasser Verstoß gegen den Trennungsgrundsatz vor.

Aufgabe 8:

Sie dürfen nicht auf diesem Wege distribuiert werden. Denn hier liegt Manipulation und Absenderdiffusion vor. Dazu Kunczik, Heintzel & Zipfel (1995, 2): „Hinzu kam, dass die Glaubwürdigkeit der DSD durch eine Musterbrief-Aktion erheblich geschädigt wurde. Man hatte Geschäftspartnern neben Informationsmaterialien sieben Musterbriefe mit der Bitte zugeschickt, einen dieser Briefe auf neutralem Papier an die örtliche Presse zu senden. Derartige Musterleserbriefaktionen untergraben, wenn sie aufgedeckt werden, die Glaubwürdigkeit (…) nicht unerheblich." (Quelle: Kunczik, Michael, Heintzel, Alexander & Zipfel, Astrid (1995): Krisen-PR. Unternehmensstrategien im umweltsensiblen Bereich. Köln: Böhlau Verlag.)

Aufgabe 9:

Gegen diesen Text ist kein Einspruch beim Deutschen Werberat eingegangen. Er setzt nur auf die Vorstellungskraft und bildet keinen direkten bildlichen oder textlichen Vergleich, der einen Menschen oder eine Gruppe von Menschen klar diskriminieren könnte. Schön ist der Text selbstverständlich nicht. Und das mit Absicht. Für manch einen ist er sogar ein sehr guter Text, der Bilder im Kopf auslöst und aufmerksam macht. Werbewelt ist nicht immer eine schöne Welt (vgl. Reims, Armin (2003). Die Mörderfackel. Lehrbuch der Texterschmiede Hamburg. Mainz: Verlag Hermann Schmidt, 189).

Aufgabe 10:

Der Presserat kam zu dem Schluss, dass hier Schleichwerbung vorliegt und sprach eine Rüge aus. Richtlinie des Presserates 7.2 fordert nämlich: „Redaktionelle Veröffentlichungen, die auf Unternehmen, ihre Erzeugnisse, Leistungen oder Veranstaltungen hinweisen, dürfen nicht die Grenze zur Schleichwerbung überschreiten. Eine Überschreitung liegt insbesondere nahe, wenn die Veröffentlichung über ein begründetes öffentliches Interesse oder das Informationsinteresse der Leser hinausgeht oder von dritter Seite bezahlt bzw. durch geldwerte Vorteile belohnt wird. Die Glaubwürdigkeit der Presse als Informationsquelle gebietet besondere Sorgfalt beim Umgang mit PR-Material." (Quelle: Presserat (2009). Erstklassische Schleichwerbung. Presserat rügt Zeitung für Luxusflug-Reportage. Pressemitteilung vom 3.12.2009)

11 Glossar

ABC-Analyse
Verfahren zur Ordnung von Argumenten nach ihrer Wichtigkeit. → Argumentation

Analogie
expliziter, bildhafter → Vergleich mit der → Metapher eng verwandt. Im Unterschied zu Metaphern arbeiten Analogien aber immer mit Signalwörtern, z.B. mit dem Wörtchen „wie".

Argumentation
bedeutet soviel wie Begründung, Beweisführung oder Folgerung.

Bericht
→ informierende Textform, für die das Prinzip der Neutralität gilt, weder Meinung noch Wertung sind erlaubt. Auch gelten die für die → Nachricht genannten Voraussetzungen, das Thema eines Berichtes sollte neu, wichtig und/oder interessant sein. Ein Bericht muss nicht unbedingt aktuelle Geschehnisse abbilden, er kann sie auch nur als Aufhänger nutzen. Von der Nachricht unterscheidet er sich durch Länge, Detailfülle und stilistische Freiheit. Der Bericht informiert umfassend, zeigt Hintergründe und Zusammenhänge auf.

Blogs
(oder Weblogs, aus Web und Log(book)) sind eine Weiterentwicklung des Tagebuchs unter einer Weboberfläche. Hauptkennzeichen ist die chronologische Anordnung. In Blogs werden Texteinträge, Bilder oder Videos chronologisch veröffentlicht und können kommentiert oder verlinkt werden. → Links → Internet → Web 2.0 → Twitter

Bowen Craggs & Co.-Index
ist jährliche Bewertung von Unternehmenswebsites global agierender Unternehmen. Das US-Beratungsunternehmen Bowen Craggs & Co. ermittelt auf Grundlage verschiedener Kriterien wie Seitenaufbau und Nützlichkeit für diverse Zielgruppen die aus ihrer Sicht besten Websites. Betrachtet werden die nach Börsenwert jeweils 25 größten Unternehmen aus den USA, Europa und dem Rest der Welt. Auftraggeber ist die Financial Times.

Claim
viele → Copies enden mit einem Abbinder, dem Claim. Dieses Textelement soll den Inhalt der Copy noch einmal zusammenfassen bzw. ein Fazit ziehen. Anders als der → Slogan hat der Claim keinen Wiederholungscharakter bzw. wird in der Regel

nicht kampagnenübergreifend eingesetzt. Seine Funktion ist die eines Sinn- oder Merkspruches.

Copy

Haupttext, Fließtext einer → Werbeanzeige. Viele Anzeigen verzichten auf eine ausführliche Copy (synonym auch Textbody oder Body Copy). Die Copy soll den in der → Headline thematisierten inhaltlichen Fokus aufgreifen und in einer stilistisch und semantisch kohärenten Form ausführen.

Copy-Strategie

Grundlage für die Gestaltung der Werbebotschaft, Basis sind Werbeziele, Zielgruppen und Positionierung. Sie stellt eine verbindliche Argumentations- und Gestaltungsstrategie für die konkrete kreative Ausgestaltung eines Werbemittels dar. Zudem legt sie Inhalt und Ausdrucksform fest: Sie definiert den Consumer Benefit (Verbrauchernutzen bzw. Werbeversprechen) und den „Reason Why", d.h. die Begründung des Verbrauchernutzens. Auch die Tonalität der Werbebotschaft wird durch die Copy-Strategie festgelegt.

Darstellungsformen oder (-formate)

im Journalismus etablierte Standards mit spezifischen Merkmalen der Textgestaltung, einer charakteristischen Art, in der ein zur Veröffentlichung in den Massenmedien bestimmter Stoff gestaltet wird z.B. → informierend (wie die → Nachricht), → unterhaltend (wie das → Portrait) oder → meinungsbildend (wie der → Kommentar). Statt Darstellungsform findet man in der Fachliteratur auch die alternativen Bezeichnungen Genre, Gattung, → Textsorte oder auch Medienschemata mit gleicher oder ähnlicher Bedeutung.

Deduktion

argumentativer Schluss vom Allgemeinen auf das Besondere. → Induktion

Deutscher Presserat

Selbstkontrollinstanz der Journalisten in Deutschland, der die Einhaltung des → Pressekodex sicherstellen soll.

Deutscher Rat für Public Relations

Selbstkontrollinstanz der PR-Leute in Deutschland, der die Einhaltung der Ethikkodices sicherstellen soll.

Deutscher Werberat

Selbstkontrollinstanz der Werbeschaffenden, der die Einhaltung der Ethikkodices sicherstellen soll.

Ethik

leitet sich vom griechischen Ethos (Sitte, Brauch) ab und bezeichnet die philosophische Wissenschaft vom Sittlichen und die kritische Untersuchung seiner Ausprägungen und Effekte im menschlichen Handeln. → Moral

Fake

Fälschung, „Zeitungsente", unwahre, erfundene Geschichte in den Medien.

Feature

der → Reportage ähnliche → unterhaltende Darstellungsform. Während die Funktion der Reportage das Teilnehmen lassen ist, will das Feature Anschaulichmachen, es individualisiert nicht, sondern typisiert. Ein Feature soll helfen, komplexe und abstrakte Themen in einer anschaulichen und modellhaften Form verständlich zu machen.

Fünfsatz

gedanklicher Bauplan, der es möglich macht, in fünf Schritten kurz, logisch, gegliedert, einprägsam und zielgerichtet zu argumentieren. Er kann sowohl für die Strukturierung eines kurzen Statements wie eines längeren Meinungstextes eingesetzt werden. → Argumentation

Glosse (Spitze)

tagesaktuell auf wichtige Ereignisse reagierende Kurzform von Satire mit immer kritischem Inhalt. Die Glosse kann sich aller möglichen Themen annehmen. Mit dem → Kommentar verbindet sie die Methodik: Sie nimmt Bezug auf einen nachrichtlichen Kern, interpretiert den Sachverhalt durch eine subjektive Stellungnahme, ein Urteil und eine Wertung. Als knapp gehaltener Kommentar (max. 50 Zeilen) ist die Glosse eine spielerische, meist spöttische, bissige, ironische oder polemische Variante des ernsten, nüchternen und auf rationale Argumentation ausgelegten Kommentars.

Headline

textlicher Aufhänger einer Werbeanzeige, der neben dem Bild das zentrale Element der Anzeige darstellt. Ihre Funktion ist Aufmerksamkeit und Leseinteresse zu wecken. Für die sprachliche Gestaltung von Headlines gilt Kürze und Prägnanz. Sie sollten anregend und spannend sein, dürfen witzig sein, allerdings müssen sie schnell auf den Kern der Werbebotschaft lenken.

Hypertext

bezeichnet eine nicht-lineare Organisation von Objekten wie z.B. einzelnen Textmodulen, deren netzartige Struktur durch logische Verbindungen (Verweise, Links) zwischen den einzelnen Wissenseinheiten (auch Knoten genannt, z.B. Texten oder Textteilen) hergestellt wird. Diese Strukturierungsform nennt man auch Verweis-Knoten-Konzept.

Induktion

argumentativer Schluss vom Besonderen auf das Allgemeine. → Deduktion

Informierende Texte

streben als journalistische Vermittlungsaufgabe die möglichst objektive Wiedergabe von für den Leser relevanten Informationen an. Typische Merkmale sind Informationsdichte, Ausdrucksökonomie und analytische Schärfe. Vertreter dieser Textsortenkategorie sind → Nachricht und → Bericht. → Darstellungsformen

Internet

(von Interconnected Networks) ist ein globales Computernetzwerk, realisiert durch die Kopplung unabhängiger Computer über ein Datenverbindungssystem. Mittels technischer Standards (Protokolle) kann dabei grundsätzlich jeder mit jedem unabhängig vom individuell genutzten System (Hardware, Betriebssystem, Zugang) kommunizieren und Daten austauschen.

Internetdienste

ermöglichen den Informationsaustausch im → Internet. Verschiedene Dienste unterscheiden sich in Technik-, Nutzungs- und Inhaltsstruktur. Bekannte Beispiele sind das → World Wide Web, Newsgroups, E-Mail (für den Austausch elektronischer Post, auch mit Anlagen aller Formate) sowie Chat für textbasierte Kommunikation in Echtzeit.

Intertextualität (Textreferenz)

Bezug, den ein Text auf einen anderen hat. Er kann explizit sein, indem zitiert wird, es kann aber auch nur eine partielle oder karikierende Nachahmung stattfinden. Texte werden dann nur syntaktisch nachgeahmt oder nur einzelne lexikalische Elemente des Ursprungstextes finden sich wieder. Solche Textreferenzen sind im Journalismus und in der Werbung beliebt, man nutzt Sprichworte, populäre Buch- oder Filmtitel und berühmte Zitate aus Politik, Literatur oder Geschichte, um das zu bewerbende Produkt ansprechend zu inszenieren.

Interview

→ unterhaltende journalistische Darstellungsform, die ein Gespräch zwischen einem Journalisten und einer bedeutsamen Person wiedergibt. Es wird unterschieden in tatsachenbezogene und personenbezogene Interviews: Bei erstem wird eine geeignete Person zu einem Thema befragt, bei zweitem ist die befragte Person selbst das Thema.

Journalismus

Fremddarstellung und Funktion des Allgemeininteresses. (in Abgrenzung zur → Öffentlichkeitsarbeit)

Kolumne

Meinungstext, immer am gleichen Ort in einem Medium platziert, stellt unverändert die subjektive Meinung eines bedeutenden Publizisten dar. Der Stil ist oft polemisch. Thematisch kann sich die Kolumne zwar auf aktuelle Themen konzentrieren, das muss sie aber nicht. Klatsch, Zeitgeistthemen, Fragen, Gedanken oder eine persönliche Erfahrung alles kann zum Gegenstand der Betrachtung werden. Im Unterschied zum → Leitartikel und zum → Kommentar ist die Kolumne nicht so stark zielgerichtet und nicht so ernsthaft. Nicht strenge Argumentation zur Kommentierung und Bewertung ist ihr Ziel, sondern die subjektive Deutung, spöttische Betrachtung oder einfach die reine Plauderei.

Kommentar

Synonym für alle meinungsbetonten journalistischen Texte. Als spezifische Textsorte hat er die Aufgabe, aktuelle Ereignisse zu interpretieren und zu bewerten. Im Unterschied zum → Leitartikel ist er eine nicht ganz so subjektive, eher sachbezogene Meinungsstilform. Der Kommentar will durch kluge und strategisch angeordnete Argumente überzeugen, die Diskussion über ein Thema eröffnen, eine neue Wendung aufzeigen oder komplexe Zusammenhänge verdeutlichen. Er will die Frage nach dem „Warum?" klären.

Kommunikation

stammt aus dem Lateinischen: „Communis" bedeutet „gemeinsam", Kommunikation meint in einem ganz allgemeinen Sinne daher, eine Gemeinsamkeit mit jemandem herstellen.

Kontextualisieren

meint das Herstellen eines Zusammenhangs bei der Informationssuche. Eine → Recherche findet immer in einem bestimmten Kontext statt (Medium, Zielgruppe, Textziel). Daneben sind die internen Bedingungen bestimmend: Recherchierte Informationen müssen in ihren Bezügen untereinander einen sinnvollen Beitrag ergeben, der die Kriterien der Relevanz, der Wahrheit und der Verstehbarkeit erfüllt und der Recherche Sinn und Richtung gibt.

Konzeptformen

werbesprachliche Kategorie in der Namensanalyse, bezeichnet alle Produktnamen, die sich durch ein zumindest leicht verändertes Erscheinungsbild von einer entsprechenden Vorlage distanzieren, die gegenüber den reinen → Übernahmen also in irgendeiner Weise abgewandelt oder verfremdet sind.

Kunstwörter

werbesprachliche Kategorie in der Namensanalyse, unterscheiden sich von den → Übernahmen und → Konzeptformen durch einen besonders hohen Grad der Verfremdung. Sie sind weder aus natürlichen Sprachen noch aus dem allgemeinen

Namensbestand übernommen und transportieren keine klar konturierbaren sprachlichen Konzepte.

Leitartikel

Meinungstext, faktenbezogen und interpretativ, als Orientierung für den Leser und Grundlage zur Meinungsbildung. Er gilt als die Quintessenz einer Zeitung, eine Art Kundgebung der Redaktion. Der Leitartikel ist die Stilform mit den meisten Imperativen, die kompromissloser und eindeutiger Stellung bezieht als viele → Kommentare. Er behandelt nicht unbedingt tagesaktuelle Sachverhalte, steht aber in einem klaren Zeitbezug zu den Entwicklungen einer Gesellschaft.

Links

verweisen auf Inhalte anderer Webseiten im → Internet bzw. → World Wide Web und ermöglichen so einen einfachen Zugriff auf weiterführende Seiten. Das Konzept der Links (oder auch Hyperlinks) kann man mit dem Querverweis oder der Fußnote in der Literatur vergleichen.

Meinungsbildende oder - betonte Texte

wollen (im → Journalismus) mehr als Wirklichkeit abbilden, sie wollen Orientierung bieten und Meinungsbildung über Gegenstände dieser Wirklichkeit anregen. Sie haben immer einen Faktenbezug. Meinungsbetonte Texte können auch unterhaltend sein. Beispiele für diese Kategorie sind →Leitartikel, → Kommentar, → Kolumne sowie → Glosse / Spitze. → Darstellungsformen

Metapher

direkteste Form der bildhaften Beschreibung, ersetzt einen Ausdruck durch einen anderen. Dieser muss sinnähnlich, vergleichend und bildhaft zu dem ursprünglichen Ausdruck sein. Die bildhafte Bedeutung tritt an die Stelle der ursprünglichen Bedeutung. Die Bezeichnungsübertragung wirkt nur dann, wenn zwischen Ausdruck und Metapher eine Ähnlichkeitsbeziehung besteht. → Analogie → Vergleich

Mitarbeiterzeitschrift

gedrucktes, zweckorientiertes und instrumentalisiertes Informationsmedium der innerbetrieblichen Kommunikation. Nutzt Textformate und Stilmittel aus dem Journalismus. Inhalte sind Ergebnis geplanter, strategischer Kommunikation. Nachrichtenfaktor mit der höchsten Priorität: das Unternehmen. Hauptaufgabe: positive Unternehmensdarstellung. → Öffentlichkeitsarbeit

Moral

stammt vom lateinischen Wort „mos", „mores" (plural) und bedeutet abgeleitet Sitte, Charakter, wird häufig in der Alltagssprache synonym zu → Ethik verwendet.

Nachricht

→ informierende Darstellungsform im Journalismus, die nach bestimmten Regeln gestaltete aktuelle Informationen (→ Pyramidenprinzip) über Ereignisse, Sachverhalte und Argumente liefert. Die Nachricht ist kurz, präzise und möglichst objektiv. Sie konzentriert sich auf die Beantwortung spezifischer Kernfragen, die so genannten → W-Fragen. Meinungsäußerung ist nicht erlaubt, für diese Textform gilt streng das Prinzip der Neutralität bzw. Objektivität.

Nachrichtenagenturen

sind Nachrichten-Händler, die über ein dichtes, weltumspannendes Korrespondenten-Netz verfügen und nach Wichtigkeit priorisierte und nach Ressorts geordnete → Nachrichten rund um die Uhr an Medien liefern. Die übermittelten Nachrichten sind journalistisch korrekt, d. h. ohne Änderungen publizierbar, aufbereitet. Vor allem Kurznachrichten werden von der Presse unverändert übernommen, oft auch längere Nachrichten, Berichte etc. Die Agenturleistungen werden durch die Medien auf dem Wege eines (modulhaften) Abonnements erworben.

Nachrichtenfaktoren

reflektieren den Wert einer → Nachricht. Dieser ergibt sich durch die Überprüfung verschiedener Kriterien, die so genannten Nachrichtenfaktoren wie bspw. Aktualität, Interesse, Relevanz, Bedeutsamkeit, Frequenz, Überraschung usw., die mit einem Sachverhalt verbunden sind. Je mehr Faktoren auf die überprüfte Information zutreffen, desto höher ist die Chance einer Veröffentlichung.

Nachrichtensprache

zeichnet sich durch Klarheit, Einfachheit und Prägnanz aus. Dazu gehört z. B. das Vermeiden von Schachtelsätzen, umgangssprachlichen Phrasen und Anglizismenhäufungen.

Newsgroups

sind Diskussionsforen im → Internet bzw. → World Wide Web, die in Gruppen und Untergruppen aufgeteilt sind. Jeder kann so sein Thema zuordnen und findet die richtigen Kommunikationspartner. Das Einbringen von Beiträgen („posten") geschieht öffentlich, genutzt werden Newsgroups vor allem als Wissens-Communities und zum Erfahrungsaustausch.

Öffentlichkeitsarbeit (Public Relations / PR / Kommunikationsmanagement)

Selbstdarstellung partikularer Interessen durch Information (im Unterschied zum → Journalismus). PR hat die Funktion, problemadäquate Bedingungen für das betriebswirtschaftliche Handeln zur Sicherung prinzipieller Handlungsspielräume und zur Legitimation konkreter Strategien zu garantieren. Im kommunikationswissenschaftlichen Sinne ist mit PR das Management von Informations- und Kommunikationsprozessen zwischen Organisationen und ihren internen und externen Umwelten gemeint. Funktionen von Public Relations sind Information, Kommunikation, Persuasion, Imagegestaltung, Vertrauenserwerb, Konfliktmanagement und das Herstellen von gesellschaftlichem Konsens.

Online Kommunikation

Gesamtheit internet- bzw. netzbasierter Kommunikationsdienste, die einen Kommunikationspartner via Datenleitung potentiell an weitere Partner rückkoppeln und ein ausdifferenziertes Spektrum von Anwendungen erlauben. Online-Kommunikation widmet sich aber auch weiteren, auf anderen Plattformen beruhenden Diensten der Datenfernübertragung sowie auch der Kommunikation mit Teilöffentlichkeiten in abgegrenzten Netzbereichen wie das Intranet einer Organisation.

Organisationskommunikation

beschäftigt sich mit allen Organisationsformen und -typen sowie deren Kommunikationsprozessen, der Kommunikation in und von Organisationen. Durch die Fokussierung von Organisationen aller Art ist der Begriff weiter gefasst als die → Unternehmenskommunikation. → Öffentlichkeitsarbeit (Public Relations) → Werbung

Page Impressions (PI)

geben die Anzahl der Sichtkontakte an, d. h. wie viele einzelne Seiten einer Website besucht wurden. Sind sind eine basale Kennzahl der Reichweitenmessung für Werbeplatz anbietende Websiten.

Pressemeldung

eine Form von → Pressemitteilung, üblichste und am besten akzeptierte Form, die streng dem Nachrichtenstil folgt, bei dem das Wichtigste, das Überraschende, Nützlichste bzw. Neueste ganz vorne steht und Details in abnehmender Wichtigkeit angeordnet werden. Die Headline sollte kurz, informativ und sachlich sein, sie verdichtet die Kernnachricht auf wenige Wörter. Sprachlich ist die Meldung einfach und nüchtern mit klarem Verzicht auf Wertungen gestaltet. (Länge: max. 25 schmale Textzeilen oder ca. 1000 Zeichen).

Pressemitteilung (PM)

schriftliche Information aus medienrelevantem Anlass über einen Sachverhalt, ein Ereignis oder eine Einschätzung mittels Fakten und/oder Zitaten an die Presse, deren Veröffentlichung im redaktionellen Teil gewünscht ist. Die PM ist so zu schreiben, dass der Text ohne Änderung veröffentlicht werden kann. Sie ist ein Informationsangebot an die Redaktion, die über Änderungen und Abdruck frei entscheidet. Der Ausdruck Pressemitteilung ist auch als eine Sammelbezeichnung für recht unterschiedliche Formen und Längen von Presseinformationen und Presseerklärungen zu verstehen.

Portrait

ist eine → Reportage über Personen, bei der der Handlungszusammenhang, der für die Reportage zentral ist, in den Hintergrund tritt, und die Person als Individuum im Vordergrund steht. Die → Darstellungsform Portrait setzt auf das grundlegende Interesse, das Menschen an Menschen haben, an Hintergründen von Handlungen, Motiven und ihrer Geschichte, individuellen Erfahrungen, Erlebnissen und Gefühlen. Das Portrait will die ehrliche, detaillierte und ungeschminkte Beschreibung eines Menschen, die diesen lebendig und erlebbar macht.

Primärrecherche

selbstständige Generierung von Informationen bei der → Recherche z. B. durch Befragung oder Beobachtung.

Pyramidenprinzip

genauer Prinzip der umgekehrten Pyramide (Inverted Pyramide oder Top-Heavy) bezeichnet den klassischen Aufbau einer → Nachricht. Um die wichtigsten Informationen (→ W-Fragen) auf jeden Fall zu transportieren, stehen sie immer am Anfang.

Recherche

zielorientiertes Verfahren zum selbstständigen, systematischen Beschaffen, Bewerten und → Kontextualisieren von Informationen aller Art.

Recherchearten oder Rechercheverfahren

Abhängig von Themengebiet, Zielstellung und Vorwissen kann man verschiedene Verfahren der Recherche abgrenzen. In der journalistischen Recherche unterscheidet man z. B. das Überprüfen und Vervollständigen von Informationen, die Überprüfung von Thesen oder das Rekonstruieren und Aufdecken von Ereignissen und Zusammenhängen.

Reportage

→ Darstellungsform, die Wahrnehmungen und Erlebnisse des Autors als persönlich eingefärbter Erlebnisbericht offeriert. Sie ist eine erzählte Geschichte von Menschen, ihren Schicksalen und ihrer Gesellschaft, die auch als besondere Form des Berichts bzw. als individualitätsgebundener Informationstext klassifiziert wird. Der Autor als Zeuge oder Teil der Geschichte will aber mehr als im → Bericht vermitteln: Er will hinter die Kulissen blicken und unbekannte Seiten einer Sache aufdecken. Im Unterschied zur → Nachricht bringt eine Reportage nur oder überwiegend nur solche Tatsachen, die der Autor selbst gehört oder gesehen hat. Nicht Reflexionen, sondern Beobachtungen von Ereignissen sind Gegenstand der Reportage.

Rhetorische Figur

sprachliche Erscheinung, die sich entweder durch eine bestimmte (auffällige) Form auszeichnet (z.B. Alliteration) oder wie die rhetorischen Ersatztropen (z.B. → Metapher) eine besondere Semantik aufweist. → Sprachspiel

RSS (Really Simple Syndication)

ermöglicht dem Nutzer das Verfolgen von Aktualisierungen, auch ohne Besuch der entsprechenden Websites bzw. des Blogs. Über so genannte RSS-Feeds werden neu publizierte Inhalte automatisch oder auf Abruf an einen Feedreader, welche heutzutage auch in alle gängigen Browser integriert sind, gesendet.

Sekundärrecherche

Erschließung und Nutzung bereits vorliegender Informationen und Daten aller Art für die → Recherche.

Slogan

auch „Abbinder" genannt, gilt als „Werbekonzentrat" der → Werbeanzeige. Der Slogan ist kurz, ganze Sätze sind seltener als Mehrwortkombinationen. Er sollte einfach und eingängig sein, unverwechselbar und am besten bezogen auf den Kundennutzen. Der Slogan hat eine Identifikations- und Imagefunktion. → Claim

Sprachspiel (Wortspiel)

intendierte Abweichung von Normen oder Erwartungen mit Mehrwert. Gespielt wird mit dem gesamten Sprachmaterial, gebrochen wird mit der Erwartung inhaltlicher Eindeutigkeit oder formaler Fixiertheit durch Mehrdeutigkeit und Abwandlung mit dem Ziel, komische und suggestive Wirkungen zu erzeugen. Viele Sprach- oder Wortspiele erzeugen typische Verfremdungseffekte und setzen auf Klang- oder Bedeutungsverwandtschaften von Wörtern. → Rhetorische Figur

Social Bookmarking

bedeutet das Ablegen von → Links im → Internet auf entsprechenden Plattformen. Auf diese Weise sind die Links für die einzelnen Nutzer überall verfügbar, und nicht an die lokale Lesezeichenverwaltung des heimischen Browsers gebunden. Die soziale Komponente ergibt sich aus der Möglichkeit, die Bookmarks offenzulegen und damit anderen Usern zugänglich und nutzbar zu machen.

Stil

definiert sich in der sprachlichen Gestaltung von Texten über vier Stilqualitäten: Sprachkorrektheit, Klarheit, Redeschmuck und Angemessenheit. Sprachkorrektheit ist eine Frage der Grammatik und des vorherrschenden Sprachgebrauchs wie im Duden dokumentiert. Klarheit ist eine Frage der Verständlichkeit und Lesbarkeit. Mit Redeschmuck werden alle möglichen Formen von → Wort- und Sprachspielen sowie → rhetorische Figuren bezeichnet. Sprachkorrektheit, Klarheit und Redeschmuck sind kontextabhängig zu beurteilen. Darauf bezieht sich die vierte Stilqualität, die Angemessenheit, die vorgibt, dass die einzelnen sprachlichen Darstellungsmittel aufeinander abgestimmt sein müssen, um eine Einheitlichkeit und Situationsangemessenheit eines Textes zu gewährleisten.

Suchmaschinen

(wie z.B. Google) sind hilfreiche Unterstützer der → Recherche im → Internet. Sie „besuchen" und „merken" sich Dokumente, die auf einem Rechner oder in einem Netzwerk – insbesondere dem → World Wide Web – gespeichert sind. Die Betreiber durchforsten automatisiert und systematisch (per Spider oder Crawler = Suchroboter) das Netzwerk. Die gefundenen Seiten werden dann indexiert, d.h. unter Auswertung des Textinhaltes und der gelegten Links in die Datenbank der Suchmaschine integriert. Erfolgt eine Suchanfrage, wird die Datenbank analysiert und passende Ergebnisse werden präsentiert. Die Reihenfolge der Suchergebnisse stellt eine Bewertung der Treffer – eine Listung nach Relevanz – dar.

Tagwolke (auch Schlagwortwolke oder engl. Tag cloud)

dient der (mehrdimensionalen) Visualisierung von Informationen. So kann in einer zweidimensionalen Darstellung beispielsweise die alphabetische Sortierung der Stichworte (Ordnungsdimension eins) erfolgen, die im Darstellungsraum zu einer Wolke von Worten verteilt auch noch in unterschiedlicher (Schrift-)Größe (Ordnungsdimension zwei) dargestellt werden können.

Teaser

= „Text-Appetizer", sind auf der Homepage bzw. den Rubrikenstartseiten von Medien im → Internet zu finden. Sie stellen im Zusammenspiel mit der Überschrift eine kurze Zusammenfassung des Inhaltes eines Artikels dar – unter Hervorhebung des Themenschwerpunktes. Meist sind Teaser chronologisch, d.h. unter Angabe der Veröffentlichungszeit geordnet. Wählt der Nutzer dann den Artikel aufgrund des Teasers aus, wird er per internem Link zum eigentlichen Artikel geführt. Dieser beginnt dann wieder mit dem Teaser, der als Erinnerungsanker und Einleitung fungiert.

Text

ist ein zusammenhängendes Produkt geschriebener Sprache. Auch die nicht geschriebene, aber schreibbare Sprachinformation eines Films oder Liedes gilt als Text im weiteren Sinne. Der Begriff „Text" stammt von dem lateinischen Wort „Textus" - Geflecht, Gewebe und meint den Wortlaut eines Schriftstückes oder dieses selbst. Der Text ist also das Gewobene, das Produkt des Webens, Flechtens und Gestaltens (→ Textkohärenz), das Sprache in eine spezifische Form kleidet.

Textkohärenz

bestimmt u.a. die Qualität oder Güte eines → Textes. Diese bemisst sich neben der medialen Passung auch an der Gesamtkonzeption. Die Bauform der Textkomposition ist dann als gelungen zu bezeichnen, wenn sich ein harmonisches Ganzes ergibt, wenn das Textgewebe eine Geschlossenheit aufweist, bei der die „Maschen" (sprich sprachlichen Zeichen) im richtigen Abstand ihren Platz haben und einem spezifischen Textmuster oder Zuschnitt gemäß den Konventionen der unterschiedlichen Textsorten (→ Anzeige, Pressemeldung usw.) entsprechen. Ein daraus resultierender Zusammenhalt der einzelnen Textelemente führt zu einer hohen Textkohärenz, die gute Texte auszeichnet.

Textsorte

konventionell geltendes Muster für komplexe sprachliche Handlungen mit jeweils typischen Verbindungen von kontextuellen (situativen), kommunikativ-funktionalen und strukturellen (grammatischen und thematischen) Merkmalen. → Darstellungsformen

Twitter

ist die marktführende Microblog-Plattform. (→ Blogs). Die Nutzer veröffentlichen Kurzmeldungen (Tweets) mit einer maximalen Länge von 140 Zeichen. Twitter wird zu vielerlei Zwecken genutzt (persönliche Statusmeldungen, Surftipps, Unternehmensnews und als „harter" Newsticker). → Internet → Web 2.0

Übernahmen

werbesprachliche Kategorie in der Namensanalyse, gemeint sind vollständige Eigennamen, Wörter oder Morpheme, die aus der natürlichen Sprache beziehungsweise aus dem allgemeinen Namenbestand entlehnt und zur Bezeichnung von Produkten umfunktioniert werden. Dabei können die Übernahmen aus allen möglichen natürlichen Sprachen stammen.

Unterhaltende Texte

im Journalismus sollen dem Leser über die Informationsfunktion (→ informierende Texte) hinaus auch Vergnügen bereiten. Sie regen die Rezeptionsaktivität durch die spezifischen Merkmale Illustrativität, Authentizität, Simultanität und Subjektivität an. Sie sollen den Leser fesseln und Spannung erzeugen. Typische → Darstellungsformate sind → Feature, → Interview, → Portrait und → Reportage.

Unternehmenskommunikation (Corporate Communication)

aus betriebswirtschaftlicher Perspektive Teilbereich der Corporate Identity, integrierter Einsatz aller nach innen wie nach außen gerichteten kommunikativen Aktivitäten eines Unternehmens, wobei eine effektive und effiziente Erreichung der Imageziele angestrebt wird. Auch als das Management von Kommunikationsprozessen verstanden, die zwischen Unternehmen und ihren internen bzw. externen Umwelten ablaufen und damit alle kommunikativen Handlungen von Organisationsmitgliedern, mit denen ein Beitrag zur Aufgabendefinition und -erfüllung in gewinnorientierten Wirtschaftseinheiten geleistet wird.
→ Öffentlichkeitsarbeit (Public Relations) → Organisationskommunikation → Werbung

USP (unique selling proposition)

kann durch physikalische, technische oder auch wirtschaftliche Eigenschaften definiert werden im Sinne eines Grundnutzens oder aber durch einen → Zusatznutzen erreicht werden, d.h. durch emotionale oder soziale Aspekte wie z.B. Prestige, Luxus, soziales Zugehörigkeitsgefühl oder Akzeptanz. Der USP ist die einzigartige Verkaufsaussage. Über USP bzw. den Zusatznutzen versucht man im Werbetext, das Problem der zunehmenden Produktähnlichkeit zu lösen und den zu bewerbenden

Gegenstand gegen Konkurrenzprodukte zu differenzieren, auch wenn die wirklichen Produktunterschiede marginal sind.

Verfremdung

Stilelement des Headlinetextens in der → Werbung, hier werden bekannte Aussagen oder Sprichworte verändert. Der Reiz dieser Stilform und ihre Wirkung liegen darin, dass der Leser instinktiv über die ihm bekannte Formulierung stolpert und erst dann die Verfremdung wahrnimmt. → Verschiebung → Intertextualität

Vergleiche

stellen Begriffe neben andere und konstruieren eine Beziehung zwischen Personen, Gegenständen oder Sachverhalten, nicht Identität soll angezeigt werden, sondern eine Ähnlichkeitsbeziehung. Vergleiche können, müssen aber nicht bildhaft sein. Auf die Ähnlichkeitsbeziehung wird durch typische Signalwörter verwiesen: wie, als ob, gleichen, ähneln. → Metapher → Analogie

Verschiebung

Stilelement des Headlinetextens in der → Werbung, bei der es sich um ein Spiel mit Normen handelt, häufig den gekonnten Verstoß gegen Normen, der dann einen Überraschungseffekt mit sich bringt. → Verfremdung → Intertextualität

Web 2.0

ist eine Weiterentwicklung des „alten" Webs (→ www, World Wide Web) im → Internet in technischer Hinsicht und in Bezug auf die Art der Kommunikation. Nutzer sind in dem auch als Social Web genannten Teil des Internets vernetzt. Sie produzieren selber Medieninhalte (User-Generated Content) und tauschen sich aus. → Blogs → Twitter → Wikis

Werbung

als Teil der → Unternehmenskommunikation im klassischen Verständnis alle Maßnahmen, die auf die unmittelbare Auslösung eines Kaufentschlusses oder auf die Inanspruchnahme einer Dienstleistung abzielen. Im modernen und weiteren Sinne kann Werbung als ein geplanter Kommunikationsprozess verstanden werden, der Wissen, Meinungen, Einstellungen und/oder Verhalten über und zu Produkten, Dienstleistungen, Unternehmen, Marken und Ideen gezielt zu beeinflussen sucht.

W-Fragen

bestimmen den Aufbau einer → Nachricht, für den gilt: Das Wichtigste nach vorn. Das Wichtigste sind die Antworten auf die so genannten W-Fragen. Die vier wichtigsten sind Wer, Was, Wann und Wo. Die Antworten sollten im kurzen Vorspann (Lead) der Nachricht zu finden sein. Die Fragen Wie und Warum werden in den folgenden Sätzen, dem Hauptteil (Body) beantwortet. So entsteht ein Text, in dem die Informationen vom Wichtigen zu weniger Wichtigen geordnet sind (das schnelle Kürzen von hinten soll möglich sein). → Pyramidenprinzip

Website

ein über Links zusammenhängendes Online-Dokument im → Internet bzw. → World Wide Web. Die Website bezeichnet den kompletten Inhalt des Webangebotes einer Organisation.

Werbeanzeige

kurzer, in sich geschlossener Text, der in einem Printmedium erscheint und durch typographische Merkmale vom redaktionellen Text getrennt ist. Sie informiert über Produkte und Dienstleistungen, die in größerer Quantität oder über längere Zeit für einen potentiell unbegrenzten Kundenkreis zu haben sind. Ihr Ziel ist, die Empfänger zum Kauf bzw. zur Nutzung des angebotenen Produkts oder der angebotenen Dienstleistung zu motivieren. → Werbung

Wikis

sind Systeme im → Internet bzw. → World Wide Web, die es Nutzern ermöglichen, Inhalte im Internet zu veröffentlichen, die von einer großen Anzahl von weiteren am Thema interessierten Nutzern bearbeitet werden können. Im Hawaiianischen bedeutet „wiki" schnell. Das besondere Kennzeichen von Wiki-Systemen ist ihre Offenheit, das populärste Beispiel für ein Wiki ist Wikipedia, die freie Enzyklopädie im Internet.

World Wide Web

(kurz www) ist einer von mehreren Diensten im → Internet. Das www ist ein Hypertext-System auf Basis des Protokolls HTTP (Hyper Text Transfer Protocol). Die genutzte Dokumentensprache HTML erlaubt die Verknüpfung mit multimedialen Inhalten bzw. Dateiformaten. Die einzelnen Dokumente einer Website werden per Hyperlinks miteinander verbunden.

Zeitung

klassisches, periodisch erscheinendes Printmedium für das Massenpublikum mit dem Ziel, die Leserschaft über aktuelles Geschehen zu informieren. Im Gegensatz zur Zeitschrift ist eine Zeitung ein dem Tagesgeschehen verpflichtetes Presseorgan, das in Rubriken wie Politik, Lokales, Wirtschaft, Sport und Feuilleton im redaktionellen Teil informiert.

Zusatznutzen

auch emotionaler Zusatznutzen, hinter dem Begriff verbirgt sich eine Strategie, die gleichartige Produkte auf einer sachlich nicht mehr begründbaren Ebene mit distinktiven Merkmalen versieht. → USP

12 Stichwortverzeichnis

Abbinder 209
ABC-Analyse 282
Abkürzungssprache 143
Abweichung 143, 244, 260
AIDA-Modell 197
Aktivität 158
Akzeptabilität 4
Algorithmen 181
Amerikanismen 143, 216
Analogien 256
Anfang 88
Angemessenheit 242
Anglizismen 143, 216
Appellativ 265
Appellfunktion 224
Argumentation 213, 278
Argumentationstreppe 282
Assoziationen 223
Aufbau 77
Ausdrucksfunktion 224
Authentizität 58
Axiome der Kommunikation 108

Bedeutungshaltigkeit 223
Begründungskette 289
Beispielargumentation 280
Benennungsmotive 225
Bericht 65
Beweis
   –, deduktiver 279
   –, induktiver 279
Bibliographien 44
Binnengroßschreibung 10
Blog-Bereiche 164
Blogs 35, 176
Blogtypen 177
Boardtracker 180

Body 60
Body Copy 208
Bowen Craggs & Co.-Index 171

Claim 202, 209
Computervermittelte Kommuni-
   kation 155
Content 166
Copy 202, 208
Copy Strategy 198
Corporate Blogs 176
Corporate Communication 102
Corporate Identity 102
Corporate Weblogs 176
Coupon 217
Crawler 23

Darstellungsformen 56
Darstellungsfunktion 224
Datenbanken 39
Datenblätter 119
Deduktion 278
Deonymisierung 219
Deranger 217
Description 185
Design 166
Deutscher Rat für Public Relations 321
Dialogorientierung 155
Die Sprache der Medien 91
Diskriminierende Werbemaß-
   nahmen 329
Domain 184
Domain-Name-System 22
Doppeldeutigkeiten 261
Doppelte Ausblendungsregel 325
Double-OptIn-Verfahren 174

E

Einfachheit   247
Einstieg   78
Einworttexte   219
elektronische Zeitschriftenbibliothek   30
Enthymenargumentation   279
Entwicklungsgesetz der Steigerung   282
Erfolgsfaktoren   102, 131
Ethik   306
Ethiken
   –, deontologische   308
   –, teleologische   309
   Tugendethiken   308
Ethik im Journalismus   311
Ethiknormen   322
Ethos   295
Evaluation von Webseiten   173
Exklusiv-Veröffentlichungen   120

F

Facebook   179
Facebook-Profil   179
Factsheets   119
Feature   68
Figuren   264
Filter   26
Fließtext   208
Foren   43
Formen
   –, deformierte   229
   –, derivate (abgeleitete)   229
   –, kompakte   229
   –, komplexe   229
   –, modulare   229
   –, zusammengesetzte   229
Freizügigkeit   155
Fünfsatz   283
Fünfsatztechnik   283
   –, deduktiver Aufbau   290
   –, dialektischer Aufbau   286
   –, klassischer Aufbau   284

G

Gattung   56
Genre   56
Geschäftsbericht   131
Geschlechtsrollenstereotype   226
Gliederung und Ordnung   247
Glosse   80, 86
Google   24
Google-Alerts   31
Grenzen der Logik   281
Grundnutzen   198

H

Hamburger Schule der Verständlichkeit   247
Hard News   7, 64
Hauszeitschrift   125
Head   184
Headline   202
Hierarchieregel   199
HTML-Code   184
„Hucke-Pack"-Funktion   131
Hyperlinkstruktur   163
Hypertext   160

I

Icon-Leiste   164
Identifikationsfunktion   210
Illustrativität   58
Imageanzeigen   122
Imagefunktion   210
Individualität   159
Individualitätsgebundener Informationstext   75
Induktion   278
Informationsbeschaffung   16
Informationsfunktion   208
Informationsüberlastung   200
Infotainment-Pressemitteilung   116
Insert   202, 217
Instrumente   113, 158
Intentionalität   4
Interaktivität   158
Internet   154
Internet (Interconnected Networks)   20
Internetrecherche   21
Intertextualität   4, 253

Interview 69
  –, personenbezogenes 70
  –, tatsachenbezogenes 70
Interview-Story 71
Intuitionismus 309
Inverted Pyramide 61
Investor Relations 132
Issues 113
Issues Management 113

Journalismus 8

Karikatur 80
Karlsruher Verständlichkeits-
  konzept 247
Kategorischer Imperativ 309
Keyword-Datenbanken 183
Keyword-Dichte 186
Keywords 182
Keywordsuche 183
Keyword Suggestion-Tools 183
Klarheit 242
Knoten 160
Kohärenz
  –, textuelle 4
Kohäsion 4
Kolumne 80, 85
Kommentar 80, 82
Kommunikation 196
  –, digitalisierte 156
  –, persuasive 196
Kommunikation des Wandels 155
Kommunikationsfreiheiten 305
Kompromissformel 287
Konkretisierung 252
Kontextübertragungen 141
Kontinuität 111
Kontraktualismus 310
Konventionen 91, 305
Konzeptformen 227, 228
Kopplungsgeschäfte 315
Kritik 80
Kunstwörter 227, 229

Kürze und Prägnanz 247
Kurznachricht 62

Lead 60
Leitartikel 80
Leserbriefe 123
Links 160
Logos 295
Lokalglosse 86
Lokalspitze 86
Longcopy 208

Maps 28
Medienarbeit 110
Medienkooperationen 120, 121
Medienschemata 56
Meinungstexte 80
Meldung 62
Metaphern 257
Methodische Objcktivität 310
Microblogs 35
Mitarbeitermagazin 125
Mitarbeiterzeitschrift 124
Mitarbeiterzeitung 125
Mitmachweb 32
Mittel 113
  –, morphologische 230
  –, orthographische 230
  –, phonetische 230
Mittel zur Gestaltung 74
Moral 306
Morpheme 228
Multifunktionalität 207

Nachricht 59
  –, Wert einer 59
Nachrichten
  –, harte 64
  –, weiche 64
Nachrichtenagenturen 64
Nachrichtenfaktoren 59, 111
Nachrichtenselektion 56

Nachrichtenstil   110
Nachrichtentexte   6
Nachrichtenwert   7
Namen   219
Namensverwaltung   22
Netzname   22
Newsgroups   43
Newsletter   120, 175

Öffentlichkeit   56
Öffentlichkeitsarbeit   7, 103
Offpage-Optimierung   182
Online-Kommunikation   154
Onpage-Optimierung   182
Operatoren   27
Optionen   29
Organisationskommunikation   103

Page Impressions   162
Page-Rank-Verfahren   24
Partizipatives Führungsinstrument   128
Pathos   295
Periodika   45
Permission Marketing   174
Personalisierung   130
Personalzeitschrift,   125
Plugins   162
Portionieren   245
Portrait   72
Positionierungsfunktion   210
Positionsfiguren   10
PR   106
PR-Anzeigen   122
Presse
   -arbeit   110
   -bericht   116
   -dienste   120
   -erklärung   116
   -information   114
   -mappen   120
   -meldung   114, 116
   -mitteilung   110, 114, 116
   -rat   316

Primacy-Effekt   283
Printmedien   45
Prinzip Abweichung   217
Prinzip der Neutralität   62
Prinzip der umgekehrten Pyramide   61
Problemlöseformel   288
Public Relations   103
Pyramidenprinzip   61

Ranking   36
Rätsel   205
Real Simple Syndication   178
Recency-Effekt   283
Recherche   16
Recherchemethoden   314
Recht   306
Redeschmuck   10, 242, 264
Redigieren   246
Referenzen
   -, intertextuelle   253
   Textreferenzen   253
Reime   261
Relevanz   17, 50
Reportage   75
   -, Spielarten der   76
Reportage über Personen   72
Rezension   80
Rhetorische Figuren   260, 263
Richtigstellungen   123
RSS   31, 178
RSS-Feeds   178

Sachbücher   44
SafeSearch   26
Satzlänge   249
Schleichwerbung   315
Schlüsselwörter   182
Screen   160
Selbstkontrolle   314, 321
Selbstkontrollinstanz   316
Serviceorientierung   138
Shortcopy   208
Signalfunktion   224

Simultanität   58
Situationalität   4
Slogan   202, 209
Social Bookmarking   31, 35
Social Bookmarking-Dienste   38, 164
Social Communities   179
Social Media   31, 34
Social Media Planner   180
Social Web   31, 166
Social Website Analyser   180
Soft News   64
Soziale Netzwerke   164, 179
Soziale Orientierungen   155
Spider   23
Spitze   86
Sprache   3
   Klarheit   10
   Sprachangemessenheit   10
   Sprachinszenierungen   10
   Sprachkorrektheit   10, 242
   Sprachspiele   10
Sprachliche Herkunft   227
Sprachspiel   260
Standpunktformel   285
Statement-Text   116
Stil   241
   Individualstil   241
   Textsortenstil   241
Stilmittel   87
Stimulanz   247
Störer   217
Strukturierungsprinzipien   278
Subjektivität   58
Subline   202
Suchmaschinen   23, 24, 180
Suchmaschinenmarketing   182
Suchmaschinenoptimierung   182
Suchoptionen   27
Suchroboter   23
Suggestivfunktion   208
SUPER-Formel   232

T ags   184
Tagwolke   162

Teaser   161, 178
Teilöffentlichkeiten   156
Text   3
  -formen   157
  -kohärenz   4
  -kompetenz   2
  -komposition   4
  -management   2
  -qualität   157
  -sorten   2, 6, 9, 56
Textbody   208
Texte
  –, informierende   58
  –, Keyword-optimierte   186
  –, meinungsbetonte   58
  –, unterhaltende   58
Texteinschub   217
Textintarsie   10
Textualität   4
„textus"   3
Themen
  –, saisonale   113
    Standardthemen   113
Themenexposes   120
Thumbnail   162
Title   185
Todsünde der Massenmedien   324
Top-Heavy   61
Top-Level-Domain   22
Topline   202
Trefferlisten   25
Trendorientierung   137
Trennungsgrundsatz   316
Tropen   264
Twitter   36, 177

Ü bernahmen   227
  –, lexikalische   228
  –, onymische   228
Überschrift   90
Überschriften-Teaser   161
Unique Selling Proposition   198
Unternehmenskommunikation   102, 107
  –, interne   124

Unternehmenswebsite 167
Unternehmenszeitung 125
Usability 166
USP 198
Utilitarismus 309

V
eranschaulichung 252
Verantwortungsethik 328
Verfremdung 206, 254
Vergleiche 251, 256
Verschiebung 206
Verständlichkeit 244
Verstehbarkeit 17, 50
Verweise 160
Verzeichnisse 44
Virtuelle Gemeinschaften 155
Vorspann 60

W
ahrheit 17, 50, 73
Wallraff 314
Waschzettel 119
Web 32
Web 2.0 31, 34, 164
Webseitenbewertung 171

Website 166
Werbeanzeige 201, 243
Werberat 326
Werbewirkung 214
Werbung 105, 106, 196
W-Fragen 60
Wiederbeleben 245
Wiederholung 254
Wikipedia 40
Wikis 40
Wortspiele 261
    Ähnlichkeitswortspiele 261
    Doppelsinnwortspiele 261
    Umformungswortspiele 261
Wunderrad 30

Z
eitschriftendatenbank 47
Zeitung 6
Zeitungsreportage 76
Zielsatz 284
Zitat 63
Zitierformen 63
Zusatznutzen 198, 203
Zweiseitigkeit 108